# [学び]の認知科学事典

A Companion to the Cognitive Science of Learning

佐伯 胖——監修
渡部信一——編

大修館書店

# はじめに

　今ほど「学び」が問われている時代はないだろう。
　この事典では，現在私たちの眼の前に山積みになっている「学び」に関するさまざまな課題に対し，認知科学の視点からアプローチを試みる。

　ここでは特に，現在私たちが置かれている四つの状況を強く意識している。

（1）　日本の子どもたちが「学び」の楽しさを失っていること。また，子どもたちの学力低下に対し解決の糸口が未だ見つけ出せていないこと。
（2）　近年，学校教育以外の「学び」にも人々の関心が高まっていること。たとえば，情報技術の著しい発展がもたらした「eラーニング」という新しい学習スタイル。また，高齢化社会が到来し，今後生涯教育が大きな課題になること。
（3）　20世紀，声高に叫ばれたグローバリゼーションの考え方が一段落し，「ローカリズム」や「マイノリティ」を中心に据えた考え方が現在見直されていること。さらに，高度情報化時代になり「明確な情報」「確実な情報」というとらえ方は衰退し，「情報とは複雑であいまいなもの」「情報は常に変化するもの」というとらえ方が強くなってきたこと。
（4）　1980年代以降，「学び」を日常生活の中で，あるいは教育現場で探求していくために，心理学，コンピュータ科学，脳科学，哲学，教育学，言語学などさまざまな分野の研究者が学際的な（あるいは文理融合型の）研究を続けてきた「認知科学」が一定の成果を上げた今，そろそろ次の新しいステージに入ろうとしていること。

　この事典では，認知科学におけるさまざまな領域で活躍する専門家に，「学び」に関してご自分の研究成果をまとめて紹介していただいた。さらに，「学び」に関する基本的な，あるいは現在ホットな話題となっている重

要なキーワードを明示し，詳しく解説していただいた。

　その結果，本書の内容は，さまざまな教育現場（幼児教育，初等教育，中等教育，高等教育，特別支援教育，eラーニング，専門教育，企業教育，生涯教育など）において，明日からの実践にも役立つものになっている。

　この事典がさまざまな「学び」の現場で活用され，多くの人々が新しい「学び」について考える機会になれば，これ以上の幸せはない。


　　2009 年 12 月

　　　　　　　　　　　　　　　　　　　　　　　　　　　　佐伯　胖
　　　　　　　　　　　　　　　　　　　　　　　　　　　　渡部信一

# 目次

はじめに ——— iii

## 序 ——「学び」探求の俯瞰図 ——— 渡部信一 ——— 3

## I部 ——「学び」をどう考えるか ——— 19

### 1章 学ぶことの二つの系譜 ——— 松下良平 ——— 21
1.1 目標を必要とする学習／1.2 生の更新のための学び

### 2章 「学び」に関する哲学的考察の系譜 ——— 今井康雄 ——— 39
2.1 はじめに:学びについて哲学的に問うことの意味／2.2 古代ギリシアの哲学的な学び論／2.3 近代哲学における「学び」の位置／2.4 現代哲学における「学び」の対象化／2.5 まとめ

### 3章 江戸の学び ——— 辻本雅史 ——— 62
3.1 文字の学び／3.2 儒学の学び／3.3「知的言語」の習得／3.4 学びの身体性

### 4章 「ケアリング」としての「学び」 ——— 生田久美子 ——— 81
4.1「教育」における「ケア」／4.2「学ぶこと」と「知ること」／4.3 強い意味での「知る」とは何か:教育において目指すべき「学び」／4.4 もう一つの「学び」:言語主義的「知識」観から解き放たれて／4.5「ケアリング」としての「学び」／4.6 まとめ:新たな「学び」のパラダイムの創出へ向けて

### 5章 学習の実験的領域——学習の社会理論のための覚書 ——— 福島真人 ——— 95
5.1 社会的制度としての学習／5.2 徒弟制という問題群／5.3「学習」の誕生／5.4 徒弟制モデルの効用と限界／5.5 学習の実験的領域／5.6 おわりに

## II部 —— 子どもの「学び」 ——— 109

### 1章 生活での学び 学校での学び ——— 浜田寿美男 ——— 111
1.1 生き物としての人間の子どもが育つ舞台／1.2 生活での学びと意味の脈絡／1.3 学校での学びと意味の反転／1.4 学びの世界と希望

2章　遊びと学び────麻生 武────128

2.1「遊び」とは何か／2.2「遊び」とは哺乳類の親の子に対する態度／2.3「遊ばれる」ことから「遊ぶ」ことへ／2.4「遊んでもらう」ことを通しての学び／2.5「遊んでもらう」ことから自らの「遊び」を通しての学びへ

3章　仲間関係のなかでの学び────無藤 隆────146

3.1仲間関係の社会性発達への位置づけ／3.2乳幼期における愛着関係の成立／3.3幼児初期における家族への広がり／3.4幼児後期における友人関係の成り立ち／3.5幼児から小学校低学年における集団内関係・同性集団／3.6思春期における親友関係／3.7文化への導き手としての大人の働き／3.8生涯にわたる学びと仲間関係

4章　模倣と学び────佐伯 胖────167

4.1「誘発される」模倣／4.2行為意図の発見／4.3「模倣」という意図的行為／4.4「教え─学び」の文脈／4.5結論

5章　「学び」の発達──生きたことばは学びの世界を拓く────内田伸子────186

5.1人はいかに学ぶか／5.2一次的ことばから二次的ことば、そして三次的ことばへ／5.3理性の手段としてのことばの発達／5.4書くこと・考えること／5.5書くことによる自己の発見

6章　障害のある子どもの学び──自閉症スペクトラム障害を中心に────藤野 博────205

6.1発達障害と学びの問題／6.2自閉症スペクトラム障害／6.3 ASD児者への学びの支援／6.4自伝にみるASD者の学び／6.5 ASDにおける新たな学び論への視座

# Ⅲ部──生涯を通した「学び」────221

1章　現代社会における大学生の学びとアイデンティティ形成────溝上慎一────223

1.1現代大学生の特徴は何か／1.2メリトクラシーからハイパー・メリトクラシーの社会へ／1.3学びとアイデンティティ形成

2章　大学の学習空間をデザインする────山内祐平────239

2.1大学の学習空間／2.2アクティブ・ラーニング・スタジオ／2.3ラーニングコモンズ／2.4コミュニケーション・スペース

## 3章　大人の学び——熟達化と市民リテラシー　楠見 孝　250

3.1はじめに:大人の学習の特徴／3.2大人の学習の類型／3.3実践的知能と叡智の獲得／3.4仕事の暗黙知／3.5仕事の熟達化／3.6学習の態度と省察／3.7市民リテラシー／3.8批判的思考／3.9まとめ

## 4章　企業における学び　中原 淳　264

4.1「企業における学び」の歴史／4.2企業の学びのパラダイム転換／4.3人は経験を通して学ぶ:経験学習／4.4ネットワークによる学び支援／4.5社外における学習(越境することによる学習)／4.6今後の研究課題

## 5章　老人の学び　権藤恭之　276

5.1高齢社会の現状／5.2高齢者にとっての学びの意味／5.3高齢者の学びの実態／5.4高齢者の学びの能力／5.5おわりに

# Ⅳ部——「学び」のメカニズム——293

## 1章　学びの脳科学——神経心理学から　山鳥 重　295

1.1脳についてのいくつかの基本的知識／1.2学習の基盤は記憶／1.3さまざまな認知能力／1.4「学び」とは「教えたいことを覚えさせること」ではない

## 2章　学習における力学系／身体性／意識　池上高志　311

2.1力学系と学習過程／2.2相互学習のダイナミクス／2.3会話における時間発展／2.4学習における身体性:センサーとモーターのコンティンジェンシー／2.5能動性・受動性／2.6学習における心の配置

## 3章　学びとワーキングメモリ　苧阪満里子・苧阪直行　330

3.1ワーキングメモリ／3.2バッドリーのワーキングメモリのモデル／3.3音韻ループと視覚・空間的スケッチパッド／3.4ワーキングメモリの個人差／3.5リーディングスパンテストと言語理解／3.6学習とワーキングメモリ

## 4章　言語の習得　辻 幸夫　344

4.1人類と言語／4.2言語習得とは何か／4.3言語習得の基盤／4.4母語習得:語の習得／4.5母語習得:語の結びつきから文へ／4.6新しいことばと知識の創造

## 5章　動物の学び　川合伸幸　368

5.1動物の学習／5.2動物の学び／5.3「動物の学び」をうながす要因／5.4年齢と「学び」／5.5おわりに

## V部──関係と状況の中での「学び」──387

### 1章 関係論的学び論──関係発達論の立場から────鯨岡 峻────389
1.1人は周囲の人と共に生きる中で学ぶ／1.2学ぶ(まねぶ)ことの基本／1.3「育てる－育てられる」という関係／1.4子どもという存在の両義性(ambiguity):「ある」と「なる」／1.5大人による養護的対応(treatment of caring)の必要／1.6大人による教育的対応(treatment of educating)の必要／1.7「ある」から「なる」へ／1.8子どもにとって「なる」の目標は周囲の大人や仲間である

### 2章 文化・歴史学派(ヴィゴツキー学派)の理論とその展開────高木光太郎────403
2.1文化・歴史学派の形成／2.2文化・歴史理論の概要／2.3レオンチェフの活動理論／2.4欧米における文化・歴史理論の再評価と拡張／2.5おわりに

### 3章 生態学的学び──知覚と行為の相補的発展────三嶋博之・丸山 慎────423
3.1学びにおける知覚の重要性／3.2「知覚学習」という学び／3.3知覚学習の根拠となる発達研究／3.4学習と発達のグランドセオリーに向けて／3.5生態学的な学びと,動物－社会－環境システムの進化

### 4章 学びの評価────松下佳代────442
4.1評価論の新しいパラダイム／4.2学びの評価としてのパフォーマンス評価／4.3学校でのパフォーマンス評価／4.4パフォーマンス評価の今後

### 5章 協調的な学び────三宅なほみ────459
5.1はじめに:「協調的な学び」という考え方／5.2認知科学の歴史の中で／5.3協調的な認知プロセス／5.4協調的な学びを支援する:長期にわたる実践デザイン／5.5「協調的な学び」研究のこれから

## VI部──「学び」とテクノロジー────479

### 1章 テクノロジー利用による学びの支援────大島律子・大島 純────481
1.1学習環境を構築するための情報テクノロジー／1.2情報テクノロジーに期待される効果／1.3テクノロジーによる協調学習支援／1.4 WISE:知識統合を支援するシステム／1.5 Knowledge Forum:知識構築を支援するシステム／1.6おわりに

### 2章 学びと身体空間──メディアとしての身体から感性を読み解く────阪田真己子────495
2.1身体というメディア／2.2コミュニケーションのメカニズム／2.3身体動作のプロセス／2.4感性と感性情報／2.5身

体動作と感性情報／2.6身体メディアからの感性情報の抽出／2.7身体空間と感性／2.8学びと身体空間

## 3章　認知ロボティクスにおける「学び」————小嶋秀樹————509
3.1なぜロボットなのか／3.2従来の学習観／3.3内発的動機づけ／3.4環境に応じる身体／3.5社会的インタラクション／3.6まとめ

## 4章　リソースの中に埋め込まれた学び——次世代ロボット創出プロジェクトの実践から——岡田美智男——525
4.1状況に埋め込まれた行為／4.2はじめて小学校に通う／4.3教室という「ハコ」の中で／4.4理工科系離れとモノ作り教育における課題／4.5「次世代ロボット創出プロジェクト」のコンセプト／4.6「次世代ロボット創出プロジェクト」の実際／4.7ネットワークは陰の主役／4.8教えながら学ぶ／4.9学びはリソースに埋め込まれている／4.10社会からの評価もリソースの一部である

## 5章　超デジタル時代における「学び」の探求————渡部信一————541
5.1デジタルから「学び」を探るプロジェクト／5.2デジタルの発展はアナログへ向かう／5.3「よいかげんな知」と「しみ込み型の学び」／5.4超デジタル時代の「学び」を探求する

**あとがき** ———— 佐伯 胖 ———— 557

■

**参考文献**————559

索引————594

(→Ⅰ-1.1)：Ⅰ部1章1節を参照の意味．

(→2.2)：同じ部の2章2節を参照の意味．

■

## 執筆者一覧 (五十音順)

麻生武（奈良女子大学　特任教授）
生田久美子（田園調布学園大学　教授／東北大学　名誉教授）
池上高志（東京大学　教授）
今井康雄（日本女子大学　教授）
内田伸子（十文字学園女子大学　教授／お茶の水女子大学　名誉教授）
大島純（静岡大学　教授）
大島律子（静岡大学　教授）
岡田美智男（豊橋技術科学大学　教授）
苧阪直行（京都大学　名誉教授）
苧阪満里子（大阪大学　名誉教授）
川合伸幸（名古屋大学　准教授）
鯨岡峻（中京大学　教授／京都大学　名誉教授）
楠見孝（京都大学　教授）
小嶋秀樹（東北大学　教授）
権藤恭之（大阪大学　教授）
佐伯胖（田園調布学園大学　教授／東京大学　名誉教授）
阪田真己子（同志社大学　教授）
高木光太郎（青山学院大学　教授）
辻幸夫（慶應義塾大学　教授）
辻本雅史（中部大学　教授／京都大学　名誉教授）
中原淳（立教大学　教授）
浜田寿美男（奈良女子大学　名誉教授）

福島真人（東京大学　教授）
藤野博（東京学芸大学　教授）
松下佳代（京都大学　教授）
松下良平（武庫川女子大学　教授）
丸山慎（駒沢女子大学　准教授）
三嶋博之（早稲田大学　教授）
溝上慎一（学校法人桐蔭学園　理事長）
三宅なほみ（元東京大学　教授）
無藤隆（お茶の水女子大学　名誉教授）
山内祐平（東京大学　教授）
山鳥重（東北大学　名誉教授）
渡部信一（東北大学　教授）

# 「学び」の認知科学事典

# 序 ▮「学び」探求の俯瞰図

渡部信一

## 1 はじめに

　20世紀の100年間に，研究者の視点は大きく変化した。

　当初，研究者は「教師（指導者）は学習者に対しどのように教えれば知識やスキルが効率よく伝わるか」ということに最も大きな関心をよせていた。1970年代までに，「科学的研究」を標榜する行動主義心理学（行動科学）や認知心理学が多くの研究を積み重ね，それらの成果が教育現場に行き亘ろうとしていた。

　しかし1980年代，研究は大きな行き詰まりに陥った。その行き詰まりを象徴的に言い表すならば，それまでの研究には「さまざまな環境や状況のなかでイキイキと自ら学んでいく子どもたち」という視点が決定的に欠如していた。それまでの研究は，条件の整えられた教室や実験室の中で，学習者は十分にコントロールされているという前提のもと，教師（指導者）主導により行われていたのである。そこで探求されていたことは，学習者が明確で正しい知識を系統的に学習していくためには「どのように教えるのが効果的なのか」ということであった。

　1980年代の行き詰まりの後，探求の方向性は大きく変化する。日常の暮らしの中で，あるいは教室のごく自然な状況のもとで，学び手は教師（指導者）との関係の中で，あるいは仲間との相互関係において「どのように学んでいるのか」に焦点が当てられるようになった。心理学，コンピュータ・サイエンス，脳科学，哲学，教育学，言語学などさまざまな分野の研究者が「知」の探求という一つのテーマをかかげて結集した「認知科学」という新しい学問領域の中で，「学び」についての探求が開始されたのである。

　本章では，「学び」の認知科学に関して，上で紹介した100年間の流れをもう少し詳しく紹介した後，本書の各章における概要およびそれぞ

れの章が「学び」の認知科学のなかでどのような位置づけにあるのかを俯瞰したいと思う。

## 2 20世紀における「学び」探求の流れ
### 2.1 行動主義心理学から認知心理学へ

「学び」に関する科学的探求は，20世紀初頭にアメリカの心理学者J. B.ワトソンによって提唱された「行動主義心理学」から始まる。自然科学的な枠組みを重視しようとする行動主義心理学は，「学び」を刺激と反応の結合としてとらえる。つまり，基本的に「特定の刺激（S）と特定の反応（R）が結びつくことによって学習が生じる」と考え，それは「学習理論」に結実していく。「学習理論」は，「教師（指導者）がどのように教えれば学習者に対し効率的に学ばせることができるか」に大きな関心をよせる。それは，研究対象である学習者を十分にコントロールされたもとで操作しなければならないとされる「自然科学」の原則に基づいている。また，「学習理論」はアメーバから人間まですべての生き物に当てはまるとされる。このパラダイムに基づき，より効率的に知識を獲得させるためにさまざまな「教授法」が生み出され，100年以上経過した今日でも未だ大きな影響力を持っている。

その後，コンピュータの誕生など世界中は「科学の時代」にわきかえり，教育の現場においても指導者が子どもたち（学習者）に対し，一つひとつ系統的に正しい知識を教え込むことを前提とした「科学的教育」が確立した。さらに，その傾向を加速させたのは，認知心理学であった。

行動主義心理学にかわり1950年代に台頭した認知心理学は，コンピュータ・サイエンスの情報処理理論がその理論的な背景となっている。つまり，人間の頭の中で起こっていることを探求しようとする場合，コンピュータという機械の構造やメカニズムのアナロジー（類似のもの）として考えようとする。認知心理学は「学び」に関してさまざまなモデルを提案し，それを検証するため実際にコンピュータによってシミュレーションするという試みが行われた。それはとりもなおさず，コンピュータと人間の脳をだぶらせて考える「人工知能」の研究に他ならない。このようにして「私たちが学ぶとき頭の中で何が起こっているのか」というメカニズム探究が，一方ではロボットの脳である人工知能研究に，

そして一方では教育現場に広がっていく。

## 2.2 1980年代の行き詰まり

人間の頭の中で起こっていることをコンピュータのアナロジーとして探求しようとする認知心理学が著しい発展を示し、その研究成果を実際にロボットの脳に組み込み人間と同じような働きをさせようとしたとき、その事件は起きた。実験室では完璧に動いていたロボット（コンピュータ）が、日常の暮らしの中ではまったく動かないことに研究者は気づいたのである。1980年代のことである。ロボット開発の現場ではその行き詰まりを「フレーム問題」とよび、その原因をあいまいで複雑な日常の中では情報処理が破綻をきたしてしまうことに帰した。日常において目まぐるしく変化する状況に対し柔軟に対処できなければ、想定外の出来事をクリアできない。つまり、それまでの「ロボットにさせたいことを系統的に一つひとつプログラムする」という設計方針では、私たちが生活している「日常」に対し対応不可能なのである。

この発見は、そのまま人間の教育や「学び」にもあてはまる。「学習理論」に基づく教育現場では「教師が学習者に対し、あいまい性のない正しいとされる知識を一つひとつ系統的に教え込んでいく」という「教え込み型の教育」を中心に据えてきた。しかし、人間の「学び」とは本来そのような特質を持っていない。「学び」に関しては非常にデリケートな自閉症の子どもたちは、特にそうである。彼らは確かに「一つひとつ系統的に教え込んでいく」ことによって知識やスキルを獲得することができる。しかし、そのようにして「学ばされた」知識やスキルを日常生活の中で柔軟に活用することには、大きな困難を示すのである（渡部 1998, 2005）。

このようにして、「学び」の探求は認知科学における状況論に大きく傾いていく（「学び」探求の歴史的な流れに関する詳しい解説は、渡部 [2005] を参照）。

## 2.3 認知科学による「学び」の探求

「学び」は人間本来の最も人間的な営みであり、日常生活、そして教育現場で考えなければまったく意味がない。そう考えた「学び」の研究者は、心理学、コンピュータ・サイエンス、脳科学、哲学、教育学、言

語学などさまざまな分野の研究者を募り,「認知科学」という新しい学問領域の中で「学び」についての探求を開始した。

「学び」に対する認知科学の特徴として,次の点が上げられる。

(1) 日常生活や教育現場における「学び」を重視する(それまでは「実験室」や「条件の整った教室」を重視)
(2) どのような状況で,どのように周りと相互作用しながら「学んでいるのか」を重視する(それまでは,その学習者個人が「どのような能力を持っているのか」を重視)
(3) 状況や環境の中で活動する「(脳を含む)身体全体」を重視する(それまでは「脳」のみを重視し,身体はほとんど考慮されない)
(4) 学び手が「どのように学んでいるか」に着目する(それまでは,教師は「どのように教えたらよいか」に着目する)

認知科学の特徴を,高木(1996)の表現を少し変えて説明するとしたならば,従来のアプローチとは以下のような違いがある。つまり,人間の行為を自動車のスピードにたとえるとしたならば,従来のアプローチがエンジンの性能,ボディスタイルの空気抵抗,そしてタイヤのグリップ力などをそれぞれ徹底的に解明しようとするのに対し,認知科学では実際に車が走っている様子を詳細に観察することによって,エンジン,車体,ドライバー,路面,空気などがどのように関係することでそのスピードを達成しているのかということを問題にするのである。

このようにして,「認知科学」と呼ばれ学際的(あるいは文理融合型)になった人間に関する探求は,その基本的な考え方の枠組みを,実験室から現場へ,そして脳から身体へと変えるようになったのである。

本書では,1980年代以降の「学び」の認知科学について,さまざまな専門領域において「これまでどのような研究が行われてきたのか」,そして「どのような研究成果が得られたのか」明らかにしていく。

## 3 「学び」探求の俯瞰図
### 3.1 「学び」をどう考えるか

第I部の五つの章では,「学び」をどう考えるかということに関して,主に教育学,教育哲学の視点からアプローチする。

序 「学び」探求の俯瞰図　7

　Ⅰ-1章とⅠ-2章では,「学習」と「学び」の違いを明確にしている。松下良平氏（Ⅰ-1章）は, 現代人の常識となっている「目指す目標に向かって学習する」という考え方は近代西欧に誕生したものであり, 歴史的・社会的には特殊なものにすぎないとする。一方, 目標を必要としないもう一つの「学び」の系譜があり, 近代の「学習」よりもはるかに一般性が高いにもかかわらず今日の学校教育ではほとんど考慮されることがないと指摘する。さらに今井氏（Ⅰ-2章）は,「学ぶためには目標や動機が必要か」という問題をソクラテスやプラトンにまでさかのぼり歴史的, 哲学的に考察している。

　Ⅰ-3章とⅠ-4章では, 1980年代以降の認知科学で盛んに議論されてきたテーマのうち, 江戸時代の「学び」とケアリングとしての「学び」について紹介する。辻本氏（Ⅰ-3章）は, 寺子屋の手習いや儒学における「学び」を取り上げ, 近代学校の「学び」における「身体性」の欠如を指摘する。生田氏（Ⅰ-4章）は, 現在さまざまな領域で関心が向けられている「ケア」という概念を教育にまで持ち込み,「学び」の新たな様式として捉え直すことを提案している。

　福島氏（Ⅰ-5章）は, 1980年代以降の認知科学が盛んに検討してきた徒弟制における「学び」を「学習の実験的領域」とした上で,「学び」探求における次の段階を模索している。

## 3.2 子どもの「学び」

　第Ⅱ部の六つの章では, 子どもの発達という視点から「学び」にアプローチする。

　Ⅱ-1章で浜田氏は, 学校教育における学習と日常生活, あるいは母子関係の中で自然に生まれる「学び」の様相を明らかにし比較している。その上で浜田氏は, 学校教育における学習では「何のための学びか」を考えることなく, やみくもに学力向上論が展開されていると指摘する。

　Ⅱ-2章とⅡ-3章では, 遊びや仲間関係と「学び」の関係に着目する。麻生氏（Ⅱ-2章）は, 一般に「子どもは遊びを通して学ぶ」と言われるが, そのためにはまず「子どもは, 大人たちによって「遊ばれる」ことを学ぶ必要がある」と言う。また, 無藤氏（Ⅱ-3章）は, 子どもたちは仲間関係の中で, 仲間関係という人間関係についての学びと仲間関

係の活動に出てくる事柄についての学びの2種類の「学び」を得ることができるとしている。

佐伯氏（II-4章）は，従来の研究に対して挑戦的な論を展開する。つまり，「模倣が学びの基礎である」という考え方に疑問を投げかけ，幼児の「模倣」が「学び」を妨げることさえあるとする。佐伯氏によれば，「教え」が学び手側の模倣を引き出すとき，学び手は「自ら考える」という「学びの原点」ともいうべきことをいともたやすく放棄してしまうと言う。

II-5章で内田氏は，ことばの獲得の視点から子どもの「学び」について検討している。保育室や教室で自分のことばを発すること，あるいは他者のことばと出会うことを通して知識は子どもの生活と深く関連を持つようになり，子どもたち一人ひとりが文化的実践としての「学び」の担い手になれると言う。

II-6章で藤野氏は，障害のある子どもにおいても「仲間集団のなかで学ぶ」ことの重要性を指摘する。そこでは，日常の環境や仲間集団から切り離された「取り出し訓練」は目標となるスキルの獲得には効果があっても般化が難しく，近年では「日常文脈の中での自然で自発的な学び」を促進する考え方が主流になりつつあることを強調する。

## 3.3 生涯を通した「学び」

第III部の五つの章では，大学生，大人，そして高齢者に対する生涯を通した「学び」にアプローチする。

III-1章およびIII-2章では，大学生の「学び」について示す。溝上氏（III-1章）は大学生の「学び」について，特に大学生のアイデンティティ形成に着目して検討している。また山内氏（III-2章）は，さまざまな大学で探求が進んでいる学習者中心主義に基づいた空間整備の実例を紹介し，学習空間のデザインについて考察を進める。具体的な例として，協調学習の中で深い思考を誘発する「アクティブラーニングスタジオ」などを取り上げる。

楠見氏（III-3章）は，大人の「学び」についてまとめている。そこでは，仕事や趣味などにみられる熟達化の過程にみられる暗黙知の獲得が重要な役割を果たしているとされる。

中原氏（III-4章）は，企業における「学び」について示している。

まず，企業における「学び」の歴史的発展をまとめた上で，近年着目されているネットワークによる「学び」の支援や実践共同体による「学び」について示している。

権藤氏（III-5章）は老人の「学び」についてまとめているが，特に「学び」を「充実した高齢期を実現するため」と意味づけ，サクセスフルエイジングモデルに基づいた検討を行っている。

## 3.4「学び」のメカニズム

第IV部の五つの章では，「学び」のメカニズムにアプローチする。

山鳥氏（IV-1章）は，神経科学・神経心理学の立場から「学び」にアプローチしている。つまり，「学び」の能力を中枢神経系，とりわけ大脳を構成する膨大な神経細胞が作り出すニューロン・ネットワークの複雑な働きとしてとらえ，大脳領域の損傷が引き起こす認知・行動障害について分析している。

IV-2章で池上氏は「学習のダイナミクスをコンピュータでシミュレーションすることは可能か」という問いに対し，簡単な神経回路モデルの学習モデルから始めて，相互学習，運動が作り出す学習，能動性な学習，そして最後は学習における心の配置という問題を考える。

IV-3章で苧阪満里子・直行両氏は，「学び」とワーキングメモリについて詳細に検討している。「学ぶ」というプロセスには，学ぶべき新たな情報を処理しながら処理した情報を一時的に保持する過程が必要である。このような「学び」の過程における2つの並列的処理を支えるのに重要なワーキングメモリの機能について紹介する。

辻氏（IV-4章）は，「ことばの学び」を概観している。子どもが言語を使用するようになるためにはどのような能力が必要とされているのか。そして，どのように言語を学んでいくのか。母語と外国語の習得には違いはあるのか。人類と言語の関係，言語の特徴，言語の習得，習得のために必要な基盤，習得の諸相などについて，広い観点から「ことばの学び」を概観する。

IV-5章で川合氏は，動物の「学び」に着目する。動物はどのように学ぶのか，また動物に対し「学びをうながす環境」とはどのようなものかなどを検討する。

### 3.5 関係と状況の中での「学び」

第V部の五つの章では，関係と状況の中での「学び」を検討する。本章の初めでも示したように，認知科学では環境や状況の中で身体を持った人間がさまざまな相互関係を持ちながら「学んでいく」ことを重視する。

鯨岡氏（V-1章）は関係発達論の立場から，従来の学習は大人主導の堅苦しい枠の中で考えてしまう傾向にあるとする。しかし，本来乳幼児たちは周囲の人のすることに魅了され，そこに引き込まれる中で，自ら「まねぶ」（真似て取り込む）かたちでいろいろな振る舞いを身につけていくものであると指摘する。

高木氏（V-2章）はヴィゴツキー学派の理論に基づき，また三嶋・丸山両氏（V-3章）はギブソンの生態学の立場から「学び」についてアプローチしている。ヴィゴツキー学派は，人間の精神発達を文化や歴史との不可分な関係のなかで生じる現象としてとらえる。また三嶋・丸山両氏も，人間の発達や学習は環境の中で生じ維持される点を強調し，そのために環境に対する知覚と行為の相補的発展が「学び」にとって重要であるとする。

松下佳代氏（V-4章）は学習の評価と「学び」の評価とを明確に区別したうえで，「学び」の評価としてパフォーマンス評価の理論・方法を紹介している。学習の評価が行動を要素的・量的・客観的に把握しようとするのに対し，「学び」の評価はふるまいのよさを全体的・質的・間主観的に価値判断する。

V-5章で三宅氏は，「協調的な学習」について，その歴史的な経緯，理論的背景，これまでの成果を解説している。そこでは，「協調的な学習」は学習を社会的な認知的所作とみなし，学習者を中心とした「学び」を学習者同士の協調的な過程の中に作り出し，そこから「学び」に関わる多様な要因の多彩な相互作用を可能な限り理解し制御することによって学習者一人ひとりの学習の質を上げるものとする。

### 3.6 「学び」とテクノロジー

第VI部の五つの章では，テクノロジー活用という視点から「学び」にアプローチする。

大島律子・純両氏（VI-1章）は「学び」を支援するためのテクノロ

ジー活用の原則的な考え方をまとめたうえで，協調学習支援システムの具体例を紹介している。

VI-2章で阪田氏は，演劇や舞踊などのパフォーミングアートを対象として「学び」と身体空間についてまとめている。ここでは，「メディアとしての身体」が伝達する情報をテクノロジーを活用することによって明らかにするとともに，「学びの身体空間」についてもまとめている。

VI-3章とVI-4章は，ロボット工学者に執筆いただいた。VI-3章で小嶋氏が指摘しているように，ロボット研究者は学ぶ力をロボット上に仮構築し，さまざまな環境のもとでその能力をテストすることで，最終的には人間を含めた知能主体に共通する「学び」の本質に迫ろうとしている。特に小嶋氏は，「内発的動機づけ」「環境に応じる身体」「社会的インタラクション」を中心に，ロボット工学・人工知能研究が「学び」をどのように捉えなおしつつあるのかを解説している。

岡田氏（VI-4章）は，「次世代ロボット創出プロジェクト」の中から生まれてきた「学び」のスタイルとして「リソースの中に埋め込まれた学び」を紹介している。そこから，「組織知」「分散知」という「学びのリソース」について検討する。

VI-5章で渡部は，「超デジタル時代」という時代背景を考慮し，2つの総括を行っている。第一に，「きちんとした知」を具現する形で誕生したデジタルテクノロジーがひと通りの発展を終え，さらなる発展の方向性をデジタル的特質からアナログ的特質へ転換しつつあるということ。第二に，従来の「きちんとした知」を「教え込み型の教育」で学習者に獲得させるという考え方から，「よいかげんな知」を「しみ込み型の学び」を通して獲得していくことが重要であるという考え方へのパラダイムシフトである。さらに，今後の「学び」探求の方向性を示している。

## 4 キーワード横断的な学び方

本事典における執筆者の専門は広い領域に亘っているが，「学び」探求に関する大きな方向性は一致している。

ここでは，各章をキーワード横断的に結びつけ，本事典の全体像把握の一助としたい。

## 4.1 学習と「学び」

本章の初めでも解説したように，1970年以前の行動主義心理学や認知心理学においては「学習」という用語が，そして1980年以降の認知科学においては「学び」という用語が好んで使用されてきた。

佐伯（2007）は，次のように言う：

「学び」と「学習」は違う。「学習」というのは，心理学的に言えば，経験によって引き起こされる一時的でない行動の変容である。その変容が「望ましい」か「望ましくない」かは無関係である。…中略（引用者）…つまり「学習」と違って，「学び」というのは，はっきり「望ましいこと」を身につけることを指す。（佐伯2007）

この事典においても，多くの執筆者が「学習」と「学び」とを明確に使い分けている。

松下氏（Ⅰ-1章）は，目標や動機を必要とする「学習」は「教育」に付随するものとして近代西欧で生み出されたものであり歴史的・社会的には特殊なものにすぎないとする。それに対し「学び」は目標を必要とせず，近代の「学習」よりもはるかに一般性が高いにもかかわらず今日の学校教育ではほとんど考慮されることがないと批判的に示している。今井氏（Ⅰ-2章）も哲学的考察の歴史を検討することにより，「学ぶ目標があり動機があれば学びは可能になる」という考え方の再検討を提案している。

さらに，川合氏（Ⅳ-5章）も「学び」に関する「人間本来の，最も人間的な営みとしての学び」という観点を重視し，動物の「学び」について検討している。そこでは「学び」が，エサや罰の強化子を用いた動物の「学習」とは異なることが強調されて来たことに着目し，はたして「最も人間的な営みとしての学び」は動物にも可能なのであろうかと問う。

松下氏（Ⅴ-4章）は学習の評価と「学び」の評価とを明確に区別する。つまり，学習の評価が行動を要素的・量的・客観的に把握しようとするのに対し，「学び」の評価はふるまいのよさを全体的・質的・間主観的に価値判断するとしている。

序　「学び」探求の俯瞰図　13

## 4.2 身体性・アフォーダンス

　1950年代，行動主義心理学に代わって台頭し，1970年代に最盛期を迎えた認知心理学では，人間の頭の中で起こっていることをコンピュータのアナロジー（類似のもの）として考える。しかし，そのコンピュータをロボットの脳，つまり人工知能として機能させようとしたとき問題として浮き上がってきたのは「身体の欠如」であった。ロボットも私たち人間も身体を持ち，その身体を環境や状況の中に置き，さまざまな相互作用をすることによってはじめて本質的な「学び」を成り立たせることができる。逆に言えば，脳だけではイキイキとした「学び」は不可能なのである。本事典においても，多くの執筆者が「身体の重要性」に言及している。

　辻本氏（Ⅰ-3章）は，江戸時代における寺子屋の手習いや儒学における「学び」を検討し，近代学校の「学び」における「身体性」の欠如を指摘する。

　池上氏（Ⅳ-2章）は「学習をシミュレーションする」という立場から，高木氏（Ⅴ-2章）は「人間の精神発達を文化や歴史との不可分な関係のなかで生じる現象としてとらえるヴィゴツキー学派」の立場から，さらに三嶋・丸山両氏（Ⅴ-3章）はギブソンの生態学的な立場から，それぞれ身体性の大切さを示している。特に，三嶋・丸山両氏は「アフォーダンス」という考え方を紹介している。これは「環境がそこに生活する動物に対して提供する意味や価値」と定義され，アフォーダンスによって私たちは環境と結びついていることを解説している。アフォーダンスに関しては，松下氏（Ⅰ-1章），麻生氏（Ⅱ-2章），佐伯氏（Ⅱ-4章）もキーワードとして取り上げている。

　さらに，阪田氏（Ⅵ-2章）は「メディア」という視点から「学び」と身体の関係を論じており，小嶋氏（Ⅵ-3章）は身体を持ったロボットという視点から「学び」について解説している。

## 4.3 学びの共同体・徒弟制的な学び

　身体性を重視するということは必然的に，その身体が置かれている環境や状況に目を向けることになる。したがって，学校や日常生活などの「学びの共同体」の重要性は認知科学の中心的テーマであり，本書でも多くの執筆者が言及している。

たとえば，浜田氏（II-1章），無藤氏（II-3章），内田氏（II-5章），藤野氏（II-6章）は，子どもの「学び」にとって子ども集団（仲間関係）の大切さを強調している。特に浜田氏（II-1章）は，学校における学びが「その共同体的な脈絡を失っている現状」を批判的に指摘している。

さらに，中原氏（III-4章）は「企業における学び」について検討しているが，近年はむしろ「社外の実践共同体」における「学び」に注目が集まっていることを指摘している。

認知科学では「学びの共同体」の典型例として，「認知的徒弟制に基づく共同体」を盛んに研究対象としてきた。たとえば，松下氏（I-1章）は「特定の目標達成を目指すための学び」の対極にあるものとして「徒弟制的な学び」を検討している。また，岡田氏（VI-4章）は「認知的徒弟制」を「認知的なスキルに対する学習モデルの一つ」として話題にあげている。さらに渡部（VI-5章）は，「徒弟制的な学び」が基礎になっている神楽の継承をデジタルテクノロジー活用によって支援しようという試みを紹介している。

以上のように認知科学では盛んに研究対象とされてきた「認知的徒弟制」であるが，福島氏（I-5章）は「徒弟制的な学び」には限界があるとする立場から議論を進めている。

## 4.4 模倣・状況的学習論・正統的周辺参加・協調学習

さてそれでは，「私たちはどのように学んでいるのか」という問いに対し「学び」の認知科学はどのように答えてきたのだろうか？

本事典の執筆者は皆ほとんど同じ枠組みにおいて議論を進めているが，キーワードとして取り上げている用語はいくつかに分かれる。主なキーワードとしては，模倣，状況的学習論，正統的周辺参加，協調学習などが挙げられる。

「模倣」は，子どもの「学び」の中でキーワードとして取り上げられることが多い。たとえば，浜田氏（II-1章），麻生氏（II-2章），辻氏（IV-4章），鯨岡氏（V-1章）などが「模倣」をキーワードとしている。しかし興味深いのは，佐伯氏（II-4章）が「模倣は学びを妨げることさえある」としている点である。

「状況的学習論」は，楠見氏（III-3章），三宅氏（V-5章），渡部（VI

-5章）がキーワードとしてあげている。また，浜田氏（II-1章）は「状況に埋め込まれた学び」という表現でキーワードとしている。「状況的学習論」では，そもそも知識とは常に環境あるいは状況に埋め込まれているものであり，したがって本当の「学び」とは環境や状況の中で，それらと相互行為（相互作用）しながら成立すると考える。生きていくために役立つ「知」は決して頭の中にあるのではなく，状況に埋め込まれている。したがって，私たちの「学び」は状況との相互作用によって生じることを「状況的学習論」は強調する。「正統的周辺参加」は，福島氏（I-5章），浜田氏（II-1章），山内氏（III-2章），岡田氏（VI-4章）がキーワードとしてあげているが，学習者が実践的共同体（典型的には認知的徒弟制に基づく共同体）へ参加する際のプロセスを示している。「協調学習」あるいは「協調的な学び」については，三宅氏（V-5章）が詳しく解説している。また，大島氏（VI-1章）はネットワーク環境における協調学習支援システムについて具体例を交えて紹介している。

その他，同様な主旨を持つキーワードとして，生田氏（I-5章）は「ケアリング」を，渡部（VI-5章）は「しみ込み型の学び」を挙げている。これらも従来の「教える者から学ぶ者へ」という一方通行ではなく，両者の関係性の中から「学び」が生じてくるという点を強調している。

## 4.5 デジタルテクノロジー・ロボット

状況や環境を重視する「学び」の認知科学では必然的に，人々が日々学んでいる「社会」にも着目することになる。そして，言うまでもなく，現代社会は著しい発展を遂げたデジタルテクノロジーが社会の隅々にまで浸透している。人々の「学び」を考えるとき，これらの点を見逃すことはできない。

歴史的に見ても，20世紀は「学び」とテクノロジーの関係が大きく変化してきた。たとえば1960年代，行動主義心理学の「プログラム学習」の考え方が工学研究と結びつき，「ティーチングマシン」と呼ばれる刺激提示装置の発明をもたらした。プログラム学習では，一つのテーマを教えようとしたときそれを丸ごと教えるのではなく，いくつかの細かな項目に分解する。そして，その項目を一組の「問と答の対」にし，

簡単なものから複雑なものへ構成し直す。それを学習者に一問ずつ提示して解答させ，その都度その正誤をフィードバックするという学習方式である。

この流れは1980年代後半，それまでは単純な電気回路を組み合わせただけのティーチングマシンがコンピュータに置き換えられると一挙に加速する。「教育工学（educational technology）」という新たな学問領域が誕生し，教育をコンピューターの支援によって行うという試み，つまり「CAI：computer-aided instruction」の研究が盛んに行われた。CAIでは，「問と答の対」を簡単なものから複雑なものへ学習者に一問ずつ提示して解答させ，その都度その正誤をフィードバックするというドリル形式の学習に適している。また，機械的に一歩一歩ステップを踏んで進めることが可能であり，教師の意図や目的に即して学習をコントロールすることができる，というメリットを持つ。これは，近代学校教育における考え方，つまり「正しい知識を一つひとつ系統的に教える」という「教え込み型の教育」に合致しており，多くの教育現場で採用されてきた。松下氏（I-1章）も「労働と同様に学習も近代のテクノロジーとの相性がよい」と批判的に書いている。

しかし，これまで示してきたように1980年代から少しずつ新たな方向性も提唱されるようになっている。たとえば山内氏（III-2章）は，学習者中心主義に基づいた学習空間のデザインを紹介しており，新しい学習空間におけるさまざまなテクノロジー活用について示している。また楠見氏（III-3章）は，大人の学びにおいて時間や距離の制約を越えることのできるインターネット上の仮想空間における他者との相互作用の重要性を指摘している。一方で権藤氏（III-5章）は，高齢者におけるテクノロジーを活用した「学び」には検討しなければならない多くの課題があるとしている。

大島氏（VI-1章）は「ネットワーク環境で学習を支援するためには，テクノロジーがいかに精巧なものであるかよりも，本来の意味での「学び」を支援するデザイン意図，そしてそれを実践の場で実現する努力が重視されるべきである」としたうえで，特に「協調学習支援システム」を紹介している。

渡部（VI-5章）は，テクノロジーを「従来の学びのパラダイムの中で『便利な道具』として活用する」のではなく，「新しい学びのパラダ

序　「学び」探求の俯瞰図　17

イムを創出することを目的として活用する」ことを提案している。この一つの例として，小嶋氏（VI-3 章）がロボットという最先端のテクノロジーを使って人間を含めた知能主体に共通する「学び」の本質に迫ろうとする試みがあげられる。また，岡田氏（VI-4 章）が「次世代ロボット創出プロジェクト」の中で紹介している「リソースの中に埋め込まれた学び」も新しい学びのパラダイムと考えられるだろう。

以上のように，従来の「学び」を根本から問い直すためにテクノロジーを活用することもまた，その重要な役割なのである。

## 5　これからの「学び」探求の枠組み

これからの高度情報化社会では，従来の学び論は通用しない。高度情報化社会の学び論では，「状況の中で学ぶこと」「動きながら学ぶこと」「仲間の中で学ぶこと」「よいかげんな知を学ぶこと」が大前提となる。筆者がこのように考える背景には，主に２つの理由がある。

第一に，これまで子どもの教育を発展させるためにとても重要と考えられてきた科学的思想や科学的方法論が頂点にまで到達した現代において，意外にも（まったく予想外に）子どもたちが危機的状況に追い込まれているという理由による。こころの崩壊，コミュニケーションの喪失，教育の歪み，そして大人や教師のあきらめにも似た無力感…これまで正しいと思って実行してきたことが大きな間違いを犯していたのではないか，と考えずにはいられない。

そして，それは学びの現場に限らない。現代社会において，私たち人類は大きく心身のバランスを崩し，慢性的なストレスや過労に陥り，人為的なミスによる事故や悲惨な事件が多発している。

このような最近では「ごくありふれた状況」を目の当たりにするにつけ，「きちんとした知」や「グローバルな知」を「きちんとした学び」によって身につけようとしてきたこと自体が誤りだったのではないか，と考えずにはいられない。そして逆に，これまで私たちが「正しくない」「いいかげんである」「グローバルではない（一部の特別な地域にしか当てはまらない，たとえば高齢者が多く住む地域）」として排除し続けてきた「知」に対し，もう一度冷静になって検討を加えるべきではないかと考えずにはいられない。つまり筆者は，これまで「正しくない」「いいかげんである」「グローバルではない」といったレッテルを貼って

排除されてきたたくさんの「知」や「学び」のなかにこそむしろ，とても大切なものが含まれていたのではないかと考えてみたいのである。

そして第二の理由は，私たちが暮らす社会が20世紀に全盛期だった工業化社会から高度情報化社会に変わったことにある。21世紀になり世の中はますます高度情報化が進み，さまざまな領域で20世紀の工業化社会とは状況が大きく変わりつつある。私たちの周囲を取り巻く情報の量は莫大で，常に増大している。しかも，情報化社会はあいまいで複雑である。さまざまな情報が複雑に絡み合っており，また情報間の境界も見えづらい。あるいは，常に情報の意味やその情報自体が変化し続けている。ある時には正しかった情報が，次の瞬間には間違ったものとなる。さらに，「正しいとも言えるし，正しくないとも言える」という場合すらある。高度情報化社会の中では，「きちんとした知」は通用しない。

高度情報化社会は，あいまいで複雑な情報が日々ふくれあがっている社会である。その中での「学び」は，これまでの「強さ，速さ，正確さ，グローバル，便利さ…」を求めるのではなく，「弱さ（フラジャイル），ゆっくり，好い加減，あいまい，ローカル…」がキーコンセプトになっていくだろう。

これからの時代は，「状況の中で学ぶこと」「動きながら学ぶこと」「仲間の中で学ぶこと」「よいかげんな知を学ぶこと」が求められている。そのための大きなヒントを，「学び」の認知科学は私たちにもたらしてくれるのである。

# I 部
# 「学び」をどう考えるか

　「学びをどう考えるのか」ということに関して，主に教育学，教育哲学の視点からアプローチする。「学習」と「学び」の違いを明確にし，江戸時代の「学び」やケアリングとしての「学び」，学習の社会理論についても紹介する。

# 1 学ぶことの二つの系譜

・松下良平

　専門家であるか否かを問わず現代人の常識では，学習はめざす目標を必要とする。目標の内容や性格についてはさまざまな論争があるが，めざす目標がなければ人は学べないし，学ぶ動機も得られないと考える点では，多くの人びとは一致している。しかしながら，目標を必要とする「学習」は近代西欧に誕生したものであり，現代人にどれほど自明視されようとも，歴史的・社会的には特殊なものにすぎない。一方，学ぶことにはもう一つ別の系譜がある。目標を必要としない「学び」の系譜である。それは近代の「学習」よりもはるかに一般性が高いにもかかわらず，今日の学校・教育ではほとんど考慮されることがない。ここではこの二つの系譜を比較し，両者の相違と関係について考察してみたい。

## 1.1 目標を必要とする学習
### 1.1.1 学習の特殊性

　今日，学ぶことは一般に，提示された知識やスキルを習得することや，めざす状態に向けて行動が変容していくことを意味している。この「**学習**[1]」において決定的な役割を担っているのが，目的達成を合理的に実現するための手段・方法である。すなわち，書物（教科書）に記載されたことば・図絵，実物や映像，教具やツールなどとも呼ばれる器具・装置・仕掛けの類，体験・作業といった身体活動，個別や習熟度別などの学習形態，などである。それらの方法・手段（ことば・もの・こと）を選択・開発し，系統化して配列して提供するのが**教育**[2]であり，それらを実際に機能させることが学習なのである。したがって，手段の合理的な組織化としての教育なしには学習は成り立たない。教育と学習は，一定の目標へ向けての合理的な人間づくりを異なる視点からながめているだけなのである。

　さてそうであれば，一定の目標へ向けての学習が今日どれほど自明視されていようとも，それはけっして普遍的なものではない。目標へ向けての合理的な人間形成としての「教育（education）」が15世紀の西欧において錬金術をモデルに誕生し（イリイチ 1982），19世紀半ば以降の**学校教育制度**[3]の発展と共に広が

っていったことを考慮すると,「学習」——日本語の「学習」は**近代教育**[2]・学校の受容とともに人口に膾炙した——もまたそれと同様の意味で歴史的・社会的に特殊なものである。

近代西欧に起源をもち,国民国家の発展に伴って勢力を拡大していった「学習」は,産業社会以降に支配的になった活動様式としての「**労働**[4](labor)」の一つのバリエーションとしてみなすことができる。自然や環境を客体とみなし,それに対峙する主体としての人間が,自己保存(自己の維持や拡張)のために自然や事物をコントロールし支配しようとする行動様式,これが労働である。自然や事物を思うがままにコントロールしようとする試みとしての労働の論理が人間すなわち他者や自己にも向けられるようになったとき,そこに教育と学習が誕生する。

かくして,「労働」と「学習」にはいくつかの共通点がある。

(1)両者とも自己(個人や集団)の利益や欲望充足を得るための手段にすぎず,労働や学習それ自身は苦役でしかない。より小さい苦労でより大きな成果や利益をあげるものが,最もすぐれた労働や学習ということになる。学習の理想は,**コメニウス**[5](J. A. Comenius)が『大教授学』でめざしたように「僅かな労力で・愉快に・着実に」学ぶことなのだ(コメニウス 1962)。

(2)両者とも,最適の手段を用いれば目的達成が可能になるという前提に立って,近代に特有の合理性(目的合理性や道具的理性)を追求する。つまり,一旦目標が設定されたらあとはもっぱら目標達成のための方法に関心を向ける。それゆえ労働と同様に学習も近代のテクノロジーとの相性がいい。テクノロジーの発達こそが労働や学習をより確実で効率的なものにし,さらにはそれらに伴う苦痛を軽減してくれるからである。

以上のことを念頭に置きつつ敷衍すると,目標を必要とする学習は次のような社会的・歴史的な観念・現実・課題を存立根拠にしていると言える。①客体=対象(オブジェクト)を操作し支配しようとする主体(サブジェクト)としての近代的人間観,②目的実現のために有効な手段の選択を合理的とみなす近代特有の合理性概念,③固有の言語や歴史や宗教をもつ多様な地域共同体の成員ではなく,言語や歴史や宗教を共有する「国民」(国民国家の成員)の創出(さらには植民地の人びとを支配する側の「国民」にすること),④資本主義の発展(特に工業化)に貢献する質の高い労働力の確保,⑤利己主義や個人主義に立脚して自然の開発・利用を自由に推し進める

「文明」を是認し，それと対立する考え方を「野蛮」として否定する文化，⑥自然の開発・利用に貢献する科学や技術の発展，⑦互いに異質で固有の価値を有するものを貨幣を介して交換する市場の発展，⑧農耕社会に特有の円環する時間ではなく，過去・現在・未来を直線的で不可逆的なものとみなす時間意識の出現（未来に投影した設計＝計画によって現在を統制しようとする考え方），⑨人間が個々独自の社会的・歴史的条件に拘束された固有の存在であることを考慮しない契約論的思考，⑩上記のような見方・考え方の実現を（社会や個人の）「進歩」や「発展（発達）」とみなす歴史観。

　これらの基盤に支えられないと存立しえない点では学習は特殊である。しかし，西洋から輸入した「学習」を世過ぎの手段としてとらえ，わが子の教育に情熱を注ぐ階層＝都市の**新中間層**[6]（をめざす人びと）が多数を占めるようになるにつれて，学習は自明のものとして人びとに受け入れられるようになっていく。大正期に新中間層が誕生した日本の場合は，おおむね高度経済成長期以降のことであり，人類史的スパンでみればごく最近のことであった。

## ［キーワード］

**1）学習**：欧米語（たとえば英語のlearning）では区別されないが，ここでは学ぶことを「学習」と「学び」に分ける。「学習」は「教育」に付随するものとして近代西欧で産み出されたものであり，目的―方法の枠組みに依拠するのが特徴である。日本では学校教育制度の普及・浸透に伴い一般化していった。近代に誕生した教育学や心理学は，「教育」や「学習」の枠組みの内部でしか思考できないことが少なくない。

**2）教育（近代教育）**：教育する側の利害＝関心を反映した計画的・合理的な人づくりの試みのこと。近代西欧に誕生した教育（education）とは，知識や態度に関して目的・目標を設定し，最適の方法を用い，強制したり誘導したりしながら被教育者を教育する側のねらい通りのものにしようとすることである。単に教えることや導くことではない。

**3）学校教育制度**：国民の形成・統合や有用な労働者の計画的・合理的な育成のために，近代の国民国家がすべての国民を対象として導入した教育制度。土着の学びや教えのための学校（近世日本の手習塾など）に代わり，教育と学習を導入した近代学校がその役割を担う。公教育制度ともいわれるが，その公共性はあくまでも国家を統治する側からみたものにすぎない。

**4）労働（labor）**：人間が道具を用いて対象に働きかけ，有用なものを産み出す行為が一般には労働といわれる。だが，工

場労働や企業労働になじんだ近現代人にとって，労働の意味はより限定されている。有用なものの産出にとって最適とみなされる道具を用意・開発し，目的の達成にとって合理的なその道具を用いて対象に働きかけることがここで言う「労働」である。

5）コメニウス（J. A. Comenius）(1592-1670)：現チェコ共和国のモラヴィア生まれ。ボヘミア同胞教団の牧師にして遍歴の思想家。三十年戦争の惨禍を踏まえ，合理的な方法を用いた教育＝人間の再形成を通じて，平和なヨーロッパ・キリスト教世界の再建を試みた。

6）新中間層：社会成層の中間に位置する諸階層であるが，伝統的生産手段をもった自営業者（中小企業主・自営農民・商人など）の旧中間層とは異なり，生産手段をもたず管理的・知的業務に従事するホワイト・カラーのサラリーマン層。

### 1.1.2 学習のパラドクス

　近代の労働は，科学と技術を動員して自然を開発し，物質的に豊かな文明をつくりあげてきた。だが他方でそれは，戦争やホロコーストをはじめとする幾多の暴力を誘発し，環境を破壊し，貧富の格差をもたらし，人間の絆や連帯を蝕んできた。今日ではその負の副作用の方がむしろ際立ちつつあると言ってもよい。同様の逆説は近代の学習についてもあてはまる。学習が豊かな文明の形成に貢献してきたことが事実だとしても，学習もまたさまざまな負の副作用をもたらし，今や学習それ自身を欺きつつあると言えるからだ。この学習のパラドクスについて説明するためには，「学習」が以下のような特徴をもっていることを指摘する必要がある。

　（1）学習は，**知識**[7]や**技**[8]を成り立たせているコンテクスト（諸意味の連関），および学習者が置かれた生のコンテクストを無視し，意識的に切り捨てる。そうすることによってこそ，いつでも，どこでも使用できる（その意味で普遍的な）知識や技が成り立ち，それらをだれもが学習できるという考え方が可能になるからだ。しかしながら，視点を換えれば，コンテクストを切り捨てることによって学習は，学習者の外側から与えられたルールや決まり事の受容という性格を帯び，また学習するための動機を外部から調達してこなくてはならないという難題を抱え込む。

　（2）知識や技がとらえているのは一定のまとまりをもった**意味システム**[9]であるが，その意味システム（それゆえ知識や技の全体）を学習によって習得することはできない。学習によって習得できるのは，知識や技がとらえている世界＝意味システムを何らかの記号（言語や図絵など）によって代理させたもの，すな

わち**世界の表象**[10]（representation）だけである。この「表象の学習」の嚆矢がコメニウスの『世界図絵』であった（コメニウス 1988）。だが，表象はいわば「世界の写像」（モレンハウアー 1987）であって，あくまでも世界について知るための手がかりでしかない。そのため，表象の習得としての学習をどれだけ積み重ねたところで，知識や技を「生きて働く」ものにすることはできない。

（3）学習は人間をコントロールするための装置であるが，合理性への期待が高まるにつれ，学習それ自身もコントロールの対象となる。学習をより確実なものにするために成果産出プロセス改善のための評価システムを導入するとき，学習の内容と過程の可視化が要求される。そのとき「表象の学習」の延長上に，学習内容を具体的な行動に置き換えようとする考え方（行動目標論）や，知識や技の「計測可能」「測定可能」な部分に限定しようとする考え方が登場するようになる。そこに近年のように，短期間で確実に学習成果をあげることが求められるようになると，学習の有り様がさらに変容する。第一に，表象の中でもよりコントロールしやすいものが学習内容に選ばれることによって，知識や技がとらえている世界と表象との間のつながりがほとんどみえなくなる（人間関係が一定のマニュアル化された**スキル**[11]で表象されたり，愛国心が国歌を歌う声の大きさで表象されたりする）。第二に，学習が表象の習得ではなく，その偽装（シミュレーション），すなわち期待されている学習成果（ことばや行動や表情）の主体的な構築（シミュレーション）＝捏造に変質してしまう。第三に，学習成果を確実に産出させるために学習者の生物学的・生理学的条件（「脳内物質」や遺伝子）にまで操作が及ぶようになる。

以上の(1)と(2)は学習が抱える構造的な問題である。学習は，知識の伝達や技の習得の意味を大幅に切り詰めなければ成り立たない。成功した学習であっても，学習はある種のフェイクにすぎないのである。(3)は学習の歴史的展開の今日的・近未来的帰結である。そしてここに，学習が要請する「知識の伝達や技の習得の意味の切り詰め」が，学習自身に内在する論理によって学習の歪曲や矮小化をもたらし，さらには学習それ自身の否定さえも招来するというパラドクスがある。元々フェイクであった学習が，学習の論理の徹底化によって学習をますます無内容化し，無力化していくというパラドクスである。

さらに，このパラドクスの進行と並行して，学習はその負の副産物と

して次のような厄介な問題を産み出していく。①学習は学習者を固有の生のコンテクストから引き離し，合理的で一般的な学習プロセスの中に押し込むために，原理的なレベルで人間を画一化・均質化しようとする。学習の目標や方法をどれだけ多様化したところで，画一性が多様化されるにすぎない。学習は原理的に個性や創造性の育成になじまないのだ。②学習は**モノローグ構造**[12]に立脚しており，交歓し対話する他者を必要としないために，学習になじむほど他者との関係構築に困難をきたす（人間関係やコミュニケーションをめぐる諸問題の発生）。ひるがえってそのことは，他者との関係・交流の中から形成されるものとしての自己のあり方にも深刻な影響を及ぼす（アイデンティティや自己肯定感などをめぐる問題の発生）。③学習は本来苦役であり，いかに学習への動機づけを行うかという問題を抱えているが，学習の無力化が進行するにつれて動機づけ（インセンティブや達成感や目的意識などの付与）がさらに大きな教育的課題となる。その結果，何を学習するかよりも，学習意欲や関心をいかにしてもたせるかに関心が移り，学習の無内容化はいっそう進行する。

　ちなみに，19世紀末から20世紀初めにかけて台頭した，**子ども中心主義**[13]に立つ「**新教育**[14]」は，学習のこのような負の副産物を解消しようとする試みとして位置づけることができる。押しつけや教え込みを嫌い，自発性や個性や作業・体験を重視し，興味・関心に焦点化したその教育は，当初少数の新中間層に受け入れられただけだったが，その後消費社会に移行するにつれて大衆規模で受け入れられるようになり，情報娯楽産業とも結びついて，今日では教育界を席捲するまでになっている。けれども，それらの多くは学習の論理を根本から問い直そうとはしない。むしろ逆に学習の合理化と無内容化に手を貸し，学習の負の帰結を糊塗し取り繕うことによって，学習の無力化に拍車をかけているのである。

[**キーワード**]

7）**知識**：記号で定式化されたものが一般に知識と呼ばれるが，正確にいえば知識とはその記号が代理している諸意味の連関の全体のことである。たとえば近代の「学習」についての知識は，その言語的定義だけでなく，「学習」を要請し可能にしている一定の社会的・歴史的な観念・現実・課題（→ 1.1.1）の全体から成り立っている。

8）**技**：対象に働きかけて有用なものを産み出そうとする際に用いられる身体技法。技はtechniqueであるだけでなく

art でもあり，それ自身の巧みさや美しさを追究する側面を色濃くもっている。有用な生産物の量的・質的向上を目的とした（しばしば脱身体をめざす）技法はテクノロジーや技術と呼ばれ，一般には技と区別される。

9）**意味システム**：記号によって定式化された知識や技の背後にあって，知識や技を可能にしている諸意味の連関・ネットワークのこと。それゆえ，意味の観点からみた場合の知識や技のありようのこと（「知識」「スキル」の項も参照）。社会と歴史に関連した広がりとまとまりをもつ。

10）**世界の表象（representation）**：世界（もの・こと・人・観念）を丸ごと把握することはできないために，人びとはそれらを代理・代行する何らかの言語的・非言語的記号によって世界を知覚しようとする。その世界の表象としての記号の習得をめざすのが「学習」（＝表象の学習）である。それゆえ，その記号を習得しただけでは世界について知ったことにはならない。

11）**スキル**：英語の skill には巧みな技という意味もあるが，「学習」の対象としての「スキル」はしばしば手続き化された技・技術の意味で用いられる。すなわち，習熟の手間を省いて効率的に使用できるようにした技・技術である。だが，使用される場面・コンテクストについての暗黙知が抜け落ちているために，スキルは実際の使用場面では支障をきたすことも多い。

12）**モノローグ構造**：モノローグは独り語りのことであり，ダイアローグ＝対話に対置される。学習は他者とは無関係に成立可能であり，個人ごとに目標を立て，学習活動を営むことができるだけでなく，そのような個別学習がある意味では理想でもある。一方，後述の「学び」はダイアローグ構造に立脚するがゆえに，他者とのかかわりや交わりなしには成り立たない。

13）**子ども中心主義（教育）**：社会や大人の論理を書物・ことば，鞭・処罰などを用いながら教え込む立場に反対し，子どもの生活や論理を尊重しようとする立場の総称。その主導者としてよくルソー（J.-J. Rousseau）やデューイ（J. Dewey）があげられるが，彼らの理論と現代の子ども中心主義とは異なる部分も多い。デューイの教育論などはむしろ後述の「学び」論と親和的である。

14）**新教育**：20世紀への転換期に欧米を中心に勃興した革新的な教育思潮・運動の総称。近代学校教育＝「旧教育」の画一的・一方的な教授や管理に反対する子ども中心主義の側面がよく知られているが，子どもの科学的研究を通じて教育や学習をより合理的なものにすることを志向する点では近代の学習論の正統な嫡子でもある。

### 1.1.3 学習信仰の揺らぎ

上記のような深刻なパラドクスを抱えているにもかかわらず，今日，学習への期待が収縮する気配はない。その背景には，学習を可能にしている先述の諸々の観念的・存在的

な基盤が依然として強固である——その一部はグローバル化によってさらに強化されつつある——ことや、情報娯楽産業と結託した子ども中心主義教育が学習のパラドクスを隠蔽していることなどがあると考えられるが、さらに別の事情もある。近代社会においては、伝統的社会の門閥や血縁に代わり、学習によって身につけた能力が資源や地位の配分を決定する重要な要因になってきた（→Ⅲ-1.2.1）。つまり学習こそが平等で公正な社会を可能にすると考えられてきたのである。

そのとき、表象の学習は実に好都合であった。世界の表象としての言語・図絵や行動は誰にもアクセス可能であり、努力すれば比較的短い期間で習得することができるからだ。知識の伝達や技の習得は本来、知識・技のコンテクストと学習者の生のコンテクストとの融合・結びつきを必要とするので時間がかかる。いいかえれば、学習者の出自・生育環境（**文化資本**[15]など）のために両者のコンテクストが大きく乖離している場合には伝達や習得は容易ではない。しかし表象＝記号の習得や操作であれば、そのような難点を回避できるし、学習の成功を個人の問題として、つまり学習者本人の努力・やる気や教師の方法・技術の問題として位置づけることができる。しかも記号の習得や操作は可視化され、しばしば計測可能でもあったので、学習の成功／失敗が誰にでも客観的に同定可能である。学習の成功度による資源や地位の配分が正当化されるためには、能力を合理的にコントロールできるものとしての学習が必要だったのだ。こうして、「学習によって身につけた能力次第で誰もが何にでもなれる」という能力主義の原則は、逆説的だが能力を実力（実際に生きて働く力）からあえて切り離すことによって、真実味を帯びることになった。

幸か不幸か、近代の官僚制的な社会の中では、実力と学習によって培われた能力との乖離は（一部の教育学者を除けば）それほど問題にならなかった。そこでは、何ができるかよりも、官僚制的組織のヒエラルキー内の地位の格差（人的資源の配置）をいかに正当化するかのほうが重要な関心事だったからである。学習の成功度に応じて権力を配分することを正当化できれば、つまり記号を有能に操作できる者＝官吏的な書記能力に長けている者が権力をもつことを正当化できれば、学習はその社会的役割を十分に果たすことができたのだ。

さらに付言すれば、近代化の初期や途上においては、言語などの記号の習得はそれらを未だ有していない

者にとっては実際にも大きな意義をもっていた。世界の表象は知識や技術の手がかりにすぎないとしても、そのような手がかりさえ容易に入手できない社会では未知の文明社会への貴重な導きだったからである。こうして複雑な社会的・歴史的コンテクスト（意味連関）に組み入れられることによって、学習は多くの難点を抱えていてもそれほど問題視されることはなく、逆に高い信憑性を勝ち得てきたのである。

けれども、見方を換えて言えば、学習を支えていた意味連関が変容していくと、周りのパズル片が抜け落ちたジグソーパズルの一片のように、学習にどのような意味があるのか、次第にわからなくなっていく。「**ポストモダン**[16]」「**リキッド・モダニティ**[17]」などと呼ばれる新しい時代・社会においては、国家や資本主義の形態、合理性概念や自然観、などが変容し、社会の未来像が不透明になって、実際にそのようなことが起こりつつあると言ってよい。近年の若い世代に目立つ、学習からの逃走、学習意欲の低下、学力低下、などは（安易な決めつけは禁物だが）その現れとみることもできよう。くわえて、それに先だって、教育についての**再生産論**[18]は、教育＝学習が文化資本や経済資本の格差を反映して階級・階層的地位を再生産するばかりであり、平等で公正な社会の建設には寄与しないことを実証してみせていた。

学習の価値の低下に対しては、すでにさまざまな対策が試みられつつある。一つは、学習の有用性をさらに高めようとして、（PDCAサイクル[19]の導入などによって）学習をいっそう合理的にコントロールするとともに、学習をいっそうコンテクストから自立させて、その成果がいつでも・どこでも役立つ度合いを高めること（一般的な能力やスキルを学習の目標にすること）である。もう一つは、情報娯楽産業と結託した子ども中心主義教育が供給する人工的な「楽しさ」によって、学習が引き起こす苦痛を紛らわし、学習意欲を喚起することである。しかしながら、学習のこのような延命策・弥縫策は、これまで論じてきたことに従えば事態をさらに悪化させるものでしかない。だとすれば、今日必要なのは、目標をめざす学習を相対化し、別の**学び**[20]のあり方を探究することであると言えよう。

[キーワード]

15) **文化資本**：身のこなしや立ち振る舞いからモノ（書物や絵画など）や資格（学歴など）までを含み、資本としてその所有／非所有が社会的・経済的利害を左右する。たとえば、知的探究と縁遠い文化資

本の下で育った者が学問的知識を身につけるのは困難であり、その分だけ学校学習での成功や社会での成功も困難になる。

16) **ポストモダン**：近代の後に到来する時代、あるいは近代的なものを乗り越えたもの。20世紀末に流行した一思潮としてのポストモダンは、近代ヨーロッパ文明に特有の合理主義、機能主義、近代的主体、進歩主義、還元主義、形而上学、「大きな物語」などに懐疑の目を向ける一方、差異、他者性、複雑性、異質性などの意義を説き、脱構築を唱えた。もっとも、そのようなポストモダンは近代の徹底化にすぎないとする見方も少なくない。

17) **リキッド・モダニティ**：流体化し液状化した近代。永続性・持続性・継続性が失われ、一時性・一回性・短期性と絶え間なき更新に支配された近代。社会学者のバウマン（Z. Bauman）は今日の情報消費社会の特徴をこの用語で表現したが、そこでは人びとはモデルや目的を欠いたまま不安定性・不確実性・偶発性に満ちた漂流生活を強いられる。

18) **(教育の) 再生産論**：文化や社会的関係や階級・階層的地位の再生産（反復や継続）に教育がどのようにかかわっているかを解明しようとする諸理論。70年代以降欧米を中心に盛んに議論され、教育を社会構造の中に位置づけて理解するための重要な視点を提供した。

19) **PDCAサイクル**：Plan（計画）→ Do（実施）→ Check（評価・検証）→ Act（対策）という流れに従った生産工程や業務の管理システム。近年では、人づくりが物づくりと同列に扱われ、学校現場への導入がさかんに唱えられている。達成目標に基づく教育評価も同様の考え方に立脚している。

20) **学び**：「学習」と区別される「学び」は、近代以前の社会や非西洋型の社会に広くみられるだけでなく、類人猿の一部にもみられる。生活や仕事の中に埋め込まれているために同定が困難であり、徒弟制と結びつくときには否定的に評価される傾向にあるが、生物学的一社会的存在としての人間にとっては、「学び」は「学習」よりも本質的なものだということもできる。

## 1.2 生の更新のための学び
### 1.2.1 学びのエコロジー

近代社会や学校教育の論理からみると「過去の遺物」であり、公的な教育の世界からは無視・排除されてきたが、目標を必要とする近代の「学習」とはまったく異なる学びの系譜が存在する。しかもそれは、近代以前のはるかに長い期間に人類が行っていたと考えられる学びであり、それゆえ基本的な点で類人猿とも共通する学びである（松沢 2002）（→II-4.1.2）。**アフォーダンス**[21]の理論を媒介させれば、その学びは動物の知覚学習が進化したものとみなすこともできる（リード 2000）。この伝統的な学びはその意味で、野生の学びやエコロジカルな学びと呼ん

でもよい。日本の場合，伝統的な学びが見様見真似を重視する一方で，「真似ぶ」を語源とする「学ぶ」ということばがあることから，ここではそれを「学習」と区別して「学び」と表記する。

　以下では，一定の環境に生きる存在としての人間の生をいわば生態学的に分析することから導き出される学び，すなわち特定の目標の達成をめざすというよりも，生を更新していくためになされる学びの原理の骨格を描き出してみよう。ここでは，伝統的社会における模倣と習熟を通じた学びや，徒弟制をモデルに構成された**実践共同体**[22]への参加としての学びに広く共通すると考えられる部分を，いわば哲学的な観点から再構成してみたい。それゆえそれは，**徒弟制的な学び**[23]の限界説（福島1995, 2001）（→5.4）に応答すべく，既存の「学び」論が扱ってきた技能やルーティン（日常的に繰り返される定型的行為）の学び，特定の職業や課題に向けての学びを超えて，「学び」をより一般的な理論に拡張する試みである。視点を換えて言えば，デューイやローティ（R. Rorty）らのプラグマティズムや解釈学の教育論，ギブソン（J. J. Gibson）らのエコロジカルな心理学や知の理論，オートポイエーシス・システム論に基づくルーマン（N. Luhmann）らの教育論，ヴィゴツキー（L. S. Vygotsky）やワーチ（J. V. Wertsch）らによる精神活動への社会文化的アプローチ（→V-2.2, V-2.4.2），などを関連づける試みでもある。

　この「学び」が近代の「学習」と異なるのは，まず道具の位置づけに関してである。学習においては道具は目標達成のための手段として位置づけられるが，この学びにおいては道具（物・観念・身体技法）は人が環境とかかわる際の媒介として機能する。道具は主体（サブジェクト）[24]が客体を操作し支配するための手段なのではなく，働きかけ／働きかけられる者としての主体（エージェント）[24]が，働きかけられ／働きかけるものとしての環境と一定の調和的・安定的な関係をつくるための媒介なのである。もちろん，そこでも人間は環境を利用するし，道具は人間の目的意図を実現するための手段である。けれども，人間と環境は道具を媒介として一つのシステムを形成しているのであって，人間と環境が主体と客体として対峙することはない。新たな世界と出会い，それになじんで自らの環境とし，さまざまな道具を用いながらその環境と調和的な関係を築くための媒介を産み出していくのが学びなのである。そのとき，産み出された媒介は，道具として新たな世界との出会

いや新たな媒介の産出を可能にするだけでなく，しばしば他者にとっての新たな世界や道具にもなって，自己や他者のさらなる学びを誘発する。それゆえまた，学びは「教える人」を必ずしも（少なくとも原理的には）必要としない。

## [キーワード]

21) **アフォーダンス**：環境が動物に提供する（afford）もの。たとえば水を知覚するとき，水は飲むことや汚れを洗い落とすことをアフォードしており，水が提供するその「意味」や「価値」がアフォーダンス（affordance）である。生態学的視覚論を提唱したギブソンの造語で，知覚が環境と動物の相互依存的境界面での現象であることを明らかにした。主―客の二元論を超え，実在論と関係論のいずれとも整合的であり，心理学や哲学に大きな刺激を与えている。

22) **実践共同体**：実践を共有する人びととの共同体。現存する人だけでなく，過去や未来の人間（時には人間以外の存在）も含む。よりよき実践をめざした競い合いを促すこともあるが，実践を共有する人びとの集まりとして，互いにケアし配慮し合う関係にもなりうる。個人主義的な「学習」とは異なり，「学び」は実践共同体から切り離すことができない。

23) **徒弟制的な学び**：徒弟制の中での学びでは，めざす仕事に一見無縁で，権威者への服従を強いる周辺的な活動に長期にわたって従事させるので，近代の「学習」の支持者からは非効率的かつ権力的で，せいぜい技芸の仕事にしか通用しない過去の遺物とみなされてきた。しかし「学び」の観点からとらえ直すと（「正統的周辺参加」論・「認知的徒弟制」など），そこには積極的で普遍的ともいえる意義を見いだすことができる。

24) **主体**：封建制や官僚制から自立した主体であることは近代における人間のあり方の目標とされてきた。だが他方で，物と心の二元論に立つデカルト的主体は自然に対する暴力を正当化する論理を内包している。このような近代的主体（subject）とは異なる自律的「主体」は agent（行為の担い手・作用因）と呼ばれるときがある。

## 1.2.2 〈人―道具―環境〉システムの変容としての学び

かくして「学び」においては，〈人―道具―環境〉システム，より詳しく言えば〈もの―こと―観念―他者―心―身体〉システムの変容こそが学ぶということにほかならない。学びは，学ぶ者が気づかないうちに始まっていることもあれば，人に強制されたり，先人の業の「威光」に引き寄せられたりして始まることもある。いずれの場合でも学びの初期の段階では，先人と活動を共にすること（正統的だが周辺的な活動を担っていくこと）や，そこで用

いられる道具や「型」になじみ，それに習熟することを通して，学ぶ者自身がこのシステムを形づくることが基本的な課題となる。それがある程度成し遂げられた後の学びは，新たな世界との出会い，つまりなじみのない人やものやことばと出会ったり，未知の出来事を経験したりすることによって起こる。そこでは新たな世界と調和的な関係を築くために新たな媒介＝道具が産み出されるが，そのときこの〈人―道具―環境〉システムには多少なりとも新たな要素が付加されて（時には取り除かれて）複雑化したり，システム内の諸要素の布置や関係が変わったりしている。

この場合，出会う世界が（理解可能な範囲内で）異他的なものであるほど，そのシステムに大きな揺らぎがもたらされ，システムもまた大きく変容する。相応の時間がかかるが――何年もかかる場合もめずらしくない――システムの解体と再組織化がうまく成し遂げられたとき，人は何か新たなことを理解し，身につける。言語などの記号を手がかりとして新たな知識を獲得し，モデルのふるまいを手がかりとして新たな技を習得する――それゆえ学びを自覚する――のはこういうときである。一方，同じ人・ことば・もの・出来事であってもコンテクストが異なれば新たな世界との出会いとなりうる。その意味で学びは，同じことの繰り返しのような生活であっても，機械的な反復でないかぎり，自覚はされなくても生活のさまざまな局面でつねに起こっていると言ってよい。

かくして，知識の伝達や技の習得とそれらの創造とは，近代の学習における想定とはまったく反対に，この学びにおいては原理的には異質なものではない。学びによって産み出された媒介＝道具が既知の知識や技と同様のものであれば伝達や習得となり，未知の知識や技であれば創造になるだけである。同様にこの学びでは，知識や技を獲得すること，自己が変容すること，他者との関係を築くこと，環境を変えること，世界が広がることは，それぞれ別個の事態ではない。それらは「学習」においては互いに独立した目標―過程とみなされるが，「学び」においては〈人―道具―環境〉システムの変容をながめる際の観点の違い――システム内のいずれの要素や関係に光を当てるかの違い――にすぎないからである。

### 1.2.3 目標を必要としない学び

近代の学習とは異なり，異他的な世界との出会いを通じた〈人―道具―環境〉システムの変容としての学びは，人間を思いのままにコントロ

ールするためのものではない。それゆえ学び自身をコントロールすることもまたできない。

そもそも学びはコントロールの基準となる目標や計画を必ずしも必要としない。労働を範型とする学習は、目標の達成に役立つ材料や方法を予め選別し、規格化し、合理的に計算された計画に従ってそれらを配列する。それに対し、**仕事**[25]（work）の中で行われる学びにおいては、目的意図が活動を導くときでも、それは暫定的な見通しや予期の類であって、状況の変化や活動の進行に応じて修正可能であり、時には途中で新たな目的意図に取って代わることもある。目的意図を実現するために用いられる材料については、それぞれの特性や個性が尊重され、各自にふさわしい役割や場所、ふさわしい組み合わせや関係づけが考慮される。だからこそ未知の材料が出現するたびに目的意図は再形成の可能性に開かれることになる。それゆえまた材料を用いる方法も規格化や標準化は不可能であり、即興性を伴う個性的なものにならざるをえない。にもかかわらず、それ自身はフェイクである近代の学習とは異なって、学びは一定の成果を確実にもたらす。たとえば徒弟制的学びではだれもが一人前になれるのである（レイヴ・ウェンガー　1993）。

人間の会話がそうであるように、活動の進行中に異他的な材料（ものやことば）に出会うたびに目的意図は揺らぎと調整、淀みや沈黙とその突破を繰り返し、活動の成果が出た後に初めて自分の目的や意図を同定できる場合も少なくない。私がつくりたかったものは、制作物や作品が仕上がった後に初めて私自身もわかるというケースである。このとき目的は道具の利用に先行するのではなく、道具を用いることの帰結＝終点にすぎない。

かくして、合理的にコントロールすることが不可能なこの学びを、形成としての学習に対比させて、生成としての学びと呼ぶこともできよう。学びにおいて理性は、対象を思い通りに操るためのものではなく、異他的なものと対話して意思疎通を図り、それと自己の間に一定の調和や安定や均衡状態を築くためのものなのである。

[キーワード]
25) 仕事（work）：ここでは「仕事」（work）は「労働」（labor）と明確に区別される。仕事も、人間が道具を用いて対象に働きかけて有用なものを産み出す行為である。だが、「労働」とは異なり「仕事」は、道具の使用に習熟し、時に創意を加えることによって対象への働きかけをより巧みなものにしていき、その結果としてより

すぐれたものを産み出そうとする。

### 1.2.4 実践が要請する学び

〈人―道具―環境〉システムの変容としての学びはあくまでも観察者の視点からの記述である。学ぶ者自身の観点からながめると学びのもう一つ別の相が明らかになる。目標をもたず即興性に満ちた学びが道を見失わないのは、学ぶ者が従事している活動に価値が組み込まれており、その価値が学びを方向づけてくれるからである。そのような活動をここでは「**実践**[26]」と呼ぶことにする（アリストテレス 1971 a; マッキンタイア 1993）。

同じ「たたく」でも、人が何気なく「机を叩く」と打楽器奏者が「太鼓を敲く」の間には大きな違いがある。前者は単なる物理的な行為にすぎないが、後者は一つの意味システムとしての活動であって、それ自身の内にうまく・上手に敲く可能性が含まれているからだ。後者のように、それぞれの活動に固有の善さを組み込んでいるもの、それがここでいう実践である。実践とは、各々の実践に内在する善の達成、つまりよりよき・よりすぐれた達成（卓越性）をめざして行われる活動なのである。

さてそうであれば、実践を営む上で、つまりよりよき達成を実現する上で必然的に必要になってくるのが学びにほかならない。ことさらに目標をもたなくても、実践に従事すれば学びはいわば自然に立ちあがってくるのだ。そのとき目標がなくても学びが無軌道に陥らないのは、実践に内在する善が学びの方向を定めてくれるからなのである。

ちなみに、ここでいう実践は「理論と実践」というときの実践とはまったく異なる。すぐれた成果をめざしての理論的活動もまた紛れもない実践だからである。実践と対照的なのは、理論ではなくて、活動の外部にある善（利益・財産や社会的地位・名声などの財〈グッズ〉）をめざして行われる活動である。自らの内に目的をもつ実践とは異なって、その活動自身は――まさに労働や学習がそうなのだが――活動の外部にある善を獲得するための手段でしかない。職人はこの二つの善の区別に特に自覚的であり、実践の外部にある善の獲得を犠牲にしてまでも実践に内在する善を追求しようとする傾向をもつ（永 1996）。その意味で実践の典型例は古来の手業や職人技であると言ってよい。だが、現代でも実践は、「ものづくり」や会社の経営・営業からスポーツ・芸術・学問・教育に至る「プロフェッショナル」、つまりマニュアルを越えた有能さをもった人びとの仕事の中や、さらには労

働や学習の隙間に多様に見いだすことができる。

## [キーワード]

26) **実践**：それ自身の内部に善さの基準が組み込まれている活動。「理論」ではなく，価値や目的を含まず客観的に計測可能な活動に対置される。実践に内在する善は鑑識眼によってのみ理解可能であり，実践はその鑑識眼が判断する「よりよき」達成をめざすので，学びを必然的に要請する。仕事の中で学びがなされるのも，仕事が実践の側面をもつからである。

## 1.2.5 鑑識眼と学ぶ動機

　実践の観点から学びの過程をとらえ直してみよう。実践共同体への参加としての学びの意義の一つは，そこが実践に内在する善について理解していく場になっていることにある。個々の実践ごとに異なる「すぐれているとはどういうことか」「何がよいふるまいか」の規準は，ルールの形に定式化することができない。それは実践共同体の中に，つまり仕事の過程や成果はもちろんのこと，各人の役割，道具の扱い方，生活の作法，身体技法，儀式や祭礼など，生活のさまざまな局面に埋め込まれている。つまりその善は，個人の頭の中というより，当の実践を共有する人びとの間に分かちもたれている。したがって，実践に内在する善が何かは，その実践に参加し，実例を通じて学ぶ者が自ら理解していくしかない。つまり実践に内在する善は**鑑識眼**[27)]によってしかとらえられないのであって，それを自らつくりあげ，鍛えあげていくことが，実践に参加することの意義の一つなのである。

　現代社会では人は多様な実践共同体に同時に参加しうるので，実践に内在する善は合意だけでなく対立や軋轢もはらんでいる。だがそれは鑑識眼の成立を困難にするとはかぎらない。善をめぐる対立や軋みが善の相対性ではなく善の重層性を意味するとき，鑑識眼はむしろ豊かなものになる可能性を秘めていよう。

　実践に内在する善について理解が進むほどに，学ぶ動機も確かなものになっていく。「何が・どうすることがよい（すぐれた）ことか」がわかるようになるにつれて，実践に魅了され，そのよさが追求に値することを身をもってわかるようになるからである。しかも，それと並行して実践する能力が高まり，よりよいものを自ら達成できるようになるほどに，またその実践に従事する者としてのアイデンティティが形成されていくほどに，きびしい訓練を伴う場合であっても実践はおもしろいものとなり，学ぶ動機はさらに確固としたものになっていく。さらに言え

ば，失敗を経験したり，自らの鑑識眼によって自分の実践に改善すべき点や課題をみつけ出したりすることもまた，探究としての学びを促す。そのとき，実践共同体の一員として，同時代や過去や未来の共同体の成員の呼びかけに応えようとするほど，自らの実践の課題や問題点を克服するための学びを引き受けざるをえなくなる。

こうして，近代の学習とは異なり，学びにおいては学ぶこと自身が学ぶ動機を産み出していく。そこでは学ぶことは同時に「学ぶ人になる」ことでもあるのだ。だから学びは「インセンティブ」や「将来の夢」といった目標を必ずしも必要としないし，それゆえまた学びには終わりがないのである。

[キーワード]
27) 鑑識眼：対象を客観的に測定し，予め決められた基準に従って○×の判定を下すのではなく，対象になじんだり玩味したりしながらその全体を繊細に把握し，多義性や両義性を視野に入れた複眼的な見方に立って善し悪しを見分ける力。ものごとをみる目。

## 1.2.6 「学習」と「学び」の関係

ここまで，近代の「学習」とそれ以前から存続する「学び」が根本的に異なることを指摘してきた。学校での学習に失敗した者が後年見違えるほど大きな能力を開花させる事例は少なくないが，これも学習と学びの原理的な異質性によって説明することができよう。

とはいえ，二項対立的思考に陥り，学習と学びのいずれかを選ばなければならないと考えるのは早計である。肝心なのは，生物学的―社会的存在としての人間にとって「学習」よりもはるかに本質的なものと考えられる「学び」を，学ぶことの土台に据えることである。実践を豊かにし学びの可能性を広げてくれるのであれば，学習もまた積極的な意義をもつ。たとえば，世界の表象としての記号の習得は，他の同様の実践の成果と関連づけて学びを拡張・深化させたり，異他的な考え方と出会って新たな学びを喚起したりするためには重要なものとなる。そもそも現代社会が求める高度な精神機能は多様で複雑な表象の操作なしにはありえない。学習（表象の学習）が空虚というよりも，学びから切り離された学習，学びを妨害する学習が空虚なのである。ちなみに，類人猿のボノボやチンパンジーが「表象の学習」に成功したケースでは，学習は「教育」によってではなく，実践共同体参加型の「学び」によって開始されている（サベージ-ランバウ&ルーウィン 1997; 松沢 2002）

(→Ⅳ-5.4.1)。人間の場合も，学びという支えがなければ学習面（たとえば受験勉強）での成功はおぼつかないであろう。

にもかかわらず，近代化に伴って実践や学びは生活の中から駆逐され続けてきた。伝統的な社会は実践としての仕事や遊びに満ちていたが，代わりに登場した近代の労働は（そして遊びも）しばしば実践に内在する善（仕事のよさ）を犠牲にしてまでも利益や地位を追求する。失敗を避けること，無駄を省くこと，なるべく短時間でかつ楽により大きな成果をあげることをめざす労働＝学習文化は，いずれも学びを阻害する。

現代社会では「学び」が衰弱すると同時に，「学習」の意義もまた揺らぎつつある。このような事態にどのように対処すればよいかは，もはや単なる教育や学習の問題ではない。この問題が社会（特に国家や経済システム）のあり方に大きく左右されるからだけではない。学びが**ケア**[28]と競い合いの共同体と結びつくのに対して，学習が相互無関心や排他的競争を促すとき，それは政治や倫理の問題でもあるからだ。さらにこの問題が環境破壊や暴力，自由と権力，理性や価値のあり方，などとも深くかかわっていることを考えると，それはもはや人間の文化全体の問題といわなければならないのである。

[キーワード]

28) **ケア**：気遣い，配慮すること。相手や対象に関心を注ぎ，つながりや結びつきをもとうとすること。福祉の領域では介護や世話を意味する。近年では，原理や普遍性や自律や理性を重視する思考が男性中心的であることを指摘し，責任＝応答可能性や状況や相互依存や感情を重視する女性の見方が，ケアやケアリングと関連づけて語られるときも多い。

# 2 「学び」に関する哲学的考察の系譜

・ 今井康雄

　あなたはなぜ学ぶのか。何ゆえに学ぶことができるのか。——こう問われたら，どう答えるだろうか。出てくる答えは人によってさまざまだろう。しかしその答え方には共通点があるに違いない。あなたはたぶん，自分が学ぶ目標，あるいは動機を，答えたくなっただろう。希望する学校に入るため，やりがいのある職業に就くため，自分らしく生きるため，など（目標）。あるいは，やらないと将来が心配だから，楽しいから，好きなことだから，など（動機）。しかし，学ぶ目標があり動機があれば学びは可能になる，と考えてよいだろうか。以下では，学びについての私たち自身の考え方をとらえ直すために，学びについての哲学的考察の歴史を遡ってみたい。

## 2.1 はじめに：学びについて哲学的に問うことの意味

　**学び**[1]は，今から2500年ほど前の古代ギリシアではじめて哲学的な考察の対象となった。そこでも，「なぜ」「何ゆえに」が学びについて問われたが，この問いに対する答え方は，冒頭に述べたような私たちの流儀とは，ずいぶん違っていた（Meyer-Drawe 2005）。古代ギリシアにおいては，学びが向かう目標ではなく，学びは何に由来しどのように始まるのか，という学びの起源が，議論の焦点になった。また，その起源は，学びを促す主観的な動機のようなものとしてではなく，学びを支える根拠として考えられた。

　そこで実際にどのような答えが出されたかについては，後で述べよう。しかしいずれにしても，このような答え方，あるいは問いの立て方そのものが，現在の私たちには何か場違いなものに映るだろう。そもそも生きるということが，**環境**[2]とかかわり自分自身を変えていくこと，つまり学ぶことなのではないか。学びは常にすでに起ってしまっていることなのだから，その起源や根拠を問うことに何の意味があるのだろうか。たとえ問うたとしても，人間は学ぶ存在なのだという確認に終わるしかないだろう。あるいは人間の遺伝的条件や脳の仕組みに答えを預ける他ないだろう。結局，人間は学ぶ

ようにできているのだから学ぶのだ，という同語反復で終わってしまう。問うに値するのは，学びの現実であり，学びを促す目標や動機であり，学びを支えるための手だてだ——こう思えるのである。

確かに，**行動**[2]の比較的永続的な変化，という心理学的な意味での**学習**[1]に学びが還元されるものなら，人間に限らず動物一般についても，生きることは学ぶことだと言えるだろう。しかし，「学びから逃走する子どもたち」（佐藤 1999）が語られるとき，そこでの「学び」は，上のような形式的な意味での「学習」とは明らかに違った意味で理解されているはずだ（「学習」から「逃走」することなどそもそも不可能であろう）。「学習」ではとらえられないニュアンスをすくい取ることができるという点で，またその限りで，「学び」ということばを使うことには意味がある。「学び」は行動の変化には解消できないし，環境への（行動の変化による）よりよい**適応**[2]とも同一視できない，ということである。このようにみれば，人間は学ぶ存在なのだから学ぶのだ，と言って安心していられるほど学びは確実な出来事ではない。学びからの「逃走」という観測が多少とも当たっているとすれば，学びは今日ますます危ういものになっているのである。

ここに，学びについての哲学的考察の系譜をあらためて振り返ってみる意味がある。

本章ではまず，古代ギリシアにおいて学びの条件がどのように理解されたかを，プラトンの場合とアリストテレスの場合を対比しつつ述べたい。学びの問題は，彼らの哲学にとって中心的な問題であった（→ 2.2）。ところが近代に入ると，学びは哲学的な考察から括り出され，教育論・教授論のなかに場所を移すことになった。こうした事情を，「方法」の優位，合理論と経験論の対立，といったトピックから浮き彫りにしたい（→ 2.3）。この 2.2, 2.3 については主にブックの研究（Buck 1989）に依拠することになる。そして最後に，カント以後，特に 19 世紀末から，学びの困難が自覚され，学びが再度哲学的な考察の対象となってきた，という事態について述べることにしたい（→ 2.4）。

[キーワード]

1)「学び」と「学習」：英語に直せばどちらも learning である。しかし，佐藤学によれば，「学び」の方が learning の動名詞的で活動的なニュアンスを伝えることができ，learning のもつ意味の広がりをよりよくカバーできるという（佐藤 1999）。認知科学などの展開によって，学習における認知メカニズムや社会的文脈の

重要性に目が向けられ，心理学における学習概念それ自体が，「行動の比較的永続的な変化」という形式的な理解には収まらなくなっていった。「学び」という用語は，こうした学習概念それ自体の変化を織り込んでいく役割も担っている。

2）「環境」「行動」「適応」：個体にとっての外的条件の総体を「環境」，環境に対する個体の反応を「行動」，一旦は崩れた個体と環境との均衡を個体が行動を通して再構築する過程を「適応」，ととらえることができる。もっとも，環境それ自体が，個体から独立に存在するというより，個体によって意味づけられて存在している（同じ部屋にいても，人間にとっての部屋とダニにとっての部屋とはまったく違ったふうに経験されているに違いない）。環境と個体とは相互依存的に考える必要がある。

## 2.2 古代ギリシアの哲学的な学び論

### 2.2.1 プラトン：「メノンのパラドックス」と想起説

学びに関する哲学的考察の出発点として，**プラトン**[3]（Plato）の対話篇『メノン』での**ソクラテス**[3]（Socrates）とメノンの対話を挙げることができる。この対話篇では，まず，ソクラテスが「徳（器量）とは何か」という問いをメノンに向ける。メノンは，そんなことならわかっていると自分の考えを述べるが，その答えについてまたソクラテスが質問をし，という具合に問いと答えを重ねるうち，とうとう答えに窮してしまう。メノンは降参し，ソクラテスに言う。徳とは何かを，私はわかっているつもりだったのに，あなたという人に触れたとたんにわからなくなってしまった，あなたは人が噂しているとおりシビレエイのような人だ，と。これに対してソクラテスはメノンに言う。私は君を困らせて楽しんでいるのではない，徳とは何かは実際のところ私自身にもわからないのだ。だから，これから君と一緒に徳とは何かを探求しようと思う。

このソクラテスの提案に対してメノンが提出するのが，「メノンのパラドックス（Meno's paradox）」として知られる奇妙な論理である。メノンは，もし私もあなたも徳とは何かを知らないのなら，それを探求しようにもできないのではないか，と主張するのである。ソクラテスがメノンの主張を以下のようにまとめている。

> わかったよ，メノン，君がどんなことを言おうとしているのかが。君のもち出したその議論が，どのように論争家ごのみの議論であるかということに気づいているかね？ それはこういう議論なの

だ。「人間は,自分が知っているものも知らないものも,これを探求することはできない。というのは,まず,知っているものを探求するということはありえないだろう。なぜなら知っている以上,その人には探求の必要はないわけだから。また,知らないものを探求するということもありえないだろう。なぜならその場合は,何を探求すべきかということも知らないはずだから」。(プラトン 1974, 276)

知ること・探求することをめぐるこのパラドックスにプラトンは暫定的な解決を与えるが,それが想起説 (theory of recollection) と呼ばれるものである。それによれば,人間の魂は不死なものであって,いくたびとなく生まれ変わってさまざまな人生を生き,あらゆるものをみて学んできている。現在の私たちが無知であるとすれば,それはこの学んだことを忘れた状態なのである。したがって:

もし人が勇気をもち,探求に倦むことがなければ,ある一つのことを想い起こしたこと——このことを人間たちは「学ぶ」と呼んでいるわけだが——その想起がきっかけとなって,おのずから他のすべてのものを発見するということも,充分にありうるのだ。それはつまり,探求するとか学ぶとかいうことは,じつは全体として,想起することにほかならないからだ。(Ibid., 278)

メノンは,しかしこの説を簡単には信じようとしない。そこで,ソクラテスはメノンに召使いの少年を呼ばせ,この少年を相手に問答を始める。ソクラテスは,ある正方形の二倍の面積を持つ正方形の作図,という数学の問題を少年に出す。そして,答えがわからず途方に暮れる少年に巧みに問いかけ,彼自らが答えを発見するところまで導いていく。プラトンはこのように,具体的な学びの過程を演示することによって,想起説に信憑性を付与してもいる。

以上のように,人間は何ゆえ学ぶことができるのかが問われ,その答えが学びの起源に求められる。プラトンが起源として見いだしたのは,魂のなかにあらかじめ存在する知[4]であった。この知はやがてイデア論 (theory of idea) によって根拠づけられることになる。こうした学びの起源の探求が,同時に学びの過程についての考察(ソクラテスと召使いの少年との対話)を呼び出していることにも注目しておきたい。それにしても,なぜこのように起源に遡る

必要があるのだろうか。これは，イデアや魂の不死といった話を別にしても，わかりにくいところであろう。先にも触れたとおり，重要なのは学ぶための目標であり動機だ，と考える傾向が私たちにはある。学びが何に由来するかなど，無用な問いのように思えるのである。

　プラトンの想起説の背後には，師のソクラテスから受け継いだソフィスト批判がある。ソフィストは当時の最先端の知識人たちであり，役立つ**知識**[4]（主に弁論術）を人々に伝授することを生業としていた。彼らにとって，教えるとは知識伝達であり，学ぶとは知識獲得に他ならない。ところが，プラトンにとって，知とは物品のように授受できるものではなく，知を求める当人のあり方と不可分に結びついている。知ることはある境地に達することだが，だからこそ，この境地に達することが当の知を理解するための条件なのである。知ることはその知ることの結果を前提にして初めて可能になる，というようなジレンマを，学びは常に抱えていることになるだろう。このジレンマの解決を求めて，学びの出発点の状況が探求される。プラトンの場合，知がそれを学ぶ人と不可分の関係にあると考えられたがゆえに，学びの起源への問いが重要になったと考えられる。

[キーワード]

3）ソクラテス（Socrates）（BC 470/469-399）とプラトン（Plato）（BC 428/427-348/347）：「〜とは何か」という形で物事の本質を問うのが哲学（philosophy；愛知）の営みである。これは古代ギリシア，特にアテネが生んだ独特の文化だったとも言えるが，それが地中海世界に広がり西洋的な伝統となっていく。ソクラテスは，この哲学的問いの展開において重要な画期をなす。彼は，問答によって無知を自覚させることで人々を知の探究へと向かわせようとした。しかしこれがかえって人々の恨みを買い，告発されて死刑に処せられることになる。ソクラテスを私淑する若者の一人であったプラトンは，まず師の言行を書き留めようとして著作活動を始める。これが対話篇と呼ばれるもので，現在遺されている彼の著作の大半はソクラテスと誰かとの対話という形をとっている。プラトンはアテネ郊外に学園アカデメイアを開いて若者の教育にも従事した。プラトン自身の思想が熟してくると，対話篇は次第にプラトンが自らの思想（想起説もその一つ）を表現する手段となり，ソクラテスの口を借りてプラトン自身が語るようになる。西洋哲学の歴史はプラトンに関する注釈の歴史だ，と言われるほど，その思想の後世への影響は甚大である。

4）「**知**」と「**知識**」：「〜とは何か」に対する答えが「〜」についての知である。プラトンは，このような知，たとえば「徳とは何か」に対する答えを魂は潜在的

に持っていると考えた。しかし、知は「〜とは…である」のような形で表現されるとは限らない。たとえ「徳とは…である」とは答えられなくても、徳あるふるまいがどのようなものであるかがわかっている、実際にそのようにふるまうことができる、ということはありうる。このような「わかっている」「できる」という広い意味での知を想定したとき、ここでは——通常の語感とは異なるかもしれないが——「知識」という用語を使用する。なお、2.2.2のアリストテレス『分析論後書』の引用において「認識」と訳されているのはgnosis（$\gamma\nu\omega\sigma\iota\varsigma$）で、これは「知」「知識」あるいは「認知」とも訳されることばである。

### 2.2.2 アリストテレス：日常経験からの帰納

アリストテレス[5]（Aristoteles）にとっても、「なぜ学ぶことができるのか」は中心的な問題であった。『分析論後書』の冒頭で、アリストテレスは次のように言う。

> 思考のはたらきによる、すべての教授、すべての学習は、どれもみな、[学習者の内に] 予め存する認識から生まれてくる。（アリストテレス 1971b, 613）

訳者の加藤信朗の注釈によれば、この一句にはアリストテレスの知識論が要約されている。「それは人間における知の習得を原初に与えられる知的所与の展開、完成態［…］として把握するものであり、アリストテレスの全哲学がそこに罩められている」（ibid., 773）という。アリストテレスにおいても、学びへの問いは学びの起源への問いに結びつけられ、かつ、その起源は学ぶ者のなかにあらかじめ存在する知に求められた。ただし、アリストテレスは、このあらかじめ存在する知の性質を、彼の師であるプラトンとは違った形で理解した。

『分析論後書』で、アリストテレスは、プラトンが提出したメノンのパラドックスを取り上げている。そしてプラトンとは対照的な解法を与えている。プラトンの議論の前提になっていたのは、ある事柄についてわれわれは知っているか知っていないかのいずれかである、ということであった。アリストテレスはこの前提そのものを疑う。われわれの知の実態はこうした二分法では割り切れない。「或る限定された意味においては、すなわち、全体的な知識としては知識をもっているとしても、限定ぬきの意味においては、その知識をもっていない」（ibid., 615）ということがありうる。白か黒かではない、このようないわば灰色の状態が、学びの前提として想定されるの

である。

　では，この灰色の状態はどのようにして実現されるのか。潜在的な，しかし抽象的・一般的な知から出発したプラトンとは対照的に，アリストテレスは人間が他の動物と共有する感覚という能力から出発する。感覚から記憶が生じ，同じものについて繰り返された記憶から経験が生じる。この経験が，学びの前提でもある「予め存する認識」を形作る。もちろん，それは学びの出発点でしかない。アリストテレスはそれを，「われわれに対してより先のもの」と呼んで，「本性上より先のもの」から区別している。前者から後者への移行が学びの本来の課題となる。

　たとえば，「円とは何か？」と問われたら，あなたはどう答えるだろうか。「丸いもの」「角がないもの」「お皿のような形」などがまず浮かぶだろう。これらは「われわれに対してより先のもの」である。こうした経験的な知識はわれわれの感覚に近く理解しやすいが，「丸いもの」が円とは限らないように，円の本性からは遠い。これに対して，「一点から等距離にある同一平面上の点の集合」は，感覚からは遠いが円の本性には近く，「本性上より先のもの」である。学ぶとは，「われわれに対してより先のもの」から出発して「本性上より先のもの」に至ること

なのである。アリストテレスはこの過程を**帰納**[6]（epagoge）と呼ぶ。確かにそれは，感覚に近い個別的なものから出発して抽象的・一般的な知へと至る過程だという点では，今普通に言う「**帰納**[6]（induction）」の意味とも一致する。

　しかし，具体的・個別的なものから抽象的・一般的なものへの移行はどのようになされるのだろうか。この両者の間には断絶があるように思えるのである。アリストテレスに従えば，両者の間には確かに飛躍があるが，断絶があるわけではない。「われわれに対してより先のもの」は，潜在的にではあるが「本性上より先のもの」を含んでいるからである。「円とは何か」という問いに「丸いもの」と答えた人は，たとえば問いを誤解して「日本の通貨」と答えた人とは違って，円とは何かを基本的なところで理解している。その人は，「一点から等距離にある同一平面上の点の集合」という本性上より先にある知を理解する可能性を手にしていると言ってよい。「われわれに対してより先のもの」が「本性上より先のもの」を潜在的に含むという，独特の包含構造を「予め存する認識」は持っている。アリストテレスはここに学びの起源をみていたと言えるだろう。この包含構造が教授の可能性を支えることにもな

る。

[キーワード]
5）アリストテレス（Aristoteles）（BC 384-322）：プラトンのアカデメイアで学び抜きん出た才能を示した。後にはアテネに自ら学園リュケイオンを開いて教育にも当たる。一時，後のアレクサンダー大王の家庭教師も務めた。論理学，心理学，自然学，生物学，倫理学，政治学，美学など，その後の学問分野の基盤となるような著作を遺し（遺された著作の大半はリュケイオンにおける講義ノート），「万学の祖」などとも呼ばれる。特に論理学は，19世紀末に記号論理学が現れるまではアリストテレスが作った枠組みを越え出なかったと言われる。『分析論』はその論理学関係の著作の一つ。『前書』が三段論法の詳細な分析で論理学の本体，『後書』は，三段論法の大前提に当る知識がいかに成立するかを論じる。

6）帰納（epagoge；induction）：個別的な場合から出発して一般的な命題を導くような推論が「帰納」である。アリストテレスはこれをepagoge（$\varepsilon\pi\alpha\gamma\omega\gamma\eta$）と呼んだ。「帰納」を意味するヨーロッパ諸語（induction, Induktion）の語源となっているinductioはそのラテン語訳である。

## 2.3 近代哲学における「学び」の位置
### 2.3.1 日常経験への不信と方法の優位

アリストテレスの学び論の基盤には日常的な経験への信頼がある。日常的な経験は，学知と比べれば不十分なものだが，潜在的には学知を含んでいるはずなのである。さもなければ教授も学習も不可能だというのがアリストテレスの前提であった。そのアリストテレスが作り上げた自然学を，ガリレイ（G. Galilei）に始まる近代の自然科学は根本から覆した。近代科学は日常的な経験への不信を前提にしている。もちろん近代科学は**経験科学**[7]であり経験に立脚する。しかしそこでの経験は，日常的な生活経験ではなく非日常的な実験的経験である。科学の基盤となるような経験を得るためには，実験という特別の工夫が必要となる。

ガリレイの最大の功績は落下法則の発見だと言われる。物体の落下速度が物体の質量にかかわりなく落下時間によって決まる，という物理の根本法則が発見されたわけである。しかしこの法則は日常的な経験からはかけ離れている。ピンポン球よりゴルフボールの方が速く落ちる，というのがわれわれの日常的な経験であろう。落下法則を経験によって確かめるためには，空気抵抗を最小限

に抑えるような，非日常的な実験的設定が必要となる。日常的な経験をどれほど重ねても学問的な知識には到達できない。必要なのは方法，学問的な知識へとつながるような経験を獲得するための，方法なのである。

このような実験的方法の重要性を，ガリレイの同時代人である**ベーコン**[8] (F. Bacon) がその学問論『ノヴム・オルガヌム』(1620) で強調している。彼はそこで伝統的な学問のあり方を厳しく批判した。伝統的な学問は，思い込み（イドラ：idola）と偶然（個別から一挙に普遍へと飛躍するアリストテレス的な帰納法）に支配されているために確実な知識へと到達できない。それに代わるものとして彼が提案するのは，実験によって得られた個別的な経験から一歩一歩知識を積み上げて行く新しい帰納法である。ここで言う経験は感覚知覚にほぼ等しい。アリストテレスの場合とは逆に，経験＝感覚知覚は一般的なものを含まず，それゆえ万人共通である。それは，一般的なものを含まないからこそ確実な知への出発点となるのである。精神がこうした新しい帰納の方法によって指導されることで，事は「いわば機械によるかのように，処理されることになる」（ベーコン 1978, 61; 強調引用者）とベーコンは言う。

学問における方法の優位は，考える私をあらゆる認識の起点に据えることで近代哲学の土台を作った**デカルト**[9] (R. Descartes) にもみられる。彼は『精神指導の規則』(1628) で，「事物の真理を探求するには方法が必要である」を第四の規則として立てている。「事物の真理を探ねるのに，方法なしでやるくらいなら，それをまったく企てない方が遥かにまし」だと彼は言う（デカルト 1950, 23）。彼の考える方法は，ベーコンの帰納とは対照的に**演繹**[10]である。「事物の経験はしばしば人を欺くけれども，演繹すなわち，或るものの，他のものからの純粋な推論は［…］推理力最も乏しい悟性でさえそれを誤ることが決してない」(ibid., 15; 強調引用者) からである。方法の中身の違いにもかかわらず，ここでも，ベーコンの場合と同様，日常経験への不信が前提にあり，この不信が方法の希求へとつながっていることがわかるだろう。

[キーワード]
7) **経験科学**：倫理学のように規範の定立をめざしたり，法学（法解釈学）のように特定の法体系を前提にしたり，論理学や数学のように経験による検証を必要としない論理的法則性を問題にしたりするのではなく，経験による検証を必要とする事実

法則を問題にする科学を「経験科学」と呼ぶ。

8）ベーコン（F. Bacon）(1561-1626)：国璽尚書・大法官を歴任したイギリス政府の高官でもあった。伝統的なアリストテレス的な学問に代わる，実験と帰納に基づく新しい学問を構想した。「オルガヌム」はアリストテレスの論理学関係の著作を示すことばで，『ノヴム・オルガヌム』はそれに代る新しい学問方法論を意味する。イドラに対する批判はその一環として展開されている。「イドラ」は，もともとは「像」「偶像」を意味することば。ベーコンは，認識を誤った方向に導くような観念体系を「イドラ」と呼んで批判した。実験と帰納によって学問はイドラから浄化され，自然を解明する力を得る，そしてそうした確実な知によって自然を支配できるようになる，と考えられた。「知は力なり」という格言はベーコンに由来する。ベーコン自身は，当時成立しつつあった近代科学とは無縁であったが，彼の学問方法論は近代科学の精神を先取りしていた。

9）デカルト（R. Descartes）(1596-1650)：近代哲学の父とも呼ばれるフランスの哲学者。代数幾何学の創始者でもある。『方法序説』(1637)で示され『省察』(1641)で詳論された「われ思う，ゆえにわれあり（コギト・エルゴ・スム）」という命題は近代哲学の原点となった。すべてが誤りであり夢幻だと疑っていっても（「方法的懐疑」），そう考えている私の存在は疑いえない，というのである。こうして彼は，考える私を認識の絶対確実な出発点として据える。世界は考えることを属性とする精神と広がりを属性とする物体に二分され，これによって，近代の科学技術を支える世界観的基盤が確立した。近代の科学技術の前提になっているのは，単なるモノに格下げされた物体の世界（ここには人間の身体も含まれる）を，人間精神は自在に解明し自由に利用できる，という考え方なのである。

10）演繹：「演繹」は，帰納とは逆に一般的な命題から出発して個別的な結論を導く推論であり，三段論法はその典型である。一般→個別に限らず，論理的に正当性を保証された推論一般を「演繹」ととらえることもできる。

### 2.3.2 方法の優位と教授学

さらに，前項での引用の強調部分（「機械によるかのように」「推理力最も乏しい悟性でさえ」）に注目すると，両者のもう一つの共通点を確認できる。方法によって人間の側は負担を軽減され，人間なら誰もが満たすことのできる前提（ベーコンであれば感覚知覚，デカルトであれば良識）を出発点にして，確実に認識に至ることが可能になるはずだ，という見通しがそれである。このように考えることができれば，学びの背後にパラドックスや飛躍を想定する必要はもはやない。人間は，正しい方法に従う限り，順を追って確実に

知へと到達できるはずなのである。

このように万人に到達可能となった知は客観的な実在に近いものとなる。客観的な実在の要件として，われわれは普通，普遍的な到達可能性を想定している。目の前のこの本は夢の中の本と違って客観的な実在だ，と言うとき，私は，誰でもここに来れば目で見，手で触ってこの本の実在を確かめられるはずだ，と主張しているのである。方法によって知への道が万人に開かれたとき，知もまた客観的な実在の要件を満たすことになる。知は，それを獲得し身につける人の側から分離可能な，人から人に手渡すことも可能であるような何ものか，として思い浮かべることができるようになる。（ソフィストの知識観は，近代科学的な「方法」への視点を欠いているとしても，知の伝達可能性という点では非常に「近代的」なものだったと言えるだろう。）

17世紀に現れた**教授学**[11]（didactics）という試みは，知を伝達可能な対象とみる以上のような見方を背景にしている。教授学は，教えるべき内容を確定しその内容を伝えるための合理的な方法を追求する。知の対象化可能性はその前提なのである。この教授学の試みによって，学びは教授という枠組みのなかに限定されることになる。近代科学を支えた方法の優位は，教授学を介して，学びの意味の限定と結びついたと言えるだろう。このことを，われわれは17世紀の教授学を代表する**コメニウス**[12]（J. A. Comenius）に確認することができる。

コメニウスは，近代科学的というよりはキリスト教的な世界観に基づいてではあったが，伝えるべき知を総覧し教授可能にするという壮大な試みを行った。コメニウス自身は，教授以前の学びにも関心を向けていたようである（相馬 2001, 234-）。しかし，絵入りの教科書として知られる『世界図絵』（1658）において，われわれは「教授と一体化したものとしてのみ成立しうる新しい「学習」概念に出会う」ことになる（森田 2003, 62）。教授と一体化することによって，学びの意味は限定されるが，しかし確実なものとなる。確実なものとなることによって，学習の起源への問いは無用となる。『最新言語教授法』（1648）について検討したコッホ（L. Koch）は次のように結論づけている。「プラトンやアリストテレスが取り組んだ学びの可能性の問題はもはや彼［コメニウス］の関心を惹かない［…］この可能性は前提にされる。彼にとって重要なのはまったく別のことがら，つまり，学びの方法的な制度化と保障である」（Koch 2003, 471）。おそら

く，学びの意味の限定と，このような学びの起源や可能性への問いの消滅とは，互いに密接に結びついているのである。

## [キーワード]
11) **教授学**（didactics）：教えるべき内容と教えるための方法に関する科学を「教授学」と呼ぶ。その前提には，教師が生徒に特定の内容を教える，という制度化された教育的コミュニケーションの成立がある。教授学は17世紀に登場し主にドイツ語圏で展開された。現代では，方法に関する部分を方法学（Methodik）と呼んで教授学から区別することも多い。

12) **コメニウス**（J. A. Comenius）(1592-1670)：現在の国名でいえばチェコ共和国のモラヴィア地方で生まれ，ボヘミア兄弟団という宗教団体の牧師となる。しかし三十年戦争（1618-1648）の戦火に追われ，結局，一生亡命生活を送ることになった。混乱した世界を正道に戻すことができるのは教育だと考えて著作活動・教育活動を行った。『大教授学』（1657）では，男女両性のすべての青少年が通う学校を構想し，彼らが楽しく着実に学べるような学校を作るための体系的な方法を提案した。『世界図絵』はそうした学校で使われることを想定した教科書であり，世界とは何かを実社会に出る前の子どもたちにあらかじめ伝えることを目指している。世界について教えるべき内容を150課に凝縮し，しかも絵を使うことで内容を直観的に理解さ せることをねらっている。ここには，ことばによってことばを教えることに終始する言語主義（verbalism）を批判し，内容における事物主義（realism）・方法における感覚主義（sensualism）を主張したコメニウスの立場がよく表れている。『世界図絵』は各国語に翻訳され，ゲーテ（J. W. Goethe）の時代にまで使われるロングセラーとなった。

## 2.3.3 経験論対合理論の論争

以上述べてきたことといささか矛盾するようではあるが，17, 18世紀の哲学史を彩る**経験論**[13]（empiricism）対**合理論**[13]（rationalism）の対立は，まさに学びの起源を論争点としていたとみることもできる。経験論の土台を作った**ロック**[14]（J. Locke）は，生得の観念を否定し，白紙のような心に経験が観念を描いていくのだと主張する。彼は学びの起源を後天的な経験に求めたと言えるだろう。実際，ロックは，『人間知性論』（1689）において，生得観念を退けるために，しばしば子どもがいかに学ぶかの観察に訴えている。以下の一節はほんの一例である。

> 子どもたちの心がそのもつ知識に到達する進み具合を子どもたちに観察する者は，子どもたちが最初にもっとも親しく交わる事物こそ子どもたちの知性へ最初に印銘さ

2 「学び」に関する哲学的考察の系譜　51

れるものだと考えようし、なにかそれ以外にはいささかの痕跡も見いださないだろう。(ロック 1972, 113)

この『人間知性論』に大きな刺激を受け、これを反駁するために書かれたのが**ライプニッツ**[15] (G. W. Leibniz) の『人間知性新論』である（ロックの死によって、ライプニッツは本書の出版を断念することになった）。『新論』は、『人間知性論』の主張をほぼ逐語的に披瀝するフィラレートと、それに反論するテオフィルという二人の人物の間でなされる対話の形で展開する。ライプニッツは、このテオフィルに託して、人間の精神が普遍的な知あるいは原理を生得的に備えている、という自説をフィラレート（＝ロック）の主張に対置していく。

一般的には、合理論は学びの問題を考察するのに適さない立場だとみなされるだろう。子どもの学びの場面から立論するロックの立場は、現在のわれわれの常識に適うものであり、また、コメニウスにみられたような学びの制度化という**近代教育**[16]の方向とも親和的である。これに対して、合理論の立場は学びの重要性を否定するようにみえる。『新論』におけるフィラレート（＝ロック）も、学びという事実を論拠にテオフィル（＝ライプニッツ）の主張を退けようとする。認識に不可欠の名辞を、われわれはやはり後天的に学ぶ必要があるのではないか、というのである。これに対して、テオフィル（＝ライプニッツ）は、そうした批判が的外れであると反論する。なぜなら：

生得的な観念や真理を、それらの源泉に注意を払うか、経験によってそれらを検証して学ぶということを、私は認めているからです。あなたの話題にするケースでは、まるで私たちは新しいものを何ひとつ学ばないかのようですが、以上のようなわけで、そう考えてはいません。また私は、人が学ぶすべてのものは生得的でないという命題も認めません。数についての真理は私たちの内にありますが、それでも人はそれらの真理をやはり学ぶのです。(ライプニッツ 1993, 76; 強調原文)

生得的な観念や真理も学ばれうる、というこのわかりにくい主張を、テオフィル（＝ライプニッツ）は大理石の石理の例で説明している。

それらの知識の現実的認識が生得的なのではなくて、潜在的認識と

呼べるものが生得的なのです。ちょうど，大理石の石理の描く形が，加工によって発見される前に，大理石のなかにあるようなものです。(Ibid., 77)

このような「潜在的認識」の典型を示すのが矛盾律や同一律といった普遍的な原理である。「誰でも根底ではそれらの原理を知っていて，判明に気づかずとも（たとえば）矛盾律を絶えず使っている」(ibid., 63)。学ぶということは，このような生得的に了解されている原理を対象化し意識化していくということを意味している。

以上のようにみると，学びの問題をとらえる上で不毛とみられがちな合理論の方が，むしろ学びの起源や可能性の問題への視点を持っていたことがわかる。ロックの場合，上にみたとおり，生得観念（innate ideas）を否定するための手だてとしては学びにかかわる場面が多く利用される。しかし，生得観念が否定されて精神がいったん「白紙」となった後には，その精神は知に到達できるのか，できるとすればいかにしてか，といった学びの可能性にかかわる問題が問われることはない。わずかに，間違った学び方としての「観念連合」が立ち入って議論される程度である。知の構成の問題（単純観念からいかに複合観念が成立するか）や知の正当化の問題（いかなる観念を真の知として認めるべきか）は議論される。しかし，そのような知への道程たる学びの，その可能性は，コメニウスの場合と同様，あらかじめ前提とされているように思われる。学びの過程は，哲学的な問題というよりは，経験的研究の，あるいは技術的操縦の，対象だということになろう（実際，ロックの教育論『教育に関する考察』(1693)は実践的な指南書の性格を持っている）。

これに対して，ライプニッツの場合，学びはそれに先立つ前提を必要とするような過程としてとらえられている。学びの過程は，潜在的知識の意識化・対象化ととらえられているのである。ここにアリストテレスやプラトンの学び論との共通点をみることも不可能ではない。しかし，ライプニッツの場合，前提となる潜在的な知を，人は生得的な原理としてすでに手中にしているのである。アリストテレスにおいては，潜在的な知も経験のなかで作られるのであった。潜在的な知も学びの過程のなかにあり，学びという過程から切り離すことができない。これに対してライプニッツにおいては，潜在的な知は学びの外部（学び以前）に措定され，学びはそれを単に意識化する

にすぎない。しかも、その意識化のためには、プラトンの場合のような魂の変容は求められていない。また、プラトンの場合のように、学びの起源の探求が学びの過程についての考察を活性化させることもない。ライプニッツにおいては、普遍的原理の生得性ゆえに、逆に学びの過程はあえて哲学的に考察するまでもない付随的・偶然的な事実へと格下げされるように思われる。

以上のように、合理論からみても経験論からみても、学ぶという過程は、プラトンやアリストテレスがみていたような原理的な謎を含むものとしては現れない。学びは、原理的な問題としてではなく経験的あるいは技術的な問題として処理されるようになる。このような方向は、先にみたコメニウスの教授学の試みと合致しているだろう。

[キーワード]
13) 経験論（empiricism）と合理論（rationalism）:「経験主義」「合理主義」と呼ぶ場合もある。知識の源泉をめぐる二つの対立する立場であり、経験論が知識の源泉を後天的な経験にみるのに対して、合理論はそれを経験以前の理性の能力にみる。経験論はロックを始祖としてバークリー、ヒュームなどによって主にイギリスで展開された（『イギリス経験論』）のに対して、合理論はデカルト、スピノザ、ライプニッツなどによって、独仏を始めとするヨーロッパ大陸で主に展開された（『大陸合理論』）。

14) ロック（J. Locke）(1632-1704）: イギリスの哲学者。『人間知性論』はイギリス経験論の出発点となり、また認識論という近代哲学の中心的ジャンルの出発点ともなった。『統治二論』(1689) では王権神授説を批判し、国民の生命・財産・自由（property）を保護することに任務を限定したリベラルな市民政府を擁護した。ロックは、認識論と政治論の両面にわたって、近代人のものの考え方を深く規定するような思想を展開したと言える。同様のことは教育論についても言える。『教育に関する考察』で、ロックは習慣形成を軸とする教育論を展開した。欲望を理性によって統御する習慣をつけることが教育の中心任務であり、そのために幼児期には大人の理性が子どもの欲望を抑えることが重要だとする。子ども自身の理性が育つにつれて、親子関係は権威の関係から友情の関係へと変化していく。理性的で勤勉な市民を育成しようとするこの教育論は、その後に極めて大きな影響を与えた。ルソー（J.-J. Rousseau）もその影響下にあり、『エミール』(1762) でロックへの反論を試みている。

15) ライプニッツ（G. W. Leibniz）(1646-1716）: ドイツ生まれの哲学者。宮廷顧問官・外交官でもありその活動は全ヨーロッパに及ぶ。微積分法の先取権をめぐってニュートンと争った話は有名。現代

の記号論理学やコンピュータ科学につながるような普遍的記号論をも構想した。ヨーロッパの思想家としては異例なことに漢字に関心を持ち，意味を直接表示する漢字という記号システムを高く評価した。彼はまた，デカルト的な機械論的な宇宙論に対抗して「力」を中心とする世界の説明を試みたが，その核となるのが「モナド」である。モナド（単子）は原子とは違って空間的な広がりを持たない独立した力の場であり，それぞれが宇宙全体を写し取る。このモナドの観念は，デカルトの〈考える私〉と並んで，自律的主体の原型的イメージとなった。

16) **近代教育**：近代教育という言い回し（「古代教育」「中世教育」といった用語は普通使わない）は，国や文化の違いをこえて近代社会に特有であるような教育のあり方を想定している。社会の近代化とともに，世代間の関係は，しきたりに従ったり，親としての情感にまかせていればよいような営みではなくなり，意図的・反省的にこの関係をコントロールすべき問題となる。このような反省的な教育的コミュニケーションの起源はおそらく16～17世紀のヨーロッパの上流家庭にみることができる。19世紀に実現される全員就学の学校制度はそうした反省的な教育的コミュニケーションの大規模な制度化である。反省的な教育的コミュニケーションを支える人間観・教育観のルーツは14～15世紀のルネサンス人文主義の教育思想にみることができる。

## 2.4 現代哲学における「学び」の対象化

ロック・ライプニッツ以後も，認識論的な問題設定を軸とする近代哲学の主流は，学びの問題に冷淡に対してきたと言えるだろう。たとえばカント（I. Kant）は生得説に反対し，直観やカテゴリーといった認識の基盤にあるアプリオリな機能も獲得されるのだとした。しかしそれは一撃で獲得されるのであり（「根源的獲得」），学ばれるようなものではないのである（Kant［1790］1968）。ここには，学びの起源や可能性への問いの，哲学的な問題圏からの排除がよく示されているだろう。

19世紀後半以降，**教育学**[17]や心理学が学びを研究対象にしていったとき，学び論はまさに近代哲学があらかじめ敷いた路線に沿って進んで行ったように思われる。合理論対経験論の対立に対応する「氏か育ちか」が議論の枠組みとなった。そしてこの枠組みに沿って，あくまで経験的に学びの基盤（人間の遺伝的条件ないし可塑性）や過程（素質の発現ないし行動変容）が探究され，そうした探究の成果に基づいた学びの促進が目指されたのである。その際に，ベーコン・デカルト以来の近代科学的な方法が尊重されたことは言うまでもない。このような学び論の配置においては，学びの原理的困難

はあらかじめ排除されている。

しかしその一方で，カント以後，学びや人間形成の過程に次第に哲学的な関心が向けられていった。「感覚的確信」から出発して「絶対知」に至るまでの意識の形成の歴史を「経験の道程」として描いたヘーゲル（G. W. F. Hegel）の『精神現象学』(1807) を重要な兆候とみることができる。その後も，ニーチェ（F. Nietzsche），デューイ（J. Dewey），ウィトゲンシュタイン（L. Wittgenstein），ベンヤミン（W. Benjamin）といった重要な思想家が，学びの起源にかかわる哲学的な考察を展開していった。ここではデューイとベンヤミンを取り上げて，現代哲学において学びがどのように対象化されていったかを例示してみよう。

[キーワード]
17) 教育学：教育学は，教授学を含みつつより広い概念で，制度化されたものに限られない教育的コミュニケーション一般を対象とする科学である。教育学は，教育的コミュニケーションの法則性，歴史的・社会的・制度的条件，目標などを解明し，教育的コミュニケーションに実践的指針を提供することをめざす。

### 2.4.1 デューイ：経験の文脈依存性

デューイ[18]にとって，生きるとは経験することであり，経験するとは学ぶことであった。このように言うと，伝統的な経験論同様の，学びを自明視する立場と思われるかもしれないが，それは当たらない。というのも，デューイにとって経験は感覚知覚に還元できるような概念ではなかった。経験は何よりも生活経験としてとらえられている。このため，経験において生じる学びは，近代科学における帰納のような，要素的・個別的なものを積み上げていく過程としては考えることができない。このことをよく示すものとして，初期の短いが重要な論文「心理学における反射弧の概念」(1896) を取り上げてみたい。

反射，つまり意識を介することなしになされる刺激と反応の結合は，経験論的な学び論を支える，最も強力な論拠の一つと言えるだろう。経験論は個別的・要素的な経験を学びの出発点に据えていた。たとえば，ロウソクの炎に手を伸ばした子どもが痛みを感じて手を引っ込める，という経験。これはデューイが好んで取り上げる例でもある。この場合，手を引っ込めるという反応は，痛みという刺激によって意識の介在なしに引き起こされる。そこに想定され

る感覚器官→中枢神経→筋肉系という刺激伝達の経路が「反射弧（reflex arc）」である。反射弧によって可能になるこうした経験を通して、子どもは〈光るものにはやけどの危険が伴う〉ということを学ぶのだ、と考えられるわけである。自明のようにもみえるこうした説明に対して、デューイは次のように反論している。

> ある時点で何が具体的に感覚であるかということは［…］活動が利用されている仕方にまったく左右されることになろう。感覚がそれ自体としての固定した質を持つわけではない。刺激を探索するということは、行動の正確な条件を探索することに他ならない。(Dewey 1972, 103)

要素的であり、したがって学びの絶対の出発点になると考えられた「刺激」そのものが、実は文脈に依存してしか特定できない、というのである。この引用だけではわかりにくいかもしれないが、デューイは決して難解なことを言っているわけではない。子どもが掌に痛みを感じて手を引っ込めたというとき、その痛みは、手がうっかりロウソクの火に触れたのか、光るものを手に取ろうと手を伸ばしたのか、自分の無鉄砲な勇気を示すために炎に手をかざしてみたのか、などによって、意味合いはまったく違ったものになるし、経験から学ぶ事柄も違ってくるだろう。刺激が何を意味し、その経験から何を学ぶかは、経験が組み込まれている行為の文脈に左右されるのである。そうした行為の文脈がなければ、掌の痛みはわけのわからぬ災厄で終わり、そこから何かを学ぶということもそもそも生じないに違いない。

このようにみれば、最も要素的にみえるような経験さえ、それが学びとしての意味を持つためには、その経験に先立つ行為の文脈が必要だということになる。しかし行為の文脈が子どもに了解されるためには、当然それに先立つ経験が必要となるはずである。こうしてわれわれは、古典的な経験論とも合理論とも異なる、学びへの哲学的接近に出会うことになる。第一に、デューイにおいては、経験論における要素的経験、合理論における生得原理のような、固定的な学びの基盤を想定することができない。学びは、古代ギリシアの哲学的な学び論の場合と同様、どこまで行っても先行する何かを必要とするような過程となる。したがって第二に、学びは、単に経験科学的な調査研究によって解明可能な対象としてではなく、哲学的な探究を必

要とする問題として浮上することになる。デューイが展開した実に多面的な哲学的探究のなかで，教育の問題が中心的な位置を占めていたことはよく知られている。その背景として，学びが哲学的な探究に値する問題として再浮上したという，以上のような事情を想定することもできるだろう。

[キーワード]
18) デューイ（J. Dewey）(1859-1952)：アメリカの哲学者。プラグマティズムの大成者と呼ばれる。その著述活動は，論理学，倫理学，宗教論，美学，政治論など，極めて幅広いが，教育への関心はその中心を占める。そのことは彼が教育の実践に深くコミットしたことにも示されている。シカゴ大学時代の1896年から1903年まで，彼は大学附属の実験学校「デューイ・スクール」を創設して自らの教育理論の実践的検証を試みた。その中間報告が『学校と社会』(1899) である。作業を中心とする新しい学校とカリキュラムのあり方を提案したこの本は新教育の理論的支柱となった。その影響は現代の「生活科」や「総合的学習の時間」にもみることができる。彼の教育哲学は『民主主義と教育』(1916) にまとまった形で展開されているが，そのなかで彼は，哲学を「教育の一般理論」として位置づけている。

## 2.4.2 ベンヤミン：経験の貧困と体験の優位

デューイにおいて，学びは，たとえば反射による刺激—反応の結合のような，経験科学的に特定可能な事実には還元不可能なものとなる。それはどこまで行っても**文脈依存的**[19]である。これは同時に，その文脈いかんでは学びの成立が危うくなることをも意味するだろう。事実，デューイは1934年に著された芸術論『経験としての芸術』のなかで，経験そのものが危機に陥っている現状を指摘している。

> 為すことへの熱意，活動への熱望も，大多数の人々にとって，今日われわれが生きているあわただしく急かされるような人間的環境のもとでは特に，ほとんど信じ難いほど貧弱な，まったく表面的な経験しか残さない。[…] 経験と呼ばれるものはあまりに散漫で雑然たるものとなり，ほとんど経験の名に値しないものとなる。抵抗は克服すべき障害物とみなされ，反省へと誘うものとはみられなくなる。(Dewey 1987,51; 1969,499)

このような状況においては，学びもまた危ういものとならざるを得ないだろう。こうした現代における経験と学びの危機を，デューイ以上に

徹底的に考察した人として**ベンヤミン**[20]を挙げることができる（今井 1998）。

『経験としての芸術』が出されたのと同時期の 1933 年，ベンヤミンは「経験と貧困」と題するエッセイを書いている。そこで彼が論じたのは，現代的な条件の下では経験そのものが貧しくなり不可能となる，という事態（「経験の貧困」）であった。では，そこで言う「経験」とはそもそも何なのか。それを示すために，ベンヤミンはイソップ童話からある老人についての寓話を引いている。この老人は死の床で息子たちに，うちの葡萄山には宝が埋めてある，と言い遺す。しかし息子たちが山を掘り返してみても宝など出てこない。やがて秋になると，畑には国中のどこよりも見事に葡萄が実った。

　ここではじめて息子たちは，父親の遺してくれたものが，幸福は黄金のなかにはなく勤勉のなかに潜んでいる，というひとつの経験だったことに気づくのである。（ベンヤミン 1996, 372）

ここで言われている「経験」は，もちろん感覚知覚のことではない。日常生活の積み重ねによって得られる洞察のことである。そのような経験は，「幸福は黄金のなかにはなく勤勉のなかに潜んでいる」といった命題としてではなく，物語（「うちの葡萄山には宝が埋めてある」）として伝えられる。物語を通して，父親の経験は再び経験として息子たちのなかに息づくことになるのである。

「経験の貧困」とは，このような形での経験とその伝達が，不可能になったことを意味する。経験を貧しくした要因を，ベンヤミンは生身の人間とテクノロジーとの間に生じた莫大な落差にみている。そのことを如実に示したのが第一次世界大戦であった。

　まだ鉄道馬車で学校に通った世代が，いま，放り出されて，雲以外には，そしてその雲と大地の間の——すべてを破壊する濁流や爆発の力の場のただ中の——ちっぽけでもろい人間の身体以外には，何ひとつ変貌しなかったものとてない風景のなかに立っていた。(Ibid., 374)

このように無防備となった人間は，自らを守るために刺激防御というメカニズムを発達させる。それはいわば意識という厚い鎧を人間がまとうことである。押し寄せてくる刺激を意識によって意味づけ，情報と

して処理することで，刺激がトラウマとなることを回避するのである。刺激防御のメカニズムを介して個々人が獲得するものを，ベンヤミンは経験（Erfahrung）と区別して体験（Erlebnis）と呼んでいる。経験に対する体験の優位が，ベンヤミンによれば現代の支配的傾向であり「経験の貧困」の証なのである。今日われわれが好んで追い求めているのも，こうした意味での体験であろう。たとえば，「感動」や「驚き」が手軽に得られそうな機会（パッケージ化された「冒険旅行」のような）であろう。

体験とは，既成観念に従って出来事を解釈することで個々人が得る情報を意味する。体験をいくら獲得しても，それは，次の世代に経験として伝えられるような，その人ならではの物語を生み出すことはない。出来事が体験として処理されるかぎり，人はあらかじめ意味づけられた情報を得るのみで，出来事はその人を変容させるような経験とはならないからである。「新鮮」で「刺激的」な体験が希求され，学校では体験学習がおおいに推奨されているにもかかわらず，あるいはまさにそれゆえに，経験が貧しくなり学びがいわば「空回り」してしまう，という可能性が現れているのである。

ベンヤミンの議論は，かつての経験を復活させるのではなく，上のような現代的な条件の下でいかに体験の不毛を打ち破るか，というところに向けられていた。しかし，彼の議論は，デューイと並んで，学びにかかわる哲学的な考察の現代におけるアクチュアリティをよく示しているように思われる。

## [キーワード]

19）**文脈依存的**：ある単語の意味は，どのような文脈（context）のなかでそれが使用されるかに左右される。2.4.1でロウソクの火の例に即してみたように，痛みという感覚の意味はその痛み自体から生じるのではなく，どのような行為の連なりのなかにそれが組み込まれているかに左右される，と考えられる。行為の連なりを「文脈」と見立てるなら，痛みという感覚の意味も，ちょうど単語がそうであるように文脈に依存しているのである。

20）**ベンヤミン（W. Benjamin）(1892-1940)**：ドイツの批評家・哲学者。哲学，美学，文芸批評，メディア論などにまたがる幅広い批評活動を展開した。ナチス・ドイツから逃れて亡命下で書かれた「複製技術の時代における芸術作品」（1936）はメディア論の古典となった。彼は学生時代に学校改革運動に関与し，運動から離れた後も，おもちゃ，遊び，絵本など子どもの世界に深い関心を持ち続けた。「経験の貧困」という現代的状況を突破する可能性を，彼は一方で映画のような現代

的メディアの経験そのものにみる。こうした見方を推し進めたのが「複製技術の時代における芸術作品」である。他方で彼は，同様の可能性を子ども独特の経験のあり方にも見いだした。刺激防御のメカニズムをまだ装備していない子どもは，テクノロジーの現実を遊びを通して身体化し，テクノロジーと人間との新しい関係を構築していく可能性を秘めていると考えられたからである。こうした彼の見方は『一方通行路』(1928)，『1900年前後のベルリンの子ども時代』(1932-38，生前未刊) といった作品に垣間みることができる。

## 2.5 まとめ

「学び」という現象は，古代ギリシアにおいては哲学的考察の一つの焦点をなしていた。その背景には，知がそれを学ぶ人のあり方と一体であり，かつ学びが絶えずそれに先立つ知を要請するような過程的性格を持つと考えられていた，という事情があった。このため，学びについての考察は，先立つ知を求めて学びの起源へと遡ることになるし，学びは極め尽くしがたい謎をはらむものとなる。

近代科学の勃興とともに非日常的な「方法」が要請され，知は学ぶ人から切り離されて実体化される。また，近代哲学において学びの起源は——経験論における後天的な経験であれ，合理論における先天的な生得原理であれ——過程的な性格を失って固定的な出発点ないし基盤となる。この結果，学びは哲学的な謎というよりは経験的研究の対象となり，また**制度的・技術的操縦**[21]の対象となる。いずれにせよ，学びはもはや謎ではなくなり対象化可能な事実となるのである。

今日まで続く学びの経験的研究は，以上のような近代科学・近代哲学が生み出した条件を前提にしているだろう。しかし，そうした学びに関する経験的研究の興隆に並走するように，19世紀末以降，学びの過程的性格に再度注目するような哲学的考察が現れてきた。そこでは，学びはもはや自明な事実ではなく，社会的・歴史的な前提を必要とする過程としてとらえ直されている。学び論は，学びが「空回り」するという可能性を考えればなおさら，今再び学びを一つの謎としてとらえるような哲学的視点を必要としているのではなかろうか。

## [キーワード]

**21) 制度的・技術的操縦**：さまざまな宗教や技芸における「修行」「稽古」のシステムにみられるように，学びを制度的・技術的に制御しようとする試みは長い伝統をもつ。しかしその種のシステムは，学びの外的な条件（立ち居振る舞いなど）を制御することに注意を集中し，学びの過

程それ自体は学習者に委ねられる。これに対して近代になって成立した教育の制度（たとえば全員就学の学校）や技術（たとえば試験による動機づけ）は，学びの過程それ自体をコントロールしようとする点に特徴がある。

# 3 江戸の学び

・ 辻本雅史

　江戸日本の「学び」は，近代学校とは，その方法も思想も異なった位相にあった。江戸の学びの特質を，文字学び（寺子屋の手習い）や学問（儒学）の学びに即して明らかにする。あわせてその基底にある思想を，貝原益軒の著作によって構造化してとらえる。手習いによる江戸の文字学びは，能書のワザとともに文字にかかわる礼式（文字の礼法文化）習得も目指していた。儒学の学習は，漢籍（経書）を声に出して丸暗記する「素読」を前提とした。いずれも「学びの身体性」を基底にもつ。身体化した学びがいかなる人間形成を可能にし，逆にそれを棄てた近代学校が何を喪ったかを確認する。それによって，近代学校の学びの自明性に批判的視点を提示する。

## 3.1 文字の学び
### 3.1.1 文字の普及と「17世紀日本のメディア革命」

　「学び」の視点から見たとき，江戸日本が「**文字社会**[1]」であったことが注目される。「文字社会」とは，文字使用を不可避に組み込んだ社会のこと。社会の仕組みが，文字使用を前提にして組み立てられていたといってもよい。兵農分離の社会体制のもと，文書を介した政治の仕組みと都市商品経済に伴う全国的商品流通網の成立が，「文字社会」をうみだした。その結果，文字学習が普及していった。識字率は，都市と農村の地域差および時代差や性差も大きいために一概には言えないが，民衆の文字学びへの意欲はおおむね高い傾向にあった。とりわけ都市部の識字率は男女ともきわめて高かったと推定される。

　加えて，1630年代，京都に営利をめざす商業的出版書肆（しょし）が登場したことも文字学習とかかわる。商業出版は1700年をまたぐ元禄期には大坂にも広まり，浮世草子類に代表されるような，大量出版時代を迎えていた。この大量出版の成立を抜きに，井原西鶴の活躍は考えられない。この大量出版は，本を読んで楽しむ，圧倒的多数の庶民読者の存在を前提として成り立っていた。出版の普及は，文字学びへの需要を押し上げる要因となっていた。

文字使用の急速な普及が「文字社会」を成立させ，その文字の浸透が商業出版を可能とした。文字の浸透と商業大量出版の成立，この二つをもって「17世紀日本のメディア革命」ととらえたい（辻本 2008）。

[キーワード]
1) 文字社会：網野（1991）が，非識字層による「無文字社会」に対して「識字層が形成する世界」の意味で「文字社会」の語を使った。しかしここでは，それとは別に，文字使用を不可避に組み込んで組織された社会を意味している。「文字社会」では，文字使用を前提にして社会が組み立てられているから，非識字層は不利益を受ける。そのため民衆層に文字学習への強い志向が促進される。日本では17世紀に「文字社会」となったといってよい。

## 3.1.2 手習塾成立の意義

江戸期の文字学びの場と言えば「寺子屋」[2)] が連想されよう。しかし「寺子屋」の呼称はほぼ上方に限られており，全国的にみれば，手習稽古（「手習」は「筆道」や「手跡」，「稽古」は「指南」の語も使われる）の場の意味で，「**手習(稽古)所**」[2)]「**筆道(手跡)指南所**」[2)] などの語が普通であった。学術的には，「手習塾」の使用が次第に支持を広げつつある。子どもに文字を教えることを専業とする師匠と，そのための教場（手習塾）が初めて登場し普及したのは，17世紀のことであった。その意味で手習塾の普及は，学習史，教育史上，画期的な意味が認められる。

[キーワード]
2) 手習塾，寺子屋，手習（稽古）所，筆道（手跡）指南所：近世の子どもが手習を中心に，文字学びをした稽古所の呼称。現在では「寺子屋」の呼称が一般化しているが，それは江戸時代では主に上方に偏った言い方である。全国的には「手習」（ほぼ同じ意味で「手跡」「筆道」「筆学」「入木道」などともいう）を「稽古」（学ぶ）もしくは「指南」（教える）する所という意味で「手習所」「手習（筆道，手跡）稽古所」「筆道（筆学，手跡，幼筆）指南所」などの用語が使われていた。「寺子屋」の呼称が一般に普及したのは，明治10年代後半に文部省が旧藩時代教育調査の際に使用したことに基づく。研究者の間では，学問塾と区別して「手習塾」の用語が一般化しつつある。

## 3.1.3 手習塾への入門と学びの形式

子どもはおおむね数え年7，8歳前後で，手習師匠に入門する。ここで入門というのは，教育機関としての某塾に入学するというのではなく，ある師匠に弟子入りし，その師との師弟関係に入ることを意味す

る。この場合，いかなる師に就くか，師匠のあり方が持つ意味は限りなく大きい。特定の師匠に，最初から最後まですべてを指導され，他に学ぶ師がいるわけではないからである。師匠の選択は，学ぶ側（親など）の判断による。教え方，人柄，書の技能や世評などが選択の基準であったといわれる。学ぶ側の意思で選んだ分，師への信頼感が強く，その信頼感がこの教育関係を支えていた。

手習塾では，一斉授業ではなく個別学習であった。朝，子どもが登校すると，師匠は用意していた「**手本**[3]」を与える。手本は，初めは師匠手書きの1枚物。子どもが上達するにつれて，折手本や冊子体となり，さらに進めば印刷された**往来本**[4]になる。子どもは，銘々に手本をまねて手習いを繰り返す。師匠は巡回しながら，随時，個別指導を加える。ある段階で清書させその達成度の可否（合否）を判断する。不可なら，再度同じ手本（文字）を稽古する。合格すれば次の手本に進む。

ここでは，短時間の個別指導と長時間の自己学習で学びが構成されている。一斉指導になることはない。登校時間も，銘々に思い思いに登校する。定時登校にはならない。それが可能であるのは，一斉指導ではないからである。学習者の生活時間のなかに学びの時間が組み込まれていることに注意されたい。近代学校が，一斉授業を前提に学習時間を区切り時間割を定め，子どもがその時間割に従うのとは，対照的である。子どもの学びが，「教える側の都合」で構成される近代学校に対して，江戸の学びは，「学ぶ側の都合」によって構成されているといってもよい。

[キーワード]
3）**手本**：手習の稽古のための本の意味。「手」とは，人の「わざ」や「技量」などを意味する。手習塾では，師匠から与えられた「手本」を忠実にまねて稽古することを繰り返すことで，みずから能書のわざを修得することをめざす。手習塾での手本は，師匠が手書きした一枚物から始まるが，上達にしたがい文字数が増え，折手本や冊子体の手本となり，さらに出版された往来物に進むことが多かった。

4）**往来本**：手習用の手本のことをいう。いわば近世の手習塾の教材にあたる。往来とは書簡の往来のことである。平安後期の『明衡往来』『雲州往来』が最古で，進（往）状と返（来）状を一対とした模範文例集が基本型である。中世に『庭訓往来』など数十種の往来物が現れた。手習塾が普及した近世では，書簡文例に限らず，単文や語彙やさまざまな知識や教訓を盛り込んだ多様な手本がみられ，それらも往来物と総称された。現在，数千種もの往来物が確認されている。

### 3.1.4 手習稽古

「手本」は，子どもの進度や能力，男女，職業などが考慮され，一人ひとり個別に与えられる。子どもは手本を左に置き，それを手習う。「手本」の「手」とは，文字を書くわざのことで，「手本」とは，文字を能書に書くわざや技術を習う「本」の意味である。手習いは，手本をまねて繰り返し書く，単調きわまりない稽古。間違えずに書くことも必要であるが，美しく上手に書く「能書」の習得が第一であった。その際，文字の読みと意味は簡単にふれられる程度で，書くことが学びの大半を占めていた。

なお手習う文字の書体は，普通は「**お家流**[5]」と呼ばれる流麗な草書連綿体である。楷書は原則として学ばれなかった。楷書は，おもに学問にかかわる文人たちが使う書体とみなされていた。このように，文字の書体が，階層や用途によって書き分けられており，その書き分けを正しくできること自体が，知的な「教養」を示す一つの指標であった。

手習塾も文字学習は，「読む」ことよりも「書く」わざが優先された。この点において，声に出して読む音読を文字学習の第一義とするアルファベット文化圏とは，対照的であった。アルファベット文化圏では，音声言語を言語の本体ととらえ，文字はそれを記述するための手段と見なす言語観が前提にあったと言えよう。教育の場においても，文字のテキストより音声言語を主要な言語メディアとして重視し，教師が語って教える「講義」が教授活動の主要な位置を占めていた。弁論術やディベート，口頭試問の重視などといった教育文化の伝統が，漢字文化圏よりアルファベット文化圏に強く残っている理由は，この点にあると思われる（添田 1992）。

手習塾では，能書のワザの他に，社会生活や職業生活に必要な知識や規範の修得，さらにさまざまな「書礼」の修得が目指されていた。書礼とは，「書札礼」とも言われるが，文字を書く際の書式や用語などの約束事のことであり，それらは，文字を書く際の「礼法」と意識されていた。文字に書いて文書という形式を用いて，他者と意思疎通することが，文字を書くという行為である。とすれば，文字を書く際には，一定の正しい礼法が必要であると意識されていた。たとえば書簡文で言えば，少なくとも「24節季」に区分された季節ごとの挨拶用語の使い分けがあり，相手の身分や性別に応じて異なった用語の体系があった。さらに祝い，見舞い，報告など，用件に応じた用語の使い分けとそれにふさわしい用語のコードがあった。お

祝い一つとっても，婚礼，出産，元服，昇進，賀寿など，ほとんど限りなく多様で，それぞれに一定の用語や形式が想定されていた。書簡文だけでも，学ぶ事柄は限りなく多かった。さらに政治や商売，その他の職業的文書の書礼もある。限りなく複雑な書礼とそれに伴う知識を，身をもって修得することが，手習塾での文字にかかわる学びの具体相であった。

[キーワード]
5) お家流：近世に圧倒的に普及した草書連面体の和様書流のこと。もとは鎌倉時代後期の尊円親王を始祖とし，中世に青蓮院流と称された和様書道の代表的流派で，優美で明解な点ですぐれているとされる。江戸幕府が右筆に青蓮院流を採用し，幕府の公文書がこの書流となった。そのためか，諸藩の多くが青蓮院流を採用し，やがて庶民にも圧倒的に普及していき，手習塾もほとんどがこの流派となっていった。「お家」の名は，青蓮院の尊称とも，あるいは幕府への敬称とも言われるが，その根拠は定かではない。

### 3.1.5 師匠の役割

手習塾では，子ども自身が学ぶ個別学習と自己学習が基本であった。そこでは手本をまねて身につけるまでの習熟，つまり身体を通して「身につく」までの反復が重視された。

では師匠の役割は何か。子どもに学ぶモデルとしての「手本」を供給すること，および手習い稽古の状況を点検し矯正したりすることである。子どもの学びの側面支援といってよい。近代学校の教師が「教える主体」であるとすれば，手習師匠は，何かを教えるよりも，子どもの「手本」（規範的モデル）となって，子どもの学びを傍らから支える役割を演ずる。その意味で，師弟相互の位置関係は，師匠と子どもが面を向き合うのではなく，師は学ぶ子どもの傍らから子どもを見守る位置にある。この点，近代学校の教師は，「教える主体」として子どもの前に対面して立ち，一定の設計された知識の体系を積極的に教え込む存在である。その際，教科書を用いおもにことばで教える一斉授業となる。教科書は，まねる「手本」ではなく，教師が教えるための教材つまり手段に他ならない。近代学校では，子どもは，教えられることによって学ぶことができる，と想定されている。

このように，江戸時代と近代学校とでは，教師―生徒の教育的関係も大きく異なり，異なった教育観にたっている。こう考えてくると，手習塾の自己学習には，競争原理が作用することは，少なくとも原則的にはない構造である。銘々が自らの意思で必要なだけ学ぶのが基本であると考えられていたからである。

## 3.2 儒学の学び
### 3.2.1 基礎教養としての儒学

江戸時代、たんに「学問」といえば儒学のことであった。それは、儒学が学ぶべき学問の正統の位置にあったことを意味する。その背景には、いずれの学もそのテキストがたいてい漢文で記されていたことがある。実は蘭学の書物ですら、ヨーロッパ直輸入であるより、多くは一度中国で翻訳され、漢訳洋書の形となって輸入されていたのである。「知の回路」の大半は中国経由だった。この意味で漢文は、近世の「知的言語」であったといってよい。この漢文を教えた教師が儒者であった。そのため近世の知識人は、儒学のテキスト（経書）を読み、儒学のことばと概念で思考する習慣ができた。かくして儒学は、あらゆる学問が立脚する基礎教養となった。

### 3.2.2 儒学とは

儒学とはいかなる学問で、いかに学ばれていたのか。儒学の学習は自明なようでいて、実際には必ずしも正確に知られているわけではない。儒学は、近代とは位相を異にした知であり、近代の学問から安易に類推できるものではない。

儒学とは端的に言えば、「経書」を読むことに徹した学問である。経書とは儒学の原典のことで、正式には十三経ある。いずれも孔子やその弟子たちの編纂になるもので、孔子やそれ以前の聖人たちの思想や言行が記されているとされたテキストである。もとより中国古代語で表現され、中国秦漢以前の時代に成立したと想定されている。通常、**四書五経**[6]に代表されるが、なかでも朱子学では、『大学』『中庸』『論語』『孟子』の四書を特別に重視した。これらの原典から「真理」を掘り出してくる学問、それが儒学である。古代以来、儒者たちは、聖人孔子の思想解明をめざして、経書注釈の作業をひたすら繰り返してきたのである。

儒学の学びは、7、8歳ほどの年齢で、『孝経』や四書の「素読」から始まる。つまり最初に子どもが手にするテキストが四書、頂点の儒者のテキストも同じく経書である。経書を読むことに徹した学であるとは、この意味である。近代学校が、子どもの発達段階に対応した合理的に設計されたカリキュラムを、系統的体系的に教えている立場からみれば、儒学とは学ぶ子どもの発達段階を無視した、いかにも乱暴な学であるとみえる。

[キーワード]

6）**四書五経**：孔子が編んだとされている五経は、『易経』『書経』『詩経』『礼記』『春秋』で、孔子没後の『大学』『中

庸』『論語』『孟子』の四書とともに儒学が依拠する原典。

### 3.2.3 「素読」:テキストの身体化

儒学学習の最初は**素読**[7]である。素読とは、「年わかく記憶つよき時、四書五経をつねに熟読し、遍数をいか程も多くかさねて、記誦すべし」（貝原益軒『和俗童子訓』）というように、経書を声に出して訓読し、その全文を暗誦するまで繰り返す学習である。素読段階では、原則として意味や解釈は教えない。たとえ教えたとしても、理解可能な年齢でもない。大まかな意味を教えることもあるが、それは意味理解が暗誦の効率を上げるのに有効であるとの考えに基づいていた。

素読開始の年齢は、数え年7、8歳が適しているとされていた。素読は、師匠が多数の子どもを前にして、『論語』などの一節を読み上げると、子どもたちが声を揃えて一斉に反復する、一般にはこのようにイメージされているようだが、実際にはこうした一斉教授はほとんどない。この光景は、近代学校の構図を江戸時代に再現しただけのことである。素読も、手習い同様、個別指導と自己学習が原則であった。子どもの前に大判の木版本を置き、師匠はそれを挟んで差し向かいに座る。テキスト（経書）は、返り点・送りがなの訓点付きの和刻本が使われた。経書の順は、おおむね『孝経』（孔子とその高弟曾参との、「孝」に関する問答）から始め、『大学』（中国古代の「大学」の学問の綱領）に進むことが多かった。朱子学では、朱子らが編んだ初心者向けの『小学』を間に挟んで『論語』『孟子』『中庸』の順で、四書が優先された。

師匠は、漢字一字一字を「字突棒」（字指棒とも言い、30〜40センチほどの木製の細い棒）で指示しつつ声に出して訓読する。それを対面する子どもが鸚鵡返しに復唱する。これが「**付け読み**[8]」である。初日からこの付け読みが始まる。子どもは、師のリードなしで読めるようになるまで音読を繰り返す。別の教師に素読の達成度のチェックを受けることもある。帰宅後もその日の課業の復習（「**温習**[8]」）が求められる。次回は、前回学習箇所の確認（「**復読**[8]」）から始まり、正確に復読できなければ先に進むことは許されなかった。つまり比較的短時間の師の個別指導と、長時間の自己学習を通じて、経書の素読が学ばれた。ちなみに貝原益軒は一日100字ずつ、100回「そらによみ、そらにかく」学習を主張している。四書の総字数は約5万2800字。毎日100字の素読で528日、一年半ほどで四書の素読が終えられる計算になる。

素読は普通，早ければほぼ10歳，遅くとも12〜13歳までに終えた。四書の素読を終えれば，漢籍を自在に読みこなし意味も理解するだけの漢籍読解能力がつくとされている。素読の稽古それ自体は，学問というより，学問に入るための基礎，いわば準備段階であった。庶民の多くはこの段階で儒学の学習を終えた。益軒の『和俗童子訓[9]』の「読書法」も，記述範囲は素読に限定されている。この先は学問を本格的に学ぶ段階である。

　近世後期，武士は藩校で儒学を学習することが一般化していた。藩校では素読段階の学生は「句読生」「素読生」などといわれた。ただし素読修了を入学要件にしていた藩校もあり，それは比較的規模の大きな藩校に多かった。句読生が多すぎると，本体の学問稽古に手が回りにくいという懸念があったと思われる。その場合，素読は各自の責任で済ませておかなければならない。いずれかの塾に行くか，自宅の父兄に教わることになる。

　藩校では句読生がいかに多くとも，一斉指導にはならなかった。また朝の登校時間は定時ではなく，自由であった。登校後，まず自らの素読師匠に挨拶に行く。素読担当の教員を句読師といい，教員としては最も低い序列である。教員スタッフが手薄な時は，優秀な上級生が務めることもあった。句読師は何人もいて，各自特定の句読生を受け持ち，同時並行で指導する。句読生は自習（たいてい前日学習箇所の復読）しながら，順番を待つ。原則として登校順に句読師の前に進み，各々の進度に応じて句読を受け，その後，別に控える教師の前でいま教わった箇所を「復読」して点検（一種の試験）を受け，合格すれば下校する。不合格の場合，再び句読師の元に戻され，再度の指導を受けなければならない。学生により能力的な個人差があり，進度にも違いがあったから，一斉授業になることはなかった。短時間の個別指導と長時間の自己学習が基本である点で，手習いの場合と共通していた。藩校により多少の相違があるものの，以上が標準的な素読稽古の風景であった。なお素読は，藩校だけではなく，儒学の学問塾（漢学塾）でも教えられていた。規模の大小の差はあるが，藩校の場合と大きくは変わらない。近代学校は，生徒を年齢で学年に区切り，プログラム化されたカリキュラムを，一斉指導で教授することと比べれば，素読は著しく異なっていた。教え／学びを支える知の位相の相違の反映と言えよう。

## [キーワード]

7）**素読**：経書等の古典漢籍を，意味理解とは別に，訓読体で声に出して暗誦する学習。おもに7～8歳程度の子ども期に個別指導で行われ，ほぼ10歳前後に四書の素読を終えることが期待されていた。儒学に進む前提の基礎学習であり，それによって漢籍を自在に読むだけの漢籍読書力を養うことができるとされていた。

8）**付け読み，温習，復読**：素読は，師匠と子どもの一対一の個別指導でなされた。師匠の訓読を子どもがオウム返しで復唱することを「付け読み」といい，教わった訓読を子どもが一人で繰り返し復習するのを「温習」という。既に授かった訓読を後日復習することを「復読」という。

9）**『和俗童子訓』**：貝原益軒が平易な和文で著した教訓書。1710年刊。総論（上・下），随年教法・読書法，手習法，教女子法の5巻構成。「予めする」早期教育論や発達段階に応じた教え方などが展開され，日本最初の体系的児童教育論といわれている。

### 3.2.4「講義」：テキストの意味学習

素読を終えると，次は「**講義**[10]」段階である。「講義」とは，経書本文の「義」（意味・解釈）を口頭で「講」ずることで，近代の大学の講義とはまったく別のものである。たとえば朱子学派であれば，朱熹の四書集註やその注釈本などに基づき，経書本文に意味解釈を与えていくことが「講義」である。「講釈」「講書」「講経」もほぼ同じ意味である。「講義」も原則として一斉教授にはならない。一人の教師が学生一人ひとりに，個別に経書の一字一句の意味を「講義」する。学生は講じられた経書の意味を復習し，次回に自ら正しく「復講」（前回「講義」された経書の意味を解釈する）して見せなければ，次に進むことができない。この点も素読と同じである。

「教授」などと称される藩校トップの儒者（学問塾の場合は塾主）が，すべての門人を集めて経書の一節を「講義」をすることがある。聴講者たちはそのテキストを手に受講する。これは一斉教授形式となる。普通は定例で（たとえば「五の日」といえば，毎月の5日・15日・25日），改まった儀式に似た雰囲気のもとで行われる。ただこの「講義」も，経書をどう読むか，その模範的な「読み方」を門人たちに公開して見せている行為，いわば「読書を演じて」見せる行為の一つと解せられる。そもそも経書の「講義」は，個人の独創的解釈を競うものではなく，どこまでも「正しい」解釈を追求するものであった。さまざまにある注釈書・疏釈書の類のなかから，慎重に選択された注釈をもとに，「正しい」解釈が開陳される。たと

えば朱子学派であれば、四書集註の解釈において、何が朱子の「正しい」本意であるのか開示される。学派により、依拠する注釈書が異なるのは言うまでもない。

なお学生向けの「講釈」とは別に、一般の藩士や不特定多数の庶民を相手にした「講釈」もあった。今の公開講座に近いものといえるが、藩士や庶民への道徳教化が主たる目的である。これは一斉教授の形式となる。ただこうした社会的教化でも、必ず『論語』など、著名な経書の一節を解釈する形で、つまり学問の「講釈」として、なされていた。経書を読むことが学問（儒学）であるとの意識が前提だった。

またこうした経書を使わず、講師の意見を不特定多数の聴衆に語る、今の講演に類するものもあった。それは「**講談**[10]」などと称され、「講義」とは区別された。つまり「講談」は儒者の任ではなく、学問とは区別されていたのである。石田梅岩門の手島堵庵が始めた「**心学道話**[11]」は、たとえ石門心学者がそれを「学問」と称しても、実は「講談」に属するものであった。

## [キーワード]
10) 講義，講談：「講義」とは、経書の意味・解釈をテキストに即して口頭で教えること。素読を終えた次の学習段階で、個別教授が原則で、一斉教授にはならなかった。ただ不特定多数の聴衆に向けて、道徳教化のために経書の一節を説く一斉教授の講釈もあった。「講談」は、経書テキストとは別に、不特定多数の聴衆に向けた講演をいう。

11) 心学道話：石田梅岩を始祖とする石門心学において、手島堵庵が始めた教化法。軍談講釈や落語の語りの話法を取り込み、例話や諧謔なども駆使して、面白く語ることで聴衆を梅岩の道に引きいれ、石門心学普及に成功した。中沢道二や柴田鳩翁らの著名な心学者の道話聞き書きが残っている。

### 3.2.5 「会業」：切磋琢磨の学び
「**会業**（かいぎょう）[12]」とは、素読と講義の課程を終え、ほぼ独力で漢籍を「自読」できるレベルの学生たちの共同学習である。数人〜十数人がグループとなり、共同で学習する形態をとる。会業にも「**会読**（かいどく）」と「**輪講**（りんこう）」の二つがあった。いずれも当番が輪番で報告し、それをもとに相互に討論する。両者の違いは取り上げるテキストの相違である。

「会読」はテキストが経書以外の漢籍の場合である。史（中国の正史の類）、子（諸子百家の思想書）・集（名高い漢詩漢文）などを読む。いずれも必読書ではあるが、経書とは違い、深い意味を掘り出してくる本ではない。その分、読めばさして困

難なしに意味が理解できた。会読は多くの分量を読むことに重点があった。今の読書会に近い。

「輪講」はテキストが経書の場合で，輪番で経書を「講義」する。一通りの「講義」は終えているから，注釈書類の群に分け入り，異端を排しながら，経書の意味を正確につかんでメンバーの前で「講義」する。儒学本来の経学（学問）研究の共同作業といえよう。

「会読」「輪講」のいずれも，学力の高い上級学生や教師が「会頭」（呼び名は一定しない）役となって全体の進行をリードする。会頭は，議論が紛糾した時に正しい判断を下し，時には成績評価も担当した。いまの大学の演習やゼミナールに近い学習といえる。報告者はもとより，会業参加者はすべて十分な「予習」が前提であった。予習は，独力で漢籍を読まなければならない。「読書」は本来音読であるが，会業段階では，声に出さずに読む黙読が多くなる。実際には漢文を目で読む「独看（どくかん）」となる。「独看」はいわばスキャナーで文字面を読み取るように読む速読法である。予習の際には，教師への「質問」も可能であった。儒学も個別学習・自己学習が原則であると述べたが，学びが個別に孤立していたのではなく，会業のように相互に「切磋琢磨」（『詩経』が出典）

して共同で学んでいた。

### 3.2.6 詩文実作

素読・講義・会業の三段階で儒学の学習の本体部分は尽きている。いずれも「経書を読む」ことにかかわっていた。この他に，詩文の実作も不可欠な学習だった。漢文で文章をつづり漢詩を創作する能力は，江戸知識人，「文人」として欠かせない。ただそれは一種の表現上の技術に類する能力であった分，所与の古典を「身につける」まで読む，儒学本体の学とは区別されていた。また，詩文の実作は一種の創造的な自己表現の活動であるため，魅力に満ちていた。時代とともに詩文に重心を移す文人も多くなった。こうした詩文の実作は，『古文真宝』『文章軌範』『唐宋八家文』や『唐詩選』など，模範的名文や名詩を暗誦するとともに，詩文の実作への添削によって指導を受けた。これももちろん個別学習が基本であった。

### ［キーワード］

12）**会業**：同程度の学力の10人前後で学ぶ儒学の共同学習法。経書を講義する「輪講」と経書に次ぐ必読漢籍を読む「会読」の2種ある。いずれも，輪番による当番の発表に対して共同で討論する。たいてい学力が一段上の会頭がいて，議論紛糾時の決着をつける。

## 3.3 「知的言語」の習得
### 3.3.1 武士の学習の普及

藩校は，武士（藩士）の学習の場として，全国諸藩が設立した学校である。藩校の普及は18世紀後半以降のことで，江戸時代の終わりの百年間ほどである。武士が儒学を勉強するのが当然視されるようになったのは，この時期である。それ以前の藩校は，比較的大藩に限られ，一般藩士にまで開放されているとは限らなかった。

18世紀後半以降の藩校増加は，社会的な矛盾に対応した政治改革の一環であった。強力な政治改革の推進に当たるすぐれた人材の養成（武士教育）と，混乱した社会秩序維持を意図した民衆教化が目指されていた。幕府の寛政改革における学問所の拡充整備と朱子学を基軸にした教育改革はその典型である。寛政期の教育政策は幕府の消滅まで継続されていた。全国諸藩においても，その事情は幕府と大きくは変わらないものであった。

### 3.3.2 「テキストの身体化」

藩校で武士たちが学んだのは，例外なく儒学である。近世藩校およそ250校と明治以後開設の48校も含め，儒学を排除した藩校はついに皆無であった。儒学は経書を読む学問で，素読がその基礎にあった。素読は，意味理解さえ要しない機械的な暗誦であり，知的学習とは無縁にみえる。しかし近世儒者に素読無用論者はいなかった。素読はなぜ必要だったのか。

素読は音読の形をとる。黙読は，前後を往来しながら意味理解を深めて読み進めるから内容理解に適している。一方，音読は身体を使った読書である。意味理解とは別に，文のリズムと音の響きが幼い身体に刻まれ，独特の漢語の形式が，日常のことばとは異なった次元の，「精神のことば」や「思考の形式」を作っている（前田 1993）。経書は聖人の言を蔵した「真理」の書である。経書は，意思疎通の具としての言語とは，質と次元を異にした特別な言語で書かれている。それを暗誦して，丸ごと身体のうちに取り込むのが，素読である。その意味で素読は「テキストの身体化」といってよい。素読によって，聖人・孔子のことばを所有し，自らの思考と言語の活動に自在に活用する。経書の言語は，深い意味を含んだ思想の言語，それを獲得する学習が，素読であった。

### 3.3.3 訓読体漢文で考える

素読は経書を音読する「読書」と言ったが，実はそれも正確ではない。素読は，テキストを読むという意味での「読書」ではなく，経書を

暗記し「身体化」することを目的としているからである。

　素読の言語は、返り点と送りがなを付して読み下す「訓読体漢文」である。その訓読文は日本語文脈に置換された文体である。口語の日本語とはもとより、書かれた文語文とも異なり、王朝的系譜をひく雅語で構成されている。つまり中国古代の古典漢文を、独特の漢文訓読体日本語に置き換え、声に出して暗誦する、それが素読である。

　注意すべきは、訓読体漢文は声に出して暗記しやすいよう、抑揚やリズムに工夫が凝らされ、「身体化」に適した文体となっていることである。もとより近世の知的情報はほとんど漢籍であったから、漢文読解は学問に欠かせない能力であった。とすれば素読は、漢籍を返り点送りがな付きの漢文訓読法で読む読書能力を学ぶ課程であったと考えてよい。要するに漢文は、近世の「知的言語」であり、素読はその知的言語習得をめざした学習であった。

　漢文は日常語とは異なる「知的言語」「学問的言語」であった。つまり江戸時代の知識人は「漢文で考えた」といってよい。思考は言語活動の一つ。そのことを思えば、知的な思考は、漢文、なかでも儒学(経書)の言語と概念(つまり聖人孔子のことば)によってなされたということで

ある。こうして経書の訓読体漢文が、儒学的な思考や思想の形式を形作った。このことが、近世の思想や人間形成に決定的な影響をもたらした。

### 3.3.4 迂遠な儒学の有用性

　儒学の学習は、実用面からみれば限りなく迂遠な学習にみえる。中国古代漢文を身体化して、直ちに何かの役に立つわけではない。危機の現実に立ち向かう人材育成をめざす藩校で、こうした迂遠な学習がなされていた。しかし実際に、幕末の激動を切り拓いた武士たちの多くは、こうした儒学的教養を身につけて人間形成をした。志士を輩出した松下村塾で、吉田松陰が依拠したのは、儒学わけても『孟子』の読解だった。限りなく迂遠な教育が切実な課題を担う実践的人材を育成した。この「逆説」をいかに考えればよいのだろうか。

　儒学では諸問題を人のあり方の問題に還元してとらえる。たとえば財政破綻(経済問題)も村秩序崩壊(社会問題)も、さらに「黒船」出現(対外危機)さえ、人の心の次元に問題を還元してとらえる。後期水戸学の思想はその典型であった。こうした思想は、物事を構造的にとらえる視点を欠いた、空疎な「精神主義」に見えるかもしれない。しかし後期水戸学は、武士層の心を鷲づか

みにし，欧米近代に対抗して新時代を切り拓くエネルギーを作り出した。儒学的思考を「空疎な精神主義」と切り捨てるだけでは，明治国家を作り上げたリーダーたちのエネルギーや心情的土壌を説明できない。人が動く第一の要素は，心のうちにあるという点に注目しなければならない。

心の次元で問題をとらえる思想は，結局，実践的で強靱な責任主体を創出した。経書は「聖人の知」の集積であり，その知は「天地自然の真理」に基づくと確信されていた。「真理の言説」を身体化し，そのことばで考えるのが儒学的教養である。儒学の学習は，強靱な自己意識に基づく責任意識と高度な判断力の形成を目指していた。それを宮城公子に倣って「儒教的主体」といってもよい（宮城 2004）。

「精神主義」は往々，独善的な主観主義に陥る。しかし儒学には独善的主観主義に陥らない一定の理論的歯止めがあった。すなわち宇宙的自然に基づく思想の普遍性が，理論的に用意されており，それを背景に人間論や道徳論が展開されていた。人の生も自然界も生命を生みだす「天地生生」思想[13]のもと，天地自然の全体的世界観のうちに人が位置づけられた。その自己意識が，社会的使命を担う責任主体として鍛え上げられたのである。

こうした儒教的主体は，西洋技芸の学術や実用の知を排除するものではなかった。現に幕末の幕府や雄藩には，実用学の教育学習機関の豊かな蓄積があった。なかでも幕府の知の蓄積は諸藩を圧し，それらは維新後の明治国家に大いに活用されたのである。儒学による人間形成と西洋学術受容の二領域において，儒学的教養が大きく貢献していた。

[キーワード]
13)「天地生生」(の) 思想：天地自然は「気」の流行（運動）によって起こり，自然現象も万物の生命の生成も，この気のはたらきに基づくというのが，儒学の基礎にある考え方である。一気が陰陽二気に分かれ，あらゆる生命は，この陰陽を表象する天地のはたらきによって生成されるととらえられる。その観点からは，人も含めて万物は，天地自然と一体的につながるとする万物一体観が想定される。気のコスモロジーの中につながった存在としての個別の人間が意味づけられている。『易経』は「天地生生」の世界観の書として理解されてきた。

## 3.4 学びの身体性
### 3.4.1「学び」の原型

手習いと儒学と，「江戸」の二つの学びをみてきた。経書も素読の「手本」とみれば，手習いも素読も

「手本」を繰り返し「稽古」し，それに自らを一体化して「身につける」学び方である。この学び方の特徴を「学びの身体性」と呼ぶとすれば，その点で二つの学びは共通している。それは近代学校の教育や学びとは異なる位相にある。

手習いの「手本」は，子どもが手習う対象である。この場合「手」とは，直接には「文字を書くこと」であるが，「手を働かせてすること」や「人のわざ・技量」というのが原義である。手習いとは，師匠の「手本」（後に往来本の印刷手本）の，文字の形や筆遣いのすべてをまねて繰り返し書く行為である。流麗に書く能書の技能（わざ）は，理論やことばの教授で伝達できる能力ではなく，学ぶ者みずからが身体的に「身につける」しかないものであった。一方，近代学校の文字学習は，文字を正確に書くことが第一義で，文字の巧拙自体が評価に影響することは本来ないのが原則であった。

貝原益軒は，その著『日本釈名』において，「学ぶ」を次のように定義する。

> 「ま」は誠也，「なぶ」は，ならふ也。まことをならふ也。正真のごとくにせんとならふ也。小児の手をならうふがごとし。かきにせて，正真の手本のごとくにかかんとならふ也

「まなぶ」を「ま」と「なぶ」の合成語ととらえ，「ま」（真）を「まこと」（真実），「なぶ」を「習う」と解析する。この「学び」の典型例を「手習い」に見いだしている。この益軒説の学問的当否はともかく，益軒は，子どもが「手本」の通り，文字をまねて書く行為を「学び」ととらえていた。手本を模範（モデル）にして身体的に繰り返し能書のワザを身につける行為に「学び」の原型を見いだしていた点が注目される。

### 3.4.2 「自得」

「学びの身体性」は，他方で「自得」の重視とかかわっていた。益軒は，学問の「読書」の際，心，眼，口の「三到」を重視する。

> 凡書を読むには，いそがはしく，はやくよむべからず。詳緩に読之て，字々句々，分明なるべし。一字をも誤るべからず。必心到，眼到，口到るべし。此三到の中，心到を先とす。心，不在此，見れどもみへず，心到らずして，みだりに口によめでも，おぼえず。又，俄かに，しゐて暗によみおぼえても，久しきを歴ればわする。只，心をとめて，多く遍数を誦すれば，自然に覚えて，久しく忘れず（『和俗童子訓』）

3 江戸の学び

心を集中して文字を見，繰り返し口に唱えることで，「自然に」覚えるという。ここでの「読書」は，暗誦を前提にしている。「そらに覚えざる事は，用にたたず」(『和俗童子訓』)といい，18世紀前期の太宰春台も「万巻の書を読みても記憶せざれば用立たず」(『和読要領』)，また18世紀半ば過ぎの江村北海も「記憶せざれば文字の業なり難し」(『授業編』)と言う。いずれも「読書」は「記憶」を前提としていた。

「記憶する読書」を「テキストの身体化」ととらえれば，近世儒者が想定する「読書」は，素読に限らず「身体の学び」を前提にしていた。益軒は記憶，暗記を重視する一方で，「自得」を重視する。「自得」とは「慎んでよく思ひて，心中に道理合点して，わが物にし得たるなり」(『大和俗訓』)と述べているが，さらに次のことばが注目される。

> 初学の知る所俗学の記す所はその皮膚に止まるのみ。君子の知る所は皮よりして肉に到り，肉よりして骨に到り，骨よりして髄に到る（中略）苟も学んで自得すること能はざる者は，是れ口耳の学，訓詁記誦の習のみ」(『慎思録』四；原漢文)

ここでは「知」が，皮膚から肉，肉から骨，骨から髄へと，ひたすら身体の内側に向かって浸透していくイメージで語られている。これが「自得」という理解の仕方であるという。「学びの身体性」を象徴的に示している。

ここでの「自得」は，ことばによってなされる理解の仕方ではない。それは「皮膚」にとどまる表層の「口耳の学，訓詁記誦の習」にすぎない。しかし素読はもともと意味理解も問わない経書の丸暗記で，読書も暗記が重視されていた。とすればこの「素読」も「口耳の学」と変わるところがないかにみえる。この「矛盾」はいかに理解できるのか。これが矛盾とならないために，「自得」を不可欠としたと考えられる。むしろ関係は逆で，儒者がことさら「口耳の学，訓詁記誦の習」の弊害を強調するのは，素読や読書が文字づらだけの，表層の学びに終る危険に満ちていたからであったと想定される。

「自得とは慎んでよく思ひて，心中に道理合点して，わが物にし得たるなり」というように，「自得」は他方で「よく思う」深い思索を常に求める。自得や思索の強調は，益軒だけではない。江戸知識人に共通している。たとえば山崎闇斎は「体認自得」を説き，闇斎と鋭く対立した荻生徂徠は，「六経」の「礼楽」へ「心志身体」(『弁名』「礼」)による

「習熟」を説いた。「聖人ノ教ハ、皆其自得スルヲ待コト」(『太平策』)、また「学問の道は思を貴しと為すなり」(『弁名』「思謀慮」)などと述べ、「自得」と「思索」とを表裏とし、身体による習熟を展開した。

### 3.4.3 心と身体：気の身心論

「学び」における「身体」は、心といかにかかわっていたのか、確認しておきたい。儒学では、心が身体と連続してとらえられていることが重要である。

西洋生まれの近代思想は、心と身体は対立項の図式で示される「心身二元論」的発想が強い。生き物としての人の身体は、他の動物と原理的に違わないが、人は文化をもち自然に対峙する主体となる。その根拠を人の心に求める。心を持つことが、主体としての人の人たる所以であるとし、心にこそ人の本質を見て取る。デカルトの「我思う、故にわれ有り」の言は、心の存在に「確実な自己」を見いだし、人間の本質を心のはたらきに見いだす近代的な人間観の表明であった(→2.3.1)。

一方、儒学では「気の思想」で説明される。天地自然は「気」に満たされており、すべての生命体は「気」の自己運動として生じる。「気の凝集」が生命を生み、その死滅は「気の散尽」である。鳥獣虫魚草木も原理的には同じ「気」の自己運動である。

では人は何が違うのか。それは「気の質」(気質)の差。人を構成する「気」は天地の「精気」(正気)を禀け、そのため心が豊かであると言う。つまり心とは、身体を構成する「気の質」の違いとして説明される。心は身体の原理と、概念的にはほとんど区別がない。善い心の実現は、身体の規律化により「気」を善くしていく方法によって語られる。心が身体と連続的にとらえられ、「身心一元」の論理になっている。

この「気の身心論」[14](気一元論)は、身体を構成する「気」の制御、すなわち身体の規律操作によって心を改善する方法が展開される。「礼」の概念は儒学の根幹をなす。「礼」とは、人の外面に現れた身体を、一定の型に規律化することといえるが、身体で表現される「礼」が、心を養い人間形成していくことを、理論的に可能とする。このように、儒学の学びにおいて、「身体性」の契機がつねにともなってくるのは、こうした「気」を軸にした「身心一元論」の人間観が前提にあったことと無関係ではない。西洋生まれの近代的人間観が、自然と対峙する人間主体を定立するのに対し、儒学的人間観は、「天地自然」といういわば「大いなるいのち」との一体感をも

って，人と自然を連続的にとらえていた。その意味で，儒学的人間観は，豊かな身体感覚と自然の感覚を保持していたのである。

[キーワード]
14）気の身心論：中国を中心とした東アジアの「気の思想」の世界では，人も万物も「気」によって構成されていると考えられている。そこでは，人と人以外の万物との違いは，その身を構成する「気質」の差に起因すると想定されている。人は天地の「正気」（純粋精密な気）を稟けているゆえ，万物にすぐれて心のはたらきが豊かであるととらえる。つまり万物の「身」を構成する「気の質」が，心のあり方を規定しており，「身」が心と連続的に把握された身心一元論となっている。この点，身体を自然的世界とみなし，心に人間の本質を見いだした西洋近代の身心二元論とは，対照的である。

### 3.4.4 近代学校における身体知の排除

以上，「江戸の学び」は身体化をともなった学びであった。「身体化された知」をめざしていたといってもよい。一方，近代学校では，身体知を排除して構成されている。近代学校は，近代の学問によって構成された知識の体系が，カリキュラムに分節化され言語化されて，教師によって子どもに伝達されている。その分，子どもが生きている現実から離れ，生のリアリティを感じとりにくい。近代学校では，近代の学問に基づく知識が，大量に伝達されている。子どもの内発にねざすより，近代学問の側からの要請に基づく知によって，カリキュラムは構成されているからである。

近代学校において身体は，体育，保健衛生，理科の教科のうちに，確かに主題化されて組み込まれている。しかし体育は鍛えるべき肉体としての身体であり，保健衛生は病気から身を守る身体に関する知識である。理科は観察対象たる「自然」の一部としての人体に他ならない。身体を通した学び，つまり「学びの身体性」の契機は，依然として学びの課程から疎外されている。

もちろんそれは，学校が近代的な学問（近代知）によって支えられていることの結果である。近代の学問は，確実な事実とその論理的な構築によって構成された科学に基づく。科学は，自然を対象化し，人類にめざましい成果をもたらせ，「近代という時代」を達成してきた。近代の学校教育が，学びの課程から，生きた子どもの「**身体知**[15]」を疎外したのは，この必然的な結果である。

しかしわれわれが，環境としての「自然」を感じるもっとも身近な接点は，みずからの生身の身体であ

る。生身の身体はまた人の「心の在処」でもあり、さらに一つの生き物として、宇宙的大自然いわば「大いなるいのち」につながる結節点でもある。江戸の学びは、芸道や武道の稽古論、徒弟制度や宗教の修行論など、身体を回路とした知のあり方にも通底している。それは、人が大自然や超越的世界につながっていく回路でもある。生命観に満ちた世界とのつながりと、その実感に基づく教育の思想を、江戸の学びは示唆している。少なくとも近代以前の日本では、子どもの学びや成長を、こうした身体性と生命観の感覚と一体的にとらえる感性をもっていた。

## [キーワード]

15) **身体知**：近代学校の学習は、近代的な身心二元論の立場から、心のはたらきに人間の本質を見いだし、おもに言語化された知識とその体系を学習するのに対して、身心一元に立つ東アジア（前近代日本も含む）では、身体を通した習熟（稽古）によって身につく学び方を学びの基本型としていた。その学び（稽古・修行・修業）による知をここでは「身体知」と称している。現代の学校教育はこの「身体知」を疎外して学習がなされているといってよい。

# 4 「ケアリング」としての「学び」

・生田久美子

　「ケア」は，医療・看護の領域ではもちろんのこと，現在は倫理学，政治学，ジェンダー学[1]（gender studies）などからも関心が向けられており，それぞれの領域で既存のパラダイムに対して，「ケア」の観点に立つ新たなパラダイムの可能性が模索されている。教育学の領域においても同様に「ケア」に対して熱い視線が向けられていることは確かではあるが，教育における「ケア」へ向けられる関心は，幾分限定的な関心にとどまっていると言わざるをえない。すなわち，「ケア」をある特定の「行為」に置き換えて解釈しているように思えるのである。本章では，「ケア」をそうした特定の「行為」に還元した上で「教育」の営みへ援用していくという狭い解釈を超えて，「ケア」という「行為」を表象させている「認識」の問題として，さらには「学び」の新たな様式としてとらえ直すことの必要性について提案する。

## 4.1 「教育」における「ケア」

　まずは，教育，特に学校での教育実践の場で，「ケア」あるいは「ケアリング」ということばがどのように用いられているか，またそれに伴って「ケア」という行為がどのように解釈されているかに目を向ける。そこでは，学校の中核的な役割を「確かな学力の育成」ととらえた上で，「ケア」ということばを，「知的教育」（「学力」の育成）を補完する働きとしての**「心の育成」**[2]（cultivation of mind）「心への配慮」といった前者とは異なる働きかけを端的に表現する鍵概念として用いている。たとえば，学校での教師の第一義的な役割が「教える」こと，すなわち生徒の知的教育（教科指導）に携わることであるのに対して，学校におけるカウンセラーの仕事の中核にあるものが「ケア」であるという解釈にもその取り扱いの特徴が示されている。そのことは，「教員も**カウンセリング・マインド**[3]（counseling mind）を身につけよう」というスローガンや「教員が教科指導などの力量の向上に努めるべきことはもちろんであるが，それとともに，子どもたちのさまざまな相談に応じること，問題行動の予兆となる

サインに気づき，適切な手だてを講じること，問題行動などを通じて周囲の助けを求めている子どもに的確なケアをすることなどが今後ますます大切になっていく」という言説（「新しい時代を拓く心を育てるために」中央教育審議会答申平成10年）にも明確に示されている。

このように，教育の領域で「ケア」の重要性が論じられるとき，それは他者へ向けた「配慮」「気遣い」「関心」という，「他者」との関係におけるある種の行為や働きかけとしての意味が強調されていると言えよう。

たとえば，佐藤学は「…『ケアリング』を中心とする学校は，文化が伝承される場所であると同時に，あるいはそれ以上に，子どもたちが抑圧や虐待や貧困から保護され，一人ひとりの成長に必要な援助が提供され，人間と自然の存続を実現する文化と科学を学びあい，自分自身と他者と自然を大切に守りあい育みあう生き方が学ばれ，さまざまな苦難を克服する連帯を形成しあう場所として再定義されなければならない。この学校の転換は，まず，教科内容の伝達を中心とする教育から，人と人とが生きあい学びあうかかわりを中心とする教育への転換を要請している」（佐藤 1995, 170; 傍点筆者）と言い，「ケア」の観点を学校教育に新たに「加える」ことによる学校の役割の転換を主張している。佐藤の主張は，既存の学校「**パラダイム**[4]（paradigm）」を「ケア」という観点から転換させることの重要性を提起したものであることは確かであるし，また実際に学校の場においても「知育」を中心としてきた教育の閉塞感を打ち破る新たな「パラダイム」が求められていることも否定できない。

しかしながら，「教育」と「ケア」の関係を上記のような図式で解釈すること，つまり「ケア」を「知育」と対峙した働きかけとして理解した上で教育を両方の機能を並列的に果たすものとして解釈することに問題はないのか。それは，学校の場への「ケア」的要素導入の重要性に注目するとはいえ，文化遺産の伝承を目的とする「知的な教育」と「守る」「育む」や「連帯を形成する」という前者とは異なる特殊な働きかけが並列的に想定されていることの問題性である。

本章では，「教育」における「ケア」の問題を，上記にあげた図式——「知的働きかけ」と「ケア」を並列的にとらえる図式——から離れて，「教育」における「ケア」の新たな位置づけ——「**ケアリング**[5]（caring）」としての「学び」——を提案する。すなわち，「学び」を，

「知識（文化遺産）」の獲得として狭くとらえるのではなく，広く人間の「知る（知識）」「理解」といった認識の問題としてとらえ直し，そこから「ケア」と「学ぶ」の関係について概観する。

[キーワード]
1) **ジェンダー学（論）（gender studies）**：ジェンダー（gender）とは，フェミニズムの立場で行われた諸研究の成果によって理論化されてきた概念である。もともとは言語学の用語であったが，1970年代の第二次フェミニズム運動の中で，社会的に構成（構築）されてきた性差を示すことばとして用いられ，いわゆる生得的な性差を示すセックス（sex）と，概念的な区別がなされてきた。ジェンダー学（論）とは，こうした文化的・社会的に構成されてきた諸々の性差に焦点を当て，その再検討ないしは再構築を図る研究を指す。

2) **心の育成（cultivation of mind）**：心の育成ないし教育という用語は，1998年の中教審答申「新しい時代を拓く心を育てるために」以降に，盛んに取り上げられるようになったものである。この答申において，学校は「心を育てる場」としての位置づけが明記されており，また，「道徳教育の見直し」や「カウンセリングの充実」に代表される六つの提言がなされている。

3) **カウンセリング・マインド（counseling mind）**：一般に，カウンセリング・マインドとは，カウンセラーがクライエントに対して何らかのカウンセリングを行う際の「受容的な態度」のことを指している。本項目で取り上げたカウンセリング・マインドは，こうした臨床心理学的な知見を背景としつつ，教育政策レベルで展開された，望ましい教師像の資質として提示されたものである。

4) **パラダイム（paradigm）**：パラダイムということばが学術的な領域で頻繁に用いられるようになったのは，アメリカの科学哲学者クーン（T. S. Kuhn）による *The Scientific Revolution*（邦訳：『科学革命の構造』）の出版以後である。この書でクーンは，パラダイムを「一定の期間，研究者の共同体にモデルとなる問題や解法を与える一般に認められた科学的業績」と定義している。今日，一般的に用いられている「物の見方」や「考え方の枠組み」を意味するこの語の用法は，上記のクーンの意図には含まれていないとされる。

5) **ケアリング（caring）**：ケアリング（caring）とは，本来，看護学の領域で一般的に用いられてきた概念であり，他者（患者）に対する「配慮」や「世話」などの意味を持つことばである。近年では，こうしたケアリングの営みが，従来女性が担ってきた家庭の再生産過程に潜在していることが指摘されてきており，倫理学や政治学，社会学と並行する形で，教育学もこの概念に着目している。

## 4.2「学ぶこと」と「知ること」

「教育」における新たな「ケア」の位置づけ——「ケアリング」としての「学び」——を提案するにあたって，まずは「学び」と「知る」との関係を明らかにする必要があるであろう。なぜなら，教育の領域において「学ぶ」と「知る」は，一方では同義の事柄として，また他方では相容れない事柄として語られるという極めてあいまいな関係にあると言わざるをえないからである。たとえば，「『知る』だけでは『学んだ』ことにはならない」という耳慣れた言説では，「知る」が「学び」の一段階であるかのように，さらには「知る」があたかも「学び」を阻害するかのように扱われている。教育学領域において哲学的分析の手法（**教育の分析哲学**[6]）(analytic philosophy of education)）を用いて議論を展開した**シェフラー**[7]（I. Scheffler）は，「知る」を含む言明の成立条件の探求過程で，「知る」と「学ぶ」の関係を次のように分析している。

> 認識に関する用語である知る（knowing），及び信じる（believing）は，教育上の用語である学ぶ（learning），及び教える（teaching）とどの様にかかわるのであろうか。一見単純そうにみえるがそうではない。…
>
> …ということを学ぶ（learning that）はということを知る（knowing that）を含意すると考えることがあるかもしれない。たとえば，ある学生がボストンはマサチューセッツの州都であることを学んだとするならば，私たちは通常，彼はボストンがマサチューセッツの州都であることを知るようになったと言うであろう。しかしながら，この様な例から，ある人 X が Q であることを知るようになったと一般化することはできないのである。（シェフラー 1987, 14）

シェフラーは，「…ということを知る」と「…ということを学ぶ」の違いを以下のように整理している。

第一に，「X は Q ということを学ぶ」と「X は Q ということを知る」という言明の違いは，「X は…」という言明の発話者自身が「Q」という命題の主張を承認しているか否かにある。つまり，上記の「X はボストンは…」という言明の場合，もし「X は…」の発話者が，「ボストンはマサチューセッツの州都である」という命題（「Q」）の正しさを認めている場合にのみ，「X はボストンはマサチューセッツの州都であることを知っている」と言うことができ，「Q」という命題の正しさを認めない場合には「X はボストン

はマサチューセッツの州都であることを学んだ」と言うにとどまる。つまり、「知る」と「学ぶ」の言語上の違いは、第一に発話者の承認の如何にかかわるということである。

第二に、シェフラーはさらに、（1）XはQということを学んだ、そして、（2）私たちは、「Q」という命題によって提示されている実質的な主張に同意する場合、Xは（信じるようになっただけでなく）知るようになった、と言うべきか、という問いを立て、「知る」を①弱い意味と②強い意味の二つに分類した上で、その問いに次のように答えている。

> 弱い意味においては、「知る」は、単に真であることを信じているということになるだけである。それに対して、強い意味においては、さらに何かが加わる。たとえば、妥当な方法によってその信念を裏付けることができる能力、それを確証するための証拠を示すことができる、あるいはそれが肯定するものを自分が知っているということを示すことができる能力も加わる。(Ibid., 17; 傍点筆者)

シェフラーの答えを整理すると以下の通りになる。すなわち、もし私たちが「…ということを知る」を弱い意味にとる時にかぎって、先の問いに肯定的に（「知るようになった」と）答えることができる。しかし、他方、もし「…ということを知る」を強い意味にとるならば、先の問いに対して否定的に（「知ってはいない」と）答えなければならない、とシェフラーは言う。つまり、「XはQということを学んだ」とはいっても、発話者が「Q」という命題を承認し、Xが「Q」という命題を「信じる」だけでは、弱い意味では「知った」と言い得ても、強い意味では、その信念を正しく裏付けることができないかぎりは「知った」ことにはならないということである。

上記の議論を要約してみよう。もし、「XがQということを学んだ」ならば、「彼はQということを信じるようになった」のである。しかし、もし私たちが「Q」という命題の正しさを承認しないならば、たとえXがどれほど明確に「Q」を支持できようとも、私たちは、「XはQということを知るようになった」とは言わない。他方、私たちが「Q」という命題を真実であると認めた場合には、「XはQということを知るようになった」ということが直ちに否定されることはない。実際、「知る」を弱い意味にとるならば、「知るようになった」と直ちに言うことができる。しかし、強い意

味にとる場合には、さらにいくつかの条件が必要である。つまり、「信念」が正しいことを証明する証拠の提示が必要とされるのである。このように、「学ぶ」と「知る」の言語上の関係的分析は、安易に「知る」を「学び」の一段階としてとらえたり、「知る」を「学び」を阻害する事態としてとらえたりすることの不適切さを指摘している。

では、教育において目指すべきはどのような「学び」であるのか。それは、言うまでもなく、強い意味での「知る」としての「学ぶ」である。なぜなら、教育において目指すべきは、結果としては生徒が「信じる」、つまり弱い意味での「知る」に止まったとしても、その「信念」の正当性を裏付ける能力を涵養することにあり、弱い意味での「知る」を超えて強い意味での「知る」に近づけていくことが教師の使命であることは疑いないからである。

## [キーワード]
6) **教育の分析哲学**(analytic philosophy of education):教育の分析哲学とは、主に、哲学領域で培われてきた「哲学的分析」の手法を用いて、教育(学)的概念を明瞭にし、議論を展開する立場を指す。教育哲学における「哲学的分析」という方法の特徴は、教育を論じる際に用いられるさまざまな言明(statement)に着目し、そこで問題とされる語の用法を明らかにすることで、その語の指し示す意味(概念)を明確化していくというものである。こうした立場は、とりわけ1960年代から70年代の英語圏において興隆を極めた。

7) **シェフラー**(I. Scheffler):アメリカの教育哲学者、科学哲学者であり、ハーバード大学名誉教授。教育哲学領域に哲学的分析の手法をいち早く取り入れ、その方法的モデルを確立したことで知られる。主要な著作としては、*The language of education* (1960;邦訳:『教育のことば』)や *Conditions of knowledge* (1965;邦訳:『知識の条件』)、*Reason and teaching* (1973)がある。

## 4.3 強い意味での「知る」とは何か:教育において目指すべき「学び」

人間の「知」はこれまでいかなるものとしてとらえられてきたか。また教育的営為はいかなる「知識」観に則って進められてきたのか。教育において目指すべき「学び」とは何か。これらの問いを問うにあたっては、簡単にその歴史的な経緯に目を向ける必要がある。「知識」とは何か、「人間があることを知っている」とはどういうことかという問いはプラトンによってはじめて明確な形で問われることになった。彼は、ソクラテスとアテナイの若者テアイテトスとの対話(『**テアイテトス**』[8])

(*Theaetetus*))を通して、「学び」とは何かという問いを端緒として、それがもし「学ぶ事柄に関して一層智者になること」であるならば「正に知識であるところのもの、それはそもそも何であろうか」（プラトン 1966, 20）、と「学び」の探求から「知識」の探求に向かっていった。こうした対話を通して導き出された「知識」の規定が「真実なる思いなしに言論を加えたもの」というものであった。この「知識」の規定はあくまでも暫定的な規定ではあったものの、英語では"justified true belief"（正当化された真なる信念）と訳され、「知識」研究における伝統的な規定としてみなされてきた。さらに、この「知識」の規定は、分析哲学研究では「…ということを知っている」という言明の成立条件の問題として、つまりどのように「信念」「証拠」「真理」の三つの条件（**知識の三条件**[9]）(three conditions of knowledge)）の成立を解釈するかという問題に還元されて議論されてきた。これは、教育の目標として目指すべき「…ということを学ぶ」の成立条件とは何かという問題でもある。

しかしながら、「知る」の成立条件をめぐる議論、言い換えるならば「学ぶ」の成立条件の議論でもっとも大きな問題であったのは「証拠」の条件をいかに解釈するかということであった。伝統的な「知る」の規定に従うならば、人間があることを「知っている」ことの証し、すなわち「証拠」は「一般的な理由づけ」ができるということ、しかもその理由づけは「言語」を通してなされることが要件であった。このように、伝統的に正統とされてきた「…ということを知っている」ことの「証拠」の条件は、言語中心的な条件であった。すなわち、「知っている」か否かは、さらに言うならば「学んだ」か否かは、一般的、客観的、抽象的、論理的、記述的な言語様式での表現可能性という観点から判断されてきたのである。

伝統的な「知る」「知識」についてのとらえ方は、17世紀に出現したデカルトの思想によってより強固なものになった。デカルトは人間の心と身体を別の実体として、しかもそれぞれが別個の法則に従う働きをするものとしてとらえた。こうした実体論的な二元論に立つ「知識」観のもとでは、必然的に人間の「知る」という働きは身体とは切り離された人間の精神あるいは心の働きとしてとらえられることになる。さらに、そうした「知る」働きの結果得られた「知識」は心の中に貯蔵されていく「もの」としてとらえられることになる（→ 2.3.1, 3.4.3）。

こうした人間の「知る」や「知識」のとらえ方は西欧の**近代合理主義思想**[10]（modern rationalism）の根幹にすえられ、さらには教育的営為の妥当性を保証する確固たる根拠となった。つまり、「知識」が人間の「知る」という働きの結果蓄積されていくとするならば、教育において子どもたちが最終的に目指す「学び」というものは先にあげた言語様式に表象される「知識」をより多く蓄積すること、しかも個人の頭や心の中に蓄積することに還元されてとらえられるようになるのは必然である。しかしながら、強い意味での「知る」としての「学び」は上記の議論に完結することはない。では、強い意味を留保しつつ、「…ということを知る」や「…ということを学ぶ」のもう一つの解釈にはどのような可能性があるのか。

[キーワード]
8）『テアイテトス』（原典：Θεαίτητος 英訳：Theaetetus）：『テアイテトス』は、古代ギリシアの哲学者プラトンによって著された、「知識とは何か」を主題とする対話形式の著作である。プラトンは、この著作で、「知識とは何か」「人があることを知るとはどういうことなのか」という認識論的問いをめぐって展開された、ソクラテスと若者テアイテトスの対話を描いている。

9）知識の三条件（three conditions of knowledge）：プラトンの『テアイテトス』において、知識の条件として暫定的に提示された「真なる思いなしに言論の伴ったもの」（justified true belief）を、現代において知識の「真」「信」「証」という三つの条件として言い直したもの。1960年代以後の英語圏における分析的教育哲学者たちによって吟味がなされた。

10）近代合理主義思想（modern rationalism）：人間の理性（reason）を普遍的な原理とし、それによって支えられる共通の土台（枠組み・規則）こそが合理的なものであるととらえる、近代に特有の形式主義的立場のこと。狭くは、17世紀の大陸合理論と同義であるとされる。この狭義の意味においては、とりわけ認識論的問い（ある「こと」・「もの」を知るとは何か）の中で、主知主義的立場を支える思想的基盤となり、感覚主義的な経験論に対抗するものとして位置づけられている。

## 4.4 もう一つの「学び」：言語主義的「知識」観から解き放たれて

ここで、近代合理主義的な「知る」「知識」の思想、つまり言語主義的な「知る」「知識」の思想から離れて、もう一つの「学び」の可能性を提案したい。ここで注目するのは「ケア」研究が提示する「ケアリング」概念を手がかりとする「学び」の可能性である。「ケアリング」

## 4 「ケアリング」としての「学び」

概念には最終的に「知る」や「知識」に対して概念の規定の再構成をせまる，言語主義の枠には納まらない諸要素が含意されている。以下に，**ノディングス**[11]（N. Noddings）が提示する「ケアリング」概念に目を向け，そこに新たな「知る」，そして新たな「学び」の可能性についてみていく。

「ケア」という概念が一般的に一方向的な働きかけを意味するのに対して，ノディングスは「ケアリング」という概念を「ケアする人」と「ケアされる人」との関係性の観点に立脚するものとして解釈する。さらにその両者を「教える者」と「学ぶ者」に置き換えて，「ケアリング」関係をもう一つの教育的関係のあり方として提言する。ノディングスは，「ケアリング」概念は他者との関係をめぐる「かかわり」「気にかける」「関心を持つ」「世話する」といった人間存在を規定するある種の志向性，傾向性を含意するものとしてとらえた上で，そのケアリング関係の成立条件を三つの側面から描写している。

　　AはBをケアしていると言う場合：
（1）AはBを受容している。その際のAの意識は（専心的）注意（attention）や動機の転移（motivational displacement）によって特徴づけられている。
（2）Aは(1)にしたがって何らかの行為（some act）をしている。
（3）Bは，AがBをケアしていることを認識している（recognize）。（ノディングス 2002, 19）

この関係を整理してみると，ケアリング関係が成立するには，「ケアする人」と「ケアされる人」との間には次のようなことばで特徴づけられる事態が生じていなければならないということである。すなわち，その関係は：

①受容性（相互に，相手をそれ自体として受容），
②専心没頭（専心的な注意を向ける），
③動機の転移（相手の動機に立った思考と行動），
④対象と自分との互恵性（reciprocity）（一方向的な行為ではなく相互に助け合う関係），
⑤応答性（responsibility）（相互に応答し合う），

といったことばで特徴づけられ描写される。

これら一つひとつの特徴について

はさらなる哲学的な分析が必要であるとしても，ノディングスが提起するケアリング関係の成立条件は，これまで「ケア」概念が「与える―与えられる」という関係に立つある種の「行為」として限定的に解釈されていた事態に対して大きな転換を迫る提起であったことは間違いない。さらに重要な点は，ケアリング関係を新たな教育関係としてとらえると，学ぶ者の「学び」の解釈も必然的に変容を被らざるをえないという点にある。

ノディングスは，「ケアリング」概念をさらに，care about と care for [12]に分類し，ケアリング関係の中で求められる「ケア」とは何かについて論じている。"care about"を意味する「ケア」とは，対象（人間，動物，植物，事物，観念）を外部から傍観する客観的，かつ一般的な理解であり，それは自分と距離を置いてとらえる科学的な思考に近似する認識様式，またそれに基づいた行為を意味する。たとえば，「飢えたカンボジアの子どもたちを care about する」と言う場合，それは「傍観者」的なケア（benign neglect）にとどまることを意味する。こうした，"care about"という認識様式はノディングスが言うように，確かに「1対1の関係からより広い公的な世界へと目を向けさせる」（ibid., 22）働きをするという意味はあるものの，同時にそれは教育の文脈では，「学び」の目指すものが対象についての「知識の獲得」にとどまることを正当化してしまう可能性を有していることも否定できない。また「教える者」と「学ぶ者」との関係についても「情報伝達」の関係に陥ってしまう危険性もはらんでいることを示唆している。

一方，"care for"は，先にあげたケアリング関係の成立条件に示された，「ケアする人」と「ケアされる人」の間に生起する相互的な「受容性」「専心性」「動機の転移」「応答性」などの概念で表される相互認識であり，またそれに基づく行為である。ケアリング関係の出発は確かに，「ケアする人」と「ケアされる人」との関係についても，また教育の文脈に転用した場合の「教える者」と「学ぶ者」との関係についても，さらに「学ぶ者」と「学ぶ対象」との関係についても，"care about"の意味での「ケア」に始まる。しかし，真の「ケアリング」を志向する「ケアする人（教える者）」と「ケアされる人（学ぶ者）」との関係の中では，"care about"という認識及びそれに基づく行為は"care for"のそれへと変容し得るとノディングスは考える。すなわち，「ケアする人は何よりも受容的

である必要がある。この『受け容れ』により、ケアされる人のニーズを感じ、[まずは]「**感情移入**[13](empathy)」が生じる。…そこから、相手への『注意』、『専心没頭』が生じ」(村田 2006, 95)、相手のニーズを感じ取り把握できるようになり、ケアされる人の視点から行為を起こすこと（動機の転移）ができるようになると考えるのである。ノディングスはその様態を「**共感**[14](sympathy)」あるいは「感情をともにすること（feeling with）」(ノディングス 2002, 14) と呼び、そうした「共感」こそがケアリング関係において専心的な注意を向ける状態に他ならず、その様態を物理学における「振動（vibrations）」になぞらえて解釈する。つまり、こうした双方向的な「振動」である「共振」を契機としてケアリング関係が開始され、その後の相互的関係つまり"care for"の関係が構築されていくと考えるのである。

冒頭で指摘したように、教育の分野においてこれまで取り上げられてきた「ケア」をめぐる議論は、他者への「配慮」「気遣い」「世話」といった、「ケア」概念の特定の一側面を強調した形での議論であった。しかし、ケアリング関係を「教育的関係」へ転用することを提言するノディングスの議論は、教育における「ケア」概念の限定的な理解をどのように変容させるのか。さらに言うならば、ノディングスの「ケアリング」概念およびケアリング関係論に注目することによって私たちがこれまで伝統的に正当としてきた「知る」「知識」についてのとらえ方、さらには「学び」についてのとらえ方を再考する際にどのような知見を得ることができるのか。

## [キーワード]

11) ノディングス（N. Noddings）：アメリカの教育哲学者で、スタンフォード大学名誉教授。ノディングスは、とりわけ「ケアする者」と「ケアされる者」との関係性の問題として「ケアリング」論を展開させた論者として知られており、日本の教育学にも大きな影響を与えている。主要な著作として、*Caring* (1984；邦訳：『ケアリング』)、*Starting at Home* (2002) などがある。

12) care about と care for：ノディングスによって分類されたケア概念の二つの様式のこと。"care about"は、ケアの対象（人間、事物、観念）を客観的（一般的）に理解するものとしてとらえることであり、それはいわゆる「科学的な思考」に近似する認識および行為様式である。他方、"care for"は、「ケアする人」と「ケアされる対象」との間に生起する相互的な応答に基づく認識および行為様式のことであり、ノディングスのケア論の中核に位置

13) **感情移入 (empathy)**：感情移入とは，ノディングスによって概念化された，ケアする人がとる原初的な認識形態および行為様式である。その意味は，ケアする対象の要求を感じ，それを受け入れることである。ノディングスによれば，こうした受容的な「感情移入」によって，対象への「注意 (attention)」や「専心没頭 (engrossment)」が生まれるとされる。

14) **共感 (sympathy)**：共感とは，ケアする人の一連の認識様態の変化を説明する際に，ノディングスが用いたことばである。具体的に言えば，「感情移入 (empathy)」によって始まり，相手の要求を感じ取り，最終的にケアされる対象（人間，事物，観念）の視点から行為を起こすことができるようになるという認識様態の変化である。これは「感情をともにすること (feeling with)」とも呼ばれており，ノディングスのケア論を検討する際の鍵概念である。

## 4.5「ケアリング」としての「学び」

ケアリング関係論から得られる知見には以下の3点があげられよう。

(1) 知的教育に対峙するものとして，「他者へのケア（配慮，気遣い，世話）」という事象を狭くとらえてきたことについての反省が喚起される。

(2) プラトンが規定した「知る」や「知識」の規定やデカルトの二元論的な「知る」や「知識」についての，またそれに則った「学び」についての再解釈が要請される。

(3)「ケア」はただ人間間の関係についての事象ではなく，「他者」の連続的な延長上にある「動物」「植物」「事物」や「観念」へも適用されるという拡張的な解釈が要請される。

では，「人間」のみならず「動物」「植物」「事物」「観念」を対象とする，「ケアリング」としての「学び」はどのような様相として記述することができるのか。

ノディングスは「理解」について次のように言う。

わたしたちが，あたかも取りつかれたかのように主体的に関与するとき——関係の中に巻き込まれるとき——受容的な喜びが生じる。わたしたちは，操作的な活動を中止し，心安らかになっているだろう。つまり，耳を傾けているのである。特別な成果や解答を生み出そうとしているというよりはむしろ，理解し，みてとろうとしているのである。説明は，統制的で，工夫を凝らし，構成的である一方

## 4 「ケアリング」としての「学び」

で、理解は——喜びと同じように——思いがけずに、もたらされる。…理解は受容的であると記述される。(ノディングス 1997, 224-25; 傍点筆者)

このようにノディングスは、「理解」の様式を、「取りつかれる」「関係に巻き込まれる」「受容的」という要素を包摂したものとして描写する。それは明らかに合理主義的な「理解」観、すなわち他者あるいは事物を対象化しできるだけ距離をとった視点からそれを客観的に説明する様式——これがまさに伝統的に望ましいとされてきた「知る」様式であるが——とはまったく異なる様相を呈するということである。

つまり、ノディングスの主張は、「…ということを知っている」「…ということを学んだ」という事態を、一般的、客観的、抽象的、論理的、記述的な言語で表現される(されなければならない)ものに還元することの妥当性を揺るがし、また同時に他人に「気遣いを示す」「思いやりを示す」や他人の「世話をする」といった表層的な行動を指示する限定的な「ケア」解釈に対しても変容を迫ることになるのは必然である。

佐伯胖は、「主観的知性」と「客観的知性」という二元論を超えて、知性の根源に「共感」という働きをすえた「**共感的知性**[15] (sympathetic intelligence)」という新たな概念を提起しているが(佐伯 2007a, 18-19)、氏の議論はまさしく「ケアリング」に立脚した新たな「知る」、あらたな「学び」観の提起に他ならない。

**ケラー**[16] (E. F. Keller) の研究成果には、この新たな「知る」「学ぶ」の様式を示す事例が示されている。ケラーは、トウモロコシの細胞の研究でノーベル賞を受賞した遺伝学者**マクリントック**[17] (B. McClintock) の事例を、「もうひとつの科学的思考」の様式を示す事例として注目している。ケラーは次のように言う。

マクリントックは、通常の科学の規範のすべてを破る逸脱者だった…彼女は、科学研究を行うときに「生物に共感すること」の重要性を強調した——「対象に耳を傾け」、自分を忘れることが大切だと力説したのである。(ケラー 2003, 112)

マクリントックはここで他の人間との関係を語っているのではないけれども、われわれはその類似性に気づかずにはいられない。マクリントックの語る植物とのかかわり方においては、人間とかかわる

ときもそうであるように，違いを尊重するためには，ただ対象に関心を持つだけでなく，対象に共感する能力が必要なのである。(Ibid., 113)

ケラーが注目するマクリントックの遺伝子学研究を進める際の姿勢は，対象に「共感すること」「耳を傾けること」「自分を忘れること」「中に入り込むこと」の大切さを説く言説によって描写される。こうした言説はまさに先に記した「ケアリング」論を構成する言説であり，ここにも「ケアリング」としての「学び」の可能性が示されている。

[キーワード]
15) 共感的知性（sympathetic intelligence）：佐伯胖によって提起された，「主観的知性」および「客観的知性」という二元論を超克する新たな知性観のこと。佐伯によれば，共感的知性とは，（自分ではどうにもできないという意味で）客観的（外在的）な法則に従って展開している対象世界に，主観的な存在である自己を投出することで，実感的に客観性を認識する（共感）という知り方のことであるとされる。
16) ケラー（E. F. Keller）：アメリカの科学者，科学哲学者で，現在，マサチューセッツ工科大学教授。近年では，科学やジェンダー論の歴史的・哲学的研究で多くの業績を残している。代表的な著作として，マクリントック（B. McClintock）の評伝である *A Feeling for the Organism*（1983; 邦訳：『動く遺伝子』）がある。
17) マクリントック（B. McClintock）：アメリカの生物学者。トウモロコシの染色体の研究を行い，1983年にノーベル生理学・医学賞を受賞している。ケラー（E. F. Keller）によれば，マクリントックの研究姿勢は，従来の科学的思考様式とされてきた，対象を客観的に切り離し観察するという姿勢ではなく，むしろ対象に共感し，耳を傾け，入り込むといった，対象との関係性の構築プロセスを有していたとされる。

## 4.6 まとめ：新たな「学び」のパラダイムの創出へ向けて

これまで，新たな「学び」の可能性を探っていくなかで，ケアリング関係論から得られる知見についてみてきた。それは，人間の「知る」や「学ぶ」というものが伝統的に，一般的，客観的，抽象的，論理的，記述的な言語で表現されるもの（されなければならない）としてみなされてきた価値に対して新たなパラダイムを提起するものであった。すなわち，それは，強い意味での「知る」としての「学び」を，合理主義的な解釈を超えて，「ケアリング」としての「学び」としてとらえる提言に他ならないのである。

# 5 学習の実験的領域
## ——学習の社会理論のための覚書

・福島真人

　学習を，本来的に社会的性質をもつ活動と考えると，認知科学や心理学で想定されているのとは異なる見取り図が可能となる。ここでは学習の最も重要な要素の一つとして，試行錯誤を中心とした実験的な活動を想定し，それが許容される社会的領域の性質を考える。従来の社会的学習理論は，学校中心の学習イメージから離脱するために，徒弟制のような伝統的制度や，あるいは労働現場での学習形式といったものを理論的モデルとしているが，これらはある意味でこうした領域の存在を暗黙裡に仮定してきた。ここではその存在様式を「学習の実験的領域」という形で定式化して，それがマクロの社会的諸制約と密接にかかわり，その内実が大きく影響をうけることを指摘して，ミクロの学習理論と，マクロの社会理論の間の架け橋を試みるものである。

## 5.1 社会的制度としての学習
### 5.1.1 未分化な制度からみる

　学習という現象を理解する場合，それにアプローチする多様な理論的背景から考えても，さまざまな文脈を設定することが可能である。学習を生物学的な現象であるとみなせば，昆虫やマウスの行動からその原型を導き出すこともできるし，認知主義的なアプローチでは，何らかの脳内のプロセスと関係すると考えて，神経学的な分析からそれを始めることもできる。

　こうした多様なアプローチ可能性を前提として，ここでは学習という現象をある種の文化的，社会的な制度として観察してみる。言い換えれば，学習という現象のある側面は，文化，社会的にみて決して「自明」ではないということである。

　人類学の初期，アフリカやアジアの僻地を探索して，そこでの諸民族を研究していた時代では，先進国で自明とされる諸制度，たとえば法，政治，教育，経済といったものが，果たしてこうした僻地の社会を理解するのに妥当なのかという問いかけがしばしばなされた。たとえば国家や裁判所といった制度がない社会において，法はどう定義され，機能するのかといった問いが，初期の法人類学の基本的なテーマの一つであっ

た。現在では法律は，国会によって制定され，司法組織によって維持される。そして法を犯せば処罰の対象になる。こうした制度的背景が存在しない社会において，これらに対応するものがあるのか，あるいは何か別の枠組みが存在するのかが，当時の重要な問いだったのである。これに対する答えはその社会によって異なるが，多くの場合明文化された法体系がなくても，さまざまに入り組んだ社会的規制（その多くは宗教的な色彩も含んでいたが）が存在し，そうした規制に対する侵犯は，超自然的色彩を伴った災害や病気などといった形で現れ，結果としてこれらの規制は守られていた。

こうした初期のモノグラフに登場する社会の特徴は，社会制度が比較的未分化であるという点であった。言い換えれば，われわれの日常生活のように，政治，経済，法といった諸制度がそれほど明確に分離していないのである。その典型的な例は，多くの調査が行われた，**親族組織**[1]のケースである。親族組織について当時多くの関心が集中したのは，こうした社会で親族組織が，単に親族を束ねるだけではなく，政治，経済，法，教育といった機能をも同時に果たしていたからである。もちろん対象となる社会によってその分化のレベルは異なるし，それが他の機能を代替するレベルも現実には多様である。

制度が未分化であるという事は，言い換えると，われわれにとって自明な弁別がしばしば成り立たないという事を意味する。たとえば多くの社会で，一般的には宗教的職能者とされるシャーマンの活動を注意深く分析すると，宗教面だけでなく，けがをなおしたり，占いをしたり，あるいは家族の悩みの相談をしたり，さらには政治的な指導力を発揮するというケースも少なくない。われわれの社会ではそれらは専門の分野に分割されて，その相互関係も曖昧なのであるが，ここではそれが独特の形で融合しているようにみえるのである。

このように，現在では専門分化したシステムが融合している状態を観察することには，ある種の発見論的なメリットがある。たとえば病気を患うという経験は，いわば生理・文化・社会的といった側面が総合したような経験であり，たとえば精神医学では最近，bio-psycho-socialといった命名法で，そうした状況を現そうとしている。病気に戻っていえば，肝臓の病は，細菌や肝細胞の病であると同時に，その患者の生活習慣，家族関係，社会的ネットワークの構造や，マクロの経済システムと相互に関係をもつという点で，全人格的，かつ文化・社会的経験でもあ

る。このような指摘自体は特に医療人類学といわれる分野で繰り返し成されているが、そうした主張の背後には、制度上の分割が余りに自明視されている現状を批判し、病んだ肝細胞が、一方では分子レベルに、他方ではミクロ・マクロの社会レベルに、複雑に関係しているのだという理解がある。生活習慣病といった表現は、病が生活習慣（即ち「文化」という概念の古典的な定義）と密接に連関している事を示している。つまりこうした表現は病いの社会的性質についての、医学的な表現だとみることもできる。

あるいは精神医療の分野などでも、医師はソーシャル・ワーカー的でもあり、退院患者の生活環境や、雇用条件についてもかなりの熟練を積まないと事実上勤まらないことが多い。いわばレヴィ＝ストロース（C. Levi-Strauss）の言う、**ブリコレール**[2]（何でも屋）であり、一方で薬理学的な診断をしつつ、他方で、あたかもしろうと社会学者のように、地域社会の就業構造を具体的に把握する為、東奔西走しなければならないのである。

[キーワード]
1）**親族組織**：伝統的な社会の多くにおいて、血縁関係の果たす役割は、その社会で最も中心的なものであり、その血縁で作られる組織のことをこう呼ぶ。
2）**ブリコレール**：もともとフランス語（bricoleur）で、「何でも屋」の意味であるが、人類学者のレヴィ＝ストロースが無文字社会の人々の思考様式を説明する時に、身近にある具体的なものを利用して思考を行う、という意味を込めてこのことばを使った。最近ではこうした特質は無文字社会のみならず、専門家などにもみられるという指摘が多い。

## 5.2 徒弟制という問題群
### 5.2.1 徒弟制の諸形態

さてここでは、最初の問題設定に戻って、**社会文化的制度としての学習**という概念を考えてみよう。こうした観点から、前述したモノグラフを観察すると、いくつかの興味深い事実に気づく。そのうちの一つが、こうした社会における学校の不在である。学校という近代的な制度は、われわれの学習観に甚大な影響をあたえているが、こうした学校なき社会における教育の問題というのも、法の議論と同様、論点として取り上げられうる。

この分野で先駆的な貢献をしたフォーテス（M. Fortes）は、アフリカのタレンシ族の中に教育という活動を分離して特定する事が困難だと指摘した（Fortes 1970）。実際、われわれの社会では、家庭、学校、職場は異なる制度として分離してお

り、家庭での躾けと学校での教育、そして職場での労働は別物である。しかしそれらがこのような形では分離していない当時のタレンシ族では、これらを分離して考える事は不可能である。するとある意味で、さまざまなものがわれわれの目からみると「教育的」機能を果たすようにみえる。たとえば子どもたちの遊び、親の仕事についてまわりながらそれをまねる活動、あるいは年齢階梯制による独自の躾け、さらに部族内の**通過儀礼**[3]による子どもから大人への強制的な移行である。これらは渾然一体となって、いわば現在われわれがいう「教育」的な働きを示しているようにみえる。

だが社会によっては、家庭と職場がそれなりに分離している場合もある。その場合、家庭では職業上の教授は行われず、それは専らある程度専門分化した職業集団に担われる事になる。たとえばアフリカの鍛冶屋の組織などが典型的な例だが、それらを総称して徒弟的な組織と呼ぶことができるだろう。**徒弟制**[4]はわれわれにもお馴染みであり、親方の所に住み込んで、日常雑事を行いながら、段々とその職業を体で学んでいくというものである。こうしたタイプの活動はわれわれの周辺にもそれなりに残っており、伝統芸能、職人、工場、家元、芸人といったものが、こうした徒弟制の典型である。

またこの制度の残滓は大学院教育あたりでもかなり鮮明になってくる。たとえば誰々は何とか先生の「お弟子さん」だとか、場合によっては「お稚児さん」と陰口を叩かれたりするのも、徒弟的な制度の反映である。

徒弟制とは、しばしば古臭い体質のものと考えられ、週刊誌などで「相撲部屋の封建的体質」と、その特性が批判されたりする。その場合、批判の対象になっているのは、親方を中心とした上下関係の固定した性格や、さまざまな日常の雑事を強制する非合理性（つまり特定の職に本当に関係があるのか明確でないのに、親方の身の回りの世話とかをやらされる理不尽さ）、教授過程のカリキュラム化の欠如による不透明さ、あるいは外部に対する閉鎖性といったものであろう。実際これらの特性、あるいはイメージが相まって、徒弟制は、基本的に前近代的な、封建遺制であり、それは伝統芸能といったものにのみ、残余として残っているという評価がある。

[キーワード]
3）通過儀礼：伝統的な社会に多くみられる儀礼の形態で、子どもから大人、というように、社会的なステータスが変化する際に行われる儀礼のタイプ。

4）**徒弟制**：学校を中心とした学習モデルに対して，そうした教授的活動を主体とした学習の場とは異なる様式の具体例として新たに取り上げられるようになった概念。

## 5.2.2 モデルとしての徒弟制

この封建遺制的な性格を持つ徒弟制に対して，新たな観点からそれを見直そうとしたのが新たな学習理論である。それはこの徒弟制に於ける独特な性格が，現代教育を再考する為のヒントになると，複数の人々が考えたからである。先程，タレンシ族のケースでは，家庭，学校，職場が未分化のまま存在すると指摘した。現存する徒弟制の場合，家庭はすでに分化しているが，徒弟制の内部では，いわば職場と学校が未だ渾然一体となっている。それは言い換えれば，徒弟制での新参者の活動というのが，職場での労働とも，あるいは学校での学習とも言い切れないような性質であるものだ，と研究者たちが指摘したのである。

実際，アフリカの徒弟制を観察したレイブ（J. Lave）のような人類学者は，そこにはっきりとした教授的な活動がみられないのに，新参者はみようみまねで技能を獲得していくことを見いだした。しかも当然のことながら，彼らの活動には，学習の為の固有の時間（たとえば仕立屋の仕事についての基礎講座）といったものがなく，日常的なルーティン的活動が淡々と行われているだけなのに，そこにそれなりの技能の習得が成されているという事態に，彼らは大いなる関心を持ったわけである（Lave & Wenger 1991）。その謎めいた事態は，実はわれわれが何かを「現場で体得する」という形で学ぶ場合に行われる過程をなぞっているのだが，その場合いくつかの注目すべきポイントがある。一つは新参者が現場の仕事をまねやすいような，空間的，社会的な構造があり，それが新参者の技能習得をサポートするという点である。つまり仕事の構造が基本的なものに限定され，それが累積的に高度化するような構造を成していると同時に，新参者がいわばまねしやすい余裕があるように，作業の内容が構成されているというわけである。この仕組みがあると，わざわざ新参者の為に，独自の「入門授業」といったものがなくても，それなりに技能は習得されるようになるというのである。

## 5.3「学習」の誕生
### 5.3.1 プラクティスという概念

ここでは実際にする労働と，その為の学習というものが分離しておらず，融合している。いわば実際の仕事を通じて，その習得を行うわけで

ある。そこでこの労働と学習が融合しているという状態を表す為に，論者達は**プラクティス**[5] (practice) という概念を用いている (Bourdieu 1980)。

プラクティスは，「実践」と訳されると何の事かよくわからなくなる（ただしそう訳されている）が，複雑な含意を持つことばである。辞書を引けばわかるように，これには「常習的行為，習俗，実践，練習，実務，常套手段，訴訟手続き，儀礼」といった訳語が並んでおり，その基礎には，日常的に「反復的」に行われる実務的行為という意味がある。だからこれはむしろルーティン，あるいは慣習的行動と訳されるべき単語である。つまりこれは人々が毎日，反復的に行っているルーティン的な仕事のようなものを示している。こうしたプラクティスにおいては，特別に分離された教授―学習といった装置は必要ないというのが，この主張の基本にある。

[キーワード]
5) プラクティス：実践と訳されるが，正確には，反復される日常的行動のこと。慣習的行動と訳されることもある。日常的な行為の社会理論の基礎概念。

## 5.3.2 「学習」が問題化される時

このプラクティス概念の導入の目的は，日常的に仕事（プラクティス）を行う現場に於いては，学校の先生―生徒のような特別な関係は必要ないという点を指摘するためである。つまりルーティン的な仕事では，学習と労働が融合しているのであり，人はそれに接しながら徐々にコツを体得していくという訳だ。言われてみれば当たり前の事だが，この学習と労働の融合という概念は実は大きな理論的な意義を持ちうるものである。それは分離された学習と労働という前提と，それに基づいた学習理論に対する批判となるからである。

日常的な仕事の実行について，もし学習と労働が不可分に融合しているとすれば，それを分離し，学習だけを固定化したシステムというのは，何か宙ぶらりんの性格を持つことになる。実際，この日常的な仕事の構造では，原則的にたとえば「動機」というのは問題にならない。というのも，動機がない新参者がいるとすれば，それはようするに仕事をやる気がしない者という事になり，そんな奴は最初から仕事場から追い出されるからである。その意味では動機という概念もまた，学習と労働の融合体に最初から溶け込んでいるのである。動機という観点がなぜ問題として成立するかは，この学習と労働が分離してしまったという歴史

的経由と深い関係があるように思われる。

### 5.3.3 学習と労働の分岐

直ぐに気づくのは、ここで仕事といっても、それはあくまで徒弟制がモデルであり、そこでは社会的、技能的移動が前提となっているという点である。つまり新参者段階の比較的単純なルーティンワークは、技能が向上するにつれ、段々と複雑な作業へと転換される。いわば現場の仕事の構造自体が、一種の発展性をもっているのである。これはある種の古典的な工場の機械的な流れ作業とは明らかに性質が異なり、発展の可能性を含んだルーティンなのである。

だが学習と労働が分離すると、一方では学習の可能性のない機械的な作業が残り、他方では労働と連関しない純粋な学習が生成するという事になる。この機械作業も、純粋な学習も、それぞれ目的がハッキリしないものである。当然、単純な流れ作業の効率を上げるにはどうしたらよいかという問題が出てきて、それが多くの労働心理学的な研究に繋がったというのは、よく知られた話である。他方、学校制度という枠組みの中で、学習という過程が日常的な仕事と分離すると、ここでも一種の空洞化が起こる。つまり学習の究極的な目的が明確にならないまま、とにかく何かを「学習」しなければならないという不思議な事態がおこる。

もちろん、読み書きソロバンはすべての仕事の基礎だ、という形で自己正当化することは不可能ではないが、それを越えると、この「学習」は独自の中空的な性格を露にする。つまり学習というのは畢竟学習それ自身の為のものである、という、いわば自律的な領域としての学習の生成である。だがそうだとすると、何の為の学習か、という問いについては、それは学習を学習する為だという自己言及的な答えしか残らなくなる。学習が特定の仕事（プラクティス）とは分離してしまった以上、それは必然的な結末である。この過程で、学習は分離され、かつ自明化される。つまり学生なら学習して当然だ、それなのに学習意欲がない学生がいる、それは何故かという「問題」が構成されるようになる。するとそれを解決する為に、学習心理学や動機心理学といった分野が発達してくる。そして動機や学習についての膨大な知見が蓄積されるようになっていくのである。

徒弟制的な慣行、つまり学習と労働が、基本的に渾然一体になったようなシステムからみると、この学校的な光景は何か不思議なものにみえてくる。それはある種の空洞の共同体である。なぜなら、徒弟的な学習

形態は，その究極の目標が親方に代表される中心人物の身体・技能そのものであり，人はそれを目標に，その技を盗むわけだが，教師はその意味では生徒にとって親方のような模倣の対象ではないからである。教師は特定の技能を身をもって実践するわけではないし，もしその機能を説明するとしたら，ある種の透明な存在，つまり未来に行われるかもしれない実践を間接的に示唆するような，そうした存在なのである（福島出版予定）。

## 5.4 徒弟制モデルの効用と限界
### 5.4.1 学校教育と徒弟制

この学校的学習の原理的空洞性を論じた上で，徒弟制的なメカニズムを現場に導入したらどうなるであろうか。実際，**認知的徒弟制**[6] (Brown, Collins, & Duguid 1989) といった議論は，まさに徒弟制の長所を学校教育の現場に利用しようとする試みであり，徒弟制の性質をいくつかの概念にまとめ，それを新たな教授法として利用しようとしている。だがこの主張にはかなり怪しい点がある。というのも，この議論は何故学校で，こうした分離された学習が維持されているのか，よく理解していないからである。そもそも学校が無い社会では，その就業構造は多くの場合かなり単純である。タレンシ族のように，ほとんど選択肢がない場合，子どもは始めから親の仕事をまねる以外の方法がないが，徒弟制がある程度発達している社会では，この選択肢はやや複雑になる (Goody 1982)。それでもある特定の職種につこう（たとえば鍛冶屋）とすれば，徒弟制がその代表的な経路とならざるをえない。しかし現代社会はその選択肢が非常に増えた為に，アイデンティティーを固定化する徒弟制は，その多様な選択肢とはうまく適合しない可能性があるのである。

学習の為の学習という，空洞化した概念が成立する根拠もそこにある。生徒の将来が多様な可能性に向けて原則的に開かれている以上，徒弟制的な，学習―労働の一致を最初から追求するのは困難である。それが機能するのは，選択肢がすでに固定化している場合であるが，どの徒弟的な制度に参加するか未決定の場合，徒弟制そのものは，そうした状態を改善はできない。言い換えれば，学校システムが持つ，ある種の曲芸的な性質は，社会の複雑化そのものが生んだものである以上，そこに直接的な学習―労働の融合という概念を持ち込もうとしても限界があるのである。

[キーワード]
6) 認知的徒弟制：cognitive

apprenticeshipの訳。徒弟的な学習形式を教授法に応用したもの。

## 5.4.2 固定化したアイデンティティー

この事は，仕事の現場における徒弟制的なモデルの限界そのものにも関連してくる。つまり徒弟制とは，その習得のために長い時間と，アイデンティティーを強く要請するシステムである以上，もし当該組織が急速な変化に晒されていると，そのアイデンティティーそのものが変化への適応を阻害しかねないのである。伝統的な徒弟制が成り立つには，その背景の社会構造が比較的安定している必要があるが，変化が比較的乏しい組織をのぞいて，多くの仕事現場においては，徒弟制というのはある種のメタファー以上の意味を持っていない。つまり大抵の現場では，仕事はアフリカの仕立屋のようには都合よく構造化されておらず，その多くは断片的な課題がパッチワーク状に折りかさなっている。それらを限定された時間内であわててやり繰りしているというのが，多くの忙しい現場の現状であろう。このような場合，時間と労力をたっぷりかけた徒弟制実践はほとんど不可能であると同時に，実際問題すら引き起こしうる。わかりやすい例は，吉本芸人の教育のされかたの変化を時系列状に並べてみればいい。それはちょうど徒弟制から，学校へ，さらに使い捨て的な採用へと，段々とその視野が短期的，即興的になっているのをみる事ができるのである（福島1985）。

## 5.4.3 変化への適応不全

ここでもう一度，徒弟制に対する一般の否定的感情について，検討してみよう。徒弟制が前近代的で古臭いものとされたのは，それが目的である仕事や技能と一見関係のないような仕事（たとえば親方周辺の日常の雑務とか）を強要し，教育が効率的でなく無駄が多いという点にあると思われる。それに対して徒弟制の現代的意義を見いだす論者達は，そうした活動全体が，アイデンティティーの構造を作り上げ，学習と労働が融合した形態を実現するという点を高く評価したのである。だがこれは微妙な論点であり，どちらが正しいか，即断に苦しむ。たとえば暗黙知という概念で，言語化されない知の形式が，われわれの認識や行為に大きな影響を与えていると考えたポラニー（M. Polanyi）は，たとえばノーベル賞受賞者を何人も輩出している特定大学の研究室では，それに相応しい独自の身体化された，暗黙の伝統（たとえば，問題の定式化や着眼点，どう研究をすすめていっ

たらいいか，という点についてのノウハウ）のようなものが存在している事を指摘している（Polanyi 1958）。この事は，一般的に親方に代表される対象が持つ，暗黙の生活哲学や，微妙な嗜好，勘，といったものを，生活をともにする中で体得するというのと似た事態を示している。しかしここでの疑問は，そうして体得された微妙な技能や嗜好が，はたして急激に変化する環境で十全に機能しうるのかという点である。言い換えれば，ある時点まではノーベル賞の輩出に有効であった暗黙の徒弟的伝統が，環境の変化にともなって逆に，認識論的な障害と化する可能性はないかという問いである。

## 5.5 学習の実験的領域
### 5.5.1 現場では何ができないか

徒弟制のような比較的安定した構造をモデルに考える一連の議論，その代表は前述した認知的徒弟制（Brown, Collins, & Duguid 1989）や実践共同体論（Lave & Wenger 1991）であるが，こうした議論がもつ問題は，現実の労働を含めた現場が，かなりの場合，パッチワーク的構造になっており，学習を促進するような，安定した構造をいつも確保できるとは限らないという点である。この側面を最も鋭くえぐったのは，社会学者のベッカー（H. Becker）であるが，彼はその短いが重要な論文において，学校も労働現場も学習にとっては不適切であると看破した。学校についての批判は，上に述べたような，学習のための学習という論旨に近いが，では労働現場もなぜ学習に向かないかというと，それは学習を機能的に促進するような，的確な領域が十全に存在しないからだと言う（Becker 1972）。

ここでのポイントは次のような点である。徒弟制的な学習をモデルにした理論，なかんずく**正統的周辺参加**[7]**（実践共同体）**のような議論は，中核的活動の周辺に，ある種のセーフティゾーンのようなものがあることを前提としている。アフリカの仕立屋で見いだされたのは，フルの活動（十全的な参加と呼ばれる）の周囲に，基礎的な実践（たとえば布の型取りのような）を行いつつ，そこで失敗してもそれが大目にみられ，失敗によって生じるさまざまなコストに関して，追求されないような，そうした空間があるというのである。そこに初心者として参加し，徐々に学習していく過程を，周辺参加と呼んだ訳だが，この構図をより一般的な形に拡張しているのである。

[キーワード]
7) **正統的周辺参加**：学習を実践共同体への参加と定式化し，参加の初期形態が

周辺的な猶予をもつという意味で正統的（legitimate）であると主張したレイブとウェンガーの議論。

### 5.5.2 日常の中のリスク

こうした領域とは一体何であろうか。それはある意味で、日常的な活動（つまりプラクティス）がもつ、ある種の毒のようなものを、うまく排除、あるいは免疫化したような空間である。毒、というのは、日常的な実践が単に些細なルーティンの繰り返しだけではなく、実際にはさまざまな突発的事故や、それへの緊急の対応、複雑なタスクの同時並行などをふくんだ過程である事を示している。こうした過程で重要なのは、そこで学習に必要な試行錯誤の過程が、十全に担保できるかどうか、必ずしも定かでないという点である。特に危険度の高い労働現場、たとえば外科手術や、管制塔のオペレーション、あるいは飛行機の操縦などでは、ちょっとしたミスが大きな事故につながりかねない。こうした緊迫した状況においては、アフリカの仕立屋で観察されたような、ゆとりをもった周辺的環境（いわば免疫化された空間）といったものが実質存在しない可能性があり、試行錯誤による学習を担保するような空間を維持できないのである。

ベッカーが見抜いていたのは、学校が学習のための学習という、空洞化された構造におちいりやすい傾向を持つのに対して、現実の労働現場では、逆にこうした**日常的実験**[8]への免疫化された空間が保持できないという点であった。必要な時にタイムリーな指導が得られるわけでもないし、ちょっとした失敗は、日常の緊迫したプラクティスの流れを阻害し、場合によっては損害をあたえかねない。そのことを彼は、ある意味悲観的に描いてみせたのである。

徒弟制モデルは、学習の固有性のある一面を表現しようとしているが、しかしそれは、比較的社会的な安定度が高く、価値の構造がゆっくりと変化しているようなタイプの文脈に則している。だがその徒弟制をめぐる社会環境が目まぐるしく変化し、そこでの価値が安定した構造をもたないとなると、それを支える多くの必要条件が変化してしまうのである。

[キーワード]
8）**日常的実験**：学習の基本である実験的試行を日常的な文脈で行うこと。

### 5.5.3 実験のための空間

徒弟制モデルのうち重要な点として抽出されたのは、ある種の特殊な社会空間であるが、そこで行われるのは、実は実験的な試行錯誤であり、それをささえるのは、ある種の

社会的な猶予の構造である。しかし問題はこの領域は、さまざまな社会的要因によって変化し、場合によっては事実上消滅してしまうことも少なくない。この領域をここでは**学習の実験的領域**[9]と呼び、そこで行われる行為を、日常的実験とよぶ。日常的実験が十全に担保されている時は、それがちょうどワクチンのように、もともとのウィルスの毒が排除されている場合であり、それゆえそれは「ワクチン化された実践」と呼ぶにふさわしい性質をもっている。

学習の実験的領域は、不安定な性質をもつ社会空間である。**実験室**[10]というのは、ある意味で、この学習の実験的領域が純化したような空間であるとみなすことができる。つまり理想的には自らが知りたいとおもう対象に対して、実験室外では想像が難しいような大量の資材、それに費やす時間、労働力その他がそこでは投入される。現実の実験室でさえ、資力、時間、労働に関して無制限というわけではないが、しかしそれが現実のさまざまな労働現場に比べれば、著しく保護された空間であることは否めないであろう。同じことをたとえば医療現場などで考えてみれば、新参者がそこである種の実験的試みをしたいと考えたとしても、いかにそれが制約されているかを想像するのはそれほど難しくはないはずである。

[キーワード]
9) **学習の実験的領域**：学習が成立するために必要な猶予をもつ社会的空間。
10) **実験室**：laboratoryの訳。科学実験の中心であるが、科学におけるその重要性は科学社会学の発展において近年強調されるようになっている。

### 5.5.4 空間を歪めるもの

日常的な実践では、こうした実験的試行はさまざまな形の制約をうける。まず現実の労働現場の文脈では、時間は有限であり、しばしばほとんど切り詰められている。アフリカの仕立屋で見いだされたような、親方をじっくり模倣するような時間空間的な余裕がほとんどない場合は枚挙に暇がない。

二つ目の制約は、さまざまな実験的な試行の結果生じる「失敗」が生み出す損失の問題である。実験的試行は、多くの失敗を生むが、これによる損失は、現実的な制約の中ではかなり中核的な重要性をもつ。工場の製造ラインや医療現場、あるいはさまざまな職場において、学習のためのちょっとした実験的試行によって、不良品が発生したり、事務手続が混乱したりといった状況は、即座に大きな損害をもたらすことになる。これが実験室での状況とも、あ

るいはアフリカの仕立屋とも異なる点である。しかしこうした失敗を最初から折り込んだ行程がすべての現場で承認されているわけではないというのは，前述したいくつかの現場を観察してみれば，すぐに気づく点である。

　三つ目の制約は，その失敗がもたらす，法的，倫理的な側面である。実験的試行がもたらす失敗は，単に経済的なコストを生み出すだけではない。それは場合によっては人命にかかわるような深刻な事態をもたらしうるし，そのことは法的，倫理的責任に発展しかねない。この側面は特に医療現場や，リスキーなテクノロジーを扱う現場では必然的に生じてくる。こうした現場でも，新参者はその最初からその職務を100％扱える技能をもっているわけではない。当然その技能の習得のためには，十全には満たないレベルでの不安定な状態を経過しなければならない。その過程でさまざまなミスや失敗を繰り返しながら，次第に熟練のレベルに達していくのだが，その中間レベルでの失敗が，かなり致命的な事故に繋がる可能性がある。実はこうした失敗事例への分析的アプローチこそが学習を飛躍的に増大させる大きな資源となるわけであるが，特に日本のケースをみればわかるように，これらの失敗について，医療や航空関係の事故のケースをみてもわかるように，その失敗の原因とみなされる担当者は，その事故原因の解明よりも刑事責任を追求される傾向がある。こうした法的な責任追及への圧力が強化されるにつれ，どんなタイプの実験的試行も，あるいは結果としてもたらされた失敗から学習する機会も著しく減少するのである。

　これら三つのタイプの制約の構造が，現実世界における学習の実験的領域を，拡大したり縮小したりさせる重要な要因となっている。ベッカーが主張しようとしたことを理論的に拡張すれば，こうした制約用件が多層的に現場の労働を規定するために，学習の可能性がほとんど閉ざされてしまっているということなのである。

### 5.5.5 学習可能性を求めて

　ではこうした制約条件を緩和して，学習の実験的領域を確保するにはどうしたらよいのであろうか。これはなかなか難しい問いである。なぜなら実験的試行に伴う失敗がもたらすさまざまなコストは，極端な場合人命にかかわることもあり，それだけ巨大な損失に対しては，法的な厳罰を望むといった強い意見が主張されがちであるからである。しかし問題は，そのようにして実験的領域を制約すると，結局その長期的な損

害を被るのは，たとえば医療では患者であり，航空産業ではその乗客であるということ，つまりそれによって可能であったはずの学習が阻害され，その失敗の意味が再帰的に還元されないからである。

ここで重要なのは，こうした学習の実験的領域の構成は，マクロの社会構造と密接にかかわっているという点である。従来の学習理論は，それがある程度，認知的な学習概念を共同体化したような状況的学習理論系のものですら，その考察範囲はあくまで限定された共同体レベルにとどまっている。しかし実験的領域を規定するのは，こうしたローカルな現場の構造だけではなく，時間・経済・そして法的免責の構造といった，よりマクロの社会学的なファクターである。言い換えれば，法的な構造が改善されない限り，特定の分野での学習可能性は著しく制約され，それがローカルなレベルでの学習行動にさまざまな制約をあたえうるのである（福島 出版予定）。

## 5.6 おわりに

社会的文脈における学習という問題を考える際に，比較的安定し，労働，教授，学習が比較的未分化な事例から，現在のそれを再検討してみるという手法は，それなりの有効性をもったのは間違いない。それが学習の徒弟制モデルという一連の議論である。しかしここで前提とされているような，比較的安定し，その作業の全体を見渡せるような状況というのは，現在の多くの実際的な労働現場では見いだすことが難しい類のものである。それゆえ徒弟制をモデルとした理論を，現実のパッチワーク的な労働現場に適用しようとすると，いろいろな困難が生じてくる。現在の社会的文脈を考慮した学習理論は，その学習を制約するさまざまな諸要素について洞察を深める必要がある。ここで提唱したのは，学習の根幹を試行錯誤に基づく実験的試行と考え，どういう社会的条件下でそうした試行が可能になるか，その可能性と制約を考えようというものである。

この学習の実験的領域という概念によって，学習の問題が，単に認知や記憶だけでなく，社会のマクロのシステム，たとえば時間の概念や経済的損失，そして何よりも法的な規制と深く関連することがみて取れる。学習可能性は，マクロにみればこうしたさまざまな制約との複雑な相互作用によって，明らかになってくるものである。そして今後の課題は，こうした制約下の中で，学習可能性を増大させるにはどのような方策が必要となるかを，長期的に考察することである。

# II 部
# 子どもの「学び」

　子どもの発達という視点から「学び」にアプローチする。学校の「学び」,生活の中での「学び」,遊びと「学び」,模倣と「学び」,「学び」の発達,障害のある子どもの「学び」を検討する。

# 1 生活での学び 学校での学び

・浜田寿美男

　人間は「学ぶ動物」と言われる。遺伝的に決まった生得的な行動パタンが他の動物たちに比べて少なく，出生後の経験によって身につける行動パタンがそれだけ大きなウェイトを占めるからである。そのために子どもの育ちのなかで「学び」の占める位置が強調されるのは当然だが，一方で学校教育制度が社会システムとして定着した現代においては，子どもの発達における学習自体の意味が自明視され，「何のための学びか」の問いを抜きに，やみくもに学力向上論が展開される現実もある。しかし「学び」にはその脈絡があり，その脈絡しだいで学びの意味は大きく変わる。ここでは「生活」の脈絡におかれた学びと，「学校」の脈絡におかれた学びを対比的に取り上げ，そこでの「学ぶ」ことの意味の反転を論じる。

## 1.1 生き物としての人間の子どもが育つ舞台
### 1.1.1 身体と世界

　この世に生まれ出た新生児は，そこから乳児，幼児，子ども，少年・少女，青年，そして成人へとたどって，生きるかたちを大きく変える。その変化の過程を人は「**発達**[1]（development）」と呼ぶ。この「発達」という用語には，身体がその内部からおのずと育って成熟していくような，何かしら自生的なイメージがつきまとっていて，人間ならばみなたどる普遍的な発達過程があるかのように思われやすい。しかし，もちろん身体が生きるのはその周りを囲む世界のなかでのことであって，この世界のありようしだいで，人の生きるかたち，育つかたちは変わる。身体の側だけの要因で発達が自生的になされるなどということはありえない。また世界の側も，これをとらえ，そこに働きかける身体があってはじめてそれとして成り立つものであって，それ自体で存在するものではない。

　このように**身体と世界**[2]（body and world）がセットをなしていることは，人間にかぎらずあらゆる生き物にあてはまるもっとも基本的な原理であって，発達の理論が立てられるのも，**学習あるいは学び**[3]

(learning) の理論が立てられるのも，この原理のうえでのことである。

ここでは子どもの発達あるいは学びを，身体と世界とがセットとなってその「生きるかたち」を形成し，展開していく過程としてとらえて論じることにする。

[キーワード]
1) **発達 (development)**：生命体は誕生から死まで，その身体の形態，行動の様態，精神の構造を種々に変容させる。一定の順序にしたがって段階的に進行するその不可逆的な変容の過程を発達と呼ぶ。その発達には遺伝的に予定されたプログラムにしたがって展開する成熟の側面と，周囲の環境とやりとりを通して種々のものを獲得していく経験の側面とがあって，その相互作用によって具体的な発達過程がかたどられていく。

2) **身体と世界 (body and world)**：生き物の身体はそれを囲む世界をあらかじめ予定している。たとえば人は自らの身体に歩行能力を発達させていくが，その歩行能力が機能するのは，地球の重力空間と足を下ろして立てる大地があってのことである。あるいは人は顔面に表情を浮かべる能力を持っているが，この能力が意味をもつのは，その表情を理解する他者があってのことである。身体と世界はそのようにセットではじめて機能するようになっている。

3) **学習あるいは学び (learning)**：生き物は自らの身体をもって周囲世界とかかわり，種々の経験を重ねることで，認識や行動のかたちを変容させていく。その過程を広く学習と言う。そこには周囲環境の諸条件に合わせて身体の状態を対応させていく生理学レベルの条件づけから，いわゆる算数や国語などの学校的な学びまで幅広い領域が含まれる。

## 1.1.2 環世界と経験

ユクスキュル（J. J. von Uexküll）が説いた**環世界**[4]（Umwelt）論によれば，生き物にはみな種それぞれの身体器官に見合った環世界があり，それは種ごとにたがいに異なる（Uexküll 1934）。たとえば身体の側に光をとらえる感覚器官があるからこそ視覚世界があるのであって，もし身体に光を感受する器官が具わっていなければ，その生き物にとっては，私たち人間の眼前に溢れるようにして広がるこの視覚世界もなきに等しい。

その一方で，身体に生来的に視覚器官が具わっていても，それに見合った光の世界を与えられなければ，視覚器官がその本来の機能を十全に発揮できるようにはならない。じっさい，精巧な視覚器官をもつ哺乳類は，この光の世界に生み出され，その光を感受することを通して，その視覚機能を成熟させる。たとえば実

験として，出生した赤ちゃんを暗室で育て，光に触れる機会を奪ってしまえば，その赤ちゃんは視覚機能が育たず，ほとんど盲目状態となる。

人間ではさすがにそのような実験はできないが，**先天性白内障**[5]（inborn cataract）を持って生まれた子どもの場合，光は入るが網膜の上にはっきりした像を結ぶことができず，眼球の機能を十分に使う機会を逸する。そうした状態で育てば，その後手術をして白内障が取り除かれても，視覚による形態弁別に大きなハンディを残す（鳥居・望月2000）。生来的に与えられているはずの力も，それが外の世界に向けて使われてはじめて，生きるかたちとして根を下ろすのである。

この例にみるように，生き物には，その種の個体ならばかならず受けるはずの経験があって，この経験とセットになってはじめて身体諸器官の機能が育ち，予定された世界が成り立つ。この経験を**初期経験**[6]（early experience）と名づける。

人間についてわかりやすい端的な例をあげれば，人は生まれたときからその身体の諸器官によって**ことば**[7]（language）を獲得することを，いわば最初から予定されている。つまり種の遺伝によって，将来的にことばを獲得するだけの装置が仕組まれている。しかし，もちろん赤ちゃんが生まれ育つ環世界に人々がいて，そこに人のことばが溢れていなければ，この予定が実現して，赤ちゃんのなかにことばの世界が実現することはない。つまり赤ちゃんは，**野生児研究**[8]（feral child study）が対象にしたような特別な例を除けば，みなすでに人々がことばを交し合っている世界に生まれ，その人たちと声を交わし，体験を交わす。そのなかで赤ちゃんは，ことば以前の段階から，手持ちのコミュニケーションの力を最大限に発揮して，周囲の人々に働きかけ，周囲の人々はこれにことばで応じる。そうして前の世代の大人たちと次の世代の赤ちゃんとが，声やことばで能動―受動のやりとりを交わすことではじめて，ことばの世界は大人から子どもへと，世代を超えて敷き写されていくのである（浜田1999）。

こうした身体と世界，次世代と前世代の相互作用関係が，言ってみれば，人が生きる大前提であり，人が育つうえでの大原則でもある。しかし子どもの育ちや学びにかかわる議論のなかでは，こうした当たり前のことが，案外，見逃されている（浜田 2009）。

[キーワード]
4）**環世界**（Umwelt）：生き物はみなそれぞれの身体に具わった感覚・受容器

官と運動・作用器官に見合った固有の世界のなかにいる。これを環世界と言う。たとえばコウモリは自らの発する超音波を聞き分けて真っ暗な洞窟を自在に飛ぶことができるが，人間にはその音が聞こえないし，そこはただの暗く不気味な洞窟でしかない。超音波を聞く器官を持つか持たないか，羽根を伸ばして飛ぶ器官を持つか持たないかで，その生きる環世界はまったく異なる。

**5）先天性白内障（inborn cataract）**：白内障とは眼球内の水晶体が混濁している病気で，外界が霧がかかったようにしかみえず，視力が低下する。生まれつきの白内障では，目を使って形や色を弁別する体験を持たないために，生後数年たって手術をして水晶体の混濁がなくなっても，すぐには視覚機能が使えるようにはならない。

**6）初期経験（early experience）**：生き物の経験には，個々の個体ごとに異なる個別経験と，同じ種の生き物であるかぎりどの個体も通常条件では必ず経験するはずの初期経験がある。たとえば人間の赤ちゃんはこの世に生まれれば，周囲にかならず光の刺激がある。あるいはまた，周囲にいろんな人々がいて，そのことばの洪水にさらされる。発達初期において何かの事情でこうした経験が奪われれば，その予定された発達が阻害される。

**7）ことば（language）**：人間には音声・文字・身体運動を用いて行うコミュニケーションが一つの文化として成り立っていて，これを広くことばと呼ぶ。ことばは人間が進化の過程を経て身体のなかに根づかせてきた能力で，人間には言語獲得装置（language acquisition device：LAD）が何らかのかたちで生得的に具わっていると考えられる。実際，だからこそ聴覚に障害のある人々の間で，音声に代わって手指，腕の動きを軸にした手話がかたち作られ，これが十分な言語体系をなして，一つの文化圏を形成することができる。

**8）野生児研究（feral child study）**：出生後早期から相当長期にわたって人間的な環境を奪われたことで，人間ならば通常は受けるはずの初期経験をしないまま，いわば野生的状況で育った子どもに関する研究。アヴェロンの野生児（イタール 1978）や狼に育てられた少女などが有名であるが，正確な生活史が明らかにされず，伝説めいた側面もある。

## 1.1.3 人はみな手持ちの力で生きている

人が身体を持ってそれぞれの環世界を生きるというとき，その生きる前提になるのは，一つには身体の側に具わった力である。そしてもう一つはその力を使って生きる場面が世界の側から提供されていることである。この相互のかかわりによって子どもたちは育つ。ところがこの両側面のうち，とかく身体に具わった力のみを取り出して，その獲得・蓄積を学びとして焦点化しやすい。

## 1 生活での学び 学校での学び

じっさい身体が具えている力、育ちのなかで身につけていく力は、新生児から成人になるまでに膨大な量が予定されている。とりわけ現代においては、この社会を生きていくのに必要な力がかつてに比べて圧倒的に多くなっている。だからこそ、いまや子どもの育ちにおいて発達や学習が重視される。そしてとにかく子どもは将来に必要になる力を獲得・蓄積しなければならないとして、力を身につけていくことそのものが、子ども年代の最大の課題であるかのように言われる。しかし人が身体で生きるそのかたちを素朴にみつめたとき、どのような力がどれほど獲得・蓄積されているかという以上に、その力を使って人がそれぞれに世界をどのように生きているかが問題である。ところが今日、その点がしばしば見逃されている。そこに奇妙な錯覚が入り込む。

ここで、大仰なようだが、人はどのように生きているのかを考えてみる。いろいろな答え方がありうるが、人はみなそれぞれの身体で、その身体のある〈ここのいま〉の近傍世界を生きている。このことは誰も否定できない。もちろん昨日も生きていたが、それは昨日自分が身をおいていた昨日の〈ここのいま〉を生きていたのだし、明日も生きているだろうが、それは明日自分が身をおくであろう明日の〈ここのいま〉を生きるのである。つまり人はつねに〈ここのいま〉を生きる以外にない。人が刹那的に生きていると言いたいのではない。人はほうっておいても、つい昨日のことを思い出して、ほくそ笑んだり、後悔したり、あるいは明日のことを考えて、期待に胸をふくらませたり、不安に押しつぶされたりする。他の生き物はともあれ、人間はおよそ刹那的には生きられない。しかし、昨日のことをさまざまに思い返し、明日のことをあれこれと思いわずらいながらも、生きているのはこの身をおいている近傍の〈ここのいま〉でしかないのである。

では、人はこの〈ここのいま〉を身体でもってどのような力で生きているのかと考えてみれば、人は〈ここのいま〉をこの身体に手持ちにしている力で生きている。それ以外の生き方はできない。明日になれば、いま手持ちにしていない新しい力が身についているかもしれないが、それでも〈ここのいま〉については、その身体に手持ちにしているそのときの力で生きる以外にない。皮肉な言い方を許してもらえば、誰も、明日身につくかもしれない力で今日を生きるわけにはいかない。

あるいは、何かをやりたいのだが、まだそれに見合う力が身につい

てなくてできないとき，人はどうするかを考えてみる。このとき学校的な発想に慣れた現代人は、「できなければできるように頑張る」と考えるかもしれない。頑張って努力して力が身につけば，その力を使って，やりたいことができるというわけである。もちろん，できないことをそうして克服すべく，明日に向けて努力することそのものは大事なことである。しかし，できるようになるためにいくら頑張ったとしても，できるようになるまではできはしない。問題は，そのできないこのたった〈いま〉をどのようにすればよいかということである。この問題を看過して，とにかくできるようにするということを目標にしてしまえば，それは明日身につくかもしれない力で今日を生きるという逆説を地で行くことになってしまう。

できなければ，できるようにする。そうして力の獲得・蓄積を目標に頑張るという発想は，いまではなんとなく自然なことだと思われている。しかし，実のところは，誰も力を身につけてから生きるのではなく，それぞれの〈ここのいま〉をとにかく手持ちの力で生きているのである。そうだとすれば，何かができないことへのもっとも素直なやり方は，できないことをまずそのままに引き受けて，手持ちの力でなんとかやれる手はないかを考える。あるいはやれないならやれないであきらめて，適当にその場はやりすごす。その断念のかたちは，けっして単に消極的なものとして否定すべきではなく，むしろこれを積極的に受け入れてしかる場面が少なくない。

### 1.1.4 発達の大原則と「学び」の脈絡の変容

このように人はいつも〈ここのいま〉の近傍世界を身体にそなわった手持ちの力を使って生き，そこでのできなさは引き受けて，適当にやりくりしながら生きる。人が生きるというのはそういうものである。そうして手持ちの力を十分に発揮して生きたとき，その結果として新しい力が身についてくる。ここで大事なのは「結果として」というところである。

もちろん生身の人間である以上，手持ちの力を使っていろいろやっていても，新しい力が広がっていかないこともある。それはそれで引き受けなければならない。ただここで強調しておきたいことは，新しい力が身についてくるとすれば，それはそれまで手持ちの力を最大限に発揮して〈ここのいま〉を生きてきた結果にほかならないということである。つまり力を身につけることを「目的として」頑張ることに発達の第一義

があるわけではない。

　生身の人間には，本来，手持ちの力を使って生きる以外の生きるかたちはないし，これ以外のかたちで育つこともない。言ってしまえば，あまりにも素朴な話なのだが，これこそが発達の大原則なのである。

　しかし，いつの時代からであろうか。私たちの周辺であれこれ議論される「発達」は，この大原則をむしろ逆立ちさせて，ほんらいは「結果」でしかないものを，「目的」にしてしまった。しかも誰もが，この大原則の反転をほとんど怪しまず，ひたすら「発達」を願い，「学力」の向上をめざす。

　かつてはごく自然に，子どもが周囲の人々との生活関係のなかで，自らの手持ちの力を使って〈ここのいま〉の近傍世界を生き，そのなかで次の力がおのずと身についていくという「学び」の流れがあった。徒弟制度などにおける学びの脈絡を念頭に，レイブ（J. Lave）とウェンガー（E. Wenger）が**正統的周辺参加論**[9] (legitimated peripheral participation) として展開したのも，この流れのうちにあるものと考えてよい（Lave & Wenger 1993）。

　これを広義の意味で「**生活での学び**[10] (learning in actual life)」と呼ぶとすれば，近代になってはじまった「**学校での学び**[10] (learning in school)」においては，子どもを教育しようとする大人が，あらかじめ子どもの遠い将来を見晴るかし，そこで必要になるはずの能力を見計らって，それを目標にして子どもに「学ばせる」。そこでは発達の大原則において「結果」であったものが「目的」に反転してしまっている。

　このような反転は人間以外の生き物にはありえない。ユクスキュルが説いた生き物の環世界論では，身体に具わった諸能力と身体を囲む環世界がジグソーパズルのピースのようにぴったりかみ合っていて，そこに他の何ものも入り込む余地がないのに対して，人間の場合はその間に相当の隙間があり，そこに文化という名のもう一つの生きるかたちが食い込んでいるからである。とりわけここで問題になるのは「学校」という文化である。これが子どもたちの生きるかたち，育つかたちを大きく左右する。

　日本において**学校教育制度**[11] (system of school education) がはじまったのは，いまから140年ほど前のことである（→ I -1.1.1）。その最初の100年近くは，多くの子どもたちにとって，「生活」と「学校」は子どもを囲む世界の二つのありようとして，「生活」がメイン，「学校」はサブ，あるいはせいぜい両者は対等というレベルのものでしかな

かった。したがって，この「学校での学び」が子どもたちの生活を左右する度合いはまだ小さかった。しかし，高校進学率が9割を超えた1970年代あたりから，学校制度が子どもたちの生活のなかに食い込み，その生きるかたちを大きく支配するようになった。そのあげく，いまや「学校での学び」は「生活での学び」から離反して独自のシステムをなし，それを深く侵食しつつあるようにもみえる。

[キーワード]
9) 正統的周辺参加論（legitimated peripheral participation）：徒弟制度などの下で，新参者が当該の実践的共同体の営みに参加することを通して，古参者からその知識や技能を修得していく過程を学習論として一般化した理論である。この理論によって，文脈を欠いた知識や技能を個々に獲得するのではなく，本物の実践を組織することで状況の文脈に埋め込まれた学びを共同的に展開することの重要性が指摘された。

10)「生活での学び」（learning in actual life）と「学校での学び」（learning in school）：同じく学びといっても，ふだんの生活体験のなかで新たな知識・技能を自然に身につけるのと，学校という人為的なシステムのなかでカリキュラムにしたがってそれらを組織的に身につけるのとでは，おのずとその学びの様式も内容も異なる。今日では，学びの結果が子どもたちの生活に有機的に組み込まれていないのではないかという反省があって，生活での学びの意味が再評価される一方で，学校での学びの再考が迫られている。

11) 学校教育制度（system of school education）：日本ではじめて学制が敷かれたのは1872年のことである。それ以前にも藩校や寺子屋など子どもたちが学ぶ場はあったが，国家のシステムとして制度化し，学校が人材養成，人材配分の機能を果たすようになったことで，学ぶことの意味がそれまでとは大きく変化していくことになる。

## 1.2 生活での学びと意味の脈絡
### 1.2.1 できないままに手持ちの力で生きる

　学校教育が公的制度として登場したのは近代以降のことである。人類史を10万年として，そのうちの99.8％は，学校などないところで子どもたちは育ってきた。子どもたちはそこでも，新生児からはじまり，乳児，幼児，少年・少女，青年とたどって成人となった。子どもたちもまたそのときそのときの**手持ちの力**[12]（ability on hand）を使って自ら生活し，また家族・地域の生活を支えてきたし，そうして手持ちの力を発揮して生きた結果として，おのずと次の新しい力を伸ばし，大人への道を進んできた。その背後で進

行しているのは「生活での学び」である。

　生活での学びは，力を伸ばすことを目的とするものではなく，むしろ逆に手にした力を使って生きるところにその本来の姿がある。まだ歩けない子どもが這い這いの力を最大限使って活動していくその延長上で歩行の力が身につき，歩行の力が身につけば歩行の力をつかった歩行の世界が広がって，周辺の行動世界を自らのものとして広げる。生活での学びとはそのようなものである。

　この学びは，力を身につけ伸ばすことを目的に組織的に教育・学習を進め，力を身につけ伸ばしてから，その力を使うはずの明日にそなえるという学校的学びと，そのパラダイムを大きく異にする。そして学校的な学びが子どもたちの世界に定着し，その考え方が蔓延しているいまでも，生活での学びが消滅したわけでは，もちろんない。子どもたちの日々の生活を作っている大半は，相変わらずこの学びであるはずであるし，また学校的な学びが行きづまったときに，ひょっこりその意味をあらためてみせつけることもある。

　中学校の養護学級の担任をしていた教師から聞いた話を例にとる。知的障害をともなう自閉症児がいて，電車に乗るのが大好きで，学校が休みの日にはいつも母親と電車でどこ

1　生活での学び　学校での学び　119

かに出かける。電車の駅には詳しくて方向感覚も確かなので，一人で出かけてもちゃんと目的地まで行って迷わず家に帰って来る。彼は日々の生活のなかでこのことをしっかり学んできたのである。ただ問題はお金の計算ができなくて，誰かが付いていなければ切符を正しく買えないことで，そのため仕方なく母親が付き添っている。そこで教師は学校の数学の授業でお金の計算を教え，生活単元学習でお金を正しく使えるように模擬的な場面を作って訓練した。それができるようになれば，一人で好きなところに行けるようになるし，母親も楽になると考えたからである。しかし，この学校的な学びはなかなか成果を得られない。いくら学習を積み，訓練を重ねても一向にうまくいかないのである。

　では，あきらめるしかないのか。教師はここで，頑張って力を身につければやりたいことができるようになるという学校的な発想を白紙に戻して，この子がいま手持ちにしている力で，なんとか一人でやれる工夫はないのかと考えてみた。そうしてみると案外簡単なやり方がある。出かけるときに大きなサイフを持たせて，必要な金額よりも少し多めにお金を入れ，さらにそこに10円玉をたくさん入れておく。そして駅に行くと切符の自動販売機でスリットに

10円玉を一つずつ入れていき、最初にランプが点いたところでそのボタンを押す。すると一番近い駅の最低料金の切符が出てくる。その切符で改札を通り、後は行きたいところまで行き、降りるときには駅員のいる改札で切符をみせ、サイフを駅員に差し出せば、駅員の方で不足料金を取ってくれる。それでオーケーである。

電車には乗りなれている彼がそこで学ばなければならないことは、ちゃんと10円玉を見分けて自販機に一個ずつ入れるというだけで、これはすぐにできるようになった。そればかりか、そうした経験を繰り返しているうちに、お金の簡単な計算もできるようになったというのである。

「生活での学び」は、なによりまず手持ちの力を使って「生活」するところからはじまる。その結果として次の力が伸びてくる。ただし、それもやはり目的として達成したことではなく、結果として付いてきたことであることを見逃してはならない。そこには手持ちの力から次の新しい力へという順行の過程がある。

## [キーワード]
12) 手持ちの力 (ability on hand)：将来獲得することを期待され、それに向けて努力すべきものとして考えられた力（知識・技能・能力）に対して、とにもかくにもいま手にしている力を使って生きることを考える、そうした発想が「手持ちの力」ということばには込められている。人はこの世の中を生きるに必要な力を準備万端整えてから生きるのではなく、いかに無力であれ、未熟であれ、自分の身体に手持ちにしている力で生きる。

### 1.2.2 手持ちの力を使って「ともに」生きるかたち

生活での学びにはもう一つ注目しておかなければならない点がある。人が手持ちの力を使って何かをするとき、一般にはその「何か」は自分自身のためになる何かというイメージで考えられやすい。しかし現実の生活のなかで、人が自分の手持ちの力を使って何かをする場面を考えたとき、それは自分のためだけでなく、自分以外の誰かのためであることが、実は非常に多いことに気づく。

私たち人間の「生活」は個人で完結せず、おのずと「共同の生活」となる。じっさいよく「人は一人で生きられない」と言われる。それは一般に、他者の助けなしには生きられないという意味合いで言われることが多いのだが、それにとどまるものではない。逆に自分の手持ちの力を使って何かをやって、その結果が誰かの助けになって、相手が喜んでく

れると,とにかくそれが嬉しい。そういう心性が私たちのなかにはある。このいわば贈与の行動は,他の生き物にはあまりない,人間に特異なものだと言ってよい。

　親が子育てに苦労しながら,なおかつ子育てが楽しいのは,自分が子どもを守り,子どもに何かをしてやることで,子どもが喜ぶ顔をみることができるからである。あるいは腕をふるって美味しい料理を作っても,自分一人で食べるのは寂しいが,誰かが自分の作った料理を美味しいと言って食べてくれれば,それが嬉しい。人と人との共同の生活を基底で支えているのは,人間のこうした心性である。そしてもちろんこの心性は,大人に特有のものではなく,小さい子どもにもすでに深く根を下ろしている。じっさい,まだ4,5歳の子どもでも,赤ちゃんの世話をして,赤ちゃんを喜ばせることが大好きである。あるいはまた親がかぜで寝込んだりすれば,心配して,子どもなりになんとかしようとする。ただ残念ながら,最近では,家庭・地域のなかで子どもがもっぱら守られるだけの存在となっていて,子どもが家庭のなかで手持ちの力を使って誰かを喜ばせるという機会は少なくなった。

　学校教育制度が子どもたちの生活を深く浸食する以前,子どもたちは家庭・地域のなかで**生活者**[13]（living being）として,子どもなりの一人前を求められた。そうして手持ちの力を使って家庭・地域の役割を果たすことで,周囲から喜ばれると同時に,その結果としてひと回り大きい子どもへと育っていくことができた。そうした共同生活の文脈のなかに,学びの契機が埋め込まれていたのである。そこには意図せずして,**状況に埋め込まれた学び**[14]（learning embedded in situation）が成り立っているのだと言ってもよい。しかしいま子どもたちは,かつての子どもたちに比べて圧倒的に消費者ではあるが,生活者ではない。それだけ生活での学びを重ねる機会を奪われているのである。

## ［キーワード］

**13）生活者（living being）**：もっぱら他者に支えられて生活を享受するのではなく,手持ちの力を使って自身の生活を自らなにがしかでも支えているものを,ここでは生活者と呼ぶ。いま子どもたちが,ひたすら大人たちに守られて,ただ将来にそなえて準備するだけの存在だとすれば,それはただの消費者であり,あるいは単なる学習者ではあっても,生活者とは呼べない。

**14）状況に埋め込まれた学び（learning embedded in situation）**：正統的周辺参加論が本来の学びとしてとらえた学びのかたちである。学校教育におけ

る学びがとかく生活状況の文脈を離れて,知識や技能を学習パッケージとして取り出し,これを個々の学習者に植えつけようとしているのに対して,これに対置されるものとしてこの学びの理念が提起されてきた。

## 1.3 学校での学びと意味の反転
### 1.3.1 学びの個人化と交換価値化

学校教育制度が始まってからもしばらくは,子どもの学びの主流は生活での学びにあり,学校での学びは従たる位置にしかなかった。しかし戦後,産業構造の中心が第一次産業から第二次産業,さらには第三次産業に移るにつれて,学校の学びのウェイトはどんどんと大きくなる。第一次産業が主体であった1950年代までは,子どもたちの多くが義務教育を終えた後は親の跡を継いでいくことを期待され,文字通り「親の背中をみて育つ」というなかにいた。子どもたちは親と一緒に田畑に行き,山に入り,海に出て働くなかで,親の背中に自分の将来の生きるかたちをみていたし,その過程で学ぶことはまさに生活の文脈に埋め込まれていた。しかし第二次産業,第三次産業主体の産業構造に組みかえられていくにしたがい,子どもたちは将来は望むと望まざるとにかかわらず,親のもとを離れて自分の職を確保し,賃労働によって生計を立てるかたちをとらざるをえない。そうなったとき個々の子どもたちに求められるのは,将来職を得て生計を成り立たせるだけの力の獲得・蓄積である。それはもはや家族とともに働き,ともに生きていくなかで身についていくようなものではないし,現代において求められる知識・技術・能力のレベルはかつてとは比べものにならないくらい高度化している。その意味でも学校での学びに求められるところは大きくなっている。

学校での学びは小学校からはじまり,中学校,高校,大学という階梯をなしていて,そこで学ぶべき知識・技術・能力は段階的に高度化する。その学習過程を一本の流れとしてみれば,あることを学習し,その学習がうまくいったかどうかを評価し,その評価に基づいて次の学習を組み立て,実行し,ついでまたこの学習の評価を行って,さらに次に学習につなげていく……というふうに学習と評価がサイクルをなす。これを形式化して書けば,……学習―評価―学習―評価―学習―評価―学習―評価―……という無限の連鎖をなすということになる。

この連鎖のなかで行われる学習の一こまひとこまは切れ切れの断片ではなく,本来は,そこで得た力が子どものなかに何らかの世界を広げ

る。たとえば自然数を学べば数の世界が広がり，その加算，減算を学べば数の加減による可逆の世界が広がる。それは赤ちゃんが歩行の力を身につければ歩行の世界が広がり，ことばの力を身につければことばの世界が広がるのと同じである。そうして同じように微分・積分を学べば，その固有の数学の世界が広がり，日本の古典の読みを学べば古典の世界が広がる。一つひとつの学びの向こう側に広がる世界を味わい楽しみ，またそれが日々の世界のなかに生きていく。そうなれば学びはまさに実質的に子どもたちの世界を広げたことになる。それを学びの実質的意味と名づけてもよいし，あるいは学びの**使用価値**[15]（value in use）が実現したと言ってもよい。学校での学びも本来はこの使用価値を高め，その背後に広がる世界を確保することにあったはずである。ところがこの学習と評価の連鎖のプロセスで，しばしばその意味が反転する。

　子どもたちを教える教師の側からみたとき，ある学習を行った後，それを個々の子どもたちがちゃんと身につけたかどうか評価し，これをさらに次の学習につなげていかなければならない。教師―子どもが一対一の個別教育ならば，そのつどことばでフィードバックすることで十分だろうが，1対30とか40という集団単位で授業を進める場合には，個々の子どもたちの学習成果を試験で確かめざるをえないし，これを成績として評定していくことにもなる。さらには小学校から中学校，中学校から高校，高校から大学という節目の部分では，そこで行われる入試の成績次第で合否が決まる。こうして評価は学習へのフィードバックの意味

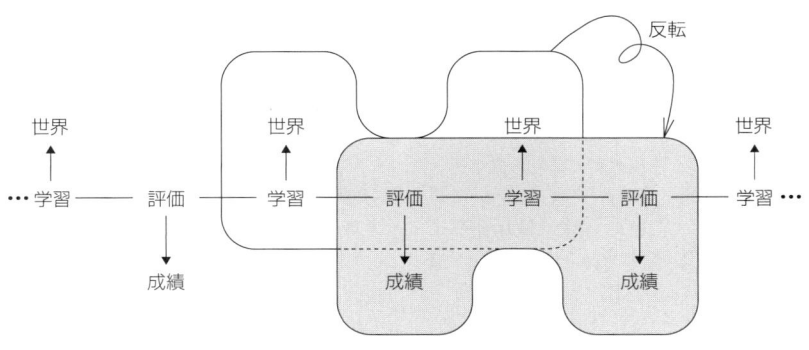

図1　学習と評価の連鎖過程

を超えて,成績として一人歩きしはじめることになる。

　学びの一こまひとこまが,その背後の世界の広がりにつながるかたちで学びの連鎖をなしているところでは,〈学習―評価―学習〉が単位となる。つまり学んで広がる世界を確認しながら,子どもにうまく入っていないところを評価し検討して,次の学びにつなげてふたたび広がる世界を確認するというプロセスが一つのサイクルとなしている。

　ところが学習がその背後の世界の広がりよりも教師のつける評価＝成績につなげて意識されるときには,そこでの単位は〈評価―学習―評価〉となる。つまりそれまでの学習の結果が試験で評価されてある成績として提示されれば,その成績をさらに上げるべく学習し,その成果が上がったかどうかが評価＝成績で確認される。端的にいえば学習は成績を上げるためにするものだということになる。ここでは学習の意味はその背後に広がる世界の広がりにあるのではなく,学習成果が成績に交換され,ひいては入試成績を通して学歴にまで交換されていくことにある。つまり学びの意味は使用価値ではなく**交換価値**[15]（exchange value）にあるということになる。

　この意味の反転を図示すれば前頁の図のようになる。学習と評価の無限の連鎖過程そのものは表面的に同じようにみえても,そこで行われていることの意味はまったく逆さまである。学校での学びの意味は,はたしてこのいずれにあるのか。建て前として言えば,学びは実質的な意味をもって,使用価値として機能していなければならないはずだが,実際には多くの子どもたちにとって,あるいは教師たちにとっても,学びが学校教育制度をわたっていくための交換価値としてしか機能していない現実があることを否定できない。

　生活での学びは,身につけて手持ちにした力を使って生活するというかたちで,そもそも生活の文脈に沿ったものである。その意味で学びはいわば使用価値として機能する。学校での学びもまた,本来はそのようなものとして考えられなければならないはずなのだが,それがいまや交換価値化しているのである。

　この学びの交換価値化の問題は,同時に学びの個人化にもつながっている。学びが成績や学歴に交換されるとき,その成績,学歴は当然にして個人のものであり,それがその後の就職につなげられて,労働能力の多寡によって給与の格差としてランクづけられることにもなるからである（→Ⅲ-1.2.1）。学びが個人の学力に集約されて理解されるかぎり,学びの個人化はさけられない。いま

さかんに **学びの共同体**[16]（learning community）が提言されるのも（→Ⅵ-4.5），学びがその共同的な脈絡を失っている現状に抗してのことであろう。

[キーワード]
15) **使用価値**（value in use）**と交換価値**（exchange value）：もともとはマルクスが商品論において提示した概念である。小麦は製粉されてパンになりうどんになって食卓に上がり，そこで使用されるという価値を有しているが，一方でその使用価値を前提にして他の商品と交換されるという価値をも有する。とりわけ貨幣という特別の媒介物に交換される制度が登場し，これが膨大に膨らみ多重化することで資本主義経済は成り立っている。物や人間の労働力が交換価値化することで生じた矛盾がまた，学びの世界にも登場している。

16) **学びの共同体**（learning community）：この構想は，個々の多様な子どもたちを共同体の学びのなかに位置づけて，たがいの交流を生み出し，教師もその一員として学びあい，育ちあうことを目指そうとするものである。これが今日の公教育のなかにどこまで根を下ろすことができるか注目される。

## 1.3.2 子どもの時間世界の組織化

学校での学びが実質的な意味を失ってしまったとき，そこから派生するもう一つの問題は，子どもの「将来」に対する大人たちのまなざしによって，子どもたちの生きる「いま」がその「将来」へと向かう時間軸のうえに組織され，これによって子どもたちの時間世界が大きくゆがめられかねないことである。

ここで「時間」というとき，二つの意味を区別しておかなければならない。つまり一つは，生身のこの身体によって，昨日，今日，明日という時間の流れのたった「いま」をその渦中で生きているという時間と，もう一つは，この身体の視点から上空に身を移して眺め，いまは〇〇年〇月〇日で，そこから〇〇年たって，〇〇年〇月〇日になれば……というようにカレンダーの上に重ねて「将来」を展望するような時間である。学校での学びは前者の時間ではなく，後者の時間のうえで展開されがちである。じっさい子どもたちが，学校ではどうして〇〇を学ばなければならないのかと疑問に思って，大人たちにそう聞けば，多くの大人たちは，「いま」は役立たないかもしれないが「将来」これが役立つのだと答えたりする。

子どもたちが学校で学ぶいろいろな知識・技術・能力は，それそのものとしてみれば，確かにこの社会を生きるのに必要なものではある。しかしそこで身につけた力は，多くの

場合，子ども自身の手持ちの力として，その日々の生活世界のなかで使用価値として実質的な意味をまっとうすることがない。むしろ学校では，「将来」この世界を生き抜くために大事なことを教えたのだから，それが身についたかどうかを試すという名目で試験が行われ，その結果が成績や順位に換算され，あるいは学歴，学校歴に交換され，そうして試験をクリアしてしまえば，そのあとは，それまで必死に身につけた知識や力が剝げ落ちても差し支えない。そんな気分が子どもたちのなかに広がっている。

学校は「将来に役立つ」という触れ込みで，子どもたちにさまざまな力や知識を身につけさせ，制度のはしごをより高く登るよう促す。しかし実のところは，はしごを登りおえたところで，それまで身につけたはずの力も知識も，もはや御用済みとばかりに剝落するにまかせる。そうした現実がめずらしくない。そればかりか，学校で身につけなければならないとされた力を十分に身につけることが難しい子どもたちは，その評価によって傷つけられつづけ，やがては学ぶことの使用価値である実質的意味さえ見失って，**学びそのものから逃走**[17]する（escape from learning）。

先に述べた本来の発達の原則によるかぎり，「力を身につける」ことは「力を使って生きる」ことと表裏の関係にあるはずである。ところがその間に「将来」という視線が忍び込み，それが学校制度のはしごとして組み込まれたとき，力を身につけ伸ばすことが，いわば自己目的となる。そこでは発達することが結果ではなく，目的となり課題となる。親も教師もそのために邁進し，やがては子どもたちもまたその渦中に巻き込まれていく。そうして子どもの時間世界は，子どもがその内側から生きる「明日」に向けてではなく，大人たちが外側から思い描き予定する「将来」によって組織される。

このようにして「将来」の視線のもとに，子どもたちの時間が組織されていくとき，子どもという年代は，もっぱらその「将来」にそなえるための準備の時期となる。その結果，へたをすれば，子どもが子どもとしての本番を生きることを見失い，子どもの「いま」が「将来」によって侵食され，食いつぶされてしまうことになりかねない。

## [キーワード]

17) **学びからの逃走**（escape from learning）：学びによって新たな力を身につけ，その身につけた力を使うことで新たな世界が広がるのならば，子どもたちはその学びを喜びとすることこそあれ，そこ

から逃走することなどありえないはずだが，いまの学校教育のもとでは，学びを放棄し，大人たちが差し向ける学びから逃走している子どもたちが少なからずいる。これは学校での学びの病弊の現れと言わざるをえない（佐藤 2000）。

### 1.4 学びの世界と希望

最後に子どもたちの学びの世界に希望はあるのかと，あえて問うておきたい（佐伯 1995）。

希望という概念は，人が自己の身体の内側から「明日」に向かって描く思いである。つまり希望を語る視点はあくまでその主体の内にある。これに対して心理学はこれまで人間の行動を外からの客観的な視点で記述，説明することに徹してきた。そうしたパラダイムのもとでは「希望」という概念は登場しえない。現に今日のアカデミズム心理学のなかには，いまもなお「希望」を語るだけの枠組みが存在してはいない。同様に学びを外部の第三者の視点に立って評価し，もっぱら学力向上しか

目ざさないとすれば，子どもたちが学びを「希望」として語るようにはなるまい。

学んで身につけた力を外から評価するのではなく，子どもたちが手持ちの力をどのように使って，どのような世界を描いていくのか，またその結果としてその先にどのような力が展開されていくのかを，あくまで子どもの側の視点からみていくのでなければ，子どもたちの学びのなかに「希望」を見いだすことはできない。いや実のところ，その枠組みのなかでは子どもたちの陥っている「絶望」さえも語りえない。

私たちが，そうして希望を語り，絶望を語る枠組みをもって学びの世界に臨んだときにはじめて，子どもたち自身が現実にその学びの世界で希望を語ることのできる条件がととのうことになる。せめて，そこまでの条件づくりを行うことが，私たち大人の勤めであることを確認しておきたい。

# 2 遊びと学び

・麻生　武

　遊びとは何か。それは「哺乳類の成体が幼体に対してとる態度」であるとの立場から，「遊び」と「学び」との関係をとらえた。この立場からすると子どもと大人の関係で，遊んでいるのは子どもではなく大人だということになる。子どもはまず大人に「遊んでもらう」ことによって，他者に対して「遊ぶ」という態度をとることを「学ぶ」のである。これは哺乳類が次世代を育てて行くためにぜひとも「学ばなければならない」ことである。3〜4歳になると，子どもは徐々に他の仲間に対して「遊ぶ」という態度をとることを身につける。そこから生まれるのが子ども同士の「ごっこ遊び」である。そして，その「遊び」の精神から，就学前のさまざまな「学び」が生まれるのである。

## 2.1 「遊び」とは何か

　すべての動物が遊ぶことができるわけではない。昆虫や魚や両生類や爬虫類は遊ぶことはない。もちろん，「アリが遊んでいる」「魚が遊んでいる」「カエルが遊んでいる」と擬人的に表現することは可能である。しかし，本気で魚が遊んでいると感じている人はまずいないと言ってよい。それは，彼らには「遊び[1]」を楽しんでいることを示すプレイフルな態度や表情が欠けているからである。「遊ぶ」ことのできるものは，そのような「プレイフルな態度」を身につけ，それを楽しむことのできるものである。
　ベイトソン（G. Bateson）は動物園の猿山で子ザル同士のふざけっこの闘いごっこを観察し，「遊び」には「これは遊びである」とのメタメッセージ[2]が不可欠であることを指摘した（Bateson 1972）。では，そのような「遊び」の系統発生上のルーツはどこにあるのだろうか。それは，哺乳類の成体（親）が幼体（子）に示す態度にあるというのが麻生（1994a，1998，2007）の説である。哺乳類は子どもを母乳で育てる。その間，親は赤ん坊に対する攻撃性を抑制し，保護の対象としてケアしなければならない。事実，哺乳類の赤ん坊の（頭が大きい，身体が丸いなど）さまざまな特徴が，大人たちに赤ん坊を「かわいらしく」感

じさせ，赤ん坊に対する攻撃性を抑制させることが指摘されている（Lorenz 1943）。私たち大人はしばしば「これは遊びである」との態度を全身で示しつつ，笑顔で幼子の〈遊び〉相手をする。そのように幼子を可愛く思い攻撃性を抑制し，プレイフルな態度で幼子に接する態度こそが「遊び」の原点なのである。

[キーワード]
1）遊び：遊びを外的な活動形態ではなく，主体のある心理状態あるいは心的な態度としてとらえることが重要である。その際，その心的状態が満たしておくべき三つの必要条件がある。一つ目はその活動主体にとって「楽しい」ことである。二つ目は，その活動がそれ自体のためになされており，他の何か別の目的のためになされているのではないことである。三つ目は，その活動が他から強制されたものではないことである。遊びの本質は「遊んでいる」という意識や態度にある。その系統発生的なルーツは何か。本論では，哺乳類の成体（親）がその幼体（子）に対してとる非攻撃的で親和的な態度にあるとの立場から論を展開した。
2）メタメッセージ：一般には，メッセージについてのメッセージのことをメタメッセージという。メッセージそのものにコードされているメッセージをレベル1とすると，そのメッセージを出すことそれ自体が伝えるメッセージは，レベル2のメッセージになる。京都のことばで「ぶぶずけ（お茶漬け）でもどうぞ召し上がっていって下さい」というのは，「何もおもてなしもできませんが，お茶漬けでも召し上がっていって下さい」という字義通りのレベル1のメッセージではなく，「もう食事時なのでどうかお引き取り下さい」というレベル2の意味である。このようなレベル2のメッセージも，メタメッセージという。

## 2.2 「遊び」とは哺乳類の親の子に対する態度

生まれたばかりの赤ん坊は「遊ぶ」ことを知らない。しかしながら，赤ん坊の周囲の大人たちは赤ん坊を相手に実によく「遊ぶ」。笑顔で，赤ん坊の反応を引きつけようと，オーバーな身ぶりや高い作り声で，「これは遊び」だと全身で表現し，赤ん坊をあやそうとする。電車の中で赤ん坊を抱いた若い親のたまたま隣に座った見知らぬ大人が，そのように赤ん坊をあやしている姿をみるのも決して珍しいことではない。赤ん坊は，周囲の者にとって格好の遊び道具なのである。人々は「アバババー」と声をかけたり，百面相をしたり，笑顔でモノを提示したり，赤ん坊がモノをつかもうとするやわざとそれを引っ込めたりと，赤ん坊をからかって，赤ん坊と遊ぶ。

赤ん坊が自分で遊べるようになる

はるか以前に，まず周囲の大人たちがそのように赤ん坊を相手に「遊ぶ」のである。ヒトほど赤ん坊と遊ぶのを好み，遊ぶのが上手な哺乳類はいない。

そもそも，哺乳類の親というものは，自分たちの幼子たちに対して基本的に目尻が下がっている。哺乳類は，母乳で子どもを育てるため，子どもが巣立ちをするまで比較的長期にわたって親子の関係を営む。乳を飲ませている間，子どもは小さくて弱い。その子どもを可愛く思い攻撃性を抑制し，「遊び」という特別な態度で子どもに接するのが哺乳類の特徴である。その中でも，とりわけ未熟な赤ん坊を産み，その子どもを長い期間にわたっていねいに育てるのがヒトである（遠藤 2006）。子どもの世話に手間暇がかかるだけに，その分，ヒトは他の哺乳類より子どもと「遊ぶ」ことに長けている。その意味でも，ヒトのことを「ホモ・ルーデンス」と呼ぶに値すると言えるだろう。

しかしながら，最近は，ときどき子どもとどうやって遊べばよいのかわからないという若いヒトの母親がいる。不幸なことである。問題は，手遊びなどのハウツー的な遊び方を学習すればよいといったことでない。「遊び」はテクニックやスキルではない。それは「プレイフルな精神」である。たとえば，葉っぱを一枚子どもに差し出したときの，子どもの反応や仕草を「可愛い」と思う心が，その差し出す行為を「遊び」にするのである。「遊び」はそのような遊ぶ主体の側の態度にこそあるのである（Henriot 1973）。

## 2.3 「遊ばれる」ことから「遊ぶ」ことへ

子どもは「遊び」を通じて学ぶというフレーズは，幼児教育においてはよく流布している台詞である。そこでは，子どもは本来「遊ぶ」ものと無条件に前提にされてしまっている。だが，はたして子どもは，誕生したとたんから「遊ぶ」ことができるのか。ピアジェ（J. Piaget）のように**同化と調節**[3]という二つの基本的な生命メカニズムを仮定し，同化的な活動が優位な活動が「遊び」であると定義してしまえば，あらゆるところに「遊び」の萌芽をみとめることになってしまう（Piaget 1945）。しかし，そのような定義では，魚でもカエルでも同化の能力に比例して，それに見合った「遊び」は可能だということになってしまうと言えるだろう。そこまで「遊び」を一般化してしまえば，人間の子どもたちに固有の「遊び」の深い意味がみえなくなってしまう。人間の赤ん坊は積極的に探索活動を楽しむこ

とのできる存在である。しかし，探索活動は決してそのままで「遊び」ではない。それが「遊び」となるには，「これは遊びである」とのメッセージをかわす相手を必要とする。

すべての子どもは，「遊ぶ」ことを知らずに生まれる。彼または彼女が「遊ぶ」ことを知るのは，彼らをとりまく大人たちが「プレイフルで遊び的な態度」で，彼らに接するからである。まず，子どもは，大人たちによって「遊ばれる」ことを学ぶ必要がある。そこからしか，「遊び」への道は開かれない。

[キーワード]
3）同化と調節：これは発達心理学者ピアジェ（1896-1980）の用語である。生物が外界を変形させ自己の中に取り込むことを同化（assimilation）といい，生物が外界に合わせて自己を変形することを調節（accomodation）という。そこから，主体の認知システム（あるいは図式）に外部データが変形されて取り込まれることを同化，外部データに合わせて認知システムが変形されることを調節と呼ぶ。さらに，二つの内部システム（図式）との間にも，同化と調節は存在するとされる。

## 2.3.1 「遊ばれる」ことを学ぶ

赤ん坊をあやすには少し高い声でオーバーな仕草や身ぶりで表情豊かに話しかけるのがよい。「高い，高い，高い」にしろ，「いないいない，ばー」にしろ，大人は赤ん坊の機嫌を取ろうとしばしば懸命に働きかける。そのような場合，子どもの表情がまだ硬くても，大人の方は先に満面の笑みを浮かべている。つまり，プレイフルな表情をして「遊ん」でいるのは，子どもではなく大人なのである。

このように年長者が赤ん坊や幼い子どもに対してプレイフルな態度で接するのは人に限ったことではない。チンパンジーや**ボノボ**[4]などにもそのような行動はしばしばみられる（黒田 1999; 西田 1981）。

大人が赤ん坊と「遊ぶ」のである。また，赤ん坊の方も「遊ばれる」のに慣れていく必要がある。なぜなら，大人はときにはいささか乱暴な扱い方で，赤ん坊をあやすことがある。赤ん坊が怖がって泣けば，大人の「遊び」は失敗である。赤ん坊が歓声をあげたり笑い顔になれば「遊び」は成功したことになる。そこには，しばしばスリルと不安，そしてその突然の解消による喜びがある。赤ん坊は，周囲の年長者たちのプレイフルな態度に数多く接することで，まず「遊ばれる」ことを学習する。これは大切な学習である。哺乳類は子どもを乳で長く育てることを特徴としている。とりわけヒトはきわめて長い乳児期や子ども期をも

つ。この間，子どもは大切にされ，可愛いがられる必要がある。子どもを可愛いと思い，子どもをからかいたくなる気持ち，子どもとコミュニケーションしたくなる気持ち，それが大人の側の「遊び」という態度に他ならない。子どもにとって大切なことは周囲の大人から「遊び」という態度を引き出すことである。大人の「遊び」の働きかけに，子どもが喜びの表出で応えてこそ，大人の「遊び」という態度にも拍車がかかるのである。子どもはプレイフルな表情や声で近づいてくる大人が，自分に好意を持っており，自分の喜びをもたらしてくれることを学ぶ必要がある。多くの場合，これは，まずは特定の他者とのコミュニケーション・パタンの学習として姿を現す。父親の笑顔をみると，父親の自分に対する「遊び」の働きかけを期待し，母親の笑顔をみると，母親の自分に対する「遊び」の働きかけを期待するといったように，子どもは，自分と遊んでくれる相手を識別しつつ，しだいに「遊ばれる」という一般的なパタンを学習していくものと思われる。

この学習は，哺乳類にとって，とりわけヒトにとってきわめて重要なものである。子どもはいつしか成長し，大人になり，また自分たちの子どもを育てていかなければならない。そのとき，子どもに対して「遊び」という養育的な態度が取れるか否かは，まずは彼または彼女が少なくとも子ども期のどこかで（必ずしも親でなくともよい）年長者から「遊ばれる」という体験を十分味わったか否かにかかっていると言えるだろう。

[キーワード]
4）ボノボ：かつてはピグミーチンパンジーと呼ばれていたこともあるが，現在はチンパンジーと区別してボノボと呼ばれる。約200〜250万年ほど前に，共通の祖先からチンパンジーとボノボに分かれたとされる。チンパンジーより攻撃性が低く，より大きな親和的な集団を形成する。

## 2.3.2 「遊ぶ」ことを学ぶ

「遊ばれる」ことを学ぶことから，「遊ぶ」ことを学ぶまでのステップは三つの段階に分けることができる。第一段階は，もっぱら「遊ばれる」ことを学ぶ段階である。健常の子どもの場合，その中心となる時期は，およそ生後0カ月から1歳半ころまでと言えるだろう。「アババババー」と声をかけたり，「いないいない，ばー」をしたり，「高い，高い」をしたり，大人はさまざまな子どものあやし方をする。子どもと「遊ぼう」とする大人の表情は必ず笑顔である。くすぐったり，つついたり，

顔をくっつけたり，モノを提示したり引っ込めたり，大人は笑顔でさまざまな子どものからかい方をする。それに慣れてそれを喜ぶようになることが「遊ばれる」ことを学ぶことである。

「遊ばれる」ことを学ぶのは，決してある特定の時期で終わるわけではない。大人に「遊んでもらう」喜びというのは，その後も子ども期を長く支配し続けるのである。

1歳半近くなってくると，大人と子どもとの「遊び」の中にも「ふり」や「ことば」が入ってくるようになる。たとえば，大人が食べ物の絵をつまみさもうまそうに食べるふりをしたり，玩具のレモンをかじるまねをして「酸っぱい」と顔をしかめてみせたり，放り投げた人形の落下に合わせて「イタタター」と大げさに言ったりして，子どもを「からかう（＝遊ぶ）」のである。そのような大人のプレイフルな態度は，健常の1歳半前後の幼児だけではなく，3～4歳のことばの発達の遅れた**自閉症傾向の子どもたち**[5]にも，しばしば大受けする（麻生 1994b）。大人のプレイフルな働きかけが，子どもたちに「遊んでもらっている」という「喜び」をもたらすのである。

第二段階は，通常1歳半から2歳にかけて始まる。子どもは大人にサポートされている雰囲気の中で，大人に対してプレイフルな態度を部分的にとれるようになってくる。1歳半という時期は，自分が「受け身の立場」で体験した他者の行為を，役割を逆転させ能動的な「仕手の立場」で模倣することが可能になり始める時期でもある（麻生 1980; Tomasello & Carpenter 2005）。ちょうどこのような時期に，子どもは自分と「遊んで」くれている大人の「遊び行為」を取り入れて，それを大人に示すような行動がみられ始めるのである。

木下（1998）は次男Rが，母親の「お茶がこぼれた」という「**ふり遊び**[6]」をどのように自分のものにしていったかという興味深い報告を行っている。まず，1歳3～4カ月頃，Rは空のコップへ空の急須から注ぐふりをしてそのコップを母親に飲ませるといったことをよくやるようになる。そこで母親が「遊び心」でこのパターンを崩そうと，コップを倒して「あちち，こぼれたー」などのオーバーに反応する「遊び」を始める。すると，Rはこれが面白くて母親をみつめ声をあげ笑うといった反応がよくみられるようになる。Rは大人のプレイフルな態度に反応していると言えるだろう。これは先ほどの第一段階に相当する。1歳5カ月頃になるとRは母親の「あっ，

こぼれたー」などのふりに以前のように大喜びしなくなる。大人のしている「ふり」の意味を気にし始めたものの、その意味が十分にはわからず、当惑しているとも言える。1歳9カ月には、偶然Rが触れてひっくり返った急須に、母や兄がプレイフルに「あっ、ジャーした」「さっき、沸いたとこなのに」などと言うと、Rは笑みを浮かべて「ジャー」と言って急須のふたを持って立ち上がり、その後初めてタオルで床を拭くまねをしている。その後、Rもわざとおもしろがってコップや急須の中身をこぼすふりをして、母親の反応を楽しむなどこの遊びへの能動的な参加が増えていっている。Rは母親や兄のプレイフルな態度に包囲される中で、母親や兄のしていたことを模倣し、その「遊びの精神」を少しずつ我がものにしていったと言えるだろう（→3.3）。

一般に2歳の誕生日前後には、子どもは**象徴機能**[7]（symbolic function）を発達させ、「他者のふり」が行えるようになり、「メタファー」や素朴な形の「ジョーク」なども言い始めるようになってくる（麻生 2002）。素朴な形であれ子どもが大人に向かって「ジョーク」が言えるようになることは、子どもが自分の方からプレイフルな態度で他者に働きかけることが可能になったことを証拠立てていると言える。

この2歳の誕生日を過ぎるあたりから、子どもは周囲の大人がプレイフルな雰囲気でサポートしてあげれば、人形に対して「遊び」のトーンでケア的な態度をとり、ママゴトや人形でかなり上手に大人と「遊ぶ」ことが可能になってくる。子どもが、「**空想の遊び友達**[8]」を持ち、それらと交流することができるようになるのもこの時期である。子どもは、自分と遊んでくれていた大人のプレイフルな態度を自らの中に取り入れて、今度は自分からプレイフルな態度で人形や「空想の遊び友達」に対して話しかけることが可能になるのである（麻生 1996）。

しかし、この第二段階の子どもたちはまだ、大人のサポートがあったとしても、子ども同士で互いにプレイフルな態度をとり合い、ごっこ的な「遊び」の世界を共同で立ち上げることはまだできない。この間にみられる子ども同士の「**（擬似的）遊び**[9]」は相互模倣と追い掛け合いに代表されるような、笑顔と笑い声に媒介された相互交流の「（擬似的）遊び」である。そこにはまだ他者と積極的に「遊ぼう」とする能動的なプレイフルな態度は萌芽的にしかない。活動を支配しているのは「遊んでもらっている」という「喜び」である。「（擬似的に）遊んで」いる双

方の子どもたちは，いわば，双方とも相手に「遊んでもらっている」と感じて「はしゃいでいる」のである。彼らにはまだ相手を積極的に「遊び」に誘い込む能動的な姿勢が欠けている。その証拠に，この種の（疑似的）「遊び」はある偶然とも言えるきっかけで急速に高まり，そしてふいに消滅してしまう。そこに欠如しているのは，幼い相手に対し「遊んであげようとする」，哺乳類の成体が幼体に対してもつ「遊び」的態度である。

とはいえ，この時期の子どもはそのような態度がまったくとれないというわけではない。大人が十分にプレイフルな態度をとっているときには，それを模倣するように子どもが大人や人形に対して積極的にプレイフルな態度をとることが観察される。たとえば，子どもが母親を「子ども」に見立て自分が「母親」であるかのような言動をして楽しんだりするのである。

「遊び」の学習における第三段階は，3歳頃から始まる。この時期になると，子どもは，子ども同士の世界で互いにプレイフルな態度で「遊び」を構築することが可能になり始める。この時期に子どもが「遊べるようになる」ということは，この時期の子どもたちが自分より幼い弟妹の世話が可能になってくることから

も理解できる。現在の日本では，就学前の子どもが幼い弟妹の世話をまかされるといったことはほとんどみられなくなっている。だが，かつては，3～4歳の子どもたちが幼い弟妹の世話をするといったことは決して珍しいことではなかった。ポリネシアでは，今日でも赤ん坊が歩けるようになると3～4歳の兄姉のそばに行かせ，年長者が年少児の世話をするように仕向けるという（Rogoff 2003）。自分より幼い相手の世話をやいたり遊び相手をしたり，赤ん坊をあやしたりすることは，すなわち，子どもが「遊び」という「哺乳類の成体が幼体に対してとる特別な態度」を身につけたことを意味している。自分より幼い者と「遊べる」ようになるとき，子どもが仲間とも「遊べる」ようになることは，ごく自然なことだろう。

[キーワード]
5）自閉症傾向の子どもたち：自閉症は，「コミュニケーション障害」「社会性の障害」「想像力やそれに基づく行動の障害」の三つ組みの障害をもつ症候群としてとらえられている。同じ自閉症といっても，知的には重い知的障害の者からまったく知的障害のない者まで，さまざまな人たちがいる。自閉症スペクトラムという用語が用いられるのも，多様性を示すためである。療育や保育や教育の現場では，自閉症

スペクトラムの拡がりを認識した上で、子どもを診断的に「自閉症」か否かを厳密に判定するよりは、「自閉傾向の子ども」としてソフトにとらえることが好まれる。最近は「自閉傾向の子ども」という用語と同じニュアンスで「広汎性発達障害の子ども」という用語が用いられることも多い。

6）ふり遊び：ふり遊びには、三つのタイプがある。一つ目は、モノを別のモノに見立てるような遊びである。二つ目は、存在しないモノをあるかのように見立てる遊びである。三つ目は、他者のふりをする役割遊び的なふり遊びである。子どもたちの最初のふり遊びは、しばしば親によって導入される。1歳頃から写真のビスケットを親子がつまんで食べるまねをするなどの遊びが可能になってくる。親の模倣ではなく、子ども自身の力で新規な見立てがなされるようになるのには子どもの象徴能力が発達している必要がある。

7）象徴機能：大人の模倣ではなく、子ども自身が対象XをXとして認識しつつ、それを同時にYを示すモノとして扱えるようになったときに、子どもは象徴能力を獲得したとみなすことができる。1歳半頃にしばしば、積み木を車にみたてて「ブーブー」と押し動かすような行動が観察されるが、その多くは大人の模倣である。子どもが自分の力で象徴機能を操れるようになるのは、一般には2歳の誕生日前後である。

8）空想の遊び友達：何も存在しないところにあたかも目にみえない友達（キャラクター的な存在）がいるかのように子どもが振る舞ったり、しゃべったりする現象。2歳半頃に出現の中央値があるとの研究もある。その存在には「名前」がつけられ、子どもは、その存在としばしば「会話し」、それが一定の「空間を占めている」ように振る舞う。決して特異な現象ではなく、一般的な現象であるとの説もある。

9）（擬似的）遊び：1〜2歳の幼い子ども同士が追いかけあったり、ふざけ合ったり、相互模倣でキャッキャッ声をあげて、楽しそうにすることがある。通俗的には、子どもたちは「遊んでいる」とみなされる。しかし、そこには他者と「遊んであげる」という能動的な「遊び」の態度が欠けている。本論の立場からは、そのような態度こそが「遊び」の本質であった。そこで本論では、それらの活動を「（擬似的）遊び」という用語で示すこととした。

### 2.3.3 「遊ぶ」力の獲得

3歳頃から、子どもは仲間に対して「遊び」という態度をとることができるようになり始める。

3歳というのは、子どもたちが空想を働かせ、仲間同士で少し会話が可能になる時期でもある。ヴィゴツキー（L. S. Vygotsky）も、この3歳頃を「遊び」の発生時期としてとらえている。彼は「遊びの活動」を他の活動と区別する基準として「虚構場面を創造する」ことをあげ、そのような「遊び」は3歳以降にみら

れるようになると指摘している（Vygotsky 1933）。ヴィゴツキー学派のエリコニン（D. B. El'konin）は，「**役割遊び**[10]の発生の歴史こそが遊びの本姓に光をあてるものである」（エリコニン 1989, 47）と述べ，もっぱら「役割遊び」に焦点を当てている（El'konin 1978）。彼によれば，「遊びは役割が存在する時にのみ可能である」（エリコニン 1989, 265）のだ。エリコニンによれば，「遊び」は大人の援助があってはじめて発生する活動である。そのような大人の援助の中で，2歳半から3歳に最初の「役割遊び」が育ち始めるのである。とはいえ，子どもたち同士が自分たちで「役割」遊びを楽しめるようになっていくのは，早くても3〜4歳以降のことと言ってよいだろう。

エリコニンによれば「役割遊び」が生まれるには，そもそも大人の社会に複雑な役割構造がなければならない。エリコニンは人々が狩猟採集など原始的な生活を送る社会では，子どもたちがめったに「遊ばない」ことを指摘している。4歳の子どもでもまじめに薪を拾い火をおこし，大人の手伝いをするのである。女の子であっても，人形で遊んだりはしない。人形の赤ん坊を世話をするのではなく，彼女たちは現実の赤ん坊の世話をするのである。ママゴトをする代わりに現実の料理を手伝うのである。男の子も，闘いごっこや電車ごっこをするのではなく，小さな弓矢で実際に狩猟をし，小さなカヌーを実際に操ったりするのである。そのような社会には「玩具」もなければ「役割遊び」もない。

だが，彼らが「めったに遊ばない」とエリコニンのように断定してしまうのは早計だろう。確かに，エリコニンやヴィゴツキーの「遊び」の定義に従えば，彼らは「遊ばない」と言わざるをえなくなる。しかし，本論のように「遊び」を「哺乳類の成体が幼体に対してとる特別な態度」として理解するならば，そのような狩猟採集的な生活を営む社会においても，3〜4歳になれば子どもたちが能動的に「遊び」という態度を身につけ始めていることは明らかである。それは，その歳頃になれば子どもたちがある程度赤ん坊をあやしたり世話をしたりすることができるからである。なぜなら，そのような振舞いができることそれ自体が，赤ん坊と「遊べる」ことを意味しているからである。エリコニンの考えは逆さまなのだ。狩猟採集民の子どもたちが赤ん坊の世話という「仕事」をするから，「人形遊び」をしないのではなく，むしろ逆に，現在の子どもたちは，実際の赤ん坊を世話して「遊べない」から，代わり

に「人形」を世話して「遊ぶ」のである。

　年少者を可愛く思い，攻撃性を抑制し，年少者とのコミュニケーションを楽しむことができるようになるとき，子どもたちは同時に同輩とコミュニケートする力も持てるようになると言えるだろう。それまでは，もっぱら，大人や自分より年長の子どもたちに「遊んで」もらう存在だったのである。それが，年少者と「遊んでやる」力が生まれてきたのである。同輩はいつも対等とはいえない。時には自己は弱者であり，仲間に「遊んでもらい」，時には自己が強者であり仲間と「遊んでやる」，そのような二重の態度がうまくバランスよく交互に展開するところに同輩との仲間遊びの楽しさがある。そこには「遊んでもらう」喜びと「遊んでやる」楽しさとの結合が生み出す至福の時間がある。

　そこに3〜4歳に展開するようになる「役割遊び」をする力や「虚構」を維持する想像力が，いわば火に油を注ぐように，加わるのである。かくして，子ども同士の「ごっこ遊び[11]」という独自の活動世界が，就学前に花開くことになる。

## [キーワード]
10) **役割遊び**：役割というのは，社会において人が担っている公認された社会的機能をもつポジションのことである。たとえば，電車の運転手，警察官，保育園の教師，花屋，家庭の主婦，ホワイトカラーなどである。子どもが，それらの役割を自ら演じる遊びを「役割遊び」という。

11) **ごっこ遊び**：「お店屋さんごっこ」「警察ごっこ」「戦争ごっこ」「おうちごっこ」「学校ごっこ」など，「ごっこ遊び」には必ず「役割遊び」が含まれている。大人の社会の仕事や活動をまねてなされるのが「ごっこ遊び」である。

## 2.4 「遊んでもらう」ことを通しての学び

　乳幼児は大人や年長者に「遊んでもらう」ことによって多くのことを学ぶ。今日の日本では，親の重要な役目の一つが子どもと遊ぶことと理解されている。よって，ときどき若い母親から「子どもとうまく遊べない」「子どもと遊んでいても少しも楽しくない」などといった育児相談が子育て支援センターなどに寄せられたりする。子どもと「遊んでやる」ことが子どもの発達によい影響を与えると信じているから，彼女たちは悩むのである。そのように信じているのは，日本の親だけではない。ロゴフ（B. Rogoff）によれば，アメリカの中産階級の多くの親や，学校教育を長く受けたトルコの中産階級の母親も同じように「子どもと遊ぶことは，子どもにとってよいこ

とだ」と考えている（Rogoff 2003）。しかし，それとは逆に，「遊びは親が奨励すべき活動でも親が加わる活動でもない」と考えているコミュニティも多くもある。そのような社会では，子どもと遊ぶのは，他の子どもたちや家族の他のメンバーになる。ロゴフによると，多くの国で，乳児やよちよち歩きの幼児は伝統的に5〜10歳の子どもたちに世話されている。それらの「子どもたちは幼い弟や妹やいとこたちをおんぶしたり腰に抱えたりしてつれて回り，コミュニティの景色や音，他の子どもが遊ぶ様子に触れさせて，楽しませる」（ロゴフ 2006, 156）のである。同様に，労働者階級のメキシコ人家庭でも，母親がよちよち歩きの幼児と遊ぶことはまれであったという。その代わりに，兄姉がその幼児の遊び相手をしていたのである。しかも，その遊び方たるや，その複雑さ，幼児への支援，愛しみ方が，アメリカの母親と子どもの遊びに似ていたとのことであった（ibid., 158）。

子どもの「学び」にとって重要なことは，「遊んでもらうこと」それ自体であって，「誰が遊んでくれるか」ではない。子どもにとって，「遊んでもらう」ことは，自分に対して他者が「遊び」という態度で接してくれることを意味している。つまり他者が，子どもへの攻撃性を抑制し，子どもを可愛く思う態度で，プレイフルな態度で子どもにかかわってくれるのである。子どもが他者から「学ぶ」ことの多くは，そのような周囲の態度を通じてであると言ってよいだろう。

とはいえ，子どもが他者に「遊んでもらっている」とき，子ども自身は必ずしも「遊んでいる」わけではない。子どもにとっては真剣に課題に取り組んでいるといった事態も決して少なくはない。たとえば，1歳半の子どもの前で，大人が遊び心で「ほーら，高いよ」などと言って，笑顔で積み木を5個ほど積んでみせたとしよう。これを模倣しようとする子どもは真剣である。遊んでいるわけではない。課題にまじめに取り組んでいるのである。よって，うまくできなければ，苛立ちを示すことも少なくないのである。

幼い子どもが大人の仕事を手伝うような状況において，多くの場合，そこには「幼い子の作業」を受容する大人の側の「遊び心」がある。

たとえば，母親が食事の用意をしているとき，3歳の花（子）ちゃんが「ママ，花ちゃんも，お手伝いする」と申し出たとしよう。母親がそれを受けて，「ありがとう」「じゃあ，このキュウリを切ってくれる」とナイフとキュウリをまな板にセッ

トし、娘にキュウリを切らせたとする。娘は真剣である。母親のお手伝いをしているのである。そして、母親が無事キュウリを切り終わった娘に「花ちゃん、ありがとう、とってもママ助かった、また手伝ってね」などと声をかけたとしよう。娘は「仕事をした」が、母親は「遊んでいる」のである。このことは、母親が忙しく焦っているような状況では、「遊び心」が吹っ飛び、お手伝いを申し出た娘に、「またね、ちょっと邪魔だから、あっちで遊んでて、ママ忙しいの」などといった返事が容易に想定できることからも理解できる。子どもは「遊んでもらう」ことによって、体験世界を拡大し、コミュニケーションを含むさまざまなスキルや身のこなし方や、生活習慣を学ぶのである。とりわけその中でも重要なのが、次世代を育てて行くための大切な精神「遊ぶ態度」の学習である。

## 2.5 「遊んでもらう」ことから自らの「遊び」を通しての学びへ

「遊ぶ」ことを知るというのは、幼児期の大切な学習である。なぜならば、ヒトは「遊び」という態度を単に年少者に向けるだけではなく、同輩や年長者や自分自身に向ける存在だからである。大人を「子ども」扱いする、仲間を「子ども」扱いする、自分自身を「子ども」扱いする、そのように相手を仮想的に「子ども」扱いする態度がとれるようになったのは、おそらくヒトが象徴能力を獲得したことと密接に関連しているに違いない。ヒトは、2歳の誕生日頃から自分自身を父親や兄に同一視するような「見立て」が可能になるのである（麻生 1996, 2002）。他者に対して「遊び」という態度をとれることから、子どもたちの「ごっこ」遊びの世界が花開いていく。

たとえば、A君とB君という二人の子どもがいたとする。A君が目の前の積み木を「これはパン」と言って、それをつかみ口に持っていき、パクパクと食べるまねをし「あー、おいしい」と言ったとしよう。それに対して、B君がA君と「遊んであげる」という年長者のポジションに立てば、「わー、おいしそう。僕にもちょうだい」などA君の見立てを盛り立て補強するような発話を行うだろう。反対に、B君がA君に「遊んでもらう」という年少者のポジションに立てば、嬉しそうにA君のしているのをみつめ、それを模倣するように別の積み木を口にもって行き食べるまねをし「あー、おいしい」とA君の顔をみて言うだろう。仲間同士の「ごっこ」遊びというのは、子どもが互いにこのように「遊んであげている」のか「遊

んでもらっている」のか，わからなくなるような微妙なバランスの上に成立する独特の世界である。これは現代社会にしかみられないという意味では，エリコニンが原始的な社会では，子どもが「遊ばない」と指摘したこともあながち的外れではないと言えるだろう。確かに，「ごっこ遊び」というものは，どの社会にも普遍的に観察されるものではない。

子どもたちは3〜4歳になって突然，同輩の子ども同士で「ごっこ遊び」ができるようになるわけではない。多くの場合，まず子どもたちはその前段階として，年長者と「ごっこ遊び」をすることを学ぶ。

## 2.5.1 年長者を相手に「ごっこで遊ぶ」

仲間との「ごっこ遊び」は非常に高度な遊びである。それは双方が「ごっこ」における「見立て」を共有しなければならないからである。しばしば，子どもがまず大人を「ごっこ遊び」の相手とするのは，大人であれば子どもの「見立て」を感知し，それを受容する力が高いためである。「見立て」を共有することがいかに難しいか，私自身の不思議な体験を紹介することにしたい。

少し発達の遅れのある5歳5ヶ月のY君とプレイルームで遊んでいたときのことである。プレイルームにはリアルな液体の入った醤油差しの玩具があった。この半年前近くから，私とY君とはママゴトの食べ物に醤油をかけ食べるまねをしては「からー」と大騒ぎをする遊びを行っていた。Y君も食べるまねをしては「からー！」と言い走り回るのが大好きであった。この日も，Y君は皿からスプーンですくい食べるまねをしては，「からー！」「からーい」と走り回っていた。Y君が私にも同じようにすることを要求するするので，私も食べるまねをして一緒に「からーい，お水ちょうだい」と訴えていると，かつて醤油差しの玩具で「からー！」と騒ぐ遊びをしたことを思い出したようで，醤油差しの玩具を手にして，私に向かって「先生，目つぶって」と要求し始める。私には，Y君の考えていることはみえみえである。しかし，知らぬふりをして目をつぶり「お水ちょうだい」と訴えていると，「はい」と言ってY君は目をつぶっている私の口に醤油差しから醤油を流し込むふりをする。私は，目をつぶっているのに，なぜこれが醤油だとわかるのか自分でも不思議に思いつつ，そこはY君の意図に合わせて「からー！」と大騒ぎしてY君の期待に応えたのである。その後も私は「からー，お水ちょうだい」「本当にお水？　嘘ついたらお尻ぺんぺん」

「指切りげんまん」など，醬油ではなくお水をくれと訴えたのだが，Y君は何度も私をだましているつもりで「目つぶって」と言い，醬油を私の口に流し込んだのである。

　本物の醬油を相手の口に流し込もうとして，相手に気づかれないためには，相手に目をつぶってもらう必要がある。しかし，これは「ふり」，「ごっこ」の世界なのである。目をつぶっていれば，それが何に見立てられているものか判断することはできない。本当は，私は「今飲ませたのはお水じゃなくて，醬油だよ」とことばで言ってもらわなければ，醬油を飲まされたことに気づけないはずなのである。Y君には私を騙す「ふり」をしているつもりはない。ストレートに騙そうとしているのである。だから「先生，目をつぶって」と要求している。しかし，私が本当に騙されてしまったら，ゲームは終わってしまう（醬油を飲まされたことに気づけない）。そこで私は騙されている「ふり」をして目をつぶり，かつ本物の醬油を口に入れられた「ふり」をして「からー」と大騒ぎし，Y君の期待に応えたのである。これは私の「遊び心」のなせる技である。

　当然のことながら，Y君の「遊び相手」がY君と同じような発達レベルの子どもであったとしたら，「目をつぶっている相手をだまして醬油を飲ませる」といった「遊び」は成立しなくなる。大人や年長者は，子どもたちが何を考えているのか，何がしたいのか，それを読み取り子どもたちの「見立て」を支えてやることができる。また，さまざまな「ごっこ」のスクリプトを提供し，その手本を示すことのできるのも大人や年長者である。その意味で，「大人がストーリーを導入しなければ遊びは発展しない」（神谷1989,278）のである。

## 2.5.2 仲間との「ごっこ遊び」

　4～5歳頃になると，子どもたちはお母さんごっこや，おうちごっこや，○○レンジャーごっこなど，さまざまなごっこ遊びが可能になってくる。ごっこ遊びをスムーズに行うには，「見立て」を仲間同士で共有し合う必要がある。高松ら（2000）は子どもたちが「見立ての共同性」をどの程度認識できるか興味深い課題を行っている。カスタネットを皿の上に載せたものを二つ用意し，まず一方を「ミカン」他方を「ドーナツ」に見立てる遊びを，実験者と子どもが行う。そして，その子どもに次のような質問を行う。「ここに○○ちゃん（友だちの名）を呼んできて，『これ（「ミカン」に見立てているカスタネット）何？』って尋ねた

ら、〇〇ちゃんなんて言うかな」と質問するのである。正解は「カスタネット」であるが、「ミカン」と答えた者が、4歳児58％、5歳児43％、6歳児31％もいたのである。「見立て」をするその場にいなかった者は、それを共有していないことを理解するのは、子どもにとって決して簡単なことではない。6歳児ですら3分の1近くが自己中心的に反応してしまうのである。自分が「ごっこ」の世界にどっぷり浸かってしまえば、ますますそのような危険性が生じるだろう。自分が「電車」に見立てているブロックを、他児が「ケーキ」に見立ててしまう。そのようなディスコミュニケーションが発生しがちなのが、「ごっこ」遊びの特徴である。

逆に言うと、「見立て遊び」「ごっこ遊び」には、ディスコミュニケーションを解きほぐす仲間同士の相互のコミュニケーションが不可欠だと言える。まず、子どもたちは、仲間との「ごっこ遊び」を通して、仲間と話が通じない「つまらなさ」と話が通じたときに「楽しさ」を身をもって体験するのである。他者と共同で何かを成し遂げる、そのようなプロジェクト作りの練習を子どもたちは「ごっこ遊び」を通じて行っているのである。そこには「隊長」「運転手」「警察官」「お母さん」「ケーキ屋さん」などさまざまな役割が登場する。そして「ストーリー」の共有に向けて、子どもたちはコミュニケーションするのである。

ヴィゴツキーによれば「遊びは発達の源泉であり、**発達の最近接領域**[12]**を創造するのである**」（ヴィゴツキー 1989, 30）。それは、「想像的世界・虚構場面での行為、随意的な企画の創造、生きた計画・意志的動機の形成——これらすべてが遊びの中で発生し、遊びをより高次の発達水準に押し上げ」(ibid., 30-31)るからである。子どもたちは、「遊び」の中で背いっぱい背伸びをしているのである。その背後には、有形無形で子どもたちの遊びを支えている大人たちがいると考えてよいだろう。

[**キーワード**]
**12) 発達の最近接領域**：ヴィゴツキーの用いた用語である。子どもが自分の力ではなし得ないが、大人の適切な援助があれば、なし得るような課題領域のことをさす。「買い物ごっこ」は、まだ独力で自由に現実には買い物のできない子どもに、買い物を可能にしているという意味で、子どもの発達の最近接領域を賦活しているのである。保育の現場において、子どもたちの「買い物ごっこ」は、周囲の大人たちによって有形無形に支えられていることも忘れてはならない。

## 2.5.3 環境を探索する「遊び」

「遊び心」を身につけ始めた子どもたちにとって、目の前の環境は、もはや即物的な世界ではない。肋木（ろくぼく）をぶら下がる子どもは、落下すればワニのいる河に投げ出される危険と闘っているのである。崖を登るときも、気持ちはいっぱしの冒険家であり登山家である。悪い虫はすべて、撲滅すべき毒虫となる。悪い蟻を踏みつけて殺すことは、正義の行いとなる。子どもたちは競い合って蟻を踏みつぶすことがある。蟻が食材とみなされるや、捕まえられた蟻は、バケツの中の砂と一緒にかき混ぜられ蟻ご飯にされてしまう。可愛がられたダンゴムシは、段ボールのおうちを作ってもらい、そこに餌としてちぎった雑草が入れられたりする。子どもたちにとって環境世界は、さまざまなイメージと意味にあふれている。その世界を探索することも子どもたちにとって「遊び」である。それが「遊び」なのは、どこかに「ごっこの気分」が伴われているからである。彼らは探検隊として未知の世界を探っているのである。そこには秘密の基地や、秘密の動植物がいる。

このように幼稚園期の子どもたちは、環境の探索を通じて、実は大切な「学び」を行っている。「ごっこ遊び」を通じて、子どもが「学んでいる」ことが、主として「自己と他者、自己と社会」に関する事柄であるとすれば、「環境を探索する遊び」を通じて、子どもが「学んでいる」ことは、主として「自己と環境、自己と身体」に関する事柄であると言えるだろう（→V-3.3.1）。昆虫や亀やウサギといった生き物に接することで、手触りやにおいや動きとして「生命的な環境」を体感することができる。それは他の「生命」を感じると同時に自己の「生命」を感じることでもあるだろう。手の中に包み込んだテントウムシが飛び立つときに感触が、未来においてそのような小さな「命ある」ロボットを作ってみたいという発想につながることだってあり得るだろう。実際にある工学者がそのように語ったのを耳にしたことがある。物的な環境世界のさまざまな**アフォーダンス**[13]（affordance）を知ることは、対象を知ることであると同時に、自己の身体について知ることでもある。木に登ってみれば、その枝が自分の体重を支えてくれる枝なのか否かが理解できる。それは枝の太さを知ると同時に、自分の体重を知ることでもある。環境を探索すればするほど、環境と同時に、自分の身体の可動域が明確になり、またその範囲が徐々に拡大していく。そのような自己の身体の変化に合わせて、環境の姿も

共変していくと言えるだろう。子ども期というのは,身体が成長することで,刻々と環境世界が変化していく時期である。昨日越えられなかった柵を今日は越えることができるようになる。「環境を探索する遊び」から「学べる」最大の成果は,そのようにどんどん有能になっていくという自己イメージであると言ってよいだろう。5歳前後,多くの子どもたちは走ることができること,つまり自分たちが風を切ることができることを発見する。これは,大地と自分との関係についての「学び」である。「学ぶ」ことは自己が変化することである。「遊び」を通して,子どもたちは自分たちが「学んでいる」ことを「学ぶ」のである。

[キーワード]

13) アフォーダンス (affordance):
ギブソン (J. J. Gibson) の用語である。モノがそれとインタラクションする生物に提供することのできる諸属性,諸機能の拡がりをアフォーダンスという。ある物体がどのようなアフォーダンスをもっているのか,それとかかわる生物の種類によっても,また同じ生物でもその生物の状態によっても異なると言える。道に落ちている1万円札は,多くのヒトには拾って自分の財布に入れることをアフォードしているが,山羊には食べることをアフォードしている。また,ヒトにとって,1万円札がパチンコ店に行くことをアフォードしている場合もある。

# 3 仲間関係のなかの学び

・無藤　隆

　仲間関係における学びとは大きく2種類に分けられる。一つは仲間関係という人間関係についての学びである。子どもの仲間関係に注目すると、どのように相手と共存し仲良くなるかのスキルを学ぶことが中心となる。もう一つが仲間関係の活動に出てくる事柄についての学びである。たとえば一緒に鬼ごっこをすれば走り方やルールのあり方を学ぶだろう。学校などでは学級や班という形で仲間関係のあり方を算数その他の学習に利用していく。大事なことは社会性への発達と内容的な学びが不可分で進んでいくという子どものあり方に注目することである。

## 3.1 仲間関係の社会性発達への位置づけ

　社会性を、愛着[1] (attachment)、互恵性 (reciprocity)(仲良し関係)、階層的権力 (hierarchical power)(リーダー・フォロワーや人気・孤立など)、集合の連合 (coalitional group)(小集団を作り互いに対抗・連合する)、交接 (mating)(恋愛関係)の五つの領域に分けることができる(たとえば、**進化心理学**[2] のブーゲンタール [J. Bugental] は進化論的な観点からそのように整理しており、その解説は、ビョークランド [D. F. Bjorkland] とペレグリーニ [A. D. Pellegrini] の『進化発達心理学』で読むことができる)。つまりそれは社会的関係を、一対一の相互的な関係と集団レベル、さらに集団がいくつか集まり、社会を構成するというあたりに分けて考えるということである。

　その各々で、発達の経路が異なるし、またそこで必要となる社会的な技能や知識も異なる。また、親子関係や恋愛・結婚関係のような家族をなす関係と、友人や同輩のような友情や交渉を基本とする関係とは異なる原則がかかわっているので、分ける必要がある。しかし同時にその間につながりがあり、相互影響関係が成り立つ。発達とは、親しい関係から遠い関係へと広がり、また一対一の相互的関係から集団内の役割関係、さらに集団間の対抗的関係へと

関係のあり方の抽象度が高まっていくことである。そして青年期・成人期において再び、親しい関係に立ち戻り、新たな家族関係を構築することになる。恋愛・結婚の対等な親しさと親子の世話・依存的関係の親しさの二つを形成していく。それは愛情から友情へ、また役割関係へという広がりと、その経験を通して愛情を受ける側から作り出し支える側へと転換することでもある。親子関係の中の子どもの役であったものが親の役を担うのであるが、そのためには同輩関係から恋愛・結婚関係へと移行していく必要がある。親子関係での学びが同輩関係に広がり、同輩関係の学びが家族関係を変え、さらに同輩から異性同士の関係に至る中で親子関係を形成する準備を学んでいくことになる。

学校学習を含めた世の中の諸々の学びはそういった人間関係の発達の中に位置づけられて初めて子どもにとって意味をなす。とりわけ親子関係が親密な関係とそこでの家庭内の出来事についての学びを主にしているとすれば、世の中のさまざまな事柄の学びは同輩関係の中で主に起こることになる。そこに文化的先達者としての保育者・教師や年上の先輩などが関与して文化的な方向へと導くことになる。

[キーワード]

1) **愛着**：愛着とは、乳児が通常は主な養育者との間に形成する愛情ある関係である。特にストレスが掛かる際に愛着対象に対して依存して軽減を図る。また、愛着対象を探索の際の基地として、それを頼りにしつつ、未知の対象や環境にかかわろうとする。愛着は養育者などとの応答的なやりとりから徐々に形成され、ゼロ歳代の後半に成り立つ。その裏返しが人見知りである。1歳後半の表象機能の形成に伴い、その関係が内化される。

2) **進化心理学**：人類の基本的な遺伝的基礎は数十万年前のホモ・サピエンスが狩猟採集を行っていた時期に形成された。その時代の環境に適応するように淘汰圧が掛かり、そこで有利な遺伝子が直接の子孫や血縁の親族を繁殖を通して残すことに成功したのである。だとすれば、その頃の環境において有利な特性が人類の基本的なあり方を決めているはずである。その前提から進化心理学は人類の普遍的な心理的特性を解明している。

## 3.2 乳児期における愛着関係の成立

乳児期の親子関係にみられる愛情のある関係の成立が愛着関係である。互いに愛情を抱き、そこで感じる信頼のあり方がその後の社会性の基本をなし、また人を信じるということの基底を作り出す。また同時に、その愛され信頼をする関係に支

えられて、未知の外部の探索へと出て行くことができるようになる。社会性の核となるだけでなく、それが今度は、先行きの仲間関係の形成に寄与し、また、周りの世界の諸々を知っていく学びの支えとなるのである。

おそらくその元は乳児の側にある、人への生得的な関心の傾向にあるであろう。乳児は生後2カ月目くらいから周りの人の目に視線を集中させるようになる。またその直後に、目を合わせて微笑む**社会的微笑**[3]が表れてくる。3カ月くらいを過ぎると、さらに声を出して機嫌良く大人とやりとりを声だけで進める「原会話」が生まれる。あやしてくれる人に対してよく応答する関係が生まれるのである（→Ⅳ-4.3.2）。また同時に、特定の人の認知が声や匂いなどを含めて成り立ち始め、ゼロ歳の中頃には特定の人（通常は養育者）への愛情のある関係とみられるものが生まれてくる。

その関係が他の関係を排除するようなものになったときに愛着関係の成立と呼ぶ。独占的に相手の関心や注意やかかわりを求めると同時に、その人がいて安心でき、その人がいないと不安になるような状態である。その不安は特に見知らぬ環境や見知らぬ相手がいるようなストレス状況で高まり、愛着のある人を求める欲求も高まる。とはいえ、実際の調査では、たった一人に愛着関係が成り立つということもあるが、家族の他のメンバーや保育園の保育者などにも、主たる養育者（多くは母親）への愛着と共に愛着関係が成り立つことは少なくない。きょうだいや年上の世話や遊びをしてくれる子どもとの間に愛着関係が成り立つこともある。そういった愛着関係はゼロ歳の後半に成立する。**8カ月不安**[4]というのは、その頃に人見知り（親から離れる不安を含め）が増えることによる。このようにして人間関係の基盤となる他者との信頼関係の原初的あり方を身につけ、世界への**探索の基地**[5]ができるのである。

十全な愛着関係が常に成り立つとは限らない。**安定した愛着**[6]関係のほかに、子どもが無関心であったり、時にはむしろ敵意があるような関係もある。また過度に依存的で不安定な関係もある。それらはいずれも、その後の愛着関係が安定に向かいにくく、仲間関係の形成に支障が生まれることや、また子どもが落ち着いて、周りの物事に取り組みにくいために、特に社会性の発達や学校学習にとって阻害要因となりやすいことがわかっている。ただし、愛着関係はたとえば親の離婚による家庭内のいざこざやその他の混乱により変動することもあり、それによって

また子どもが影響を受ける。

この愛着関係は2歳以降，次第に内的なものとなり，養育者が不在であっても，思い出して慰めを得たりするようになる。また，その愛着関係の中でのやりとりから生まれる社会的な関係の作り方や維持の仕方が他の人間関係に当てはめられるようになる。その意味で，この愛着関係を「**内的作業モデル**[7]」と呼ぶことがある。成人期まで重要な役割を果たすという議論と証拠もあるが，途中の発達過程でかなりの変化を示すというデータも増えてきている。少なくとも乳幼児期および学童期初期の新たな仲間関係の成立にはかなり直接的に影響するようだし，そこでのリーダーシップやいじめの加害・被害ともつながるようである。

[キーワード]
3）**社会的微笑**：新生児期は生理的な動因により微笑みが生まれるが，生後2カ月目くらいになると，周りの人と目が会ったときに，微笑むようになる。大脳皮質が作動し始めることにより，相手の顔の知覚が可能となり，それが微笑みを引き起こすのである。それが社会的な関係の形成の土台となる。

4）**8カ月不安**：生後8カ月前後に，特定の相手との愛着関係の成立に伴い，それ以外の相手と会うことを嫌がるようになる。また愛着対象と離れると極端な不安を示す。これはその頃の表象機能の開始とも関連していると言われる。

5）**探索の基地**：乳児が愛着対象を支えとしつつ，徐々に周りの環境の探索に乗り出す。探索しつつ，養育対象が自分をみているかをチェックしたり，時々そこに戻って，身体に触ったり，声を掛けて返事をもらうなどして，支えを維持しようとする。そのようにして，愛着対象に支えられることが，不安を軽減し，探索を可能にするのである。その際の愛着対象の働きを探索の基地と呼ぶ。

6）**安定した愛着・不安定な愛着**：愛着の成立において愛着関係の安定という観点からいくつかのタイプを分けることができる。安定した愛着関係は互いの愛情関係の下で安心していられ，一時的に別れて不安になっても，ある程度は自立して行動ができ，さらに再会した際に喜びを示す。不安定な愛着は三つに分けられる。「回避型」は愛着対象との分離も再会も情緒的に乱れることが少ない。再会において喜びをほとんど示さない。「抵抗型」は離れることに抵抗するのみならず，その後のぐずつきが長く続き，さらに再会したときに相手に怒りを示す。「混乱型」は分離・再会で極端な混乱がみられ，自立した行動ができない。こういった類型はその後の関係や発達に大きな影響を与える。

7）**内的作業モデル**：記憶において愛着対象を表象することにより，身体的に触れていたり，みえる・声が聞こえる範囲にいなくても，対象を支えとして，探索を行

うことができるようになる。1歳半以降,表象機能が発達することにより,愛着対象をいつでも表象として思い起こせるようになる。さらにその後,他の人間関係に,この愛着関係の枠組みが適用されるようになり,その枠組みを内的作業モデルと呼んでいる。

## 3.3 幼児初期における家族への広がり

多くの家庭では1歳なかばから2歳代にかけて,子どもの活動範囲が広がることを奨励する。一つにはそれは空間的に広がる。近所に散歩に出たり,公園で遊んだり,買い物に大人が連れて行ったりすることだろう。それは子どもにとって世界が著しく拡大することである。世の中にたくさんのものがあり,人がいて,活動が展開されていることを理解はできないにしても,感じることだろう。世界といってもまず近隣の探索から始まる。それは**象徴機能の形成**[8]と相まって,世の中にはいろいろなものがある・人がいるという意味での理解を成り立たせるようになる。

同様に,人との関係が広がる。多くの家庭では,その核に家族関係での拡大がある。仮に母親との愛着関係が主だったものとして成り立っているとする。**父親**[9]が子育てにかかわることが少なく,父親との愛着関係は十分には成り立っていないかもしれない。そういう場合でも1歳代になると,時たま遊んでくれて,それ以外の時間に目の前にあまりいなくても自分を気に掛けてくれる存在であり,「お仕事」をしているとわかってくるだろう。母親と父親のやりとりをみる機会もあるだろうから,互いの愛情ある信頼関係を感じ取ることもあるだろう。そこから,母・父・子どもという三角の家族関係をイメージできるようになる。実際,2歳前後になると,ごっこ遊びの芽生えがあり,そこでは,母・父・子どもの3人組の想定をすることがよくみられる。人形なども大・中・小があると特に,そういった見立てを行うようになる(→ 2.3.2)。

**きょうだい**[10]がいれば,単にもう一人の子どもがいるということではなく,家族という中の一人として組み入れていくことになるだろう。きょうだいへの親の愛情を争う相手であると同時に,なにがしかの愛着を感じる関係としても成り立つようになる。特にお互いに遊べるくらいの年齢差だとすると,年齢差・性別・性格・親の介入などにより複雑に様相は変化するが,仲良く遊ぶことと同時に,きょうだい喧嘩もかなり出てくるだろう。激しい感情を露わにした衝突がよくみられる。それは仲間同士の付き合い方の始まりとも言

えることである。互いに十分に自分の意見や感情をことばにできる段階にはおらず、むしろ感情をむき出しにしつつ、自己を主張し、相手を屈服させようとしたり、逆に相手に譲ったりしつつ、協力関係を構築していく。協同性の始まりであると同時に、感情を表し、また適度に制御することも親子関係以上にしばしばみられる。

祖父母[11]なども親子の閉じた関係を広げる役割がある。時に、そこにペットが加わったり、親戚や近所の人が周辺に置かれることもあり、社会的な関係の広がりに寄与する。それが次の時期の仲間関係を組み入れる枠組みとなるのである。

## [キーワード]

**8）象徴機能の形成**：対象を何かで代理させて指示することを象徴機能と呼ぶ。生後1歳半くらいになると、指示対象が存在しないところで、それを指し示す行為が表れる。延滞模倣（対象がいなくなったところで模倣する）、ふり（対象を別のものを表すように扱う）、などがそれである。それは表象の成立により可能となる。

**9）父親（の機能）**：小さい子どもの養育において、父親は母親と同一の養育機能を果たすとともに、母親の機能を補う働きも担う。子どもの養育において親が複数いて、双方が子どもの世話をできるなら、より安定した養育関係となる。また夫婦関係が保たれることにより、それぞれの養育などの支えともなる。また、たとえば、母親が世話、父親が遊びとか、母親が静かな活動、父親が活発な活動など適宜分担が生まれることにより、子どもの経験の幅が広がる。

**10）きょうだい（の機能）**：きょうだいの関係のあり方は、性別の組み合わせ、年齢差、またそれぞれの暦年齢自体により複雑に変化する。仲のよいきょうだいもあり、仲の悪いきょうだいもある。友人関係と比べると、一般的に、日常の活動を共にすることが多く、また感情的なやりとりが増える。葛藤・いざこざも激しいが、愛情の度合いも深いことが多い。感情的対立やその処理、また表面の言動と本音の違いなどについて学ぶ機会が多いと言える。

**11）祖父母（関係）**：祖父母といっても、その年齢はさまざまであり、現役で働いているのか、元気か、介護を必要とするか、あるいはまた同居か・別居か、その子どもの年齢なり孫の年齢なりによりあり方は変化する。社会により祖父母が孫の世話をする場合もあり、また補助役を担うとか、親である子どもの経済的心理的支援を行う場合もある。特に祖母と母親の関係は親しいことが多く、成人期を通して重要なものであることが多い。伝統的に問題となってきた嫁姑関係も今でもみられることである。孫にとって高齢者世代に出会う貴重な機会ともなる。

## 3.4 幼児後期における友人関係の成り立ち

3歳過ぎから子ども同士の関係が発展していく。その前から保育所に通うとか，近所で親の監督の下でよく一緒に遊ぶなどのことで定期的な接触があれば，互いへの関心が生まれ，1歳くらいから，そばにいるとか，ものの受け渡しとかが可能となる。ものを相手に渡し，それをすぐに戻してもらう相互作用は同じ年齢同士の相互作用のほとんど始まりと言える行動である。

2歳代には簡単な役に沿った行動もごっこ[12]として可能になる。たとえば，子ども同士で多少顔なじみになれば，相手にままごとセットのお茶碗に急須からお茶を入れるまねをして，相手に茶碗を渡し，時に「どうぞ」と言ったりもして，相手は呑むまねをして，時に「おいしい」と言ったり，茶碗を返して，「ごちそうさま」と言ったりする。そこではまだ明確な役ということにはなっていない。「お母さん」役といった宣言はまだみられない。また，長く続くわけではなく，上記のやりとり程度から始まる。さらにやりとりの中身も日常のルーティンとしての活動に見習ったものであり，ごっこと言われるような物語風の展開は幼児期の終わりくらいに向けて徐々に生まれていくのである（→ 2.3.2）。

安定した個人同士の仲間と言えるような関係とか，やりとりの長く複雑な展開はまだ難しい。長く続くのは親や保育者などの大人が関与して，遊びを続けるような働き掛けをしたり，子どもの動きを膨らませたり，子どもの間をつなぐような働きをすることによってである。おそらくそういった大人とのやりとりを通して，次第に子ども同士での遊び方ややりとりの仕方を学ぶという面もあるのだろう。

いわゆる**平行遊び**[13]は2, 3歳の子ども同士の関係では典型的である。同じような活動を同じ対象に対して（たとえば，積み木や砂場など）に行っているが，明瞭な相互作用も影響関係もはっきりとせず，互いに面と向かっての接触も相手の行動の観察も瞬間以上にはみられないものを指す。そこから多少とも相手の活動の中身に絡み合うやりとりが成り立つ遊びへと進むのは3歳を過ぎてからであり，しかも幼稚園や保育園などの集団保育の場で毎日のように一緒になる相手に対してである。

基本的には，幼児期に一人遊び，平行遊びから，協同して遊ぶところに進むという傾向は明らかにある。とはいえ，実際には，一人遊びや平行遊びが消えるわけではない。むしろ，いくつかのタイプの遊びが幼児

期を通して可能になるという方が正確である。

幼児期には仲間関係の形成を通して，人間関係のあり方の基本がいくつか成立することに注目できる。一つは特定の相手と親しくなることである。幼児の遊びはその場限りであり，一緒に遊んでいる間は親しいが，それが終わると，相手のことを思い出したり，再びその子どもを求めることはあまり多くない。しかし，幼児期でも3歳以上になれば，そういった親密な関係は成り立ち始めるようである。特定の遊びを超えて関係が持続するものであり，それと共にいることにより，深い感情の交流があり，時に他者を排除するものである。これは愛着関係のバリエーションとしてとらえてよいのではないかと思われる。

もう一つはとりわけ3人以上の活動においてみられる関係のあり方であり，それは集団としての関係の始まりである。三者の場合の人間関係の調整は難しい。幼児の場合にはそういった調整というより，同種の活動を行う平行遊びとか，ごく簡単な役割分化で活動を進めたり，あるいは細かくみれば二者のやりとりが相手を変えて続いたりしていて，そこからたとえば二人の対立をそばにいる三人目の子どもがなだめたり，助言したりするといったことが多い。

そういった集団関係が発展していき，もっと大人数の活動に広がることも幼児期の終わりには出てくるが，その場合でも実際には数名の集団関係が重なり合って，大規模な活動を構成していることだろう。だが，そういった経験から子ども達に互いの間の**個性の把握**[14]が進み，その個性が関係の取り方（優しいとか威張っているとか）と，いろいろな活動で得意か・強いかと，何が好きか・嫌いかといった面を中心に把握される。その把握は次第に大集団における優劣の評価にもつながっていくだろう。

また集団形成の発達のもう一つの面が遊びのテーマである。子ども同士の遊びは始めのうちは具体的な身体的活動であり，ものの操作が中心となっている。それに対して次第に，たとえばままごとのような日常生活の活動が写されるようになり，さらに幼児期の終わりに向けて，たとえば，病気になった人を病院に連れて行き治療するといった物語としての展開を示すようになる。そこでは目にみえる動きの交換の次元から目にみえないテーマや役柄により，それにふさわしい台詞や行動を取ることへの発達がみられる。そのことと，周りにあるものや事柄への探索活動（たとえば，子ども達が一緒になって草むらで虫を探すこと）と相

そういったテーマではないにしても、その活動を通して何かを作り出そうとするときに、遊びが**目標志向的な活動**[15]へと発展していく。そこでは、目にみえず、まだ実現していない目標と現状とをつなぎ、計画を立て、実行しつつ、そこででき上がりつつあるものと、目標となるものの具体的な構想との相互交渉の中から、活動が展開するのを子どもは経験することになる。仲間同士はその目標に向けての関係の中でつながり合い、また分担も生まれ、対立との交渉も行うことになる。つまり、協同関係が始まるのである。

幼児期の人間関係の発達には、幼稚園・保育所などの集団保育の場面における集団関係の特異性が関与している。通常はかなり大勢が一つのクラスや学年を構成している。そこで毎日誰と遊ぶかはその都度決めることにならざるをえない。これは、たとえば、家庭できょうだいと遊ぶ場合とは明らかに異なる場面となる。きょうだいなら、遊びに入れてもらうかどうかについての多少の判断はあるにせよ、一緒に遊ぶ相手とするなら他に選べるわけではなく、決まっている。近隣の少人数の知り合い同士なら、相手が空いているかどうかは尋ねるとしても、遊び相手として何人もの中から選ぶということではないはずであるし、相手の方も遊びたいという子どもを選んだり、拒んだりすることはあまりないだろう。園では、まず最初の内はまったく見知らぬ、ないしあまり親しくない同じくらいの年齢の子どもがたくさんいる。その上に、朝登園すると、大勢がさまざまな相手と少人数グループで遊んでいることだろう。自由な遊びが許される時間であるなら、遊びのための道具や遊具もたくさん用意されている。そこで子どもはどの遊びをするかという選択と共に、誰と遊ぶかの選択と交渉を毎日行うことになる。それは引っ込み思案の子どもには試練になるが、同時に、あまり親しくない相手と一緒に遊び親しくなる練習を行っているようなものでもある。「入れて」「いいよ」という儀式的表現から、遊びの様子をみつつ入れてもらうように交渉することまで、いろいろな**社会的技能**[16]を学ぶ機会となる。

たとえば、数名で遊んでいる一時的遊び集団に入れてもらうには、日頃の人間関係の親しさと共に、その遊びの様子をみつつ、そこに上手く入れてもらえるように振る舞う必要がある。そばにいて、うろうろしているだけではダメで、「入れて」と言ったり、「何しているの」と声を

掛けたり，遊びの中身を見当をつけて，ごっこ遊びでの猫の役を担って声を出してみたりするだろう。すでに遊び集団を形成している誰かから「いいよ」と許可をもらうとか，中身を説明してもらい，役を割り振ってもらうとか，ごっこの台詞に応じてもらうといったことが続く必要がある。それは社会的交渉の大事なスキルとなっていくものである。特に中学生以降の級友との付き合いなどにかかわっていくだろう。

またそういった遊びの中で子ども同士の感情のぶつかり合いが生まれ，それを通して**情動制御**[17]の仕方が学ばれる。幼児期を自己主張面と自己抑制面とに分けると，自己主張の面が先行して発達しつつ，幼児期の終わりに向けて，自己抑制の面が発達する。特に自らの情動を相手や場面にふさわしく穏やかな程度にしたり，肯定的に切り替えたり，また表に表情や振る舞いを適切にしたりといった努力をするようになる。その十分な完成は相当先のことであり，大人でも必ずしも十全にできるわけではないが，幼児期からの発達が特に学童期の仲間同士の関係や学習などで適正な感情を維持することに役立つのである。

園での遊びや生活でのルールや役割分担の働きは情動制御の発達に寄与するだろうし，同時に，そういった活動のルールや物事の規則性や法則性をわかる（**ルールの理解**[18]）こと自体が学びの多くを占めるようにもなっていく。遊びの中でいろいろな物事に触れ，そこで物事の安定したあり方や特徴がわかっていくだろう。それは次第に規則的な関係があるものだとわかってくる。自然にかかわるところは物事のもの自体の特性だと理解し，社会的な活動にかかわるところは皆が決めて守るべきルールだとわかっていく。前者は科学的な理解に発展するが，その際に教師などによる説明が権威を持つようになる。後者の規則については遊びの中で子ども同士で決定することやそれを守ることについて互いに監視し合うこと，さらにその規則の裏をかいたり，規則の範囲で作戦を考えたり，そういった経験から規則を改変したりと展開していく。社会の中に通用している規則への接触も教師や親や近隣の中で学ばれていく。

異年齢の交流が園の中で生じることも見逃せない。少し上の年齢の子どもに出会い，その振る舞い方を見習うことで学びが生じる。これは家庭や地域で少子化のために子ども同士の遊びの機会が減り，さらに異年齢の出会いが乏しくなっている現状では貴重な機会となる。たとえば，幼稚園の場合だと3〜5歳の3年間の幅があるが，同じ年齢といっても

幼児の早生まれと遅生まれではかなりの発達差があり，遊びのレベルの違いもある。そういった子ども達が異年齢での交流とか異年齢の同一クラスでの保育と呼ばずとも，同じ園にいる限り，遊びでの接触が起こり，一緒に遊ぶところ（「お店屋さん」ごっこで年長児がお店を作ったところで年少児が客として呼ばれるなど）や，そばにいて年下の子どもが年上の子どもの遊ぶ様子を眺めているところがよくみられる。さらに同じ遊びの仲間としてよくわかっている子どもが，まだ理解が足りない子どもに遊びのやり方の指示を行って，一緒に遊ぶこともあるだろう。先達者との交流による学びが起こるのである。

　幼児期にはとりわけすでに述べたように親しい関係を作っていくことが重要になる。繰り返しの中から気の合う同士が親しくなるだろう。席が近いことや，帰りが同じ方向であることや，好きな遊びが似ているということと共に，運動ができたり，スーパーヒーローもののまねが得意であるといった，子どもの憧れる特性を持った子どもが親しまれる。人気のある子どもにそうでない子どもたちが従うところから，次第に，互いを親しい相手として選び，その子と遊ぶことを何より優先するような**仲良し関係**[19]が生まれてくる。そこでは，同年代の子どもと親しくつきあうという友情のあり方の原型を経験することになるのである。先ほど述べたようなスキル以前に仲良しでいることの心地よさを味わうことが重要なのかもしれない。

## [キーワード]

**12）ごっこ（遊び）**：子ども，特に幼児は人形などを使って，ごっこ遊びをよく行う。これは1歳後半の見立ての遊びから始まって，小学生の精緻な劇遊びにまで発展していく。幼児期の終わり頃のかなりよく整ったごっこ遊びでは，全体のテーマがあり（病院で診察を受ける），役割があり（患者や医者），道具があり（ベッドや聴診器のおもちゃや何かで作って見立てる），それらしい台詞や振る舞い方がある。とはいえ，前もって台本が作られているわけではないので，その場に応じて，適宜，相手や状況に応じて筋を工夫していく。そこに想像力と創造力の発揮がみられる。

**13）平行遊び**：1930年代にパーテン（M.D. Parten）が提唱した遊びの分類の一つであり，子どもが同じ場にいて，同様の遊びをしながら，相互のやりとりが明瞭にはみられないものを指す。社会的な関係のある遊びの初歩的な形態である。

**14）個性の把握**：互いの性格や特徴を幼児から小学生は徐々に把握するようになる。人間関係の把握とともに，仲間関係における学びの中の大きなものである。幼児期から小学生の低学年くらいだと，心理的

な属性としての性格はまだ把握できないが，行動と近い心理特性（たとえば，助けてくれるから優しい子だと思う）はとらえられる。実際の行動からとらえるとともに，大人や他の子どもの指摘からも学ぶであろう。

**15) 目標志向的な活動**：人間は他人の目標志向性に敏感である。たとえば，意図して何かの動作をしたのか，それともたまたましたのかを，乳児でも手がかりがあれば区別する。親の視線の先をみて，そこに「面白い」ものがみえないと，いぶかしげに親の顔を見直す行動もゼロ歳後半に観察される。そういった目標志向性はものと人を分ける基本的特性である。また他の人間の行動を模倣する際に，その行動が何のためかを考慮するということでもある。

**16) 社会的技能**：社会的な関係は，いかに人間関係を建設的に取り結ぶかという力によって可能となる。そのためには，その関係にかかわるルールの把握とともに，相手に応じたやりとりや自らの行動や感情の調整を行わねばならない。そのかなりのところを技能として取り出し，ある程度訓練することも可能である。たとえば，幼稚園などでは，他の子どもの遊びに加わるときに「入れて」と許可を求め，他の子どもが使っている遊具を使うのに「貸して」と許可を求めるということは保育者が言い聞かせて実行させていく。なおすべてが技能として定式化できるわけではない。現実には無数のバリエーションがあり，微妙な呼吸があり，そこまでを訓練できるわけではなく，実際の体験の積み重ねが重要となる。

**17) 情動制御**：感情（情動）を感じ，発揮することが人間が生きていく上で大事なことであるが，社会生活においてはその発揮の仕方が社会的状況の中でふさわしい形をとることで，適応的な機能を果たしうる。相手に怒りを覚えたとして，その怒りをそのまま発揮して，怒鳴りつけたり，殴りつけても，相手から反撃を受けるかもしれないし，その場で成功しても，その後，拒否や回避を受けることになるかもしれない。そういった情動制御は特に幼児期の後半から小学生低学年くらいに発達をし，その後の社会的場面や対人関係のあり方に影響する。

**18) ルールの理解**：簡単な手順としての理解であるなら，1歳代でも多少は理解できる。幼児期に大人から指示されたり，環境上，そのように振る舞いやすいということで，ルールを守る行動は出てくる。たとえば，道の端を一列になって歩くだろう。その時期は与えられたルールを変えられない絶対的なものとしてとらえる傾向がある。しかし，遊びの中で作り出すルール（たとえばごっこの役割）についてはかなり柔軟に変更できる。次第に社会的なルールも場合により目的次第で変更可能であることがわかる。その際，習慣で決まるルール（たとえば，男女の服装の違い）と道徳的な規範（たとえば，ものを盗んではいけない）を区別してとらえるようになる。

**19) 仲良し関係**：幼児期の終わり頃に

いつも仲良く遊ぶだけでなく，その子どもと「仲良し」であると持続的に互いに思うような関係が子どもによっては生まれてくる。多くの子どもはその都度遊びたいと思う相手と遊ぶのであり，遊びの中身の面白さが優先される。しかし同時に，憧れる相手や好きな相手と遊びたいとも思うようになる。互いに好きな関係にあって，その場で遊ぶだけでなく，その場を離れても仲良しであると自覚することも出てくる。そこでは，互いの関係や相手の人柄などについて詳細を理解する機会となる。

## 3.5 幼児から小学校低学年における集団内関係・同性集団

仲良し関係が成り立つことと平行して，幼児期の終わりから学童期の前半に顕著なのが同性からなる比較的大きな集団の成り立ちである。幼児期の終わりになる頃に，同性によるまとまりのある大きな集団が成り立ち始める。その少し前の集団保育の4歳前後から**同性による遊び**[20]が主流になっていることだろう。生物的な区別に加えて，社会的な区別としての男女の違いに幼児期の後半には敏感になってくるとともに，共に遊ぶ相手も同性を選ぶようになる。

遊びの好みの男女による違いとジェンダーの区別の重みを幼児が特に感じることとの双方が利いているに違いない。幼児期後半から学童期は男女別の社会的世界が成り立つと言ってよいのである。それは性差別の問題とは別のことである。子どもにとって男女の違いは，服装から遊びの好みやおしゃべりの話題となるテレビやゲームの好みに至るまで，目立ちやすいものである。男女による社会的関係の持ち方も，女子が関係の微細なあり方に絶えず関心を抱いているのに対して，男子は強さ・かっこよさへのあこがれが強い（これがどの程度生物的な要因によるのか，社会的要因および子育ての仕方によるのかはデータが積み上がりつつあるが，なお大いに議論の余地があるにせよ）。とはいえ，実際には男女が入り交じる遊びもあるし，ほかに子どもがいない場合には，男女が一緒に遊ぶこともある。女児で男子の遊びが好きな子どもも少なくない。

そういった男女ごとの集団での規範が成り立ち，それが仲間同士のインフォーマルな関心と学びをさらに強めていく。多くの現代の子どもにとって関心があることは，勉強よりはテレビゲームやテレビやタレントや歌手やアクセサリーや携帯電話などであり，しかしかなりの子どもにとって，その関心はその集団の関係の中で生まれてくるものだろう。友達付き合いのために興味を持ったふりをしておしゃべりをしたり，一緒に活動をしている内に実際に関心が

## 3 仲間関係のなかの学び

増してくるのではないだろうか。

そういう中で人気のある子どもとそうでない子どもが目立ってくる。**ソシオメトリー**[21]と呼ばれる手法で，遊びたい相手と遊びたくない相手を選ばせると，人気のある子ども，拒否されている子ども，誰からも正負共に選ばれずに，孤立している子どもなどに分けられる。多くはその中間となるものだが，何人かずつ顕著な特徴を持った子どもが出てくる。人気のある子どもは幼児期の終わりから学童期くらいになると，社交的でリーダーシップのある子どもが選ばれる傾向がある。拒否される子どもは社会的な技能が未熟で，攻撃的であったり，相手の意図を誤解したりすることが多い。孤立している子どもは引っ込み思案で社会的な交渉の仕方を習得していない傾向が強い。そういった特に否定的な特徴はそのままでいると，思春期の頃の問題行動につながるので，教育的な配慮を加えることが必要であろう。仲間関係の学びとは，このように子どもの特性とそれまでの関係の成育史により将来の学びの可能性が大きく変わるのである。集団の中でどういう立場にあるかで人間関係の持ち方が異なるだけではなく，種々の活動の機会やそこでの役割が違ってくるのであり，結果として学ぶものが変わり，さらにそれが循環して，特定の傾向を強化する。もちろん，それを断ち切るような出来事が起きたり，支援の手が入ることも少なくないが。

学童期に入ると次第に仲良し関係とは別に，クラスの中のグループが成り立つようになる。通常は先ほど述べたように男子グループと女子グループとに分かれる。特に男子は大勢でスポーツなどの遊びをすることが増えてくる。女子は少人数のグループがいくつかあるという形になりやすい。だが，細かくみると，グループごとに好きなものや，よくやる活動が独自のものになっていき，特に小学校高学年になってくると，特定の好みや趣味の集団となっていく。そこでの行動の振る舞い方や服装や趣味や飾りなどについての集団的規範の強制力は著しいものがある。親の情緒的支えや強制力はなお強いけれども，具体的な，特に学校や遊びの場面での仲間集団からの影響は強くなる。どんな活動をし，どんな学びが起きているかはその規範の下で生じるようになる。それから外れると，仲間はずれなどが起こりやすくなる。そこからいじめなどの集団病理に発展することも時にみられる。

また，学級の仲間関係の成立が学校学習で重要な意味を持つようになる。その仲間関係は仲良し関係や友

情関係とは異なり、また先ほどから述べている遊びや生活での仲間集団とも同一ではない。しかし、特に少子化の進んだ現代では、学級の仲間関係と遊びと生活の仲間関係は小学生ではかなりの重なりを示し、それが中学生くらいで分かれていくのである。

学級は小学校では休み時間や放課後の時間があって一緒に遊んだりもするし、そこで互いに知り合い親しくなるものでもある。だが、学級の中心は授業において教師の指導の下で共に学ぶということにある。そこでは教師の指示に従うこと、生徒としての役割を担うこと、子ども同士が学級成員として授業のねらいに沿って協力することなどが求められる。しかしすぐにそういった行動や姿勢や態度が子どもに取れるわけではない。子どもは小学校の6年間を通して徐々に学級の成員であり、授業での学習者であることを学んでいく。学童期における最大の学びはここにあると言ってもよいだろう。

学習者であるとは単に学ぶという存在だということではない。学びを広くとらえれば、乳児期に始まって以来常に学びはある。ところが学校ではそういった学びを自覚的で意志的で努力を要するものへと変えていく。また教師の指示という社会的な権威の指し示す学びの方向や目標を受け入れ、それに合わせて自らの心身の姿勢を作り変えていくことを求められるのである。そうなってこそ、上級学校の学習活動に入っていけるのだし、さらにいえば、多くの労働環境における働き手となることができる。

そういった近代的学校システムの中の正規メンバーとなる学校学習の中核に学習者はあり、とりわけ小学校では学習者となるための指導を教師が尽くしている。さらに学級の仲間同士の関係がそういった意味での学習へと編成され直し、遊びとしてのくつろいだ関係とは異なる協同性を担うようになる。

しかし、実際には学級のいわば底部には常にこどもたちのインフォーマルな人間関係としての仲間の働きがみて取れる。教師もまたそれについて配慮をし、学習指導を重ねていくのでもある。教師が冗談を言ったり、子どもたちにわからないことをあまり露骨に言わないようにと注意深く振る舞うのもそのためである。

とはいえ、学級と授業の中で優劣の関係が生まれることは避けがたい。多くの子どもは小学校の高学年になるくらいまでに、勉強面、スポーツ、容姿などについて互いの評価を行うようになっており、それに基づいた優劣の差をつけている。**優越**

感や劣等感[22]が生まれてきて，それは高学年ではかなり大きなものとなるだろう。学級が同年代の子どもを揃え，共通の学習活動を行うという効率性と親密性の重なり合いを基調とする限り，そこでの優劣はかえって目立つものとなる。家庭であれば，必ずしもそれは親が差をつけることはないだろうし，近隣の仲間の関係では特に異年齢であれば，歳の違いの方が大きな影響を持つのとは異なる。中学になれば，そういった優劣の格差は学業・スポーツ・容姿などについてさらに明確なものとなって子どもたちの前に現れるだろう。

そういったことは学級での学びに対して頑張りを促すという意味でプラスに働くこともあり，無力感を多くの子どもにもたらすという意味でマイナスの働きも生じる。同時に，学級の中の仲間同士の親密感と協同的な関係が優劣を超えて学びに向けて子ども達を組織することもしばしば起こるのであり，それが学級を学校が維持する根拠となる。互いに学び合う関係が生まれ，また親しい仲間が学ぶから自分も学ぶとか，よくできる，または格好良い仲間の存在に憧れて，学びへと動機づけられる。

[キーワード]

20）**同性による遊び**：幼児の集団場面での遊びでは，5歳前後くらいから顕著に男女別のグループに分かれるようになる。男女の性の違いは3歳くらいに気づくことが多いが，幼児期に次第に男女ごとの規範に気づくようになる。服装や憧れる対象や好む遊びに違いが現れる。すでに女児は人へ，男児はものへ，という志向の差はゼロ歳にもみられるが，この時期にそういった違いは具体的な活動の差や集団別の行動として広がり，学童期へとつながる。

21）**ソシオメトリー**：子どもにクラス（ないし普段の生活で会う子どもの中）で誰と遊びたいか，誰とは遊びたくないかを尋ね，集団における人間関係のあり方を探る手法である（なお，遊びたくない相手を尋ねる手法は十分な倫理的配慮が必要である）。そこから，特に偏りのある子どもを見いだし，指導の参考にする。また長期的な影響を調べることができる。多くの子どもに遊びたいと思われる「人気児」は適応がよい。多くの子どもに遊びたくないと思われている「拒否児」は適応に困難を持つ可能性がある。誰とも遊びたいとも遊びたくないとも言われない「孤立児」は消極的過ぎる可能性がある。

22）**（学級の中の）優越感や劣等感**：幼児は他の子どもと自分を比べることをあまりしないし，比べてもあまり客観的に優劣を見いだせない。小学校の時期に学級で絶えず優劣を感じざるを得ない状況に置かれ，比較能力も増すために，次第に

自らの優劣をわかるようになる。小学校高学年くらいには多くの子どもが劣等感を抱くようになっている。それは努力を促す反面，学業や運動へのやる気を削ぐことにもなる。

### 3.6 思春期における親友関係

集団関係の拡大の中で，特定の友人と立ち入った話をしたいとか，じっくりと付き合いたいという欲求が生まれてくる。女子の方が性的成熟が早いせいか，親しい関係を作るのは男子より早い。幼児の仲良しと違って，一緒にいるときだけでなく，それ以外でも関係が継続する。今では，携帯電話とかのコミュニケーションでつながりを維持することもよくみられる。

互いに悩みを打ち明けるとか，大勢に話すと笑われるかもしれないといったことを話すようにもなる。思春期とはちょうど自分だけの考えや楽しみや好みが生まれてくる時期でもあり，同時に，それを共有したいという思いもあり，大勢の集団を忌避することも出てくる。**親友関係**[23]が成り立つことで，自分とは何か，どう将来を生きるかを考えるという自我形成にとって大事な意味が生まれてくる。**アイデンティティの形成**[24]と親友関係の成立のつながりに深い意味がある。人生について考えるといったように，それまでの考えとは次元が上がるメタレベルの思考が展開され，また会話される。同時に，噂話が花開くときでもある。おそらく互いの生き方の模索において身近な相手や時にタレントの生き方が参考にされているが故に，単なる噂を超えた真剣な話題となるのであろう。思春期とは，生き方について本格的な試行の前の時に，空想的な時に会話においてさまざまな可能性を広げて，学んでいく時期なのである。

熟達に向けての一人での努力も生まれてくる。受験勉強であれ，スポーツであれ，あるいは個人的な趣味や勉強であるにせよ，ひたすらそこに力と時間を傾注し，上手になっていこうとする子どもが多く出てくる。孤立に耐える力が生まれてくることと自らの独自性への確立を目指すこと，さらに他者と折り合い内面の意向を交換し合うことへの恐れなどが相まって，そういった傾向を作り出す。熟達に向けて試行し練習するのは，やみくもに時間を使うのではなく，それを通して自らの練習や試みを振り返り，熟考することが可能になっていく。メタ認知能力の発達やそれに基づく自らの対象化の力によっているところが大きい。

しかし同時に，それに耐えきれず，あるいは挫折して，無力感に陥ることも少なくない。この時期は人

生の中でも特に軽うつ状態が広がる時でもある。そこから逸脱行動が生まれることも多い。学びからの逃亡とか，学びへの諦めといった行動が長期化して，生活のパターンとなることは珍しくない。あるいは学びの活動を避けるような生活様式を学ぶと言ってもよいのかもしれない。

そういった無力感は必ずしも競争によって必然的に起こるとは言えない。競い合う中で自らの力を伸ばすことはこの時期によくみられるし，そこでの向上が励ましにもなる。おそらくその競い合いの中にあって，優劣が生まれようとも，互いへの信頼感があり，認められていると思えるなら，競い合いも無力感とは結びつかないのではないか。少なくとも中学校の教師などが配慮する点はそこにある。

学校の部活動や特別活動などは，競い合いでの切磋琢磨と同時に，同志感とでも呼べる関係を子ども達の間に作り出そうとする。中学校などでは，合唱祭といった全校の活動が団結や組織的行動の仕方を習得するように導くことがある。子どもが大人となる過程での通過儀礼は今やほとんどきえてしまい，受験や飲酒や異性との交際などを含めた多くの活動に分散しているが，そういった学校での集団的努力もまた責任感とかリーダーシップとか集団として団結する力の実感とかを通して，大人に向けての学びの機能の一端を果たしているのであろう。

[キーワード]
23) 親友関係（の成立）：思春期に入る頃，単なる仲良しではなく，もっと深い関係の相手を求めるようになる。学童期はグループで行動することが多いが，次第に特定の一人ないしごく少数と互いの内面を含めて，語り合うことが出てくる。互いに相手を「親友」とか「親しい」と認めるようにもなる。そういった関係があるならば，思春期に起こりやすい孤立感を和らげ，自分についての理解を深め，また視野を広げていく機会となるだろう。

24) アイデンティティの形成：日本では高校生・大学生（ないしそれに相当する年齢）の時期に，将来の進路を考えることになる。ちょうど思春期を経て，内省することも増えていく。そこで，これまでの自分のあり方やこれからの生き方を見直し，どう生きていけばよいかについて，自分の個としての好みや傾向や価値と社会において可能なこととを統合する課題が生まれる。そのことをアイデンティティの形成と呼ぶ。その形成にあたり，時に混乱が生まれ，それを青年期の危機と呼ぶ。元々は，精神分析家であるエリクソン（E. H. Erikson）の生涯発達の考えに基づく。

## 3.7 文化への導き手としての大人の働き

　小さいときの愛着の形成を過ぎると，その維持により心情的に支えられることを基盤としつつ，大人は社会の中で生活するためのしつけをすることに主力を注ぐようになる。社会生活のさまざまな場面で守るべきルールがあり，マナーがある。子どもはそれらを無数の体験の中から大人のいる活動に参加する中で，大人の振るまい方を見習い，また大人が直接に指示や説明を与える中で覚えていく。またそれらの行動の背後にある価値観が伝えられ，行動の仕方とセットにして子どもは身につけていく。その文化への導きは日本社会での暮らし方と共に家庭独自の価値のあり方を伝える。

　その大人のかかわり方は仲間関係とそこでの学びのあり方を規定もする。一つは直接に大人と子ども達が集まる場面においてである。すでに述べた学級場面は代表的であるが，親が特に小さい子ども同士が集まるところにいて，一緒に生活の活動を行ったり遊んだりすることもあるだろう。大人がいるということにより，仲間同士の関係が大人の側の規範に近づけられ，また建て前と本音の区別なり，大人のいる場での振る舞い方と子どもたちだけでの振る舞い方の区別が生まれてくる。これはとりわけ思春期の頃には明確に区別されるだろう。

　もう一つは大人が子ども同士の集まる機会への接触を制約，または奨励することである。特に小さな子どもの場合は親が子どもの活動の機会をしつらえたり，鑑賞したりすることは容易である。誰といつどのように遊ぶかについて機会を設定できる。小学生以降では直接的な干渉は避けることが多いだろうが，仲間との活動や関係のあり方を監督（モニター）し，問題がありそうなら介入を行うことは可能であろう。とはいえ，年齢が上がるにつれて，子どもは仲間の間で起きた特に嫌なことを親に隠すことも増えていく。

　親や教師以外の大人（ないしは大人に近い青年）による子どもの仲間同士の活動への関与は現代社会ではあまりみられない。そのことが子どもの学びの範囲を狭くしている可能性は高いだろう。

　さらに，マスメディアが子ども集団の規範と絡みつつ社会化の機能を担う。そこではとりわけテレビが広範囲の生活や趣味の世界を子どもに示し，そのことを通して子どもは家庭や学校などの身近なところで学ぶ以上に世の中について学んでいく。テレビでの出来事やテレビゲームや最近の新しいメディアは仲間同士の活動の中心にもなり，話題の焦点に

もなる。仲間同士の関係とそこでの学びにメディアからの情報が，常にいわば割り込み，もう一人の仲間ともなるのである。特にテレビその他の情報を集約する人格である登場人物やタレントなどがその焦点となるのである。

### 3.8 生涯にわたる学びと仲間関係

思春期を過ぎてからの仲間関係とそこでの学びのあり方は本章の枠を超えてしまうのであるが，多少の素描を行っておく。始めに述べたように，社会性を，愛着，互恵性，階層的権力，集合の連合，交接の五つの領域に分けるとすると，それぞれに応じてある種の仲間関係が想定できる。

愛着とはお互いに信頼する相手との相互的関係となっていくので，大人においてもその親との関係は重要であろうし，また子どもが生まれるならそこで新たな親子関係を構築する。そういった親子の愛着は大人同士になると仲間同士の特質を多少持つようになる。特に現代日本では女性とその母親との関係が近しい仲間となることが多い。そこでは，子育てをめぐって，また女性の生活のあり方をめぐってさまざまな情報交換や一緒の活動がなされるだろう。

互恵性の水準が仲間関係の典型的な働きである。成人期における仲間や友人関係は余暇の多い時代において広がりをみせ，高齢者になってもさまざまな形で継続していく。職場での同僚関係は目標志向性を明確とした仲間関係に準じるものとして成り立ち，しかし労働の義務や規則に規定されており，労働時間外の付き合いに広がるとは限らない。それに対して余暇や遊びを中心とした仲間の関係が職場の人間関係と重なることもありながら別に成り立つだろう。それらの場面での学びとは同僚としての仕事の中での相互の研鑽や，遊びとしての仲間のサークル活動のように趣味の学びとして展開される。

階層的権力関係は職場の上司と部下の関係が典型である。それは仲間とは言えないが，しかし，同じ組織の目標を追求する立場としての同僚性を共有する面もあり，そこでは仲間であることが求められる。

集合の連合においては，仲間としてのまとまった集団が他の集団に対抗したり，連携したりというところに現れる。大学生のサークルやゼミ，社会人の会社などもそういった集団としてアイデンティティを持ち，他と対抗することにより，組織として成り立つと共に，成員がやりがいを抱くようにしている。それは集団に属する同じ仲間であるという一体感を強めているだろう。

交接とは恋愛・結婚の関係としてとらえればよい。特に継続的な関係においては次第に仲間としての働きを担い，協同して作業する面が強くなる。特に家庭での子育てが重要な時期においてはそうであるが，また老齢に向かう時期においてもそういった仲間としての共に支え合う働きが強くなるだろう。

以上簡単に述べてきたところは子ども時代の仲間の様相やそこでの学びのあり方とのつながりを示すためである。子ども時代の長い経験から大人に至るまでの間に，仲間関係においていくつかの基本的な学びが生じている。一つは何よりも仲間関係は対等の関係における付き合い方を学ぶ場である。特に親密な関係から友人，知り合い，同僚といった関係に至る。またそこでの活動のテーマや目標との関係での組織化を含む。もう一つは仲間同士の話題や活動内容から学ぶことである。遊びや学習活動や生活活動において仲間と一緒に行うことは親子関係から離れるようになって以降，極めて多くなる。学校の学級も部活動やサークル活動も職場もそこで行う活動の中身を学ぶ場でもある。そこでは特に互恵的な交渉や先達者からの指導や模倣が重要な位置を占める。第三に学び方を学ぶという面が浮かび上がる。親や教師に教わることから一人で，あるいは仲間と共に学ぶことへと移行していく。そこでは権威者からの説明や指示や，またその振る舞いの模倣というのではない，対等の関係でのやりとりから学ぶ独自のやり方があり，それを小さい時期から身につけていくのである。

なお，仲間関係での学びの理論づけとして特に**ヴィゴツキー**[25]（L. S. Vygotsky）の考えが用いられている。社会文化の先達者が後進と協同しながら導く関係に注目している。その理論は仲間関係の発達の中に位置づけ直して，上記の記述を構成しているのである。

## [キーワード]

25）**ヴィゴツキー**（L. S. Vygotsky）：旧ソ連の心理学者（1896-1934）。発達心理学や教育心理学の基本を構築し，特に社会文化的な影響の重要性を強調した。その理論は今でも世界中で参照されており，スイスの発達心理学者のピアジェと並ぶ存在である。その理論の中でも「発達の最近接領域」の考えは特に有名である。発達は文化的な先達者との協同の活動においてまず芽生えとして現れるというものである。

# 4 模倣と学び

・佐伯　胖

　通常，私たちは模倣が学びの基礎であり，学びは教えの基礎であると考える。しかしそれは本当だろうか。幼児の模倣の発達を見てみると，確かに学びの基礎としての模倣もあるが，逆に，模倣が学びを妨げることさえあることがわかる。一方，模倣は「教え（教育）」にとっては前提となるとされている。人間は，「教える」ことによって文化を伝承し，文化を作り出してきたのだが，その根底には，人間がもつ傑出した模倣性がある。ところが，ここで大きなパラドックスが存在する。それは，「教え」が学び手側の模倣を引き出すとき，学び手は「自ら考える」という，学びの原点というべきことを，いともたやすく放棄してしまうのである。

## 4.1 「誘発される」模倣

　生まれて直後から1歳になるまでの赤ちゃんが大人の行為をまねている（同じような行為を行う）場合，本人はとくに「まねる」という意図をもっているわけではなく，なんとなく対象に誘発されて，いわば，「思わず」まねているのである。

### 4.1.1 新生児模倣

　生まれて間もない赤ちゃんは，相手の行為を見ただけで，あたかも「それにつられて」同じような行為が出てしまう，ということがある。いわゆる「新生児模倣」である。

　生まれて2～3週で，のぞきこむ大人の「舌出し」「唇突き出し」「口開け」などを模倣するというメルツォフ（A. N. Meltzoff）らの報告は，いろいろな論争を巻き起こした（Meltzoff & Moore 1979）。その後，生後平均32時間（最短は42分）で「舌出し」模倣が観察されたという報告もある（Meltzoff & Moore 1989）。また，チンパンジーの赤ちゃんもおなじように「舌だし」の模倣をすることが確かめられている（Myowa 1996）しかし，この新生児模倣は，生後2カ月で自然に消滅する（明和 2004）。

### 4.1.2 エミュレーション学習

　新生児模倣を過ぎた赤ちゃんは，しばらく模倣をしなくなり，むし

ろ，他者の行為から対象物の物理特性に気づいて，あとは「自分で」工夫することで目的行為を達成するという学習が始まる。このように，対象物について，「○○すると△△になる」というような，対象世界の因果関係や，**「アフォーダンス**[1]**特性」**（対象がある種の行為を誘発する特性）の把握にもとづいて，道具や装置の使い方を学ぶ場合のことを，トマセロ（M. Tomasello）らは**「エミュレーション学習**[2]（emulation learning）」と呼んだ（Tomasello et al. 2005）。

たとえば，モデルとなるチンパンジーが高いところにつるしてあるバナナを取るために，箱を積み上げて「台」にし，その上に登ってバナナを取る，というのを観察したチンパンジーが，直ちに，同じように箱を積み上げて，その上に登ってバナナを取ったという場合，それはモデルのチンパンジーの「行為」を「なぞった」わけではなく，「箱は『台』になる（箱の上に乗れば，高いところに届く）」ことを知った（知覚した）ので，その知覚をもとに，みずからの目的（バナナを取ること）を遂行したのである。その場合，箱の積み上げ方はモデルの行為とはまったく異なるかもしれないのである。

ハイハイがやっとできるぐらいの幼児が，引き出しのついたタンスの上にあるおもちゃを取るために，引き出しを下の段から引き抜いて階段状にし，それに登っておもちゃをとろうとしているのを観察したことがある。もちろん，大人がそんなことをするわけはないが，引き出しが抜かれた状態を目撃した赤ちゃんが，「あれに登れば，高いところに届く」ことを知ったわけで，それを自らの行為に活用したのであろう。

エミュレーション学習の場合，学習者は，対象がどういう機能をもっているかに関心があり，どのような行為によってその機能が発揮されるかには関心がない。同じ結果を得るために，他者の行為を「まねる」（似たような行為をする）ことになるかもしれないが，場合によっては，モデルとなった動作主とはまったく異なる「自己流」のやり方でなんとか同じ結果を得ようとするかもしれない。

西アフリカ，ギニアのボッソー保護区にいる一群のチンパンジーは，アブラヤシの硬い実を石の台の上にのせて，その上から手頃な石をハンマーのように打ち下ろして，実の中の柔らかいところを食べるというのだが，それを「習得」するには，赤ちゃんの頃から大人のそばで，大人がアブラヤシを石で割るのをつきっきりで観察しても4～5年はかかる。それは「アブラヤシの実が石をぶつ

けると割れる」ことはわかっても、どのような動作によって可能になるかについては、モデルの行為に注目することなく、すべて自らの試行錯誤を繰り返して、「できるようになる」のを待つからである（松沢 1991）。

赤ちゃんが離乳食を脱して大人の食事に加わるようになると、お箸やスプーン、フォークなどをやたらに「使いたがる」ようになる（佐々木 2008）。明らかにそれらが「食事する」道具であることを知るのだが、大人がそれらをどう使っているかという行為には関心がなく、すべて「自分流」でやろうとする。その段階では、大人が「教えよう」としても、まったく受けつけない。これも「エミュレーション学習」の段階だと言える。

トマセロによると、エミュレーション学習にとどまるかぎり、文化の伝播は（たとえ生じるとしても）きわめて限定されているという。たとえば、東アフリカのある地域のチンパンジーは白アリのアリ塚に細い棒を差し込んで、その棒にアリが群がってくるのを引き出して（いわば「釣って」）食べるのだが、西アフリカのある地域のチンパンジーは、シロアリのアリ塚を大きな棒で壊し、中のアリを手ですくって食べるという。これは東アフリカは雨量が少ないため、アリ塚は簡単には壊れないので、「細い棒を差し込むとアリが群がってくる」特性を利用しているのに対し、西アフリカでは雨量が多く、アリ塚は柔らかいので、「壊れやすい」特性を持っており、それを利用しているのだという。いずれも、特定の地域に固有の物理特性を利用する「エミュレーション学習」であるため、その行為が他の地域に伝播することはほとんどない（トマセロ 2006）。

[キーワード]
1）アフォーダンス（affordance）：ギブソン（J. J. Gibson）の造語で、環境の中に実在する、知覚者にとっての行為の可能性に関する情報。
2）エミュレーション学習（emulation learning）：動物が自ら、もしくは他者の試行錯誤を観察することで、外界の事物の操作が特定の目標を達成せしめることを学ぶこと。アフォーダンス知覚による場合もあるが、単純な経験則（たとえば、「倒木をひっくり返すとシロアリがいる」）の獲得も含まれる。

## 4.2 行為意図の発見

他者の行為を観察する場合、その行為の背後にある「意図」を推察することから、その「意図」を取り込んだ模倣が生まれる。

### 4.2.1 トマセロの「模倣学習」

トマセロは，道具や装置を使用している動作主の「行為」に注目し，その「行為」の背後にある動作主の「意図」を理解して，その「意図」を自らに取り入れての行為を模倣することの学習を「**模倣学習**[3] (imitation learning)」と呼んだ (Tomasello et al. 2005)。トマセロによると，霊長類が「他者（同種の他の個体）から学ぶ」ことのほとんどが「エミュレーション学習」の段階にとどまり，それに対し，人間だけが行為の「意図」をくみ取っての模倣，「模倣学習」ができるのであるとした。さらに，人間が「文化」を創出し発展させてきたのは，人間だけが文化を伝承し，文化を創出することの学習，すなわち，「**文化学習**[4] (cultural learning)」ができるからであり，その文化学習の基礎となるのが，他者の意図をくみとって模倣する「模倣学習」であるとするのである。私たちは，さまざまな**人工物**[5] (artifact) を見ると，それを作った人の意図がわかるし，それを使用する場合に人々がどのような意図をもつかがわかる。そのように他者の意図にさかのぼって人工物を理解し，その「意図」を自ら取り込んだり，他者と意図を共有するようになるからこそ，文化が創出されるのだという。

### [キーワード]

3) **模倣学習** (imitation learning)：動物が他者の目標遂行行為を観察したとき，その行為の背後にある意図を推察した上で，その意図を自ら取り込んで，その目標遂行行為を実行できるようになること。

4) **文化学習** (cultural learning)：「文化（動物にとっての生存と繁栄に結びつく生活様式や人工物）」の生成と伝播に寄与する学習

5) **人工物** (artifact)：何らかの目的達成に供するべく加工されて保存されるもの。広い意味での「道具」。登山家が大切に保全する「けものみち（野生動物が横行することで形成される道）」なども含む。設計者が当初「意図」した目的以外の目的にも使われる可能性があるものとされる。もともとは，実験心理学で，実験者の実験意図とは異なる，被験者が独自に見い出した手がかりや理由から，結果的に（実験意図とは異なる原因で）実験者の予想通りの結果が得られることを示すことば。

### 4.2.2 「意図」の取り込み

メルツォフは「棒にリングを通す」動作を赤ちゃんに見せるのだが，手をすべらせて「失敗」してみせる。そのあと，今度は赤ちゃんに棒とリングを渡してやらせると，15カ月以上の赤ちゃんの場合は，自分がする段になると見事に「成功してみせる」のである。9カ月の赤ちゃ

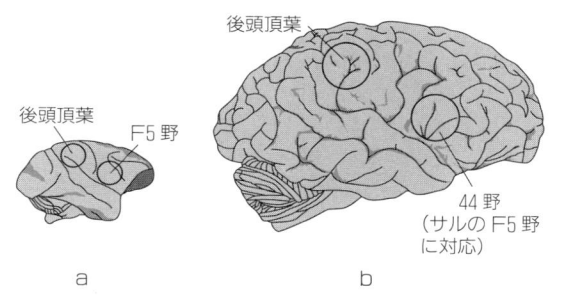

図1 マカク（a）とヒト（b）の脳のF5野（ヒトは44野）と後頭頂葉：イアコボーニ（2009）
注：ヒトのミラーニューロンは多様で特定できない。

んの場合は，「失敗」しか見せていない場合は自らも同じような失敗をするだけだという（Meltzoff 1995）。

メルツォフはこの実験から，他者の意図を正しく読み取って，その意図を自分自身に取り込んでまねるというのは，15カ月以降のことだとしている。

ところで，行為の観察から，その行為の「意図」はどのようにして推察されるのだろうか。否，そもそも，「行為の意図」は，「推察」によって把握されるものなのだろうか。

### 4.2.3 行為意図の理解とミラーニューロン

10年以上前に，マカクザルの腹側前運動皮質（ventral premotor）に，「ミラーニューロン[6]（mirror-neuron）」と名づけられる新しいニューロン群が発見された（di Pellegrino et al. 1992）。このニューロンは，マカクザルが何らかの目標対象に向けて行う手や口の運動（モノを握る，くわえる，など）を行うときに活性化するだけでなく，同様の運動を他者（同じサルでも，あるいはヒトでも）が行っているのを観察しただけでも活性化するのであった。その後，同じように行為の実行とその観察とが対応するニューロンが，F5に補足的に関連している後頭頂葉（posterior parietal cortex）にもあることがわかり，このような観察と実行の直接的対応関係が，「行為理解」の根底を支えているという仮説が提唱されるようになった（図1）。また，特定の「目標追求行為」（モノをつまむ，紙を破る，エサを

口に運ぶ，など）について他者がその行為を実行している場面について，行為の途中までを見せたり（あとは衝立の陰に隠れる），あるいはその行為の「音」（紙を破る音，棒を折る音など）だけを聞かせる場合でも，その行為を自ら実行するときの運動ニューロンが活性化することがわかっている（他の音では活性化されない）(Ulmità et al. 2001)。

このことは，行為遂行の知覚が，視覚的刺激や聴覚刺激などの感覚様式 (modalities) を越えて，「つかむこと」「破ること」「折ること」というような，「意図」による結果としてとらえられ，それが，「それを自らが実行する」運動感覚のレベルで，「直接的に」(何らかの「概念」の適用や「推論」によらずに) 統合されて把握されていることを意味している。

その後，人間の場合の「行為観察と行為実行の直接対応」についての実験的研究も多様に行われ，他者の行為実行は，自らの行為実行に「直接的に対応づけられて」理解されているということが，さまざまなミラーニューロン研究にもとづいて広く認められるようになってきた。

[キーワード]
6) ミラーニューロン (mirror-neuron)：イタリアのパルマ大学の研究者がマカクザルの腹側前運動皮質 (ventral premotor) に発見した神経細胞群で，何らかの目標対象に向けて行う手や口の運動 (モノを握る，くわえる，など) を行うときに活性化するが，同様の運動を他者 (同じサルでも，あるいはヒトでも) が行っているのを観察しただけでも活性化することがわかった。その後，行為を自ら実行するときに発火するニューロンが，他者の行為の観察によっても発火することが，F5に補足的に関連している後頭頂葉 (posterior parietal cortex) にもあることがわかり，「行為理解」の根底を支えている神経機構として広く認められるようになっている。

### 4.2.4 共有複合感覚的間主観性

このような他者に対する運動／情動の意味を，感覚様式を越えて，無媒介的に，まるごと「そのこと」として共感されることを，ガレーゼ (V. Gallese) は**共有複合感覚的間主観性**[7] (shared manifold of intersubjectivity：SMI) と呼び，ミラーニューロンの基盤となっているとした (Gallese 2005)。つまり，感覚様式の複合体が他者と共有されることで，**間主観性**[8] (intersubjectivity) が成立するとするのである。ただ，ここで，「間主観性」と呼んでいるが，乳幼児の場合は，主体 (subject) の認識は無い。つまり，自―他の区別があいまいなま

ま，目の前の他者を自分と同種の存在とみなすのである。他者を含めた「私たち」が一体として感じられているので，いわゆる「自己」中心主義というより，**「私たち」中心主義**[9)] (we-centricism) であるとしている。先に述べた，赤ちゃんの「舌だし」などの新生児模倣も，この共有複合感覚的間主観性による反応と解釈できるであろう。これは，乳児が新生児室で他の乳児の泣き声に同調して泣くという反応や，向き合った乳児同士が同じような身体運動を同じリズムで同調させるという「**共振**[10)] (resonance)」反応などもこの部類に属する。

　赤ちゃんは自他の区別ができるようになってくると，共有複合感覚的間主観性を発展させて，他者の行為を見たとき，ミラーニューロン活動を基盤にして，他者の行為を「自分自身の身体がその行為を実行しているかのように」認識する。つまり，自他の区別に立った上で，「他者に（共感的に）なって」いるのである。このように，他者の行動を，自分の身体行動に移し替えて理解することを，ガレーゼは「**身体化シミュレーション**[11)] (embodied simulation)」とよび，これが人間の社会的認識の基盤を構成しているとした (Gallese 2007)。

## 4 模倣と学び

### ［キーワード］

**7）共有複合感覚的間主観性 (shared manifold of intersubjectivity)**：ミラーニューロンの発見者の一人であるガレーゼが提唱する概念で，行為する他者を観察した乳幼児に発生する知覚現象を指す。そこでは異なる感覚器官で受容されるもの（視覚，聴覚，など）がバラバラではなく，相互に結びついた複合体として知覚されるが，その知覚は自分と類似した他者と共有している（「ともに」感覚している）ものとして知覚され，間主観性を構成しているとされる。ただし，この段階での間主観性には，「自己」概念は未発達で，自己と他者との区分のない「私たち」感覚だけがある。

**8）間主観性 (intersubjectivity)**：もともとはフッサール現象学で使われたことば。個人の主観的な「わたしの世界」がどのようにして「客観的」と呼ばれる世界の認識に至るかを説明するとき，「わたしの身体に類似した他の物体（「他者」）に，「もしもわたしがそこにいるならば」という意識の投入がはたらくとする。つまり，「他者」は自我のアナゴン（類似体）として構成され，それが相互に交差することで「共同性」が構成される――その共同性が「間主観性」である。

**9）「私たち」中心主義 (we-centricism)**：共有複合感覚的間主観性においては，「自己」と「他者」とは明白に区分されず，類似の他者と一体となった「私たち」感覚だけがある。そのことを，

「自己中心主義（ego-centricism）」（ピアジェ発達心理学で乳幼児に特有とされる傾向）に対する概念として、「自己」ではなく、「私たち」意識が中心となるとした。

**10）共振（resonance）**：もともとは、物体の固有振動数が相互に共鳴しあって増幅される現象をさしているが、人と人との間での身体運動が同期したり、互いの情動が相互に伝染するというような同調反応が生まれることを指す。新生児室で一人の赤ちゃんの泣くことで他の赤ちゃんも泣き出すという情動伝染（emotional contagion）や、コンドン（W. S. Condon）が対話している二人の間で生じているとした相互シンクロニー（interaction synchrony）——身体のさまざまな部位の振動があたかも鏡に向かい合っているように同期すること——などがここでいう共振の例である。

**11）身体化シミュレーション（embodied simulation）**：ミラーニューロンの発見者の一人でもあるガレーゼは、対象物に向けての何らかのはたらきかけをする行為を観察したとき、人（動物）が心の中で仮想的にその行為を行う（つまり、「シミュレーション」する）ことで他者の行為を理解するとして、そのようなプロセスを「身体化シミュレーション（embodied simulation）」と呼んだ。

## 4.3 「模倣」という意図的行為

ここまでに触れたことは、「模倣」という行為は、他者の行為に誘発される新生児模倣から、対象物に注目して、対象物の機能を直接把握して、その対象物に即した行為を習得するエミュレーション学習、さらに、対象にはたらきかける行為者の意図を自分の行為意図に反映させるミラーニューロンによって、他者の行為意図を自らの行為意図にもとづいて理解できるようになり、他者の行為意図をくみ取って模倣ができるようになるということである。

しかし、ここまでの段階では、「模倣する」ということは、特別に「模倣すること」自体を目的としたものではなく、外界理解や他者理解に伴って、「思わず、やっていること」である。基本的には、ガレーゼの共有複合感覚的間主観性が示すように、「他者がかかわっている世界に自分もかかわる」ということが根底の「動機」にあって、その結果、自然に「模倣したことになっている」のである。

しかし、幼児が発達してくると、「模倣する」ということが、それ自体、独立の「行為」として認識され、模倣対象となる「行為」の内容よりは、「模倣行為」そのものが意識され、意図されることとなるのである。そのような、「模倣」それ自体が意図的行為とされるようになるプロセスを見ていこう。

## 4.3.1 「まねられている」ことの理解

赤ちゃんはいつごろから、他者に「まねられていること」がわかるのだろうか。ネーデル（J. Nadel）らによると、生後9週目で、母親が自分のことをまねていることがわかり、自分も母親がやっていることをやろうとする。母親がやっていることに変化を加えると、その変化を取り込もうとするようである（Nadel et al. 1999）。しかし、この段階での「まねる」は、「思わずやっていること」であり、母親がまねていることに対しても、さきの新生児模倣のように、「自他の区別のない」、ガレーゼのいう共有複合感覚的間主観性（「私たち」感覚）によるものと考えられる。したがって、この段階では、「まねていること」と「まねられていること」はほとんど区別されず、「私たち」的一体感のなかで「共振」しているといえよう。

それでは、「まねる」とか「まねられる」ということを、人がもつ明確な「意図的行為」の結果とみなすようになるのはいつごろからだろうか。

メルツォフとムーア（M. K. Moore）は、生後14カ月の赤ちゃんに、対面して、その赤ちゃんの動作をまねる実験者と、別の赤ちゃんの動作をまねる（赤ちゃんには見えない背後のテレビモニターに映し出されている動作をまねる）実験者がいた場合、当該の赤ちゃんは、明らかに、「自分をまねている」実験者の方を見つめる。二人の実験者が動作を開始するタイミングを同じにしても、やはり、「自分をまねている」方に注目する。さらに、赤ちゃんはその実験者がほんとうに自分のまねをしているかを確かめるために、おもちゃを動かす速さをどんどん速くしたり、突然動きを止めたりして、実験者の追従を確かめようとする（Meltzoff & Moore 1999）。

したがって、14カ月の赤ちゃんにとって、「まねること」はそれ自体を目的とした一つの行為単位として把握されていると考えられる。つまり、「自分をまねている」他者に気づくことによって、「まねる」ということが、「他者」が「自分」にむけて行う一つの行為単位であることに気づくのである。

## 4.3.2 「交渉」手段としての「模倣」

模倣が「意図的行為」として認識されると、それを相互に交換しあうようになる。

Aがxを行う、Bがxを行う、Aがyを行う、Bがyを行う…；ここまでは通常の模倣の繰り返しにすぎない。ところが、「まねる」―

「まねられる」関係を交代し、（途中から）BがzをおこなうAがzを行う、…となるとすれば、これは、「まねる」という意図的行為そのものの相互交換である。このようなことは、母親と赤ちゃんの間では18カ月頃から起こるが、仲間同士がこのような「相互模倣の**順番取り**[12]」で遊ぶのは、30カ月以降だとされている。つまり、「まねる」ということが意図的行為単位であるだけでなく、「まねる」―「まねられる」という関係づくり自体が、相互のコミュニケーションの手段になる。さらに発展すると、「まねる」―「まねられる」関係そのものを、「交渉」の手段に利用したコミュニケーションができるようになる。

考えてみると、「私があなたのまねをする」ということには、次のようなメッセージが含まれるであろう。

(1) わたしはあなたに興味がある。
(2) わたしはあなたと同じ「仲間」である。
(3) わたしは「あなたのもとにある（あなたの指示に従う）」。

母親と「まねる」―「まねられる」関係を交換しているときは、(1)か(2)のレベルであり、相互一体感の中で、(3)を交互に交代しあうことでお互いが「対等」であることを相互確認し合っているのである。

馬場（2008）は、デパートのおもちゃ売り場のコーナーにある遊び場で4歳児（推定）の幼児Aが、見知らぬ5歳児（推定）Bと出会って、「おともだち」になる過程を分析している。始めに遊んでいたAが、後からコーナーに入ってきたB（当初はAを「無視」）と「遊んでもらう」ために、相手の遊んでいるのと同じ遊具を選んで同じようにふるまうことで(1)を表明し、(3)によってBを「たてる」。BはAを「まねさせる」ことで(2)を受け入れ、当初の「無視」を解除して「いっしょに遊ぶ」ようになる。この場合「まねられている」側（B）は、「まねている」側（A）に新しい遊びを次々と提起し、「いっしょに遊ぶ」ことの主導権をにぎるのである。

[キーワード]
12) 順番取り (turn-taking)：模倣や発話などの行為の発現の主導権を互いに受け渡し合うこと。

### 4.3.3 「新奇な行為」の模倣

メルツォフは、14カ月の赤ちゃんに、平らな箱の上蓋に黄色い円盤

形のパネルがついている装置（以下では「マジックボックス」と呼ぶ）を見せた。実験者はまずそれを赤ちゃんに見せたあと，腰をまげて額でパネルに触れるとパネルが点灯した。赤ちゃんは実験者が額でパネルをさわり点灯させた光景を，一度見ただけであったが，一週間後，その装置を提示され，触ってよいとされると，67％の赤ちゃんは，一週間前に実験者がやった通りの動作をしてみせたのである。しかも，同様の「マジックボックス」実験を，赤ちゃんの自宅の居間やキッチンや，いつも遊ぶところなどで行い，一週間後，実験室にきてもらって，赤ちゃんに同じ装置を与えたところ，自宅で見た実験者の特異な動作を再現できた（同伴した実験者は別の人）。したがって，模倣を学習するにあたって，その新奇な行為そのものを，状況とは切り離して，いわば「切り取って」記憶し，模倣していることがわかる（Meltzoff 1988）。

さらに，14カ月の赤ちゃん（「先生」役）に，あらかじめ複雑なおもちゃの遊び方（特別の操作で分解させる）を教えておき，その後，そのおもちゃを初めて見る同じ14カ月の赤ちゃん（「生徒」役）の目の前で，器用に分解してみせた。そのような場面を見た後，生徒役の赤ちゃんは部屋を出る。5分後，部屋に戻ると先生役の赤ちゃんはおらず，おもちゃだけがおいてある。すると生徒役の赤ちゃんは迷うことなくそのおもちゃを手にとって，さきほど先生役の赤ちゃんがやっていた通りのやりかたでそのおもちゃを見事に分解してみせた（「教えられない」場合，自力では分解できない）(Hanna & Meltzoff 1993)。

これも先の例と同様に，赤ちゃんは他者の特定の行為を見るとき，まさにその「やり方」そのものに注意を向けて，独立の認識項目として明確に記憶していると言えよう。

## 4.4 「教え—学び」の文脈

前節最後の事例は，同じ年頃の幼児同士だが，一方が先生役で「やってみせる」（「教える」）のに対し，他方は生徒役でそれをじっと見ることで，どうやるかを「学習」するのである。模倣ということが，「教え—学び」の文脈でとらえられるようになるプロセスを見てみよう。

### 4.4.1 「意図がわからない行為」の模倣

ジャージリ（G. Gergely），ベッカリング（H. Bekkering），およびキラリ（I. Király）は，14カ月の赤ちゃんに，箱の上蓋についた円盤を押すと円盤にライトが点灯するという装置（「マジックボックス」）を

使って，二つの条件のもとで実験した（Gergely, Bekkering, & Király 2002）。第一の条件では，実験者は両手がふさがっている状態（肩掛けを両手で押さえている状態）で，腰を曲げて額を円盤に押し当てて点灯させたが，第二の条件では，両手ともあいていて，テーブルに軽く手を置いた状態で，やはり腰を曲げて額を円盤に押しつけて点灯させた。第一の条件での実験者を観察した赤ちゃんは，その装置を提供されると，額をつかわずに，手で円盤を押して点灯させた。第二の条件での実験者を観察した赤ちゃんは，装置を渡されると，実験と同様，うれしそうに額を円盤に押し当てて点灯させた。これは，赤ちゃんが，「肩掛けを押さえながら」額で点灯させる場面では，「手がふさがっているから，（やむを得ず）額で点灯させている」と解釈したので，自分がやる段になると，自分は額をつかわずに，手で円盤を押して点灯させるのである。それに対し，「両手があいているのに」（あえて）額で点灯させた場面では，なぜわざわざ額で点灯させるのかという理由がわからないので，その行為をまるごと模倣することをしたのであろう。どちらの場合も，幼児はその「マジックボックス」が上部の円盤を押すことで点灯することを知っている（「両手があいているのに」条件の場合でも，幼児は額を円盤に押しつける前に，軽く手で円盤を触って点灯することを確認している）。したがって，大人が，手が空いているのにわざわざ額で点灯するという「理由」がわからない。「理由がわからない」，つまり「行為の意図」がわからないのに，その行為をまねるということは，トマセロの論から言えば，「文化学習」ではない模倣だということになる（Tomasello et al. 2005）。

### 4.4.2 「ペダゴジー文脈」の特異性

ジャージリとシブラ（G. Csibra）は，「文化学習」は「意図の理解」による模倣によるのではなく，むしろ，人間社会に固有の「**ペダゴジー**[13]（pedagogy）」（「子どもを導く」という意味のギリシャ語に由来する，広い意味での「教育」）特性によるのだという（Geregely & Csibra 2005）。つまり，人間は生まれながらにして「教育し，教育される」ことで「文化」を伝え，広げていくことに備えた行動特性をもっているのだとする。ジャージリらによると，文明社会に生きる私たちは，「何のためか」「どういう仕掛けか」がわからないという「不透明さ」に囲まれており，どのように振る舞い，どのように操作するかを，

誰か「教える人」から「教わる」必要がある。その場合，それらが何のためかとか，なぜそうするのかについては，「よくわからない」まま，そっくり「まねる」しかないのだという。その際，「教える」側は，いかにも「よくみててね」といわんばかりのコミュニケーション様式（彼らはそれを「**教示伝達的顕示**[14]（ostensive communicative manifestation：OCM）」と呼ぶ）を示すという。たとえば，①相手の目を見て，②手元が相手によく見えるようにして，ゆっくりやってみせる，③作業が終了したときに，再度相手の目を見る（にっこりしてみせる）などである（ミテネ・ヤルヨ・ホラネの三拍子）。幼児は，このようなそぶりをされると，「ペダゴジー適応性」がはたらき，「顕示された通り」の振る舞いをそっくりそのまままねようとする，というのである。

キラリーらは，14カ月の赤ちゃんの半数には，OCM 的そぶりを示したあと，通常の「マジックボックス実験」（両手がふさがっている場合と，両手があいている場合に分ける）を行った。あとの半数には，OCM 的そぶりをみせず，「マジックボックス実験」のふるまいを，横で「偶然目撃する」ようにした。その結果，「OCM あり」の条件では，従来研究の結果と同じように，「両手があいている」場合のみ，「額で点灯させる」行為を示したが，「OCM なし（偶然目撃）」の条件では，「額で点灯させる」行為の出現は少なく，しかも，「手が空いているか，ふさがっているか」による出現頻度の差はほとんどなかった（Király, Csibra, & Gergely 2004）。

[キーワード]
13）ペダゴジー（pedagogy）：「子どもを導く」という意味のギリシャ語に由来する，広い意味での「教育」。
14）**教示伝達的顕示**（ostensive communicative manifestation）：「あなたに教えてあげますよ」として，相手によくわかるように，丁寧にやってみせること。

### 4.4.3 教示的模倣が生み出す機能的固着

キャスラー（K. Casler）とケレマン（D. Keleman）は，4歳児，5歳児，及び大学生を対象に次のような実験をした（Casler & Keleman 2005）。

最初に，「ブリケット」と名づけられたパッケージからおもちゃを取り出す。ブリケットは，透明のチューブ，スポンジのおもちゃ，それにチューブにぴったりはまる押し棒で構成され，「遊び方」の説明文が入っている。それによると，チューブ

にスポンジのおもちゃを差し込んで,反対側から,押し棒を差し込むと,空気が圧縮され,やがておもちゃが筒からポンと飛び出るものである。

つぎに,「ダックス」という名前だけが記されたもう一つのおもちゃを取り出す。それは誕生祝いの包装紙に包まれているが遊び方の説明は入っていない。ダックスは,一本の棒であるが,ブリケットの棒と機能的には同一で,ブリケットに付属していた筒に差し込めばピッタリとはまる(そこまでは実験者がやってみせて,「ぴったり入るね」と確認する)。色はブリケットとまったくちがい,形も若干違う。実験者はダックスの筒にスポンジを差し込んでブリケットの棒で飛び出させるようなことはしない。

さて,ひとしきり遊ばせた後,ぬいぐるみの熊(「テディ」と名づける)を登場させ,「テディに,おもちゃを飛び出す遊びをやってみせてあげて」と頼む。その場合,ブリケットの筒とスポンジのおもちゃは手元にあるが,棒は箱の中にしまってある。ダックスの棒はすぐ取れるところにある。

ここで,棒のアフォーダンス機能に注目すれば,手元にあるダックスの棒でスポンジを飛び出させることができる筈だが,「スポンジを飛び出させるのはブリケットの遊び方なのだ」というように,先に示された通りの使い方に機能を固着させているならば,ダックスの棒は使わず,取り出すのに苦労があっても,ブリケットの棒を使うであろうと予想される。

実験結果は,3歳児も4歳児も大学生も,彼らの多くは,わざわざ苦労してもブリケットの棒を取り出して使った。

さらに,ブリケットの棒とダックスの棒のどちらも等しく手に取れるところにおいて,「クラッカーをつぶす」という新しい遊びを提案する。当然,どちらの棒も,先端部分に平らなところがあるので,どちらを使ってもできるのだが,多くの被験者(3歳児,4歳児,大学生)は「遊び方がきまっていない」ダックスの棒をつかう。

つまり,ブリケットのように「このおもちゃ(道具)はこうして使う」という「使い方」を示されると,その使い方に固定してしまい,「指定された使い方」以外の使い方をしないのである。

このように,「模倣」は,対象物のアフォーダンス特性を自由に活用するという思考を停止させて,いわば,**機能的固着**[15](functional fixedness)を生み出すのである。

4 模倣と学び　181

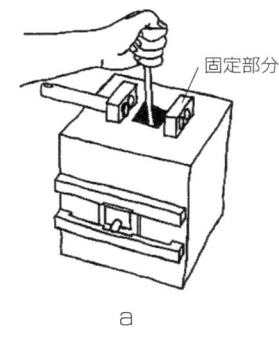

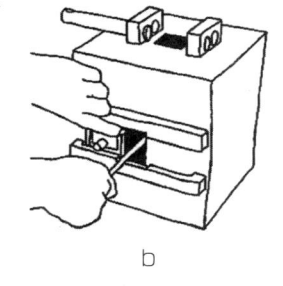

図2　装置A

[キーワード]
15) **機能的固着**（functional fixedness）：ものをある特定の目的のために使用すると，そのものが有する機能をその目的だけのものとみなして，別の目的に別の機能を発揮できることが考えられなくなること。

## 4.4.4 明白に「無意味」なことでも模倣する

　ホワイトン（A. Whiten）らは次のような実験を行い，チンパンジーがすぐに「自分で」やり方を工夫して問題解決できるが，人間は，「教示」されてしまうと，明らかにそれが無意味であることが「考えればすぐにわかる」はずのことでも，「**盲目的模倣**[16]」をしてしまうことを示している（Whiten, Horner, & Marshall-Pescini 2005）。

　ホワイトンらは次のような装置

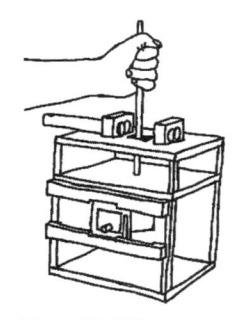

図3　装置B

AとBを用意した（図2, 3）。装置Aは，一辺が30センチほどの木製の立方体の箱で，上部に2本の横棒が水平にならんで固定されているが，①その2本の横棒の固定部分を細い操作棒で軽く二回叩いたあと，②2本の横棒を抜くか押し出すかすると，穴の開口部が見え，③その穴に，細い棒を差し込んでとんとんとんと三回下につつく（図2a）。そ

のあと，④側面にある小さなスライド式扉をあけて棒をつっこむと，なかから「ごほうび」（チンパンジーの場合はエサ，子どもの場合はおもちゃ）が取り出せる，というものである（図2b）。

装置Bは，装置Aと同じ大きさ，形をしており，中の仕掛けもAと同じだが，透明なアクリル樹脂の板でできているので，箱の中がすべて透けて見える（図3）。

そこで実験者は，装置Aにするのと同一の操作をやってみせる。すなわち，①上部の2本の横棒を固定している部分を細い操作棒でとんとんと二回軽く叩き，②横棒を抜き去って穴の開口部を見えるようにする。③開口部から棒を垂直に差し込んでとんとんとんと三回叩く（実は，中段に板が固定されており，棒は単にその中段の板をたたくだけの意味しかない），④側面のスライドドアをあけてなかから「ごほうび」を取り出す。

実験結果は，チンパンジーも，人間の子ども（3歳児）も，装置Aの場合は，実験者が上記の手順で操作をしたあと，「こんどはあなたが"ごほうび"を取り出してごらん」と言われ，装置Aを渡されると，実験者のやった通り，①～③の操作を忠実に再現する。

ところが，装置Bの場合，チンパンジーは，実験者がやってみせる操作とは無関係に，いきなり側面のスライド式小扉をあけて，なかから「ごほうび」を取り出すのであるが，3歳児は，①にある横棒の固定部分を2度，とんとんと軽く叩き，②2本の横棒を実験者がまわしてぬけば同じようにまわして抜く，もしくは，実験者が指で押し出すならば同じ手つきで指で押し出す，③中段の障壁版を操作棒で三回，とんとんとんとつつく，という一連の「まったく無意味な」動作を，透明な箱の場合でも忠実に再現するのである。この場合，実験者は「私がやったとおりにやってください」とは決していわず，「中のごほうび（おもちゃ）を取り出してください。」とだけいうのである。さらに，実験者は退出して，子どもだけがまったく「自分でやる」という条件のもとでも，同じであり，「明らかに無意味な操作」も，忠実に，「言われた通りの操作」を繰り返すのである。

その後の研究で，おなじような「教示された」操作の「盲目的模倣」の出現が，5歳児でも，変わらないばかりか，むしろ強まることが確認されている（McGuigan et al. 2007）。

[キーワード]
16) 盲目的模倣 (blind imitation)：

対象の身体の見かけ上の活動様態（動作，表情，声，など）を，背後にある意図や動機とは無関係に，できるだけ忠実に「その通り」を再現すること。ミミッキング（mimicking）ともいわれる。

### 4.4.5 「好んでいる」のか「好ましい」のか

他者Xが対象物AとBに対してAを選択するという場面を観察したとき，そこには2通りの解釈が可能である。つまり，①「XはAが好きなのだ」という，Xの個人的特性に帰属させる解釈と，②「Aは好ましい（"よい"）ものなのだ」という，対象物Aそのものがもつ一般的価値特性を示しているという解釈である。①の場合，Xは別の機会にもAを一貫して選択するであろうことが予想される。他方，②の場合は，Xの選択はAの文化的価値を「教えてくれている」とする解釈であり，それはXだけの個人的な「好み」ではなく，「好ましさ」を表しているという解釈であり，それは選択者がXでなく，Yでも同じであると解釈するものである。

ところで，他人の選択行動から，その選択者の「好み」を予想することは赤ちゃんにできることなのだろうか。この点について，ルオ（Y. Luo）とバイラジョン（R. Baillargeon）が以下のような実験をして

4 模倣と学び 183

いる（Luo & Baillargeon 2007）。

生後12.5カ月の赤ちゃんが，実験者XがAとBのうちAを選択する行動を目撃すると，「あの人はAが好きなのだ」と解釈し，Xは別の場面でも同じようにAを選択することを期待し，それがBを選択すると，「あれっ？Aが好きだったのじゃないの？」といぶかる様子を見せる，ということが実験的に検証されている。その場合，最初の選択のときに，実験者Xには，AとBの両方が見えていて，どちらにも手が届く，という状況でのAの選択であるのか，それとも，Bは隠れていて見えていなかった（それを目撃する赤ちゃんには見えていた），あるいは，見えていたけど，透明な遮蔽があって取れなかった，という状況を用意する。すると，後者の場合には，二回目にAもBも手が届く場面で，XがBを選択しても，赤ちゃんは「ああ，あの人はもともとはBが好きだったけど，さっきは取れなかったからAを選んだのだ」と解釈し，「いぶかしげな様子」はまったく示さない。

それでは，XがAを選択するときに，その選択がX自身の「好み」によるのではなく，観察者に「Aの"好ましさ"を教える」かのように，さきの「教示伝達的顕示」のそぶりで示した場合はどうだろうか。

ジャージリらは，14 カ月の幼児を対象に，実験者が二つのおもちゃのうちの一方を「自分の好み」のように選ぶ場合と，いかにも「教示伝達的顕示」のそぶりで選ぶ場合で，二つのおもちゃのそれぞれを交互に選択する場面を見せると，「自分の好み」であるそぶりの場合は，一貫性の欠如に対して「いぶかしがる」のだが，教示伝達的顕示の場合は，「両方を好ましい」としているとみなし，一貫性の欠如への不満は見せなかった (Gergely, Egyed, & Király 2007)。

つまり，生後 14 カ月の幼児は，すでに，人の選択の顕示，を本人の「好み」の表現なのか，「好ましさ」の教示なのかを区別でき，教示伝達的顕示では「好ましさ」を教示されていると解釈するのである。

### 4.4.6 「シルヴィアのレセピ」

ジャージリとシブラはつぎのような「実話によるエピソード」を紹介している (Gergely & Csibra 2006)。

ジャージリの知人のシルヴィア（料理上手）がハム・ローストを料理するとき，ハムをフライパンに載せる際にハムの両端を切り落としていた。彼女の母親が訪問したとき，同じようにしてハム・ローストを調理しているのを見た母親が，「シルヴィア，どうしてハムの両端を切り落とすの？」と尋ねた。シルヴィアは，「だって，あなたはいつもこうやっていたじゃない？」というと，母親は，「ああ，それは当時大きなフライパンがウチになかったからよ」と答えた。（もちろん，そのときシルヴィアは十分大きなフライパンを使っていた。）

ジャージリらは，人間文化のなかで，親から子へ，先生から生徒へ，先輩から後輩へというように，文化が「伝承」されるとき，その多くの場合，「意味がよくわからないまま」，いわゆる「盲目的模倣」によって伝承されるのは，きわめて「よくある」ことであり，それは私たちが「ペダゴジー」という人間固有の伝達様式への適応性を進化的に獲得しているからであるとしている。

### 4.5 結論

ここまで見てきたように，赤ちゃんは生まれた直後から，他者の「意図性」を感知してそれに応えようとする。生後数カ月までは，それはガレーゼがいう「共有複合感覚的間主観性」のもとで，他者の行為を自分の行為のように「写し取って」まねる。しかし，「まねられる」経験を通して，自他の区別ができてくると，それはミラーニューロンに発展し，他者の「行為意図」を自分の

「行為意図」としてとらえて，他者を理解しようとする。14カ月を過ぎる頃からは，ともかく，他者の「意図性」に対する感受性が高まり，「何を得ようとしているか」「なぜ，その行為をするのか」という行為の目的や理由の理解にもとづいた模倣が始まる。しかし，同時に，その頃から，「まねること」の内容（「何を，なぜまねるか」）よりも，「まねる」という行為そのものが重要な関心事になり，無意味なことでも，「まねさせる」「まねてあげる」というような，「まねること」その行為自体が交渉の材料となる。さらに，「目的や理由がよくわからない」場合でも，相手に「教示伝達的顕示」の意図を読み取った場合には，「（とりあえず）そっくりまねる」という方略で，できるだけ速やかに私たちの「文化」に適応しようとするのである。その場合，ちょっと注意して考えれば，まったく無駄な，意味のない行為であっても，そういう「吟味」の思考を一切放棄して，まさに「そっくりまねること」だけに専念するのである。

幼児が大人（親，教師，先輩）の「教示的」そぶりに，いかに「もろく」，ほとんど意味もわからないまま「言われたとおりのそぶり」をそっくりまねてしまうという，まさに盲目的模倣性の高さは，保育現場にいる保育者たちにとっては日々目にしていることではある。

模倣は，確かに，人間の「学び」の原点である。しかし，そこに「教育」が入り込むと，子どもはとかく「考えないで，教示にしたがう」という，いわば，「学び」と正反対の，「思考停止」に，いとも容易におちいってしまうという危険性をも引き起こしてしまうのである。この問題は，人間にとって，「文化の伝承」とはそもそもどういうことなのかを，根源から問い直してみることの必要性をせまっていると考えられる。

# 5 「学び」の発達
## ——生きたことばは学びの世界を拓く

・内田伸子

　本章ではことばの獲得の視点から子どもの「学び」の質の変化を描き出したい。今，子どもの「学び」の空間は子どものからだになじむような対話的な性格を失った「モノローグ（独り言）」の特徴を帯びている。保育室や教室で，自分のことばを発すること，あるいは，他者のことばと出会うことを通して，そこで伝えられる知識は子どもの生活と深く関連を持つようになり，子どもたち一人ひとりが，**文化的実践**としての「学び」の担い手になれる。

## 5.1 人はいかに学ぶか
### 5.1.1 「学ぶ」とは「自分探し」の旅

　佐伯（1995 a; 1995 b）は，学力観，評価観，教育・指導観を導く従来の学習観は諸悪の根源だと指摘している。今日の教育現場の混迷や解決の糸口さえみえない問題に対処しようとしたら，学習観を変革しなくてはならないと指摘する。「学習」とは，知識や技能を身につけるということではなく，基本的に「自分さがし」である。「わたしはどういうもの」「わたしはどうなるの」を知る活動なのだ。人はだれしも，どの年代にあっても，「自分とは何者なのか」を問う存在であると言えよう。

　技能や知識を覚えて正確に速く使うことができるものほど偏差値の高い学校に入れる実情は，「受験は技術だ」とか「数学は暗記だ」ということばを信じ込む素地をつくりだす。これらのことばに潜む問題点は，「学ぶ」営みを「**自分探し**[1]」のプロセスから切り離し，安易につくられた「一流校に合格する自分」へ向けての完全な手段として割り切らせてきたことにある。このような学び観のもとでは，自分探しのプロセスから切り離され，考えるプロセスを無視した知識詰め込み主義・暗記中心の「学習」しか起こらないだろう。

## ［キーワード］

1）**自分探し**：児童期から青年期に自分とは何者か，どう生きたいのかと自分に問いかけ，「自我同一性（identity）＝我は

何者か」を探ることを指している。青年期の終わりには自我同一性が確立する。さらに人生のさまざまな時点で出会う危機に遭遇し葛藤を経験しながら，自我同一性は変容していく。

### 5.1.2 暗記中心の学びのつけ：論証・論述力の減衰

知識詰め込み・暗記中心の学び[2]のつけは，子どもたちから考える力を奪うという形で顕れた。経済協力開発機構（OECD）が高校1年生を対象に実施した国際学力比較調査においても同様の結果が顕れた。「PISA型読解力[3]」や「数学リテラシー」など2000年，2003年，2006年と実施の度に低下し続けている。先進諸国において最下位（14位）の「PISA型読解力」は「**論証・論述力[4]**」を指している。高校までに，「自ら目標を達成し，自らの知識と可能性を発達させ，効果的に社会に参加するために書かれたテキストを理解し，利用し，熟考する能力」が育っていない現実を突きつけられた。これは2007年と2008年の「**全国学力・学習状況調査[5]**」でも同様で，全国の小中学生には自分で考え判断する力，情報を的確に読みとり，状況に合わせて活用する力が欠如していることが追認された。

このような能力を育てるには，批判的に読み，書き，批判的に聴き，話す活動が不可欠である。大人から言われたこと，あるいは教科書に書かれたことを鵜呑みにして覚えて使うという能力とは対極にある能力で，自律的に判断し，論拠や根拠に基づいて評価しながら読み，書き，聴き，話す活動を通して獲得される能力なのである（内田 2008a; 2009）。

[キーワード]

2）知識詰め込み・暗記中心の学び：「収束的思考」を育てることを中心にした学習を指している。思考には収束的思考（convergent thinking）と拡散的思考（divergent thinking）とがある。収束的思考は解は一つに収束し，解に至る方法も決まっている。これまでの学校文化では正解を暗記して試験でそれを再現することで学習の達成度を測定してきた。知識を詰め込み，たくさんの「正解」を暗記して正確に取り出せる量が多いほど，学習の達成度は高くなる。これに対して，解は複数あり，解に至る方法も複数あるような思考を拡散的思考，すなわち「創造的思考」「創造的想像力」と呼んでいる。これまでの学校文化では，拡散的思考の面は必ずしも大事にされなかった。その結果が到達度調査での「活用力」やPISA調査の「論証・論述力」の低さになって現れている。

3）PISA型読解力：文章の構造や意味，要点を理解する，いわゆる「文章読解力」ではなく，経済協力開発機構（OECD）が実施した国際学力比較調査

(PISA調査とも呼ぶ)において日本の高校1年生が先進諸国の中で最下位の成績をとった論述・論述力,知識の活用力のことを呼ぶ。

4)**論証・論述力**:自ら目標を達成し,自らの知識と可能性を発達させ,効果的に社会に参加するために書かれたテキストを理解し,その中の情報を活用し,熟考する能力。

5)**全国学力・学習状況調査**:文部科学省が学習指導要領の見直しのために,全国の小学校6年生と中学校3年生を対象に2007年,2008年,2009年4月に実施した学習到達度調査。小中学生とも,「基礎力」,すなわち,「暗記して再生して使う基本的な知識」の面は問題はないが,PISA調査と同様に,「活用力」,すなわち,「自分で考え判断する力,情報を的確に読みとり,状況に合わせて活用する力」が欠如していることが明らかになった。

## 5.1.3 日常の必要と結びついた学び

このような能力は学校空間に囲い込まれ閉じ込められるものではなく,日常の必要と結びついて達成される。80年代に盛んになった**認知科学**[6](cognitive science)の領域で盛んに言われるようになったことは,学校の中で学ばれることは,人が生きて活動する具体的な場から切り離され,学校外では通用しない閉じた知識として孤立してしまうようなものであるということである。学びが個人主義的なだけでなく,学校文化の中でしか通用しない知識になってしまっていることに問題がある。日常生活の中では,学ぶ必要性が明確なために,通常学校でしか学べないと思われているかなり高度な知識や技能も効率的に学ぶことができる(稲垣・波多野 1989)。たとえば,サックス(G. B. Saxe)はブラジルの都市で5〜15歳くらいの子どもたちの観光客相手にキャンディを売る場面に注目した(Saxe 1990)。子どもたちは自分で卸売店に行き,手持ちのお金で必要な数のキャンディを購入し,さらに自分でそれに小売値をつけて売るのである。仕入れや小売りをする際にはお金のやり取りが必要だが,インフレ経済のため,それに合わせて小売値の調整が必要であり,大きな桁の足し算や引き算をしなければならなかった。損をすることなく,しかも他の子どもよりも安く売って,たくさんの儲けを得るためには,かなり複雑な計算能力が必要である。キャンディ売りをしている子どもたちは,引き算や足し算を活用した式の変形や複雑な比率の計算能力を持っていた。この子どもたちは学校に行っていないか,途中で学校を止めてしまっているので,このような複雑な計算方法を学校で習ったのではなく,生活の

糧であるキャンディ売りの経験を通して学んだものであると推測される。この例から学校で学んだ知識や技能が毎日の暮らしにも通用し，使われるようなものになるためには，学ぶ目標が子どもにとって意味があり，子どもの生活にとって学ぶ意味が実感できるようなものであることが必要であることがわかる。学校は，社会的に共有された知識を学び，生活の中で意味をもつ知識や技能を学ぶところでなくてはならない。

[キーワード]
6）認知科学（cognitive science）：「心とは何か，心はどのように働くのか」という疑問を追求する学問分野であり，1970年代から学問分野として確立し始めた。認知科学の基礎には「心理学」はもちろん，「人工知能」「計算機科学」「脳神経科学」「言語学」「論理学」など，さまざまな学問分野が含まれており，環境の中に生きる存在としての人間の「心」「意識」「思考」「行為」「知覚」といったものを情報処理過程として研究する学問分野を総称している。

## 5.1.4 協同体的な学び

学びとは，本来，人の活動（考え方や振るまい方）を「なぞり」「かたどり」「まね（真似）ぶ」ことである。学びは社会的構成であり，協働体的性格をもっている。しかも，単に，他者を「まねぶ」だけに留まらず，「学び」という大和ことばには，学び，選びとろうとする主体の意志といったものも感じられる。しかし，伝統的な学習観では，知識を体系的につくりあげるという面ばかりが強調されてきた。学習を考えるときに「知識の意味を文脈に即して認識する見方を欠落すると，学習は容易に手続き化し，習得を至上目的とする結果主義におちいることになる」（佐藤 1995, 70）。

科学的な知見を導入するときも，たとえば建築様式や料理を他国から導入するときには，わが国の社会文化的システムに合わせてそれらは変容する。学説も同じで，わが国で早くから注目されていたデューイ（J. Dewy）もヴィゴツキー（L. S. Vygotsky）も，それを消化する素地がないが故に，それらの理論の最も大事な，「学びの社会的構成」という見方を欠落した形で導入してしまった。その結果として，学習の「活動」や「経験」を軽視するという歪みがもたらされたのである。

子どもは教師や仲間との対話的実践活動を通して自分とは何者かを知ることができる。子どもの学びの場が**協働体的学び**[7]の場になり，**対話的実践活動**[8]が起こるとき，教師，仲間のことばが生きて働き，子どもの心に響く。子どもは**文化的実践**[9]の

担い手になり，さらに，**知の創造の担い手**[10]へと成長することができる。

## [キーワード]

7）**協働体的学び**：教室で起こる，子ども同士，教師と子どもの相互交流型で互恵的学びを指している。自己内対話と他者との対話の往復運動の中で，学びが進行していく。

8）**対話的実践活動**：子ども自身の内部で起こる自己内対話や子ども同士，ならびに教師と子どもの対話の往復運動を通して，知識が協働構成されていく学びを指している。

9）**文化的実践**：文化的実践とは，子どもの成育環境を含めて成育環境を取り巻く文化・文脈の制約を受ける実践活動（activity）を指している。学びは文化的実践活動の代表的な活動である。

10）**知の創造の担い手**：子どもは対話的実践活動に参加することによって，単に，大人から知識を伝えられて受容するだけの「受動的存在」であるに留まらず，自律的な知の探求者を経て，自ら新たな知の創造の担い手としての「能動的存在」へと成長することが期待されている。

## 5.2 一次的ことばから二次的ことば，そして三次的ことばへ
### 5.2.1 ことばの発達と学びの発達

「言語」は**ラング**[11]（language；**言語**）と**パロル**[11]（speech；**発話行為**）の二つに分けられる。発話行為としての「ことば」は，二つの機能を果たしている。

第一に，ことばは伝え合う手段として，他人と意を通わせるコミュニケーションの機能を果たす。乳幼児期から児童期の終わりまでに，コミュニケーションの道具としてのことばは，内的な状態を単に表出する段階から，内面の表象を表現する段階を経て他者に伝達する段階へとすすむ。伝達は二つに枝分かれして，一つは他者と伝え合う段階へ，二つ目は，自分の意見や主張を他者に納得させ了解してもらう説得の段階へと進み，これらは他者と考えを共有する段階に収束していく。

第二に，ことばは考える手段であり，個人の内面に意味表象（イメージ）を構築するという機能を果たす。乳児期の終わりから考える手段としてのことばが機能し始めるが，読み書き能力を習得して，一対多のコミュニケーションスタイルが確立するに伴い，考える手段として十分な機能が発揮されるようになる。ことばの二つの機能――考える手段のことばと伝え合う手段のことば――は相互作用しながら，重層的に発達していく。幼児期には一対一のコミュニケーションが中心であるが，就学により読み書きのことばを系統的に学習するに伴い，一対多のコミュニケーションに移行する。文脈依存

表1 ことばの発達と学びの発達の関係

| 発達段階 | 萌芽期 | 一次的ことば期 | 二次的ことば期 | 三次的ことば期 |
|---|---|---|---|---|
|  | ことば | プレリテラシー | リテラシー | マルチリテラシー* |
| ことばの機能** |  |  |  |  |
| ①考える手段 | ± | ＋ | ＋＋ | ＋＋＋ |
| ②伝え合う手段 | ± | ＋ | ＋＋ | ＋＋ |
| (文脈) | 依存 | 依存 | 独立 | 独立 |
| (コミュニケーション・スタイル) | 一対一 | 一対一 | 一対多 | 一対多 |
| (年齢) | 0〜2, 3歳 | 3〜5, 6歳 | 6〜9, 10歳 | 10〜12歳 |
| (学齢) | 乳幼児初期 | 幼児期 | 小学校下学年 | 小学校上学年 |

注：＊重層的に相互作用しながら発達する。＊＊①と②は相互作用しながら発達する。

の「**一次的ことば**[12]」から文脈独立の「**二次的ことば**[12]」(岡本 1985)へ移行する。抽象的思考の発達する児童期後期には，メタ言語能力に支えられた「**三次的ことば**[12]」，**マルチリテラシー**[12]を獲得する段階（内田 2004）へと移行する（表1）。

[キーワード]
11) **ラングとパロル**：言語哲学者ソシュール（F. de Saussure）は，言語を，いわゆる抽象的な概念を表す「言語」を「ラング」，また発話行為としての言語を「パロル」と分けている。言語は言語一般，パロルは，ことばを話す行為を指している。

12)「**一次的ことば**」「**二次的ことば**」「**三次的ことば**」「**マルチリテラシー**」：表1は，ことばの発話文脈に依存する程度と認知的処理資源（cognitive resource）を要求する度合い，さらにコミュニケーションスタイルの面からことばの質の変化を年齢に対応させて整理した。幼児期の生活の場で交わされる一対一の会話では会話の相手の知識に依存するので岡本（1985）は「一次的ことば」と呼んでいる。学校文化に入り，読み書き能力（リテラシー）を組織的・系統的に学習すると，伝達の相手は今ここにいる人とは限らない。したがって，相手の知識に依存できず，文法的にも省略が許されないことばに変化するので，岡本は「二次的ことば」と呼んでいる。さらに児童期中期には思考は具体的操作から形式的操作段階に入り，メタ言語意識が発達するので，リテラシーは多様になり，電子言語，映像などのマルチリテラシーを用いて思考が進むようになる。多様な様式でのコミュニケーションが成立するようになるので，この段階のことばを「三次的ことば」（内田 2004）と呼んでいる。一次的ことばは二次的ことばに，そして二次的ことばが三次的ことばに置き

換わるのではなく，新たな次元のことばの獲得により，前段階でもっていたことばが重層的に発達するようになると推測される。

### 5.2.2 文字の機能への気づき

子どもが文字の世界に足を踏み入れるのは早い。小学校入学までにほとんどの子どもがひらがなを読める。絵本を一人で読める子どももいる。また，ほとんどの子どもは自分の名前をひらがなで書ける。簡単なことばを書いたり，お話や手紙を書く活動を始めている子どももいる。幼児期の読み書き能力は組織的な学習を通して学習するのではなく，生活の中で文字に関連した活動を目にし自分も参加することによって自然と覚えてしまう（内田 1989）。

子どもたちは文字の機能や読めたり書けたりすることの意義をどのように意識しているであろうか。幼児期には，「字が読めると（書けると）よいことがあるか」という問いに「読める（書ける）とうれしい」「ママがほめてくれる」などと文字の機能に気づいてはいないが，小学校に入学すると，読字・書字いずれも9割の子ども達が読み書きの役割に気づくようになる。文字は自己を表現する手段であり，知識を習得するための道具になる。実際に実践活動に使ってみなければ，その機能に気づくことはない。使えるところから使い始め，それを媒介にして何かを学んだり，自己を表現するという経験が蓄積されて初めて道具としての価値がわかるものなのである。ここに，文字というものの特異性がある。ある程度文字の役割に気づき始めると，文字をもっと知りたい，速く読めるようになりたい，きれいに書けるようになりたいなど，文字学習への動機づけが高まる。

### 5.2.3 何が学ばれるべきか：創造的想像力の土台をつくる

幼児期には文字がよく読めて書ける子どもと文字に関する活動をほとんどしない子どもがいる。立ち上がりの速い子と遅い子がいる。概して女児は男児より読み書きの習得が早い。幼児期に文字習得が遅れていた子どもたちは，母親と「交換日記」をしたり，引っ越した友だちに手紙を書くという文字を使った実践活動に熱心に取り組む中で文字の便利さに気づくようになる。「もっとたくさん字を覚えたい」「すらすら書けるようになりたい」という動機づけを抱き，文字を書く活動に熱中するようになる。子どもがいったん興味を持つと習得は速い。幼児期にみられた読み書き能力の個人差は1年生の9月には解消されてしまうのである（内田 1989）。

幼児期の読み書き能力と小学校1年生での国語学力との関係をみると，ほとんど関連がみられないことも確認された（内田1995）。幼児期にあっては，文字を学ばせる時期や，文字習得の遅速ということよりもむしろ，読み書きの機能につながるような内面がしっかりと育っているかどうかが問題にされるべきではないかと思われる（内田 1999b, 2008b）。

学習の効果を強調しすぎると，実際には短期的な目標にのみ焦点を合わせることになり，人間が自律的な学び手になっていくといった長期の発達の様相を見失うことにもなりかねない。幼児期には，字が読める，書けるとか，計算ができるというようなみえる力よりもイメージを描く力，自分で考え工夫する土台となる**創造的想像力**[13]こそ育てるべきであろう。

[キーワード]
13) **創造的想像力**：未来を思い描く素材として，私たちは経験を利用している。しかし，想像は経験に基づいてはいても，経験そのものではない。経験が複合され，脈絡をつけられるときに何か新しいものがつけ加わるのである。経験は再現される文脈に合うように再構成され，姿を変える。経験は，かつての姿とは異なったかたちで再現されることになるのである。ここに，創造――何か新しいものが生み出される可能性が開かれる。経験を「不正確に」再現し，再構成するという想像力を働かせる過程に，新たな創造の可能性がもたらされるのである。そこで内田（1994）は「創造的想像力」と呼んでいる。

## 5.3 理性の手段としてのことばの発達
### 5.3.1 ことばを鍛える：すべての教科の協働を通して

本当の意味での学びが起こるためには「知識をたくさん持っている」ことではなく「知識の意味をとらえ，自分の理解の限界もメタ的にとらえ，たえず学び直して自分を成長させていく」力こそが必要になる。教科書に書かれた事実や教師の説明のことばを黙って受容するのではなく，疑問をもち問いを発し異議申し立てができなくてはならない。「権威」のことばを黙って鵜呑みにして受け入れるという受身的な知の受容者の立場に甘んじていては何も新しいものは生み出せない。生きて働くことばの力を鍛えるためには自分の思いやイメージを明確にして相手に伝えるという言語活動を媒介にしてことばを駆使することが必要である。国語科だけではなく，他の教科と協働してことばを磨きたい。国語，算数（数学），理科，社会など教科横断的に言語力を育てることに配慮しなくてはならない。ことばを

駆使する活動を通してそれぞれの教科の基礎・基本の習得に留まらず，ことばの力が強化される。

### 5.3.2 「論理科カリキュラム」の開発と実践：対話的実践活動を通しての学び

広島県安芸高田市の向原小学校では，**因果律（結論先行型）の言語表現**[14]を指導する「**論理科**[15]」カリキュラムの開発に取り組んでいる。「論理科」カリキュラムの教育目標は論理力を育成することである。小学校1～6年生まで，週二回の論理科の授業を受ける。論理科では，第一に，情報（図表や文章など）に表された内容を読み解く，第二に内容の真偽性や考えの妥当性について判断させる，第三に，事実や考えを筋道立てて表現する，第四に，論拠を挙げて説明し説得する，第五に，説得のための結論先行型の表現形式を身につける，の5点が教授される。教室では子どもたち同士の対話と自己内対話を反復し，自分の考えを明確にしていく授業が展開される。内田（2008a, 2009）は論理科カリキュラムの1年間の実践が児童の説明スタイルにどのような効果を与えるかを検討するため4コマ漫画の説明作文を書かせた。論理科実践校の3年生と5年生の作文を論理科非実践で学習到達度調査の上位校の3年生

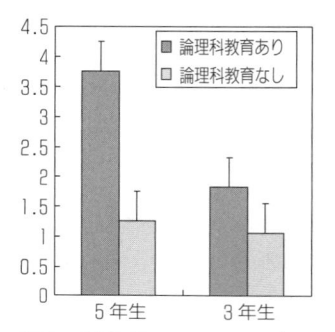

図1 論理科カリキュラム実践の効果「結論先行型作文」：理由づけ得点の比較

と5年生の書く作文と比較したところ，論理科実践校では理由づけ，根拠づけが多く，簡潔な結論先行型作文が多くみられた。また論理科カリキュラムの効果は5年生で顕著になることもみいだされた（図1）。同じ原理の学習が効果的なのは学年によって異なり，5年生において有効であるという「**適性処遇交互作用**[16]（aptitude-treatment interaction）」が検出された。小学校高学年では抽象的な思考段階（**形式的操作段階**[17]）に入るため，因果関係の筋道をはっきりさせる結論先行型の言語形式〈だって～から〉を教えることが**説得の論拠づくり**[18]を促進するのであろう。

### ［キーワード］
14）因果律（結論先行型）の言語表

現法：日本語談話の構造の特徴は，出来事を前から後ろへと時系列でつなげていくが，英語談話の構造は，結論をトピックセンテンスとして最初に述べて，その結論がどうして導けるのか，理由づけや根拠・論拠づけを行い，最後に，再度結論を反復する構成をとる。結論先行型の談話は，説得の場面，検証や論証に適している。因果律談話を構成するには，理由づけや根拠づけの接続詞「どうしてかというと，○○だから」を用いなくてはならない。このような言語表現法（language arts；言語技術と訳すことが多いが，審美性のニュアンスを含めたいので筆者は言語表現法を用いることにしている）の訓練は抽象的思考ができるようになった段階で効果的であることが確認されている（内田 2009）。

15）**論理科**：OECD の国際学力比較調査や文部科学省の学習到達度調査の結果，日本の小中学生や高校生の論理力・論証力が低く，知識を活用する力が欠けていることが判明した。この弱点を克服するため，新学習指導要領には領域横断的にどの教科でも言語力の育成を重視することが掲げられた。その一貫として「論理科」をカリキュラムとして開発し，実践する小学校が増えている。広島県安芸高田市向原小学校では 2006～2008 年に「論理科」カリキュラムの開発と実践に取り組んで高い成果をあげている（井上ほか 2008）。

16）**適性処遇交互作用**（aptitude-treatment interaction）：ある教育的処遇（treatment）の効果が最大になる時期は，子どもの適性や能力の発達段階によって異なることを指している。子どもの言語・認知・社会性などのさまざまな面の能力（aptitude）の発達をみきわめて，教育的働きかけ（処遇）を導入しないと，期待する効果があがらない。

17）**形式的操作段階**：ピアジェ（J. Piaget）は思考の発達段階を，「感覚的運動期」「前操作期」「具体的操作期」「形式的操作期」という四つの発達段階を区分している。この発達段階は認知一般，あるいは領域一般の普遍的認知発達の基礎と考えられている。小学校低学年の「具体的操作段階」は，具体例に支えられて考える段階であるが，小学校中学年（9 歳頃～）から形式的操作段階に入るが，この段階では，命題や数式などのシンボルの操作により抽象的思考が可能になると想定されている。形式的操作期に関しては，必ずしもすべての人があらゆる領域で到達するわけではなく，その人の適性や関心のある領域によって達成され，領域固有（領域特殊）性が想定され，一人の人のなかでも，専門とする領域では形式的操作期に到達しているが，領域によってはより未熟な段階に留まっていることもあると想定されている。

18）**説得の論拠づくり**：他者を説得するときには，論拠や証拠をあげて「結論先行型」の表現を使って説明することが必要である。論理科カリキュラムの教育目標の一つは，説得の際，適切な論拠や証拠によって理由づけを行う。内田はこれを「説得の論拠づくり」と表現したのである。

### 5.3.3 日本語談話の構造に配慮した言語表現形式の指導

幼児期から児童期の子どもに物語を語らせると語りの構造は日米で異なっている。日本人は「そして」「それから」という接続形式を用いて「**時系列**[19]」で説明し、最後に教訓などを付け加える。一方、英語母語話者は「なぜかというと〜だから」という接続形式を用いて出来事の起こったわけを「**因果律（結論先行型談話）**[19]」で説明することが多い（内田1999a）。しかも、アメリカでは小学校1年から「**言語表現法**[20]（language arts）」で、因果律のパラグラフ構成法の指導に力を入れているため、**議論・交渉・ディベート**[21]などに向く表現形式が磨かれていく。

「だって〜だから」という接続形式を用いて出来事を因果律で説明するためには、可逆的操作ができなくてはならない。可逆的操作は、時間概念が成立するに伴い、5歳後半頃に確立する（内田1985）。しかし、この段階で直ちに因果律・結論先行型の説明ができるわけではない。相手に納得してもらうときには論拠を示す表現形式を学習しなくてはならない。論理科カリキュラムは他者との対話と自己内対話を反復させた対話的実践活動によって、日本人に不得手な因果律・結論先行型談話の構成法を育成することを目標にしている。そこでは日本語談話の構造に配慮した教育がなされれば効果が期待できる。

因果律の言語形式の教授効果は高学年になってから顕れるが、説得の論理づくりは、教室での教師と子ども、子ども同士の対話を通して、低学年から準備されていくものと推測される。ことばは理性や内省の手段となる。同時に、伝え合う手段でもある。教室の中では、教師は思考を練る手段、理性や内省の道具として生きて働くことばを子どもに向かって発しなくてはならない。それが内面化され子どもも生きて働くことばを発するようになる。教師と子ども、さらに子どもたち同士の活発な対話を通して生きてはたらくことばが育まれる。ことばの発達は**対話的実践活動を通しての学び**[22]"Learning by doing!"の典型である。

### [キーワード]

19)「時系列」と「因果律（結論先行型談話）」：談話構成には「時系列」と「因果律」がある。「時系列」は命題（文）を「そして」「それから」という順接の接続詞で配列し、最後に結論や教訓を述べる談話構造のことであり、日本語談話の特徴である。「因果律」は最初に結論を先に述べ、続いて「なぜかというと」という理由づけの接続語で、論拠を述べて、結論を導

くための論証過程を述べ，最後に総括的に結論を反復する談話の形式を指している。

20) **言語表現法**（language arts）：「言語技術」とも訳される。パラグラフ構成法や論拠をあげて論証する因果律の言語表現法の指導であり，単なる言語の型の指導に留まらず，論証の仕方や説得の仕方など思考法の指導が含まれる。

21) **議論・交渉・ディベート**：因果律（結論先行型）で，論拠づけながら相手を説得する社会的コミュニケーションを指している。「議論」はそれぞれの考えを出し合い，一定の結論を導く相互交渉である。「交渉」はある目的を達成するため相手の意見と自分の意見を調整し，自分の目標を達成する目的志向的コミュニケーションを指している。「ディベート」は，ある論点について賛成の立場と反対の立場をとる人々がチームを組んで，「基調演説セッション」（賛成チームの演説→反対チームの演説）と「反論・反駁セッション」（反対チームの反論→賛成チームの反論）から構成され勝敗を決める討論形式を指している。教育場面で論理力や説得の技能を育てる教育法として活用されている。

22) **対話的実践活動を通しての学び**：思考活動では自己内対話が起こる。討論過程では他者との対話と自己内対話の往復運動が生じる。自己内対話と他者との対話を往復させながら，よりよい解をもとめて考え，対象をより深く理解する学び方を指している。

## 5.4 書くこと・考えること
### 5.4.1 書きことばは認識世界をひろげるか

書きことばは時間空間的に発話文脈から独立していることから抽象的思考の発達に欠かせないものであり（Greenfield & Bruner 1966），話しことばから書きことばへのシンボル体系の変化が人間の精神過程に大きな影響を与えると考えられてきた。ヴィゴツキーは「テクノロジーや道具の変化が労働の構造に変化をもたらすように，話しことばや書きことばといったシンボル体系の変化は**精神活動の再構造化**[23)]をもたらす」と述べている（Vygotsky 1963）。

ルリア（A. R. Luria）はヴィゴツキー仮説を検証する目的で，1917年のロシア革命により社会経済的に急激な変化を遂げたウズベクとキリギスの地域の人々を対象にして読み書き能力と問題解決能力の関連を探った（Luria 1974）。旧来の農業に従事する文字を知らない人々に，語連想，概念分類，推理問題などを与えたところ，読み書きのできる人に比べて成績が劣っていることを見いだした。

スクリブナー（S. Scribner）とコール（M. Cole）は，ルリアの検証方法では要因が交絡しているため，読み書き能力のみの効果は検出できないと批判した（Scribner &

Cole 1978, 1981; Cole & Scribner 1974)。彼らは，読み書き能力の要因だけを他の経験や活動とは独立に扱えるリベリアの伝統社会のヴァイ族を対象にして，読み書きの獲得が**抽象的思考**[24]（abstract thinking）にどのような影響を与えるかについて調べた。最初はルリアを始めとして，多くの先行研究に倣い，ヴァイ語の読み書きの**熟達者と素人**[25]の論理的思考のテストの成績を比較した。その結果，ヴァイ語への熟達度は問題解決の仕方に影響はなく，分類課題や推論課題において熟達者と素人の間に，成績の違いはなかった。しかし，手紙の書式や読解技能の習熟度の違いは，未知のゲームの説明や物語の記憶再生に影響を与えることが確認された。このことから，読み書き能力が転移する認知領域は限られており，書きことばの習得が直ちに抽象的思考能力や知的技能全般に変容をもたらすわけではないこと，転移は，読み書き能力に含まれる技能に類似した領域にのみ起こると推測される。しかし，読み書き技能の活動の内容やその使われ方により，**転移**[26]の及ぶ範囲は拡大するものと考えられる。俳句や詩，作文を書くときに推敲（ことばを選ぶ）や彫琢（文章を整え磨く）を行うときには，商取引のための決まりきった形式の手紙を書くときに比べて，はるかに複雑な活動（情報処理）が起こるからである（内田 1990）。

[キーワード]

**23）精神活動の再構造化**：旧ソビエトの心理学者ヴィゴツキーはテクノロジー（科学技術）の進歩が生産構造に変化を引き起こすように，シンボル体系が変化すると，精神活動（精神過程）が変化し，よりよく再構造化（あるいは再体制化・再組織化とも言う）されるようになると考えた（Vygotsky 1932）。読み書き能力は，個別の概念を領域一般に通用するように体系化し，階層構造化する手段である。そこで読み書き能力（リテラシー）の習得により，コミュニケーションの相手は目の前の相手に限られず，時間空間的に離れた相手ともコミュニケートできるようになる。

**24）抽象的思考（abstract thinking）**：命題や数式シンボルを操作することによって思考する。形式的操作段階の思考を指している。

**25）熟達者と素人**：熟達者はある領域の技能に習熟した人，素人は技能が未熟な人を指している。

**26）転移**：ある領域で習得した知識を，その領域とは異なる領域に活用することを指している。

### 5.4.2 発話思考法を用いた作文推敲実験

　作文の推敲は思考や知的技能にどんな影響をもたらすか。この問題を

明らかにするため内田(1989)は、6年生を対象にして、自分が書きたいテーマで作文を書いてもらい、推敲する過程を「**発話思考法**[27](think-aloud method)」と「**内観報告法**[28](retrospection-report-method)」を用いて観察することにした。作文中、頭に浮かんだことはすべて声に出しながら書き進めることが求められるという子どもにとって負担の大きな実験法である。事前に簡単な課題を例にして発話思考法の訓練をしておき、話しながら作文することがそれほど負担でない子どもを対象にして4ヵ月にわたり三回推敲してもらった。次頁表2に、三回推敲した後に完成したT.Y.(6年生の女児)の作文を掲げる。

[キーワード]
27)**発話思考法**(think-aloud-method):認知科学領域では被験者の思考過程を観察する方法として用いられる。発話思考法とは、被験者が、口に出して考え、あるいは、考えたことをすべて外言(音声言語)化することで得られた発話資料(発話プロトコル)から被験者の思考過程を推定しようとする実験方法を指している。
28)**内観報告法**(retrospection-report-method):思考活動の終了後に活動を振り返り、どのような考えが起こったか、内観を報告してもらう方法である。発話思考法は思考過程の進行にあわせて発話資料を採集できるのが利点であるが、断片的になりやすい。一方、内観報告法は事後に報告を求めるため、想起によってより整合性が高くなり、まとまった報告になるという利点はあるが、想起過程で加工も起こるため、後づけ的資料になりやすいという欠点がある。そこでこの章で紹介した推敲過程の研究では、両方を併用することにした。その結果、発話思考法と内観報告法のそれぞれの利点を強化すると共にそれぞれの欠点をカバーすることができた。

### 5.4.3 推敲における言語表現と意図の調整

推敲の過程[29]では、表現と意図の往復運動が観察された。推敲は言語の**表現と意図の調整**[30]過程で表現(語や文章)と意図が「ズレている」という感覚がきっかけになって生ずる。ズレの感覚が起こると、もっとぴったりした感覚がもてる対案の探索が起こる。試行錯誤的に次々対案が浮かんできた中から、「ピッタリ」という感覚や「**アッハー体験**[31](aha experience)」が生じることばを選択する。選択されたことばを分析し評価して決定する。ことばの選択―分析―評価―決定という段階を再帰的に繰り返しながら表現が定まっていくのである(201頁表3)。推敲とは、書き手の意図に合致することばを選ぶということではなく、ことばを先に探しあて、後からその

表2 三回推敲した後に完成した T. Y. の作文「自分を書き表すことによって」

自分を書き表すことによって

六年一組 T. Y.

私はこの頃よく考えます。自分についてもっと知りたい、それもことばという形によって表したいと思うのです。そのために、今私が、「私自身」について知っていることから考え始めたいと思います。

私はどういうことが好きなのでしょうか。

「本を読む」。読む時間と読む本があれば、何をさしおいても本を読み始める私です。けれど、じっくりと読むわけではありません。軽い読書が、私は好きなのです。本を読むのが好きなのには、きちんとしたわけがあります。本を読んでいると、頭の中の空気が新しくなっていくような気持ちになるのです。登場人物の姿を思い浮かべ、次から次へページをめくります。だから、西遊記のように、空想していて楽しいもの、すっきりしたものが、私のお気に入りの本となるのです。

「放送委員であること」。私は放送委員であることに、非常に満足しています。小さい頃から目立ちたがりやの私にぴったりの仕事です。五年生のときから続けていますが、自分の声をみんなが聞いている、と思うのは、気持ちのよいものです。今では、あこがれの委員長となっています。とにかく、委員長の仕事も含めて、先生方に信頼され、学校の仕事をする。そういうことが私は好きなのです。

このようにして考えてくると、何か私というものの、具体的な像が浮かんできたような気がしてきました。終始いろいろなことを考えている私。目立ちたがりやの私。責任ある仕事をまかされたいと思っている私……。

ここで私は、はたと考えこみました。私という人間は、こんなにも単純な構造の人間なのだろうか、という疑問を持ったからです。それは、書き出した数が少なかったせいかもしれません。私の表現力が足りなかったせいかもしれません。けれど、それだけではないような気がするのです。人間というのは、なみのことばでは表せないものなのではないでしょうか。なぜならそれは、人間が作り出したことばだからです。心の中でだけ通用することばでこそ表せる、私はそのようにも思いました。しかし、それでもよいではありませんか。

結局、私がはじめに考えていたようにはできませんでした。自分を書き表そうと考えたことによって、「心の中のことば」に気づくことができたのですから。

表3 推敲における表現と意図の調整

(1)「あれ、変だぞ?」とズレを感じる。
(2)ズレの原因が何か意識化しようとする。
　①その結果、ズレの原因が意識化されることによって、なぜ、変と感じたかを正確に把握できる場合(極めて少ない)と、②実際の対案ができるまで、ズレの原因が意識化できない場合(多い)とがある。
(3)ズレの原因を意識化しようとして、情報源をあれこれ探索する過程で対案が導出される。(ズレの原因の意識化は、よりピッタリした対案を探す過程と重なっているようにみえる。)
(4)対案の評価をする。
　①論理的・分析的に、一定の基準と手順(推敲方略)に基づいて、原案・対案を比較・評価する場合と、②分析なしに「ピッタリくる」という内観により、特定の案を決定する場合とがある。
(5)採択した特定の案を清書する。
　* 以上の段階のうち、(4)で対案が否定されたときには、(3)と(4)の段階が再帰的に繰り返され、ときには、喚起ないしは構成された対案のすべてを(4)で比較し評価する場合や、一度否定された対象案が再び喚起され再評価される場合もある。この評価の過程はきわめて自由度が大きいことが示唆された。
　* 観察頻度からみると、(2)では①<②、(4)では①≒②である。

ことばを分析することにより、書き手自身の表現意図が自覚化されるという順に展開される。思考はことばによって実体化していくのである。

子どもは作文を書く過程を絶えずモニターし、表現意図に少しでも合うように、ぴったりしたことばを探し、納得のいく表現への書き換えを試みている。対案を評価するときにはいくつかの規準「推敲方略」が使われていることがわかった。プロトコルの中で評価規準として繰り返し使われ、内観を問われると説明できる(意識化できる)ものを「推敲方略」と名づけてみた。規準について質問されれば意識化できるということは、他の場面でも利用できるということを意味している。このような推敲方略は14種類(次頁表4)同定された。

ことばを選択することは考えを発見することである。ピッタリという感覚が生ずるようなことばを探すことを通して、自分が言いたかったのはどんなことかが自分自身で納得する。作文の推敲とは、まさに表現意図を明確にするための**自己内対話**[32](internal conversation)が実践される場なのである。

[キーワード]
29) 推敲の過程(「推敲」と「彫

## 表4 推敲方略の種類

| 方略の名称 | T.Y.（6年生）の推敲方略<br>方略の内容（発話プロトコルより意識経験を抽出，内観プロトコルを要約。） | 3年・5年<br>（集団実験より抽出） | 谷崎・三島<br>（「文章読本」より抽出） |
|---|---|---|---|
| 文脈調和 | 文脈全体の中に文やことばが落ち着いていないといけない。 | ○ | ○ |
| 調和逸脱* | 調和を破り特異な表現をわざと持ってくることで，おかしさ，緊張，注意を引く。 | | ○ |
| 接続 | 文と文のつながりはスムーズでないといけない。 | ○ | ◎ |
| 行間効果(1)* | ことばの限定は強すぎない方がよい。意味のふくらむことばを使う（→含蓄）。 | | ◎ ○ |
| 行間効果(2)* | 接続詞をわざと省くことで余韻を与え，ふくらみを持たせる。接続詞はあまり使わない。 | ○ | ◎ ◎ |
| 視覚的効果 | 目でみて美しい，読みやすい文字や文の配列をつくる。漢字，1字下がり，句読点やカギ。 | ○ | ◎ ◎ |
| 聴覚的効果* | 語呂がよく，読みやすく，調子がよく，耳で聞いていていい感じのことばや文を書く。 | | ◎ ◎ |
| 漢字使用* | 漢字には意味をまとまらせ，限定し，ことばを浮かび上がらせる働きがある。 | △ △ | ○ ○ |
| 重複回避 | 同じ文末表現，同じ意味（例：もしかしたら…かも，アメリカ人の人など）同じ音の重複はしない。 | | ◎ |
| 重複使用 | 強調の時や昔話などでは，同じ表現（ことばや音）を繰り返してよい。 | | |
| 句読点(1)** | 意味の重要度によって［,］［。］や「　」を使い分ける。 | | |
| 句読点(2) | 読点をあまり打ち過ぎない（息つぎに必要なところに打つ）（→聴覚・視覚）。 | ○ ○ | |
| 保留 | ピッタリした表現がみつからなければ，修正を保留する。 | | |
| 削除 | ピッタリした表現がみつからなくて，あまり気に入らないときには削除する。 | | |

\*　より高次の方略。  
\*\*　T.Y.が独自に生成した方略。  
△熟達者のものよりプリミティブなレベルの方略。  
○意識的に使っている方略。  
◎特に強調している方略。

琢」):「推敲」とは,ことばを探すこと,「彫琢」とは文を整え磨くことで,どちらの活動も,作文を書く過程でたえず生じている。

30) **表現と意図の調整**: 言語表現や表象と表現意図を対照してなるべく一致するように調整や修正,書き換えをすることを指している。

31) **アッハー体験**(aha experience):「アッそうか!」と"気づいた瞬間"あるいは「わかった!」と"腑に落ちた瞬間"の心的体験を指している。

32) **自己内対話**(internal conversation): 自問自答。作文過程ではたえず自己内で対話が生じている。作文過程は自己内対話の過程であり,対話を通して新しいアイディアが生まれる。

## 5.5 書くことによる自己の発見
### 5.5.1 書くことによる知識の変革

作文過程では,表現したいこと(思想)に合わせてぴったりした表現を選びあてはめていくわけではない。ことばと表象とはつくりつくられる関係にある。表象はことばに転化されてはっきりし,書く以前には考えてもみなかった表象が新たに湧いてくることもある。このことをヴィゴツキーは「私は言おうとしていたコトバを忘れてしまった。すると具体化されなかった思想は陰の世界に帰っていってしまう」(ヴィゴツキー 1967, 118)と表現した。表2の作文を書いた子どもは,作文をかく前に「組立メモ」を作成したが,そこには「自分というものを知りたい,ことばで表現したい」という目標を立て「好きなこと→したいこと→自分のこと」を順に書き進めていくなかで「きっと私はこういうものだろう」という形で締めくくれると考えていた。下書きはこの構想に従って書き進めたが「単純な構造」の自分しかみえてこない。実際の自分とはどうも違う。書き出した数が足りないのか,自分の表現力が足りないのか,考察を進めるうちに,「人間というのはことばでは表せないものなのかもしれない」という考えに到達するようになる。いわゆる「ことば」ではなく,構想の段階では存在しなかった「心の中のことば」の存在に気づいていったのである。「書くことによって認識が深くなる」ということは,このように書く以前にはみえなかったことがことばの力を借りてはっきりし,自覚化する過程に伴う「主観的体験」を指しているものかもしれない(内田 1990, 1999b)。この主観的体験は,考えをことばで表すことによってバラバラな思考の断片に筋道がつけられ,因果関係が明確になり,文脈全体が**整合的な意味が了解できた**[33](make sense)ときに生ずるのであろう。

[キーワード]
33) 整合的な意味の了解 (make sense)：バラバラな表象の断片が、文脈に整合的で一貫性のある意味に収束し、意味をなすこと。

## 5.5.2 推敲することの意味と意義

推敲は作文を清書し終えてから始まるものではない。推敲は自分のアイディアや意識を明確にするために組み立てメモを作る段階からすでに始まっているのである。時間をかけて考えを練っていく過程でピッタリしたことばに言い表し、ものごとの筋道をはっきりさせる営みなのである。これまでの作文教育の中では意識をことばでとらえる瞬間が必ずしも大事にされてはこなかった。組み立てメモは「思考の尖端」でありそれを作る過程で「世界に対する意識の〈一瞬のひらめき〉をことばによってとらえる」(内田 1990) ことができる。この瞬間に新しいことばやアイディアが生まれる。新たなことばの発見は生きる意味を見いだすことにつながることがある。人を癒し、人に生きる力を与えることすらある。

遠藤 (1992) は、8歳のとき中国の長春に設営された「出口のない関所（チャーズ）」に家族と囚われ、奇跡的に生き延びることができた人である。成人してから後、チャーズでの忌まわしい体験がフラッシュバックとなり彼女を恐怖と不安に陥れる。彼女は長い間記憶の奥深くに沈めていた体験を書く作業を通して意識化した。すべてが意識化された瞬間、わけもわからず襲ってくるフラッシュバックから解き放たれた。彼女は「書いたことにより、突然自分の位置づけがわかった。書くことによって人生や事実というものに対する抱擁力のようなものが出てきたような気がしている。自分を不条理の世界に投げ込んだ中国や歴史に対して受け入れられるという境地に立てた」と述べている。

人は、忘却のかなたに抑圧し続けてきた体験をことばの力を借りて織り紡ぎ、意識化・対象化することによって記憶の連続性や整合性を回復させる。人は、自分自身の歩んできた時間をたどり直し、過去の自分を取り戻す。この省察の過程で、自己を受容する感覚がわきあがる。省察の終わりには「自分が生きているのは意味のあることだ」という実感がわく。この実感に支えられ、人は、未来に向かって一歩踏み出すことができるようになるのであろう。

# 6 障害のある子どもの学び
―― 自閉症スペクトラム障害を中心に

・藤野　博

　障害は近年，個体と環境との相互作用から生じる活動への参加を妨げるバリアとして考えられるようになった。そして発達障害児の発達は異常や単なる遅れでなく「非典型的」なものと今日ではとらえられている。教育においてはインクルージョンの考え方が世界的な主流となり，同年代の仲間集団の中で学ぶことへの制約を最小にすることが重視されている。自閉症スペクトラム障害（ASD）児における学びを支援する方法論としては行動論，環境論，発達論に基づくアプローチがある。日常環境や仲間集団から切り離された個別の取り出し訓練は目標となるスキルの獲得には効果があっても般化が難しく，近年では日常文脈の中での自然で自発的な学びを促進する考え方が主流になりつつある。さらに，状況へのコミットメントによる「発見的」な学びの可能性が新たな視座として注目される。

## 6.1 発達障害と学びの問題

　本章では**発達障害**[1]（developmental disorders）のある人たちの学びの問題について考える。心身の障害は，かつては個人の能力の問題として考えられていたが，近年では**ICF**[2]（international classification of functioning, disability, and health）の理念にみられるように個体因子と環境因子との相互作用によって生じるさまざまな活動への参加を妨げるバリアとしてとらえるという見方が主流となった。そのようなパラダイムの変化のなかで，障害のある人たちの学びにおける環境や状況の重要性が認識されるようになってきている。また発達障害は正常に対する異常としてとらえず，さらに単なる遅れとも考えず，典型的な発達のコースとは異なる非典型的な発達の問題として考えられるようになった。そして今日では**インクルージョン**[3]（inclusion）が障害のある子どもの教育の基本的な考え方となっており，学びのための**最少制約環境**[4]（least restrictive environment：LRE）が重視されている。

　視覚障害，聴覚障害，運動障害，知的障害など障害の現れ方は多様であるが，ここでは発達障害を取り上

げ，なかでも自閉症スペクトラム障害（autistic spectrum disorders：ASD）に焦点を当て，障害のある子どもの学びの問題を支援方法との関係において考える。

## [キーワード]

1）**発達障害**（developmental disorders）：発達障害者支援法では，発達障害は，自閉症，アスペルガー症候群その他の広汎性発達障害，学習障害，注意欠陥/多動性障害，その他これに類する脳機能の障害であってその症状が通常低年齢において発現するものと定義されている。中枢神経系の障害が背景にあると考えられている。

2）**ICF**（international classification of functioning, disability, and health）：WHO（世界保健機関）は機能障害，能力障害，社会的不利の三層構造で障害をモデル化した国際障害分類（ICIDH）を改定し，2001年に「国際生活機能分類（ICF）」を発表した。ICFでは「心身機能・構造」「活動」「参加」の3

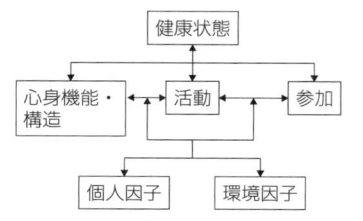

図1 ICF（国際生活機能分類）による障害モデル

つの次元によって障害の概念がモデル化されている（図1）。心身機能の問題だけでなく環境因子との相互作用から障害を説明する点がICIDHとの違いである。

3）**インクルージョン**（inclusion）：包含する教育。多様性が本来の集団のあり方という考え方に立ち，障害のある子どもを障害のない子どもから分離して教育するのでなく，両者は共に教育されるべきであるとする理念。

4）**最少制約環境**（least restrictive environment）：制約が最小限の環境で適切な教育を提供すべきことが米国では法的に定められている。インクルージョンの理念の実現に関係しており，同年齢の仲間から隔離して教育されることで，その子どもが本来得るべき社会的経験や学びの機会が奪われることを制約と考え，それを最小限にする必要があるとする考え方。

## 6.2 自閉症スペクトラム障害
### 6.2.1 自閉症スペクトラム障害の医学的定義

自閉症は1940年代にカナー（L. Kanner）が最初に報告した（Kanner 1943）。対人的相互反応における質的障害，コミュニケーションの質的障害，幅が狭く反復的・常同的な行動・興味・活動のパタンなどを基本的な特徴とする。国際標準の診断基準である米国精神医学会による『精神疾患に関する診断と統計マニュアル（第4版新訂版）』（DSM-IV-

TR）と世界保健機関（WHO）による『国際疾病分類（第10版）』（ICD-10）では，自閉症の特徴をもつ発達障害は「広汎性発達障害（pervasive developmental disorders：PDD）」というカテゴリーで包括されているが，近年では自閉性の状態像を連続体としてとらえる「自閉症スペクトラム障害（ASD）」（Wing 1996）という名称が使われることが多くなった。本章ではウィング（L. Wing）に従い自閉症圏の発達障害の名称を「自閉症スペクトラム障害」で統一し，ASDと略称することにする。

### 6.2.2 ASD児者の認知特性

　ASD児者の認知特性として**共同注意**[5]（joint attention），**心の理論**[6]（theory of mind），**中枢性統合**[7]（central coherence），実行機能などに典型発達児・者との質的差異があることが指摘されている。他者が注意を向けている対象に自分の注意を合わせたり，自分が向けている注意の対象に他者の注意を向けさせたりするなど，注意の対象を他者と共有することを共同注意という。障害がなく典型的な発達をしている乳幼児の場合，共同注意の発達は生後9ヵ月頃から始まり，大人が注視している対象に視線を向ける行動として現れる。共同注意は他者の意図

6　障害のある子どもの学び　207

理解に関係し社会的認知の初期形態であり，他者を通した文化的学習の基盤になると考えられる。トマセロ（M. Tomasello）によれば「一人の人間が他者を通して学習する時には，その相手の意図や，時には心理状態に同化して」（Tomasello 1999）おり，それは共同注意の状況の中で達成される。ASDにおいては共同注意の発達に問題があることが明らかになっており，それが社会性の学びの困難に関係していると考えられている。共同注意に次ぐ社会的認知の発達のメルクマールとして心の理論の獲得がある。自己や他者の意図，信念，感情などの心的状態の読み取りは心の理論と呼ばれる認知機構を基盤にしていると考えられている（→Ⅳ-4.3.3）。ブルナー（J. S. Bruner）は「教えるということは，不可避的に学習者の心の本性について持つ諸観念に基づいている」（Bruner 1996）と述べており，教える側のもつ教えられる側についての心の理論が教える行為に深くかかわっていることを指摘している。心の理論の獲得の有無をチェックするテスト課題の一種である「サリーとアン課題」のようなタイプの一次の**誤信念課題**[8]（false belief task）は典型発達の幼児においては4歳頃に解けるようになるが，ASDにおいては知的には問題がな

い場合でも正答することができず、心の理論の発達に問題があることが明らかにされている。知的障害のないASD児においては9歳レベルの言語性知能があると一次の誤信念課題は通過できるようになるが、その際に典型発達児とは異なり、言語的推論による方略を使って解答していると考えられている。

中枢性統合は、入力されるさまざまな刺激から必要な情報のみを抽出して分析・統合し、対象の意味を把握する機能である。ASDにおいては細部にとらわれて全体を把握することが難しく「木を見て森を見ない」認知の特徴があるが、これは中枢性統合の弱さとして説明されている。分析的（analytic）処理に対するゲシュタルト的（gestalt）処理として説明されることもある（Prizant et al. 2006）。このような認知的特徴は情報を分析・抽出する力の弱さであるとともに、細部に対する機械的記憶力の強さにもつながっており、ASDの人にみられることがある**サヴァン**[9]（savant）の能力を説明するものである（→Ⅳ-1.3.2）。

また、実行機能は将来の目標に向かって適切な問題解決を行う精神的な構えを維持する能力をいう（Welsh & Pennington 1988）。実行機能には特定の反応を抑制したり、必要なときが来るまでその反応を延期すること、一連の活動を計画的に行うこと、活動のゴールを表象することなどが含まれる。ASD者においては実行機能の問題があり、状況の中で先の見通しをもち行動の計画を立て実行することに困難がある。

ショプラー（E. Schopler）らはASD児者の認知面での"弱さ"として聴覚情報処理、言語の理解と表出、抽象概念の把握、情報の般化を、"強さ"として視覚情報処理と機械的記憶をあげている（Shopler, Mesibov, & Hearsey 1995）。

## [キーワード]

5）**共同注意（joint attention）**：他者が注意を向けている対象に自分の注意を合わせたり、自分が向けている注意の対象に他者の注意を向けさせたりするなど、注意の対象を他者と共有することを共同注意という。

6）**心の理論（theory of mind）**：自己や他者の行動に心的状態を帰属させる心的働きである「心理化（mentalizing）」や、「心の読み取り（mind-reading）」すなわち心的状態の理解の機能などの基盤にあると仮定されている認知機構。

7）**中枢性統合（central coherence）**：細部にとらわれず全体の意味をとらえる認知の働き。一貫した意味のある全体を作り出そうとするヒトに固有の認知

的動因が根底にある (Frith 1991)。ASD者の「木を見て森を見ない」認知の特徴は中枢性統合の働きが弱さとして説明される。

8) **誤信念課題 (false belief task)**：代表的な心の理論課題で，バロン=コーエン (S. Baron-Cohen) らによって開発された「サリーとアン課題」(Baron-Cohen, Leslie, & Frith 1985) のような不意移動課題やパーナー (J. Perner) らによって開発された「スマーティー課題」(Perner et al. 1989) のようなだまし箱課題などがある。「サリーとアン課題」は，人形を使って次のようなストーリーを演じる。サリーがビー玉をかごの中に入れ部屋を出て行き，サリーのいない部屋にアンが来てビー玉をかごから箱に移し入れる。そしてサリーは再び部屋に戻って来る。そこでサリーはビー玉をどこに探すか，と子どもに質問する。事実と信念が食い違う状況を作り，事実でなく信念を手がかりとして答えることができるかどうかを問う課題を設定すれば心の理論の有無をテストできるという「誤信念パラダイム」は哲学者のデネット (D. C. Dennett) によって提唱された。

9) **サヴァン (savant)**：ASD者の中で，特定の領域できわだった才能を示す人をサヴァンと呼ぶ。サヴァンの能力は美術 (絵画，デッサン，彫刻)，音楽 (ピアノ，歌)，カレンダー計算の領域で現れることがほとんどである。美術の分野のサヴァンとして有名な山下清は「ぼくは放浪しているとき，あっちこっち見物してあるいたとき，絵にするために見てあるいたわけではないので，きれいな景色やめずらしいものをみるのがすきで見てあるいたのに，なんか月もたってから，八幡学園にかえってからゆっくり思い出して桜島や草津温泉の野天風呂を貼絵にすることができた」(山下 1961) と語り，その創作がすべて記憶に基づくものであることを示している。

## 6.3 ASD児者への学びの支援
### 6.3.1 行動論的アプローチ

ASDは，かつては親の育て方の問題に起因する情緒障害と考えられ，治療のために小児への精神分析学的アプローチとしての遊戯療法が行われていた。しかし，情緒障害説の妥当性と精神分析的な遊戯療法の有効性は1970年代までに完全に否定され，今日では脳機能の問題を背景とする発達障害であるとするのが一般的な見解となった。それに伴って支援法も行動療法のような行動論的アプローチが主流となった。

行動論的アプローチは学びを行動の変化としてとらえるスキナー (B. F. Skinner) の学習理論に基づいている。その理論の中核である**オペラント条件づけ**[10] (operant conditioning) と三項随伴性の原理を現実の問題の解決に利用するものを応用行動分析 (applied behavior analysis：ABA) と呼ぶ。ABAは

望ましい行動の増加，不適切な行動の減少などを介入の目標とし，ASD児に対しては特定の行動を増やす，新しい行動を獲得する，獲得した行動を維持する，獲得した行動をトレーニングされた状況から他の状況に般化させる，問題行動を減らす，などが目標とされる。そしてABAにおいては標的行動の決定，その行動を生起させ増加させるための介入計画の立案，介入の実行，介入前と介入後の行動の変化の評価，などが行われる。問題行動の解決，音声言語や非言語的なコミュニケーションスキル，日常生活スキル，読み書き・計算などのアカデミックスキル，**ソーシャルスキル**[11]（social skills）などの獲得が介入の主な標的となる。

ディスクリート・トライアル・トレーニング（DTT）はABAによる代表的な指導・訓練法である。DTTは個別の**取り出し指導**[12]（pull-out teaching）として行われ，特定のスキルを個々の要素・ステップに分けて一つひとつを教えていく。基本的に，①指導者が指示・質問する，②子どもの正反応が自発しない場合，**プロンプト**[13]（prompt）を与える，③子どもの正反応を強化する，という手続きで指導が行われる。ロバース（O. I. Lovaas）のプログラムはDTTの代表例である。DTTではABAの技法を用いて2〜3歳の幼児を対象に2〜3年にわたり週40時間，あるいはそれ以上の介入が行われる。プログラムの初期の段階では動作模倣，音声模倣，音声言語の理解・表出などのトレーニングが行われる。

しかし，訓練室の中で個別の取り出し指導として行われるDTTによる介入では標的行動の獲得はできてもそれを日常生活場面に般化させることは困難なことが多いことが明らかになっていった。そのような問題からABAに基づく支援法ではコミュニケーションの文脈が重視されるようになり，子どもにとっての自然な動機づけや自発的なコミュニケーションの意図に重点が置かれるようになった。機会利用型指導とポジティブ行動支援（positive behavioral support：PBS）などはそのような新たな視点からのABAによる支援法である。

まず，学習の**般化**[14]（generalization）の困難の問題を解決するために自然主義的な指導（naturalistic teaching）が取り入れられるようになった。機会利用型指導（incidental teaching）は自然主義的な考えに立つ指導法の代表的なものである。機会利用型指導においては構造化されていない自然なコミュニケーションのための動機がある場面で特

定のコミュニケーション行動が生起する機会を待ち，モデルを提示したりプロンプトを与えたりしながら標的行動の促進や形成を図る方法である。日常生活場面や自由遊び場面で行われる機会利用型指導が訓練室で行われる課題志向的なDTTと異なる点は，コミュニケーションの主導権が子どもの側にあり，子どもが好む活動や自発する活動の中で指導が行われる点である。

そして，個人の抱える問題行動を解消し，生活の質（QOL）を向上させることに目標を置く支援の考え方としてPBSがある。PBSでは，問題行動はその人が生活する環境の文脈にその原因があり，その個人の利益になるような何らかの機能をもっているという仮説を前提にする。その機能とは，注意を引きたい，要求を満たしたい，嫌悪的な状況を回避したい，快の感覚を得たい，などである。そのような問題行動のもつ機能を査定する方法として機能的アセスメントがあり，その子どもが最も頻繁に問題行動を起こす状況や，その行動の生起に関与している条件，その行動の結果としてその子が得られるもの，などが査定される。このようなアセスメントに基づき，問題行動が起こりやすい状況を本人の好みに合った活動に従事しながらより社会的に望ましい行動が生起しやすい状況に変容させる。そして，望ましい結果をもたらす問題行動に代わる代替的なコミュニケーションスキルを教える。問題行動を減らし目標とする行動を増やすためには，新たな行動が問題行動よりも楽に実行でき，確実な結果を一貫してもたらす，より効率的なものである必要がある。

[キーワード]
10) オペラント条件づけ（operant conditioning）：行動の結果によって学習を説明する考え方。子どもが手伝いをしたらご褒美にお菓子をもらえた。その後，自分から手伝いをする頻度が増加したとすると，その行動はお菓子をもらうという結果によって強化されたと説明する。このような行動の変化をオペラント条件付けという。

11) ソーシャルスキル（social skills）：対人関係を円滑に進めるための知識とそれに基づく技能をソーシャルスキル（社会的技能）という。グレシャム（F. M. Gresham）とエリオット（S. N. Elliot）はソーシャルスキルを協調性（co-operation），共感性（empathy），主張性（assertion），自己統制（self-control），責任性（responsibility）に分類している。インストラクション，モデリング，コーチング，ロールプレイなどが基本的なソーシャルスキルをトレーニングする手法である。

12) **取り出し指導（pull-out teaching）**：子どもを教室などの日常的な学びの場面から抜き出して、トレーニングのための個室で個別に行う指導。個人の学びのレベルや課題に応じた集中的な指導ができるメリットがある反面、指導場面が脱文脈化されており、集団のなかで他児をモデルにしたり他児との相互作用を通して学んだりすることができないというデメリットがある。般化が問題になることが多い。

13) **プロンプト（prompt）**：指導の目標とする行動を引き出すために与えられる手がかり。言語的プロンプト（たとえば、「～しなさい」のような口頭指示）、身体的プロンプト（たとえば、手を取って行動のガイドをする）、視覚的プロンプト（たとえば、やるべきことを描いた絵などを指し示す）などがある。言語的プロンプトは即効性が高い反面、プロンプトへの依存状態を生み自発性を高めることの妨げになるという指摘がある。

14) **般化（generalization）**：ある刺激に条件付けられた反応を他の刺激に対しても行うこと。ヒトのコミュニケーションに関しては、特定の場面で特定の相手に対して学習した行動を他の場面でも行う「場面般化」と他の人物に対しても行う「人般化」がある。

### 6.3.2 環境論的アプローチ

ASD児者の認知特性を考慮し生活し活動する環境の最適化をはかる支援の方法論があり、TEACCH（treatment and education of autistic and related communication-handicapped children）がその代表的なものである。TEACCHは米国のノースカロライナ大学で開発されたASD児者とその家族に対する支援プログラムである。ASDは中枢神経系の障害であり典型発達者とは異なる情報処理様式をもつとする前提に立ち、その認知特性に配慮した地域に根ざした生涯発達的なスパンでの支援が行われる。TEACCHでは環境を構造化することが支援のポイントとなる。まず、特定の活動が行われるエリアを視覚的に明確化する空間の構造化が行われる。ワークエリア、プレイエリア、トランジションエリアなど活動の内容に応じたスペースの設定をする。これは複雑で曖昧な情報を整理することによるサポートであり、ASD児者の中枢性統合の弱さへの補償と考えられる。そして、従事する活動において、何がどういう順序で行われていくかをスケジュールや手順表などによって示す時間の構造化が行われる。これは活動の流れに対する見通しを与え、不安感を軽減させることへのサポートであり、実行機能の弱さへの補償と考えられる。

また、TEACCHによる支援の中核をなすものは状況の理解を援助するために視覚的な手がかりを提供す

る視覚支援（visual support）の考え方である。これはASD者の視覚的な認知の強さを活用したサポートの方法論で，この考え方はTEACCHのような特定の理論的枠組みを超え，幅広くASD児の教育や支援に取り入れられている。視覚支援の具体的な例としては，**補助代替コミュニケーション**[15]（augmentative and alternative communication：AAC）がある。AACは絵・写真・身振り・電子的コミュニケーションエイド（voice output communication aids：VOCA）など主としてさまざまな視覚的メディアを活用しコミュニケーションを補助し拡大する手法である。ASD児に効果的なAACのシステムとして**絵カード交換式コミュニケーションシステム**[16]（picture exchange communication system：PECS）がある。

[キーワード]
15）補助代替コミュニケーション（augmentative and alternative communication）：音声言語の表出や理解の障害のある人々のコミュニケーションをサポートする考え方。絵・写真，視覚的シンボル，身振りサイン，電子的コミュニケーション補助装置などの媒体を使用してメッセージの送受信をすることで音声言語機能を補助・代替する。
16）絵カード交換式コミュニケーションシステム（picture exchange communication system）：応用行動分析学者のボンディ（A. Bondy）と言語病理学者（言語聴覚士）のフロスト（L. Frost）によってASD児のために開発されたコミュニケーション指導プログラム（Bondy & Frost 1994）。ASD児へのコミュニケーション指導において発生しがちなプロンプト依存の問題を克服する視点が含まれており，他者に向けた自発的なコミュニケーションの開始に指導の主な焦点が当てられている。

### 6.3.3 発達論的アプローチ

スキナーの学習理論に基盤を置く行動論的アプローチ，ASDの認知特性に配慮した環境調整による支援であるTEACCHによるアプローチに対し，第三の方法論として発達論的アプローチがある。これはピアジェ（J. Piaget）の認知発達理論，ヴィゴッキー（L. S. Vygotsky）の**発達の最近接領域**[17]（zone of proximal development）の理論，ブルナーの**足場かけ**[18]（scaffolding）の考え方，対人コミュニケーションの発達に関する知見などに基づいている。太田の認知発達治療法，発達的社会・語用論モデル，SCERTSモデル，対人関係発達指導法（RDI）などが発達論的な視点に立つ代表的な指導法である。

太田・永井（1992）の認知発達治

療法は，ASDは発達障害であるため発達的な観点に立った臨床が必要との考えに基づいている。太田はASDにおける発達障害の特徴は**象徴機能**[19]（symbolic function）の出現の著しい遅滞，あるいはその機能が出現した場合にはシンボル操作の障害であると考え，象徴機能における認知の側面の発達を促し，その障害を改善したり克服したりすることを治療教育のポイントとしている。「太田のStage」と呼ばれる表象能力の発達段階分けに基づいてアセスメントが行われる。Stage I -1 は「手段と目的の分化ができていない段階」，Stage I -2 は「手段と目的の分化の芽生えの段階」，Stage I -3 は「手段と目的の分化がはっきりと認められる段階」，Stage II は「シンボル機能の芽生えの段階」，Stage III-1 は「シンボル機能がはっきりと認められる段階」，Stage III-2 は「概念形成の芽生えの段階」，Stage IV は「基本的な関係の概念が形成された段階」である。指導はDTTと同じく個別の取り出し指導として行われる。

対人コミュニケーションの典型発達のプロセスに焦点を当てた指導法として対人関係発達指導法（relationship development intervention：RDI）がある（Gutstein 2000）。RDIではASD児が他者とかかわることへの動機づけを高めることに目標が置かれ，経験共有の発達が重視される。社会性の発達のアセスメントに基づき個別の指導プログラムが作成され，対象となる子どもに特定のスキルの獲得指導のための発達的な準備ができているかどうかを査定し，発達段階の順序性をふまえた指導が進められていく。RDIのプログラムは子どもを対象にしたトレーニングがクリニックで行われるとともに，家庭で親が子どもに指導するためのペアレント・トレーニングも行われる。親は刺激を最小限にした環境を自宅内に用意し，クリニックで行われた活動を練習する。そして，経験共有を指導するための準備として，刺激を最小限にした環境を自宅に作ることや，子どもにとって安全で予測可能な環境を作ることなどが行われる。親は社会的参照，すなわち情報を得るためのセンターとして顔を見ることを子どもに教える。般化の促進のためには，活動をより複雑なものとすること，子どもに多くの異なった人と活動させること，大人から与えられる活動の構造をわかりやすくするための足場を減らしていき他者と協調するために子どもが自分から相手と協同調整しなければならないような場面を作ること，などが行われる。

自然主義的な考えを取り入れた発

達論的アプローチによる指導として発達的社会‐語用論モデル（developmental social-pragmatic model：DSPモデル）がある。DSPモデルは子どもの社会性・コミュニケーションの発達のプロセスに関する発達心理学的な知見に基づいている。子どもの自発性が重視され，コミュニケーションの動機がある自然な活動や出来事が指導の文脈として用いられる。指導場面はDTTのように課題中心に構成されておらず，遊び活動を通じて子どもの自発的なコミュニケーションの力を高めることが目標とされる。そして**語用論**[20]（pragmatics）的な視点に立つ介入が行われ，音声言語だけでなく身振りなどの非言語的手段も用い，挨拶，質問―応答，要求，叙述など多様なコミュニケーション機能の発達促進がなされる。子どもと大人との相互作用やターンテイキング（会話の順番交代）などが重視される。DSPモデルでは学習が起こる文脈を個々の要素やスキルに分解するのでなく，状況の中での意味のある学びが重視され，そのために必要なサポートを行う。そしてDTTのように行動を単位に分解し，その生起頻度を測定することは重視されない。DSPモデルでは子どもが多様な社会的相互作用に参加することの支援に焦点が当てられており，その参加の度合いが評価の視点になり，有意味な出来事やルーティンの中でのコミュニケーション能力を高めることに重点が置かれる。DSPモデルによるアプローチは指導の標的となるスキルの実用的な使用においてDTTよりも有効であると考えられている。また，発達論的・自然主義的なアプローチによるサービスを受けている親はDTT的な訓練によるサービスを受けている親に比べてストレスが少なく，子どもとより良好なコミュニケーションが取れていると感じているとの知見もある（Koegel, Bimbela, & Schreibman 1996）。

DSPモデルは自然主義的な考え方を取り入れた今日のABAやTEACCHなどの考え方も統合しSCERTS（social-communication, emotional regulation, and transactional support）モデルとして発展した（Prizant et al. 2006）。SCERTSモデルは，ソーシャル・コミュニケーション，情動調整，相互交流的支援の3つの領域から構成されている。ソーシャル・コミュニケーションの領域においては共同注意とシンボル操作の機能を高めることが目標とされる。情動調整においては自己調整，他者との相互交渉における行動の調整，調整不全状態からの回復などの力を高めることが目

標とされる。相互交流的支援においては，視覚支援や構造化などのサポート，環境調整，カリキュラムの調整などを含む学習の支援，他児とのより良いかかわりを促進することなどが目標とされ，他児とともに学び，他児との関係を発展させる機会がデザインされる。それは対人関係面のサポート，子育てへの自信と能力を高めるための家族のサポート，などからなる。

[キーワード]
**17) 発達の最近接領域（zone of proximal development）**：子どもがその時点で自発的にはできないが援助があればできる課題水準を発達の最近接領域といい，最適な学びのための課題のレベルを設定する指標となる。ヴィゴツキーは，遊びは発達の最近接領域を創造するとしている。遊びのなかで子どもは実生活でできることよりも一歩先のことを行い，発達に対する遊びの関係は，発達に対する教授―学習の関係に匹敵すると述べている。

**18) 足場かけ（scaffolding）**：子どもの目標となる行動を達成するために大人が指示したり質問したりさまざまなプロンプトを与えるなどの援助をすることを足場かけという。足場は子どもが自力でできることを目指し，少しずつはずしていく。

**19) 象徴機能（symbolic function）**：あるものや事象を，それとは別のもので代理し表象し表現する心的働き。能記（意味するもの）と所記（意味されるもの）との関係づけをする精神機能。言語学習の基盤になると考えられている。幼児の象徴遊びは象徴機能の出現の発達指標になるが，ASD児においては象徴遊びは質・量ともに典型発達児とは異なっている。

**20) 語用論（pragmatics）**：言語をコミュニケーションにおける使用の側面から分析する視点。発話の背景にある意図の読み取りや意図の伝達，会話における文脈情報の利用などの問題を扱う。広義には非言語的コミュニケーションも含んだ対人場面における情報伝達全般を対象としている。

### 6.3.4 アセスメント

行動論，環境論，発達論など，いずれのアプローチにおいても学びの支援にあたってはアセスメントに基づいて**個別教育計画**[21]（individualized educational plan：IEP）が立てられる。WISC-IIIやDN-CASなど標準化されたテストによって認知特性を分析する心理測定的なアセスメントや，子どもの学級などでのさまざまな活動への参加の実態を評価する行動分析の考え方をベースにした**生態学的アセスメント**[22]（ecological assessment），自力ではできなくとも何らかの援助があればできる発達の最近接領域を知るためのダイナミックアセスメントなどがある。

[キーワード]
21) **個別教育計画**（individualized educational plan）：発達障害などの特別な教育的ニーズのある子どものために個別に作成される教育の計画。アセスメントに基づいて作成され、対象児の実態や教育目標、教育方法、教育形態、評価の時期や方法などの情報が盛り込まれる。その計画に基づく一定期間の指導の実施の後に見直しがなされる。

22) **生態学的アセスメント**（ecological assessment）：子どもが日常的に活動している文脈において障害のない他児との参加のギャップを評価するために行われるアセスメント。課題分析をベースにしており、その場面への最大限の参加を可能にするために必要なスキルやサポートが同定される。

### 6.4 自伝にみる ASD 者の学び

ウィリアムズ（D. Williams）は自己の経験から ASD 者の社会的な場面でのルールの理解について、言われたことは理解できても、その理解はいつもその場限りであると述べ、「遠足の時に一度、議事堂の壁に落書きをするのがどれほど迷惑でいけないことかという話を聞いた。なるほどと思い、もう絶対に落書きはやめよう、とその場では思う。ところがそれからものの十分とたたないうちに、学校の壁に落書きをして、つかまるわけだ。わたしは言われたことを無視したわけでも、ふざけているわけでもない。わたしとしては、言われたこととまったく同じことはしていないつもりなのだ」（Williams 1992）と例をあげている。ルールを守ろうとする意識はあっても「その場ごとに無数にあるルールすべて」についていくことができず、一般化や応用はとても難しいという。日常的な場面で機会に即して教えられたとしても一般論として語られたことをさまざまな場面に般化させることは簡単ではないようである。そして事物の認知はできても、それを取り巻く文脈が理解できないことについて「『これをあなたに教えてあげますよ』と何回繰り返されても、目の不自由な人は見ることができなかったり、耳の不自由な人は聞くことができないのと同じ」ように文脈が理解できず、今でも「なにかものを見せられたり、言葉で伝えられたり、指示書を読まされても、それだけで理解することは難しい」と語っている（ウィリアムズ 2008）。その一方、具体的に自分の体で覚えていることはでき、実際に経験する活動を通して学ぶ彼女が名づけるところの「発見学習」の有効性についても言及している。

グランディン（T. Grandin）は自らの学び方について「何年もかけて厖大な経験のライブラリーをつく

りあげてきた」と語っている（Sacks 1995）。そして「それはビデオ・ライブラリーのようなもので、いつでも心の中で再生して調べることができる。そのビデオを何度も何度も再生し、見たものをだんだんに関連づけていくことによって、似たような状況でひとがどう行動するかを予測できるようになる」。しかし「いったん再生しはじめたら、全部を再生しなければならない」。これはASD者の認知特性としての中枢性統合の弱さ、あるいはゲシュタルト的処理のスタイルが当事者自身によって語られたものと言える。またグランディン（2000）は、ASD児はソーシャルスキルを「俳優が演劇を覚えるようにして」すべて教えられなければ学べないこと、自分の思考が典型発達者とは異なり、視覚によって物事を考える点に特徴があるとし、一般化した概念が形成できないことについて述べ、その例として「一つひとつの犬はすべて違います。大きさもまちまちで、中には猫とほぼ同じ大きさの犬もいます。私は沢山の犬を見ました。私は犬を沢山見て、すべての犬が猫にはない特徴を持っていることを見つけました。それは鼻の形です。私は犬の鼻が全部同じだということを見つけました」と語っている。そして、そのように視覚的に考えることを通して概念を学んできたこと、そのような「視覚思考」においては推論や理論や一般の原則を作るときに「まずたくさんの具体的な事例を見て、そこから共通の要素を探し出していく」と語っている。この視覚思考のような認知様式はASD者に特徴的な学びのスタイルと言える。

自閉症研究者のバロン＝コーエンは物理学者のアインシュタイン（A. Einstein）についてアスペルガー症候群と結論づけることのできる明らかな証拠があるとしており、グランディンはアインシュタインを「視覚思考」をもったASD者であるとしている。アインシュタインは「思考は言葉という形をとっては現れてこない。私はめったに言葉を使わずに考えている。はじめにある考えが浮かび、私はあとからそれを言葉で説明しようとする。書かれたものであれ、口頭で伝えられたものであれ、言葉や言語というのは、私が思考する際には、ほとんど役目を果たさないようだ。思考を深めていくうえで私の積み木となる心理的実体は、多かれ少なかれ、ある明瞭な具象やイメージとして現れ、私はそれらを自分の好きなように再生したり、組み合わせたりしている」と語っている（Wertheimer [1945] 1959）。アインシュタインのケースはASD者の視覚思考が必ずしも柔

軟性の欠けた機械的記憶であるに留まらず，創造的・発見的な思考にも結びつく可能性を示唆するものと言えるだろう。

## 6.5 ASDにおける新たな学び論への視座

渡部（1996, 1998）は意図的に教えていないにもかかわらず自発的に指書（finger writing）をコミュニケーション手段として使い始めたASD児の事例を報告している。報告されたS児は小学4年生のASD児で知的障害があり音声言語の表出はほとんどみられなかった。S児は在籍する特別支援学級で文字指導は受けており，絵と文字（名称）とのマッチング課題などは遂行できるようになっていたが，コミュニケーション手段としての文字の使用は学校でも家庭でも特別に指導を受けていなかった。家庭で母親や姉と教育的な意図のない文字遊びを楽しむようになっていたある日，「もう夏休みも終わりね」と何気なく言った母親の手のひらに指で「がっこう」という文字を突然書いたという。その日を境に，S児はそのような「指書」を意思伝達の手段として自発的に使うようになり，ボキャブラリーも増加していったと渡部は報告している。学校の課題場面での書き順と自発的なコミュニケーション場面での書き順が異なっており，課題場面では教えられた通りの書き順で書いていたのに対し，コミュニケーション場面では教えられていない独自の書き方で書いていた。渡部は課題場面とコミュニケーション場面とでS児にとって文字を書くことの意味が異なっていたのだろうと考え，文字を使った意思伝達の方法は自らが発見したものであろうと考察し，**創発**[23]（emergence）の概念を援用してこのエピソードの説明を試みている。

教えられたことをその場で再現することはできても，他の場面での活用や応用ができないという般化の難しさは当事者であるウィリアムズ自身も語っているが，ASD児者の学びにおいて現在まで根本的に解決されていない問題である。般化問題についてどう考えるかはASD児の学び論の試金石と言え，この問題を克服するために訓練室での個別取り出し指導から日常的なコミュニケーション文脈の中でのより自然な指導へとシフトしてきた歴史がある。しかし自然主義的な指導においても特定のスキルの獲得や使用に向けて意図的な教授行為がなされている点では根本的な相違はない。そして，教え込まれる方法によってはASD児に効果的な学びが生じにくいことも明らかになりつつある。これに対し，

渡部が報告したS児の事例はコミュニケーションのために文字を使わせようという意図や作為がない状況下で自発的に使い始めた点が注目される。これは対人的な状況への子ども自身の自発的なコミットメントによってコミュニケーションにおける学びが達成される可能性を示唆するものである。そして，ウィリアムズの事例からも「発見的」というキーワードが浮かび上がった。状況へのコミットメントによるASD児の「発見的」な学び論は今後さらに検討されるべき有効な視座となるものであろう。

## [キーワード]

23) **創発**（emergence）：ポランニー（M. Polanyi）によると，上位のレベルは下位のレベルでは見られない過程によって生み出され，これを創発という（Polanyi 1966）。ポランニーは「成長する途上にある精神は，それが属している文化から引き渡される概念の枠組み全体や，推論の規則のすべてを再創造する」と述べ，そのプロセスでは状況へのコミットメント（自己投出）が重要な役割を果たしていることを強調している。

# III 部
# 生涯を通した「学び」

　大学生や大人に対する生涯を通した「学び」にアプローチする。企業における「学び」に加え，これまでほとんど検討されることの無かった老人の「学び」についても検討する。

# 1 現代社会における大学生の学びとアイデンティティ形成

・溝上慎一

　いま，大学生の学びが注目されている。1980年代には，大学はレジャーランドだとも言われた。大学はモラトリアムを享受する場，期間であって，多くの大学生は，就職するまでは大学生活をエンジョイするものだという見方を持っていた。しかし，1990年代半ば以降，このムードは一転して，大学とはまずもって勉強するところだ，という見方が支配的になっている。この転換の背景は複雑だが，大きくは1990年代初頭のバブル経済の崩壊による景気・雇用の悪化，1991年の大学設置基準の改正による本格的な大学教育改革の始動があげられよう。しかし，大学生はただまじめに勉強をすればよいというわけではなく，勉強を通して高度なハイパー・メリトクラシーの能力を身につけることが期待されている。本章では，そうした期待に応える大学生のタイプ，大学生活の過ごし方，そして学びを支えるアイデンティティ形成について論じる。

## 1.1 現代大学生の特徴は何か
### 1.1.1 勉学第一の大学生活

　全国大学生活協同組合連合会（大学生協連）が毎年行っている，全国の国公立・私立大学全国調査（『学生の消費生活に関する実態調査』）がある。次頁の図1はそのなかで，学生に「大学生活での重点」を一つ選ばせた結果である。それによると，1990年代末以降，「勉学第一」と答える者が非常に多くなっている。そして，1980年代までは多数派であった「豊かな人間関係」は減少の一途をたどっている。

　この調査結果は，現代大学生の特質を示すものとして注目されており（武内 2003），授業への出席率増加など，この傾向を支持する研究結果が多数提出されている（溝上 2004; 武内・浜島・大島 2005）。こうして現代の大学生が，学業の問題と密接に関連して研究されるようになってきた。

　もっとも，次頁図1の結果は選択肢（「勉学第一」「クラブ・サークル第一」「勉強や楽しみをほどほど」など）のなかから一つだけを選択するように求められたものであり，複数回答であれば，上位に来るのは友人関係や人間関係に関する項目であ

224　Ⅲ　生涯を通した「学び」

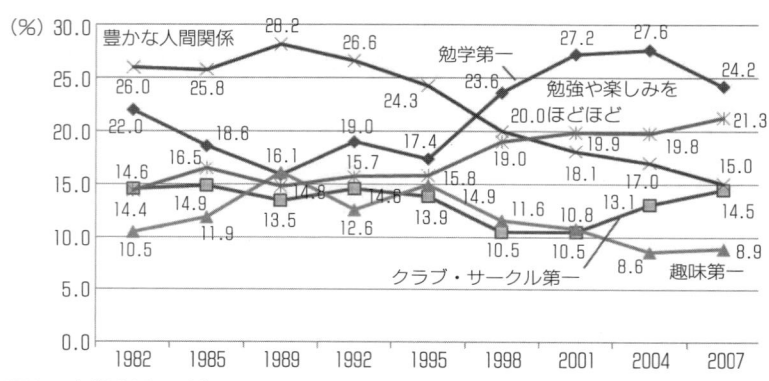

図1　大学生活の重点
注1：全国大学生活協同組合連合会『学生の消費生活に関する実態調査』各年度より
注2：たとえば2007年度の分析対象者（回収数）は，全国4年制の国公立・私立大学の大学生9,736名である。
注3：調査では，図の項目以外にも，「資格取得第一」や「アルバイト・貯金」「なんとなく」「その他」などの選択肢がある。ここでは10％以上の該当率をもつ項目だけを抽出して作図している。

るかもしれない（岩田・北條・浜島 2001）。しかし，そこでの結果でも，学業重視の割合が決して低いわけではない。

### 1.1.2 成長を実感している学生タイプ

もう一つ，最近行った京都大学高等教育研究開発推進センター・電通育英会共催の全国調査『大学生のキャリア意識調査2007』の結果（http://www.dentsu-ikueikai.or.jp/research/）から，学生タイプの分析結果をみてみよう。

学生タイプは，以下の手続きによって算出されたものである。①大学生活を構成する17項目（授業，授業外学習，自主学習，読書，マンガ・雑誌，クラブ・サークル，アルバイト，同性・異性の友人とのつきあい，テレビ，ゲームなど）に対して1週間に費やす時間数を尋ねる，②それを3因子（因子分析）にまとめる，③3因子の（因子）得点を用いてクラスター分析を行う。昨今の学生はどんなタイプの学生でも，けっこうな時間数を授業に費やすので，その時間数はこうした学生の分類には効いてこない。学生の分類に効いてくるのは，①「授業外学習・

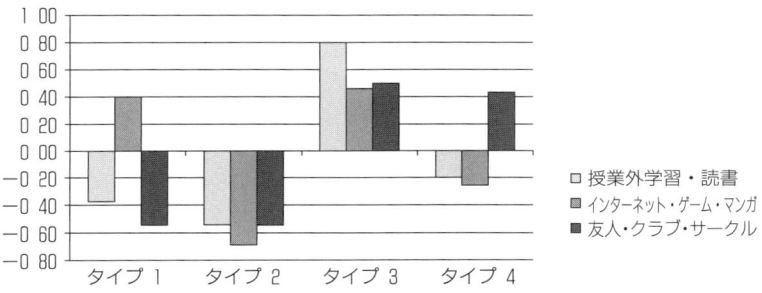

図2　大学生活の過ごし方から見た学生タイプ（クラスター分析・Ward 法）
注1：被験者は，1年生988人，3年生1025人，計 N＝2013 である。調査は2007年11月に実施。
注2：タイプ1（N＝317），タイプ2（N＝672），タイプ3（N＝533），タイプ4（N＝442），である。クラスター分析の結果ではタイプ5（N＝49）が存在するが，度数が少なく，話を簡単にするべく図から削除している。

読書」，②「インターネット・ゲーム・マンガ」，③「友人・クラブ・サークル」に時間を費やしているか/費やしていないか，である（詳しい分析の手続きは溝上 [2009] を参照）。

図2をみると，現代の大学生は大学生活の過ごし方からみて，大きく四つのタイプに分類される。まず後で注目したいタイプ3からみていこう。このタイプは「授業外学習・読書」「インターネット・ゲーム・マンガ」「友人・クラブ・サークル」のどの活動因子も，得点が高い点に特徴がある。タイプ1は「インターネット・ゲーム・マンガ」だけが他の活動因子に比べて得点が高い，どちらかと言えば自宅で過ごすことの多い学生タイプであるが，タイプ3の「インターネット・ゲーム・マンガ」の得点もそれと同じくらい高い。同じように，タイプ4は「友人・クラブ・サークル」だけが他の活動因子に比べて得点が高く，図1の大学生協連の調査で言えば，人間関係重視派の学生タイプだと考えられるが，タイプ3の「友人・クラブ・サークル」得点もそれと同じくらい高い。つまり，タイプ3は何でもかんでも興味を示して活動し，すべての活動因子で高得点を示す学生タイプである。

なお，タイプ2はすべての活動因子について得点の低い学生タイプで，さまざまな生活項目の時間数を大学生全体のなかで比べてみたときには，大学生活に際だった特徴のない学生タイプだと考えられる。度数

も672人（33.3％）と他のタイプに比してもっとも多い。

四つの学生タイプのなかで，大学生活がもっとも充実しているのはタイプ3とタイプ4である。両者に統計的な有意差はみられない。しかし，総合的にみて知識や技能が身についている，将来展望を持っている，などの項目で有意に高得点を示すのは，タイプ3の方である。タイプ3は総じて，日々が充実しており，かつ大学生活を通じて自分が成長していると実感している学生タイプである。

### 1.1.3 勉学重視の意味

図1からは，現代大学生が大学生活のなかで勉学を重視している傾向をみたが，図2の結果が示唆しているのは，その勉学の意味がもう少し複雑だということである。

現代大学生は，どの程度の熱心さかは別として，とにかく授業には出席するようになった。1週間の授業出席時間数の平均点は学生タイプに関係なく軒並み高く（タイプ1，3，4の間で1週間の授業出席時間数に有意差はみられない。タイプ2は他のタイプに比べて有意に少ない），この変数は大学生活の過ごし方の類型に効いてこない。効いてくるのは，授業外学習をどの程度しているか，マンガや雑誌ではない読書をどの程度しているかという要因である（＝「授業外学習・読書」）。現代大学生にとっての勉学重視は，授業出席を共通要因としながら，授業外学習・読書の有無で類型化されると言えるのである。

そして，この「授業外学習・読書」の得点を高く持つ学生タイプこそがタイプ3であって，これまでの大学生論では言及されてこなかった新しい，現代的な学生タイプだと言えるものである。そして，その現代性はタイプ4と比較したときにより顕著となる。先に述べたように，タイプ3とタイプ4の大学生活の充実感に統計的な有意差はみられない。しかし，勉学を含めて大学生活のさまざまな活動から自分が成長していると実感しているのは，タイプ3のほうである。日々楽しいだけのタイプ4と，楽しくもあり将来に向かって努力もしているタイプ3との差違が，「**自己成長**[1]（self development）」という次元を通してかいまみえる。

1980年代以前には，大学は勉強する場だというよりも，クラブ・サークル・アルバイトなどを通して対人関係を磨いたり，人的ネットワーク，社会人意識を形成したりする場である，とよく言われた（岩田2005）。タイプ4の学生はそうした大学観に近いものを依然として持っ

ている学生タイプである。今も昔も多く存在するタイプ4との対比において，なぜ今タイプ3のような学生タイプが突出しているのか。その存在意義が議論されれば，現代大学生にとっての学びの意味が明らかとなる。

[キーワード]
1）自己成長（self development）：「自己発達」と同義。ヴァルシナー（J. Valsiner）らは，「発達（development）」の含意として，（1）生じること，（2）単純から複雑へと進歩すること，（3）あるテーマをつくりあげること，（4）開くこと，（5）より発展した状態へと移行すること，をあげる（Valsiner & Connolly 2003）。自己に関するこのような発達がみられるとき，それは自己成長と呼ばれる。ただし，発達心理学で「自己発達（self development）」（英語表記は同じだが日本語表記は異なる）を用いる場合には，これらの含意に，ある発達的な方向性が加えられなければならない。また，溝上（2008a）は，青年期以降の自己発達は形成的な側面が強く，「自己形成（self formation）」と，用語を分別している。

## 1.2 メリトクラシーからハイパー・メリトクラシーの社会へ
### 1.2.1 メリトクラシー社会の到来と人的資本

世界史的にみると，19世紀の欧米の先進諸国は工業化を経て**近代社会**[2]（modern society）へと移行した。子ども・若者の教育という観点からみたとき，近代社会への移行は，それまでの身分や家柄に基づいた階級再生産のための教育から，学歴や能力を重視した**メリトクラシー**[3]（meritocracy）に基づく教育への移行を意味していた。近代社会を生きる子ども・若者は，理念的には身分や家柄などの親の社会的地位に関係なく，学校教育を通して人生を形成することが求められるようになった。日本で言えば，明治期以降の話である。

メリトクラシー社会を，個人がある段階の学校卒に相当する知識・技能・資格を獲得し，それを元手にして職業や社会的地位などを見返りとして得る社会だとみなすならば，それは人的資本（ヒューマン・キャピタル [human capital]）を獲得する社会だと言い換えられる。**資本**[4]概念によるこの置換は，後で紹介するハイパー・メリトクラシー社会への移行を，資本の異なる種類への推移として対照的に説明することができ，有用である。

今日，資本概念は経済学の分野のみならず，広く教育や人材開発の分野でも応用して使用されている。人的資本はその一つである。人的資本は，学校教育や**OJT**[5]（on-the-job training)・OFF-JT [6]（off-the-job training）をはじめとする企業内教育，ひいては従業員の福利厚生（付加給与［fringe benefit］）のように，人に対して投資を行うことが国や企業，ないしは個人の経済的収益を上げるという考えに基づいている（Becker 1964; Schultz 1961）。戦後の日本を例にして言えば，文部省は所得倍増計画（1960 年）の教育的策定として，『日本の成長と教育：教育の展開と経済の発達』（文部省 1962）という報告書を出し，教育への国家的投資が日本経済を発展させると考えた。この政策は1960 年代の高度経済成長を力強く推進したわけだが，それは人的資本によって国家の経済的収益をはかった最たる例である。

ここでは，そうした人的資本を個人レベル，さらに学校教育に限定して，メリトクラシー社会を説明する用語として用いたい。つまり，メリトクラシー社会とは，個人が学校教育を通して知識・技能・資格を獲得し，それを人的資本として獲得・蓄積して社会に投資し，見返りとして職業や社会的地位などの収益を得る社会のことだと理解する。先に述べたように，戦後の日本では1960～1970 年代にかけて若者の高等学校，大学・短大への進学率が軒並み上昇したが，これも言い換えれば，より高い学校教育を通しての人的資本を獲得・蓄積する動きであったと言えるのである。

[キーワード]
2）近代社会（modern society）：成立過程は国によって一概ではないが，西欧では一般的に，絶対王政，（市民革命，）産業革命を経て成立した，それまでの時代との断絶をもつ新しい社会という意味で用いられる。国民国家の成立，工業化と資本主義経済の発達，官僚制の支配，家族機能の純化，公教育制度の成立と普及に特徴がある。こうした社会の進展には，15 世紀以来の大航海時代における世界的な商業覇権，ブルジョアジー（富裕な商工業者）がさまざまな水準で密接に絡んでいる。

3）メリトクラシー（meritocracy）：イギリスの社会学者ヤング（M. Young）の用語で，近代社会における社会的地位の配分は，身分や家柄などの属性主義ではなく，試験や学歴，あるいは IQ などの能力（メリット［merit］）による（Young 1958）。その結果，貴族や富豪による統治と支配の貴族社会や富豪社会ではなく，有能者による支配，つまりメリトクラシーの社会になるとされた（竹内1993）。

4）資本（キャピタル［capital］）：マルクス（K. Marx）は，近代社会を規定する要因として，生産や生産様式の特有の形態に注目し，それを生産の動機や目的が剰余価値（利潤）の生産と獲得を

目指したものだと考えた（重田 2000）。資本は，このプロセスにおける生産手段となるもののことを指す。

5）OJT (on-the-job training)：従業員の訓練を行う場合，その従業員を職務につかせたままで行う職場訓練のこと。机上の理論的訓練とは異なって，日常の仕事を通じての生きた実施教育を施すところに特徴がある（金森・荒憲・森口［1971］2006）。OFF-JTと組み合わせることで，より質の高い従業員教育が施せると考えられている。

6）OFF-JT(off-the-job training)：職場外訓練。従業員の企業内教育の一方式で，従業員を職場から離して一定の場所に集め，訓練スタッフにより講義，セミナー，見学などの方法で集団的な訓練を施すこと（金森・荒憲・森口［1971］2006）。

### 1.2.2 社会的資本

前節では，「友人・クラブ・サークル」にかける1週間の時間数が突出しているタイプ4を紹介した。これは，大学が勉強する場だというよりも，対人関係を磨いたり人的ネットワークを形成したりする場だとみなしている学生タイプだと考えられたわけだが，彼らが「友人・クラブ・サークル」を通して獲得しているのは，先の人的資本に対して，**社会的資本**[7]（social capital）と呼ばれるものである。

社会的資本は，「ソーシャル (social)」という形容詞が示すとおり，個人財産，すなわち個人に属するかたちで存在しているのではなく，人間関係のネットワークのなかに内在するものである。知識・技能・経験など個人が何を知っているか，何を持っているかが人的資本であるならば，個人やビジネス上でのネットワークの大きさや，質，多様性など，誰をどのように知っているかが社会的資本である（Baker 2000）。

[キーワード]

7）**社会的資本（ソーシャル・キャピタル [social capital]）**：ベイカー(W. Baker)によれば，個人的なネットワークやビジネスのネットワークから得られる資源を指している（Baker 2000）。情報やアイディア，問題解決の糸口，ビジネスチャンス，富，権力や影響力，精神的支え，また善意，信頼，協力などがここでいう資源としてあげられる。さらに，OB・OGといった卒業生との交流から就職活動に有利な情報を得られることなども考えれば（下村・堀 2004），社会的資本のもとになる人的ネットワークとは，face-to-faceで築き上げる対人関係以上のものであることもわかる。

### 1.2.3 ハイパー・メリトクラシー社会への移行

日本は，明治期以降になってメリ

トクラシー社会へと移行した。それは, 生まれながらの身分や家柄によって階層が固定される社会ではなく, 学校卒の資格が階層移動を可能にする社会を意味していた。このメリトクラシー社会が, 多くの人びとの人生にとって意味を持つようになったのは, 高度経済成長期の1960〜1970年代であった。中卒よりは高卒, 高卒よりは大卒・短大卒といったかたちで, さらには同じ高卒, 大卒のなかでも学校の序列による差異があったから若者は就職に条件のよりよい学校卒の資格を得るべく勉強した。

しかしながら, 1990年代以降の日本は, バブル経済の崩壊を機に, それまで社会を支えてきた経済的・政治的システムが一気に破綻をみせた。高齢化や多様な役割・ライフスタイル, グローバル化なども重なって, 日本社会はさまざまな側面で新たな時代を迎えることとなった。

またこの状況は, 情報化・消費化・サービス化がより進んだ産業構造の変化と相まって, 学校教育と社会とをつないで成り立つメリトクラシー社会にも疑問を投げかけることとなった。経済産業省 (2006) の「社会人基礎力」, 文部科学省 (2008) の「汎用的技能」といった政府レベルの技能提言は, 何よりも労働市場で求められる技能の変化, それと学校教育との新たな対応が求められていることを意味していた (川嶋 2008)。

本田 (2005) はこうした状況を, 現代社会が従来の近代型メリトクラシー社会 (以下,「近代社会」とも呼ぶ) から新しいタイプのメリトクラシー社会 (以下,「現代社会」とも呼ぶ) へと移行した結果のものであるとみなし, それを**ハイパー・メリトクラシー**[8] (超業績主義) と特徴づけた。表1に示すように, 近代社会では, **基礎学力**[9]を中心とした標準的・適応的な能力が求められたのに対して, 現代社会では, より個性的で創造的な, そして組織や対人関係の場面では, 相互に異なる個人の意見を調整したり他者をリソースとして活用したりする能力が求められる。ハイパー・メリトクラシーは, 現代社会で求められるこのような能力を特徴づけるものである。

もっとも, 筆者の考えでは, ハイパー・メリトクラシー社会に移行したからといって, 従来の基礎学力を中心とした標準的で適応的な能力が求められなくなったわけではない。**学力低下**[10]への懸念に対して, 旧来型の**学力重視のカリキュラム**[11]が復活しようとしていることからわかるように, 現代社会で基礎学力が必要でないとは考えられていない。だから, 現代社会では, 従来型の標準

表1 近代社会と現代社会に特徴的な能力の比較

| 近代社会（メリトクラシー） | 現代社会（ハイパー・メリトクラシー） |
| --- | --- |
| 基礎学力 | 生きる力 |
| 標準性 | 多様性・新奇性 |
| 知識量・知的操作の速度 | 意欲・創造性 |
| 共通尺度で比較可能 | 個別性・個性 |
| 順応性 | 能動性 |
| 協調性・同質性 | ネットワーク形成力・交渉力 |

注：本田（2005,22）を改変

的・適応的能力を基盤としながらも，状況や場面に応じて課題を個性的・創造的に仕上げ，対人スキル，人的ネットワークも駆使する力量が求められているとまとめられる。ハイパー・メリトクラシーはメリトクラシーを包含して発展させた概念である。

[キーワード]

8）ハイパー・メリトクラシー：本田（2005）が，現代社会の超業績主義の傾向を，従来の近代型「メリトクラシー」に対して名づけたもの。近代社会では，基礎学力を中心とした標準的・適応的な能力が求められたのに対して，現代社会では，より個性的で創造的な，そして組織や対人関係の場面では，相互に異なる個人の意見を調整したり他者をリソースとして活用したりする能力が求められる。

9）基礎学力：学力のうち，その後の学習や生活の基礎となる部分。基礎学力の範囲としては，狭くはそれを国語，算数といったいわゆる「用具教科」（他教科の学習のための用具の役割を果たす）に，あるいはそのなかでも3R's（読書算）に限定する立場から，より広くは各教科の学力のなかにそれぞれ基礎学力となる部分を認める立場，さらには教科外の自治能力などを含める立場まで，さまざまな立場がある（山崎 2004）。本文では，むしろ義務教育段階の教育内容の一部または全部，あるいは高校卒業程度までの学力を基礎学力とみなして用いられている。

10）学力低下（論争）：学力低下論争は，古くから議論されてきた学力論争のうち，1990年代後半になってヒートアップしたものである（田中 2004）。2002年からの授業時間数・学習内容の大幅な削減を目指すゆとり教育政策・学習指導要領の改訂に対する形で論争が起こっている。いくつかの流れが合流して議論が複雑化しているが（山内・原 2005），一つは，数学者・経済学者からの「分数ができない大学生」を引き合いに出してのゆとり教育政策への警告である（たとえば，岡部・戸瀬・西村［1999］）。二つ目は，社会移動が落ち着いた1980年代以降の日本で，親の社会階

層差がそのまま教育格差，子どもの学力差につながっていくという指摘である（苅谷1999; 佐藤 2000）。ゆとり教育の柱となる教育の多様性や自己責任が，この傾向を促進すると考えられている。三つ目に，ゆとり教育推進派である文部科学省や政府関係者，保守的な教育学者からの反論である。「学力」の定義やアセスメント，どのような時代や国際的な社会状況に位置づけて議論するかで，さまざまな考え方がみられる（→Ⅵ-4.4）。

**11）学力重視のカリキュラム**：1998年，「生きる力」の育成と「ゆとり」の確保を目指して，学習指導要領が改訂された。そこでは，週五日制を導入し，授業時間数の大幅な削減と学習内容の3割削減が図られた。しかし，分数や小数もできない大学生議論（たとえば，岡部・戸瀬・西村［1999］）やOECDのPISA調査結果，教育改革国民会議による議論などを経て，文部科学省は2002年度に施策を軌道修正し，学力推進事業を全国的に展開し始めた。2008年には，この流れを総仕上げするべく再度学習指導要領を改訂し，「確かな学力」を基盤としたうえでの「生きる力」の育成を目指すとした。これによって全体の授業時間数は増え，1998年時の改訂で削減された各教科の大事な内容も，かなりの程度までもとに戻される（梶田2008）。

## 1.3 学びとアイデンティティ形成

### 1.3.1 ハイパー・メリトクラシー社会を生きる学生タイプ

1.2.1では現代大学生の新しいタイプとしてのタイプ3を，1.2.2では現代社会がハイパー・メリトクラシー社会であることを議論した。ここから先はハイパー・メリトクラシー概念の提唱者である本田（2005）とは考え方が異なるが，筆者はタイプ3の学生が，ハイパー・メリトクラシー社会を力強く生きる学生のモデルになるのではないかと考えている。それは，タイプ3が以下四つの特徴を持つからである。

第一に，タイプ3は何でもかんでも興味を示す活動性の高い学生タイプであるが，その活動のなかには，「授業外学習・読書」の活動因子が含み込まれている。授業に関する教室外の学習のみならず，自分で気になること，興味を持つことも自主的に勉強する学生タイプなのである。

第二に，それでいて，従来のメリトクラシーを特徴づけた勉強はしっかりやっていることである。先にも述べたように，1週間の授業出席時間数は他のタイプと有意差はみられない。そのうえで，「授業外学習・読書」の活動因子の得点を高く持つのは，このタイプ3だけである（図2）。タイプ3は「よく学び，よく

遊ぶ」学生のタイプなのである。知識・技能の獲得意識がもっとも高い，また**将来展望**[12] (future perspective) の得点がもっとも高いのもこのタイプ3であるとすでに述べたから，これらのこともふまえると，タイプ3は非常に自己成長意欲，向上心が強い学生タイプであると考えられる。

第三に，時間のマネジメント（管理）能力がかなり高いと考えられることである。因子分析の結果で得られた大学生活の三つの活動因子は，たとえば授業やそれに関する宿題や課題のように，大学生であれば課される必須の活動でまとまったものではない。個人が興味関心に応じて行う自由な活動でまとまったものである。タイプ3の学生が，授業にも出て宿題や課題をこなしながらも，これだけそれ以外の活動に従事できるというのは驚きである。相当時間のマネジメント能力が高いと考えるほかはない。

第四に，ライフには「日常生活」と「人生」の二つの種類があるが（溝上 2008 b），タイプ3はこの日常生活と人生の二つのライフをバランスよく形成していることである。

職業観やライフスタイルが多様になり，そして終身雇用や年功序列といった日本的な雇用システムが昔ほど成り立たなくなった現代社会において，若者に対する**キャリア形成支援**[13]，**キャリア教育**[14] (career education) が盛んに唱えられている。大学でいえば，それは「就職支援」から「キャリア形成支援」への転換にみて取れる（川﨑 2005; 夏目 2006）。前者の就職支援とは，就職情報の提供や職業紹介・斡旋を行うものであり，後者のキャリア形成支援は，就職を含めた人生観・ライフキャリアを1，2年生といったはやい時期から考えさせ，大学生活を充実させようとするものである。二つのライフは，キャリア形成支援を構成する二つの次元，日常生活と人生のことを指す。

次頁図3は，図2のデータを用いた別の分析結果である。「あなたは自分の将来についての見通し（将来こういう風でありたい）を持っていますか」の問いに「持っている」と回答した72.9％の学生に，さらに「その見通しのなかでもっとも重要なものを一つ思い浮かべて下さい。あなたは，その見通しの実現に向かって，今自分が何をすべきなのかはわかっていますか。またそれを実行していますか。最もあてはまるものを一つお知らせ下さい。」という問いを与え，3択（「何をすべきかわかっているし，実行もしている（理解実行）」「何をすべきかはわかっているが，実行はできていない（理解

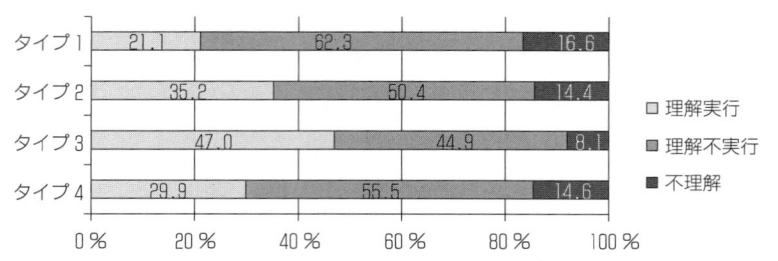

| タイプ | 理解実行 | 理解不実行 | 不理解 |
|---|---|---|---|
| タイプ1 | 21.1 | 62.3 | 16.6 |
| タイプ2 | 35.2 | 50.4 | 14.4 |
| タイプ3 | 47.0 | 44.9 | 8.1 |
| タイプ4 | 29.9 | 55.5 | 14.6 |

図3　学生タイプ別による将来の見通しの理解・実行（N＝1426）

注1：度数は，タイプ1（N＝199），タイプ2（N＝458），タイプ3（N＝434），タイプ4（N＝335）である。

注2：$\chi^2$検定の結果，0.1％水準で有意差が見られた（$\chi^2(6)=51.656$, $p<.001$）。残差分析の結果，5％水準以上で有意に多く見られたセルは，タイプ1の「理解不実行」，タイプ3の「理解実行」であった。

不実行）」「何をすべきかはまだわからない（不理解）」で回答を選ばせた結果である。「理解実行」が二つのライフをバランスよく形成している回答だと考えられるが，図3をみると，「理解実行」が有意に多いのはタイプ3だけである。

以上の，タイプ3の特徴を整理すると，次のようになる。

（1）大学から課される授業や宿題をこなしながらも，他方で自主的に勉強をし読書も行う。
（2）勉学以外の自主的な活動領域（友人・クラブ・サークル・インターネット・ゲームなど）に興味関心を示し，積極的に活動する。
（3）時間管理能力が高い。
（4）将来展望を持ちつつ，日常生活でそれを実現するべく努力する。
（5）自己成長意欲，向上心が高い。

[キーワード]

12）**将来展望**（future perspective）：時間的展望（time perspective；ある一定の時点における個人の心理的過去および未来についての見解の総体［Lewin 1939］）のなかの将来の部分。時間的展望は，個人の現在の事態や行動を，過去や未来の事象と関係づけたり意味づけたりする意識的な働きで，一般に人生にかかわるような長期的な時間的広がりを指す場合に用いられる（白井 1997）。

13）**キャリア形成支援**：従来大学では，就職課や就職部に相当する部署が，就職相談・斡旋の支援サービスを学生に行っていた。しかし，キャリア教育の考え方が

広まるにつれ，就職支援のみならず，働き方や自己理解，人生形成の支援も必要だと考えられるようになった。キャリア形成支援とはこのように，学生の将来を見据えたワークキャリア（働き方）・ライフキャリア（生き方）の形成を支援しながら，就職相談や斡旋の支援も行うことを指す。ワークキャリア・ライフキャリアの具体的支援としては，企業やOB・OGを呼んで「セミナー・講演会」の開催，「インターンシップ」の斡旋，キャリアに関する授業科目の開講などがなされている。なお多くの大学では，こうした活動の変化にあわせて，組織名称を就職部や就職課から「キャリアセンター」「キャリア支援センター」と変更している（川崎 2005; 夏目 2005）。

14）**キャリア教育（career education）**：アメリカでは，幼稚園から高等教育までを対象にしたキャリア教育が，1970年代から全国レベルで推進されている。しかし，わが国にはキャリア教育の考え方がなかなか普及せず，30年近くたった1990年代末になって，ようやくキャリア教育推進事業が始まったと言える（吉田 2005）。1999年の中央教育審議会答申「初等中等教育と高等教育との接続について」では，キャリア教育を「望ましい職業観・勤労観及び職業に関する知識や技能を身につけさせるとともに，自己の個性を理解し，主体的に進路を選択する能力・態度を育てる教育」であると定義している。ここには，生徒・学生のワークキャリア（働き方）とライフキャリア（生き方）双方を発展させることを含めて就職指導や進路指導を行っていくこと，そのために，教科・教学を含めた教育全体として就職や進路を考えていこうとするねらいが込められている（川崎 2005）。大学では，正課外での「キャリア形成支援」に加えて，正課教育としてキャリアに関する授業科目を開講する，キャリアを中心にカリキュラムを編成するときなどに，「キャリア教育」という用語を特化して用いることが多い（VI-4.6）。

### 1.3.2 プロセス・パフォーマンス

ハイパー・メリトクラシーは，知識・技能の学習結果ではなく，課題に取り組むプロセス，しかも高いパフォーマンスをともなうプロセスを問題とする。それは，**プロセス・パフォーマンス**[15]（process performance）」と呼ばれてよいものである。同じレポートを仕上げるのにも，ただ仕上げればよいと思う学生と，自分なりに納得がいくまで調べて書き直して仕上げようと思う学生とがいる。プレゼンテーションをする場合でも，ただ発表すればよいと思う学生と，できるだけ高いパフォーマンスをしようと準備と努力を重ねる学生とがいる。グループ・ディスカッションでも，何も発言しない学生，漫然と議論する学生，他者の異なる考えに興味を持ち自分の考えと摺り合わせようとする学生とがいる。こうした一つひとつの課題への

取り組み方の違いはプロセス・パフォーマンスの違いであるし，それが，ハイパー・メリトクラシーが求める能力にも関連してくると考えられる。

だから，1.2.2で述べた資本の考え方につなげて言えば，学習結果を意味する人的資本（知識・技能・資格）の獲得は，必ずしも高い学習プロセスの動機にはつながらない。得てして，推理小説の最後だけを読むような，結果だけを要領よく得ることにもなりがちである。人的資本の獲得はハイパー・メリトクラシーの能力の必要条件であるとは言えても，十分条件であるとまでは言えない。したがって，高い学習プロセスを動機づける別の何かが必要である。それがタイプ3の自己成長意欲ではないか。

すでに述べたように，タイプ3は知識・技能の獲得意識が高く，将来展望を持ちつつ，かつ日常生活でそれを実現するべく努力もする，総じて自分を成長させようとする学生タイプである。自己成長のモード（様式）が授業外学習・読書を促しているわけであるから，そこでの学習は人的資本の獲得以上のものを目指している。そして，それが高いプロセス・パフォーマンスを生み出していくと考えられる。

[キーワード]
15) **プロセス・パフォーマンス**（process performance）：ハイパー・メリトクラシーが求める能力につながる行為として考えられるもので，レポート課題やプレゼンテーション，ディスカッションなどの種々の学習プロセスにおいて示される高いパフォーマンスを指す。

### 1.3.3 アイデンティティ資本

タイプ3の特徴を考えると，学習プロセスを動機づけるものが，学習それ自体のなかだけにないことがわかる。それは学習内容への興味・関心を含みつつ，より広くライフの形成にある。すでにみたように，タイプ3は二つのライフ（日常生活・人生［溝上 2008b］）を，他のどのタイプよりもバランスよく形成している。また，タイプ3が多領域の活動にコミットすることも勘案すれば，タイプ3にとっての学習は，二つのライフのなかにうまく位置づけられてなされているということでもある。

このように考えると，タイプ3のこうした自己成長意欲は，**アイデンティティ形成**[16]（identity formation）に基づくものであることがわかる。学習への動機も，学習プロセスへの動機も，さまざまな活動にコミットするのも，すべてアイデンティティ形成として理解することが可

1 現代社会における大学生の学びとアイデンティティ形成　237

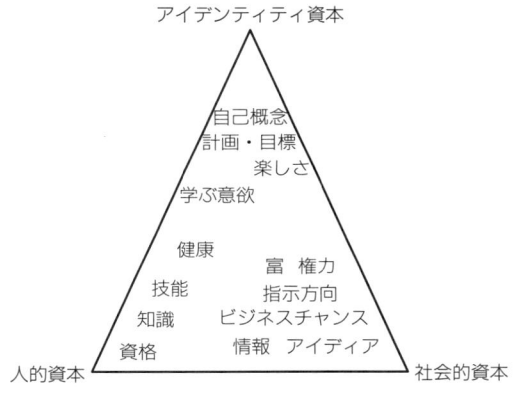

```
              アイデンティティ資本
                     △
                自己概念
                計画・目標
                    楽しさ
               学ぶ意欲
              健康      富 権力
              技能    指示方向
              知識    ビジネスチャンス
              資格    情報 アイディア
  人的資本                        社会的資本
```

図4　ハイパー・メリトクラシー社会を支える3つの資本の概念的図式
注：Schuller（2004,13）をもとに作成

能である。だから，現代大学生にとっての学習は，就職や社会的地位を獲得する以上の個人的意味が包含されている。

言い換えれば，タイプ3は，従来の近代型メリトクラシー社会で求められた人的資本・社会的資本を，アイデンティティ形成というプロセスのなかで個性的に仕上げていこうとしていると言える（図4）。それは，人的資本・社会的資本に比して，「私とは何者か（Who am I?）」をさまざまな活動領域でつくろうとする**アイデンティティ資本**[17]（identity capital）の獲得とも呼べるものである（Côté 1996; Côté & Levine 2002）。ハイパー・メリトクラシー社会でさらに求められているのはア

イデンティティ資本であって，その資本獲得に向けての努力が高いプロセス・パフォーマンスを動機づけていく。今後，さらなる検証データが必要であるが，少なくとも現時点では，現代大学生の学びをこのように考えることができる。

[キーワード]
16）**アイデンティティ形成**（identity formation）：エリクソン（E. H. Erikson）は，青年期の発達主題がアイデンティティ形成にあると考えた（Erikson 1959）。エリクソンは，青年期のアイデンティティ形成に，「自己アイデンティティ（self-identity）」と「心理社会的アイデンティティ（psycho-social identity）」の二つの側面があると考えた。前者の自己ア

イデンティティは、大人に向けて「これが私だ」という自己ラベルを見いだしつつも、同時にその自己と、児童期まで形成してきた自己との同一性（連続性）形成を指す。後者の心理社会的アイデンティティは、「これが私だ」という自己ラベルが現実社会のなかで生き生きと機能するための自己と他者・社会との同一性（斉一性）形成を指す。

17) **アイデンティティ資本（identity capital）**：カナダの青年心理学者コテ（J. Côté）が提唱した概念（Côté 1996; Côté & Levine 2002）。与えられる環境への「適応」ではなく、環境に戦略的に働きかける「主体（agent）」の形成が強く求められる社会において、「私とは何者か（Who am I?）」というアイデンティティ形成が、卒業後の仕事や人生形成にとっての資本（キャピタル）として機能するという考え。現代を近代社会から移行した「後期近代社会（late-modern society）」であるとみなしたうえで、その社会における高等教育の社会的機能を、人的資本、文化的資本と対比する形で明らかにしたものである。

# 2 大学の学習空間をデザインする

・山内祐平

　現代の大学では，学習者中心主義に基づいた空間を実現するための試行錯誤が行われている。ここでは具体的な例として，協調学習の中で深い思考を誘発する「アクティブ・ラーニング・スタジオ」，授業時間外の問題解決学習を支える「ラーニングコモンズ」，多様な人々が対話の中から学ぶ「コミュニケーション・スペース」をとりあげ，実例から学習空間のデザインについて考察を進める。

## 2.1 大学の学習空間

　情報ネットワークを基盤とした知識社会の到来とともに，大学教育は変革を迫られている。進学率の上昇によって知識社会で活躍できる人材の輩出が求められており，従来行われてきた専門的知識の伝達に加え，一般的な問題解決能力の育成が急務になっている。このような状況の中で，教師中心(teacher-centered)で知識伝達型の授業から，学習者中心(learner-centered)で知識構成型の授業への移行が模索されている。

　ワイマー (M. Weimer) は，学習者中心の環境を実現するためには教育実践に五つの変革が必要であると主張している（Weimer 2002）。

(1) より民主的なアプローチに向けて，学習者と教師の権力バランスを教師の独占状態から変える。
(2) 教育内容の役割を，範囲を網羅することから，一般的なスキルの育成のための利用へと見直す。
(3) 教師の役割を「知識の投与」から，「学生の学習支援」へ変化させる。
(4) 学習の管理責任を教師から学生に移行する。
(5) 評価の目的と過程を，試験から，自己評価や相互評価など学習を奨励するものに変える。

　学習者中心の環境を実現するためには，これまでの認識や授業の方法を変えると同時に，学習のあり方を物理的に規定している学習空間も変革する必要がある。初等中等教育で

は，オープンスクール[1]という形で実現してきたが，2000年代に入って高等教育においても取り組みが始まっている。

チズム（N. Van N. Chism）は，学習者中心の学習空間に必要な要因として，柔軟性・快適性・感覚刺激・技術支援・脱中心性をあげている（Chism 2006）。

(1) 柔軟性（flexibility）：個別学習・グループ学習・発表の共有など，知識構築に必要なさまざまな学習に対応できる柔軟性が必要である。

(2) 快適性（comfort）：物理的な身体を持った人間が，長時間にわたって快適に活動できるような空間である必要がある。

(3) 感覚刺激（sensory stimulation）：照明の光や壁の色，部屋の形やおいてある小物などの感覚を刺激する要因は，学習の基盤となる雰囲気を構成する。

(4) 技術支援（technology support）：ユビキタス技術[2]の発達によって，学習にかかわるさまざまな場所から情報空間に接続することが可能になった。

(5) 脱中心性（decenteredness）：教室だけを学習空間の中心として設定するのではなく，図書館やアルコーブ[3]などさまざまな場所を学習の場所としてネットワーク化していく必要がある。

[キーワード]
1) オープンスクール：初等中等教育では，学習者中心の環境を実現するために，教室の壁をとりはらい，学習者のスタイルにあった多様な学習空間（ラーニングセンターや個別学習ブースなど）を提供する試みとして，オープンスクールが作られている。

2) ユビキタス技術：多数のコンピュータデバイス，モバイル端末，センサーなどがネットワークで連携し，時間や場所の制約を受けずに情報サービスにアクセスすることを支える技術体系。学習空間では，一人一台ずつモバイルデバイスを所持しているケースと，机や部屋などにコンピュータが設置されているケースがある。

3) アルコーブ：壁面を一部後退させて作られたくぼみ的な小空間。学校建築では，落ち着ける居場所として利用される他，個人作業や少人数で密な対話をするためのスペースとしても使われる。

## 2.2 アクティブ・ラーニング・スタジオ

「大学の教室」ということばからどのような部屋をイメージするだろうか。何百人も入る大きな部屋，整然と並んだ固定机，机と一体化している椅子，立派な教壇，前方にある

大きな黒板——これは大講義室と呼ばれる近代の大学に特徴的な教室である（→VI-4.3）。

大講義室に象徴される，優秀な教員が多くの学生に最先端の知識を一斉に伝達し，効率よく知識労働者を生産するというやり方は，近代の大学の中心的教育モデルとしてこの100年間役割を果たし続けてきた。

しかしながら，大量の情報がネットワークに流通し，新しい知識を創り出す能力が重視される現代では，大学教育にも違ったスタイルが求められてきている。そこで生まれたのが，「アクティブ・ラーニング」という考え方である。

アクティブ・ラーニングは，「読解，作文，討論，問題解決などの活動において分析，統合，評価のような高次思考課題を行う学習であり，学習者が能動的に授業に関与するので，「アクティブ」ラーニングと呼ばれている(Bonwell & Eison 1991)。アクティブ・ラーニングを実現するためには，単純に知識を記憶するだけでない，深い思考を伴う活動を授業の中に組み込む必要がある。

### 2.2.1 ケーススタディ：TEALスタジオ（マサチューセッツ工科大学）

TEAL (technology enabled active learning) は，情報通信技術を活用して初等物理の授業を大講義形式からアクティブ・ラーニング形式に移行するプロジェクトである。このプロジェクトは，マサチューセッツ工科大学（MIT）で物理を担当していたベルチャー教授が，大講義スタイルでは学生に物理の本質を学ばせることが難しいと感じたことがきっかけになり開始された。黒板で説明し，学生がノートを書いて知識を覚えるだけでは，物理的な直感や思考力を養うことができないと判断したのである。そこで，300名の大講義室で行われていた一斉講義を，100名のスタジオ型教室でのアクティブ・ラーニングに切り替えることになった。

そのために用意されたのが，Studio Physicsというアクティブ・ラーニングスタジオである（次頁図1）。ここには定員9名の円形テーブルが13台設置されており，教員の居場所は中央にある。教員が中央にいるのは課題提示とまとめの時だけで，あとの時間は円形テーブルを巡回して，学生と話しながら，学習を支援する。この教室には黒板がなく，前後左右という概念がない。課題の提示や実験映像の共有は，周囲に設置された8枚のスクリーンによって行われる。

この教室の授業は，「デスクトップ実験」を中心に構成されている。

図1　TEAL スタジオ

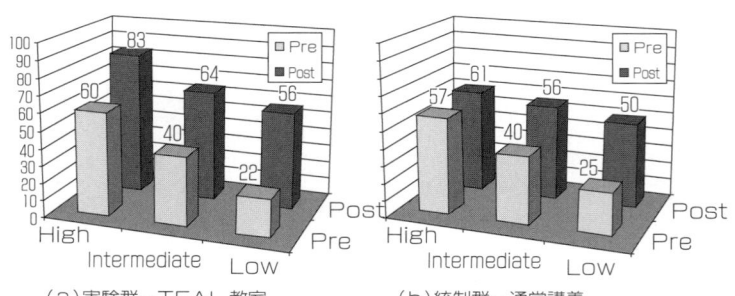

図2　TEAL 教室の評価
(a) 実験群－TEAL 教室
　　2001年秋学期　学生数=176
(b) 統制群－通常講義
　　2002年春学期　学生数=121

学生は課題実験の結果を予想し，PRS[4] (personal response system) で他の学習者の回答を把握する。**グループ学習**[5]でその理由をディスカッションした後，実際に円形テーブルの上で実験を行って予想が正しいかどうかを確認する。どうしてそういう実験結果になったのかを**シミュレーション**[6]を使いながら考察し，討論を行う。

TEAL プロジェクトでは大講義形式との比較評価を行っている (Dori & Belcher 2003)。授業の前後の理解状態を評価した結果，TEAL 群の方が大講義群より学生の理解が向上していることが明らかになった (図2)。

図2のグラフからは，TEAL 教

室が事前テストでの成績上位群・中位群・下位群すべてにおいて，通常講義群を上回っていることがわかる。特に成績上位群のびは顕著であり，MITが重視しているトップレベルの理工系教育の成功が確認されている。

## [キーワード]

4）PRS：(personal response system)：選択肢の質問に対し，学習者が数字ボタンを押すことによって，学習者の回答状況がグラフなどで可視化される装置。クリッカーと呼ばれることもある。

5）**グループ学習**：複数名の学習者が課題解決のために作業や討論を行う学習形式。初等中等教育では一般的に行われてきたが，最近は高等教育でも積極的に取り入れられている。領域や課題によって学習者の人数が変わるので，東京大学のKALSのように，組み合わせによって人数を変えられるテーブルを備えたアクティブ・ラーニングスタジオが増えている。

6）シミュレーション：現実世界を数理的にモデル化し，モデルをベースにした思考実験を支援するためのソフトウェアシステム。TEALでは，電磁気に関するデスクトップ実験で，実際には目に見えない磁界の動きなどを可視化するために利用されている。

## 2.3 ラーニングコモンズ
### 2.3.1 インフォメーションコモンズからラーニングコモンズへ

1990年代の急速な情報通信技術の発達は，学術研究資料の電子化を促進し，図書館はこれらの電子的リソースへのアクセスをサービスの一環として提供することになった。この流れの中で，学生が電子的リソースへアクセスするための空間として，インフォメーション**コモンズ**[7]が生まれた。

インフォメーションコモンズは，学生が利用できる大規模なコンピュータ施設であり，最先端のコンピュータや周辺機器が利用できる魅力的で新しい空間である。伝統的な図書館の収蔵品とサービスに加え，コンピュータや**情報リテラシー**[8]を教える教室，統合されたサービスデスク，ネットカフェ，図書館と情報分野の協力サービスなどが用意されている。

インフォメーションコモンズは北米を中心に多くの大学で設置されており，学生が日常的に利用する学習空間になっている。2000年代中盤からはラーニングコモンズという名称を持った施設が登場する。

ビーグル(D. Beagle)はインフォメーションコモンズ(IC)からラーニングコモンズ(LC)への進化の過

程について，次の4段階モデルを用いて説明している（Beagle 2004）。

(1) 適応としてのIC：最初の段階は，図書館にあるコンピュータラボ(オフィスソフトウェアがインストールされている)に電子リソースへのアクセスが組み合わされたものであった。印刷媒体を取り扱ってきた図書館が情報通信技術に適応し，姿を変え始めた。
(2) 孤立した変化としてのIC：次の段階は，場所としては同じラボであるが，メディアオーサリングツールがインストールされ，図書館のスタッフがリソースの発見からデータ処理，プレゼンテーションや出版の段階までサポートするようになったものである。ただし，この段階はまだ図書館中心であり，全学の他の優先事項と連動していない。
(3) 広範囲に及ぶ変化としてのLC：上記にあげたものに加え，Faculty Development (FD)センター・教授学習センターとの連携や，全学で利用されているContent Management System(CMS)の包含，図書館の電子リソースの統合や仮想的レファレンスサービスとの結合が見られる。この段階では，図書館のサービスは，従来図書館の範囲外と言われていた教育に関する機能も統合され，図書館中心主義から離脱し，協同的になっている。
(4) 転換的な変化としてのLC：上記のような動きが，全学の体制として位置づけられ，教員のイノベーション（コアカリキュラムの見直しやカリキュラム横断型の各種プロジェクト）を伴っている段階。この段階では，サービスの水平的統合だけではなく，ユーザーのニーズに応じた垂直的多様化が起こる。

ビーグルは，(2)と(3)の間にインフォメーションコモンズとラーニングコモンズの境界を設定している。ラーニングコモンズという名称を持った施設が(3)(4)の要素をすべて満たしているわけではないが，図書館が情報サービスを提供するということにとどまらない，学習を意識した空間構成やサービスが必要であると言えるだろう。

### 2.3.2 ケース・スタディ：学環コモンズ（東京大学）

学環コモンズは2008年度に開設

図3 学環コモンズ・ラウンジスペース

された情報学環・福武ホールの1Fにある大学院情報学環の教職員・学生など構成員全員が使える共有スペースである。知識創発型ラウンジの側面とインフォメーション/ラーニング・コモンズの側面をあわせもっており、学びと創造が同時に起こる空間としてデザインされている。

学環コモンズは、ラウンジスペース、ワークスペース、コラボレーションスペースから構成されている。

**(1) ラウンジスペース**

ラウンジスペースの入り口部分は、壁面全体が書棚になっており、教員の研究プロジェクトや情報学環の歴史に関係する書籍や資料が配置されている(図3)。来訪者に対し情報学環の全体像を可視化すると同時に、学生がコミュニティに**正統的周辺参加**[9]するためのインデックスの役割を果たす。ラウンジは、ソファに座りコーヒーを飲みながら、開放的な談話の中から新しい気づきを生み出すための空間である。ここにはコンシェルジュが常駐しており、受付を経由して技術サポートなどが受けられる。その奥には直径5mの円形バーカウンターが設置されており、お互いの研究を紹介しあうミニパーティなどに利用されている。

**(2) ワークスペース**

学環コモンズの中央には、調べ物をするためのワークスペースとして16席の大型テーブルが用意されている。このスペースは個人作業を前提に設計されているが、前の席の人と話せるようにテーブルの幅が設定されており、作業の中でよいアイデアを思いついたときにすぐ対話につなげられるようになっている。このスペースをはじめ、学環コモンズには8台のシンクライアント(情報端

図4　学環コモンズ・コラボレーションスペース

末）が設置されており，学生証・職員証などのICカードを差し込むだけでログインでき，別の端末に移動しても作業が続けられる環境が用意されている。

**（3）コラボレーションスペース**

ワークスペースのとなりには，組み合わせ自由なテーブルと移動型ホワイトボードで構成されたコラボレーションスペースがある。テーブルは三角形になっており，組み合わせることによって，3〜12人程度まで自由に形と大きさを変えることができる（図4）。コラボレーションスペースでは，地下二階の福武ラーニング・スタジオで行われる授業の課題解決活動や，自主的な研究会・プロジェクトなどの打ち合わせが日常的に行われている。コラボレーションスペース側の壁面には自主的な研究会やプロジェクトのためのロッカーが用意されており，制度的にも自発的な学習を奨励するようになっている。

**［キーワード］**

7）**コモンズ**：もともと村落共同体の共有地（入会地）をさす概念であったが，情報化社会の進展とともに，物理的な空間だけではなく，情報の共有システムにまで定義が拡大されている。

8）**情報リテラシー**：自立した生涯学習者であるために，情報を探し出し，評価し，効果的に活用し，情報のさまざまな形態を活用できる能力。図書館の教育サービスの基本にある考え方である。

9）**正統的周辺参加**：レイブ（J. Lave）とウェンガー（E. Wenger）によって提唱された，学習を実践共同体への周辺的参加から十全的参加へ向けての成員としてのアイデンティティの形成過程としてとらえる見方。

表1　不確実な世界のためのカリキュラム

| カリキュラムの状態 | 線状 | 境界 | 円滑 | 困難 |
| --- | --- | --- | --- | --- |
| カリキュラムの焦点 | 結果と組織 | 越境 | 場の創出 | 分離と不確実 |
| 知ることの概念 | 記憶と応用 | 関係の発見 | ずれの認識 | 能動的な冒険 |
| 学習の促進 | 決められた準備と練習 | 構造の解体 | 探索への招待 | 厄介なジレンマ |
| 学生の位置 | 不活性 | 関係の発見 | ずれの位置づけ | 能動的な注意喚起 |

注：Savin-Baden（2007）を筆者が一部修正

## 2.4 コミュニケーション・スペース

これからの大学のキャンパスに必要なものは、アクティブ・ラーニングスタジオとラーニングコモンズだけではない。社会と大学をつなげ、多様な人々との対話の中から学ぶ場も必要とされている。対話の場には**ワークショップ**[10]や**サイエンスカフェ**[11]などさまざまな形態が存在するが、ここではコミュケーションスペースと総括して話を進める。

社会からの要請で大学教育の目標が変化することによって、必要な学びの場も変わってくる。サビン=ベイデン（M. Savin-Baden）は、教育の目標に不確実性を持った実世界における知識の応用が含まれる場合、文化・学問体系・組織などのはざま（boundary）に学習の場を設定し、学習者が困難を感じるカリキュラム構成が必要であると述べている（Savin-Baden 2007；表1）。

学習者が自分と背景の違う人々と学んだことを対話し、その中でアイデンティティに危機を感じるような「厄介なジレンマ」を引き受け、積極的な冒険として乗り越えようとする中で、知識が世界にどう位置づけられるのかを学ぶ これが、困難を基盤としたカリキュラムである。このような学びの場を実現するためには、大学を多様な人々の出会いと真剣な対話の場として再定義する必要がある。このような場を実現するために、広場やカフェ、交流センターなど、さまざまなコミュニケーション空間が実装されている。

## [キーワード]

10) **ワークショップ**：講義など一方的な知識伝達のスタイルではなく、参加者が自ら参加・体験して共同で何かを学びあったり創り出したりする学びと創造のスタイルである（中野 2001）。教師はおらず、ファシリテータと呼ばれる支援者が学習をコーディネートする。

11) **サイエンスカフェ**：カフェのよ

図5 プレゼンテーションベイ：（はこだて未来大学）

うなくつろいだスペースで科学の専門家と一般市民が科学的なトピックについて対等に対話することを目標にした活動。1990年代後半にイギリスとフランスではじまり、日本でも普及している。

### 2.4.1 ケーススタディ：プレゼンテーションベイ（はこだて未来大学）

はこだて未来大学のプレゼンテーションベイは、直径10mの円で、三段彫り込まれた形状をしている。このユニークなスペースは、全体がガラス張りで5階吹き抜けの大学建築の一階部分に設置されており、**プロジェクト学習**[12]などに利用されている。

建築家の最初の提案では、開放的ではあるが一斉講義形式に準じた前を向いて発表を聞く空間になっていた。ユーザーである建築策定委員会との協議の中で、教員も学生もゲストも参加者が全員対等に話せるということを重視して、現在の円形の構成になったのである。

プレゼンテーションスペースでは、情報表現基礎や情報デザインなどの授業の講評会が行われる。学生が課題に対する作品を見せながら説明し、教員や他の学生がコメントを行う。このように作品を制作して、人との対話をベースにしながらリフレクションを行う学習環境を、美馬・山内（2005）は、アトリエ的学習環境と呼んでいる。

この空間では、講評会だけでなく、さまざまな用途に利用されている。高校の物理の教員が行う科学デモンストレーションや、プロジェクト学習に協力している企業や地元の関係者を招いた成果報告会など、大学の外との交流も頻繁に行われてい

る。

　この空間は，あらゆる方向に開放的なデザインになっているので，イベントが行われていると，上の階から人がのぞき込み，興味を持った人は降りてくる。近くに関係ありそうな教員や関係者がいれば，即興的に輪に引き込んで話を聞くという出来事も起きる。この円形空間は人々のつながりと対話を誘発しているのである。

[キーワード]

12) **プロジェクト学習**：複雑な課題や挑戦に値する問題に対して，学生がデザイン，問題解決，意志決定，情報探索を一定期間自律的に行い，リアルな制作物もしくはプレゼンテーションを目的としたプロジェクトに従事することによって学ぶ学習形態である（Jones, Rasmussen, & Moffitt 1997）。

# 3 大人の学び
## ——熟達化と市民リテラシー

・楠見 孝

　大人の学びは，教育によらない学習，職場などにおける経験からの学習が大きな部分を占めている。大人は青年期までの発達や教育によって獲得した認知能力を基盤にした学習が可能である。大人の学習は，生涯にわたる学習であり，学習のプロセスと成果自体が，個性的である。ここには，仕事や趣味などにおける熟達化の過程における暗黙知の獲得が重要な役割を果たしている。

　大人の学びにおいてもう一つ大事な役割を果たしているのは，経験からの学習の態度と批判的思考の態度である。特に批判的思考の態度は，良き市民として生活するための市民リテラシーの学習において重要である。市民リテラシーは，メディア，経済，科学，経済，法律などの生活にかかわるさまざまな領域の事柄を理解し，適切に行動するためのマルチリテラシーから成り立っている。

## 3.1 はじめに：大人の学習の特徴

　大人の学習は，成人期の学習（**成人学習**[1]［learning in adulthood］）ともいう。その特徴は大きく三つ挙げることができる（Merriam & Caffarella 1999）。

　第一の特徴は，大人の学習は，学校以外での「教育によらない学習」が大きな部分を占めることである。これは子どもの学習が「教育による学習」が大きな部分を占めることと対照的である。

　したがって，大人の学習は，自発的な部分が大きく，自分に適した方法や機会を自ら選択するなどのさまざまな形態の学習がある（→ 3.2）。

　教育によらない学習が大きな部分を占める大人の学習では，学習は，**意図的学習**[2]と**無意図的学習**[3]に分かれる。意図的学習は，学習者自身の強い動機づけ，すなわち学習の目標意識や意義づけによって進む学習である。無意図的学習は，大人が，日常の仕事やマスメディアを通して，学習を意図しないでも，経験を通して学ぶことである。特にマスメディアを通した学習ではメディアリテラシーや批判的思考力が重要である（→ 3.7, 3.8）。

　第二の特徴は，生涯を通じて行う「**生涯学習**[4]（lifelong learning）」である。その学習は**生涯発達**[5]のな

かに位置づけることができる。学習の目的は，人によってさまざまであるが，自らの能力や個性を発揮し，幸福な生活を目指すものとして位置づけることができる。

ハヴィガースト（R. J. Havighurst）の発達課題[6]に基づくと，大人になる青年期には，「市民として必要な知識と態度を発達させる」，壮年初期には，「職業に就く，家庭を管理する，余暇活動を充実させる」ことが課題であり，これらは大人の学習を必要としている（Havighurst 1973）。

第三の特徴は，青年期までに発達や教育によって獲得した高い認知能力を基盤にした学習であるという点である（楠見 1995 a）。とくに，省察（reflection）（→ 3.6），批判的思考力（→ 3.8）が重要である。これは過去の振り返りと未来のプランニングや意思決定がかかわる。

そこで本章では，大人の学習として，心理学的な視点から，第一に仕事や余暇（趣味）における学習を支える熟達化について，第二に，市民としての知識・態度，家庭のマネジメントにかかわる市民リテラシーの学習について述べる。

[キーワード]
1）成人学習（learning in adulthood）：「成人学習」という用語は，成人教育（andragogy），生涯教育，社会教育の対象者としての大人の学習の援助の研究において使われる用語である。本章は心理学の視点から記述をしたため，「大人の学習」という用語を用いた。

2）意図的学習：学習者自身の強い動機づけ，すなわち学習の目標意識や意義づけによって進む学習。

3）無意図的学習：学習者が，学習を意図しないで，日常生活の経験やマスメディアを通して進む学習。

4）生涯学習（lifelong learning）：学校だけでなく生涯を通して行う自発的な学習。その内容は，仕事にかかわる知識・技術だけでなく，教養，スポーツ，趣味などを通した学習活動も含む。

5）生涯発達：人を乳児期から老人期まで生涯にわたって発達していく存在としてとらえる発達観。

6）発達課題：人生の各段階において達成・獲得されることが社会によって期待される課題。社会的，情緒的，知的な領域，能力にかかわるものがある。

## 3.2 大人の学習の類型

大人の学習の特徴を大きく六つに分けて考える。

第一は，経験の反復に基づく学習が大きな役割を果たしている点である。大人の学習では，職場や趣味におけるスキルの獲得は，意図的な経験の反復による練習と無意図的な経験の反復に支えられている。練習に

おいて、望ましい行動に報酬を随伴させる強化は、指導者がコントロールすることもあるが、学習者自身がコントロールすることも多い（たとえば、自分をほめたり、褒美を与える）。さらに、学習による結果の知識が得られるような、適切なフィードバックが重要である。その点で指導者や学習仲間が果たす役割が大きい。そして以上のことがらを含むかたちで重要なことは、**熟慮を伴う練習**[7]（deliberate practice）である。これには達成に向けての事前の長期的計画と日々の努力が必要である（Ericsson, Krampe, & Tesch-Romer 1993）。また、練習ではない、無意図的な経験の反復からもスキルは獲得される（たとえば、仕事上の接客、電話応対など）。ここで、新たな挑戦をするなどの態度や省察を行うことが、経験から学習するための鍵となっている（→3.6）。

第二は、経験からの帰納である。第一の学習がスキルや知識を蓄積するだけなのに対して、帰納は、蓄積したスキルや知識、事例を類似性に基づいてカテゴリー化し、その共通性やルールを抽出する（Holland et al. 1986; 楠見 2002）。ここでは、類似性だけでなく、時間的・空間的な近接性の情報や、共出現頻度などの統計情報も利用して、カテゴリー化やパタン、規則を帰納する。大人は、高い帰納推論能力を持ち、また、背景となる豊富な知識を用いて経験を意味づけることもできる。

第三は、**観察（社会的）学習**[8]である。特に、これは運動技能、態度、そして知識などの獲得にかかわる。大人は、意図的にモデルとなる人物を選択し、そこに注意を向け、その行動を記憶内に保持し、適切な時に、動機づけによって、実行することができる。職場や趣味の世界では、先輩や仲間をモデルとし、観察することによって学ぶことは重要である。これは、次にあげる他者との相互作用がかかわる。

第四の他者との相互作用は、仲間や先輩との対話や教えあい、情報のやりとりによって学ぶことである。これは、**状況論的学習理論**[9]において重視されている学習である。学習者は、仕事や趣味のグループなどのコミュニティにおける文化的実践に参加することを通して、他者、道具などのリソースを利用し、スキルや知識を獲得していく（Brown, Collins, & Duguid 1989; Lave & Wenger 1991）。近年では、大人の学習は、時間や距離の制約を越えることができる、インターネット上の仮想空間における他者との相互作用も重要な意味を持っている。ブログ、SNS、チャット、ニュースグループなどを活用したインターネット上

のコミュニティは，忙しい人，遠隔地に住む人，障害をもつ人など，従来は参加しにくかった人が，同じ関心を持つということで集い，相互作用を行ったり，個人の経験や学習成果を発信することを可能にしている。これは，次のメディアによる学習につながる。

第五は，メディアによる学習である。これは，テレビやインターネットなどの文字，映像情報などに基づく間接経験による学習である。コンピュータや携帯情報機器を活用した学習ソフトは数多くあり，放送やインターネットによる遠隔教育，eラーニングは大人の教育において重要な役割を果たしている。

第六は，既有知識領域からの**類推**[10]による転移である。大人は豊富な経験と高次な類推の能力によって，過去の状況とまったく同じ状況でなくても過去の経験を活かして，新しい状況に対処できる（楠見2001）。これが類推による学習である。類推は大人の学習において，過去経験の転移によって，新しい学習を促進させるが，一方で，古い経験が新しい学習に干渉して妨害する（負の転移）ことも起こりうる。たとえば，大人になってからの外国語の学習は，すでに学習した日本語や英語の文法や語彙の知識を利用して効率よく学習できる（正の転移）。

一方ですでに学習した日本語の発音が，まったく異なる新しい外国語の発音の学習を難しくすることもある（負の転移）（→Ⅳ-1.2.4）。

[キーワード]
7）**熟慮を伴う練習（deliberate practice）**：単純な練習の反復ではなく，長期的計画に基づく練習であり，適切な結果のフィードバックから，学習者自身が結果を振り返ること（省察）が重要である。

8）**観察（社会的）学習**：学習者がモデルとなる人物を選択し，そこに注意を向け，その行動と結果を記憶内に保持し，適切な時に，動機づけによって，模倣して実行することで学習が成立する。

9）**状況論的学習理論**：学習者が，仕事や趣味のグループなどの実践コミュニティに参加することを通して，他者，道具などのリソースを利用し，スキルや知識を獲得することに注目する学習理論。

10）**類推（analogy）**：類推とは，二つ以上の知識領域（概念，スキーマ，事例，問題，理論，物語など）の類似性に基づく思考である。類推は経験を蓄積して活用するために成人の学習にとって重要である。

## 3.3 実践的知能と叡智の獲得

これまでの知能研究では，知能は加齢によって低下し，遺伝的規定性が大きく，測定が可能であると仮定されてきた。特に，速さや正確さに

かかわる**流動性知能**[11]（fluid intelligence）が青年期をピークに成人期から老年期へ加齢によって低下することは，脳生理学的な機能低下によると仮定されていた。しかし，成人期においても神経細胞（ニューロン）の新たな結合は作られている。したがって，大人の学習を考える場合，多様な経験や訓練が知能をどのように向上させるかという可塑性の観点が重要である（鈴木 2008）。また，知能検査が測定している知能は，知能の正確さや速さでとらえられる分析的な知能が中心であるとして，その限界が指摘されるようになってきた。たとえば，**多重知能理論**[12]（theory of multiple intelligence）（Gardner 1983）では，言語，論理数学，空間，音楽，身体運動，対人，個人内知能を指摘しており，音楽や身体運動は，芸術や趣味の領域で獲得されるスキルや知識にかかわる（→IV-1.3.2）。

スタンバーグ（R. J. Sternberg）の**コンポネントアプローチ**[13]では，知能を三つのコンポネントに分けている（Sternberg 1985）。

(1) **分析的知能**[14]（analytic intelligence）：問題の認知と定義（分析，比較，評価）
(2) **創造的知能**[15]（creative intelligence）：新しいアイディアの創出（創造，発見，設計）
(3) **実践的知能**[16]（practical intelligence）：日常での適用，活用，実行，達成

ここで，実践的知能は，従来の知能検査が測定してきた分析的知能に代表される学業成績を説明・予測する**学業的知能**[17]（academic intelligence）とは異なり，学校を出てからの社会における業績を説明・予測する（Sternberg & Wagner 1986）。また，一般の人が「頭のよい人」をどのようにとらえているかという**暗黙の知能観**[18]（implicit theory of intelligence）においても，「頭のよい人」は分析的知能だけでなく，日常生活における優れた問題解決や対人的知能を含む実践的知能に近いものであることが示されている（Sternberg et al. 1981）。

特に，対人場面においては，自分の欲求，感情などをコントロールする感情知能や社会的知能の側面や，目標達成のために自己の能力を統合的に利用する（たとえば，自分の得意な分野を最大限に活用し，自分の弱点を最小化する）ことが重要である。

青年期までの発達で重視される知能は，パワーやスピードが重視される分析的知能である。そして成人期

以降の発達において重視される知能は，経験によって獲得されるバランス，コントロール重視の実践的知能であると言える。これは，人生の長い経験を通して獲得される**叡智**[19] (wisdom) に結びつく。クンツマン (U. Kunzmann) とバルテス (P. B. Baltes) は，叡智を人生で遭遇する困難な問題を解決するための「人生に関する根本的，実際的な考慮についての熟達化」(expertise in the fundamental pragmatics of life) として定義している (Kunzmann & Baltes 2005)。叡智は高い水準と価値を持つ知性であるため，定義や測定は難しいが，以下に示すように人生にかかわる問題解決課題における評価基準は，獲得という観点から叡智を理解する手がかりになる。①人の性質や人生についての豊富な知識，②人生の問題解決のための豊富な手続き的知識，③人生の多様な文脈の理解に基づく判断，④個人・社会・文化の差異の理解に基づく相対主義，⑤個人の知識の限界を踏まえた不確定性への対処，などである。このように，叡智を熟達化（→ 3.5）によって獲得するものとして位置づけることによって，叡智にかかわる知識，スキル，態度を明確化することができる。そして叡智の獲得のためには，自分の経験を省察する（→ 3.6）ことが重要である（鈴木 2008）。

## [キーワード]

11) **流動性知能**（fluid intelligence）：知能の下位構成要素として，基礎的な認知的操作（情報の獲得，関係の抽出や抽象化など）を支える知能。情報処理の速さや正確さにかかわる。

12) **多重知能理論**（theory of multiple intelligence）：ガードナー (Gardner 1983) が提唱した八つの独立した知的機能（言語，論理数学，空間，音楽，身体運動，対人，個人内知能）の相互作用で人の知的システムをとらえる理論。

13) **コンポーネントアプローチ**：スタンバーグ (Sternberg 1985) が提唱した，知能が三つの情報処理のコンポーネント（分析的，創造的，実践的知能）によって構成されているととらえるアプローチ。

14) **分析的知能**（analytic intelligence）：なじみのある問題の解決において，問題を認知し，計画を立て，分析，比較し，評価することを支える知能。

15) **創造的知能**（creative intelligence）：新奇な問題の解決において，新しいアイディアの創出（創造，発見，設計）を支える知能。

16) **実践的知能**（practical intelligence）：日常生活の文脈において問題を解決するために，既知の情報を適用，活用し，実行，達成を支える知能。

17) **学業的知能**（academic intelligence）：学業成績を説明・予測する知

能。知能検査で測定できる分析的能力。実践的知能や感情知能と対比される。

18) **暗黙の知能観（implicit theory of intelligence）**：一般の人が知能に対してもっている考え方，素朴理論。意識しないかたちで，学習活動や対人認知に影響する。

19) **叡智（wisdom）**：叡智は生涯発達の理想としての到達点である。人生経験に基づく深く広い知識と理解に支えられた知性である。

### 3.4 仕事の暗黙知

青年期以降，仕事は一日そして人生の中で多くの時間を占める。人は，仕事の選択と熟達化をとおして，能力を発揮し価値を実現する。仕事は，長期にわたる知識やスキルの獲得と3.3で述べた実践的知能にささえられている。たとえば，ホワイトカラーの会社員では，新人として職場にはいってから，長い年月をかけて多様な業務を経験して，中年期に管理職となる学習プロセスがある（楠見 2009）。こうした仕事における経験からインフォーマルに獲得されるものに，仕事上のコツやノウハウがある。スタンバーグ（R. Sternberg）らは，こうした実践の場で獲得し活用する非形式知を**暗黙知**[20]（tacit knowledge）とよび，現実世界での成功の鍵と考えた（Sternberg & Wagner 1992; Wagner 1987）。彼らは，管理職，研究者，軍隊などの領域の優れた人に対する面接と質問紙調査にもとづいて，その構成要素として，自己管理，他者管理，課題管理の暗黙知を見いだしている。

暗黙知の性質（Sternberg et al. 2000）としては，大きく以下の三つがある。

第一に暗黙知は，個人の経験によって獲得される。暗黙知は，直接教えられるというよりは周囲の人の行動から推論したり，経験から自分で発見しなければならない。したがって，教育によらない学習が大きな部分を占める大人の学習にとって重要な知識である。また，暗黙知が職場での学習において必要な理由は，経験を通してでしか学ぶことのできない知識や技能があり，それがなければ，仕事をうまく進めることができないからである。しかし，逆に暗黙知だけで業績を上げられる訳ではなく，仕事にかかわる**形式知**[21]（explicit knowledge）も必要である。

第二に，暗黙知は手続き的知識である。暗黙知は，形式知としてことばで表現することが難しく，手順の形によってでしか表現できない場合がある。暗黙知は，主観的あるいは身体的な知識として，個人的経験，熟練技能として存在する。また，暗

黙知は，単なる仕事に関する知識ではない，組織文化，風土などの形で存在する場合もある（野中・竹内 1996）。

第三に，暗黙知は現実場面で役に立つ。これは，暗黙知が普遍的な知識ではなく，仕事の場の状況や目標依存的な知識であることを示している。

こうした暗黙知が獲得される過程が次に述べる熟達化である。

## [キーワード]

20) **暗黙知（tacit knowledge）**：実践経験からインフォーマルに獲得された非言語的な知識。学校や書物を通して教えられる形式的，言語的な知識と対比される。

21) **形式知（explicit knowledge）**：形式知は，客観的論理的で言語的・形式的な知識である。マニュアル，仕様書の形で存在し，研修で教えられる知識である。

### 3.5 仕事の熟達化

経験による高次のスキルや知識の獲得を熟達化という。熟達化によって，素早く，正確な遂行ができるようになる。この段階では，手続き化された知識（スキル）は自動化しているとともに，構造化された，原理に基づく領域的な知識をもっている。したがって，熟達化の進行によって，適切に状況を把握し，自己調整によって，柔軟な行動ができるようになってくる。

こうした熟達化には **10年ルール**[22]（Ericsson 1996）と言われるように長い時間がかかる。およそ10,000〜20,000時間を知識やスキルの獲得のためにかける必要がある（たとえば週に40時間をかけるとすると10年で20,000時間）。これは，仕事だけでなく趣味やスポーツの領域でも同様である。

熟達には，大きく三つの段階がある。第一は，**定型的熟達**[23]（routin expertise）の段階である。初心者が熟達者のコーチングを受けて，仕事についての手続き的知識を蓄積することによって，定型的な仕事ならば，速く，正確に，自動化されたスキルによって実行できる段階である。しかし，新奇な状況での対処はうまくいかないことがある。

第二の段階は，**適応的熟達**[24]（adaptive expertise）である（波多野 2001）。仕事に関する手続き的知識を蓄積し構造化され，仕事の全体像を把握できる。そして，状況に応じて，知識を柔軟に適用できる段階である。状況を越えた類似性認識，つまり類推によって，過去の経験を生かすことができる。

第三の段階が，**創造的熟達**[25]（creative expertise）である（平田・楠見 2005）。これは，すべての人が到達する段階ではない。一部の

適応的熟達者がさらに豊かな経験を重ねることにとって,暗黙知を獲得し,状況の深い分析と新たな手順や知識を創造できる段階である。

こうした熟達化の段階はスポーツや趣味の世界においてもみられる。身体的なスキルが大きな役割を占める仕事(たとえば熟練工や職人),スポーツ,楽器の演奏では,高い熟達化の水準に達するためには,10代あるいはそれ以前から訓練を重ねることが重要である。しかし,20代以降に,仕事や芸術,趣味の世界に入り,老年期まで熟達化が進む領域もある。たとえば,ホワイトカラーの仕事や文芸などの領域がある。

特に,スポーツや趣味の世界においては,新たなことに挑戦し,日々の練習によって,スキルや知識を蓄積することが,パフォーマンスの進歩として現れる。学習者は,そのことによって,自己効力感[26](self efficacy)を得て,それが,さらなる学習を動機づけることになる。これは次の学習の態度にかかわる事柄である。

[キーワード]

22) **10年ルール**:高いレベルの知識やスキルの獲得のために,およそ10年にわたる熟慮を伴う練習や経験が必要であることを示した法則。

23) **定型的熟達**:定型的なスキルを早く正確に自動化された形で実行できる熟達の段階。

24) **適応的熟達**(adaptive expertise):学習者が学んだ手続きを柔軟に,適応的に利用できるようになる熟達の段階。適応的熟達者は,手続きとその対象を理解する概念的知識,手続き的知識と概念的知識の結束性,自分の現状をモニターし,さらに高いレベルを目指すメタ認知をもっている(波多野 2001)。

25) **創造的熟達**(creative expertise):すべての人が到達する段階ではないが,一部の適応的熟達者がさらに経験を重ねることにとって,状況に応じた新たな手順や知識を創造できる熟達の段階。

26) **自己効力感**(self efficacy):学習者が主体として,学習をうまくコントロールできているという信念である。熟達による成功経験は効力感を高め,次の挑戦的な目標設定や意思決定に影響する。

## 3.6 学習の態度と省察

大人が経験から学習し,熟達化するために必要な条件としては,学習の態度と省察の二つが考えられる。

第一は,挑戦,開かれた心といった学習態度である。それは,挑戦的(ストレッチ)課題へのチャレンジという行動に現れる。これは,能力を少しだけ超えた課題である(楠見 2009)。

第二は,結果のフィードバックである。課題の達成時に与えられるコ

メントやアドバイスに基づいて振り返る後述の省察が重要である。そして，教訓を得て，さらに，法則，個人的な「理論」により体系化し，統合に向かうことを教訓帰納と呼ぶ。

**省察**[27] (reflection) は，経験からの学習において，二つの方向で働いている (van Manen 1995)。第一は，**振り返り的省察**[28] (retrospective reflection) であり，体験を解釈して深い洞察を得ることである。たとえば，仕事が終わった後，あるいは1週間ごとに，振り返ることは，経験から学習し教訓を得るためにも重要である。

第二は，**見通し的省察**[29] (anticipatory reflection) である。これは，未来に向けて，実践の可能性についての考えを深めることである。特に，失敗から学ぶ場合は，第一の振り返り的洞察にもとづいて，プランを修正し，行動を改善することが重要である。

さらに，両者の中間である行動の中での省察 (reflection in action) もある。これは行為をしている間に，状況に注意を向け，行動を適切に調整することである。

仕事の場のような複雑な状況においては，省察しながら柔軟に対応する**省察的実践**[30] (reflective practice) が重要である (Schön 1983)。

## ［キーワード］

27) **省察** (reflection)：振り返り，反省，内省とも訳される。複数の定義があるが，デューイ (J. Dewey) は省察的思考を経験の中で生じる問題解決のための探求を誘う思考であり，理論・知識を実生活に役だてるものとして位置づけた (Dewey 1933)。

28) **振り返り的省察** (retrospective reflection)：実践経験をしたあとで，その経験を吟味，解釈して，洞察や教訓を得ること。

29) **見通し的省察** (anticipatory reflection)：将来の実践のために，予測を行い，プランや行動を吟味，修正すること。

30) **省察的実践** (reflective practice)：実践を進めながら，意識的，体系的に状況や経験を振り返り，行動を適切に調整して，洞察を深めること。

### 3.7 市民リテラシー

人は，よき市民として生活を送るためには必要な情報を読みとり，適切な行動を行うための能力，すなわち市民リテラシーを獲得する必要がある。

市民リテラシーとは，市民生活に必要な**リテラシー**[31] (literacy) である。これは，高次の思考スキルと経済，健康，政治などの内容的知識に基づく読解能力・コミュニケーション能力である。市民リテラシー

は，機能的リテラシーに加えて，市民生活にかかわる多くの分野の知識に支えられたマルチリテラシーである。その内容は，メディア，健康，科学，リスク，経済，リーガルの各リテラシーなどを含んでいる。特に，政治の理解や参加は，**市民教育**[32]（citizenship education）のなかで重視されている。

市民は，豊かになるためには投資にかかわる経済リテラシー（楠見 2007）を，病気にならずに元気に暮らすためには健康リテラシー（楠見・上市 2009）を，法律上のトラブルを回避・解消したり，裁判員になるときにはリーガル・リテラシーを，そして食品の安全性について知るには，**科学リテラシー**[33]（scientific literacy）やリスク・リテラシーを身につけておくことが必要である。特に，科学リテラシーは，急速に進歩する科学技術を理解するためにも大切である。

マルチリテラシーの中では，**メディア・リテラシー**[34]（media literacy）が，大人の学習にとって重要である。その理由は，大人の学習の多くの部分は，テレビや新聞，雑誌などのマスメディアによることが多いためである。これは，大人が学校時代に学んだ知識は古くなっている可能性があるため，状況の変化に対応した知識を身につける必要がある。また，動機づけが高くなくても学習が可能なためである。したがって，人が，メディアから伝えられる情報を正しく理解し，適切な行動をするためには，メディアリテラシーと批判的思考のスキルと態度を身につける必要がある。

これらのマルチリテラシーは相互に関連しており，これらを学習し，生活の中で行動に移すときには，その土台として，批判的思考態度が重要な意味を持つ（→ 3.8）。

## [キーワード]

**31) リテラシー（literacy）**：リテラシーとは，もとは母語の読み書きやコミュニケーション能力である。その能力を基盤として，計算などの職業訓練に必要な能力を含む概念が機能的リテラシーである。

**32) 市民教育（citizenship education）**：学習者が市民として，社会的に責任ある行動をとり，社会に貢献し，政治制度や社会・問題を理解し，参加できるような能力と態度を育成するための教育。

**33) 科学リテラシー（scientific literacy）**：科学リテラシーは，大きく三つに分かれる（Miller 1983）。①基本的な科学技術用語，概念の理解，②科学的な手法，過程の理解（たとえば，実験，疫学），③科学政策に関する問題の理解。

**34) メディア・リテラシー（media literacy）**：メディアリテラシーは大きく二つに分かれる。①メディアの表現技法，

制作過程，企業の目的の理解と，②メディアが伝える情報の吟味と批判的理解。

## 3.8 批判的思考
批判的思考[35]（critical thinking）とは，規準（criterion）に基づく合理的（理性的，論理的）で偏りのない思考である。「相手を批判する思考」とは限らず，むしろ自分の推論過程を意識的に吟味する省察的思考である。批判的思考は，マルチリテラシーの基盤であり，人の話を聞いたり，文章を読んだり，議論をしたり，自分の考えを述べる時に働いている。また，批判的思考は，目標志向的思考であり，常に働かせるというよりも，目標や文脈に応じて働かせることが重要である（楠見 1996）。

批判的思考は，認知的側面と態度的側面に分けることができる。認知的側面は，認知レベルとそれをモニター・コントロールする**メタ認知**[36]（metacognition）レベルに分かれる。そして，学習者が批判的思考を行うプロセスは以降の三つに分かれる。

[キーワード]
35）批判的思考（critical thinking）：規準（criterion）に基づく合理的（理性的，論理的）で偏りのない思考。「相手を批判する思考」とは限らず，むしろ自分の推論過程を意識的に吟味する省察的思考。

36）メタ認知（metacognition）：自分自身の認知過程をモニターするコントロールメカニズムとそれを支える知識

### 3.8.1 批判的思考のプロセス
**（1）状況の解釈と使用判断プロセス**
学習者は，状況（目標と文脈）を解釈して，批判的思考を働かせるかどうかのメタ認知的判断をする。正しく判断をすることを目標としているとき（たとえば，誰に投票するかを決める）には批判的思考を行い，楽しむことを目標としている状況（たとえば，友達とたわいもない会話をしている）では批判的思考を行わない（田中・楠見 2007）。

**（2）思考スキルの適用プロセス**
学習者は，状況の解釈に基づいて，それに適合した批判的思考スキルを選択し適用する。主なスキルには以下のものがある（Ennis 1987）。

（i）明確化：学習者は推論をはじめる前にその基盤となる情報に対して，次の明確化が必要である。①問題，仮説，主題に焦点を当てて，それを明確化する，②論証（構造，結論，理由など）を分析する，③明確化のための問い（「なぜ？」「何が重要か？」「事例は？」など）を立てる。さらに，④用語の定義（同義や

多義など）を行い，⑤複数の論証を検討，精緻化することによって前提を同定する。

（ⅱ）推論の基盤の検討：推論を支える主な三つの情報源としては，他者の主張，観察結果，以前に行った推論によって導き出した結論がある。そこで，学習者は次の二点について判断することが必要になる。①情報源の信頼性を判断する（たとえば，「専門家によるものか？」「異なる情報源の間で一致しているか？」「確立した手続きをとっているか？」），②観察や観察報告を評価する，である。ここでは，科学リテラシー（→3.7）が重要な役割を果たしている。

（ⅲ）推論：推論には，演繹の判断（三段論法や条件文など），帰納の判断，価値判断（背景事実，結果，選択肢，バランス，重み，決定などの判断）が必要である。

(3) 表出判断プロセス

学習者は，批判的思考スキルを適用することによって導いた結論について，状況との適合性を考慮して，よい結果が得られるような効果的行動（発言や作文など）を構成する必要がある。批判的思考行動を表出すると悪い結果が生じるというようにメタ認知的判断をした場合は，それを抑制する。特に，日本では，友人に対して，批判的思考を表出することを抑制する傾向がある。

### 3.8.2 批判的思考態度

批判的思考は，認知的なスキルだけでは，十分に発揮されず，批判的思考態度が重要である。態度には，①論理的思考過程の自覚（自分の論理的な思考のステップに注意を向け実行しようとする），②探究心（さまざまな情報や知識を求め，多様な考え方に関心をもつ），③客観性（主観にとらわれず偏りのない判断をしようとする）や④証拠の重視（信頼できる事実や証拠に基づいて判断しようとする）（以上は，平山・楠見［2004］），そして，⑤**熟慮的態度**[37]（reflective attitude）などがある。

## ［キーワード］

37) 熟慮的態度（reflective attitude）：衝動的決定をせずに，満遍なく情報収集し，時間をかけて慎重に考える態度である。熟慮的—衝動的は認知スタイル（Kagan 1965）の次元でもある。熟慮型（reflective）は，反応が遅いが誤りが少なく，誤りへの恐れが大きい認知スタイルである。反対の衝動型（impulsive）は反応が早いが誤りが多いスタイルである。

### 3.9 まとめ

大人の学習は，教育によらない，生涯にわたる学習である。そのこと

は，学習のプロセスと成果自体が，個性的であり，その人の人生である。人の仕事や趣味などにおける熟達化は，コミュニティの中で行われ，経験からの学習や，先輩や同僚との相互作用が重要な役割を果たしている。経験からの学習の鍵となるのは，暗黙知の獲得や学習への態度である。

大人の学習のもう一つの側面としては，市民リテラシーの学習がある。市民リテラシーの基礎は学校教育で学ぶが，現代のように状況が大きく変化する時代では，人は，自ら学ぶことが必要になる。その意味で，学校教育は，科学リテラシーなどの個別領域の基礎知識を教えるだけでなく，批判的思考などの**汎用的スキル**[38]（generic skill）や思考・学習の態度を育成する必要がある。一方で，テレビや新聞などのマスメディアは，センセーショナルな報道をするのではなく，視聴者や読み手のマルチリテラシーを高めるような報道をすべきだろう。たとえば，食品リスクの問題であれば，危険性を報道するだけでなく，どのような健康への危険があり，それはどのように評価・検査され，どのようにすれば，そのリスクを避けることができるかを学習できるように報道することが重要である。一方で，学習者は，自ら主体的に情報を集め，意思決定を行うためにも，良き市民として生きるための学習が重要である。

## [キーワード]

**38) 汎用的思考スキル**（generic skill）：さまざまな市民生活，職業，学問領域において適用できる技能である。コア・スキル，キイ・コンピテンス，employable skills とも呼ばれる。分析的推論能力，批判的思考力，問題解決力，コミュニケーション能力などが含まれる。

# 4 企業における学び

・中原　淳

　近年，企業において働く大人が，いかにして学び，成長をとげるのかについて研究者および実務家の関心が集まっている。本章では，まず第一に，企業において学びがどのように歴史的発展をとげたのかを考察する。その上で，経験学習，発達支援ネットワーク，社外の実践共同体における学習など，近年実務家や研究者が取り組んでいる課題を概観する。最後に，今後の研究課題を述べる。

## 4.1「企業における学び」の歴史

　戦後混乱期，日本企業は米国から，TWI[1]（training within industry for supervisors［監督者訓練プログラム］）やMTP[1]（management training program［指導者訓練プログラム］）などの大量の教育プログラムを輸入・模倣し，日本独自の教育プログラムを体系化し始めた。いわゆる「年功序列」の賃金システムが確立し，高度成長期の大量生産を支えた。その一方でいかに安価に人材訓練を行い，労働力を産出するかが問われ始めた（谷内 2002）。この頃，職場においてはOJT[2]（on-the-job training），研修室ではOFF-JT[2]（off-the-job training）という二つの教育システムが確立し，それぞれ70％〜80％の事業所で実施されるようになった（原 2007）。

　本章のテーマである「企業における学び」は，時代によって意味するものが変化する曖昧な表現である。かつての日本企業にとって「企業における学び」とは，上述したように「OJT: on-the-job training（実務の中で，上司—部下間などの非対称な関係の中で実施される教授訓練）」と「OFF-JT: off-the-job training（研修などの実務を離れて実施される教育訓練）」という二つのラベルのついた活動であった。「学ぶこと」とは，事業の効率と生産性を向上させるために，企業側から提供される知識やスキルを獲得することであった（→ 1.2.1）。

　1970年に入ると，OFF-JT，いわゆる企業研修を効率化するために，当時の教育学で隆盛を誇っていたイ

ンストラクショナルデザイン[3]（教授設計）理論が導入され（鈴木 2004），さまざまな教育プログラムが開発された。OJT に関しては，労働経済学者の小池らが，生産労働者に対して聞き取り調査を行っている（小池・猪木 1987; 小池 1991）。調査の結果，①日本の職場では労働者が複数の持ち場を担当しながら簡単な仕事からそれと関連の深いやや難しい仕事へと次々に進んでいくこと，②このようなスキル形成によって，生産労働者は変化や異常に対処するための高度な知的熟練を果たしていることがわかった。

[キーワード]
1）TWI（training within industry for supervisors）と MTP（management training program）：TWI とは，戦後米国から輸入された監督者（職場長・リーダー）向けの研修プログラムのこと。内容は部下指導方法，仕事の改善方法などからなる。MTP は，TWI よりも上位者向けに開発された研修プログラムである。業務管理，部下管理の方法などを学ぶ。
2）OJT（on-the-job training）と OFF‐JT（off-the-job training）：OJT とは「上司（上位者）‐部下間の間で実施される指導訓練」のことである。OFF-JT とは，「職務を離れて実施される教授訓練」である。一般に，企業人材育成における学習は，主に，この二つのラベルを用いて語られる。

しかし，この二つのラベルの使用には問題点も多いと思われる。OJT というラベルは，(1) 職場の多様な人々（同僚・部下・顧客）とのかかわりを通した学習を見落としてしまう。また，OFF-JT というラベルは，主に，研修における教授・知識伝達をハイライトしてしまう。そこでは，(2) 多様な人々とのコミュニケーションを通じた学習を主とする研修，業務を通じた経験を省察することを主とする研修などが見落とされがちである。さらには，OFF-JT と OJT がまったく異なる制度として位置づけられているために，OFF-JT での学習内容を OJT で試行（トライアウト）するといった，OJT と OFF-JT の連動といった視点（カリキュラムとしての一貫性）も見落とされがちである。

3）インストラクショナルデザイン：インストラクショナルデザイン（教授設計）とは，教材や教授の開発の段階において「分析・設計・開発・導入・評価」という主要なプロセスを通して（Walter, Lou, & James 2001），「教材の効果・効率・魅力」を高める手法のことをいう（鈴木 2004）。

インストラクショナルデザインはもともと海軍における兵隊教育や従業員教育を効率的かつ効果的に行うためのものとして 1950 年から 1960 年にかけて生まれ，熟練労働者の技術向上の高い社会的ニーズを背景に，高度経済成長期に日本企業にあい

ついで導入された。その後、その研究潮流は一時期下火になるものの、1990年末から2000年初頭にかけて、eラーニング（情報通信技術を活用した学習）が企業に導入され始めることをきっかけに、教材設計手法として再び脚光を浴びた。

### 4.2 企業の学びのパラダイム転換

オイルショックをへて、1980年代に入ると、急激な時代変化と事業変化の必要性が企業を襲う。トフラー（A. Toffler）の「第三の波」や、ベル（D. Bell）の「脱工業化社会の到来」が喧伝され、大量生産を主軸とした工業化社会が終わりを告げる。1990年代のインターネット革命は、情報という無形財が価値をもち、世界を飛び回る情報化社会、知識社会、グローバル社会を到来させた。その後のバブル経済破綻は、日本型年功制の放棄と成果主義導入を日本企業に決意させる。長期安定雇用、年功序列という我が国の労働雇用慣行は急速に崩壊した。情報化、グローバル化の荒波の中で、企業は、不確実性きわまる変化の激しい市場に対して、いかにイノベィティブ（革新的な）サービス・商品を提供するかが問われるようになった。

このような社会変化、事業変化に伴い、企業の学びのあり方も変化する。OFF-JTの教育プログラム開発に費やされる時間コスト、経済コスト、機会損失コストが見直され、さらには、その学習効果に疑問符が投げかけられた。長岡（2007）は、従来の企業内人材育成が依拠していた学習モデルに、①伝達可能な知識を創造する、②創造された知識を学習者に伝達する、③学習者が伝達された知識を習得する、④習得した知識を学習者が他の仕事で応用する、という学習転移に関する過度の信頼が存在することを指摘している。このような学習転移アプローチで人材育成を実施することの妥当性が問われるようになった。

また、年功制の崩壊と成果主義導入により、①長期にわたる育成やジョブローテーションが難しくなったこと、②情報技術の発展により、分野によっては部下の専門性や知識が、上位者のそれを上回る場合もでてきたこと、などからOJTも岐路に立たされることになる。これらに加え、バブル不況後の新入社員採用凍結・リストラクチャリングによって、企業の人口ピラミッドに偏りが生じてしまったため、OJTを実施するための固定的で安定的な人的余裕リソースは失われた。

このような背景の中、OFF-JT、OJTいずれも、90年代に入ってからというもの、実施割合が下がる傾向が見られている（原 2007）。

さらに、年功制の崩壊は**雇用流動**

性[4]に拍車をかけることになった。自分の専門性や能力向上に対する意識が高まり，労働者一人ひとり**キャリア**[5]発達をとげることに注目が集まっていった（渡辺 2007）。企業がキャリア開発の機会を従業員に提供するべきである，という認識が広まった。

かくして，企業における学びは，パラダイム転換期を迎えているともいえる。従来のOFF-JT，OJTという伝統的かつ支配的なラベルが脱構築され，さまざまな学びのあり方が提案されている。次節以降，近年新たに生まれた企業の学びの動向を簡潔に紹介する。最近の企業人材育成では，（1）経験学習，（2）ネットワークによる学び支援，（3）社外での学習などが注目を浴びている（中原・金井 2009）。

[キーワード]
4）**雇用流動性**：雇用流動性が高いとは，企業・組織に雇用されている労働者が転職する率が高まる現象をいう。かつての日本企業においては，終身雇用制度のもと，雇用流動性は低い状態が長く続いていた。しかしバブル崩壊と同時に終身雇用制度が崩壊し，雇用流動性が高まる。

5）**キャリア**：キャリアとは，一般に，「一生涯にわたる仕事に関連した経験や活動」と定義されている（Hall 2002）。キャリア発達とは，個人が，就職や転職などさまざまな仕事関係の経験と活動を通じて，職業的自己概念を発達させ実現させていくプロセスである（岡田・金井 2006）。

金井・高橋（2004）は，社員のキャリアとは，企業と個人の双方が長期にわたってデザインするものであるとしており，具体的には，個人の多様なニーズにしたがって，能力開発を行っていく必要性を論じている。

## 4.3 人は経験を通して学ぶ：経験学習

1990年代以降，企業における学びにおいて最も注目されているのは，コルブ（D. A. Kolb）の提唱した**経験学習**[6]モデルである（Kolb 1984）。コルブによれば，経験学習とは，①実践，②経験，③省察，④概念化という4つのフェイズから構成される。

「実践」とは，学習者が現場の業務においてさまざまな状況・局面に直面することである。学習者は，それらに即興的に対応し，その局面を打開することを求められる。「経験」とは，今まさに眼前にある艱難（かんなん）（hardship）に対応する中で，後から省察する対象となるエピソディックでドラマティックな経験を積むことである。「省察」とは，いったん現場を離れ，自らの経験の意味を振り返ることである。「概念化」とは，複数の艱難を処理する中で得た経験

の意味を重ね合わせ，仕事の持論を自ら構築することである。

実際の仕事場において，①自分の能力を少し超えた**ストレッチ経験**[7]を積ませ（Ericsson, Krampe, & Clemens 1993），②省察の機会を与え，③持論を構築させることが，個人の成長にとって重要だとされている。

経験学習が企業において注目される背景になったのは，いくつかの理由がある。第一の理由は，企業において人々が対処を迫られる問題が，不確実で，不安定なものになり，ショーン（D. Schön）のいうような**省察的実践家**[8]としての問題解決が（ショーン 2008），人々に期待されるようになったからである。現代の企業において，人々に求められている働き方は，すでに体系化された知識やスキルを現場に適応するようなかたちではない。刻一刻と変化する現場の状況を瞬時に分析し，即興に対処を行う。しかし，それでいて即興的行為の連鎖の中での省察を欠かさない。変化するマーケットに対応しなければならない現代の実務家には「省察的実践家」としてのワークスタイルが求められており，経験を省察・概念化することが注目されている（→ 3.6）。

第二の理由は，働く大人が飛躍的に成長を実感する契機を明らかにする質的研究が注目され，人口に膾炙したからである。マッコール（M. McCall）は，数百人を超える管理職を対象に，彼／彼女が飛躍的に成長を遂げた契機をインタビュー法を用いて分析した（マッコール 2002）。その結果，企業の事業戦略や価値観と密接に結びついた修羅場の経験を積ませることが，個人に成長を促すことがわかった。同様のアプローチは，日本企業においても追試されている。金井（2002）は，日本企業に勤める20人の経営幹部にインタビュー調査を実施し，成長につながった「一皮むけた経験」がどのようなものであったかを調査した。調査の結果「新規事業の開拓」「新市場の開発」など，ゼロからの立ち上げや修羅場の経験が，一皮むける経験になったことを明らかにした。

こうした研究を背景に，企業が従業員を対象にして「成長を促す経験」を与え，その過程を支援していくというアプローチが広まるようになった。

このような経験学習が実務領域で試みられるにしたがって，経験学習に影響を与える要因探索をめざすさまざまな実証研究も生まれている。たとえば，楠見（1999）は Spreitzer, McCall, & Mahoney（1997）らを参考に質問紙を作成し，挑戦性や

柔軟性が高い個人であればあるほど，経験から学習する能力が高いと論じている。

ただし，どのような組織においても，挑戦性や柔軟性の高い個人は経験学習を発揮できるとは限らない。個人の資質が高くても，当人の所属する組織的風土にそれがマッチングしなければ，それが発揮されるとは限らない。北村・中原・荒木・坂本らは，19社1193名のホワイトカラーを対象に質問紙調査を実施し，互酬性や信頼といった組織の社会関係資本（social capital）の増減，経験を通した個人の能力向上の関係を**階層線形モデル**[9]を用い分析している（北村ほか 2009）。松尾（2006）は，経験から学ぶプロセスにとっては，自己実現や学習を重視する目標達成志向の信念，顧客満足や信頼を高めることを重視する顧客志向の信念といった個人的要因と，顧客志向と内部競争が共存しているといった組織要因がともに重要であることを指摘している。このように個人的要因と組織的要因の複雑な関係によって創発（emergent）するものが経験学習であると考えられる。この関係を調べることが今後の課題と言える。

[キーワード]
6）**経験学習**：経験学習とは，主に個人が，外部環境と直接相互作用することを通して自己に変化が起こるプロセスをいう。

コルブによって提唱された経験学習モデルでは，経験を通した学習を駆動するものとして「省察」が位置づけられている（Kolb 1984）。自己の経験を能動的かつ主体的に省察し，抽象化・概念化に至るプロセス，すなわち，経験の省察を通して，個人が独自の知見や持論の抽出することが，学習であると考えられている。

7）**ストレッチ経験**：現在の自己が有する能力では解決できないものの，自ら挑戦し，他者の支援や助言を柔軟に受け入れることで，何とか解決可能になるような課題――いわゆる「背伸びの課題」のことをストレッチという。そうしたストレッチを含む経験をストレッチ経験と呼ぶ。

8）**省察的実践家**：組織学習研究で著名なマサチューセッツ工科大学のショーンによって提唱された専門家概念のことである。

ショーンによれば，専門家とは，不確実で不安定で矛盾に満ちた現場に身を置きながら，局所的かつ即興的に問題が何かを同定し，問題解決と内省を繰り返しつつ，仕事をする存在である。こうしたショーンの専門家像は，当時支配的であった専門家概念――知識・原理・原則をそのまま問題解決場面にあてはめるような存在と激しく対立する。

ショーンは，建築デザイナー，自然科学者，都市プランナー，マネージャーなどを

観察事例として取り上げ, 彼らが行っている局所的かつ即興的な判断を「行為の中の省察（reflection in action）」と名づけた。そして, 局所的かつ即興的な内省と問題解決を行う専門家を「リフレクティブ・プラクティショナー（reflective practitioners）：省察的実践家」と呼んだ。

9）**階層線形モデル**：階層線形モデルとは, 下位階層の標本（通常の組織研究においては個人のデータ）が, 上位階層（組織研究においては職場や会社）によってグルーピングされていて, 入れ子状になっているデータの分析を行う際に利用される統計手法のこと。近年の組織研究においても, その利用が注目されている。

## 4.4 ネットワークによる学び支援

OJTの教育形態に典型的に見られるように, 従来の企業における現場での学び支援のあり方は, 上位者一下位者の一対一の固定的ペア間の相互作用としてとらえられる傾向があった。OJT以外の人事施策においても, 一対一の固定的関係は散見される。たとえば企業におけるキャリア発達のあり方を研究したクラム（K. E. Kram）は,「**メンタリング**[10]」という概念を提唱している（Kram 1988）。メンタリングとは, 上司や先輩（メンター）と部下や経験の浅い若手（プロテジェ）との間に, 結ばれる発達支援的な関係のことをいう（→VI-4.6）。既述したように, バブル不況後の新入社員採用凍結・リストラクチャリングによって, 職場内の発達支援は急速に機能不全に陥った。これを解決する手段としてメンタリング制度は, 現在, 多くの企業において人事施策として導入されている。

しかし, その一方で近年, 一対一の固定的な人間関係の中で学びを支援するというあり方を見直すべきである, という議論が始まりつつある。雇用流動性が高まり, 従来の固定的な成長支援のあり方が現実に機能しなくなってきたことなどに理由がある。上位者一下位者という, いわゆる「縦の関係」から, 個人をとりまく多種多様な人々のかかわりの中で学習を把握しようとする研究がはじまっている。

富士ゼロックス総合教育研究所・中原・松尾（2008）は, 職場において個人が他者から受ける支援と成長実感の関係を調査した。調査の結果, 回答者の20.4％の人が上司をあげたが, それと同等, それ以上であったのは「同じ職場の先輩（20.4％）」「同じ職場の同僚・同期（24.3％）」であった。

他者から受ける支援の種別に関しては, 因子分析の結果,「業務に関する支援」「内省をうながす支援」「精神的安定をうながす支援」の三つが同定された。

人は，職場で異なる他者から異なるタイプの支援を受けていた。たとえば，精神的支援に関しては，上司よりも「同じ職場の同僚・同期」が担う傾向がある。業務支援に関しては，上司が担う項目がある一方で，多くは先輩が担う傾向がある。内省支援に関しては，上司，同僚・同期，ひいては部下も含めて，すべての人から支援を同じ程度受けている傾向がある。ちなみに，内省支援を受けている個人ほど，成長実感を感じやすい傾向がある。

メンタリング論の観点からの同種の研究に，弁護士の職場をフィールドに行った研究がある（Higgins & Thomas 2001）。この研究では，①固定的なメンターからの支援と②多様な人々から構成される発達支援が，それぞれ弁護士のキャリア発達やモラール要因にいかなる影響を与えているか調べた。調査の結果，固定的なメンターは，職務満足感の高揚や離職の防止など短期的な支援を提供すること，一方，多様な発達支援関係からは，長期間におけるキャリア発達支援を受けていることがわかった。

このように職場における発達支援機能・育成機能は，一人の人間だけに還元されるものではない。人は，職場の人々とのさまざまなかかわりを通して，彼らにそれぞれ異なる支援を受けながら，成長している。メタフォリカルに述べるならば，学びの支援は職場内の人のつながり（ネットワーク）の中で「分かちもたれている」。

この傾向は，文化先行研究の結果にも呼応する。文化人類学者のオール（J. E. Orr）がコピー機修理工の問題解決のフィールドワークで明らかにしたように（Orr 1996），職場において業務を遂行するための知識や経験は，個人に属するわけではなく，人々に「分かちもたれている」。個人が知識を所有していなくても，必要なときに必要な知識を他者から聞き出すことができる親密なネットワークに参加していれば，ネットワーク全体に分散している膨大な経験のレパートリーを参照し，さまざまな文脈に役だてることが可能である。

今後，職場の社会ネットワークと個人の学習・成長の関係に注目した実践や研究が増えていくものと推察できる。

## [キーワード]

10) **メンタリング**：メンタリングでは，メンターが，プロテジェの仕事生活のあり方や，目標設定の戦略や手法，キャリアを促進する「キャリア的機能」と，プロテジェが能力やアイデンティティを理解することを促進し，一人の人間として成熟し

## 4.5 社外における学習（越境することによる学習）

企業に所属する大人は，企業の中だけで学び，成長しているのだろうか。近年，社外の勉強会や自主的サークルなどの，いわゆる，社外ネットワーク，社外の実践共同体，社外の人々とのかかわりを通した学びに注目が集まっている。そこで想定されている人間像は，ある企業が提供する仕掛けの中だけで一人前になる存在ではない。むしろ，社内では業務を通じた経験学習に従事しつつ，時には，社外のさまざまなコミュニティ，集団，組織の境界を主体的に越境し，その境界を行きつ戻りつしながら成長する人間像である。

ヒギンス（M. C. Higgins）とクラムは，①グローバル化の中で職場環境に境界がなくなりつつあること，②職場環境の多様性が上がっていることを背景にして，「発達的ネットワーク（developmental network）」と呼ばれる，社内・社外を問わず広がる，多種多様な人々の間での発達支援関係が重要になっていることを主張している（Higgins & Kram 2001）。

発達的ネットワークは「個人が多様な人々とどの程度つながりをもっているか」「個人がどの程度深い関係を取り結んでいるか」という二次元で四つのタイプに分けられる。ヒギンスらによれば，個人の成長やキャリア発達のためには，職場内外に多様な人たちと深い関係を取り結ぶ重層的なネットワークの中にいることが重要であるという。

荒木（2007）は，企業で働く中堅社員300名に対して社外の**実践共同体**[11]への参加状況に関する質問紙調査を実施した。その結果，実践共同体のような場への参加と，その際，引き起こされる内省によって，自分の専門性や仕事における役割を意識化するなど，キャリア確立が果たされることがわかった。

また，荒木（2008）では，十四の実践共同体の参加者に対して**半構造化インタビュー**[12]を実施し，その具体的な様子を調べた。その結果，複数の実践共同体からメンバーが出てきて，新しい境界領域で，自分の仕事を振り返ることで，キャリアの確立が促されている事例が確認できた。

従業員のキャリア発達は，近年の企業人材育成のテーマとなっており，この調査は興味深いものとなっている。

[キーワード]

11) **実践共同体**：実践共同体とは，「情

熱をもって協働で取り組むことのできるテーマのもとに、複数の人々が参集したインフォーマルな集団」のことである。正統的周辺参加論を背景に、ウェンガー（E. C. Wenger）らによって概念化された（Wenger & Snyder 2001）。

実践共同体は、①領域、②共同体、③実践という三次元から定義される。①領域とは「メンバーが共有する問題やテーマ」、②共同体とは「メンバー同士のインタラクション」、③実践とは、共同体のメンバーによって生み出された情報、アイディア、行動、人工物をさす。ウェンガーは、これらが統合された実践共同体を企業内外に構築することを主張した。

**12）半構造化インタビュー**：社会調査における質的研究手法の一種である。インタビューを実施する前に、事前に、大まかな質問事項を決めておき、回答者に答えをうながし、その回答内容・回答傾向によって、さらに詳細な聞き取りを行うこと。

これに対して、あらかじめ決められた質問内容に一問一答式で回答を求めることを構造化インタビューという。質問内容を特に定式化せず、会話の中から徐々に聞き取りを行う非構造化インタビューという手法もある。

企業・組織を対象とした聞き取り調査では、インフォーマントから事前に質問内容を尋ねられることが多い。しかし、そのインタビューは一問一答になるとは限らないため、半構造化インタビューの形式になることが多い。

## 4.6 今後の研究課題

戦後、終身雇用と年功序列という長期安定雇用を背景として確立した、OFF-JTとOJTという教育形態は、企業の大量生産を可能にし、日本の高度経済成長を支えた。しかし、情報化、グローバル化、知識社会の到来にともない、今、そのあり方が問われている。

将来の企業における学びがいかにあるべきか——現在、我々は、その模索・再構築プロセスの真っ直中にいる。本章では、近年、研究者・実務家に注目されている、(1) 修羅場の経験を通して学び・成長することをめざす経験学習モデル、(2) 職場における社会ネットワークの中で学習支援をめざすという考え方、(3) 社外への発達ネットワーク、実践共同体における学び、を簡潔に説明した。企業における学びは、従来の企業内におけるOFF-JTとOJTという固定的でホモジニアスな社会関係から生み出される学びから、ダイナミックで、ダイバーシティあふれる、ヘテロジニアスな社会関係を前提にした学びへと急速に変化している。

このような背景のもと、いくつかの理論的課題も生まれてきている。

第一の課題は、ここ10年にわたって注目されていた**ワークプレイスラーニング**[13]という研究潮流に対す

る再考である。ワークプレイスラーニングとは、「主に仕事での活動と文脈において生じる人間の変化と成長」である (Fenwick 2001; Rothwell & Sredl 2000; 中原・荒木 2006)。働く大人の成長や学びを、OFF-JT や OJT といったフォーマルな機会における知識・スキル蓄積と把握するのではなく、職場におけるインフォーマルな学びも含めるという研究スタンスをもち、個人と組織のパフォーマンスを向上させることをめざしていた。

しかし、上述したように働く大人の学びや成長は決して、社内だけで完結するわけではない。よって、ワークプレイスラーニング（ワークプレイスということばには社内というイメージを喚起してしまう）というコンセプトは再吟味され、拡張される必要がある（荒木 2008）。

第二の課題は、**組織学習**[14]に関する課題である。組織学習とは、一般に「組織において個人が学び・成長することを通して、組織の中に蓄積された知識が更新され、組織が外部環境変化に応じて変容するプロセス」をさす（安藤 [2001] など）。本章で紹介したさまざまな研究は、経験学習、社会ネットワーク、社外での学習による個人の学び・成長を主に対象化していたものの、それが組織に与える影響に関しては十分な考察ができていない。

これらの課題に対して、今後、研究者や実務家を含めた多種多様な人々がネットワークとして研究を進めていくことが重要である。そうした実証研究、理論研究、そして実践研究の果てに、「働く大人の学びの場をいかにデザインしうるのか」という問いに対する答えが、創発すると期待している。

## [キーワード]

13) **ワークプレイスラーニング**：企業の人材育成の研究領域では、人々が仕事を行う現場、すなわち「職場」において、人々が、業務を通じて知識・能力をいかに向上させるのかについて関心が高まっており、ワークプレイスラーニング（workplacelearning）と呼ばれる研究潮流が生まれつつある。

ワークプレイスラーニングとは「仕事現場における活動と文脈において生じる人間の変化と成長」の意味で用いられることが多い。

人材育成に関する研究は、これまで主に、いわゆる OFF-JT と OJT という二つの形態の学習に着目したものが多かった。ワークプレイラーニングと OFF-JT との差異は、後者が仕事現場から離れた学習を扱うのに対して、前者は、職場におけるインフォーマルで偶発的に起こる学習に主に焦点を当てることにある。

一方、ワークプレイスラーニングと

OJTの違いは，学習を誘発する社会的関係の違いである。OJTは一般に，上位者―下位者間の一対一の教育訓練を指しているがワークプレイスラーニングは必ずしも「一対一」の関係に限定されない。職場での業務遂行過程において，成人は，上司・先輩・同期・部下の間で多様な相互作用を行いつつ，日々，学習し，成長している。

ワークプレイスラーニングでは，従来の企業人材育成においてスポットライトがあたっていなかった，そうしたインフォーマルで，ダイナミックな学習に焦点をあてる。

14）**組織学習**：組織学習とは，①個人によって創造・獲得された知識が（知識創造・知識獲得），②集団内で共有され（知識共有），③それらの一部が集団・組織内のツール，文書，人工物，仕組み，制度，ルールとして固定化・蓄積され（知識制度化），④制度化された知識のうち，不必要になったものが学習棄却（unlearn）される，といった組織内におけるダイナミックな知識流通・転換プロセスを内包する概念である（松尾 2009）。こうした一連のプロセスを通して，組織は，長期的に外部の環境変化に適応することができる，とされている。

たとえば，ある個人が，時代の変化に合致した画期的な営業手法を発案したとする。その手法が，個人の枠を超えて，集団=職場において共有されれば，特定の職場の生産性が向上する。さらには，組織の中において制度化され，何らかのツールや制度が開発されれば，組織の生産性向上に寄与する場合もあるかもしれない。

しかし，外部環境は必ず変化する。その変化に応じて，いつかは，制度化された手法も学習棄却されなければならない。学習棄却されないままに古い手法が残存していれば，長期的には組織の生産性に影響を及ぼすからである。

このように組織学習プロセスは，組織の生産性向上，環境適応，ひいては組織の生存自体に強い影響を与えるものと考えられる。

# 5 老人の学び

・権藤恭之

　高齢者が増加している近年，生涯学習や生涯教育ということばがよく聞かれる。生涯にわたって教育の機会を与えられ，学習できる環境が提供されることに異を唱える人はいないだろう。ではなぜ，高齢期における学びは大切なのであろうか。学ぶことでどのようなメリットがあるのだろうか。また，高齢者には学習能力があるのであろうか。そもそも高齢者には学ぶ意欲はあるのだろうか。本章では，はじめに高齢社会の現状を紹介し，次に高齢者にとっての学びの意味をサクセスフルエイジングという切り口から考える。そして，高齢者の学びに対する意欲を紹介した後，高齢者の認知機能から見た学習能力や，学びを促進する要因について紹介する。そして最後に学びの現代的な問題であるテクノロジーの習得について述べる。

## 5.1 高齢社会の現状

　先進各国では，寿命の伸長に伴って，高齢者人口が増加している。わが国を例にあげると，1965年における高齢化率（全人口に占める65歳以上の割合）は，6.3％であったが，2009年には，21.5％となった。さらに，高齢者の死亡率の低下により，高齢層の高齢化が顕著となり，65〜74歳を前期高齢者，75歳〜84歳を後期高齢者とする従来からの年齢区分に加えて，85歳以上を超高齢者とする年齢区分も一般的に使われるようになっている。つまり，先進各国に生活する人たちは非常に長い高齢期を過ごさなければならない時代となったのである。

　特定の年齢における平均の生存期間は，**平均余命**[1]と呼ばれる。わが国の1965年の65歳の平均余命は男性で約12年であった。当時は55歳が定年退職年齢であったので男性の場合は定年退職後に残された時間は22年程度だったと推定される。2008年現在における平均余命は約19年と延びているが，定年退職後に残された時間自体は60歳定年として計算すると24年程度で大きく増えているわけではない。ところが，1965年当時の65歳ちょうどの男性人口は，25万人程度であったが，2000年現在で70万人を上回っ

ており，人口ベースで考えると倍以上となっているのである。また，女性は男性よりも平均余命が長く1965年の65歳平均余命15年と比較すると現在は24年と男性よりもさらに長い高齢期を過ごさなければならないのである。

一方で，朗報もある。単純に余命だけが長くなったのではなく，健康的に過ごせる時間，**健康寿命**[2]も延びたのである。特に前期高齢者は従来考えられてきたような，老人といった高齢者像とは異なり，身体的にも，精神的にも，中年期の延長としてとらえた方がその状態を正しく反映しているのではないかと考えられるようになってきた。たとえば**東京都老人総合研究所**[3]が，地域の高齢者を対象に実施している縦断研究における健康状態に関する調査の結果では，1990年と2000年で同年齢の高齢者の，体力年齢は10歳程度若返っていることが報告されている（折茂 2006）。

学びを支える認知機能に関しては，わが国では参考になるデータは存在しないが，健康状態から推測すると，体力と同様に若くなっていると想像できるし，米国における研究では，認知機能に問題を持つ人の割合が時代の推移に伴い低下するとも報告されている（Freedman, Aykan, & Martin 2002）。ただし，反証データもある（Rodgers, Ofstedal, & Herzog 2003）。

これらわが国を中心として現代の先進国の高齢者に関する情報から，現在は過去よりも長期にわたって健康的で活動可能な人生を送ることができるようになったことがわかる。

[キーワード]

1）**平均余命**：特定の年齢集団の平均生存年数。わが国では毎年7月1日を基準に計算される。年齢，性別に示される余命の一覧は生命表とよばれるが，5年ごとの国勢調査に基づく精密な完全生命表とその間の年に発表される人口動態統計を用いた簡易生命表がある。ゼロ歳児の平均余命を平均寿命とよぶ。

2）**健康寿命（Healthy life expectancy）**：平均寿命から介護が必要な期間を引いた年数。つまり一生の中で自立した生活を送ることができる年数を指す。日本は平均寿命だけでなく健康寿命でも世界で第一位である。類似の概念に，疾患との関係で生活の質を考慮した質調整生存年（quality adjusted life year）がある。

3）**東京都老人総合研究所**：高齢期の問題をさまざまな学問領域から学際的な研究を行うために設立された研究所。1972年，高齢社会の到来を見越し，国立研究機関に先立って，東京都によって設立された。2009年健康長寿医療センター研究所に組織改変された。

## 5.2 高齢者にとっての学びの意味

高齢期を充実した時期にしたいという思いは,多くの高齢者,そしてこれから高齢者となる向老世代の人たちに共通するものであろう。高齢者にとっての学びの意味を考えると,この充実した生活に資することをあげることができる。以下では,充実した高齢期を実現するための学びの機能を,望ましい高齢者像に関するモデルから考える。

高齢期に関する学際的な研究領域である**老年学**[4]（gerontology）では,身体機能,精神機能に加えて社会的活動が充実していることが高齢者にとって望ましい状態であり,幸福感が高くなると考えられている。ここではそれらの中で最も代表的なロウ（J. W. Rowe）とカーン（R. L. Kahn）による**サクセスフルエイジング**[5]（successful aging）モデル（Rowe & Kahn 1987）に基づいて,高齢者にとっての学びの意味を考えたい。

彼らは,米国の高齢者を対象とした縦断研究の結果に基づいて,（1）病気や病気に関連する障害がないこと,（2）認知機能および身体機能を高く維持していること,（3）日常生活（人生）において社会と積極的に関与できていること,以上三つの要素を満たした状態をサクセスフルエイジングだとするモデルを提案した（図1）。このモデルの重要な点は,身体的に健康であることだけではなく,社会的な活動にかかわっていることが,充実した高齢者像だとした点である。わが国では「生きがい」ということばが適切だと思われるが,社会と接点やかかわりを持ち,貢献することの重要性に焦点が当てられたのである。

高齢期において学びは,サクセスフルエイジングの達成を支えるものではないだろうか。言い換えると,高齢者にとっての学びは,新たな知識を獲得するために行うものではない。学習を通じて健康,活動機能や認知機能の維持,社会への参画を通じた自己実現や生きがいの充実に貢献するものなのである。以下では,

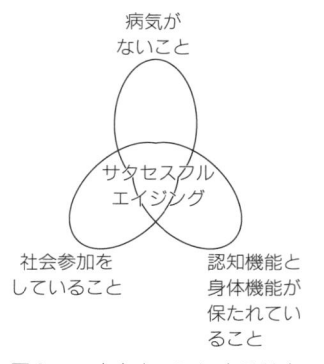

図1 ロウとカーンによるサクセスフルエイジングモデル: (Rowe & Kahn 1987)

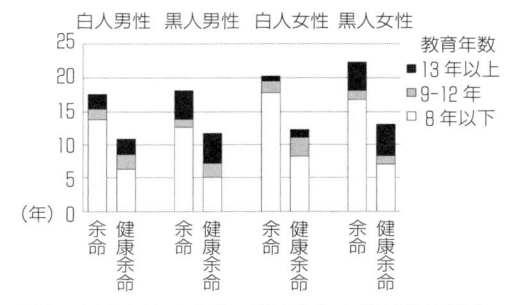

図2 65歳以上の余命・健康余命と教育歴の関係

三つの要素ごとにその根拠を示す。

一つ目の要素である健康維持に関しては，教育歴と健康の関係を紹介する。米国を中心として行われている，大規模な疫学調査において，教育歴は高齢期における障害の有無，健康状態や余命にも影響する重要な要因であることが報告されている（Crimmins & Saito 2001; Manton, Stallard, & Corder 1997）。たとえばクリミンズ（E. M. Crimmins）と斉藤は，米国の人口統計データから余命や健康余命（活動的に生活できる期間）と教育歴の関係を検討した（Crimmins & Saito 2001）。その結果，13年以上の高教育年数群と，8年以下の低教育年数群の間で，人種，性別を問わず高教育歴で，長い余命や健康余命が見出されたのである（図2）。注目すべき点は健康余命の違いで，たとえば，白人男性30歳平均余命はそれぞれ，48年，41年と7年の開きがあるが，健康余命においてはこの差は11年と大きくなると報告されている。

残念なことに，これらの研究で利用された教育歴は，高齢期における学びを含んではいない。また，教育が健康に影響することは示されていても，因果関係の中身は明らかではない。さらに，これまでの研究では，次節で紹介する高齢者大学などの非正規の学習過程は，教育に含まないことが多いために，高齢期の学びが健康に影響するのか不明な点もある。しかし，高齢期に受ける教育は，学問的知識に関するものだけではなく，たとえば，健康に関する情報やそれらを理解する能力，それらの情報にアクセスするために必要なインターネットなどの現代的なテクノロジーや技術に関する知識や操作法の習得などの実用的な知識であることが多いと考えられる。高齢期は

健康に問題が生じやすくなるし、全般的な生活機能が低下しがちになる。だからこそ、高齢者に対する教育プログラムは、健康を維持し、自立した生活を維持するためにも重要なのである（Staehelin 2005）。

二つ目の要素である認知機能に関しては、学びが認知機能の加齢変化に対する緩衝効果として機能する可能性を紹介する。

近年高齢期にみられる認知機能の加齢低下が介入によって抑えることができるという研究知見が蓄えられつつある。その根拠はまず第一に動物実験において、これまでは加齢に伴って減少するのみだと考えられていた神経細胞やシナプスが成長期を終えても新たに成長することが報告され始めたことである。第二に学歴の高さ、職業経験における知的複雑性、さらには、高齢期における知的余暇や社会的活動への参加が認知機能の維持に貢献し、認知症の発症を抑制するという疫学的な研究が報告されてきたことである。これらの現象は、認知の蓄え（cognitive reserve）と呼ばれているが、現在検証段階であり、効果の強さやそのプロセスはまだ明らかにはなっていない（Stern 2002）。しかし、認知的に活動的な生活習慣が、脳において生理的もしくは認知的なネットワークの成長を促すのであれば、学びはさまざまな活動の中でも、最も効果的な活動だと考えられる。

三つ目の要素である社会貢献に関しては、学びには、自らの価値や社会的役割を認識する機能、そして学びを通じてより社会に貢献できる個人へと発達を促す役割があることを紹介する。

高齢者の優れた点は、長い人生を生きてくるなかで多くの経験をし、さまざまな問題に対処できる能力を獲得していることと考えられている（高山ほか 2000）。**知恵**[6]とも呼ばれるそれらの能力は、若年者が持ち得ないものであり、社会から求められる要素である（→ 3.3）。社会に高齢者の知恵を還元することは、高齢者の義務ともいえるし、高齢期に高まるとされる**世代性**[7]（generativity）の感覚を充足させ、さらには、自らの貢献が社会に認知されることで、幸福感が満たされる（Cheng 2009）。しかし、現代社会で生じるような諸問題に対処するためには、自らの経験に加えて、現代的な問題に関する新たな知識を習得し、自らの経験と融合することが求められる。そのために、高齢期においても学ぶことが必要となるのである。実際に地域において何らかの学習活動に参加している高齢者の精神的健康度は高いことが多くの研究で示されているように（たとえば、藤

田[1985]),社会貢献の要素が満たされることで,高齢者の幸福感は高まるのである。

[キーワード]

4) 老年学(gerontology):心理学,生理学,社会学などを背景に老化現象そのものや高齢期に生ずる問題を総合的に研究する学際的学問領域。geron(老人)とlogos(話す)からなる造語。国際学会も存在し4年ごとに1度大会が開催されている。

5) サクセスフルエイジング(successful aging):高齢期をうまく過ごしていくことを意味する造語。長寿,健康,心理的な適応の三つの側面が満たされていることだと考えられている。しかし,研究者によって身体面あるいは心理面のみに注目することも多く,総合的に検討されることは少ない。最も知られた概念は,本文で紹介したロウとカーンによる"Human Aging: Usual and Successful"と題された研究で,科学雑誌 Science に掲載された。

6) 知恵:加齢に伴って高まると考えられている認知機能の一領域。いくつかの枠組みが提案されているが,バルテス(P. B. Baltes)らの研究では人生における問題を解決する能力とし,人生に関する知識や,問題解決のための知識があることに加えて,人生の目標は人によって異なること,さまざまな状況が複雑に関連し変化すること,人生は不確実なものであることを理解していることを重要な要素としてあげている(Baltes, Staudinge, & Lindenberger 1999)。

7) 世代性(generativity):エリクソン(E. H. Erikson)が提唱した8段階の生涯発達理論において,中年期から壮年期にあたる第7段階における課題とされる。エリクソン自身は世代性に対して,生殖性や生産を通じた社会への還元が結果として次世代に伝わると考えていた。近年は高齢者の若い世代に対する意識や行動として使われることも多い。

## 5.3 高齢者の学びの実態

前節では高齢者の学びがサクセスフルエイジングに貢献することを述べたが,本節では具体的に高齢者層の学習活動への参加の実態を紹介する。

政府による『高齢社会白書』[8]平成20年版では,60歳以上の高齢者において,何らかの学習活動に参加している者の割合は21%と報告されている。内訳を見ると,カルチャーセンターなどの民間団体の学習の場に参加している人が11%,公的機関が高齢者専用に設けている高齢者大学や高齢者学級などが6%と多数を占めている。

高齢者大学は,非正規の学習の場であるが,そのカリキュラムは充実している。兵庫県にあるいなみ野学園は1969年に設立された高齢者大

学の草分け的な存在である。大学部は，園芸学科，健康福祉学科，文化学科，陶芸学科の4学科，大学院は自主プログラムを中心とした地域づくり研究科と生きがい創造研究科2学科から構成される。4年制の大学部の入学資格は60歳以上，1学年の定員は440名で週一回の通学日がある。2年制の大学院は大学部および県内の他の高齢者大学修了者に入学資格があり，1学年の定員約100名である。その他に定員100名で2年制の地域活動指導者の養成講座を開設しており，総勢約2200名の大規模な学校組織である。このような学校に毎年多くの高齢者が通っているのである。

高齢者大学に所属していなくても一般の大学や研究機関が定期的に開催する一般向け講演会においても高齢者が積極的に参加している姿がよく見受けられる。たとえば東京都老人総合研究所が主催する講演会は，2008年度には八回開催され，一回あたりの平均参加者数は約900人で，その大半が高齢者であった。

このように，非正規の教育に参加している高齢者も多いが，近年では正規教育の場である大学や大学院において学び，研究を行う高齢者も増加している。たとえば，テレビ，ラジオなどのメディアを通じて講義を提供している正規教育の場である放送大学を受講している高齢者（60歳以上）は，大学学部において13%，大学院では17%を占めている。

さらに，学習活動に参加していない高齢者の中でも学習に関心があるとする人の割合は約70%あり，高齢者の学びに対する積極的な姿勢がうかがわれる。このように現在，学習活動に参加している高齢者の割合は高いとは言えないが，学びの機会が提供されれば，さらに多くの高齢者が学習活動に参加すると予想される。

[キーワード]
8)『高齢社会白書』：政府が毎年国会に提出している報告書。高齢化の現状や政府の施策が掲載されている。高齢社会対策基本法に基づき，平成8年から発行されている。高齢社会に対する政府の方針を知る資料である。

## 5.4 高齢者の学びの能力

ここまで，多くの高齢者が学びに対して意欲を持ち，実際にさまざまな学習活動に参加していることを紹介した。しかし，今後の高齢者人口の増加を考えると，さらに多くの高齢者が学びの場へ参加することが予想される。

一般的に「年とともに記憶は低下する」と考えられており，ほとんどの研究で，高齢者の記憶の低下は支

持されている。高齢者が学びに参加しvarious要因として、自らの**学習能力に対する誤った信念**[9]があるのかもしれない。本節では、**認知加齢研究**[10]における知見から高齢者の学びの能力について概観したい。

[キーワード]
9) 学習能力に対する誤った信念：自らの思考や行動を鳥瞰的に捉えている（評価する）能力をメタ認知と呼ぶ。高齢者では記憶に関するメタ認知（メタ記憶）が実際の記憶テストの成績と異なる例が多いことが知られている。したがって、自らの学習能力を実際より低く見積もっている場合は、そのこと自体が学習の障害となる場合もある。

10) 認知加齢研究：加齢に伴う認知機能の変化を対象とした心理学研究。大きくはサイコメトリックな方法論を用いた研究と認知心理学的方法論の研究にわかれる。多くの研究で高齢期における認知処理能力の低下が報告されているが、サイコメトリックな研究においては流動性知能、認知心理学的研究においては日常生活場面における展望的記憶（予定の記憶と実行）のように、高齢期にも維持され向上する側面も報告されている。

## 5.4.1 高齢者の学習の特徴

高齢者の学習能力に関しては、プーン（L. W. Poon）によるレビューにその特徴が述べられている（Poon 1987）。第一の特徴は平均してみると高齢者の学習能力は若年者と比較して低下していることである。

学びにとって重要な要素は記憶であることは間違いない。特に、メモを見て電話をかける場面で必要である、一時的に物事を覚えるような短期記憶と比べると、物事を長期に覚えておく長期記憶の低下は顕著である（石原, 権藤, & Poon 2001）。しかし、決してプーンは、高齢者が学習不全者であると結論づけてはいない。むしろ、時間はかかるけれども、一度学習したことは、若年者と同程度記憶されると述べている。近年、記憶は単一のシステムではなく、複数の機能的側面にわかれると考えられている（→Ⅳ-1.2, Ⅳ-3.1）。そして、加齢の影響はそれぞれのシステムで異なることが明らかにされている（Luo & Craik 2008）。たとえば、長期記憶の場合でも、事実を思い出す（再生）ことと比較すると、事実を再確認する（再認）ことは、比較的保たれている。さらに、意識せず潜在的に覚える（潜在記憶）ことに関しては年齢の差が見られない（石原 2008）。ただし、高齢者は、記憶した事実でないものを記憶したと思う（虚偽の記憶）傾向があるし（濱島ほか 2005）、その事実をどこで誰から聞

いたかという情報の出どころ（ソース記憶）を思い出しにくいといった特徴もある（金城 2001）。したがって，学びに際しては，これらの特徴を把握したうえで，後述するような効果的な方法をとることが必要なのである。

第二の特徴は，高齢者の学習能力の低下は，年齢に依存して均等に生じるのではなく，個人差が大きいということである。前述した認知の蓄え仮説がその典型的な例と言える。この仮説では，個人の記憶能力は，歴年齢とは異なる個人の脳の生理的な変化や，個人のそれまでの生活文脈によって蓄えられた認知の予備力によって複雑に規定されると考えている。たとえば，職業経験は30～40年にわたる生活文脈の典型例である。職業の違いは個人が受ける身体的，認知的な刺激の違いとなる。そして，長期にわたって一貫して与え続けれられる刺激は，高齢期の個人差に影響することが想像できるだろう。スクーラー（C. Schooler）らは，仕事内容の複雑性を，データの操作，人との対応，物の操作から評価し，それぞれの側面と，30年間の認知機能の変化の関係を分析した(Schooler, Mulatu, & Oates 1999)。その結果，仕事が複雑である方が，認知機能が低下しにくいことを報告している。

また，この効果は，認知テストの成績が悪いグループで大きかったことも報告されており（Potter, Helms, & Plassman 2008），**仕事の複雑性**[11]は，元々の認知機能の高さの個人差とは関係なく，認知機能に影響する要因である可能性は高い。また，職業も含め，その他の知的な活動を評価した研究においても，一年半の期間における認知機能の低下が，知的活動量の大きさによって，抑制されたことが報告されている（Valenzuela & Sachdev 2007）。

第三の特徴は，効果は若者ほどではないが，学習の成績はインストラクションと練習によって，改善されることである。インストラクションの効果に関して記憶場面では記憶方略を身につけることが効果的であることが知られている。特に記憶する対象を単独で単純に覚えるのではなく，既知の情報や手がかりと関連づけるという方略を用いることは，記憶能力の加齢低下を補う方法として，効果的である。

現在，高齢者を対象に認知機能の低下を改善するための advanced cognitive training for independent and vital elderly (**ACTIVE**[12]) と呼ばれる大規模な介入研究が米国で行われている（Unverzagt et al. 2007）。ACTIVE では，認知機能の

中でも最も重要な，記憶，情報処理の速さ，論理推論力の三つの領域で，それぞれ独自の介入プログラムを実施し効果評価を行っている。記憶課題の中に単語リストの記憶がある。この課題に対する介入としては，記憶する単語をカテゴリーごとに整理して覚える，あるいは視覚的なイメージを思い浮かべるといった，記憶方略のインストラクションを与えた。その結果，記憶の介入を受けた群では，2年間で26％の参加者で記憶が改善したと報告されている（Ball et al. 2002）。

第四の特徴は，自らがこれまでに経験した領域と関連することの学習はうまくできるが，あまり馴染みのない領域に関してはうまくできないことである。この点に関して，1957年の米国の教育心理学雑誌に興味深い報告がある（Hill 1957）。著者のヒル（L. B. Hill）は大学生の時にタイピング能力の習得に関する研究に被験者として参加していた。その研究における彼自身のデータを55歳，80歳時に自らを被験者として実施した実験結果と比較したのである（図3）。実験方法は三つの年代ともまったく同じであり，課題は紙に書かれた100語および300語の文章をタイプライターで打つことであった。興味深いことに，55歳時，80歳時ともに再学習の開始時のタ

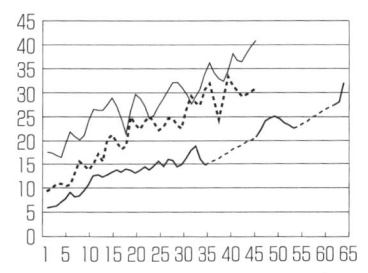

図3 ヒルの実験におけるタイピング量の変化

イプ打ちの成績は大学生の開始時よりも良く，いずれの年齢においても，大学生の時の記録と比較すると，タイプ打ちの上達速度は，かなり速くなっていた。彼は大学生の時に参加した研究以後，日常生活ではタイプライターを利用してこなかったし，引退後は仕事もしてこなかったにもかかわらず，一度学習した経験は，再学習が容易だったのである。この結果は，記憶の中でも，比較的持続性の高いとされる手続き記憶における経験の効果であるが，同じような現象は知識の習得に関してもいえるだろう。

これらの高齢者の学習の特徴から考えると，高齢期における学びを効果的にするためには，中年期からさまざまな領域において，学びを継続することが大切であることがわかる。高齢期になって急に学び始めるのではなく，高齢期に入るまでに学

びに対するポテンシャルを高めている必要がある。

　では、現実的に学びのポテンシャルを高めることは可能なのであろうか。そもそも、高齢者にはそのポテンシャルがあるのだろうか。その答えは、「高齢者は平均点にはポテンシャルをもつ人たちであり、そのポテンシャルを高めることも大いに可能である」である。次節では、**認知機能の二重プロセスモデル**[13]（バルテス）から、その根拠を説明する。

## [キーワード]
11) **仕事の複雑性**：ある仕事の遂行にどれだけ複雑な操作が必要かを表す概念。仕事内容やポジションからそれぞれ、物の操作、データの操作、人間関係の三つの領域おける値が決まっている。米国における職業分類DOT (dictionary of occupational titles) に収録された複雑性の得点を用いた研究がよく知られている。

12) **ACTIVE**：米国で行われている高齢者に対する認知機能の維持・向上を目的にした大規模介入研究。全米の六つの研究施設において約2000人の65歳以上の高齢者を対象に、それぞれ推論、知覚処理速度、記憶の三つの認知領域に対する介入プログラムを実施し追跡研究を行っている。結果として介入した領域には加齢変化を抑制する効果はみられるが、他の領域に介入効果は転移しないことが知られている。

13) **認知機能の二重プロセスモデル**：高齢者の認知機能の構成に関するモデル。知能研究の知見に基づいており、結晶性知能が実用的側面、流動性知能が機械的側面と対応する。そして、機械的要素は生物学的加齢、実用的要素は社会的文脈と関連するとされており、加齢の影響はそれぞれ異なる。しかし、近年の研究では80歳を超えると両者の関係性は強くなることが示されている。

### 5.4.2 認知機能の二重プロセス
　高齢期の認知機能は、大きく分けて二つの要素から成り立つと考えられている（Baltes, Staudinger, & Lindenberger 1999）。第一は**推論**[14]、**空間認知**[15]、**知覚速度**[16]などの新たに経験するルールの理解や遂行に必要な知的な要素から構成される**機械的要素**（mechanics）であり、第二はことばや世界に関する知識、意味記憶、暗算のような数の操作などから構成される実用的要素（pragmatics）である。前者は脳の神経生理学的な構造といった生理的な加齢が影響しやすく、後者は文化や生活文脈といった経験が影響しやすいと考えられている（→IV-1.3）。また、二つの要素の加齢変化は異なっており、機械的要素は加齢に伴って成人期以降後期高齢期まで直線的に低下し超高齢期には低下が加速される。実用的要素は成人期以降低下するのではなく、上昇傾向を見せる

## 5 老人の学び

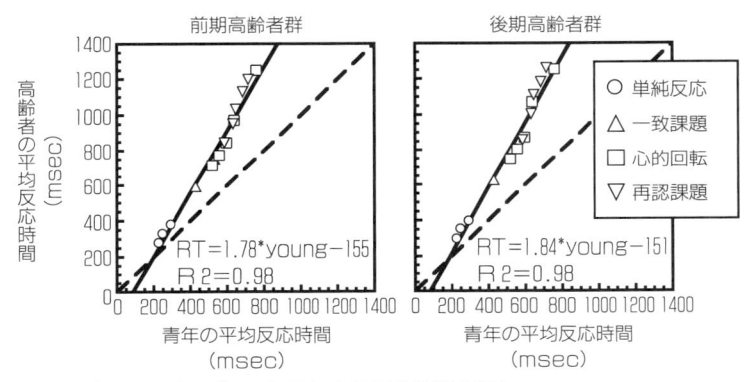

図4 ブリンレイ・プロット法による反応時間の遅れ

が，超高齢期には低下が始まるとされる。

具体的な結果を示そう。図4には，異なる課題の反応速度の年齢差を鳥瞰的に観察するための，**ブリンレイ・プロット**[17]（Brinley plot）法と呼ばれる手法で示したものである。横軸に若者の反応時間，縦軸に高齢者の反応時間をプロットすることで，直線回帰の傾きによって反応速度の遅れを評価することができる。この図は，異なる4課題，16条件の反応時間（RT）を示したものであるが，前期高齢者で1.78倍，後期高齢者で1.84倍，若年者よりも速度の低下が生じていることがわかる。

一方の実用的要素に関しては，若年者と高齢者の語彙数の違いを紹介する。伊集院らは9万語の単語を**親密度**[18]によってランクづけした上で450語選択した。そして，若年者と前期高齢者，後期高齢者に単語に対して，既知か未知の判断を求め，既知の単語数から，個人の記憶の中にある語彙数を推定した。その結果，大学生は，6万1000語，前期高齢者は7万1400語，後期高齢者は7万600語の語彙数を持つと推定している（伊集院ほか1999）。

これは，語彙の習得に関する例であったが，経験的にも人は意図的に学習をしなくても，日常生活における経験から多くのことを学んでいることは想像に難くない。つまり，高齢者が積み重ねてきた人生経験が，高齢期における学びのポテンシャルを高めていると考えることができるのである。しかしながら，先に紹介したように，学びのポテンシャルを

高めるかどうかは、中年期からの生活文脈に影響される。また、高齢者は、生活文脈のなかで獲得した実用的要素を利用して、機械的要素の低下に適応しているとも考えられている（権藤 2008）。高齢期の学びだけでなく生活機能全般の維持にも重要なのである。

## [キーワード]

**14) 推論**：与えられたルールに基づき先を類推する能力。前頭葉が深く関与していると考えられている。単純な課題としては、「1, 3, 5, 7, ?」や「11, 22, 33, ?」といった数の変化のルールを問う課題や「A は B である。では B は C であるのか？」といった課題がある。

**15) 空間認知**：認知的な処理場面において、処理する対象の属性の中で位置に関して判断や記憶といった情報処理を行う能力、大脳皮質においては主に頭頂葉で処理されると考えられている。一方、色や形といった属性は、側頭葉で処理されると考えられている。

**16) 知覚速度**：認知の二重プロセスにおいて、機械的側面を代表する側面。入力された情報を処理し運動情報に変換する効率。代表的な測度として、無意味な記号と数字を組み合わせた一覧に基づき、与えられた数字に一致する記号を解答用紙に記入する、WAIS 知能検査の符号問題があげられる。

**17) ブリンレイ・プロット**（Brinley plot）：ブリンレイ（J. F. Brinley）が 1965 年の論文において、若年者と高齢者の認知処理の成績を比較するために用いた分析法、高齢者の課題成績を若年者の課題成績の関数で表すことが可能になる（Brinley 1965）。セレラ（J. Cerella）らの 1985 年の論文で再び紹介された。データが示す傾向を知るためには有効であるが、統計的な見地からは問題があり、単純な解釈は慎むべきだとも指摘されている。

**18) 親密度**：あることばが、どの程度親しみがあるかの評価値。ことばがもつ属性の一つである。他にも、頻度、具象性（具体的であるか抽象的であるか）、心像性（イメージのし易さ）、などがある。このようなことばの持つ属性は、新密度や具象性が高いことばの方が記憶しやすいといったように、情報処理に影響する。

## 5.4.3 感情と記憶の関係からの示唆

近年、高齢者の認知機能の研究において、感情との関係が注目されている。記憶に関する知見を紹介しよう。若年者では、記憶する対象がネガティブ感情を引き起こすもの（たとえば、涙、暗い）の方が、ポジティブ感情を引き起こすもの（たとえば、笑い、明るい）と比較して、記憶成績がよいことが言われており、これはネガティブ優位性と呼ばれている。一方、高齢者では、逆にポジティブ感情を引き起こすものの記憶

成績がよくなることが，多くの研究で報告されているのである。

この現象を説明するための仮説として，社会情動性選択性理論（socioemotional selectivity theory）が注目されている（Carstensen 2006）。この理論によると，加齢に伴い，高齢者では残された余命に対する主観的な意識によって行動の動機づけが，「知識の獲得」から「情動の調整」へと変化すると考える。その結果として高齢者は，情報の持つ情動的な側面に注目し，さらにポジティブ感情を生起させる情報をより好むようになると考えられるのである。実際に高齢者は，前述の単語の記憶場面だけでなく，情報に対する注意場面でも悲しみや怒りの表情よりも笑顔に注目しやすいことが示されている。また，より日常的な場面においては，ポジティブ感情を引き起こす広告の記憶が，商品の機能情報が提示される広告よりもよく覚えていることなどが報告されている（詳細は，増本・上野［印刷中］）。

高齢者がポジティブな情報をよく処理するという仮説に対しては，反証論文も報告されており，今後さらなる検証が求められる。しかしながら，記憶対象がポジティブであれネガティブであれなんらかの感情を生起させる情報が記憶を促進させることは，認知神経科学の研究においても支持されている（Hamann 2001）。

高齢者の学びにあてはめて考えると，学習場面に参加している多くの高齢者は，自らの意志で，意欲的に学習に参加している場合が多い。筆者も高齢者大学などで講義を行うことがあるが，大学で行う講義より熱意を感じることも多い。講義の内容を，「単なる情報」として受け取るのではなく，感情が生起するような「面白い情報」「楽しい情報」として受け取っているのではないかと感じる。この筆者の想像が正しいのであれば，高齢者は，より効果的に講義の内容を覚えることができるのではないだろうか。若年者と比較すると，絶対的な記憶能力が低下していたとしても，実際の学習結果にはその差は現れにくい可能性が高いのではないだろうか（→IV-1.2.2）。

## 5.4.4 テクノロジーの学び

本項では高齢者の学びにかかわる現代的な問題として，携帯電話，パソコンやインターネットの使用について紹介したい。近年，情報の収集や知識の習得にはパソコンとインターネットの利用が欠かせない存在となってきている。一方で，高齢者にとってこれらの機器は馴染みがないものであり，機器を使いこなすため

290　III　生涯を通した「学び」

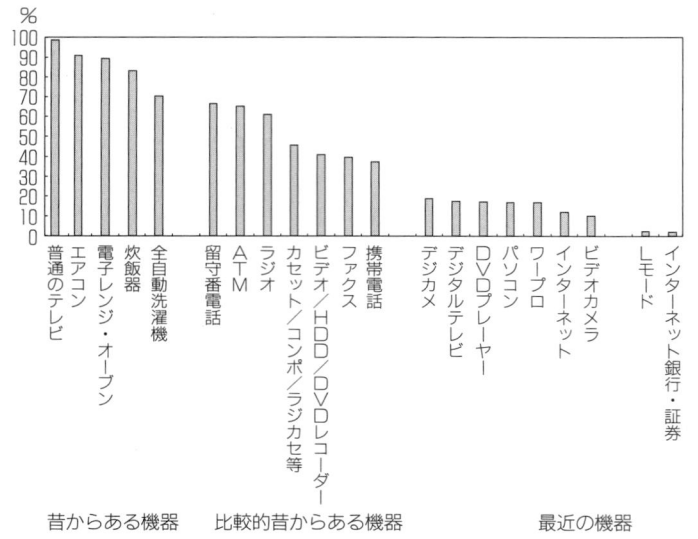

```
昔からある機器          比較的昔からある機器          最近の機器
```

図5　高齢者のIT・電気機器の使用状況

の操作技術の習得は高齢者にとって現代的な学びの問題と言えるだろう。

　さて，実際に何割の高齢者がこれらの機器を利用しているのであろうか。図5には筆者が2005年に東京都在住の65歳以上の高齢者1121人に対して行った調査（小川・権藤・稲垣2006）におけるさまざまなIT・電気機器の使用割合を示したものである。図からもわかるように，携帯電話の利用率は約37％と高いが，パソコン（17％）やインターネット（12％）の利用率はまだまだ低いと言える。この調査において電気機器は，テレビなどの昔から使われてきた家電，ラジカセなどの比較的昔から使われてきた準家電とパソコンなどの最近使われるようになったIT・デジタル機器の三つのグループに分けられた。最も特徴的だったのがパソコンやインターネットが含まれるIT・デジタル機器で，男女で使用率の差が大きく（男性約20％，女性約8％），高い年齢層で使用していない（前期高齢者22％，後期高齢者10％，超高齢者6％）という点である。さらに，詳細にみると男性であること以外にも教育歴が高く，新しいことに興味を

持ちやすい傾向である，**開放性の性格側面**[19]が高い方がこれらの機器をよく使っていることがわかった。

全体的に見ると比較的若い年齢層の使用率が高いことから，将来的には利用者は増加する傾向にあると考えられるが，それでも，家電レベルまで利用率が上がるにはしばらく時間がかかると考えられる。そのため現時点では，向老世代の人たちのパソコン操作の習得が問題となろう。

これらの機器の利用を妨げている原因として，機器のインターフェイスや操作の際に必要な**メンタルモデル**[20]（機器の操作体系の理解）が異なることがあげられる（原田・赤津 2003）。たとえば，携帯電話などでは，ボタンを短く押す操作と，長く押す操作ではその後の機器の動作は異なるし，パソコンのメニューは階層的になっており，全体的な操作体系を理解しておかなければ操作が難しい。一方，高齢者がこれまでに使用してきた，従来からあるテレビや洗濯機にはそのような複雑な操作は存在しない。また，大きく違うのは，故障の概念であろう。最近の機器における動作の不具合はソフトウェアが原因であることが多く，不具合が生じた時にはリセットすることで，容易に回復できる。しかし，昔の機器では，不具合が生じる原因はハードウェアの故障で，専門家の修理が必要である。筆者の母親（68歳）もパソコンでワープロを利用しているが，ソフトウェアで不具合を経験するとすぐに「壊れた」と思い，筆者に助けを求める。筆者はリセットするだけなのであるが…この様な機器の故障と不具合に関する概念の違いが，高齢者にとっての最近の機器の使用のハードルとなっていることは否めない。

さて，これまで高齢者を対象としたパソコンの操作の困難さが取り上げられ，前述のような問題点が指摘されているが，以下では，学びという視点からパソコン操作の習得に関する知見の要約を紹介したい。なお，当然ではあるが，それらの特徴の一部は前述のプーンが指摘した高齢者の学習の特徴と重複している。第一の特徴は若年者の習得レベルに達しないまでも，時間をかければ高齢者は機器の操作を習得できることである。第二は高齢者の機器の操作に関する理解を促進するためには，これまで操作経験のある機器にたとえたり，親しみのある事例を使ったりすることが効果的であることである。第三にプーンでは指摘されなかった点として，若年者にも共通することではあるが，機器の操作を概念的に座学で学ぶよりも，実際に機器に触れ操作した場合に習得が早いことである。特に人手をかけた実地指

導が効果的であると指摘されている。

第四にあげられる最も重要な要因は，機器の操作の習得方法の教示よりも，実際的な有用性の教示と理解が習得を促進することである。筆者らが行った調査においても，孫とやり取りする目的で携帯電話のメールの利用を始めた高齢者や孫との会話を媒介するツールとして，テレビゲームを始めるようになり，その後も利用し続けている高齢者が存在した。この結果は，先に紹介したポジティブ感情が，高齢者の学びに少なからぬ影響を与えていることを示していると言えよう。今後，以上のような知見に基づいた，効果的な機器の習得プログラムの開発が望まれる。

## [キーワード]

19) **開放性の性格側面**：人間の性格特性は神経症傾向，外向性，開放性，親和性，誠実性の五つの因子からなるとする五因子性格理論における一つの因子。好奇心や遊びとも呼ばれる。開放性性格の高い人は，保守的でなく，好奇心が強く，芸術的なものに惹かれるとされる。

20) **メンタルモデル**：認知的な処理を行う時に利用されるある種の鋳型。この鋳型があれば一定の情報処理がスムーズに行われる。逆にメンタルモデルが形成されていない場合は，メンタルモデルを新たに構築することが必要になる。

## 5.5 おわりに

本章では，（1）高齢者の学びはサクセスフルエイジングにとって重要な役割を果たすこと。（2）高齢期は学びが苦手だと考えられているが，これまでの経験を利用することで，効果的な学習が可能であること。（3）学びの促進には感情，特にポジティブな側面が重要だと考えられていること。（4）テクノロジーという新しい機器の習得も高齢者の学習の特徴を利用すればうまくできる可能性を指摘した。

政府による高齢社会対策大綱において，学びは，学習を通じての自己実現欲求の充足や地域社会に対する貢献によって，心の豊かさや生きがいを充足させるために必要なものであること，そして，生涯にわたってどのライフステージでも新たな知識や技術を習得する機会が必要であるとされている。しかし，実際に学習活動に参加している高齢者の数はまだまだ少ないのが現状だと言える。今後さらに進行するであろう高齢社会において，より多くの高齢者がサクセスフルな生活を送るために，高齢者に対するさらなる学習機会の提供と充実が望まれる。

# IV 部
# 「学び」のメカニズム

---

　「学び」のメカニズムにアプローチする。「学び」の脳科学，「学び」とワーキングメモリについてまとめ，「学び」のシミュレーション，言語の習得，そして動物の「学び」について紹介する。

# 1 学びの脳科学
―― 神経心理学から

・山鳥　重

　われわれの「学び」の能力は中枢神経系，とりわけ大脳を構成する膨大な神経細胞が作り出すニューロン・ネットワークの複雑な働きに依存している。ある大脳領域の損傷が引き起こす認知・行動障害を分析して，その損傷部位が担っていたと推定される機能を整理していくと，大脳が性質の異なる多様な認知能力を実現する力を有していることがわかる。成熟した大脳では，一定の認知機能は広範囲に広がるネットワークによって実現されているが，こうしたネットワークは決して固定したものではなく，想像以上の柔軟性を備えている。その証拠に，一つのネットワークが破壊されると，別のネットワークが立ち上げられて，再び同じ機能を実現することができるようになる。こうした神経科学や神経心理学の経験を踏まえて，学びの多様性を考えてみよう。

## 1.1 脳についてのいくつかの基本的知識

### 1.1.1 機能素子ニューロン

　学びは心理的な働きだが，その働きの背景には中枢神経系，とりわけ大脳の神経活動がある。神経活動の単位は**ニューロン**[1]（neuron）と呼ばれる。ニューロンは細胞体や樹状突起で他のニューロンからの電気興奮（信号）を受け取り，細胞体が伸ばす長い軸索を通して，その興奮を軸索末端へ伝える（図1）。軸索末端部は別の細胞の樹状突起および細胞体と**シナプス**[2]（synapse）と呼ばれる接触点を作っている。この接触点は構造的に非連続で，電気興奮は伝わらない。末端部に達した電気興奮はシナプスで化学伝達物質（神経伝達物質）を放出し，この伝達物質がシナプス間隙を渡って，次のニューロンへ信号を伝える。つまりニューロンとニューロンの信号伝達は電気伝導と化学伝達の組み合わせによって実現されている。

　この，信号伝達のエレメントであるニューロンは大脳皮質だけで，多めに見積もって約1,000億，少なめに見積もっても200億個くらい存在すると推定されている。そして一つひとつのニューロンにはおよそ10,000個のシナプスが存在する。このシナプスの20個から30個に同

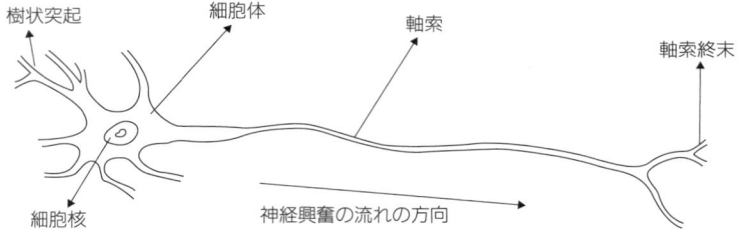

図1 ニューロンと電気興奮の流れ：(山鳥ほか 2007)
注：ニューロンには多様な形態がある。図はその1例。

時に信号が到着したとき，そのニューロンは神経興奮を発生する。ヒトのニューロン数は系統発生的にもっとも近縁のチンパンジーのおよそ4倍に達する。

この膨大な数のニューロンは，脳の大部分では，誕生時にすでに完成しており，その後新生されることはない。ただし，例外もあって，最近の研究によれば，海馬や脳室壁の一部ではニューロン新生が生後も続くことがわかっている。

加齢脳の研究によれば，ニューロンの数は加齢とともに少しずつその数を減らしてゆき，一生涯ではおおよそ10％のニューロンが失われる。

ニューロンはこのように，その総数が誕生時にはおおよそ決まっているが，ニューロンのすべてが誕生時点で成熟段階に達しているわけではなく，多くのニューロンは生後時間をかけて成熟していく。たとえば，神経細胞本体へ送り込まれる信号の受け手をつとめる樹状突起は生後も成長するし，神経細胞本体から信号を送り出す通路である神経軸索の成熟（電気伝導の減弱を防ぐための1種のシールドの生成）も，多くの領域で生後ゆっくりと進行する。脳全体の完全な成熟は遅い場合には，20歳くらいまで待たなければならない。

### [キーワード]

1）**ニューロン（neuron）**：神経細胞。神経系を構成する細胞のうち，電気興奮を伝達する働きを持つ細胞。神経系のもっとも重要な細胞。細胞体，樹状突起，軸索などからなる。

2）**シナプス（synapse）**：ニューロンとニューロンのつなぎ目。このつなぎ目は形態的に不連続で，神経細胞軸索を伝わってきた電気興奮はここで終わり，興奮は化学伝達物質によって次の神経細胞へ伝達される。

## 1.1.2 セル・アセンブリ

ニューロンは複数集まって機能的にまとまりを持つ**セル・アセンブリ**[3]（cell assembly; 細胞集成体）を作っている。このセル・アセンブリが認知や運動の基本単位であると考えられている（櫻井 2002）。ニューロンのネットワーク群は胎生期にすでに作り上げられ、その内部では活発な電気興奮が発生し、回路内を回っていることがわかっている。誕生前に観察されるネットワークは遺伝子誘導によって自発的に生成されたもので、外部情報とは対応していない（シャンジュー 1989）。この誕生前ネットワークは大量に準備されており、誕生後の外界情報の受容とそれに対応する運動応答にうまく適合するネットワークは強化され、適合しないネットワークは消滅していくと考えられている（Edelman & Mountcastle 1978）。

一つひとつのニューロンの樹状突起と細胞体に存在するシナプスの数は、誕生後、急速に増加し、その後再びゆっくりと減少する。シナプスの形成と刈り込みと呼ばれる現象である（ブレイクモア・フリス 2006）。この事実も、個体発生の過程で過剰に準備されたネットワークが経験の蓄積につれ整理されていくという仮説を支持している。

ニューロンのネットワークはニューロン接続部位であるシナプスを情報が通過することで活性化され、再び同じシナプスを同じ情報が通過することで強化される。シナプスの通過性の向上は、生理学的には、電気興奮の起こりやすさとして観察され、長期増強現象と呼ばれている。これが記憶の物質的基盤である。この変化には遺伝子が関与する。分子生物学的には一つのシナプスの強化に100以上の異なる分子がかかわり、15もの段階的変化が起こる（マーカス 2006）。新しい経験とそれに対応する新しい反応が新しいネットワークを形成し、そのネットワークの反復活動がネットワーク内の結びつきを強化する。

[キーワード]
3) セル・アセンブリ（cell assembly）：シナプスによって繋がったニューロンの集団。一定の数からなるニューロン集団が大脳内での機能単位を作っていると考える。ヘッブ（D. O. Hebb）の提唱した仮説。

## 1.1.3 神経構造の柔軟性

中枢神経構造の大枠は誕生時にはほぼ完成している。すなわち、視覚系、聴覚系、触覚系、運動覚系、平衡感覚系などの感覚情報を受け入れる大脳部位はすでに決定されている。しかし、1000億のニューロン

のネットワークが作り出す超複雑構造（＝脳）の自律的な環境対応能力は，マクロな水準で観察される解剖構造が想像させるより遥かに柔軟である。たとえば，幼児期に視力を失い，その後長く点字を使って生活している人の大脳活動を調べた研究によると，この人たちの**後頭葉視覚野**[4]は視覚刺激によって賦活されないけれども，点字読みに際しては強く活動するという。本来，視覚情報処理用に準備されていたはずの神経構造が複雑な触覚情報の処理に振り向けられているのである（Sadato et al. 1996）。

言語のようなヒト特有の高次認知機能についても，視覚ほどではないにしても，誕生前にどの領域（どちらの半球）が受け持つかはある程度決められていることがわかっている。具体的には，言語機能は90％近くの成人で，左半球の活動に支えられている。この背景には言語機能を支える**側頭葉聴覚連合野**[5]の解剖学的左右差がある。すなわち，65％の人で，左の側頭葉平面が右より広い（Geschwind & Galaburda 1987）。この事実を反映して，大多数の成人では，左半球言語領域が大きな損傷を受けると言語能力が著しく障害される。その回復は決してはかばかしいものではない。ところが幼児期に左半球切除を受けた人たちは，成人の場合と違って驚くほどの言語能力を獲得することができる（Vanlancker-Sidtis 2004）。

右半球は空間知覚や空間処理能力が左半球より高く，成人で広範囲な右半球損傷を生じると，左側空間への注意障害や，**立体構成能力**[6]の障害を生じ，なかなか回復しない。しかしこの場合も言語機能と同じで，幼児期に右半球を切除された人は，言語が正常に発達するのは当然としても，視空間能力も正常人に劣らない発達を示す（Battro 2000）。つまり500億のニューロンでも，言語や空間認知などの高度な機能を二つとも実現できるのである。

小児期脳損傷の回復に比べればその程度は十分ではないものの，成人脳損傷でも失われた認知能力は少しずつ確実に改善する。たとえば左半球広範損傷による重度**失語症**[7]の場合，発症が40歳までの患者でこの傾向が明らかである（佐野・加藤 1998）。右大脳半球損傷で生じる重度の空間性障害も，わずかずつではあるが確実な改善傾向を示す（山田 2004）。

つまり，どの年代で脳が損傷されたかによって，失われた認知能力の再学習能力に程度の差はみられるものの，大脳は残された神経構造を使って，新しい経験を取りこみ，自分のものとしていく能力を秘めている

のである。

## [キーワード]
**4）後頭葉視覚野**：大脳後頭葉の突端部から内側面の鳥距溝と呼ばれる脳溝の上下に広がる領域で、網膜を発した視覚神経が視床に終わり、視床でシナプスを変えた神経細胞の軸索が投射する部位。

**5）側頭葉聴覚連合野**：大脳側頭葉上面で後方に位置する聴覚野（ヘッシュル回と呼ばれる）の周辺に広がる領域。一次野（＝聴覚野）が受け取った聴覚情報をさらに高度に処理する領域という意味で聴覚連合野と呼ばれる。

**6）立体構成能力**：ペンで紙の上にモデルの立方体を模写したり、積み木を使ってモデルの立方体と同じ形を作るなど、三次元の形を作り出す能力。

**7）失語症**：すでに獲得していた言語能力が大脳損傷によって失われた状態。理解能力、発語能力、呼称能力などさまざまな言語能力の障害がさまざまな組み合わせでおこる。

## 1.2 学習の基盤は記憶
### 1.2.1 新しい経験の記憶

学習の基盤は記憶能力である。

われわれの毎日毎日の経験はその場限りの経験として消滅してしまうのではない。新奇な経験はなんらかの形で神経構造を変容し、その変容はまたなんらかの方法で把持される。ただ、経験の思い出し（想起）の能力には個人差がある。事あるごとに、ほとんどすべての過去の出来事を正確にありありと思い出してしまうため、日常の生活に不自由を感じるような、異常に強い記憶能力を持つ人もいれば（Parker, Cahill, & McGaugh 2006）、筆者のように昨日のことさえなかなか思い出せない人間もいる。こうした過去の経験を心的イメージ（心像）として、意識に再生するタイプの記憶は**陳述性記憶**[8]（declarative memory）と呼ばれる。宣言的記憶という訳も使われている。

陳述性記憶には、意識がとらえるすべての外的事象および内的事象の経験の記憶が含まれる。言語的な記憶（たとえば、単語の記憶）は心理的に形式のはっきりした情報なのでもっとも評価しやすいため、記憶能力検査の対象になりやすいが、視覚性、聴覚性、味覚性、嗅覚性などさまざまな感覚入力から受容される非言語性経験もそれぞれの感覚処理様式の特性を保ちながら保存される。いったん意識に浮上した経験も、もう一度新しい経験として保存される。「あの時、あんなことがあった」という記憶が作られるのと同じように、「あの時、あんなことを考えていた」あるいは「あの時、あんなふうに感じた」という経験の記憶も作られる。つまり、外的事象と内的経験の総

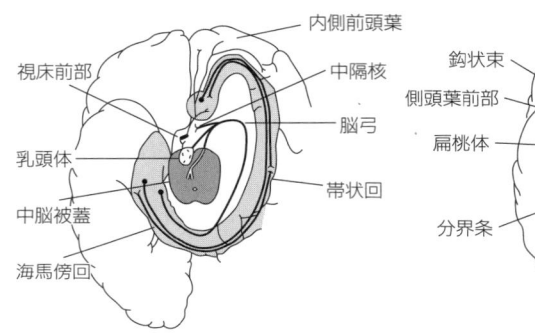

図2 記憶のPapez回路：脳底面からみる。（山鳥 2002）

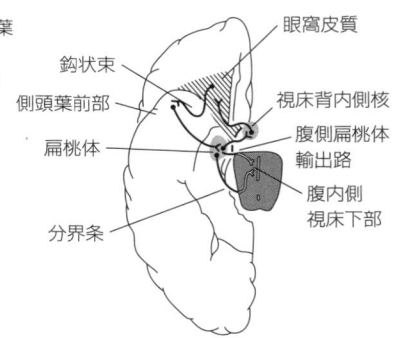

図3 記憶の基底・外側回路：（山鳥 2002）

体が陳述性記憶の内容を構成する。

　こうした毎日の生活の記憶，つまり一回性の出来事の記憶を受け持つ神経基盤には二つのネットワークが措定されている。第一は海馬体―脳弓―乳頭体―乳頭体視床路―視床前核―帯状回―帯状束―海馬傍回―海馬体が作る神経回路でパーペッツ回路と呼ばれる（図2）。第二は扁桃体―視床背内側核―前頭葉眼窩皮質後方―側頭葉前方皮質―扁桃体からなる回路で基底・外側回路と呼ばれる（図3）。これらの回路に含まれる大脳皮質はいずれも発生的に古く，**大脳辺縁系**[9]と呼ばれる古い脳に属している。これらの記憶回路の，記憶に果たす具体的な機能については，諸説あってなお明確とはいいがたい。おそらく経験の神経構造への固定化に働いているものと思われる。この回路が壊されると，新しい記憶は固定されないまま消滅してしまう（山鳥 2002）。

　しかし，こうした記憶関連領域が壊れても，発症（回路が壊れた時点）からさかのぼって5〜10年以上を経過している出来事はかなり鮮明に思い出すことができる。古い記憶の想起活動はいわゆる記憶回路の影響を受けないのである。この事実は陳述性の記憶は記憶回路に貯蔵されるのではなく，どこか別の領域に貯蔵されていることを示している。おそらく新奇な経験自体は**大脳新皮質**[10]に保存され，数年にわたって記憶回路からの賦活を受け続けることによって想起可能な記憶として固定されていくものと考えられる。

# [キーワード]

**8）陳述性記憶**（declarative memory）：心像として想起できる記憶。あるいは意識化できる記憶。事実や出来事にかかわる記憶。想起内容を相手に説明する（declare）ことができるのが特徴なので，この名がある。神経心理学的にはいわゆる「健忘症」で障害される記憶。

**9）大脳辺縁系**：発生的に古い構造を持つ大脳領域。大脳の内側面に位置し，海馬，海馬傍回，扁桃体などを含む。

**10）大脳新皮質**：哺乳類，特にヒトで大きく発達した，大脳のもっとも表面に位置する領域。皮に相当する部分なので皮質と呼ばれる。大量の神経細胞が集中し，整然とした6層の組織構造を作っている。

## 1.2.2　記憶に残すための三条件

ところで，毎日の出来事や自分の思いなど，一回生起性の心理的経験を記憶に残せるか残せないかの条件は三つある。

第一の条件はその時の意識水準である。脳は意識がぼんやりしている時の経験を後に残してくれない。情報受容のための機能的枠組みが弛緩しているためである。意識がしっかりし，注意が自分で制御できる状態にある時だけ，脳は出来事を一定の文脈を持つ構造として取り入れることができる。脳損傷の経験でいえば，意識障害状態では経験は決して残らない。たとえば一過性全健忘と名づけられている一時的な意識の変容状態では，外見上まとまった行動がとれているにもかかわらず，その時の行動は記憶に残らない。あるいは軽度の精神運動発作（てんかんの1タイプ）では，発作期間中の自分の行動や外界の出来事を後から想起できない。これを，健常な心理状態にあてはめてみるならば，注意を集中できたものは脳に登録しやすいということになる。簡単にいうと「注意を集中できないことは覚えられない」。

第二の条件は経験する出来事がどれくらい自分のこころの枠組みに適合しているかどうかである。新奇な事象に遭遇した場合，われわれはこの事象を自己の経験の枠組みのどこかへ嵌め込まなければならない。脳は自分の枠組みに合わないものを取り込む手段を持たないから，その情報の登録を拒否するしかない。言い換えると，経験が作り出す枠組み，すなわちもっとも広い意味での「意味」が理解できない対象は記憶できない。たとえば，いきなり聞かされた外国語単語の系列を決して記憶できないのは，その系列を受容する音韻の枠組みを持たないためである。あるいはいきなり教えられたパソコンの手順を一度で決して記憶できないのは，その手順の持つ意味を受容する手がかりが準備されていないからである。単純に言って「わからな

いことは覚えられない」。

第三の条件は感情である。これもあまりにも当たり前の経験的事実だが，興味のあることは知らず知らずの間に覚えているが，興味のないことは努力してもなかなか頭に残らない。あるいは嬉しかったことは思い出しやすく，辛かったことは忘れやすい。あるいは逆に辛かったことは忘れられないが，嬉しかったことは忘れてしまう。あるいは自分に都合のよかったことは覚えているが，都合のよくなかったことは忘れてしまう。

すべての心像経験の基盤には感情があるので（山鳥 2008），マイナスであろうが，プラスであろうが，強い感情に基づいた経験は記憶されやすい。パーペッツ回路も基底・外側回路も，発生的に古い大脳領域の間をめぐっている。発生的に古い大脳領域は感情生成にかかわる領域であり，感情と記憶の密接な関係を示している。実際，重度の健忘患者の感情は例外なく鈍麻している。新奇なものに対する好奇心という感情が働かなければ，その新奇なものはたとえ知覚領域まで拾い上げられたとしても，それ以上に深い処理領域へ持ち込むことはできない。つまり，われわれは「感情に裏打ちされたものごとしか覚えない」（→Ⅲ-5.4.3）。

### 1.2.3 経験の繰り返しと記憶

古いことわざに「門前の小僧習わぬ経を読む」という。あるいは「読書百遍意おのずから通ず」ともいう。記憶の神経回路は同じ経験の繰り返しによって強化される。同じ経験は同じ神経回路を通過することでニューロン間の結合を強化する。「学習」とは繰り返しによる新しい事実（知識）の大脳への固定化を意味する。

ところがよく考えると，同じ経験と思われるものも，実は正確に同一ではありえず，類似の経験である。類似の経験が繰り返される時，同じにみえても一回ごとに微妙に異なっている事実の中から共通の心理的パターンが抽出される。たとえば，初めて教えられた新しい単語の音韻形式と意味を一回の経験で覚えるのは難しくても，繰り返し聞くことによって，その単語を聞いたときの個別の経験（あるときはAさんがそのことばを使うのを聞き，ある時はBさんが別の文脈で使うのを聞く）の中から，個別性を抜き去った共通の単語の形式（型）が取り出される。一回一回の個別性情報に依存しない，共通部分が抜き出されることで，単語の心理的パターン（心像）が安定してくる（→ 4.3.4）。

類似の経験が繰り返される時，脳がそれらの経験の重ね合わせから共

通する「型」を抜き出し,その「型」を保存していく,という仮説を支持する事実は多い。たとえば,脳損傷時にしばしばみられる幻覚という現象である。脳幹の一部,中脳被蓋という領域が損傷されると,眼を閉じていて何もみえないはずの時に,さまざまな形がみえることがある。あたかも実際にみているかのような,はっきりした経験である。たとえば森や草原がみえる。そして,その風景がゆっくりと移動する(山鳥 2003)。みえている木や草は,しかし過去に経験したなじみのある木や草ではない。木というカテゴリー,あるいは草というカテゴリーを代表する,抽象性の高い形である。繰り返し経験されたものから,ある共通パターン(型)が抜き出され,保存される。その型が想起されるのである。

夢にも同じメカニズムが働く。夢ではさまざまな奇想天外なシーンや出来事が経験されるが,これも脳が経験の中から抜き出し保存している(記憶している)共通形式(型)が,具体性を持つ特定の過去の経験として想起される前段階の状態で意識に浮上したものと考えられる。

繰り返しによる共通パターンの抜き出し(「型」の生成)は経験の「意味」を作り出す。ある人物と何回も出会っていると,個別の出会いの記憶とともに,その人物について個別の経験を貫く共通の心理的パターン(カテゴリー)が作り出される。いわゆる「**意味の記憶**[11](semantic memory)」である。言語性記憶はこのような意味の記憶の代表である。一つひとつの単語や一つひとつの文章表現は,最初に経験するときには一回性の「**出来事の記憶**[12](episodic memory)」として記憶されるが,繰り返し経験するうちに,その単語や文章は個別の出来事の記憶とは違う神経構造を形成するようになる。

はじめに述べた陳述性の記憶はこの意味の記憶と出来事の記憶を合わせたものである。意味の記憶の神経基盤はまだあまり明確にはなっていないが,言語性の意味記憶には左大脳半球の古典的言語領域(ブローカ領域やウェルニッケ領域など)を取り巻く大脳領域が重要な役割を担っている(山鳥 2004)。

こうした領域が広範囲に壊れると,単語や文の音韻形式は知覚できても,その意味は想起できなくなる。日常物品などの性状,使用目的,使い方などの記憶も意味の記憶に属する。こちらは左右両大脳半球の側頭・後頭葉にわたる広範な領域が関与している可能性がある(山鳥 2002)。

[キーワード]
11) **意味の記憶**（semantic memory）：世間で知識と呼ばれているものすべて。単語の意味の記憶など言語性情報の記憶がもっともわかりやすいが，事物の性状や機能にかかわる記憶もすべて意味の記憶である。
12) **出来事の記憶**（episodic memory）：毎日経験する，一回性の出来事の記憶。時間や場所などの情報が付随している。自伝的記憶という呼び方もある。

### 1.2.4 運動の繰り返しと記憶

「**手続き記憶**[13]（procedural memory）」は繰り返しによる学習を運動実現の側面からとらえた概念である。一定の運動パターンを繰り返すと，繰り返した分だけ，その運動パターンはより滑らかに，より早く実現されるようになる。歩行は人類特有の本能的能力（つまり先天的に準備された神経構造に依存する能力）だが，二本足歩行開始時の幼児の動きはきわめてぎこちない。幼稚園に通う年齢になってすらもしばしば転ぶ。小学生くらいになってようやく歩行は安定する。これが手続き記憶と呼ばれる記憶の原型である。すべての複雑な運動行為は繰り返しによって，滑らかさを増す。繰り返される運動系列は少しずつ意識の制御を離れ，ある程度の自動性を獲得するようになる。つまり，運動の全系列をいちいち思い出さなくても，その運動実現にかかわる神経回路が走りだすようになる。自動車の運転には最初，最大限の注意を動員しなければならないが，熟練してくると，会話をしながら，あるいは鼻歌を歌いながら，あるいは携帯電話を操りながら運転できるようになる。あるいは半分眠りながらでさえ運転を続けることができる。

知的な活動と考えられる認知過程でさえ，常に運動と結ぶことによって，その熟練度をあげていくことができる。米国のコーエンらは重度の健忘患者にハノイの塔と呼ばれるパズル（棒に通すことのできる中央に穴の開いたサイズの違う複数の円盤を，3本の棒の間で，一定のルールに従って移動させるゲーム）を繰り返し実施したところ，テストを受けたという事実（陳述性の記憶）は覚えていないのに，パズル解決までの施行回数が着実に減少していくことを見いだした。つまり，重度の健忘状態でも，解き方の手順は記憶されていくのである（Cohen et al. 1985）。

この事実は手順の記憶と陳述性の記憶の連続性を示している。最初は意識と思考が必要な心理過程も，その心理過程を繰り返し運動化する（実際に円盤をあちこち移動させる）ことによって，運動の記憶として脳に定着させていくことができるので

ある。こうした手続き記憶は，自転車運転のような純然たる運動性手続き記憶から区別して認知性手続き記憶と呼ばれることがある。手続き記憶はさらに，知覚性認知過程でも認められる。たとえば，重度健忘患者に鏡像文字列を読んでもらうと，最初はなかなか読めないが，繰り返すと徐々に読む速度が速くなる。テストの経験自体は想起できないにもかかわらず，文字の視知覚から構音運動に至る神経経路には過去の経験が保存されていく。このような手続き記憶は知覚性手続き記憶と呼ばれる。

手続きの記憶の神経基盤は陳述性記憶よりもさらに複雑で，小脳，**大脳基底核**[14]，**大脳前頭葉運動野**[15]などが関与する。

獲得時間が幼児期から小児期まで長期にわたるので証明が難しいが，おそらく言語のような人類特有の認知能力の獲得にも手続き記憶が効いているに違いない。言語獲得期における，同じ単語や同じセンテンスの発音に伴う構音筋肉運動の際限のない繰り返しが，単語や単語配列（センテンス）の手順の記憶の集積としての言語能力を作り上げていくと考えられる。成人にとって外国語会話の習得はしばしば非常に困難であるが，長期にわたる繰り返しを厭いさえしなければ，終には流暢な発語能力を獲得できるという事実も，言語獲得における手続き記憶の関与を示唆している。

実際にも，言語活動の運動的側面（音調《プロソディ》表現や，社会慣習に沿う複数の単語系列《センテンス》の表出）を支える大脳領域は左大脳半球のブローカ領域と呼ばれる領域を中核にした部位に定位されるが，この領域は運動一次領域のうち顔面運動や舌・口腔・喉頭運動を表象する領域の直前方に位置しており，運動制御システムと密接に関係していることがわかる。言語の学習には，さらに大脳基底核や小脳（運動の中枢の一つ）の関与も指摘されている（Liberman 2000）。

[キーワード]
**13）手続き記憶（procedural memory）**：運動の熟練などいわゆるスキルと認知的操作手順にかかわる記憶。神経心理学的にはいわゆる「健忘症」でも保存される記憶。

**14）大脳基底核**：大脳深部に存在する神経細胞の集塊。大脳の神経細胞は皮質と基底核に集中し，その間（白質と呼ばれる）には神経線維だけが存在する。大脳基底核の代表は尾状核，被殻，淡蒼球など。

**15）大脳前頭葉運動野**：大脳中心溝の直前方に上下に広がる帯状の領域で，四肢を支配する運動ニューロンが集中する。ここを出た運動ニューロンはそのまま脊髄へ達する。脊髄からは別の運動ニューロン

が出て，筋肉を支配する．

## 1.3 さまざまな認知能力
### 1.3.1 4種の中核性認知能力

われわれは学習（経験の繰り返し）によって，新しいニューロンネットワークを作り出し，新しい行動・認知能力を身につけていくのだが，その中にはいくつか質の異なる能力が含まれる．そのことを教えてくれるのは脳損傷の経験である．脳損傷によって出現する症状は損傷部位によってさまざまに異なっている．そのうち特殊なものを除くと，もっとも普通にみられる分離可能な認知障害は，知覚性認知障害，空間性障害，行為障害，それに言語障害のおおよそ4種類である（山鳥ほか2007）．

対象の知覚性認知障害は聴覚性にも触覚性にも生じるが，もっともよく調べられている視覚性障害の経験によれば，視覚性の対象理解能力は後頭葉から側頭葉の下面にかけて広がるかなり広範囲な視覚処理領域に依存している．大脳の下方に位置するので，視覚の腹側路と呼ばれる．

ある対象が別の対象とどういう関係にあるかという空間関係の理解・行動の能力は後頭葉から頭頂葉にかけて広がる，視覚の背側路と呼ばれる領域に依存する．

使い慣れた道具をどう使ってよいかわからなくなるなどという，これまで学習し熟練してきたはずの行為能力の障害は主として左大脳半球頭頂葉の損傷で起きる．

言語の障害はよく知られているように，右手利きの大多数では，左大脳半球の言語領域の障害でおきる．

こうした事実を学習という視点から考えると，われわれが学習によって，わがものとしていく能力は決して均一でなく，いくつか質の違うものが含まれていることがみえてくる．すなわち，われわれは「何を」学ぼうとするのかによって知らず知らずのうちに学びの方法を変えている可能性がある．共通するのは，新しい経験は，どのようなタイプの経験であっても，なんらかの手順で，脳のニューロン・ネットワークに落としこんでいかなければならない，つまり記憶していかなければならないという一点である．

### 1.3.2 知能は複数

脳損傷症状についての実地経験が豊富な教育学者，米国ハーバード大学のガードナー（H. Gardner）は，こうした脳の限局性損傷でみられる限局性の認知能力低下という神経心理学的事実と，知能が低いとみなされている子どもたちの中に，**サヴァン症候群**[16]と呼ばれる，ある認知領域だけに突出した能力を示す例があるという事実を根拠に，知能は一つ

ではなく、多数あるというユニークな主張を展開し、広く注目されている（Gardner 2004）。

すなわち、人間には少なくとも8種類の、おたがいに質の異なる知能が認められる、というのが彼の主張である。

第一は言語性知能（linguistic intelligence）である。

たとえば話術にすぐれ、話し始めるとたちまち聞き手を夢中にさせてしまうことができるような人は、言語性知能に優れていると考えられる。詩人や作家はこの知能を伸ばした人たちである。脳損傷では、言語能力だけが選択的に障害されることがあり、失語症と呼ばれる。

第二は音楽的知能（musical intelligence）である。

新しい歌をたちまち覚えて見事に歌い、手に取った楽器をたちまち上手に弾きこなすことができる人は音楽的知能に優れていると考えられる。作曲家や演奏家たちが磨き上げている知能である。脳損傷では音楽能力だけが侵されることがあり、失音楽と呼ばれる。

第三は論理・数学的知能（logical-mathematical intelligence）である。

自分のまわりを取り巻く物体の形状や動き、その物体への働きかけによるそれらの変化、あるいは物体と物体の関係など、モノの作用に興味を持つ人たちはこのタイプの知能に優れていると考えられる。数学者や科学者などはこの知能を育てた人たちである。脳損傷では、演算能力だけが傷害されることがあり、失算と呼ばれる。

第四は空間性知能（spatial intelligence）である。

自分の前に展開する視覚的世界を正確に知覚し、知覚したものを頭の中で変形し、あるいは一度みた風景や構造物をまざまざと再現できるような人たちはこのタイプの知能に優れていると考えられる。画家、彫刻家、建築家などが磨き続ける能力である。脳損傷では、空間関係の知覚・構成能力だけが侵されることがあり、失行認とか視空間構成障害と呼ばれる。

第五は身体・運動覚[17]的知能（bodily-kinesthetic intelligence）である。

自分の身体をその隅々まで器用に操ることができ、あるいは機械や道具を滑らかに使いこなすことのできるのはこの知能の働きのお陰である。舞踏家や俳優やアスリートは子どもの時からこの知能を伸ばしてきた人たちである。脳損傷では道具使用や身振り表現の能力だけが侵されることがあり、失行症と呼ばれる。

第六と第七の知能は大きく人間的

知能（personal intelligences）という枠組みに入れられている。第五までの知能とは少し性質が異なるが，ガードナーによると，やはりまぎれもなく知能である。

一つ（通して言うと第六の知能）は対人関係知能（interpersonal intelligence）である。自分のまわりの人たちそれぞれの違いに気づき，それぞれを区別でき，その上で，その人たちの気分や気性や行動意図を判断できるのはこの知能の働きによる。優れた教育家や政治家は相手の個性を区別し，その意図や感情を読みとる能力に優れている。脳損傷では，相手の感情を読み取れなくなることがある（小早川・河村 2008）。

もう一つ（通して言えば第七の知能）は内省的知能（intrapersonal intelligence）である。自分の感情状態を知り，自分をよく制御できる人は内省の能力が高いと考えられる。内省的知能を磨いた例として，ガードナーはソクラテス，キリスト，そしてガンジーなどをあげている。脳損傷では，自分がどのような感情を持ち，どのような感情状態にあるのかを理解できなくなることがある。失感情症と呼ばれる。

第八は博物学者的知能（naturalist intelligence）である。

『こころの骨格（*Frames of mind*）』の初版発表当時（1983）にはなく，その16年後の著書で付け加えられた知能である（Gardner 1999）。子どもの時から植物や昆虫に熱中し，細かい違いを見分けることができる人は，もともと自然観察や分類の能力に長じていると考えられる。この知能を伸ばした人は植物学者や動物学者など博物学の研究者に多い。脳損傷では顔はわかっても，顔の個別性を区別できなくなることがあり，相貌失認と呼ばれる。

## ［キーワード］

**16) サヴァン症候群**：サヴァンはフランス語で，学識があるという意味。全体的な知能発達が遅れるが，特定の認知機能にきわだった能力を示す症候群。

**17) 運動覚（kinesthesia）**：筋肉，腱，関節に発する感覚で，主観的には身体部位の位置の変化や，筋肉の受動的な動きとして感じられる。

### 1.3.3 知能分離の基準

こうして並べてみると，これらの能力は知能というより，才能というほうが日本語としてはしっくりくるかもしれない。いずれにせよ，ガードナーはただ経験的にこの8種類を列挙しているのではない。これらをそれぞれ一つの相対的に独立な知能と考える根拠として，八つの判断基準をあげている（Gardner 2004, 62-70）ので，ついでに紹介する。こ

れらの基準を具体的にどう適用するかなど詳しいことは原著を参照していただくことにして，項目だけをあげておく。

すなわち：

(1) 脳損傷で孤立して傷害され，あるいは孤立して保存される可能性があること。この基準は神経心理学では，ある認知機能が他の認知機能に対して相対的に独立したものである，という判断を下す時によく用いられるもので，**二重解離の原理**[18]と呼ばれる（山鳥 1985）
(2) その能力に傑出した人たちや，サヴァン症候群などの存在
(3) その能力に特有の入力情報に対応する一つまたは複数の中核的な情報処理過程を同定できること
(4) その知能特有の発達過程が追え，かつその知能特有の到達地点が見いだせること
(5) 他の動物種で類似の能力が見いだせること
(6) 実験心理学データと矛盾しないこと
(7) 心理測定研究の所見と矛盾しないこと
(8) なんらかの**シンボル体系**[19]に落とし込める能力であること

である。

確かに，学びの観点からみて，言語的才能を開花させた人が同時に運動能力を開花させるわけではなく，運動能力を開花させた人が芸術にも優れた才能を発揮し始めるというわけでもない。言語能力や論理・数学的能力は記号操作を必要とするが，両者が扱う記号には質の違いがある。数学的能力は記号操作能力に加えて，空間操作の能力も必要である。

理系，文系，体育会系などという才能分類もちまたでは使われるが，当たらずといえども遠からずのところがある。知能が8種類もあり，それぞれ異なる大脳機能に依存しているというガードナー説の真否はにわかに断じ難いが，知能が必ずしも通常の知能検査が課しているような，言語性課題や動作性課題の成績だけで測れるような，言い換えれば机上の紙と鉛筆によるパフォーマンスだけの世界に還元できるような画一的なものでないことだけは間違いない。

[キーワード]

18) **二重解離の原理**：ある大脳病巣とある心理症状を関連づけるときの方法的原理。ある病巣L1でF1という認知能力が障害されてもF2という認知能力は侵されない。しかし，別の病巣L2ではF2という認知能力が侵されてるが，F1は保

存されるとする。この場合，F1能力と脳部位L1，F2能力と脳部位L2の関係を推定することができる。

19) **シンボル体系**：シンボルとはある事象を人為的な形式で置き換えたもの。ヒトはシンボルを介して世界を理解する能力を持つ。言語記号や数記号はシンボル体系の代表だが，こうした記号だけがシンボルではない。ヒトの認知活動のほとんどは何らかのシンボルの体系を介して，他者に伝えたり，後世に残したりすることができる。

## 1.4「学び」とは「教えたいことを覚えさせること」ではない

「学ぶ」ということは，決して，大人の多数社会が「教えたい」と望んでいることを子どもが「教わる」ことではない。「学び」は，子どもが「学ぶ」ことによって，本人に本来備わっている潜在的可能性を「発見し，そしてそれを伸ばす」ように働くものでなければならない。知能複数説に立つと，学びの道も当然複数あることになる。

すでに獲得し，成熟させていた能力が破壊された時，思いがけない能力が顔を出すことがある。たとえば，広範な左大脳半球損傷で重篤な失語症に陥り，ほとんど言語的コミュニケーション能力を失った高齢の患者が，言語聴覚士の指導で，絵のコピーを始めたところ，それまで絵などまったく描いた経験がなかったにもかかわらず，素晴らしい模写絵を描くようになったりする (Kashiwagi et al. 1994)。あるいは広範な右半球損傷のために視空間性能力に強い障害を蒙った患者が，保存された言語能力を駆使して優れたエッセイストとして活動を始めたりもする (山田 2004)。

もっと驚いたことに，脳損傷や脳疾患をきっかけに，その患者がそれまでみせていなかった，まったく新しい才能を発揮し始める事例すら知られている。たとえば，イギリスの51歳の男性はくも膜下出血の後，それまで一度も経験したことがないのに，絵を描きたい，彫刻したい，詩を書きたいという衝動に突き動かされるようになり，その後，彼の絵はイギリス中の画廊で展示されるまでになったという (Pollak, Mulvenna, & Lythgoe 2007)。似たような例はサックス (O. Sacks) の著作にも紹介されている (Sacks 1996)。

現代のように，教育が完全に社会制度に組み込まれ，政府の管理下に置かれてしまっている時代にあっては，子育てや教育の場において，その子にあった個別の才能を見いだし，育てていくというのは実際には至難の業であろうが，伸ばすべき才能は決して一つではないという視点に立って子どもに接していく必要はあるであろう。

# 2 学習における力学系/身体性/意識

・池上高志

　生物の特徴の一つは，学習能力である。環境に放り出された生物は，なんとかして知覚と行為を自己組織化し，環境に順応させていこうとする。それが学習だ。この学習のダイナミクスをコンピュータでシミュレーションすることは，はたして可能であろうか。それがここでのメインテーマである。簡単な神経回路モデルの学習モデルから始めて，相互学習するプレイヤー，運動が作り出す学習，能動的な学習までをレビューし，最後は学習における心の配置という問題を考えたい。鍵となる考えは二つある。（1）学習のダイナミクスは本質的に不安定である。（2）学習の理解には，こころの配置問題がある。この二つの考えを身体性とメタ力学系を使って，いろいろと議論する。

## 2.1 力学系と学習過程

　ある時間にシステムの状態をすべて決定すると，システムがどのように時間発展していくかが完全に指定できる。それを力学系（ダイナミカル・システムズ）という。たとえば，すべての神経細胞の状態をある瞬間に決めることができたら，未来永劫どのように神経細胞がその状態を変化させていくかが決定できる。もちろん，外から常にいろいろな刺激が入ったりノイズが入ったりするから，その意味では脳は次の状態が指定できないのだから力学系ではない。しかし，われわれは身体的な制約と意識の連続性（意識は毎時間ごとにランダムな状態はとらない）から，脳はある程度力学系のように振る舞う，という仮定はあながち悪くないようにみえる。天体の運動はもちろん，ありとあらゆる化学反応，流体の運動，生態系，などをはじめとする森羅万象，力学系は，つねに強力な言語を提供してきた。だから力学系のことばを使って脳の状態も表せる。とりあえず，そう考えて先に進むとしよう。

　力学系のよいところは，時間発展という形式でものを考えることであり，それを語る言語がいろいろと用意されていることである。たとえば力学系を，いろいろな初期状態から時間的に発展させると，十分時間がたったあとで，ある決まった状態に

落ち着くことがわかる。特にシステムの全エネルギーが保存しない場合（これを散逸系というが），最終的に落ち着く先を「アトラクター」という。

このアトラクターの種類として，固定点（時間的に変化しない状態），周期運動（繰り返しのパタン），概周期運動（互いに素の関係な二つ以上の周期運動を持った状態），カオス運動が知られている。この時，それぞれのアトラクターに落ち込んで行く，初期状態の集合のことをそのアトラクターのベイスンという。

システムがたくさんの自由度を持っていれば，いろいろなアトラクターが共存する。そういう多アトラクターな系はいろいろな複雑さを持っている。その複雑さを，どのようなアトラクターがあるか，いくつアトラクターがあるか，どのアトラクターに行きやすいだろうか，行き着くまでにどのくらい時間がかかるか，アトラクターどうしの関係はどうなっているか，などで特徴づけられる。

脳の力学系モデルは，別名「ニューラルネットワーク（neural network：NN）」と呼ばれる，しきい値で値を変える素子（神経細胞）を多数ネットワークしたものがある。そのうち，もっとも簡単なNNモデルにホップフィールド（Hopfield）モデルがある。これは，システムサイズ $N$（神経細胞の数）に対しアトラクターが，$e^{\beta N}$（ここで $\beta = 0.14$）のように増えることが知られている。このときそれぞれのアトラクターを，それぞれの記憶と考えることが多い。遺伝子ネットワークもアトラクターがたくさんある。この遺伝子ネットワークに対しては「ブーリアンネットワーク（Boolean network：BN）」モデルが知られている。カウフマン（S. Kauffman）が考えた，ランダム・ブーリアンネットワーク（random Boolean network：RBN）では，素子（遺伝子に相当）のブール関数をうまく（臨界的に）選ぶと，アトラクターの数は $N$（遺伝子の数）に対してベキ的に振る舞う（$N^\beta$）ことが知られている。これは実際の生物の細胞の種類と遺伝子のサイズの関係に近い。

以上のネットワークの性質は，個々の素子の性質とネットワークのつなぎ方で決まって来る。たとえばNNモデルは，素子同士をつなぐ強さをコントロールする。それでAという文字をアトラクターとすることができるとしよう。すると，多少Aが歪んでいても，Aだと認識できる（そのアトラクターにたどりつける）ように，Aのベイスンの構造を調整できる。この調整機構のこ

## 2 学習における力学系/身体性/意識

とをNNモデルの学習プロセスと呼ぶ。同様にRBNモデルでも，遺伝子の発現パタンをアトラクターとするようにできる。素子としてブール関数をえらび，そのつなぎかたを調整することで，たとえばちょっとくらいノイズがあっても，安定な発現パタンを持つアトラクターを安定に保つことができる。それはNNモデルと同じである。

　安定なアトラクターだけがあるのならば，学習は単にベイスンの調整であるが，そう簡単ではない。特にたくさんアトラクターをもつシステムでは，アトラクターを経巡るようなダイナミクスがしばしば観測されている。これをカオス的遍歴という。いったん入ったはずのアトラクターから抜け出すのであるから，それは厳密にはアトラクターではなくてアトラクターもどきである。以下では，学習の問題をこのカオス的遍歴の考えをもとにいくつか観て行くことにする。カオス的遍歴は学習の**非決定性**[1)]と関係していることがわかってくる。

　具体的な例として，パリティー・チェック（parity check）を考えよう。これは与えられた時系列に含まれる「1」の数の偶奇性を数える問題である。この問題を解くNNを得るために，**バックプロパゲーション**[2)]（back propagation；BP法，誤差逆伝播法ともいう）を用いて，学習させる。BP法も力学系である。初期状態として，NNモデルのネットワークの重みを用意し，学習するパタンと自分が出力するパタンの差が減少方向に，重みを変化させるのである。パリティー・チェックのように，入力の偶奇性を数えることのできる有限オートマトンは，簡単に書き下すことができる。それを学習の「正解」と考えるならば，NNの学習はほとんど不正解である。NNがこのオートマトンを学習するのは難しい。それは，ほかにも学習してしまう候補がいっぱいあるからである。学習されるのは，自分の履歴に正直なアトラクターである。これは次のような例で考えることができる。

　有限オートマトンは，コンテキストによらない学習パタンである。たとえば，電卓でいつ2+19を計算しても21という答が期待される。これがコンテキスト抜きの学習である。一方で夕方7時に家の前の巣穴から出てくる蟻の数がつねに21であるとしたら，奇妙に思うだろう。蟻の数はコンテキストによる。コンテキストをもつ学習ともたない学習。コンテキストをもつ学習は，学習のコンテキストに敏感すぎるのである。これを別のことばでいうと，時間の方向を消す学習（タテの学

314　IV 「学び」のメカニズム

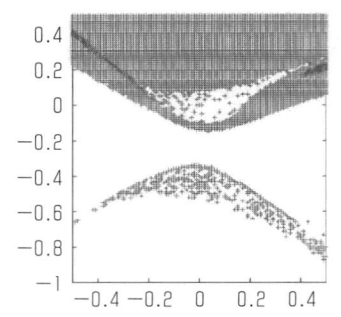

図1　パリティーチェックに関するBP法で学習されたアトラクターのベイスン

注：10000ステップで学習を打ち切ったときに偶数か奇数か初期の神経素子の間の結合値の2次元切断面に対し，学習できたか/できないか，がどのように分布しているかを示したのがこの図。点の打ってあるところが学習できた領域で，このうち特に濃い色で点がうってあるところが，空間認識オートマトンに収束したところである。

習）と時間の方向を保った学習（ヨコの学習）ということができよう（図1）。コンテキストに敏感なのは，タテの学習である。一方，この二つの種類の学習の境界は曖昧で，タテかヨコかを自分では決定できないような，非決定性も出現する。

そのような非決定性をみないように，通常は，NNに適切なサンプルを与えて学習させるしかない。しかし，われわれが日常観察するところの学習は正解にたどりつくもの，ではない。そうであるならば，学習における非決定性こそ，生命の学習の本質であろう。それは後に，ベイトソン（G. Baitson）の例を出して論じたい。次に，お互いに学習しあう状況，普段の会話やコミュニケーションを考えてみよう。そこにも学習の不定性が多く潜んでいる。

[キーワード]
1）非決定性：リドルドベイスン（riddled basin）というアイディアがある。アトラクターAのベイスンとアトラクターBのベイスンが，複雑に入り組んでいるので，どちらのアトラクターにいくか，実効的に選べないことになる。学習の非決定性や，それから生まれるカオス的遍歴と関係があるかもしれない。

2）バックプロパゲーション（back propagation）：誤差逆伝播法は，NNへの入力に対し，期待される出力パタンが出てくるように，期待される出力と実際の出力との差を最小にする方法である。具体的にはNNのネットワークの強さを変化させた時に，その差がもっとも速く変化する方向にネットワークを変えていく。

## 2.2 相互学習のダイナミクス

人はお互いに何を考えているか，本当に知ることはできない。しかし，相手の心の状態を，その見かけの振る舞いや表情から類推することができる。そんなことがどうして可能なのか。そうした疑問に対し，二

つのことが考えられている。一つは我々は（絶対基準としての）心の理論が脳にはあって、それを使って推測するという。もう一つは、自分のことを基準に相手の立場に立って、相手の行為をシミュレーションができるという考えである。ここでは過去の相手の振る舞いから相手のモデルをつくりあげ、そのモデルから相手の将来の行動を推測することを考える。たとえば、日常の生活の場でつぎのような場面に出くわすかもしれない。このときには、心の理論であれ、シミュレーションモデルであれ、どちらかをさかんに使うことになる。

　女の人が机につっぷしている。その手にはハンカチが握りしめられている。その傍らには男の人が立ち、静かに肩に手を置いている。このような状況を見たときに、「きっと女の人は深い絶望のそこにあり、それを傍らの男の人が慰めようとしている。しかし絶望は深くとりつくしまがない」と解釈するとしよう。しかし、そうした推測はまったく的外れかもしれないし、女の人は完全に寝込んでいて、男の人は彼女を起こそうとしているかもしれない。

　相手の心の状態がわかるか、という課題に対し、さまざまな実験が提案されてきた。サリーとアン課題はその代表であるし、自閉症の問題は心の理論モジュールの欠損だ、という見方もある（→II-6.2.2）。2009年現在は、自閉症自体が広義の解釈を持ち、男性ホルモンの問題や視線の取り方の問題なのでは、と解釈され多様化している。ここではそうした心の推論の問題を、現在進行形の生身の人とのやりとりにおいて、問題にすべきと考えている。それは、相互予測の問題である。つまり一方的な予測だけではなく、お互いに相手の行動や心の状態を予測をする場面である。通常の会話はそうであるし、演劇や映画はそうしたわれわれの推測をベースとして作られている。サッカーやテニス、チェスや囲碁も背後の推論のネットワークが本質的である。しかし、その推測がうまくいかないことで、コミュニケーションのダイナミクスは成り立っている。以下でそういう話をする。

　お互いのやりとりの中でお互いのモデルをつくりつつ、そのモデルを内部的にシミュレーションすることで将来を予測する状況を、力学系でシミュレーションしてみる。例として「繰り返し囚人のジレンマ」ゲームをとりあげる。繰り返しのない、囚人のジレンマゲームには、お互いに協力するか、裏切るか、二つの選択がある。もし相手が協力しようとするならば、裏切った方が得だが、相手もそう考えるだろうからお互い

に裏切り合ってしまう。とすると結局裏切った方がいいのか，裏切らない方がいいのか，わからなくなる。ゲーム理論は，合理的に考えれば裏切れというだろう。このゲームを繰り返すと話がややこしくなる。裏切ると次のときに裏切られる恐れが出てくるからだ。

もし相手が簡単なプログラムか機械で，こちらの振る舞いを学習することなく，手を決めているとする。この場合には数回の試行の中で相手の「心」（＝戦略）が簡単にわかり，それをもとに相手を騙すような行動が選択できる。たとえば，相手がこちらの振る舞いに対し関係なく裏切るとか，二回に一回裏切るなどの場合には簡単である。常に裏切ればい

い。逆にこちらの一つ前の手をコピーするだけの相手だということがわかった場合には，協調するしかない。この手は相手に仕返ししうるという意味で，tit for tat と呼ばれている。ゲームをくりかえす状況では，tit for tat を選ぶことで，お互いに協調しつづけることができると考えられている。

しかし相手もこちらの振る舞いをみて学習する場合には，ちょっと複雑になる。それは相手の学習するモデルの中にこちらの行為が含まれるからだ。あなたがこうするということを私は知っていて，それをあなたが知っている場合，という具合に入れ子構造ができ上がる。図2にあるのは，相互に相手のモデルをつくる

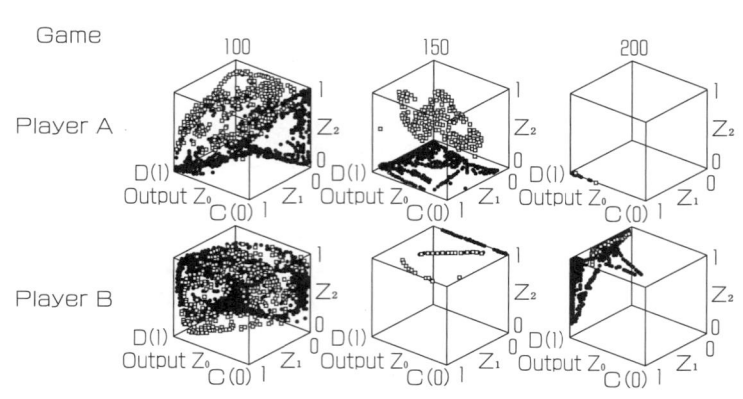

図2　幾何学パタンで表示される，player A のつくる player B のモデルと，その逆の，時間発展の様子
注：詳しくは Taiji & Ikegami (1999, 253-66) を参照。

場合のそれぞれのつくる相手のモデルの3次元のパタン表示とその時間的な変遷である。パタンが広がって奇妙な場合は，相手のモデルが簡単な有限オートマトンとしては認識されない場合であり，逆にいくつかの点に収斂している場合は有限オートマトンとして書くことができる。多くの場合，相互に裏切り合うアトラクターが出現する。しかし，ある場合には，お互い雲のようなモデルから先に少し紹介した tit for tat モデルが相手のモデルとして学習されるのだ。

しばしば相手のモデルの候補が複数あって選べない場合がある。実効的にはモデルの恣意性があっても，自分が次に選ぶべき手が変わらなければ問題はない。しかしどれを相手のモデルと選ぶかで，次の一手が変わる場合がある。学習されるモデルが一意に決まらない時に，それぞれの手を選んだ未来を並列に，シミュレートすることができる。これを可能世界シミュレーションと呼ぶ。原理的には無限にモデルは存在するだろうから，ここでは NN モデルのウェイトに制約を置き，モデルの数を限定することで可能なモデルの総調べをする（だから BP 探索ではない）。図3-a で示しているように，軌道は二つに分岐していく。一つの枝は次に協調した場合，もう一つの

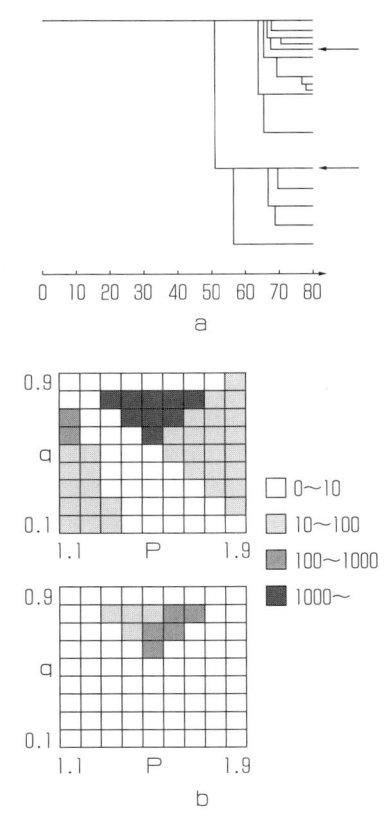

図3 可能世界分岐図（a）と，得点のパラメーターに合わせた分岐の様子（b）
注：詳しくは Ikegami & Taiji (1998) を参照。

枝は裏切った場合である。

相互に協調する解（アトラクター）に至る軌道上では，交互に裏切り合うパタンが出現し，それが相手

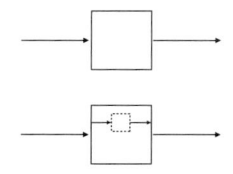

図4 メタな学習
注：上は，力学系そのもので，下はその力学系の入出力を内部で模倣できるメタな力学系。

のモデルとして tit for tat を選ぶアトラクターへと収斂していく。

より多く枝が分岐しているところほど，協調的なアトラクターが出現しやすい。分岐しやすいということは，相手のモデルが一意に決まりにくい，ということだ。そのような状況が多いほど，つまりうまく学習ができないときに，協調への道が開けるというのは示唆的である。

相手がはたして tit for tat かどうかは，実際に試してみないとわからない。もし単に tit for tat であれば，試すという戦略は存在しないし，いったん試してしまうと，もう相互協調には戻れない。相手のモデルをつくるための手と，そのモデルを使って決定する手が分けることができないからだ。

しかし相手のモデルをつくる力学系は，tit for tat 自身よりも大きな力学系である。tit for tat の真似もできるという意味で，大きい（図4）。このときには，tit for tat からずれて，その上で相互協調に戻って来れる。その契機となるのが，協調と裏切りをくりかえすパタンだ。これが生じるとお互いのモデルが同時に tit for tat へと収斂して，相互協調が芽生える。学習が，相手のモデルを入力としてもつ，すなわち関数を変数として持つ関数，というメタな関数に成っている点は注目すべきである。BPの範囲ではやはり裏切りアトラクターが優勢であった。しかし，三人で囚人のジレンマゲームを行わせた場合には，BPの範囲でも協調的な解が出現することもある。この場合，一人のプレイヤーは他の二人のプレイヤーのモデルをNNでつくる。

## 2.3 会話における時間発展

同じような相互学習の力学系を用いて，今度は二人のエージェントが，お互いに記号をやり取りして会話している。会話のモデルをつくり，そのモデルに基づいて次に何を話すのかを決定する。そういうプロセスで会話が進行するとしよう。会話のモデルは，入力としてお互いのかわす記号列を，出力としてそれにつづく記号列を吐き出すように，NNモデルで学習する。

発話の基準は，そのモデルにとってもっとも「なめらかな」単語を選んで発話する。なめらかというの

は，単語から次の単語の予測をして，その予測のもっとも高いもの，という意味である．単語はさだめられた三文字から四つ選んで一つの単語とし，発話する．一回会話が行われるたびに，BP 法を使ってモデルをアップデートするとする．

このモデルの重要なパラメーターが二つあってそれは，(A) 学習の精度，(B) 会話のなめらかさ，である．(A) は，過去の会話列からモデルが学習されたとみなす精度のことであり，(B) は，相手と自分の発話を一つのモデルの出力とみなす時の，なめらかさである．このパラメーターを動かしてやると，会話の変遷のダイナミクスが非常に変化し，非常に長い周期のアトラクターや，カオス的な遍歴現象もでてくる．

会話のダイナミクスがカオス的遍歴を持っていることで，トピックスが変遷するということと解釈する．安定で周期的なアトラクターは，同じことを繰り返す会話に対応し，リアリティーのないものになる．(A) の学習のしきい値がある程度以上低く，かつ (B) のうち，両者の発話の「接続のなめらかさ」を重んじると，一般に会話のダイナミクス不安定性は増す傾向にある．これは学習のしにくさが，不安定性を決定しているということから説明される．(A) の学習のしきい値は低すぎる

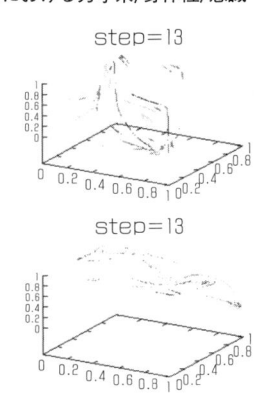

図5 相互学習で生まれる会話のモデル

と，いつまでたっても学習が終わらず，会話そのものが成立しなくなる．精度が低ければ，それは学習することを半分でやめてしまう，ことに対応する．それが実際の会話のダイナミクスとして大事である．実際の会話のダイナミクスは，オープンエンドなダイナミクスである．完全に予測可能な状況では会話のダイナミクスが収斂してしまって，会話は終わってしまう．会話の決まらなさ，何を話しているかのイメージが収斂しきらない状況，を許すことで会話のダイナミクスとして成立する．

繰り返し囚人のジレンマゲームの場合も，この会話のモデルの場合も，アトラクターの種類が，学習の

不定性(相手のモデルがつくれないことや途中で学習をやめること)で決定される。学習する対象が前もって決まっていないのが、この相互学習のダイナミクスの面白いところである。実際、人間同士の振る舞いも、もともと「相手の心の理論」が決まっていて、それをもとに相互作用をすると考えるよりも、お互いにつき合って行く中でモデルはどんどん変遷する。メタな関数と考える方が実際の状況と一致する。

　生命の特徴の一つは、自律性である。自律性の特徴は予測が完全にはできないことである。完全な心の理論やシミュレーション理論では、なまの人の相互作用は記述できないのではないか、と思う根拠はここにある。相手のモデルにつねに「決まらなさ」があることが、かえって相手のモデルをうけいれ、コミュニケーションを持続させる根拠となる。

　しかしこの議論に含まれていない要素がある。それは身体性の問題である。先の例ではコミュニケーションはどれも「記号的」であった。実際には、人の身体は空間の中に一定の大きさを占め、速い動きや遅い動き、ちょっとだけ動く／ずれる、といったことがコミュニケーションの重要な要素となっている。記号的なものにくらべ、背後にあるのは、連続的でありなめらかな身体性を伴った「行為」である。この身体性があれば、内部モデルをつくるような学習とは、まったく異なる考えでモデルをつくることができる。次では身体性をもとにした学習の構造について考えてみよう。

## 2.4　学習における身体性：センサーとモーターのコンティンジェンシー

　最初に少し書いたように、そもそもアトラクターという考えは、「閉じた」力学系について使える考え方である。実際の脳は、つねにさまざまな形で外界との相互作用に曝されている。ここからの節では、身体をもった脳を考える。身体を持った脳、を人工的につくったものが、ロボットである(→Ⅵ-3.4.1)。ロボットは「動く」ことによって、センサーの入力が変化し、そのことが新しい「動き」をつくっていく。このように、センサーからの入力と身体運動の構成との関係は、ダイナミックに螺旋を描きながら変化していくが、それをセンサーとモーターのコンティンジェンシー(随伴性)といい、SMC (sensory motor contingency)ということにする。SMCの中で、運動が自己組織化されていくことが、身体性を介した学習の過程である。ここでは、三つのSMCの例について考える。以下の例では

どれも，**遺伝的アルゴリズム**[3]（以後 GA という）によって，コンピュータの中で進化させる。GA は，ダーウィンの進化をまねて，自然淘汰と突然変異により，求める SMC をもった個体を進化させるという方法である。あるいは，目的の SMC を作り出す NN の構造を，進化させる。したがって，GA による学習は，BP のような学習ではないが，GA を一つの個体の頭の中で起こっている「試行錯誤による学習」プロセスと考えることもできる。自律的に運動するロボット・**ビークル**[4]の中身をいろいろと GA で進化させながら，期待する行動パタンが進化してくる様子を調べると，身体性をともなった学習というのがどういうものかわかってくる。

最初の例は三角形と四角形のかたちの区別である（図 6）。ロボットが，コンピュータの中のいろいろな形が描かれた上を進んで行く。形は，三角形か四角形で，それぞれビットの集合で描かれている。しかしロボットが認識できるのは直下の 3 ビットかける 3 ビットの正方形の範囲で，ロボットはこのパタンをもとに，まっすぐ進むか，右に曲がるか，左に曲がるか，という行動を決定する。四角形でも三角形でも，局所的にはどちらかはわからない。そこでロボットは，ある程度その図形

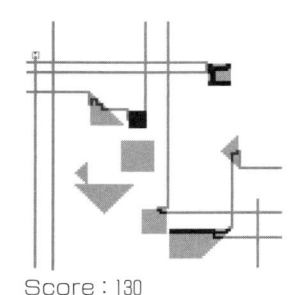

Score：130
図 6　形のカテゴリー

に触って動き回ることで，はじめてその図形が認識できるようになる。判定には，履歴とか記憶が必要になると思われる。

身体性がからんだ学習は，うまく判定できるようになるか，ではなくて，どのように判定するか，が重要である。自分の運動によって「かたちのカテゴリー」がつくられる。形の意味は，それとともに出現する運動のレパートリー（くるくる回るとか，まっすぐ進むとか）によって分節化される。レパートリーの選び方が，対象に対するロボットの態度表明であり，レパートリーの多様性はロボット内部に存在する，それまでに触ったかたちの履歴や学習のタイムスケールがつくり出したものである。実際，このロボットは GA とは別に，神経細胞の結びつきが運動とともに変化する「学習」のダイナミクスも含まれている。

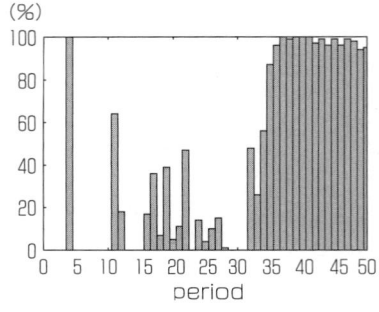

図7 点滅のカテゴリー

最終的に自己組織化された運動は、三つのパタンに分けて考えることができる。それは、①辺に沿って進む、②図形の内部を埋めつくす、③図形から出て行く、である。同じ図形に対する振る舞いであっても、その行動パタンは変化していく。その結果、三角形はよけて通り、四角形はその中を埋めつくそう、という傾向が生まれる。第三者的視点からは、このロボットは三角形と四角形を区別しているように見える。しかしこのような区別は、静的な形のイメージをもって創られているわけではない。単に運動のパタンにすぎない。

ここにもこれまでの節でみてきたような学習の「決まらなさ」が存在する。同じ形でも、どこから触ったかで振る舞いが異なるし、台形は四角形と三角形の中間のような触り方(うめつくすのでもすぐに立ち去るのでもない)をする。

今度は光の点滅パタンの区別をするビークルを考えてみよう。このビークルは、センサーの入力そのものを「自律的に」ON/OFFするニューロンを積んでいる。光源の光り方はいろいろな周期で光っている。ロボットはつねにセンサーを開けて光を見ているわけではなくて、自分でいつ光をみるかというタイミングを、内部のダイナミクスで決めている。

先ほどの例と同じようにロボットは、平面の上を動いていき、それが自分の好みの光り方であれば接近するし、嫌いな光り方の場合は回避するようになる。この実験における、明滅パタンのカテゴリー化とそれに随伴する行動パタンをみると(図7)、明滅パタンの好き嫌いには、やはり決まらなさが潜んでいることが判明する。つまり点滅がある周期より速ければ好きな点滅パタンで、以下ならば嫌いというようなものにはなっていない。運動の組織化は、①光源に近づかない、②すみやかに光源に近づく、③非常ゆっくりと光源の近くを運動する、に分けられる。この三番目のゆっくり近づくモードが、どうも好きと嫌いの境界をつくっている。この三番目の運動が出現するときには、自律的なON/OFFのニューロンをよりよく使っ

ているようにみえる。

## [キーワード]
3）**遺伝的アルゴリズム**：ホランド（J. Holland）によって始められたアプローチで，ビットストリングの群れによっていろいろな命令体系を表し，それが遺伝子のように交叉や突然変異で変化しながら，システム全体として学習する。より具体的にはダーウィン的な進化（ある淘汰関数を満たす個体ほど増殖できる）をコンピュータの内部で走らせ，どういう個体が進化してくるかを見る。

4）**ビークル**：最低限の動力を持ち，進むことのできるミニマルなロボット。最初ブライテンベルグ（V. Braitenberg）が仮想的なロボットとして紹介した。その後，フロレアーノ（D. Floreano）とノルフィー（S. Nolfi）によって発展させられ，ケペラーという小さなロボットで神経回路を搭載したロボットがスイスのEPFLで開発されている。

## 2.5 能動性・受動性

このように，運動の組織化とともに出現するカテゴリーをダイナミカルなカテゴリーという。ダイナミカルなカテゴリーは，与えられた記号やパタンの単純な区別ではない。身体性をもととした「ダンスのパタン」で，区別が生まれる。

学習というのは，汎化されたある行動のパタンが獲得できるようになることである。それは学習のために使ったかたちの区別（この場合にはGAで使った例）を覚えただけではなくて，あらたな三角形や四角形に対しても，区別ができるようになることをいう。

ロボットが三角形と四角形とを区別したと言っても，「三角形」「四角形」という概念（シンボル）を理解している訳ではない。第三者から見て，区別ができているようにみえる，というだけである。たとえば，スキーを学習する場合と，英語を学習する場合について考えてみよう。

どちらも，機械的な規則を学習することが肝要とされる。機械的とは，盲目的に規則に従うことである。スキーの場合であれば体重の抜き方や膝の曲げ方などを，英語ならば過去形や三人称単数現在の「-s」や，/r/や/l/の発音のことを，意識しなくても使えるようになることである。しかし，スキーや英語を本当に使いこなすためには，機械的なもの以外に，ある種のリズムや「感じ」の獲得が必要である。それが，ここでみてきた，どのように運動をつくりだすかという身体性に現れていると期待する。

この運動のリズムや感じの先には，心の配置の問題がある。心の配置とは，適切な身体運動をつくりだすための準備状態のようなもので，

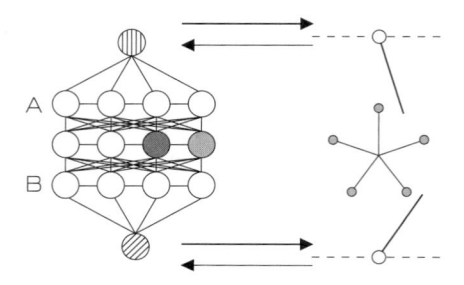

図8 アクティブとパッシブ：羽の枚数の区別
注：この例ではNNモデル自体が動くのではなく，それに取り付けられた2本の腕が運動する。この腕を使って羽車を回転させ，その羽の枚数を数えるのが目的である。この場合もGAによって，羽の枚数を数えるようなシステムを育てることができる（Iizuka & Ikegami 2005）。このときにアクティブとパッシブの違いがどのように見られるかを議論する。そのネットワークの概要は以下のようなもので，左右についた二つの腕を三層のニューロンでコントロールし，中間層のネットワークでつながっている。

しかし第三者的には観察できないし，教示もできない。それはあくまで主観的なものである。学習理論の提唱者の一人であるヘッブ（D. O. Hebb）は，足し算をする時と，引き算をする時の「心の配置」の違いは内観的にもわからないから，考えなくても良い，つまり学習の問題には心や意識を持ち出すことはないといっている。ここでは運動と心の配置問題を議論してみよう。

心の配置のもっともプリミティブなもの，それは能動性（アクティブ）と受動性（パッシブ）である。第三者的には同じだと思われる運動も，主観的（第一人称的）にみると異なっていることがある。他人に触られるとくすぐったくて，自分でさ

わってもくすぐったくない。たとえばこの感覚の違いを生み出すものが「心の配置」である。そこで，同じ課題に対し，二つの心の配置で対する課題を考えてみる。

以下では羽の枚数を弁別する課題を，能動的（アクティブ）に行う場合と受動的（パッシブ）に行う場合に分けて考える。図8にあるようにニューロン群からのインプットを受けて上下二つのニューロンがそれぞれ対応する腕を動かす。腕が風車の羽に当たると，風車はその力の向きに力を受け，腕は羽の位置を知覚できる。

アクティブな実験では，上下の腕を動かして，図の右にあるような「風車」を回す。パッシブな場合に

は風車が勝手に動いて、その羽に腕があたってそれをもとに判定する。判定基準は、中間層の二つのニューロン（A, B）を使って区別する。もしAの値がBの値より大きければ、五枚、そうでなければ七枚と判断する。ここで大事なことは、腕は風車を回す（ニューロンの状態が羽に与える力を表す）と同時に、風車の羽が当たった場合のセンサー（羽の回転角度がニューロンの状態として取り込まれる）でもあるということだ。腕がセンサーであるかモーターであるかはここでは初めに規定されない。結果として、羽をまわすのに積極的に関与している腕はより「センサー的」となり、羽の状態を感知する腕はより「モーター的」ということになる。

GAによる進化にともなって、このシステムは風車の羽の枚数（五枚か七枚か）を当てることができるようになるが、一つの腕はよく動く腕（センサー的）、もう一つの腕はあまり動かない腕（モーター的）に分化する。さらにみていくと、アクティブに自分で風車を回す場合と、パッシブに風車が回ってそれに腕があたって判定する場合では、内部に形成されるアトラクターの形や位置が異なることがわかる。つまり、自分で動かして判別した場合と結果的に判別できた場合ではその仕方が異なる

ということである。この違いを、さきの「心の配置」の違い、と読み替えてみたい。

たとえば腕の運動部分に時間遅延を入れてみる。つまり風車に接触したセンサー情報から内部のネットワークにはいってくる刺激シグナルに、時間的な遅れを導入する。するとモーター的な腕の方の遅延により、パッシブなものよりアクティブな方のアトラクターが壊れやすい、という結果がえられた。これは、アクティブな方が時間構造を制御して判定しているのだから、時間の感覚に敏感である。ということで、直感的にあっている。逆にセンサー腕の方への遅延の影響は、アクティブな場合にもパッシブな場合にも少なかった。こうしたことから、心の配置の違いはヘブの意見とは逆に、客観的には時間遅延に対するアトラクターの安定性の違いでもある。

二つの3次元図形が同じか違うかを答えなさい、というメンタルローテーションの実験がある。二つの図形をぐるぐる回すと、一致している場合とそうでないのがある。被験者の判定の時間が、この時二つの図形の回転角度の大きさと比例するという報告がある。ところが前もって被験者に、心の中で図形をぐるぐる回しておいてもらう準備をしてもらう。そうすると反応時間は角度によ

らなくなるという結果がある。この実験は，心の配置を反応時間の違いでみている。ここでいう心の配置は，準備状態である。

2000年以降，時間遅延，時間知覚，時間順序判定，など時間にかかわる認知実験が増えている。たとえば，幾何学的な図形の二者選択課題[5]を人にやらせたところ，選択のすでに約7秒ほど前にどちらの図形を選択するか，が脳の活性度パタンから読み取れるという報告がなされている。この実験の一つの解釈は，脳はやはり大きな力学系であり，ほぼ決定論的に状態は移り変わっていくと解釈できる結果である。異なる選択は異なる力学系の軌道上にある。あるいは異なるアトラクターに乗っかっている。だからこの実験で見られる選択の約7秒前の脳の活動パタンは，選択に関する心の配置なのだ。一方，イーグルマン (D. M. Eagleman) らは，差し迫ったときに感じる「時間がゆっくりと流れる」主観的な感じをつかまえようとしている。ハガード (P. Haggard) らは，因果関係を自分で構成してやった場合は，そうでない場合に比べて主観的な時間の経過が速いという報告をしている。たとえ，大きな力学系であるとしても，そこには，客観的物理的な時間とは異なる主観的な時間が組織化されている。そういう見方も可能である。

こうした，心の配置，とはなにか。それは学習とどのような関係にあるだろう。

[キーワード]
5) 選択課題（の実験）: (C. S.) Soon, M. Brass, H.-J. Heinze, & J.-D. Haynes, "Unconscious determinants of free decisions in the human brain," *Nature Neuroscience* 11 (2008): 543-45. にある。

## 2.6 学習における心の配置

これまでのところを整理してみると，単なるNNモデルのある規則の学習は，さまざまなアトラクターを持っていて，学習とはそのアトラクターにたどり着かせることであった。しかし，ともに学習しあうダイナミクスでは，アトラクターは共に変化してしまう。実効的な学習とは，途中で学習をやめることが大事である。というのも学習には本質的な決まらなさ，が存在するからだ。

次に身体を持たせたNNのモデルについて考えた。このときには，センサーとモーターの随伴性（SMC）の組織化を学習と考えた。どのようなSMCを課題ごとに自己組織化できるか，それを形や光の弁別課題に関して議論した。単純なNNモデルの学習とは異なり，自分

で運動して入力パタンを集めてSMCを自己組織化するため，自分の運動のクセみたいなものが学習のコアとなっていく（これをダイナミカルカテゴリーとよんだ）このダイナミカルカテゴリーは，個人的な経験がベースとなり，身体性の特徴が強く反映される。そのため，真に正しいカテゴリーは生まれないが，レイコフ（G. Lakoff）やジョンソン（M. Johnson）が指摘しているような，言語を自分の身体性に根ざした，放射状カテゴリーが出現する。そのような主観的なことから生まれたカテゴリーをベースにできているからこそ，言語の意味の問題があつかえる。SMCの自己組織化を学習というのは，規則の学習ではなくて，意味の学習である。

風車の羽の区別のように，自分で運動して弁別する場合と，動かされて弁別する場合，どちらも弁別ができるのであれば，その違いは心の配置の違いである。心の配置の違いは，アトラクターの違いと考えることもできる。異なるアトラクターは異なるSMCを備えている。そのアトラクターの時間遅延に関する安定性が，アクティブとパッシブでは異なっている。

しかし，自己組織化されたSMCは，一般に安定ではない。揺らいでいる。たとえば，点滅パタンの弁別などに際し，好きと嫌いの境界に位置する点滅に，そのゆらぐSMCをみることができる。ものを学習するときには，かならず「わかった感じ」が伴うはずで，それは客観的なものではありえない。したがって，SMCの揺らぎがある時にはじめて，運動のパタンと対象を結びつけている媒介者としての「心」が議論できる。だから心の配置を決めることが学習の問題となる。

70年以上前に，メッチンガー（K. F. Muenzinger）やトルーマン（E. C. Tolman）によって提案された，ネズミの仮想の試行錯誤（vicarious trial and error：VTE）という問題がある。これは迷路などを学習したネズミがみせるある種の「躊躇い」である。ネズミも学習の過程でいろいろなSMCを探索する必要がある。たとえば，学習を担うのは海馬とされている。特に空間に関する学習では，認知地図の制作が海馬の特徴的な機能としてよく研究されている。

その一方で，白黒の弁別課題のような非空間的な学習も海馬が寄与している可能性がある。それは非空間的弁別課題の成績とVTEの強さが反比例するという報告がなされているからだ。VTEは，相互学習における可能世界のシミュレーションだということができる。学習と試行錯

誤は表裏である。しかし実際にネズミがSMCを揺らがして、いろいろな迷路のパスを全検索する訳ではない。心の中で実行されるシミュレーション／配置問題である。それを、このVTEは示している。

たとえば囚人のジレンマのところで議論したような、大きな力学系が、VTEには必要である。tit for tatという戦略を学習した戦略はtit for tatそのものではない。つねにそのまわりで揺らいでいる。そのことが、相互協調性を結果として保つ。心の配置は、この意味で、メタな力学系の話である。

ベイトソンの『**精神の生態学**』[6)]には次のような逸話がのっている。一つ目は、イルカのロジカルジャンプの話である。イルカを調教していろいろな芸をさせ、うまく芸をするたびに餌をやる。ある時点でいくら芸をやっても餌をやらないようにする。イルカは狂ったように今までの芸をするが、餌はもらえない。すると追いつめられたイルカは、それまでやったことのない芸をやりとげ、餌をもらう。学習した芸の集合以外のものをやることで餌がもらえる、というメタな学習の状態にジャンプすることができたのだ。これがロジカルジャンプ、二次の学習とよばれるものだ（→5.2）。

つぎに、ホウレン草を食べない子どもとお母さんの話。幼い子どもがホウレン草を食べるたびに、ごほうびとしてアイスクリームを与える母親がいる。この子が、(a) ホウレン草を好きになるか嫌いになるか、(b) アイスクリームを好きになるか嫌いになるか、(c) 母親を好きになるか嫌いになるか、を知るには、ほかにどのような情報が必要か。という問いを立てる。ベイトソンは、これは母親と子どもの行動のコンテキストについての情報について知る必要があるという。

この二つの例は、先の「メタな力学系」の例である。たとえば、最近の脳科学においては自他のエージェンシーや所有性の認識、ミラーニューロンにみる行為の知覚と生成、感覚質や意識、そうしたことが知覚、学習や行為を説明する基本的な概念装置になりつつある。たとえば言語というのは、「公共性（パブリック）」を持つものであると同時に私的（プライベート）なものでもある。一見パブリックにみえる文法も、その規則が揺らぎうるのはそれがプライベートなものとつながっているから、で、それが揺らぎうることが「メタ」ということの意味である。

学習における心の配置は、やる気、といいかえることができる。同じことを勉強しても、やる気がなけ

れば身につかないという。これは経験的にはそのとおりだ。しかし，やる気というのは，主観的な経験としてそれが明らかであっても，うまく科学的な議論の枠には乗せにくい。それを科学にのせようとした方法論の一つが，身体であり，メタ力学系である。

パブリックとプライベートのむすびつきの契機として自分の身体性がある。自分の体がみえる，あるいは自分の体に触れる，ということがあげられる。鳥瞰図的な視点からは，文法が揺らぐ根拠はみえてこない。揺らぐのはその記述の中に自分が含まれる場合である。通常，自分の体の一部が見えると，それを参照点にして，知覚の安定性が獲得できると考える。しかし，自分が見える／触れることは安定化ばかりではない。

たとえば，能動性やボディーイメージは知覚のプライベートなものに，受動性や外からの入力はパブリックなものに対応する。だから能動性と受動性の違いを論じることは，さらに「自分の体に触る／見える，相互作用する」という問題は，自分が存在させられているフレームの一部と相互作用することである。そうしたフレームとの接触，能動性と受動性の問題，心の配置問題を，身体性を伴ったメタな力学系で考えていく必要がある。

[キーワード]
6）『精神の生態学』：この本は訳が1986年に思索社から出版された。いくつかの論考，講演の起こし，エッセーなどをまとめたベイトソンのそれこそ思想の生態系であり，論理階型の上昇（ロジカルジャンプ），ダブルバインド，コミュニケーション論，差異の差異，コンテキストといった彼の思想のコアがつまっている。

# 3 学びとワーキングメモリ

## 苧阪満里子・苧阪直行

　学ぶというプロセスには，学ぶべき新たな情報を処理しながら，処理した情報を一時的に保持する過程が必要である。新たに学ぶべき情報は，すでに学習して長期記憶に貯蔵された情報と比較，参照されながら，新たに知識構造の中に組み入れられる。こうした情報処理の過程には，一時的に新たな情報を保持する必要があり，その過程を経て学びは適切に成立するものと考えられる。

　このように，学びの過程においては情報の処理と保持が必要であるが，その並列的処理を支えるにはワーキングメモリの機能が重要であると考えられる。ここでは，学びにおける情報の処理と保持を担うワーキングメモリの機能について考えたい。

## 3.1 ワーキングメモリ

　ワーキングメモリ[1]（working memory）は，目標にむかって，一時的に目標の遂行のために必要な情報を保持しながら，処理を進める記憶システムである。このシステムは，思考や心の働きなど，私たちの日常生活に関与する多くの**高次認知機能**[2]を支えるのに重要な役割をもっている（Baddeley 1986; Just & Carpenter 1992; 苧阪 2002）。

　たとえば，繰り上がりのある暗算の遂行では，繰り上がりの情報を保持しながら計算を進めることが必要であるが，ワーキングメモリは，このような「課題の遂行に必要な情報を活性化状態で保持しつつ並列して処理を行う」機能を担っている。

　計算課題だけでなく，対話や読解などの言語の情報処理についても同様である。文章を読んでいるときには，ことばの意味を追いながら，すでに読んだ内容を心のなかに保持する働きが必要である。文章の理解と記憶は一見関係ないように思われるかもしれないが，先に読んだ内容をすぐに忘れてしまうと，1文を最後まで読み終えても，文の理解には到達できないことになる。したがって，ワーキングメモリに保持されている情報は，課題目標に到達するまでの間はいつでも検索が可能な活性化状態になければならない。

　一文を読み終えてひとたび課題目

標に到達した後には，読み終えた内容は，次の文の読みと整合するように逐次に**統合**[3]（バインディング）されていく。さらに，統合された情報は多段階の文脈効果として，上位から下位へとトップダウン的に働き，文章の理解を促進するのである。このように，ワーキングメモリは一時的な情報の保持機構であると同時に，処理を統合するにも必要な過程であると言える。ワーキングメモリの働きは，ここで言及したような言語情報だけでなく，対象が物体であるときにも同様であり，物体の認知やその空間における布置の情報に対しても同様に必要である。

人間の記憶システムについては，1950年代から，**二重貯蔵モデル**[4]に代表されるような**短期記憶**[5]と**長期記憶**[6]の二つの記憶システムが想定されてきた（Atkinson & Schiffrin 1968）。長期記憶は，容量の限界，あるいは，保持期間の限界がないのに対して，短期記憶は，ごく短期間の一時的な情報保持のバッファーである。その処理容量には限界があり，**リハーサル**[7]（rehearsal）などが特別に行われない場合には，ほぼ15秒間にその90％が忘却されると考えられている（Peterson & Peterson 1959）。

短期記憶の測定は，数字スパンや単語スパンのような記憶の範囲テストで測定される。1956年にはミラー（G. A. Miller）の論文"The magical number seven, plus or minus two"で示されたように，チャンク数の限界が指摘されていた（Miller 1956）。

二重貯蔵モデルにおける二つの記憶システムは，それだけでは解釈に困難を生じる実験結果や症例報告から，見直しが迫られるようになった。英国のウァリントン（E. K. Warrington）とシャリス（T. Shallice）により報告された頭部に外傷を受けた患者K. F. は，その一例であった（Warrington & Shallice 1969）。K. F. は外傷の影響により短期記憶に重い障害が認められた。数字の記憶範囲テストは2桁が60％であり，3桁では30％程度という再生率であった。にもかかわらず，K. F. は過去の出来事を想起することができた。一般的な認知課題を遂行するにもさほど支障は認められず，知能テストの成績にも低下が認められなかった。

二重貯蔵モデルでは，短期記憶は長期記憶への情報の経路に位置している。したがって，症例K. F. のような短期記憶の障害は長期記憶に何らかの問題を生じさせると考えるのが一般的である。しかし，K. F. の示す症状は，二つの記憶システムにおいて，一方の記憶システムが支障

をきたしても他方の記憶システムは正常に機能するという,いわゆる二つの記憶システムの機能の乖離を示すものであった。

症例報告に加えて,実験心理学のデータからも,短期記憶,長期記憶の直接的つながりに疑問を呈する研究報告が得られた。

人間の長期記憶の内容は知識の記憶からエピソード記憶までさまざまな内容を含んでいると考えられる。言語の理解とも関連することが予測される。とすれば,長期記憶と直接的な連絡経路を持つ短期記憶も,文章理解に大きく関与することが予想されるのである。そこで,短期記憶と言語理解との関連について検討が試みられてきた。しかし予想に反して,数字スパンテストや単語スパンテストなどで測定した短期記憶の評価値は,かならずしも言語理解の評価値との間に関連性が見いだし得なかったのである (Perfetti & Goldman 1976; Daneman & Carpenter 1980)。

このような実験結果も,短期記憶が直接に長期記憶への情報の経路に位置づけられている二重記憶構造に疑問を呈するものであった。貯蔵システムにおいてのみ短期記憶の機能を実現するには無理があり,制御システムが必要であると考えられた。そこで,短期記憶,長期記憶という二種類の記憶貯蔵庫を制御するシステムの可能性を想定して,両者の記憶貯蔵庫を媒介する新たなシステムが提案されることとなった。

こうした背景のなかで,より高次な認知活動と結びついた新たな記憶のシステムを提唱する試みが始まったのである。英国の心理学者であるバッドリー (A. D. Baddeley) とヒッチ (G. J. Hitch) は,二重貯蔵モデルの問題点を新しい記憶システムの存在を指摘することにより解決しようとした。彼らは言語理解や推論などの人間の高次な認知活動と関連する記憶のシステムが必要であると考えた。そこで,提言されたのがワーキングメモリの概念であった (Baddeley & Hitch 1974)。そこでは,記憶の貯蔵庫としての役割の他に,処理を支えるプロセスが想定されている。

ワーキングメモリの特徴の一つは,ワーキングメモリには**資源限界**[8]があると仮定されていることである。短期記憶の容量のような保持できる量的な限界ではなく,保持する情報量と同時に課題の遂行プロセスがともに共通の処理資源を用いていて,その資源に限界があることを意味している。保持する情報量が多くなれば,それだけ資源に負荷がかかり,処理遂行に影響を与えることとなる。つまり,保持する情報の量

と課題遂行との間にはトレード・オフの関係が成立するのである。

バッドリーとヒッチは、このようなワーキングメモリの特徴を、**二重課題法**[9]（dual task methods）により検証している。二重課題法は、二種類の異なる課題を並行して行うことが求められる実験的手法であり、ワーキングメモリ研究の主要な研究法の一つである。一次課題（primary task）に文の理解課題が用いられ、並行して行われる二次課題（secondary task）には数字の保持課題が設定された。

一次課題に用いられたのは次のような文である。

A is not preceded by B.
（B は A の前にはない）

このような A, B 二つの文字の順序について述べた文を被験者に聴かせた後で、A, B 二つの文字を提示し、真偽判断を行うのである。

A is not preceded by B.
——— AB
A is not preceded by B.
——— BA

上の例は「正しい」が、下は「誤り」になる。

数字を保持する二次課題は、一次課題の文提示に先立ち視覚的に提示された。数字の記憶保持は、1桁、2桁、6桁と増加した。彼らは、このような二重課題における真偽判断の正答率を、数字の記憶がなく文の真偽判断のみを求める単純課題（single task）と比較した。すると、文の真偽判断の成績は、数字の保持が1桁や2桁の場合には、単純課題と変わらないことがわかった。しかし数字の保持が6桁になると、真偽判断の成績は急激に低下した。加えて、真偽判断に要する反応時間も遅くなった。

この二重課題の実験結果は、数字の記憶が文の正誤判断という情報の処理に干渉することを示唆するものであった。数字を記憶保持することは、文の真偽判断と共通した処理資源を用いていることが推定され、そこで、このような保持と処理を支えるシステムとしてワーキングメモリが想定されたのである。

[キーワード]
1）**ワーキングメモリ**（working memory）：目標の遂行のために、処理を進めながら必要な情報を一時的に保持する記憶システム。
2）**高次認知機能**：学習や言語理解などを進める上で必要な認知機能。
3）**統合**：個別の情報を一定のまとまりにするプロセス。

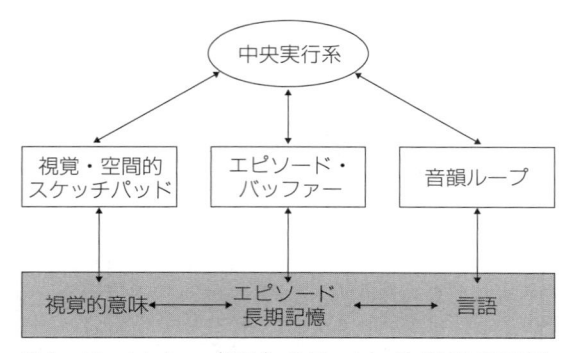

図1 Baddeley (2000) のワーキングメモリのモデル

4) 二重貯蔵モデル：人間の記憶を短期記憶と長期記憶の二つの記憶システムから成立すると想定したモデル。

5) 短期記憶：人間の記憶を保持時間の長さにより分類した記憶の一つで，特別な方略などを用いない場合にはごく短時間(15〜30秒程度)だけ保持できる記憶。

6) 長期記憶：人間の記憶を保持時間の長さにより分類した記憶の一つで，保持時間に制限のない記憶。

7) リハーサル (rehearsal)：短期記憶内に保持された情報をとどめておくために反復を繰り返すこと。

8) 資源限界：認知活動にかかわる心的機能の限界。

9) 二重課題法 (dual task methods)：同時に二種類の課題の遂行を求める実験的手法。ワーキングメモリ研究で頻繁に用いられる。

## 3.2 バッドリーのワーキングメモリのモデル

Baddeley はワーキングメモリの考えを発展させてモデルを構築した (Baddeley 1986)。モデルには，**音韻ループ**[10] (phonological loop) と**視覚・空間的スケッチパッド**[11] (visuo-spatial sketchpad) が想定されている。この二つのサブシステム (slave system [従属システム]) は，それぞれ，言語性，非言語性の情報の一時的な貯蔵庫(バッファー)として機能すると想定されている。モデルを特徴づけるのは，**中央実行系**[12] (central executive) である。中央実行系は，ワーキングメモリ資源の配分や，サブシステム間の調整など，中心的な役割を担うものと考えられてきた。先述の二重課題実験においても，注意の制御が重要であることが示唆されており，それ

がワーキングメモリの中心となる特性として位置づけられることとなる。

このモデルには 2000 年に新たに**エピソード・バッファー**[13]が付加された（図1）(Baddeley 2000)。エピソード・バッファーでは，音韻ループ，視覚・空間的スケッチパッドからの情報を統合した内容を保持する機能が想定されている。情報の統合は中央実行系により制御されると考えられるが，その統合した内容も一時的に保持される必要がある。エピソード・バッファーは，中央実行系との相互連携により，こうした役割を支えているものと想定される。さらに長期記憶からの参照や検索システムが付加されていて，長期記憶との情報のやり取りを通して目標とする課題遂行を可能にしていると考えられる。

中央実行系は，さまざまな情報処理を支える制御機構として想定されているが，目標となる課題を遂行するために注意の制御，課題を遂行するのに必要な処理資源の確保などが調整されると考えられている (Baddeley 1992)。特に，中央実行系における注意の役割は重視されていて，**注意制御**[14] (controlled attention) が，ワーキングメモリの重要な成分であるとする指摘もなされている (Engle et al. 1999)。

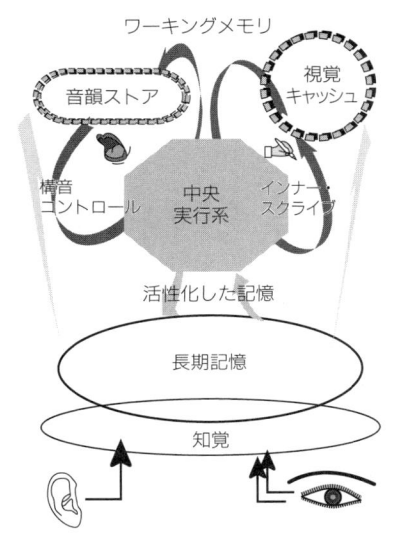

図2 音韻ループと視覚・空間的スケッチパッド：(Logie 2003; 改変)

このように，バッドリー達の提唱したワーキングメモリの概念は，従来より保持機能が注目されていた短期記憶の概念を拡大して，文の理解や推論などより高次の認知機能と関連する保持の場としての役割が強調されている。

[キーワード]
10) **音韻ループ** (phonological loop)：Baddeley (1986) のワーキングメモリのモデルに想定されたサブシステムの一つで言語性情報の一時的な貯蔵庫に対応する。

11) **視覚・空間的スケッチパッド**(visuo-spatial sketchpad)：Baddeley (1986) のワーキングメモリのモデルに想定されたサブシステムの一つで非言語性の視覚的，空間的な情報の一時的な貯蔵庫に対応する。

12) **中央実行系**（central executive）：Baddeley (1986) のワーキングメモリのモデルの中心となる制御システム。

13) **エピソード・バッファー**：Baddeley (2000) のワーキングメモリのモデルに想定されたサブシステムの一つで，サブシステム間の情報統合や，長期記憶からの参照や検索を担う役割が想定されている。

14) **注意制御**：課題遂行に必要な情報を，効率的に選択するために働く機能。

## 3.3 音韻ループと視覚・空間的スケッチパッド

音韻ループは，しばらくの間だけ保持しておかなければならない情報を，内的な言語の反復によるリハーサル（subvocal rehearsal）を用いてそこにとどめておく役割をもつ。前頁図2のように，音韻ループは**構音コントロール過程**[15]（articulatory control process）と**音韻ストア**[16]（phonological store）から成立すると想定される。音韻ストアは音韻情報を維持する短期貯蔵庫として機能するが，構音コントロール過程は視覚呈示された文字や音韻ストアからの情報を構音的コードに変換し，リハーサルする役割を果たしている。

さて，音韻ループには，従来の短期記憶研究で問題にされてきた二種類の特徴的な現象がみられる。**音韻的類似性効果**[17]（phonological similarity effect）と**語長効果**[18]（word length effect）である。音韻的類似性効果は，音韻的に類似している系列が音韻的に類似していない系列よりも系列の記憶再生率が劣る現象である。一方，語長効果は，発音時間が長い刺激材料では短い刺激よりも記憶成績が悪くなる効果をいう。この音韻的類似性効果と語長効果の二つの効果が生起する要因がモデルに求められている。音韻ループの機能を解明する方法として用いられる手法に**構音抑制**[19]（articulatory suppression）という実験的手法がある。構音抑制は，刺激を記憶する時や保持している時に，記憶する刺激とは無関係なことばや音素を繰り返し呟く（構音する）ことで，記憶刺激をリハーサルして維持することを妨害する手法である。

上記の二つの効果を構音抑制により検証したところ，記憶刺激の感覚モダリティにより異なる結果が得られた。記憶刺激を視覚呈示した場合は，音韻的類似性効果と語長効果は

ともに構音抑制により消失することが確認されたが，聴覚呈示した場合には語長効果は構音抑制により消失するものの，音韻的類似性効果は構音抑制の影響を受けなかった。

視覚呈示では，刺激は構音コントロール過程を経て音韻ストアに貯蔵される。語長効果は，刺激を保持する構音リハーサルの過程で生じると予想される。視覚的，聴覚的な呈示ともに刺激を保持するためには構音リハーサルが必要である。そこで，構音リハーサルを妨害する構音抑制により語長効果が消失することがうなずける。

音韻類似性効果は，音韻ストアでの情報の干渉によるものと推定される（Baddeley 1986）。視覚呈示では，情報が構音コントロールの過程を経過するため，構音抑制の妨害を受けて音韻的類似性効果にも影響が出る。しかし，聴覚呈示では，情報が構音リハーサル過程を経ずに音韻ストアに直接入力される。そのため，音韻類似性効果は構音抑制の影響を受けない。このような想定から，刺激モダリティにより，音韻類似性効果に異なる影響が生じたことがわかる。

モデルのもう一つのサブシステムは，視覚・空間的スケッチパッドである。視覚・空間的スケッチパッドでは，音韻ループでは保持できない情報，つまり言語の音韻体系に組み入れられない視覚的，空間的な，あるいは両者の組み合わされた情報の一時的貯蔵の場が想定されている。

バッドリーは視覚・空間的スケッチパッドの独立性を，二重課題を用いて説明している。一次課題は言語課題あるいは線図形のイメージ課題（Brooks 1968）であった。二次課題は，空間的な処理を要求する**追跡回転盤課題**[20]である。その結果，追跡回転盤の成績は，言語課題よりもイメージ課題から強い干渉効果を受け，成績の低下が認められた（Baddeley 1986）。イメージを保持して操作する課題が追跡回転盤課題とより強く干渉したことから，言語的なリハーサル機構とは比較的独立した視覚的，空間的なイメージの保持と操作にかかわる機能が，ワーキングメモリのサブシステムの一つとして重要であると考えられた。そこで，視覚的，空間的な処理の保持に寄与するシステムとして視覚・空間的スケッチパッドが想定された。

視覚・空間的スケッチパッドには，音韻ストアに対応する**視覚キャッシュ**[21]（visual cache）と，構音コントロールに対応する**インナー・スクライブ**[22]（inner scribe）が想定されている（Logie 1995）。前者は視覚像（visual appearance）を一時的に保持する貯蔵庫であり，後

者は場面（シーン）の配置（レイアウト）をシーンの動きとともに維持する働きを持つ。

さて，視覚・空間的スケッチパッドの内容については，いくつかの研究により検証されている。たとえば，視覚キャッシュについては，色相を記憶する課題において，その保持期間に線画を提示すると色相の再認率が低下することが認められている（Logie & Marchetti 1991）。また，視覚的ダイナミックノイズ（dynamic visual noise）を単語の保持期間中に与えると，音韻ループを用いた方略条件では干渉しなかったが，視覚像を使う記憶法であるペグワード法[23]を用いた条件では干渉して再認成績の低下が認められている（Quinn & McConell 1996）。

インナー・スクライブは空間的な運動システムから干渉を受けることも検証されている。単語を記憶するときに空間的な場所法を用いた場合には，空間性課題からより強い干渉を受けることが報告されている（Baddeley & Lieberman 1980）。また，マトリックス・パタンの記憶課題の際に，腕の運動をすることが成績に干渉することも指摘されている（Logie & Marchetti 1991）。

[キーワード]
15）**構音コントロール過程**（articulatory control process）：音韻ループを構成する下位システムであり，保持しておかなければならない情報を，構音的コードに変換する役割を持つ。

16）**音韻ストア**（phonological store）：音韻ループを構成する下位システムであり，保持しておかなければならない情報を維持する機能を持つ。

17）**音韻的類似性効果**（phonological similarity effect）：音韻的に類似している系列が音韻的に類似していない系列よりも記憶再生率が劣る現象。

18）**語長効果**（word length effect）：発音時間が長い刺激は短い刺激よりも，記憶成績が低下する現象。

19）**構音抑制**（articulatory suppression）：刺激を記憶する時や保持している時に，記憶する刺激とは無関係なことばを繰り返し呟く（構音する）ことで，記憶刺激を音韻的にリハーサルして維持することを妨害する手法。

20）**追跡回転盤課題**：知覚運動学習の課題の一つであり，回転する円盤の上の標的をできるだけ追跡することが要求される。

21）**視覚キャッシュ**（visual cache）：視覚・空間的スケッチパッドの下位システムで，視覚像を一時的に保持する貯蔵庫である。

22）**インナー・スクライブ**（inner scribe）：視覚・空間的スケッチパッドの下位システムで，場面の配置をシーンの動

きとともに維持する働きを持つ。
23) **ペグワード法**：記憶方略の一つであり、視覚像を利用する記憶法である。

## 3.4 ワーキングメモリの個人差

　ワーキングメモリは容量限界をともなうが，一度に利用しうる資源には個人差があり，処理と保持のトレードオフにも個人差が影響することが指摘されている（Just & Carpenter 1992）。そこで，高次な認知活動をスムーズに行うためには，課題目標に到達するまでの間だけ，課題遂行に必要な情報を**活性化**[24]（activation）させておくことが重要である。

　ジャスト（M. A. Just）とカーペンター（P. A. Carpenter）は，ワーキングメモリは長期記憶内の情報の活性化を支えるものと考える。認知課題を遂行させるためには，必要な情報を一時的に活性化して保持しながら対処する過程が必要であり，そのための**処理資源**[25]（processing resources）の供給元としてワーキングメモリがとらえられている。情報の処理にも活性化が必要であり，処理と保持がともに活性化に依存していることになる。

　認知課題に必要な情報の処理および保持の量が多ければ多いほど，処理資源は限界に近づくこととなる。ワーキングメモリ処理資源が限界に近づくと，認知課題の遂行に制約が生じる。こうした状況下では，情報処理の速度が低下したり誤りが増加するようになる。保持することも困難になり，記憶した内容を検索することができなくなったり，記憶していた内容が微妙に変容したりする。そこで，限界ある資源を，情報の処理に向けるか保持に向けるかをめぐって処理資源のトレードオフの関係が生まれてくる。

　こうした処理資源が限界にあるときには，ワーキングメモリ容量の個人差が顕著に現れると考えられる。そこで，ワーキングメモリ処理資源が限界に達した時に，認知活動がどの程度まで制約されるのか，そのときワーキングメモリの個人差がどのように課題遂行に影響するのかが問われることになる。

　ジャストとカーペンターは，こうしたワーキングメモリ容量の個人差が，高次な認知活動，特に言語理解にさまざまな影響をおよぼしていることを検証している（Just & Carpenter 1992）。

## [キーワード]

24) **活性化**（activation）：長期記憶内の情報が，検索されやすい状態にあること。

25) **処理資源**（processing resource）：認知活動に利用される心的

機能の全体をさす。

## 3.5 リーディングスパンテストと言語理解

リーディングスパンテスト[26] (reading span test：RST) は，ワーキングメモリ，特に言語性ワーキングメモリ容量を測定するテストとして開発された (Daneman & Carpenter 1980; 苧阪・苧阪 1994; 苧阪 2002)。RST では，文の読みにおける情報処理と保持のトレードオフ関係が想定されている。そこでは，文の読みと文中単語の保持という二重課題が設定されていることになる。読み手には，短文を「口頭」で読みながら文末単語を保持していくことが要求される。文を口頭で読ませることによりワーキングメモリの資源削減下状態において，幾つまで単語を保持することができるかを測定するのである。読ませる短文の数が増すと，それだけ保持しておかなければならない単語の数も多くなる。このように RST は，読みと単語の保持がどの程度できるかにより，読みと関連したワーキングメモリ容量を測定するものである。

Daneman & Carpenter (1980) の結果から，大学生のスパン得点は 2〜5 スパンまで分布しているが，その平均値は約 3 スパンであった。この値は，同時に測定した短期記憶の評価値である単語スパンの値が 5 であるのと比べると小さい。しかし，米国の標準的言語能力テストである VSAT [27] の得点は，単語スパンテストとの間には有意な相関が認められなかったのに対して，RST のスパン得点との間では有意な相関が認められた。

このような有意な相関を導く要因は何か。RST 評価値が高い人たちの，文章読解におけるどのような特徴が，高い相関を導きだしているのだろうか。

デーネマン (M. Daneman) とカーペンターは，文章読解の指標の一つとして，文中の単語をどの程度長い間保持しておくことができるかを調べている。そこでは，指示代名詞に対応する名詞を報告させる課題を設定している。10〜12 文からなる文章の最後の文中に出現する指示代名詞について，それに対応する名詞の間に挿入する文章の数を変化させて比較した。挿入文章を 2，3 文，4，5 文，6，7 文，8，9 文と変化させ，正しく指示代名詞を再生できた割合を算出した。すると，RST のスパン得点が 4.0 以上の人たちは，挿入した文の数にかかわらず正答率が高かったが，スパン得点が低い人たちは，挿入する文が増加するとともに正答率が低下することがわかった。しかし，スパン得点が高い人た

ちと低い人たちの差は，挿入文の数が2, 3文の場合にはほとんど差は認められなかった。彼らの短期的な記憶容量には差が無いものの，挿入文の数が差を導き出していることが推察された。つまり，記憶すべき読んだ内容を妨害しているにもかかわらず，どれほど長く安定して保持できるのかという点が問題の一つであることがわかる。

RST は，Daneman & Carpenter（1980）の開発以後，多くの研究者により用いられてきた。この理由の一つは，RST の評価値が文理解の評価と高い相関を示し，しいては高次認知活動の個人差を検討しうる有効な指標として支持されてきたためである（Daneman & Carpenter 1980; Daneman, & Merikle 1996; 苧阪 2002）。

苧阪・苧阪（1994）は，RST の日本語版を作成して，読解テスト評価値との関連を検討してきた。その結果，英語版と同様に RST の評価値が読解力と相関する結果を得ている。

日本語 RST（苧阪・苧阪 1994）では，英語 RST の記憶すべきターゲット語が文末の単語であるのに対して，日本語の統語構造を考慮して，文中単語の一つに下線を引き，その単語をターゲット語として用いている。これは，日本語では文末に動詞がくる場合が多いため，ターゲット語が動詞に偏ることを避けたためであった。さらに，英文では文末焦点（エンドフォーカス）の文構造が多いのに対して，日本語はほとんどエンドフォーカスとならない（久野 1978）こともその理由の一つである。

RST に類似した**スパンテスト**[28]の開発も行われ，文の読みを計算課題とした**オペレーションスパンテスト**[29]（operation span test：OST）などが用いられている。OST は，暗算課題を行いながら右端に書かれた単語を憶える課題である。OST のように処理作業が言語処理に直接かかわるものではないテストであっても，その評価値は言語理解の成績と関連することが報告されている（Turner & Engle 1989）。

このように RST が言語理解と関連することから，RST やその他のスパンテストに高い成績を示す人たちが，低い成績にとどまる人たちと比較して，情報処理においてどのような違いがあるのか，特に注意の制御機能とのかかわりについて検討が進められている（苧阪 2002; Osaka, Logie & D'Esposito 2007）。

[キーワード]
26) リーディングスパンテスト（reading span test）：読みの過程と関

連したワーキングメモリ容量を測定するテスト。文を読みながら，文中の単語を記憶する課題である。

27) **VSAT**：米国で大学入学に必要とされる言語性標準学力テスト。

28) **スパンテスト**：ワーキングメモリ容量を測定するテストの総称。リーディングスパンテストやオペレーションスパンテストなどがある。

29) **オペレーションスパンテスト**（operation span test）：ワーキングメモリ容量を測定するテスト。暗算課題を行いながら右端に書かれた単語を憶える課題である。

## 3.6 学習とワーキングメモリ

ワーキングメモリが学ぶ過程に影響することは，ワーキングメモリの音韻ループの特徴から研究が進んでいる。

単語の長さが音韻ループに影響することは，言語間比較から指摘されてきた。たとえば，英国人のウェールズ語を母語とする子どもたちの数唱範囲の得点は，アメリカ人で英語を母語とする子どもたちの得点よりも低いことが報告されている（Ellis & Hennelly 1980）。この得点の差は，ウェールズ語と英語のバイリンガルの子どもたちにも認められ，それぞれの言語を用いた数唱範囲が5.77桁，6.55桁となり，ウェールズ語では低いことがわかった。ウェールズ語の数詞は，英語の数詞よりも発音時間が長いことがこのような結果を導いているものと解釈されている。数詞の発音時間により数唱範囲が異なることは，中国語と英語のバイリンガルの子どもたちの研究でも確かめられている。数詞の発音時間の短い中国語を用いた数唱範囲は，英語のそれよりも桁数が大きい（Stigler, Lee, & Stevenson 1986）。

音韻ループは，単語学習にも促進的効果を示すことも示唆されている。3歳以上の子どもたちの語彙獲得と音韻ループの関連を調べた研究では，数詞や非単語の記憶範囲は語彙獲得との間に有意な関連が認められている（Baddeley, Gathercole, & Papagno 1998）。

RSTを用いてワーキングメモリの言語間比較をした研究からは，RSTの評価値が言語の種類とは独立である結果が得られている（Osaka & Osaka 1992）。この結果は，用いる言語にかかわらずワーキングメモリが同等に機能することを示している。また，日本語と英語のバイリンガルの人たちや，ドイツ語とフランス語のバイリンガルの人たちを対象としたRSTの評価値の比較からも同様の結果が得られている（Osaka, Osaka, & Groner 1993）。

RSTの評価値が言語の種類に独立していることは，上記の音韻ルー

プの容量が言語に依存していることと一見相反しているようにみえる。しかし，RSTが測定するのは，ワーキングメモリの中でも音韻ループの内容ではなく中央実行系の特性であると考えられている（Baddeley 1992; Just & Carpenter 1992）。したがって，言語学習の初期の段階では，音韻ループの役割が大きく貢献するが，ある程度学習が進んだ段階では，言語理解にワーキングメモリの中央実行系の役割が必要であると考えられる。第二言語学習において習得の進んだ段階では，ワーキングメモリが母語と同じように言語理解に積極的な効果を示す結果も認められている（苧阪 2002）。

スパンテストの評価値が言語理解の評価と高い相関を示すことは，人間の高次認知の基礎を支える言語理解に，ワーキングメモリが重要であることを示唆している。さらには，学ぶ過程でのワーキングメモリの働きの重要性を指摘しているものと考えられる。

ワーキングメモリの働きは理解を促し，スムーズに高次認知へと導くことを可能とするものと思われる。さらには，高次認知を背景として，最適行動へといざなうものと考えられる。

本章では触れなかったが，このような高次認知とかかわるワーキングメモリの脳内機構の研究は最近急速に進展している。その詳細については苧阪（2000），Osaka, Logie, & D'Esposito（2007）や，苧阪（2008）を参考にされたい。

# 4 言語の習得

・辻 幸夫

　初めてことばを話すようになった子どもを見る親の喜びはたいへんなものであり，人間にとっていかに言語が重要であるか理解できる。ところが，これほど重要な言語も，子どもは苦労しているとはとても思えないほど自然に習得している。子どもが言語を使用するようになるためにはどのような能力が必要なのだろうか。そしてどのように言語を学んでいくのだろうか。さらには，母語と外国語の習得過程には違いはあるのだろうか。

　子どもが言語を学ぶときは，言語の形式面だけを学んでいるのではなく，その言語が作り上げる文化や社会，その中で生きる他者とのやりとりの仕方も学んでいる。人類と言語の関係，言語の特徴，言語の習得，習得のために必要な基盤，習得の諸相などについて，広い観点から「ことばの学び」を概観する。

## 4.1 人類と言語
### 4.1.1 言語とは何か

　私たち人間は生物学的に他の霊長類と多くを共有する。特に比較的近縁のチンパンジーとはDNAの塩基配列も1〜2％しか異ならず，いずれも社会的生活を送っている。程度の差はあるが，チンパンジーも複雑なコミュニケーション行動や思考をする点では人間に類似している。むろん人間の場合は，技術や芸術を持ち，何よりも言語という巧妙に作られた記号系を使用している点でチンパンジーとは異なる（→ 4.1.2）。では言語がある場合はどう異なるのだろうか。

　私たちが五感を通して得る感覚情報は主観的なものである。ところが，いろいろな痛いという感覚を〈イタイ〉という一つのカテゴリーにまとめあげて［itai］という音声記号のラベルを付けたらどうだろうか。「本」というラベルのついた段ボール箱には実際にどのような本が入っているのかわからなくても本が入っているのだろうと想像がつく。同様に，［itai］という記号があることで，直接的な痛いという感覚群から，具体的場面とは結びつかない抽象的な〈痛い〉という感覚心像を得ることができる。他者がこの記号を共有することで時空を超えたコミ

ュニケーションが可能になる。言語記号は具体的な指示物から抽象的な概念までを意味することができる。私たちは言語によって意味の世界、すなわち豊かな精神世界を手に入れたのである。

かつて心理学者のヴィゴツキー（L. S. Vygotzsky）は「言語は、二つのまったく異なる機能を果たす、すなわち、言語は一方では、個々人の経験の社会的協調の手段となり、他方では、私たちの思考のもっとも重要な道具となる」（Vygotzsky 1978）と述べている（→Ⅴ-2.2.3）。もはや言語を学ばずして現代社会で生きていくことは極めて難しく、知識や経験の共有も、複雑な思考をすることも困難である。

ところで、言語が傑出した認知能力の一つの現れであるとしても、人類が言語を獲得したのはわずか数万年前である。時空を超越する文字言語に至っては、記録から推定してもせいぜい数千年であり、文字のない言語も存在する。言語使用は、人類にとって比較的新しく獲得された能力なのである。進行する人類進化の流れの中において、言語は現在も数世代単位では気づくことのない変化の波に流されているに違いない。そして、その流れを大きく変えているものの一つが言語そのものでもある。その言語を私たちはどのように先祖から受け継ぎ、学び、つくりあげてきたのだろうか。

### 4.1.2 言語の特徴と学習

人間が言語を使用するという点で他の霊長類とは大きく異なると述べたが、だからといってチンパンジーと人間との違いを言語の有無に単純化することは誤解を招きやすい。言語を伴わなくとも、人間が示す模倣行動や高度なメタ的道具使用、象徴機能や状況に応じた他者の意図理解などの認知能力や行動をチンパンジーは示すことはない（Myowa-Yamakoshi & Matsuzawa 2000; Tomasello 2003）。また高度な**メタ認知**[1]（metacognition）や**メタ記憶**[2]（metamemory）、そして比較的容量の大きい**作動記憶**[3]（working memory［ワーキングメモリ］）なども人間を特徴づけている。こうした豊かな能力が人間の強力な学習能力を形作っており、言語の基盤になっていると考えられる。

人間の言語は記号的な**恣意性**[4]（arbitrariness）や**分節性**[5]（articulation）をはじめ、時系列的に並べられる線状性や構造を有しており、何よりも再帰性（recursiveness）に特徴があるともいわれている（ソシュール 1940; Martinet 1960; Hauser, Chomsky, & Fitch 2002）。このような特徴は大人の持つ安定状

態にある言語の構造性や規則性をメタ分析すれば確かに観察可能である。しかし，単純なものは小鳥の歌にも観察され，言語以外の他の認知能力や行動にも内包されていると考えられる。言語のみを特徴づけるものであるとは必ずしも言えない。また，言語のみに観察されると考えられる特徴も，他の認知能力の関与によって成り立っていることを見逃してはならないだろう。

世界には約4000言語あると言われている。数え方によってはもっと多く，それだけの言語共同体と文化が存在することを意味する。そしてことばを学ぶということは，文字通りことばを学ぶということだけを意味するのでは決してない。人間は言語記号とその結び付き方の規則性を一義的なこととして学ぶのではなく，ある言語記号やその連鎖（すなわち表現）が何を意味するのか，その解釈の仕方を学ぶのであり，その記号連鎖の適切な使い方を学ぶのである。そして他者との情動的・知的相互作用の中で学ぶのである（→II-5.2.1）。

## [キーワード]

1) **メタ認知 (metacognition)**：自らの認知や行動をモニターし，目的に沿って柔軟に制御する知識や判断を伴う認知活動。

2) **メタ記憶 (metamemory)**：メタ認知の中の記憶に関すること。自らの記憶方略や記憶内容などに関するメタ認知。

3) **作動記憶 (working memory)**：作業記憶，ワーキングメモリとも言う。何らかの知的・身体的作業を行っている最中の記憶がどのように利用され保持されるのかという心的処理に焦点を当てた記憶（→ 3.2）。

4) **恣意性 (arbitrariness)**：たとえば [jama] という音と実物の「山」の間には何ら必然的な繋がりはない。[jama] は山の絵を指しても良いし，[máʊntn] が山を指すこともできる。つまり山に関する意味（＝概念）が音と指示対象との間に介在して言語記号が成り立っている。

5) **分節性 (articulation)**：[iruka] という音は [i] と [ru] と [ka] から成り立ち，さらに [i] [r] [u] [k] [a] という5種類の音が要素としてある。組み合わせは [karui] でも [ikaru] でも良い。さらには [karui iruka ikaru] と一般に言われる文に組み立てることもできる。

### 4.1.3 言語習得研究の概観

言語習得に関する研究は，これまで心理学を中心に発達的関心から研究が積み重ねられてきている。また20世紀半ば以降においては言語心理学 (psychology of language) ないし心理言語学 (psycholinguistics) と呼ばれる分野が成立し言語習得研究が推進されてきた。

心理言語学勃興の発端となった研究史上の出来事の一つとしては，学習説と生得説の対立があった。行動主義心理学を受け継いだスキナー（B. F. Skinner）は，実験的行動分析学を唱道し，言語学習について新行動主義の立場から論じた（Skinner 1957）。言語は直接的に観察ができない主観的事象である心の働きによって実現される。したがって，科学的検証に耐えるには目にみえる言語行動を対象とするという立場である。これに対して，言語学者のチョムスキー（N. Chomsky）が批判を加え，1960年代にかけて初期の変形生成文法の標準理論が確立した（Chomsky 1959, 1965）。生成文法においては言語能力と言語運用を区別し，前者が理論言語学の対象であるとして，言語の生得的モジュール説を唱えている。人間は生得的に言語機能（language faculty）を有しており，言語習得とは，その初期状態である普遍文法（universal grammar：UG）から日本語や英語のような個別言語への移行であると想定した。

言語の生得説とモジュール説を強調する生成文法の登場によって，言語発達や言語習得の研究だけでなく，他の認知科学の諸分野に対しても学習説と生得説の対立構造を中心にさまざまな議論を巻き起こすことになった。一時はウィリアムズ症候群や言語関連遺伝子といわれた*FOXP2*の発見も，言語生得説やモジュール説を裏づけるのではないかと議論になった（Pinker 2001）。しかし，その後，事実はそれほど単純ではないことが徐々に明らかになってきた（Zhang, Webb, & Podlaha 2002; Enard et al. 2002; Lai et al. 2001; Marcus and Fisher 2003; Karmiloff-Smith 2004）。

言語は個人の中にあるが，学ばなければならないものとして社会に存在する。個人と他者（社会）とのやりとりの中で言語は作り上げられ習得される。そして，より多くの個々人（社会）の中で醸成され，次世代に伝承され，認知的構築物として維持される。必然的に，世界の言語には一個人では一生かかっても到底学びきれない数と変異が生じる。しかし，いずれの言語も人間にとって使いやすいようにできあがっていて，生まれてくる子ども達にとっても学びやすいものになっているはずである。このことについて神経生物学者のディーコン（T. Deacon）は「チョムスキーの逆立ち」と称している。彼によれば，生得的に言語機能が備わっているのではなく，あくまで人間の脳によって，使いやすく習得しやすいように言語は作られ淘汰を受け，脳と言語は共進化してき

た。したがって，言語はそのように作られ継承されてきたのであり，それ故に，生得的に文法知識を持っているようにみえるだけであると主張している（Deacon 1997）。

現在からみれば，生得説と学習説の対立はあまり生産的であるとは思えない。言語を実現するためには（それが言語に限らないものだとしても）何らかの生得的な能力が必要とされるであろうし，生後の社会的学習が言語習得には必須要件であることは否定の余地はないからである（Elman et al. 1996）。

## 4.2 言語習得とは何か
### 4.2.1 言語習得の多様性

私たちがことばを学ぶという場合，それは「いつ，どの言語を，どのような理由（環境）で，どのように学ぶか」という習得上の要因によって変異が生じる。これまで「言語習得」と一言で表現してきたが，実際に言語を学ぶ過程を考えれば言語習得は一義的に定義できるほど単純ではなく，学び方と学ぶ対象となる言語は共に多様かつ多面的であることがわかる。

言語を構成する要素には，心身の発達の度合いや，聴覚や構音などの感覚・運動系の発達，言語学的な音声・音韻，形態・統語の構造，語彙や文などの意味に加えて，言語に密接に絡み合うパラ言語的要素である抑揚や声の調子，使用者の表情や仕草，あるいは場面や共有知識などがある。どの要素も言語にとっては重要であり，現実の言語に複雑な基盤の上に成り立っている。

人間にとって言語は自らの置かれた場において，他者や環境との相互作用をもち適応する際，より精緻にしていくところで働く（山鳥・辻 2006）。したがって，子どもであればその発達の度合いに応じて，環境世界との複雑な関係が整理され，より精緻な段階に入る際に言語が学習されるようになるのである。以下で少し詳しく考察してみたい。

### 4.2.2 言語習得と臨界期

生物が後に習得する行動特性の中には，ある一定の期間内に学習する機会を逃すとそれが成立しなくなるものがある。この限られた期間を**臨界期**[6]（critical period）と呼ぶ。臨界期は**言語習得**[7]（language acquisition）にも想定されることがあり，おおよそ12〜13歳頃までの間に適切な言語環境に置かれなければ言語の習得は困難になると考えられている。しかし，先ほどの構成要素のうち，ある個別言語の語彙や語用論的要素の習得では，習得の最適期間や継続性についてかなりの幅が存在する。一方，音韻特徴や統語

的要素は，乳児期から学齢期に曝された特定の個別言語において一般に習熟度が高い。臨界期を言語の構成要素に対して一様に適用することには無理があると考えられる。

[キーワード]
6）**臨界期**（critical period）：言語習得の臨界期については異論が多い。ある時期を逃すとまったく習得できなくなるというよりは，言語刺激に対して鋭敏な時期があるという意味で，感受性期ないし敏感期（sensitive period）と呼ぶことがある。言語に関する脳の一側化の下地は遺伝的に決まっているが，脳損傷後の言語習得過程を考えると，低年齢であればあるほど回復度や習得の度合いの高いことがわかっており，臨界期は発達と脳の可塑性の両面から考える必要がある（→ 1.1.3）。

7）**言語習得**（language acquisition）：文字通り言語の習得のこと。第一言語（母語）習得には「言語獲得」という用語を用いることもあるが，複数の言語や変種の学習も同時に行われるなど状況は多様であるため，より中立的に「言語習得」が用いられる。一方，「言語学習（verbal learning）」は，特に学習過程に力点が置かれた学習理論上の用語である。

### 4.2.3 母語習得

人間は生まれ落ちた言語共同体で使われている言語，すなわち母語（mother tongue; native language）を習得するが，これを第一言語習得（first language [L1] acquisition）と呼ぶ。通常は親や周りの大人たちが使う言語である。注意すべき点は，母語といっても文法書に書いてあるような整然とした言語があるわけではない。実際，母語は一個人の中においても一様ではなく，いくつかの変種から成り立っている。子どもが学齢期に達する頃には第一言語をほぼ習得するというように表現することがあっても，それは一生にわたって続く言語習得過程のほんの一場面を指しているに過ぎない。

日本語を例に考えてみたい。ある人が大阪で育てば大阪弁を話すようになり，京都で育てば京ことばを習得する。大阪弁や京ことばは日本語の地理的方言（regional dialect）である。これを地理的な変種（variety）という。私たちは，通例，親や友達が使う方言を第一言語として習得するが，現代の日本人は東京やNHKのニュースで使われるような共通語も同時に習得することが多い。方言も共通語も，日本語という個別言語の変種である。

一方で，社会（的）方言（変種）も多様である。たとえば日本語には男性と女性の間に，語彙や表現だけでなく，抑揚などのプロソディも明らかに異なる性差による変種が存在する。また，小中学生とお年寄りの

使う日本語が異なるように,日本人は年齢や世代に特有の変種も使い分けている。さらに,保育園や幼稚園で大人が子ども達と一緒に使う日本語や老人介護施設でのことば使いは独特である。一方,大人の間のくだけた話しことばの日本語は,演説や書きことばで使われる日本語とは,それぞれかなり異なる語彙や構造を持っている。

　私たちは一生を通して単一の日本語を使い続けるのではなく,さまざまな変種を学び続け,使い分けているというのが事実である。日本語という呼び名は,現実の多様性を理想的言語名の中にひとくくりにしているにすぎない。

### 4.2.4 第二言語習得

　複数の言語を習得する場合には,母語(第一言語)と二つ目の言語あるいはそれ以上の言語の習得が考えられる。この際,二つ目以降の言語の習得を第二言語習得(second language acquisition)と呼ぶ。学ぶ言語が多ければ第三言語,第四言語と呼ぶこともあるが,母語ではないという意味で第二言語(L2と表記する)としてまとめることが多い。

　複数言語を同時に習得する例を考えてみたい。たとえばカナダの公用語は英語とフランス語だが,ケベックでは一般にフランス語を使う。ところが英語話者とフランス語話者の両親の間の子どもであればバイリンガル(bilingual;二言語併用)となる可能性が高い。この場合は,先に述べた「いつ,どの言語を,どのような環境で,どのように学ぶか」という要因が,それぞれの言語の習熟度に変異を与えている。前述の状況では,一般には,フランス語と英語の二つの言語が母語となるか,英語が第二言語となるだろう。

　もう一つ実際の事例として,コソボ出身の父親とオランダ出身の母親を持つ子どもがスイスのドイツ語圏で教育を受けたケースがあるが,その子どもはアルバニア語,オランダ語,ドイツ語のトリリンガル(trilingual)となっている。この場合も,先ほどの要因の変異の度合いによって,それぞれの言語習得の状況が異なることが考えられ,大人になるにしたがって複数の言語運用から優位言語の使用にシフトする傾向がある。

　こうしたことは,私たち日本人が英語を学ぶような外国語習得の場合も,その習得のレベルはバイリンガルやマルチリンガルとは異なるが,やはり「いつ,どの言語を,どのような環境で,どのように学ぶか」という変数によって違った様相をみせてくる。英語を「中学1年生から第

二言語として学校で週に何時間か教わりはじめ，主に入試勉強の形で大学まで勉強した」という場合と，「途中，3年間英語を使用する国に留学し，生活言語としても運用してきた」という状況がある場合では習熟度に違いが生じるだろう。第二言語以降の習得には，母語と同じように操ることができる状態から，辞書を引きながら，何とか簡単なことは理解できるというようなレベルまでのスペクトルがある。

さらに聴覚障害をもって生まれた子どもの言語習得を考えてみたい。聾の子どもは，所属する言語共同体で使用する手話言語（sign language）を習得する。手話は，日本語のような音声言語と同じ意味で自然言語の一つであり，独自の構造をもっている。たとえば私たちが使う日本語と，日本語の手話は異なる言語構造を有する。聴覚障害のある子どもは日本語の書きことばを学び使うようになるが，いわば二言語併用の環境下にあるようなものである。大人になってから聴覚に障害を受けて手話を学ぶ困難さを想像すれば，このことは理解できるだろう。

## 4.3 言語習得の基盤
### 4.3.1 はじめに

子どもが話しことばを習得するためには生理的，心理的，社会・文化的な基盤が必要である。何よりも脳や構音器官などの適切な身体的・生理的な発達が準備として必要であり，言語音の知覚・認知を行い，同時にそれを発声する構音運動を適切に行うことを可能にする感覚運動系の発達が欠かせない。また，コミュニケーションを行うためには，相手の意図や感情を読み取る社会的な認知能力や，自分の感情や思考・行動を適切に統御する能力も必要である（→II-6.2.2）。ことばを学ぶということは，単に語彙や言語構造の習得を意味するのではない。それは身体的・認知的発達であり，コミュニケーションを含む社会化の過程であり，また概念や知識の学習であり，思考の精緻化の過程でもある。

こうした考え方から，言語やコミュニケーションの萌芽（前言語期），コミュニケーションの場で子どもがみせる多様な行動や認知能力（共同注意や意図理解などの社会的認知能力），語を理解し産出するために枢要な記憶や心像の操作能力（象徴機能），さらには子どもだけではなく，子どもとかかわる大人の側の言語やコミュニケーション上の独特な働きかけ（養育者語）などについて以下で概観したい。

### 4.3.2 前言語期：コミュニケーションの萌芽

生後まもなくから初語を発するまでの間を便宜的に前言語期（prelanguage period）と呼ぶが、乳児期の前半がほぼこれに相当する。コミュニケーション能力が不十分な乳児は、おむつが濡れていたり、空腹時などに泣くという行動でそれを表出する。母親など養育者がそれに応えるときにのみ、乳児にとっては不快除去の有効な手段となる。一方的な表出行動であり、およそ双方向のコミュニケーションにはほど遠く思われる。しかし、乳児は人間の顔や声にはとりわけよく反応を示す生得性があると考えられており、母親が不快を解釈し、顔をのぞき込み声をかけながら原因を取り除く際に、対面的対応をする点でコミュニケーションの原点をみることができる。

生後6～8週を過ぎた頃から、乳児は泣き声のような叫喚的発声とは違って、落ち着いた状況下で「ウーウー、クークー」という鳩の鳴き声に似たクーイング（cooing）という声を出すようになる。母親は授乳中の乳児が休止すると、体をそっと揺すり規則的な吸啜運動を促す。逆に母親がこれを怠ると、乳児はクーイングによって母親の反応を促すことがあり、乳児と母親との間の相互作用が観察される（正高 1993）。

生後6カ月前後からは「ば～ぶ～」や「ま～ま～」というようなクーイングとは異なる比較的はっきりした多音節の規準喃語（canonical babbling）を発声するようになる。喃語の発声は初語の発話の準備段階として生理的に重要なだけではなく、母親などの養育者が積極的に乳児に対してことばで働きかける相互作用を促している。養育者が乳児の発声に呼応するように語りかけ、乳児もそれに応じるように再び声を発し、互いに顔を見合わせ、微笑みを返しあったりする。こうした落ち着いた状況の中でのやり取りは会話の準備段階であり、乳児に安心感を与える肯定的なコミュニケーションの基礎を学習する場となっている（→ II-3.2）。

### 4.3.3 社会的基盤と認知能力

規準喃語の発声をみて、生後9カ月頃を過ぎると、さまざまな認知的な発達が観察されるようになる。乳児は親など養育者が興味をもって何らかの対象を見ると、その方向を凝視する視線追従（gaze following）や、第三者に対する養育者の情動反応を凝視したり、不安や困惑がある際に養育者の表情を確認するような行動である社会的参照（social referencing）、さらには養育者の行

動を観察し，同じようにモノに対して接する模倣学習（imitative learning）がみられるようになる。この頃までには，乳児は活発に養育者と玩具を介して遊ぶようになる。自らも興味のある対象に対して指さし（finger-pointing）をしたり（やまだ 1987），玩具を見せたり，手渡したりするようになる（小椋 2008）。それまでの親（養育者）と乳児の二項関係とは違う，第三者（モノや人）が加わった三項関係（triadic relations）が成立する時期である。この三項関係を伴う共同注意フレーム[8]（joint attentional frame）に養育者と乳児の意図が介在し，言語段階へのコミュニケーションのプロセスが進展していると考えられる（→II-6.2.2）。

たとえば，乳児がボールを他者に渡すという，一見したところ単純な遊びも，「乳児（＝動作主）がボール（＝目的となる対象）を手（＝道具）で他者（＝受益者）に渡す（＝方向性のある動作）」という言語学で呼ぶ格（case）の基底となるような要素から成り立っている。一人遊びとは異なり，こうした初歩的なターンテイキング（turn-taking）や役割交替（role reversal），あるいは模倣学習のある関係を認識していなければ，ボール遊びのような三項関係を伴う遊びは成立しない。それ

## 4　言語の習得　353

ばかりか，これらは会話の原型にもなっている。また，二者がボールに注意を向けて遊ぶ際には，両者がボールに持続的に注意を向ける必要があり，なぜ相手がボールを転がすのかを理解しなければならない。前者を共同注意（ジョイントアテンション [joint attention]），後者を意図理解（intention-reading）と呼ぶ（Tomasello 1995 a;　大藪 2004）。いずれも基本的な社会語用論的（social-pragmatic）な能力であり，言語習得や会話の成立にとって重要な要素である（→II-4.2）。

トマセロ（M. Tomasello）によると，前述の能力に関連して，言語の習得には次に記す２種類に分類可能な諸能力が必要であるとされる（Tomasello 2003）。

(1) 広義の*心の理論*[9]（theory of mind）としての意図理解の能力：（互いに興味のある）対象物や事態に対する注意を共有する能力；直接的な相互交渉の外部にある離れた対象物や事態に対する他者の注意や身ぶりに追従する能力；指さしや見せること（ショーイング）；その他の非言語的な身ぶりを使用することによって，離れたところにある対象物に他者の注意を能動的に導く能力；伝達意図が根底にある

伝達行為を含む,他者の意図的な行為を文化的に(模倣的に)学習する能力
(2)パターン発見(pattern-finding)や広義の**カテゴリー化**[10](categorization)を含む能力:「類似する」事物やできごとの知覚的および概念的カテゴリーを形成する能力;繰り返し生じる知覚および行為のパターンから感覚・運動スキーマを形成する能力;さまざまな種類の知覚および行動の連鎖について,統計的な分布分析を遂行する能力;二つあるいはそれ以上の複雑な全体にまたがって,それぞれの全体の中にある諸要素の類似する機能的役割に基づいてアナロジー(構造的写像)を生み出す能力

これらの能力は言語に特異なものではなく,人間の強力な学習能力の基盤となるものばかりである。限られた言語情報から効率的に言語的知識を習得するためには,こうした能力を備えつつ,適切な社会的状況・育児環境下における大人の働きかけや助力が必要とされる。また,このように言語習得を考える立場を**認知言語学**[11](cognitive linguistics)では言語習得の**用法基盤モデル**[12](usage-based model)と呼んでいる。

[キーワード]
8)共同注意(フレーム)(joint attentional frame):三項関係的な場で,大人と子どもが第三者(たとえば玩具)に対して注意を向ける場合,それは両者によって協調的に作り上げられる場である。往々にして目的志向的であり,その時点での現在の関連性(current relevance)が共有されている。特に,子どもはその場に関する表象を伝達意図を理解するためにメタ知識として利用する。このような場を共同注意場面ないし共同注意フレームと呼ぶ(Tomasello 2003)。同様の考え方は共同注意場面(Tomasello 1995a),共同フォーマット(Bruner 1981, 1983)とも呼ばれ注目されている。
9)心の理論(theory of mind):プレマック(D. Premack)とウッドラフ(G. Woodruff)によって用いられた用語が使われるようになった(Premack & Woodruff 1978)。他者も自分と同じように心をもつ存在として理解し,その意図や行動の推測を可能にする能力や認知的枠組みのこと。
10)カテゴリー化(categorization):いろいろな事物や事象について,類似ないし関係するモノ・コトとしてまとめあげる認知方略をカテゴリー化という。物理的には一回きりの具体的音連鎖の生起例(たとえば,「マンマ」)を,別の場でも同じ型の音素系列で成り立つものと同定し,般化する(generalize)能力がなければ言語音(つまり言語記号)は習得でき

ない。具体的発話から言語構造を抽出する抽象化の能力もカテゴリー化に支えられている。

11) **認知言語学**（cognitive linguistics）：レイコフ（G. Lakoff）やラネカー（R. W. Langacker）をはじめ，数多くの言語学者や心理学者による学際的な研究からできあがった認知科学的な言語学の研究領域。理念的には一つの狭い学派を形成するわけではないが，言語を人間の持つ豊かな認知能力から創発したものとしてダイナミックに捉える点で凝集性がある（山梨 2000；辻 2002, 2003）。認知文法（cognitive grammar）（Langacker 1987, 1991）や認知意味論（cognitive semantics）（Lakoff 1987）を中心に，認知的視点からさまざまな言語研究が行われている（Taylor 2003；テイラー・瀬戸 2008）。

12) **用法基盤モデル**（usage-based model）：認知文法の創始者であるラネカーが唱え，広まった文法モデルの一つ。このモデルに基づく習得理論では，言語はあらかじめ生得的に決まった文法的な規則の集合であるとは考えず，慣習的な言語単位の構造化された項目集合から成り立つとしている。したがって言語は，共同注意や伝達意図などのさまざまな認知スキルを土台に，意味と形式の結合した統合体である（語，句，文のいずれの形も含む）構文の使用頻度や定着の度合いによって，スキーマとして積み重ねられて習得されると考える（Langacker 2000; Barlow & Kemmer 2000; Tomasello 2003）。

### 4.3.4 象徴化と一語発話

生後9カ月前後頃から，乳幼児は喃語とは違った大人にも判別可能な片言を話すようになる。しかし，最初のことばである初語の出現をみるためには，記号がもつ象徴機能（symbolic function）もあわせて習得されなければならない。

述べるまでもないが，言語記号とそれが表す対象との間には必然的な繋がりはなく，恣意性（arbitrariness）が存在する。このことは世界には数千の言語があり，それぞれが異なる音韻体系と語彙体系をもつことからもわかる。子どもが言語記号を理解するためには，周りで使われている言語の音韻体系を学び，成長と共に自らも適切な言語音の発音を実行できるようになることが期待される。そして何よりも，言語記号と指示対象の関係，たとえば「マンマ」という特定の音連鎖と実際の「ごはん」を結びつけられなければならない。眼前に本物の「ごはん」がなくても，「マンマ」という音声を聴けば，毎日体験する具体的な「ごはん」から抽象された心的表象（mental representation）ないし心像（mental image）を心に抱けなければ「マンマ」という言語音は意味をなさない。逆に「ごはん」から

「マンマ」という音連鎖も想起できなければならない。こうした象徴機能は〈言語記号＝心的表象＝（現実の）指示対象〉の繋がりをつける能力であり、言語成立の基盤である（→1.2.3）。

この象徴機能がはっきりと確認されるようになるのは、子どもが見立てによる遊びや延滞模倣を伴う遊びをするようになってからである。子どもはボールをリンゴに見立てて食べるまねをしたり、積み木を自動車にして走らせるまねをするような「見立て遊び」をする。その際、遊んでいる間にボールがスイカになったり、積み木がカステラになったりするので、子どもは見立てているモノの心的表象を持っており、その際ボールや積み木は一時的に記号的役割をしていることになる。この時期に育児語によって頻繁に提示される特定の音連鎖が、特定の心的表象および指示対象と結びついて言語記号の習得が成り立つのである。

子どもが初めて口にすることば（初語）は、大人から見れば「単語」と呼ばれる形態素である。通例は**機能語**[13]（function word）を伴わない名詞や形容詞などの**内容語**[13]（content word）の場面依存的な使用である。「マンマ」「ワンワン」「ブーブー」などが典型例だが、この時期のこれらの発語は、いわゆる一語文（holophrase）あるいは一語発話（one-word utterance）と呼ばれる。大人が聞くと一つの形態素（単語）として聞こえる。文法や発音の仕方を未習得な乳児にとっては、たとえば「マンマ」が絵本の中の「ごはんの絵」や「ごはんをちょうだい」のように複数の直示的な意味を表しうる。大人の側の解釈からすれば、その単語に託された意味が文に相当する場合も想定されるので便宜的に付された名称である。

一語発話による他者とのやり取りが明確な形で出てくるようになると、情動的共感や他者との記号の共有という**間主観的**[14]（intersubjective）なコミュニケーションと言語的意味習得の基礎ができ上がったといえる（→II-4.2.4）。

[キーワード]

**13) 機能語（function word）と内容語（content word）**：内容語とは名詞や動詞のように指示対象をもつ語のことであり、文の主要素になる。一方、機能語とは日本語でいえば助詞のように、内容語を結びつけて意味関係を標示するような語を指す。内容語の数は理論的には無限であり開集合を成すが、機能語の数は限られており閉集合を成している。

**14) 間主観的（intersubjective）**：本来、感覚をはじめ心像や概念、さらには感情や思考内容も、それらを経験する個人

にしかわからない主観的経験である。ところが模倣や共感は，他者と自己の重ね合わせがあって可能になるものであり，言語記号は主観的経験や抽象的知識の共有を可能にする点で間主観的である。

### 4.3.5 学習を促す養育者の働きかけと育児語

ことばの萌芽から一語発話までの流れを概観したが，新生児の時期から大人は子どもに対して**育児語**[15]（母親語［motherese］）あるいは**CDS**[15]（child directed speech［子どもに向けられた発話］）と呼ばれる特徴的な話し方をする。育児語は母語習得を強力に促進するものであるとされ，（1）韻律的には発音がゆっくりと明瞭である，音節が短い，ピッチが高くイントネーションが誇張される，（2）文法的に単純で，繰り返しがある，（3）意味的に場面に密着した指示内容を有する，などの特徴がある。子どもは育児語によって，言語音に一層注意を向けるようになり，母語の音韻構造を学ぶと考えられている。特定の場面で繰り返される育児語による乳児への働きかけは，乳児の行動や発声を特定の場面に結びつける手助けとなるだろう。

活動的になってきた乳児の行動に合わせて，玩具や身の回りのものに対する命名ないし名づけ（naming）やラベルづけ（labelling）が乳児に対して頻繁に繰り返されるようになる。養育者は育児語によって，音声と指示対象の記号的繋がりを繰り返し乳児に対して教示し，定型の音声がもつ象徴的役割に気づくことを促すと考えられる。自分からはまだ発語の段階に至ってはいなくても大人のいうことをある程度理解していると考えられる。この際，初語発話が期待される乳児の**発達の最近接領域**[16]（zone of proximal development）における養育者の働きかけは重要であり，育児語の果たす役割は大きい。養育者側は，乳児の生理的・認知的発達を観察しており，乳児の学習が効果的に行われるよう最近接領域を設定し補助をしていると考えられる（→Ⅴ-2.2.6）。

### ［キーワード］

15) **育児語・CDS**（child directed speech）：母親語（motherese）ともいう。最近は本文中にある育児語がよく用いられる。また養育者（介助者）語（caregiver/caretaker speech）とも呼ぶことがあり，この場合は，乳幼児に対してだけ用いられるとは限らず，介助や保護の必要な患者や老人に対しても用いられる特徴的な言語変種である。

16) **発達の最近接領域**（zone of proximal development）：ヴィゴツキー（L. S. Vygotsky）の用語。子どもの発達水準

について，子ども自身の力による問題解決が可能な「現下の発達水準」と養育者などの他者からの助力や相互作用によって可能になる「潜在的発達可能水準」の間の範囲を最近接領域と呼ぶ。最近接領域においては，子どもに対して他者が足場（scaffolding）を与えることで学習支援を行っている。

## 4.4 母語習得：語の習得
### 4.4.1 初語と語の誤用

初語の発現からしばらくは，子どもの発する単語の指示範囲は広く，汎用されることが多いが，徐々に範囲が狭まり大人と同じような使い方に定着していく（岡本 1981）。18カ月齢ほどまでに見られる子どもの誤った語の使用は，言語記号と意味の世界がどのように作り上げられていくのかを示している。語習得の初期の段階での一般的な誤用には過（剰）拡張（overextention）がある。「ワンワン」を犬や猫，時には牛や馬にまで適用してしまうような現象である。このタイプの誤用は使用語彙が増加するにつれて減少するため，子どもが産出できる語が少ないことも原因の一つとして考えられる。しかし，子どもは既知の語をやみくもに汎用しているのではない。指示対象に何らかの類似性をみており，語を拡張使用する対象が同じカテゴリーに属する成員としていることが示唆されるのと同時に，過拡張的な語の使用によって，他の語との関係（意味的対立や意味領域のような構造）を試行錯誤しながら学んでいると推測できる。

### 4.4.2 急速な語彙の増加

18カ月を過ぎると，子どもはいわゆる語彙の急激な増加，すなわち語彙爆発（word explosion）と呼ばれる時期に入る。同じ時期に，子どもはいわゆる二語文期（→4.4.3）に入るが，認知的発達と言語的意味の世界が急速に拡大する時期である。

子どもの習得する語の数は個人差がとても大きいが，生後18カ月頃から就学初期までの間には一日平均8語，多いときには1日10語もの語を覚えるようである（今井 2001；Carey 1982）。1歳初期に数語から十数語であったものが小学校に進学する頃には個人差が大きいが，3,000語から1万語近い語を習得することになる。日本語での研究もおおよそ同様の結果を得ており，外国語の単語記憶で四苦八苦する大人に比べると驚異的な数字である。

ある研究では，8カ月頃から28カ月の間の1800人の子どもの習得した語彙を集計してみると，習得して産出可能な語が200語程度の場合に現れる語彙は「事物名称」であったという結果がある（Bates et al.

1994)。人の名前や人称辞の他は、食べ物や飲み物、動物、玩具など具体的な対象を指す事物名称が多い。日々の経験のなかでの使用頻度が高く、発音しやすいものを習得する傾向のあることが推測される。このことについては、言語類型論的な特性とはかかわりなく名詞的な語が優位に習得されるという説と、言語の特性に影響を受けた語が習得されやすいという説などがある。もっとも、日本語は主語がないといわれることがあるほど類型論的には動詞優位の言語とされることがあるが、主語が基本的に必須要素として介在する英語と同様に、こうした名詞の習得が優位にあるのは興味深い。一方で、中国語や韓国語の場合では逆に動詞の数の方が多いという報告もある(小椋 2001)。

### 4.4.3 語の習得順序

前節では語の習得について、子どもが乳児期から幼児期にかけて習得する語彙は「マンマ」や「ブーブ」などの幼児語に始まり、毎日の生活の中で身近に使われる事物名称が多い傾向のあることを述べた。さらに習得の順序を観察すると、語彙階層構造の典型階層である基本レベル(basic level)のカテゴリーに属する語、カテゴリーのもっとも典型的な事例であるプロトタイプ(proto-type)的な語を習得しやすい。

基本レベルとはもっとも認知的に顕著なカテゴリーの階層をいう。たとえば「動物」を上位レベルとすれば、「イヌ」は基本レベル、「ブルドッグ」は下位レベルである。上位レベルはさまざまな成員を含むために、成員間の共通属性が少なく抽象的である。一方、下位レベルは具体的だが、基本レベルの語とは違って、他の種類の成員(つまりいろいろなイヌ)には適用できない。

基本レベルの語は具体的で情報量が多いが、一般呼称として下位カテゴリーのあらゆる事例に適用できる点で適度な抽象性もある。このため日常的に高い頻度で用いられ、形態的に簡潔であることが多い。以上から子どもにとっては習得しやすいと考えられる。

一方、どの階層であるかにかかわらず、カテゴリーには典型事例と周辺事例が認められる。たとえば「果物」の「りんご」や「みかん」は典型的だが、「スイカ」や「メロン」などの「果菜」は周辺的である。このようにカテゴリーのもっとも典型的な事例をプロトタイプと呼ぶ。プロトタイプ的な語は、カテゴリーの代表事例となるため、一般に周辺事例を指す語に比べると習得が早い。

ところで意味論的な構造には有標(marked)と無標(unmarked)の

区別があるが、子どもは一般的に無標の語を先に習得する傾向が明らかになっている。無標と有標とは「長―短」、「高―低」、「深―浅」のような空間次元の比較対を例に考えると、それぞれの対の前者が無標、後者が有標である。無標の語は対立的意味が保持された文脈、中和された文脈のいずれにおいても使用される。たとえば英語で How tall is he?とたずねるときは「身長」をたずねており、tall の「高い」という比較の意味が中和されている。一方、How short is he?では、他の人に比べて背が低いことが了解されている。日本語では「身長」「山の高さ」「川の長さ、深さ」のように、英語と同様、比較次元に対して正の値を持つ語が無標で、逆は有標になる。

このように、子どもの語習得の過程では、日常的に接する機会の多い語、基本レベルの語、プロトタイプ的な語、無標の語が先に習得される傾向がある。

### 4.4.4 語の習得メカニズム

年端もいかぬ幼児が学童期に入るまでに、一日平均して 8～10 語の語を覚えることはすでに触れた。大量の言語情報に曝されているわけだが、一つひとつの語の意味をどのように学習しているのだろうか。実際に、語の習得も進んでくると、子どもは未知の語を提示されても、指示対象との結びつきを適切に特定することができる。これを語の意味の即時マッピング (fast-mapping) という (Carey & Bartlett 1978)。

なぜ即時マッピングが可能になるのか。このことは、有名なクワイン (W. V. O. Quine) のギャバガイ問題、あるいはより一般的に言えば語学習問題 (word learning problem) として議論になるところである (Quine 1960)。たとえば、まったく知らないことばを話す見知らぬ土地で、不意に現れて走り去ったウサギを見て現地の人が「ギャバガイ」と叫んだとする。その際に「ギャバガイ」が意味するのは目の前を走り去ったウサギそのものの個別名称か、ウサギの白い色のような属性か、〈ウサギ〉というカテゴリーを指す類名称かなど、論理的には無数の可能性がある。そう想定する限りは、何を指しているのか特定が困難である。子どもが初めて単語に出くわすときは同じ状況にあるといえるかもしれない。しかし、即時マッピングが可能なのは、初めて遭遇する語の意味を特定できるような認知的仕組みが子どもには備わっている可能性も考えられる。

この点についてマークマン (E. M. Markman) は制約理論を唱え、3 つの制約原理が認知的方略として

備わっているとした（Markman 1989）。子どもが未知の語を提示されたときに，指示対象の部分的属性ではなく全体を表すとする事物全体制約（whole object constraint），個別的事物の名称としてではなく，類似するものに汎用できる普通名詞とみなすカテゴリー制約ないし類制約（taxonomic constraint），そして新奇な語は，すでに子どもにとって既知の語が指す対象に用いられることはない，すなわち事物には一つのラベルが当てられるという相互排他性制約（mutual exclusivity）を想定した。

実際に，子どもはこうした制約によって，語と指示対象となる事物のマッピングを適切に行っていると考えられる実験結果が得られている。しかしながら，制約が決定論的なものだとすれば誤謬を招きやすい。類制約はかなりあいまいであるし，相互排他性制約は現実の語彙の階層的カテゴリー（たとえばある事物は基本レベルでは「椅子」であり，上位レベルでは「家具」であり，下位レベルでは「揺り椅子」や「長椅子」である）構造と矛盾する（小林 2008）。しがたって，これらの制約は他にマッピングする際の手がかりがない場合に適用されるデフォルト推論的な認知方略であると想定することもできる。語の意味の適切な推論を可能にするのは前述の制約などのメタ知識を柔軟に活用することのできる子どもの推論能力であると考えられる（今井・針生 2007）。

一方，ギャバガイ問題は**フレーム問題**[17)]（frame problem）のようなものでもある。クワイン自身も認めているが，これは論理的想定であって，現実的問題ではない（Quine 1960）。言語や文化，そして意図が共有されるような場で，しかもあらゆる手がかりが用意されている状況のもとで，子どもは対象に向かって発せられたことばが何を意味するのかを特定している。実際，子どもは新奇な語に遭遇した場合，話者が何を意味しようとしているのかという指示の意図（referential intentions）を理解し（Tomasello 1997），話者の視線や仕草を利用したり（Baldwin 1993），そうした情報が入手できないときは，語の発話と連動した行動や情動・表情などのあらゆる言語外の情報を使って，語と指示対象のマッピングを行うことが明らかになっている（Tomasello & Barton 1994）。また，事物と何らかの動作を伴う相互作用を行っている際，事物名称や動作を表す語の習得において，子どもは話者の意図とともに話者の動作，働きかけなども情報として利用していることがわかった（Akhtar & Tomasello

1996; Kobayashi 1997; 小林 1999)。

　語の習得における社会語用論的な能力も，制約論が指摘するメタ知識による推論と同様に重要であり (Tomasello 2001)，子どもは限られた知的資源の中でも，強力で柔軟な学習能力を駆使していると考えられる。

[キーワード]
17) フレーム問題 (frame problem)：人工知能の用語。たとえば，緻密で正確なアルゴリズムを持つコンピュータが，曖昧な情報が溢れる現実世界に関する問題解決課題を与えられたとする。すべての情報をデータベースにおさめて吟味することは不可能なので，有効な関連情報だけからなる問題解決のためのフレーム（枠組み）を形成しなければならないが，それはきわめて困難である。なぜならば，実際には解答はいくつもあるかもしれないし，そこに至るまでの解決法も複数あるかもしれない。あるいは，まったく予期しない無関係と思われる情報に解答が隠されている可能性もあるからである。

　コミュニケーションでは言語自体だけではなく，声の大きさや話す速度，抑揚，表情や身ぶり，姿勢，話者達の関係やコンテクストなど，その場の状況に埋め込まれたあやふやな情報が無数にある。人間の学習は手順の決まった硬直的なものではなく，発見的（ヒューリスティック [heuristic]）な要素が多々ある。豊かな想像力と柔軟な学習能力を備えているからこそ，不十分な情報や手段しかなくても，その場その場で最適な問題解決のフレームを構築することができると考えられる。

## 4.5 母語習得：語の結びつきから文へ
### 4.5.1 二語発話から文へ

　生後 12 カ月を過ぎる頃には，子どもには知っている語をどの場でどう使うかという語用論的能力の発達が観察される。たとえば，「とって」や「ちょうだい」という要求表現を知らないので，ある玩具の方を向いて「ブーブ」といったとする。母親は「ブーブね，よくいえたわね，偉いわね」と答えたとする。子どもが再び，今度は独特な表情で手を伸ばして直示的 (deictic) に「ブーブ」と言えば，母親は子どもがお気に入りの玩具を手渡すだろう。目的達成のために言語と言語外の手段という，異なるモードを組み合わせて子どもは必要な情報を他者に与えられるようになる。もしこの場面で養育者が役割交替をして，「（ブーブ）ちょうだい」といって手を出せば，最近接領域にある子どもは模倣学習と二語発話に近づく足場作りを得る機会を与えられる。

　子どもは言語に繋がるさまざまな認知能力をもって生まれてくると考えられるが，そうした能力を土台と

## 4 言語の習得

して、コミュニケーションという言語運用の場で学習し言語能力を発達させる。このような見地から言語習得を考える立場を用法基盤モデルと呼ぶ。このモデルでは子どもが実際の言語運用から言語単位を抽象し、統計的情報や社会語用論的相互作用を利用する言語習得の仕方に注目している。

　語を組み合わせた表現は1歳半から2歳頃までにはじまるのが一般的である。これを二語発話（two-word utterance）あるいは二語文（two-word sentence）と呼ぶ。大人からみた場合に二つの語を組み合わせた発話である。たとえば「パパ・ブーブ（お父さん＋自動車）」で「お父さんの自動車」という所有関係を表したり、「ブーブ・ナイナイ（自動車＋ない）」で否定を表したりする発話のことである。日本語ならば助詞がなかったり（パパ[の]ブーブ）、英語であれば接辞や語尾活用のない（Daddy['s] car）など、機能語が使用されないという特徴がある。それが電報文に似ていることから電文体（telegraphic speech；あるいは telegraphese）などと呼ばれることもある。

　トマセロによれば、子どもの言語は一語発話から多語発話に移行する際に、語結合（word combination）、軸語スキーマ（pivot schema）、項目依拠的構文（item-based construction）のような発話レベルの構造を経て発達するとしている（Tomasello 2003）。初期の二語発話は基本的には一語発話の派生形であり、子どもが頻度の高い二語の語結合を場面依存的に用いているに過ぎない。たとえば、テーブルの上にボールがある場合、「ボール」「テーブル」というように対等な関係で結合するため、発話の間に休止があったり、特徴的な音調曲線を伴い発話される（Bloom 1973）。二つの語（文）が対等に結合しているようなものである。

　しかし、18カ月頃になると、一見したところ形式は似ているが、一方の語が基軸となり、別の語を変数として挿入する軸語スキーマが現れる。「もっとジュース」あるいは「ブドウもっと」のような形式である。注意すべきは、変数（ジュースやブドウの位置）を入れるスロットはあるものの、複数の軸語スキーマの間には一般化は存在せず、大人の発話をそのままの語順で再生産している。トマセロはこれを構文の島（constructional island）と呼び、まだ統語構造にはなっていないとしている（Tomasello 2003）。24カ月頃を過ぎる次の段階では、彼が項目依拠的構文と呼ぶものが発現する。たとえば「＿＿を投げる」「＿＿が

___を蹴る」「___を壊す」などさまざまな形式が発話され，語順や機能語によって統語的な役割が表現されるようになる。ただし，項目（この場合は特定の動詞）を超えて一般化されることがない点で軸語スキーマに類似している。一つ抽象度の高い構文スキーマがまだ形成されていないということである。

このような経過をたどる際にも，子どもの他の認知能力，たとえば，因果関係の理解や事態の分析，表象の操作，類推やカテゴリー化の能力が並行して発達している。項目依拠的構文の産出にあたっては機能語の使用によって精緻化が進み，格標識（case marker）や語順の意味を理解するようなメタ知識が構文の島をまとめあげるようになる。このことで，さらに抽象的な構文スキーマが形成されていくと考えられる。

つまり，統語標識のない語結合や軸語構文から，ローカルな統語標識を伴うけれども，いまだ一般化がされていない構文の島が形成される。そして項目依拠的構文の間に類似するパターンが発見され，大人の言語に通じるような抽象的構文が学習されていくと考えるのである。とりわけ，動詞の島構文は重要であると考えられている。

こうしたトマセロのような考え方は，原理とパラメターから成る生得的な普遍文法を想定し，文法を規則の体系と考える生成文法とは明らかに異なっている。また，他者との相互作用の豊かな言語環境下で，頻繁に接する個別の具体的事例を学習し，抽象的構造を作り上げていくと考える点でボトムアップ的である。そして個別の構文の島から抽象的な構文スキーマを作り上げていくというスキーマ化のプロセス，すなわちローカルからグローバルへ展開すると考える点で，認知文法（cognitive grammar）と同様の用法基盤モデルを採用しており，認知言語学的である。

## 4.6 新しいことばと知識の創造
### 4.6.1 類推と比喩

子どもが言語を習得する過程では，膨大な知識を学習するという側面と，新たな知識を構築するという側面がある。文を理解し産出するようになる頃には，語の意味や語の組み合わせ方の知識だけではなく，語が組み合わされて表現されることの多い複合概念も学び，作り上げるようになる。また，既存の知識と未知のものを対比し，類似性や関係性を見出して，両者を構造的に結びつけて理解しようとする。この知的方略を類推（analogy；アナロジー）という。言語構造自体についていえば，類推は（たとえば活用形の誤用

のような）比較的発見の容易な形式の過剰使用に初歩的な形でみられ，語彙においては臨時語 (nonce word) の創出が散見される。多くの項を含む構文では，子どもは一般化のできていない構文の島の間に形式的・意味的な類似性を発見し，さらに抽象的なスキーマを形成する際に類推を働かせている。

　一方，比喩的言語 (figurative language) も類推と同様のメカニズムが働いている。筆者の観察では，4歳児が自分の食事とお腹の空いた具合を，自動車の燃料とタンクの関係に喩えて「○○ちゃん，ガソリンない」などとおどけていっていた（辻 1996）。自分（起点領域 [base domain]）と自動車というまったく別のもの（目標領域 [target domain]）との間に類似性を発見し，構造的に写像 (mapping) 関係を構築している。白煙を吐きエンジンをふかす車を見て「あの車は凄いおならをするね」と筆者が試しに話しかけると，くだんの幼児は「○○ちゃん，煙出さないよ」とも返答していた。こうした二つの異なる事物間の構造的写像は，既存の知識を関係づけて理解するのと同時に，抽象的構造を持つ新奇の知識の構築にも役立っている（Gentner 1983; Holyoak & Thagard 1995）。

　先の幼児の事例は比喩の一種の擬人化 (personification) であり，自分自身を目標領域に投影したものである。ここでいう比喩とは文学や政治的言辞にあるようなものだけを指すのではない。比喩は特別な言語表現ではなく，実はごく日常的なものであり，私たちの思考と行動に深く結びついている。現実に比喩的言語なしには日常の生活さえ成り立たないほどである (Lakoff & Johnson 1980; Gibbs 1993)。

### 4.6.2 比喩と理解

　ある事物を何と呼んでいいのかわからない場合や類似性を発見した場合に，既知の単語を利用して「～みたい」という直喩 (similie) の指標をつけて表現することがある。指標のない表現を暗喩または隠喩 (metaphor；メタファー) と呼ぶ。これらの比喩には類推と同様に「喩えるものと喩えられるもの」の間に写像関係がある。この意味で類推と比喩は類似しているが，厳密にいえば，比喩は類推のもつカテゴリー間の構造的写像関係を必ずしも有するとは限らない。

　子供が比喩の意味を理解するには，語の意味を知っているだけでは不十分で，その語がつくる意味のネットワークや，その語が用いられている文脈や場面などに関する語用論的・百科事典的知識 (pragmatic/

encyclopedic knowledge) が必要とされる。したがって，因果推論や知識の習得など，子どもの認知発達の度合いによって比喩の理解には多様性が生じる（内田 1999 b）。

この点で，比喩表現に対する子どもの反応傾向には興味深いものがある。たとえば，英語話者の子どもにおける実験では，The prison guard had become a hard rock. のような表現に対して，5～6 歳児は「(魔女のせいで) 牢屋の番兵が硬い岩になっちゃった」のようにそのまま解釈する傾向がある。9 歳前後になると「変な文。岩なんかになるはずはない」と反応し，さらに年長になれば，適切な文脈下では比喩として「岩のように動かなくなった」のようにも理解することができるようになる。ここから比喩の理解は，子どもの推論能力や語用論的スキルの問題でもあることがわかる。

その他，代表的な比喩には換喩(metonymy；メトニミー) と提喩 (synechdochy；シネクドキー) がある。これらの比喩の理解も，隠喩と同様に，一般的には子どものもつ意味カテゴリーの体系に依存する。つまり直喩と隠喩はカテゴリー間の類似性に基づく意味的な写像関係に，換喩はカテゴリー間の隣接性に基づく指示関係に，提喩はカテゴリーの上位・下位の関係に支えられて

いるとすることができる（楠見 1995 b）。直喩と隠喩には「〜みたい」「〜のような」という指標があるかどうかの違いはあるものの，いずれも言語使用者が発見する類似性に根拠がある。換喩は空間的・系列的・因果的・全体的または部分的など，さまざまな隣接性に基づく指示的な側面をもつので，子どもでも「赤いのもってきて」に赤い色を属性としてもつものを指していることを理解する。また「トイレ行きたいの？」という問いに対して，「おしっこをしたいのか」とたずねていることを比較的容易に理解する。これはスクリプト（構造化された一種のシナリオ）を知識としてもち，その空間的・系列的隣接関係を推論することで理解していると考えられる。一方，提喩は自動車や電車は乗り物の一部であるという意味カテゴリーの階層構造の知識をもっていれば推論が可能である。いずれも，使われる語の意味カテゴリーに関する知識が前提とされていることに違いはない。子どもは比喩に対してきわめて日常的な言語表現として接していて，基本的なものの幾つかは産出と理解がかなり早い時期からなされていることがわかる。

一方で，極めて修辞的なものや文学的な比喩表現は，既存のカテゴリー間の関係を組み替え壊すこと

で，新たなカテゴリーを創りあげる役割を担うことがある点に特徴がある。「飛行機は鳥だ」に比べて「飛行機は魚だ」は，喩えるものと喩えられるものの意味カテゴリーの間に関係性や類似性あるいは共通性を見いだすことが難しい。したがって文学的には斬新な比喩となるかもしれないが，カテゴリー間の関係は不安定であり，多くの人に共有される度合いが低い。このような比喩的表現は，子どもにとって一般的に理解が難しい。

# 5 動物の学び

川合伸幸

学習心理学は，パブロフとソーンダイクによる動物の学習研究から始まった。そのため，心理学では動物が「学習する」ことは自明であった。しかし，動物は「学ぶ」のだろうか。これまで，動物の学びに関する問いは投げかけられたことがなかった。動物にとっての「学び」とは何か？はたして，動物に「学び」は見られるのだろうか。

本章では，「より深くわかること」と，学習を繰り返したことによる「学習の加速」を「動物の学び」ととらえ，動物は学びをすることを示す。さらに，動物はどのように学ぶのか，また動物に「学びをうながす環境」とはどのようなものであるかを考察する。

## 5.1 動物の学習

心理学では，「**学習**[1]」を「経験による比較的永続的な行動の変容」と定義している。これには，「中枢神経系を媒介した行動の変容」と註がつくので，トレーニングなどで重いバーベルが持ち上がるようになるといった，経験による身体機能の変化によるものは排除される。しかし「学習」の定義には，外国語を読み書きできるようになる，方程式を解けるようになる，などの学校教育で行うものは含まれていない。そこには，一般に考えられる「勉学」の意味はほとんど含まれない。良くも悪くも経験による行動の変化を指すので，当然動物も学習研究の対象となる。「**学習心理学**[2]」と呼ばれる研究領域は，イヌを対象としたパブロフ（I. V. Pavlov）による**古典的条件づけ**[3]と，ネコやさまざまな動物で**試行錯誤学習**[4]を研究したソーンダイク（E. L. Thorndike）によって創始された。それ以降もネズミやハトを中心的な対象として研究が行われてきた。すなわち，動物が「学習する」ことに何の疑問も持たれなかったどころか，むしろ動物こそが学習心理学の中心的な対象であった。

## [キーワード]

1) 学習：心理学では，中枢神経系を媒介した，経験による比較的永続的な行動の

変容と定義される。

2）**学習心理学**：条件づけを主とした学習過程を研究する実験心理学の一領域。

3）**古典的条件づけ**：ロシアの生理学者パブロフ（I. V. Pavlov）によって発見・研究された条件づけの一形態。レスポンデント条件づけともいわれる。生物に必ずある反応（無条件反応；たとえば唾液）を生じさせる刺激（口中へのエサ提示）と、最初は特に反応を誘発しなかった刺激（条件刺激）を対提示するという手続きを指す場合と、その結果として、条件刺激に対して反応が誘発されるようになるという学習現象を指す場合がある。

4）**試行錯誤学習**：ソーンダイク（E. L. Thorndike）によって研究された学習の一形態。道具的条件づけ（オペラント条件づけ）による道具的学習と同じことを指す。動物がある行動により、快を経験するとそれを生じさせた行動を行う傾向は強まり、不快が生じるならその傾向は減少するという学習。

### 5.1.1 「学習」と「学び」

しかし、「学び5)」の観点から動物の行動を考えてみると、ヒトと動物の間には大きな隔たりがある。というのも、「学び」は「学習」と必ずしも同じ意味ではないからである。「学び」ということばを最初に用いた佐伯によれば、むしろそれは「従来『学習』と呼ばれてきたことを、人間本来の最も人間的な営みとしての『学び』として、とらえ直すこと」である（佐伯 1972）。

この「学び」の概念が提唱されて以降、「人間本来の、最も人間的な営みとしての学び」という観点から、さまざまな研究が行われきた（本書の他の章を参照）。すなわち、「学び」は、エサや罰といった強化子を用いた動物の「学習」とは異なることが強調されて来た。はたして「最も人間的な営みとしての学び」は、動物にも可能なのであろうか。

### [キーワード]

5）**学び**：エサや罰を用いた条件づけによる「学習」ではなく、もっと善いことはないかと追求し続ける、人間本来の主体的かつ人間的な営みとしての活動。簡単にわかったことにしてしまわずに、どこまでも善いことへの変化を追求し続けること

### 5.1.2 動物は学ぶか

動物が「学ぶ」かどうかに答えを出す前に、そもそも、ここでの「人間本来」とは何を指すのかを明確にする必要がある。「学習」とは経験によって生じる比較的永続的な行動の変化であるから、そこには「望ましくない」習慣なども含まれる。

吠えることで飼い主にかまってもらえることを「学習」した（あるいは、不審者を吠えたことがほめられた経験のある）イヌは、誰かれかま

わず吠えるようになる。このような不適切な行動の「学習」は「学び」には含まれない。「学び」とは，はっきり「望ましいこと」を身につけることとされる。すなわち，「学習」とは異なり，「学び」には価値志向性が想定されている（→Ⅰ-1.2）。

しかし，動物にとっても「望ましいこと」とは何であろうか。イヌのような「しつけ」が可能なペットには，（人間にとっての）「望ましいこと」が存在する。しかし，あらゆる飼育下の動物にしつけが必要なわけではない。ましてや，野生に生きる動物たちの望ましさの意味はさら曖昧になる。

同じ議論がヒトの「学び」でもなされている。すなわち，本人は「望ましい」と思っていても，実際には「望ましくない」ことがしばしばある。この場合，本人は「望ましいこと」をしているので，「学んでいるつもり」になる。しかし，実際には「学んでいない」。「学び」に価値観を持ち込むと，このような齟齬が生じる。そこで，「学び」は特定の価値観や道徳性を目指したものではなく，「もっと善いことはないか」と追求し続けること——すなわち簡単にわかったことにしてしまわずに，どこまでも「学び続けること」であるとされる（佐伯 2007b）。

このように定義すると，動物にも「学び」の可能性がみえてくる。

## 5.2 動物の学び

**行動主義**[6]が全盛期であった頃は，「学習」は「行動の変容」ととらえられ，その変容過程と制御に関心が向けられていた。しかし，いわゆる「**認知革命**[7]」以降の**認知心理学**[8]の台頭によって，「学習」は「知識獲得」であり，「より深くわかること」ととらえられるようになった（佐伯 2007）。それに呼応して，動物の学習心理学においても，「学習」を動物がみずからの行動の結果や，環境内で生じる重要な事象（エサの到来など）がどのようなタイミングで生じるのかを認識していく**情報処理過程**[9]であると考えられるようになった（川合 2003）。しかし，動物の学習を環境内の**知識獲得過程**[10]ととらえても，それが「学び続けること」や「より深くわかること」に結びつくのであろうか。

ここで，「動物の学び」を単純な試行錯誤学習では説明できない，学習を繰り返し経験し続けてきたことによる「**学習の加速**[11]」と定義したい。すなわち，多くの学習を重ねたからこそ可能になる優れた学習や学習の飛躍を「動物の学び」と考えることにする。

[キーワード]

6）**行動主義**：20世紀前半に強い影響力をもった心理学研究のアプローチの一つ。研究の対象を意識ではなく、客観的に測定・記述できる行動と外的刺激環境とすることで科学であることを目指した。人間の精神活動は行動として記述されるべきで、行動は環境と遺伝の要因で決定されると考えた。

7）**認知革命**：20世紀前半には心理学研究のほとんどが行動主義の影響下にあったが、20世紀後半から行動主義に替わって、人間の意識や心的表象を研究対象とする認知心理学が強まり、急激に行動主義の影響力が弱まったことを指す。

8）**認知心理学**：人間の心の働きを情報処理の観点から研究しようとする心理学の一領域。認知主義にもとづいた社会心理学などの領域を含む場合もあるが、狭義の意味では、記憶や思考、言語など人間の認知を研究対象とする心理学の研究領域を指す。

9）**情報処理過程**：外界からの入力と、それに対してあらかじめ決められたいくつかのルールに基づいた処理の結果として出力がなされるという一連の過程。認知心理学では、生物が行う環境での活動をそのような情報処理過程とみなす。

10）**知識獲得過程**：生物が、環境内の事象の因果関係や、みずからが行ったことの結果として何が生じるかを理解していくこと。本文中の前者は古典的条件づけに、後者は道具的条件づけに対応する。

11）**学習の加速**：多くの学習を重ねた結果、ごく少数の経験で、新たな学習が成立したり、非常に高次な学習が成立すること。

### 5.2.1 学習することの学習

　子どもたちは、新しいテレビゲームの説明書を読まなくても、すぐにやり方を理解することがある。これは多くのゲームに共通したやり方があるために、個別の（ゲーム操作の）学習を通じて、その種類のゲーム全体に共通したルールを学習したことの例と言える。同じように、動物もいくつかの学習課題を通じて、「**学習することの学習**[12]」を習得する。これを「**学習セットの形成**[13]」という。学習セットの形成は、単にそこで問題となっている課題を「学習」するだけではない。同じような課題を経験することで、その背景にある一連の構造や全体に共通するルールを理解したときに「学習セットを形成した」といわれる。

　たとえば、動物が二つ並んだ刺激（たとえば、○と△）のうちいずれかを選択すれば正解（たとえば○）という課題で、試行錯誤を通じて○が正解であることを学習したとする。この最初の学習が完成すれば、次にまた別の刺激（たとえば、□と×）を用いて、弁別を学習する。このことを繰り返せば、最終的には

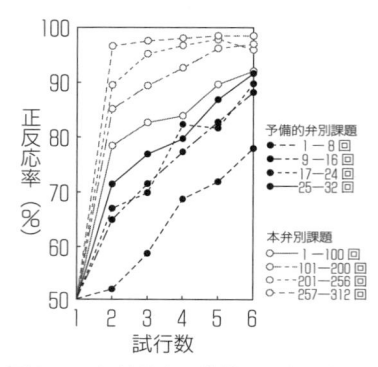

図1 アカゲザルの学習セットの例：(Harlow 1949)

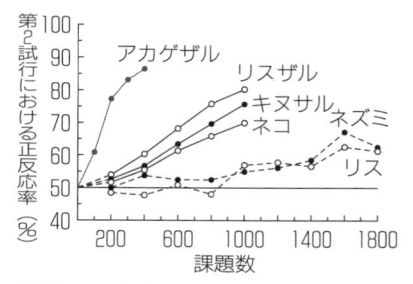

図2 さまざまなほ乳類が示す学習セット：(Warren 1965)

新しい刺激対が与えられたときに，次のいずれかの行動をとるようになる。(1)最初に選択した刺激が間違いである場合には，次の試行で先とは違う刺激を選択する。(2)逆に最初から正解すればそれ以降もその刺激を選び続けるようになる。つまり，次第に学習が成立するまでの試行数が少なくなり，最終的には一回の誤反応の後（つまり第二試行）までに，その課題の正答がどれであるかを理解するのである（Harlow 1949）。

図1は，十分に訓練を受けたサルの第二試行での正答率を示している。多くの課題をこなすほど，第二試行での正答率が高くなっている。このことは，単なる〈刺激—反応〉の条件づけだけでは説明できない。なぜなら，動物は新しい課題の最初の試行で間違えれば，次の試行以降では（その時点では一度も強化されていない）間違えてないほうの刺激を選択し，それ以降も正答し続けるからである。強化されていない反応が次に選択されることは効果の法則に合致しない。また，学習が試行錯誤によってそれぞれの課題ごとに徐々に習得されるのであるなら，次第に課題の意味を理解したような学習効率の上昇を説明できない。

このような「多くの学習を続けた結果としての学習の促進」を，「動物の学び」とみなすことはできないだろうか。ここで興味深いのは，「学習セット」と呼ばれる学習の促進現象は，脊椎動物のなかでも魚類ではまったく観察されず（川合 2006），ほ乳類の中でも一様でないということである（川合 2007, 2009）。

図2は，さまざまなほ乳類で上の

ような課題を行ったときの第二回目の試行の正答率を示したものである。ラットやリスでは，何百試行経験しても第二試行での正答率がほんのわずかしか向上していないが，小型の新世界ザル（ここではリスザル）では，それよりも早く，ニホンザルなどの大型の旧世界ザル（ここではアカゲザル）は，さらに早く「学習セット」を完成させた（Warren 1965）。この結果は，一般的に知的と考えられる動物ほど速く「学習セット」を示しているようにみえる。

[キーワード]
12) **学習することの学習**：同じような学習課題を経験することで，その背景にある一連の構造や全体に共通するルールを理解することで，新たな学習課題でも第二試行までに正しい理解に到達すること。「学習セットの形成」ともいわれる。
13) **学習セットの形成**：学習することの学習が成立すること。

### 5.2.2 脳の大きさと学習することの学習

実際には，ある動物が他の動物よりも知的であるということはない。それぞれの動物は，その動物にあった環境でうまく生きていけるように進化しており，動物の知的能力を一つの尺度に並べることに意味が無い（川合 2006）。

それでも脳の大きさ，とりわけ身体に対する脳の比率が大きいほど柔軟で可塑的な行動を示すことが知られている。そのことを示す指標として，ジェリソン（H. J. Jerison）は**余剰皮質ニューロン指標**[14]を提案した（Jerison 1973）。この指標は，ほ乳類の大脳皮質の**ニューロン**の総数をそれぞれの身体の大きさによって必要とされる数と比較したものである。これは身体（感覚と運動）に関係する以外の情報を処理できる皮質のニューロンの数と考えられる。ジェリソンが霊長類の脳と行動を調べた結果，余剰皮質ニューロン指数は，群れサイズや行動圏の大きさと強く相関していた。すなわち，大きな群れサイズは複雑な社会関係で生じる問題を，行動圏の大きさは空間認知で必要とされる問題を解決するため，より大きな脳が必要になったのである。

ある研究で，余剰皮質ニューロン指数を「学習セット」に当てはめたところ，それらの間に非常に高い相関（$r = .98$）があった。すなわち，余剰皮質ニューロンが多いほど，学習セットの形成が早かった。このことは，相対的に脳が大きいほ乳類ほど，より顕著な「学び」を示す可能性を示唆している。

しかしその後の研究で，学習セッ

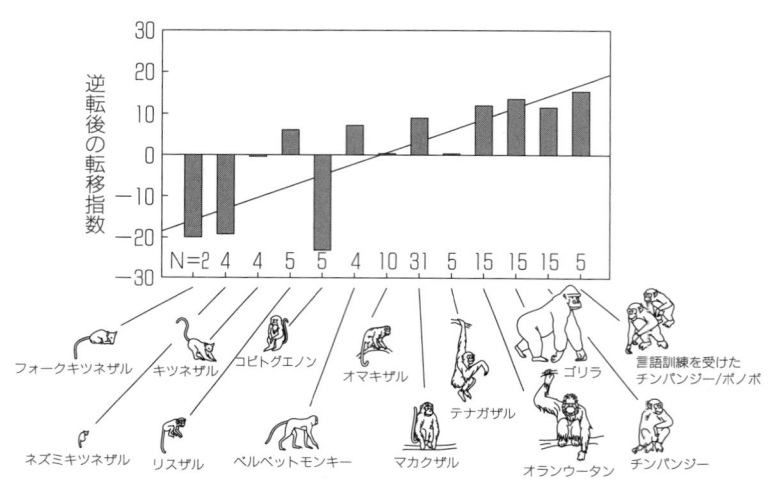

図3 さまざまな霊長類における弁別学習逆転直後の学習成績:（Rumbaugh 1997）

トの成績が低いネズミなどは視覚能力が相対的に悪く，そのため，視覚刺激にもとづいたそれらの課題での学習セットの形成が困難だったのではないかと批判された（Papini 2002）。

とはいえ，あらゆる動物の知覚特性を等しくすることはできない。そこで，学習セットが何試行で成立したという絶対的な値ではなく，「相対的な」指標を用いることが考案された。完全にある課題を学習させてから課題を変えたそれまでの「学習セット」研究とは異なり，ある課題を「少し学習した」時点と「かなり学習した」時点で逆転させて，それ

らの差が指標とされた。

ランボー（D. M. Rumbaugh）たちが，121個体の霊長類を対象に，脳の複雑さ（図3横軸の並び）とどういう関係にあるかを調べたところ，その値と高い正の相関があった（$r = .78$）（Rumbaugh 1997）。原猿や小型のサルでは，その値（差）はマイナスであったが，マカクザル（ニホンザルの仲間）などの大型のサルや類人猿ではプラスに転じている。この値は，先に学習したことが後の学習で活かせれば正になり，逆に干渉すれば負になる。したがって小型のサルは，先に学んだことが逆転された学習の邪魔にしかならない

ことを示している。それに対して、大型のサルや類人猿は、先の課題に基づいて「学習することを学習」し、後の学習が節約（加速）された。この比較は、知覚の問題などに差が生じないように考慮されている。したがって、この値は「先の学習をその後の学習に活かす」学びの指標と考えることができる。これを先ほどの余剰皮質ニューロンの値と比較すると、さらに高い相関（$r=.98$）があった。このことは、本来その分類群の動物が持っているはずの脳の容積に対して、どれだけ余剰の神経細胞を持っているか、ということが動物の「学び」の能力と密接に関連していることを示している。

[キーワード]
14) 余剰皮質ニューロン指標：ジェリソンが提案した指標で、ほ乳類の大脳皮質のニューロンの総数をそれぞれの身体の大きさによって必要とされる数と比較したもの。これは身体（感覚と運動）に関係する以外の情報を処理できる皮質のニューロンの多さと考えられる。

　霊長類の余剰皮質ニューロン指数は、群れサイズや行動圏の大きさと強く相関している。大きな群れサイズは複雑な社会関係で生じる問題を、行動圏の大きさは空間認知で必要とされる問題を解決するため、より大きな脳が必要になったと考えられた。

### 5.2.3 さまざまな霊長類における学習の質的な違い：「学びの出現」

　先に述べた「余剰皮質ニューロン」に基づく学びを加速させる能力の違いは、質的な違いも生み出すのだろうか？

　先の研究に続けてランボーは、正誤が逆転する際に、二つの刺激のうちのどちらか一つだけが新たな刺激へ置き換わる条件を加えて検討した。最初にA＋/B－の弁別学習を経験し（○や□といった形の異なる刺激を、AやBというアルファベットで示し、餌が与えられる正答刺激を＋で表す）、続いて3種類の逆転課題を経験した。

　第一の課題では、従来通り最初の課題が完全に逆転した（つまり逆転して、A－/B＋になった）。しかし第二の課題は、先の正解刺激だけが新たな刺激に置き換わり（すなわち、C＋/B－）、第三の課題では、先の不正解の刺激が新たな刺激に置き換わった（A＋/D－）。その結果、今度は質的な違いが観察された。原始的な原猿（キツネザル）や新・旧世界ザル（リスザル、オナガザル、アカゲザル）では、新たな刺激を含む第二、第三の課題（C＋/B－やA＋/D－）に比べて、最初の学習を完全に逆転させた第一の課題（A－/B＋）の学習だけが困難

であった。しかし類人猿（ゴリラやチンパンジー）では，それらの3種類の課題で成績に違いはなかった。

これらの結果は，次のように解釈できる。原猿やサルでは，最初の「A＝エサあり，B＝エサ無し」という条件づけが，次の「B＝エサあり，A＝エサ無し」という逆の条件づけ（弁別学習）に干渉したが，類人猿ではそのような干渉は生じなかった。つまり類人猿は，いずれの種類の逆転においても，先の学習を次の学習に活かせるような「学び」をしていたと言える。条件づけによる学習を超えてさらに深く学び，新たな課題の最初の試行では「デタラメに選んだ刺激が正解ならそれを選び続け，間違いなら他方に移る」ということを理解すれば，これら3種類の弁別逆転課題（A－/B＋，C－/B＋，A－/D＋）の成績はいずれも同じになる。実際，類人猿は，逆転後の第三試行までにはいずれの課題でも正答率が急激に上昇しており，同じ課題を与えられたサルとは異なり，類人猿は「より深いルール」を「学んでいた」と考えられる。

## 5.3 「動物の学び」をうながす要因
### 5.3.1 強化の法則だけでは「学び」をうみださない

サルや類人猿をはじめとした霊長類が「賢い」ことはよく知られている。動物心理学を専門とする研究者でも，ラットやハトよりもサルのほうが「賢い」と信じているものが少なくない。具体的には，ハトとサルに同じ課題を与えれば，サルのほうが少ない試行数で習得にいたる，と考えがちである。しかし，実際にサルに学習をさせてみると，それほどたやすくは学習しない。これは，ラットやハトでは通常の体重から20％ほど減るまで食餌統制を行いエサに対する動因を極限まで高めているのに対し，一般的にサルでは食餌統制を行わずに実験をすることによるのかもしれない。

しかしいずれにしても，驚くほどサルは学習をしない。そこでさまざまな学習をうながす手続きが開発され，ヒトを対象とした**応用行動分析**[15]などにも適用されてきた。なかでもよく用いられる手続きが，「**修正法**[16]」と「**タイムアウト**[17]」である。

「タイムアウト」とは軽い罰のようなもので，間違えると次の問題（試行）に進むまでにある一定の時間待たされる手続きをいう。通常，空腹な動物はどんどん次の問題を解いて，できるだけ早くたくさんのエサを得ようとする。ヒトであれば，普通は問題をよくみて，間違えないようにして問題を解く。しかし，動

物はとにかく素早くデタラメに反応し、頭を使うよりも体を使って、なるべく多くのエサがでてくることに期待する方略を取ることがある。特に次に述べる「修正法」が導入されているときは、間違えても同じ問題が繰り返されるので、考えるよりもとにかく反応したほうが早くエサを手にできることになる。そのようなデタラメな行動がたまたま提示されたエサによってさらに強化され、デタラメな反応をすることを学習してしまうこともある。

そこで、間違えたときには、なかなか次の試行へ進めないように待ち時間（2—10秒）を挿入する。そのような状況は、動物にとってはストレスがかかることになる。そのため、タイムアウトが挿入されると、デタラメな反応が減少し、課題で要求されていることを学習しようとする。ただし、サルは上に述べたようにそれほど空腹ではないので、タイムアウトがかならずしも有効とは限らない。

より効果的なのは「修正法」である。「修正法」とは、ある問題を間違えると、もう一度その問題を提示し、再チャレンジさせる手続きである。この手続きを用いると、最初に設定した数だけ問題を正答させることができる。たとえば、100試行を一つの課題（セッション）として与えたとする。修正法を用いないで実験をする場合、サルが八十回間違えれば、サルがもらえるエサは二十回分しかない。つまり正しい反応が強化される確率は1/5でしかない。しかし、修正法を用いると、八十回間違えても、間違えるたびに問題が繰り返されるので、結局サルは百回分のエサを手にすることになり、百回分の正反応が強化される。

ただし、容易に想像できると思うが、動物や子どもは、何度間違えても同じ間違いを繰り返すことがある。十回続けて間違えても平気などころか、むしろ最初に間違えたときよりも一生懸命間違った刺激を選ぶ。そのような刺激や位置への固着があるので、たとえば五回連続して間違えれば、（実験者があきらめて）次の問題に進めるようにプログラムしておく。ここで何回連続するまで間違えた問題を出し続けるかも、「学び」にとって重要な要因となる。それぞれの動物にあわせて、この値を決めなければならない。「打たれ弱い」個体には、ある程度で次に進むようにし、へこたれない個体には、ここを正解するまで繰り返すように設定する。

学習心理学の領域で動物の個性などといえば、たちまち批判されるが、実際に動物とつきあってみるとあきらかに個性が存在する。そして

それが「動物の学び」を引き出すのに重要なのである。

## [キーワード]

15) **応用行動分析**：人間の日常における問題行動を，行動分析学の知見を用いて解決する方法。行動分析学は，スキナー（B. F. Skinner）の徹底的行動主義に基づく心理学の一体系で，人間や動物の行動は，「先行刺激」（環境），「行動」，「結果」の三項目の関係を分析することで，なぜそのような行動が生じたのか，またその行動を変容させる／させないためにはどのようにすれば良いかか理解できると主張する。これまで人間や動物を対象に，顕著な成果をあげてきた。

16) **修正法**：修正法とは，ある問題を間違えると，もう一度その問題を提示し，再チャレンジさせる手続きをいう。この手続きを用いると，最初に設定した数だけ問題を正答させることができる。たとえば，100試行を一つの課題（セッション）として与えたとする。修正法を用いない場合に，動物が八十回間違えば，その動物がもらえるエサは二十回分しかない。しかし，修正法を用いると，八十回間違えても，間違えるたびに問題が繰り返されるので，結局動物は百回分のエサを手にすることになる。合計の試行数は，同じ問題を何度間違えるかに依存するが，八十回間違えれば180試行になる。

17) **タイムアウト**：タイムアウトとは，間違えると次の問題（試行）に進むまでにある一定の時間待たされる手続きをいう。通常，空腹な動物はどんどん次の問題を解いて，できるだけ早くたくさんのエサを食べようとするので，次の試行に進めないことが，軽い罰として機能する。特に，難しい学習課題では，動物は考えるよりもとにかく反応し，なるべく多くの強化の機会を得ようとする傾向があるので，そのような状況で有効になる。タイムアウトが設定された状況では，一定時間内に得られるエサの量は，むやみに反応するより，学習して間違えないほうが多くなるため，学習が進展すると考えられる。

## 5.3.2 「学び」をひきだす「まなざし」

正解した後にエサを与えれば動物は試行錯誤学習によって機械的に学習していくものだと考えている研究者には，動物の「学び」を引き出すことはできない。

図4は，2頭のサルのある弁別実験の結果を示している。縦軸は誤答数を示しているので，グラフの下に進むほど学習が進んだことを示している。この課題では，二つの刺激が同時に提示され，一方を選ぶと正解，他方を選ぶと誤答という**弁別学習**[18]であった。複雑な図形（FとꟻおよびRとЯ）なので，サルはなかなか学習できないと予想された。そこで，最初から修正法を適用したところ，クレナという名のサル（図

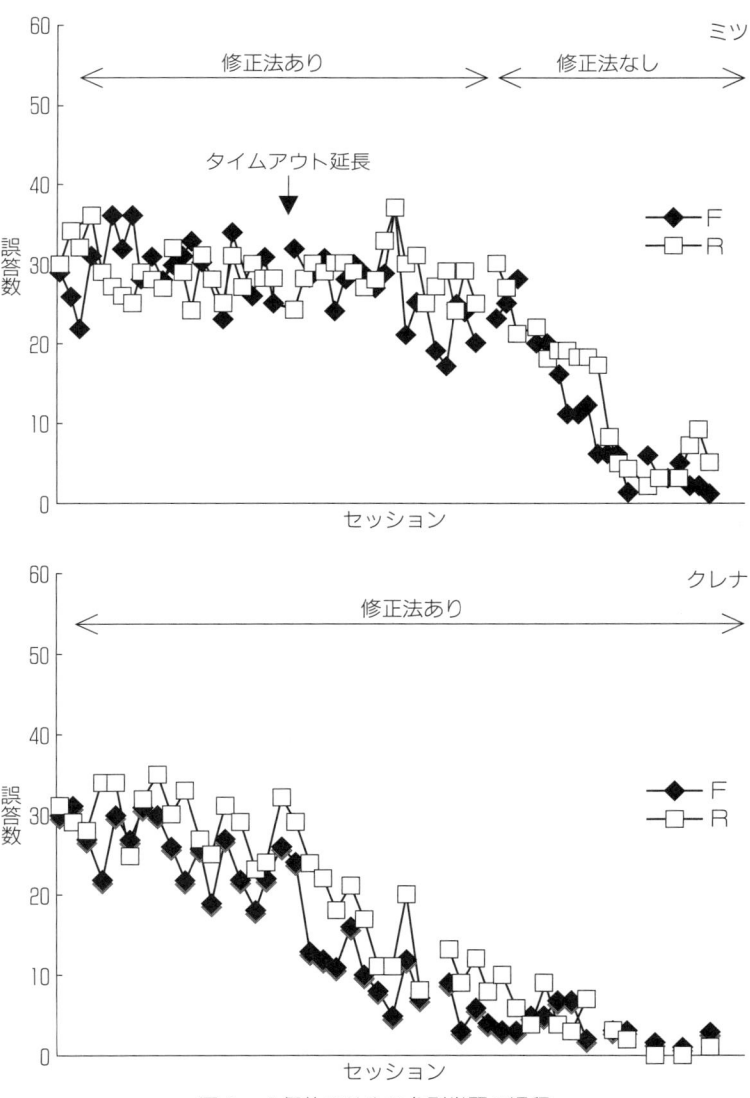

図4　2個体のサルの弁別学習の過程

の下パネル）は順調に学習が進み、やがて一日に百二十回与えられる問題のうち、ほんの二、三回しか間違えないようになった。

それに対して図4の上に示した別の個体（ミツ）は、同じように修正法が適用されたにもかかわらずなかなか学習しない。途中でタイムアウトの時間を長くしても効果がない。ミツとクレナは、これまでに同じ学習課題を解いてきたので、経験の差が原因とは考えられない。

そこで、通常行われるのとは逆に修正法を無くしてしまった。その結果、突然課題の内容を「理解した」かのようにあっという間に誤答数が減少し、結局クレナとほぼ同じ期間で学習を終えてしまった。

経験を積み重ねたことによって、「より深い理解」に到る「学習セットの形成」だけでなく、このようなある種の「気づき」なども、「動物の学び」には重要であるように思われる。ここでのミツは、修正法が適用されている限りいくら間違えても、結局は百二十回分のエサを手にすることになる。もちろんそのようなことを意識しているわけではあるまいが、このような事態ではサルは刺激に反応することは学習するが、さらにそこから「最小の間違いでその日の学習を終える」、という行動には到らない。より深く学ぼうとい

う態度がなければ、いつまでも図の左半分のように学習が進行しない。実際、数カ月の訓練を行っても、まったく学習する気配のないサルもいる。

ここでは、ミツに課題と向き合わせるための方策が必要であり、それが修正法を外すことであった。このように書くと、私が洞察力にあふれた研究者のように思われるかもしれないがそうではない。これらの実験はすべてコンピュータで行っている。課題が終わると、ただちに35 km離れたところにいる私の机上のコンピュータにデータが送られてくる。データに記録されているのは、開始時間、その日に使った系列ファイル名、試行の順番、刺激の提示位置、反応した位置、各試行での反応時間、などコンピュータで記録できるものはすべて記録するようにプログラムしてある。しかし、サルがどのような態度で実験しているかまではわからない。実験は、私が普段いる名古屋大学とは別の京都大学霊長類研究所で行っている。実験は、大学で動物のことを学び、長年サルの実験を実施して来た加藤朱美さんと、保育士であった石田恵子さんが行っている。実験が終わると、それぞれの個体の実験の様子をメールで知らせてくれる。「今日はやる気がありませんでした」や「間違えても

めげずにやっていました」などである。

サルがうまく学習できないのは、さまざまな要因による。実験者がその個体には難し過ぎる課題を与えていることもあれば、サボる余地のある条件になっていることもある。通常は学習しない原因を動物の側に求める。学習心理学を専攻する院生ならば、「動因や誘因の効果がありません」といって、その日からサルの夕食を減らし、エサに対する動機づけを高めさせようとするかもしれない。しかし原因は、実は発情期特有の集中力のなさであったり、居室で隣のサルと喧嘩したという、その他の要因であることも少なくない。このようなことは、子どもの学びや、私たち成人の学びでも生じることである。喧嘩をして悔しい気持ちのまま家に帰っても、落ち着いて「学ぶ」ことはできないだろう。

対象が動物の場合には、それを見守るまなざしがなければ、このような学ぶものの状態の細やかな変化は、まったくわからない。どれだけ詳細にデータを記録しても、実験データには動物の学びに関する情報は一切記録されていない。別の言い方をすると、そのような見守るまなざしこそが、動物の学びをうながすことができるのかもしれない。

保育園に子どもを迎えにいくと、保育士がその日の子ども様子を教えてくれる。そのことは、親を安心させ、子どもの抱える小さな問題を養育者に気づかせやすくする。

天才と呼ばれるチンパンジー・アイでさえ、その状態にみあった指導法が必要である。かつてアイにあることを教えているときに、何回か連続して正解すれば問題のレベルが自動的に一つ難しくなり、逆に何回か連続して間違えば易しくなるというようにコンピュータでプログラムして実験を行った。そうすると、あるときからアイはその実験をやらなくなってしまった。問題の難しくなるペースが早かったのである。賢いのでこれくらいできる、と実験者である私は思い込んでしまった。そのときは、彼女がそんな急なペースでやりたくないことに気づいてやれなかったのである。

動物たちはうまく乗せないとやる気を出さない。やる気がなければ「学び」にはつながらない。サルやチンパンジーの実験では、正解すれば小さなリンゴやイモ片がもらえるが、彼らはエサがなくても実験をする。5 mm 四方の小さなリンゴ片のためだけに実験をやっているわけではない。チンパンジーの実験では、実験が終われば拍手をしてやり、たまには身体をさすったりいろいろと褒めることがある（松沢 1995）。彼

らは子どもと同じように喜ぶが、このようにうまく乗せることで、ヒトが驚くような「学び」の成果をみせてくれる（Kawai & Matsuzawa 2000）。

[キーワード]
18) **弁別学習**：複数の刺激（通常、二つ）のうち、あらかじめ決められた一つの刺激を選択すれば強化される（エサが与えられる）という状況で、その刺激を高率で選択できるようになる学習。強化を伴う刺激を正刺激（S+）、伴わない刺激を負刺激（S−）という。

## 5.4 年齢と「学び」

「六十の手習い」ということばがある。比較的高齢になってから、新たなことを学び始めることを指す。ヒトの場合、何歳になってからでも新たな学びをはじめることができる。それでも母語の獲得や外国語の習得のように、ある程度の年齢までにはじめないと、まったく獲得できないことや、習得にかなりの困難をともなうものがある（→ 4.2.2）。

動物に条件づけを行う場合、それが何歳であっても習得にはほとんど影響しない。しかし、動物が高次な学習をする際には、いわゆる**敏感期**[19]に相当するものが存在する。生後数時間以内に見た動く対象を親と認識するという、トリの**刷り込み**[20]はよく知られているが、そのような単純な学習ではない。まさにヒトと同じように、言語学習などの複雑な学習を始めるには、その年齢が重要なのである。

[キーワード]
19) **敏感期**：生物の発達の一時期において、ある刺激の作用が非常に大きな効果をもち、その経験がなければ、後に特定の行動が現れてこない期間を指す。刻印づけ、仔ガモの親鳥追従などがよく知られているが、ヒトの母語学習にも同様の期間があると考えられる。

20) **刷り込み**：生物が、非常に限られた発達のある時期において見聞きした刺激をごく短時間で記憶し、それがその後の長期間にわたって維持される学習の一種。主に鳥類にみられ、仔が親を追従する行動として知られている。刻印づけやインプリンティングとも呼ばれる。

### 5.4.1 動物の言語訓練と年齢

もっともよく知られているのは、カンジという名の**ボノボ**[21]の例である。ボノボとはチンパンジーと非常に近縁な種である。そのカンジは、数百の音声英語を理解する。複雑な構文「ボールを部屋の外へほうりだす」や、対称的な文（「Yの中にXを置く」と「XにYを置く」）も理解する。2歳の女の子と1年以上にわたって言語理解能力が比較された

が，ほぼ同等かカンジのほうが優れている点もあった。

そのような高い言語能力を示すカンジは，条件づけによってことばをおぼえたのではない。もともとカンジの養母であるマタータに図形文字を使えるように訓練していた。ところが，マタータは2年間も訓練を受けたが，ほとんどそれらを学習しなかった（6単語しか習得しなかった）。マタータの訓練はカンジが生後6カ月のときから始められていた。カンジは幼少の頃からヒトの音声言語に慣れ親しんでいたが，カンジ自身が訓練されたことはなかった。ところが2歳のときに，マタータに教えられていた単語をカンジが突然答えはじめた。それ以降，カンジが集中的に訓練を受けることになった。

カンジの言語訓練は，チンパンジーに対するこれまでの言語訓練とはいくつかの点で異なっていた。まず，ボノボという特殊な種であること。さらに，非常に自由な環境で，カンジは自発的にことばをおぼえたこと。そして，一般的に2歳半以降になって始められる訓練に比べて，非常に早期から言語に親しむ機会が与えられていたことであった。

マタータはボノボであったが，すでに成体だったので，ほとんど学習できなかった。2歳半頃から学習を始めるチンパンジーであれば，通常100語程度の手話などをおぼえられる。そこで，年齢と種の問題を調べるために2個体のチンパンジーと1個体のボノボを，カンジと同じくらい幼い頃から，かつ自由な雰囲気の環境で言語を教える試みがなされた。その結果，2歳半から訓練をはじめるチンパンジーよりも，これらのチンパンジーたちのほうがはるかに多くのことばを理解した。

ここで用意された，自由な雰囲気でかつ自発的にことばを学ぶという環境は，通常のヒトの子どもがことばを覚えるのと同じ状況である。カンジの言語理解能力に驚かない人はいない。カンジが言語をおぼえる姿には「条件づけ」ということばはまったく当てはまらない。森でヒトと好きにかかわりながらことばを覚えていく。カンジの能力は，学びに必要な可塑性が十分に保たれた年齢と，自発的に学べる環境が与えられれば，動物は音声言語でさえ「学ぶ」ということを明らかに示している。

[キーワード]

21) ボノボ：大型類人猿の一種。20世紀初頭に初めて発見され，当初はチンパンジーの亜種と考えられていたが，今では別種であることが確認されている。200万年前にチンパンジーと分岐したと考えられて

おり，非常によく似ているが，チンパンジーよりやや小型で手足が長い。直立二足歩行もチンパンジーより得意で，食物を運ぶときなど二足で数十メートル移動することもある。また，チンパンジーより性格が穏やかで，集団内の闘争は少ない。

### 5.4.2 動物の「文化化」

霊長類学者で発達心理学者でもあるトマセロ（M. Tomasello）と霊長類学者のコール（J. Call）は，類人猿やイヌは一定の年齢までにヒトと密接にかかわり高度な学習を始めなければ，それらの動物は生涯高い能力を獲得することは無いと述べている。これを「文化化」（enculturation）という。**文化化**[22]の厳密な定義は難しく，その反証はさらに困難であるが，実際に高齢になってから学習技能を習得することは困難である。

かつて，32歳のチンパンジー2個体に見本合わせを訓練したことがある。見本合わせとは，一つの刺激（たとえば○）が提示され，続いて提示された二つの刺激（○と△）のうち，どちらが最初に提示されたものと同じかを答える課題である。見本刺激は毎回変わるので，「同じ」ということを理解しなければならない。2歳のチンパンジーたちに訓練したときには，ほんの2～3カ月で同じ色の刺激を選べるようになり，続いて同じ形の刺激も選べるようになった。ところが，32歳になってはじめて学習課題をすることになった（ヒトでいえば約50歳）チンパンジーは，約1年間訓練を行ったにもかかわらず，この課題を習得しなかった。もちろん，サルの例であげた修正法やタイムアウトなどを用いたが効果は無かった。

この比較的高齢の2個体はまったく学習の経験がなかったので，さらに続けて単純な弁別課題を訓練した。しかし，それさえ十分には習得できなかった。これらのことは，言語訓練ほど高次な技能でなくとも，高齢になった動物は比較的単純な課題の学習さえ困難であることを示している。

### [キーワード]

22) **文化化**：一般的には，ある個人が，自身が属する文化で重要とされる規範や行動を獲得していく過程を指す。社会化と密接に関連した概念。ここでは，霊長類やイヌが言語理解をはじめとした高次思考を発揮するためには，一定の年齢までに人間とかかわる学習を経験する必要があるとした，霊長類学の概念を指す。

### 5.4.3 老齢ザルの「学習セット」

飼育下でのチンパンジーの寿命は40年を超えることもある。ワシン

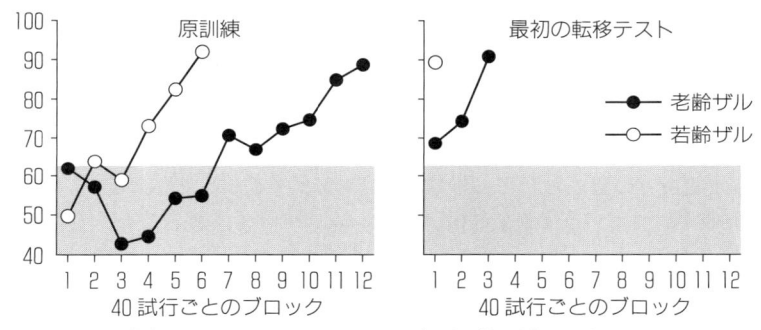

図5 老齢と若齢ザルにおける学習セット：(久保 [川合] 2004)
注：若齢ザルに比べて老齢ザルの学習セットの形成は遅い。網掛けはチャンスレベルと有意差がない範囲を示す。

トン条約で海外からの移入が厳しく制限されているチンパンジーを，高齢まで飼育し，その年齢から研究をすることは困難である。しかし，日本に生息するニホンザルは，比較的容易に高齢ザルの研究ができる。

最近の研究で，ニホンザルでも，老齢ザルは若齢ザルに比べて学習セットの形成が遅いことがわかった（久保［川合］2004）。2枚の皿のうちのどちらかの下に餌が隠されており，それを当てるという課題で，サルは最初に餌がどちらかの皿の下に隠されているところを見せられる。ある時間待たされた後にサルはどちらかを選ぶことが求められる。最初に見せられた皿とは違う皿を選べば正解であるが，これを90％以上正解できるまで訓練をする。それから別の新しい課題に進む。新しい課題に進むたびに，皿の形や模様が替えられる。若いサルは，「最初に見せられた皿とは異なるほうを選ぶ」というルールを習得するので，次の新しい課題になってもせいぜい1度間違えば次からは反対側を選び続ける。一方，老齢ザルは，新しい課題ごとに変えられる皿の形に注目して学習するので，新たな課題でルールは変わっていないにもかかわらず，ある程度の再学習が必要となる。ちょうど家電やコンピュータが新しくなったときに，若者はすぐに使えるが，高齢者は使い方が同じであるにもかかわらず，使いこなすのに時間がかかることと似ている（→Ⅲ-5.4.4）。すでに述べたように，「学習セットの形成」を動物の学びとみ

なぜば，老齢ザルの学びは若齢ザルに比べて困難であることがここでも示されるのである。

## 5.5 おわりに

「人間特有の営みとしての学び」を動物が行うという主張に違和感をおぼえるかもしれない。しかし，これまで「言語を使用するのはヒトだけである」や，「道具を使用するのはヒトだけである」といわれてきた。それがいまや，類人猿以外も複雑な道具を使用し，しかも製作まで行うことがあきらかになった。

そもそも「人間特有」とはどのようなことを指すのであろうか？実は動物を対象として認知科学の研究を行うというのは，ある動物をよく知ろうとすることでもあるが，「ヒトとはどのような存在であるのか」を問うことなのである（川合 2006）。動物の学びについて考えることは，ヒトの学びとは何であるか，をよりよく理解しようとすることにほかならないのである。

# V 部
# 関係と状況の中での「学び」

　関係と状況の中での「学び」を検討する。関係発達論，ヴィゴツキー学派，生態学それぞれの立場からの「学び」について紹介し，さらに「学び」評価や「学び」のデザインについて示す。

# 1 関係論的学び論
## ——関係発達論の立場から

・ 鯨岡　峻

　「学び」というと，すぐに何かを「教える」「学ばせる」というように，大人主導の堅苦しい枠の中で考えてしまう傾向にある。あるいは，「将来のために」「生活を豊かにするために」というように，「ために」という目標を立て学びを考える場合も同様である。だが，発達初期の子どもと養育者の「育てる―育てられる」という関係の中に生まれる学びや，幼い子ども同士のかかわり合いの中に生まれる学びを考えてみると，そのような堅苦しい枠組みはかえって不自然にみえる。というのも，乳幼児たちは周囲の人のすることに魅了され，そこに引き込まれる中で，自ら「まねぶ（真似て取り込む）」かたちでいろいろな振る舞いを身につけていくからである。その「まねぶ」姿にみられる，「自ら」「自発的に」「伸びやかに」という様相にこそ，学びの本来の姿があるのではないだろうか。

## 1.1 人は周囲の人と共に生きる中で学ぶ

　人間の生涯にわたる学びの多くは，周囲の人と共に生きる中で，周囲の人のすることを「まねぶ（真似て取り入れる）」かたちで生まれるものである（周知のように，「学ぶ」は日本語古語の「まねぶ」から派生したと言われている）。衣服の着脱，食事，排泄などの身辺自律のための学びはもちろん，ことばの学びも，友達との遊びの中での学びも，あるいは集団規範の学びも，さらには長じた後の生活の糧を得るための学びも，子産みや子育ての学びも同様である。そうした学びの中のかなりのものは，世代から世代へと伝達される（**世代間伝達**[1] [generational transmission]）。それは共に生活する上に欠かせないものだからに違いない。

　周囲の人と共に生きる中に生まれる学びは，基本的には紙に書かれたテキストを必要としない。なぜなら，その学びのテキストは周囲の人の生き様そのものだからであり，またその学びの成果は記憶を測るテスト得点に表現されるものではなく，遂行行為（実践）そのものだからである。誕生した子どもは周囲の人たちに取り囲まれ，生活を共にする。その子どもが成長の過程で学びを通

して身に付けていくものは、周囲の人たちがすでにその生き様を通して体現しているものである。子どもからみれば、周囲にいる人はみな、これから自分が向かうべき姿、いわばモデルを示しているのであり、そこでの学びはいかに周囲の人がすることを自分もするようになるかというかたちで生まれる。排泄も食事も衣服の着脱も、周囲の人がそのようにしているからそれを学びとるのである。子どもの学びの目標は共に生きる人たちの振る舞いそのものであるが、周囲の人たちの振る舞いは当該社会の文化に規定された面があるから、子どもの学びは社会文化的なものだといってもよい。ただし、大人の社会文化的な振る舞いは、残念ながら正負両面のかたちを含んでいるから、子どもの「まねび」も正負両面のかたちで現れてくるのを避けることができない。

[キーワード]
1) 世代間伝達（generational transmission）：人間の生涯発達過程は先行世代が辿った道のりを後続世代が同じように辿るかたちで進行するものであるから、基本的に世代間伝達の様相を呈する。人の命は前の世代から受け継がれ、次の世代に伝達されるものであるから、典型的な世代間伝達ないし世代間連鎖と言ってよい。また教育は当該文化を次世代に伝えるこれまた典型的な世代間伝達である。生活に欠かせない行動パタンの多くは、基本的に世代間で伝達されるものである。

## 1.2 学ぶ（まねぶ）ことの基本
### 1.2.1「育てる—育てられる」関係の中に生まれる学び

前節でみたように、発達の過程で人間が身につける行動パタンのほとんどは周囲の人のすることを「まねぶ（みて取り込む）」かたちで身につけるものである。そのように言うと一種の**観察学習**[2]（observational learning）のように響くが、実際の「まねぶ」こととしての学びは、みているだけでモデルのしていることができるようになるという意味での観察学習に還元されるものではない。まず、発達初期の学びの多くは「育てる—育てられる」という関係の中に生まれてくるものである。しかもそれは、育てる側が一方的に教え、育てられる側が一方的に教えられるという意味での一方通行的な「教え—教えられる」関係の中に生まれてくるものではない。学校教育時代の「教え—教えられる」関係における学びはともあれ、「まねぶ」を基本とする発達初期の学びの特徴は、周囲の人のすることをじっとみていると、いつのまにかそれを子ども自身がするようになるというところにある。その「じっと」と「いつ

のまにか」というところが肝心なところで、大人の側の「学ばせる」意図に主導権があるのではなく、目の前の人のすることにいつのまにか興味が惹かれてしまう子どもの側にあくまで主導権がある（→II-4.3）。それゆえ育てる側からすれば、子どもが興味をもって「じっと」みつめるようになるための、背景的条件を整えることが問われることになる。「まねぶ」こととしての学びは、大人の側が何かを「まねさせる」ことで子どもに願わしい行動パタンを形成しようとするものではないことを確認しておこう。

[キーワード]
2）観察学習（observational learning）：観察主体が何ら強化を受けることなしに、モデルの行動を観察するだけで、その行動のパタンを習得する場合の学習をいう。古典的な学習理論では、学習者にある行動パタンが定着するのは、学習者がたまたま行った行動が強化されることによってであるというように、「行為することによる学習」が議論されてきた。これに対して観察学習の考えは、この学習観を大きく拡大する意義があった。

### 1.2.2 同一化のメカニズム

　保育の場で1歳前後の子どもをみていると、いかにこの頃の子どもは周囲の子どもや保育士のすることを真似て取り入れるものであるかを強く印象づけられる。ある保育の場では、1歳前後の数人の子どもを前に、「朝の挨拶の時間」と称して保育士が一人の子どもの名前を呼び、保育士自身、「ハーイ」と声を出しながら笑顔で右手を挙げるという働きかけをしていた。子どもたちはみな、一人ひとり名前を呼んで呼ばれた子どもと目を合わせては笑顔で手を挙げる保育士の動きを、じっと食い入るようにみつめている。何日かするうちに、月齢の高い子どもの中に自分の名前を呼ばれると「アー」と声を出して笑顔と共に手を挙げる子どもが出てくる。それを周りにいる子どもたちがまたじっとみている。1週間ほどするうちに、保育士が誰かの名前を呼んで手を挙げると、自分の名前でなくても何人かの子どもは笑顔で手を挙げるようになり、そうこうしているうちに、自分の名前を呼ばれたときにだけ、「アイ」といって笑顔で手を挙げる子どもが出てくる。

　これに類する場面は保育の場には枚挙のいとまがないほど頻繁にみられる。もう少し年齢が上がると、年長の子どものする竹馬がやりたくて、うまく乗り回す年長の子どもに憧れ、長い時間、食い入るようにその様子をみつめ続けている年中の子どもの姿がある。それが即座に「ま

ねぶ」というかたちをとることはまずないが、しかし翌年、自分が年長になったときに、自分も去年の年長さんのようにするのだという思いで竹馬に取り組む姿の中に、乳児とは少し形を変えた「まねぶ」姿をみることができる。

このようにして、大人の所作や仲間の所作がみて取り込まれていくようになるのだが、そこで見逃せないのは、その取り込みは「させられて」ではなく、「自分から」あるいは「おのずから」のものであり、年齢が上がるにつれ、それを自分もしてみたい、それができるのが嬉しい、誇らしいという子どもの憧れや喜びや自尊感と深く結びつくようになるという点である。

相手のすることがモデルになって取り込まれているのはその通りだが、その取り込む手前の、相手を「じっとみる」ところが、乳児の例でも竹馬の例でも実に印象深い。眼力とでもいおうか、とにかくじっとみる目に凄まじい力がある。相手の所作に惹き付けられ、まさに魅せられている感じである。その「じっとみる」経験が繰り返される中で、先の「ハーイ」と返事をする乳児の例で言えば、いつしか保育士の所作（手を挙げる）が自分の身体の所作（手を挙げる）に成り代わる。なぜ相手の所作が自分の身体に具現するのかはいまだ謎めいているが、ワロン（H. Wallon）が**体位の受胎**[3]（imprégnation posturale）と呼んだもの、あるいはメルロ＝ポンティ（M. Merleau-Ponty）がフッサール（E. Husserl）を参照しながら**志向の越境**[4]（transgression intentionelle）と呼んだものがこれにあたるだろう。

行為の部分だけ取り出せば、それは**模倣**[5]（imitation）という概念で理解できそうであるが、子どもの様子に着目すると、「惹き付けられている」「魅せられている」というところが肝心で、それは相手への**同一化**[6]（identification）という表現の方がふさわしい。

発達初期の学びの基本は、いまみたように、自分を育ててくれる人、自分とほぼ同年齢や年長の仲間、あるいは自分より一歩先んじて生涯過程を生きつつある人たちへの同一化が基盤になっている。言い換えれば、それは自分を育ててくれる人への信頼と自分への自信を基盤にして、また互いの身体の類的同型性を暗黙の背景として、相手と自分の境界が溶け出し、相手に起こっていることがいつのまにか自分に起こるようになる事態であり（乳児の場合）、あるいは周囲の人への憧れと尊敬の感情を媒介にしたものだといえる（幼児期以降）。ここで「まねぶ」こ

ととしての学びは，教え込みや反復練習をさせることによる学習とはまったく異なることを強調しておかなければならない。

[キーワード]
3）体位の受胎（imprégnation posturale）：ワロンのこの考えは，模倣現象を考える際，それまで一度もしたことのない他人の動作や行為がなぜみるだけで自分の身体に具現できるのかを説明しようとして持ち出されたものである。知覚そのものに運動行為を再編する能力が備わっていると考えなければ，初期の模倣現象は説明がつかない。この概念はそれを比喩的に述べたものとみることができる。

4）志向の越境（transgression intentionelle）：フッサールは「デカルト的省察」の中で，他者の志向がなぜ私に把握され得るのかという古来からの他者認識の問題に関連付けて「志向の越境」を語っている。メルロ＝ポンティはこれを受け，共感，模倣，他人知覚などの諸領域においてこの「志向の越境」が生じ得ることを指摘し，自と他が時にその身体の境界をはみ出して互いに混交する場合があることを認める議論を展開している。

5）模倣（imitation）：観察主体がモデルの行動を観察した結果，その行動と類似の行動を取れるようになる場合を模倣とよぶ。これは他者の行動を観察するだけで新しい行動パタンを習得することを意味する。これまでの心理学では観察学習やモデ

リングなどの学習論の観点から模倣を議論してきたが，ここではそれとは異なる観点から「まねび」を考えようとしている。

6）同一化（identification）：フロイト（S. Freud）の精神分析理論の中で重要な位置を占める概念で，主体が他人の外観や特徴に魅せられ，それを手本に，自分をそれに近づけようと変容させることをいう。その同一化は，主体が他人に同一化する場合と，主体が他人を自分と同一化する場合の違いがある。この概念は，模倣，感情移入，共感，などの他の概念と関連している。

## 1.3「育てる―育てられる」という関係

「育てる者」である大人と「育てられる者」である子どもとの関係は，前者が育てる能動の側，後者は育てられる受動の側というような単純なものではない。というのも，今「育てる者」である大人自身，かつては「育てられる者」であった人であり，今「育てられる者」である子どもは，いずれ「育てる者」になる人だからである。「育てる」側には自分を育ててくれた前の世代の「育てる」営みが手引きとしてあると共に，自分の育てられた過去がいろいろな思い出として残っている。他方，「育てられる」側はいつまでも「育てられる側」に止まっておれず，徐々に育てる側からいろいろなこと

を学び取っていずれは「育てる者」になっていかねばならない。

この「育てる―育てられる」という錯綜した関係を一人の人間の**生涯過程**[7] (life course) に起こることとして描き出せば，次のようになるだろう：

> 人間の一生涯は，その時間経過の中でさまざまな学びを経て〈育てられる者〉の立場から〈育てる者〉の立場に移行し，〈育てる者〉として数々の学びを経るうちに，いつしか〈介護し・看取る者〉の立場に直面することになり，いずれは〈介護され・看取られる者〉の立場に移行していく過程である。しかもそれが世代から世代へと循環していくのである。

大人と子どもは，「育てる―育てられる」という関係で結ばれながら，後者が前者より１世代遅れて上記に示された生涯過程を同時進行させていく。それを子どもの側に引き寄せれば，子どもは大人によって育てられて育つと言うことができる。またそれを大人の側に引き寄せれば，大人は子どもを育てることを通して「育てる者」として育つと言うことができる。これを一言でまとめたものが**関係発達**[8] (relationship development) ということばである。要するに，子どもは前の世代が辿った道程を同じように辿って進むということである。それゆえ，その過程に含まれる学びの多くは，必然的に世代から世代へと循環するものとなる。

### ［キーワード］

**7) 生涯過程（life course）**：誕生から死に至るまでの人間の生涯過程を視野に入れた発達理論としては，心理的危機によって八つの時期を区分するエリクソン（E. H. Erikson）のライフ・サイクル説が有名である。近年の多くの生涯発達理論はライフ・イベント（入学，入社，結婚，出産など）を繋ぎ合わせることによって生涯過程を覆おうとしている。いずれの場合も「子どもから大人へ」という古い発達イメージを塗り替える意義を有する。

**8) 関係発達（relationship development）**：鯨岡（1999）の提唱する関係発達論は，先行世代と後続世代が「育てる―育てられる」という関係で結ばれながら同じ時間軸を同時進行することを強調する一方，人間の生涯過程を「〈育てられる者〉から〈育てる者〉へ，〈介護し・看取る者〉から〈介護され・看取られる者〉へ」と定式化し，それが世代間で循環していくことを指摘して，従来の発達観を改変しようとしている。

## 1.4 子どもという存在の両義性[9] (ambiguity):「ある」と「なる」

子どもという概念は改めて問う必要のない自明な概念にみえるが、少し反省してみると、「子どもは子どもであって未来の大人である」という二重の定式化によってしか定義できない両義的な概念であることがわかる(大人の概念についても同様である)。

まず、子どもはいまだ独り立ちのできない未熟な存在であり、保護的に扱われることを必要としている。これは子どものあるがままの姿をそのまま受け止め尊重される必要があるという意味であり、**子どもの権利条約**[10] (Convention on the Rights of the Child) などで謳われている精神がこれにあたる。つまり、子どもは「今このようにある」という**「ある」の相**[11] (phase of being) を大人に受け止めてもらえなければ、元気にまた幸せに生きていくことができない。たとえその「あるがまま」が大人にとって好ましいものでなく、負の様相を呈している場合においてさえそうなのである。そのように受け止めてもらうことによって、子どもは自分が自分らしくあることに自信を抱くことができる。

しかし他方で、子どもは「いま、ここ」に踏みとどまることができず、不断に「いま、ここ」を踏み越えていく存在でもある。つまり、周囲を取り込んで新しい「そこ」へとたゆまず踏み出していく存在でもある。そして、そのようにして子どもはいずれ大人になり、育てる者になるのである。それはまた、自分が子どもの立場で今大人にしてもらっていることを、将来次の世代の子どもにしてやる立場にいずれなることを意味する。ここに子どもは、未来に向かう**「なる」の相**[12] (phase of becoming) においても大人に理解されなければならない理由がある。学びが生まれるのはまさにこの「なる」の相においてである。

「ある」の相は現状肯定的な意味合いを持つのに対して、「なる」の相は現状止揚的な意味合いをもつ。そして「ある」の相に正負両面の現れ方があったように、「なる」の相にも正負両面の現れ方がある。実際、思春期以降において周囲の人のすることを「まねぶ」かたちのなかには、大人社会への反発もあってか、規範からはずれた先輩や同輩の振る舞いに惹かれ、それを取り込むかたちで「なる」を実現する動きも出てくることをみておかねばならない。

## [キーワード]

9) 両義性 (ambiguity):ここでは

互いに相容れるのが難しい二面，あちら立てればこちら立たずの二面という意味である。ここでこの概念は，Merlau-Ponty (1945) が，握る手が握られる，抱く身体が抱かれるというように，身体が能動であって同時に受動であるという身体の両義性に着目したことにヒントを得ている。鯨岡 (1999) の関係発達論ではこの概念が中心的な役割を果たしている。

10) 子どもの権利条約 (Convention on the Rights of the Child)：わが国における正式名称は「児童の権利に関する条約」である。これは1989年に国連で採択され，翌年に発効した児童の権利に関する総合的条約で，児童の生存・保護・発達を保障し，児童の最善の利益を守り，親の養育責任を明らかにして，児童が権利主体であること謳ったものである。

11)「ある」の相（phase of being)：従来，保育の世界で「子どものあるがまま」と言われてきた内容にほぼ合致する。この「ある」の相は，命あって生まれてきたいたいけな存在の「いま，ここ」のありようを喜び，慈しむ大人の心や態度と常に対にして考えられるべきものである。この「ある」をその正負の様相にかかわらず周囲の大人に受け止めてもらうことで，子どもは安心感を抱き，自分らしく振舞うことができる。

12)「なる」の相（phase of becoming)：「いま，ここ」の「ある」が「これからのそこ」に変化する生成の様相を指す。人間は時間軸に沿って，時々刻々変容する存在であり，学びはその変容を具現するものである。「ある」を基盤ないし土台ととらえ，「なる」をその上に組み立てられる建造物ととらえるとわかりやすいかもしれない。今の養育，保育，教育の問題は，土台が揺らいだまま建造物だけ早く建てようとしているようにみえるところにある。

## 1.5 大人による養護的対応 (treatment of caring) の必要

子どもの「ある」の相がどのような成り行きになるかは，大人の対応いかんに懸かっている。子どもは今の「ある」を，その正負の現れいかんにかかわらず，周囲の大人によって受け止め・認め・支えてもらうことができれば，今のあるがままの自分が肯定されたと感じ，自分がそのまま自分らしくあることに自信をもてるようになる。この経験が自分の内面に跳ね返ってきたときには自己肯定感に転化し，相手の大人側に跳ね返ったときには大人への信頼感となる。この自信（自己肯定感と相手を信頼できる気持ち）は，子どもが一個の主体として自己形成していくための基盤となるものであると同時に，子どもが「なる」に自ら向かうバネになるものでもある。逆説的に響くが，現実を肯定してもらうことが現実の止揚に向かう力となるのである。

このときの大人の受け止め・認め・支える対応は，子どもの存在を喜び，大事に思うところに端を発している。子どもを前にしたときの大人のそのような思いとその対応は，育てる営みに含まれる**養護的対応**[13] (treatment of caring) と呼ぶことができる。独り立ちする前の子どもは，たとえ小学生や中学生になっても，この意味での養護的対応が必要である。万一，この養護的対応が十分でなければ，当然ながら，子どもは自信や自己肯定感，ひいては信頼感を抱けず，意欲的に「なる」に向かえなくなってしまうことは言うまでもない。近年，大人の育てる営みの中のこの養護的対応の面が弱体化し，その結果，子どもに自己肯定感と信頼感が乏しくなっていることが，子どもの学びへの意欲の減退，あるいは負の学び（非行や反社会的行動）と深く繋がっていることをはっきり認識してかからなければならない。

[キーワード]
13) **養護的対応**（treatment of caring）：従来，保育の世界では「養護」という用語を3歳未満児の身辺ケアの意味で用いていたようである。しかし，それでは目にみえる身辺の面は覆うことができても，心の面を覆うことができない。そして心の面に目を向ければ，3歳未満に限らず，それは子どもが独り立ちするまで必要なものだということがわかるはずである。いま大人の必要な対応の中で最も弱くなっているのがこの対応である。

## 1.6 大人による教育的対応 (treatment of educating) の必要

他方で，「なる」の相の成り行き，つまり「学び」の成り行きも，大人の対応に大きく左右される。概して言えば，大人は子どもが自ら「なる」に向かうことができるように，誘い，導き，教え，伝える対応を振り向ける。乳児期には，子どもの喜びそうな玩具を用意して遊びに誘い，遊びが拡がるように導き，願わしくない振る舞いには，嫌だと伝えることなどがそれである（→Ⅱ-2.3）。保育時代になれば，子どもが興味を拡げられるようにさまざまな環境を構成して活動に誘い，時には興味が拡がるように手ほどきし，時には仲間同士のぶつかり合いの間に入り，皆が嫌がることは止めるように伝えることなどがそれである。さらに学校時代になれば，さまざまな教具・教材を活用しながら物事の不思議さや不思議さを解くことの楽しみや喜びを伝え，また人としてしてはならないことを伝えるなどのことがそれである。さらに子どもが成長して，大人の職業としての技術を教

え・伝える必要がある年齢に達したときには、大人のするところを実際にみせて、その技の素晴らしさに子どもの関心を惹きつけたり、あるいは社会に生きる人として不正に手を染めてはならないことを伝えたりするなどがそこに含まれるだろう。要するに、子どもが「なる」に向かう正負のかたちを睨みながら、大人はさまざまな対応を迫られるということである。

こうした誘い・導き・教え・伝える大人の対応は、育てる営みに含まれる広い意味での**教育的対応**[14] (treatment of educating) と呼ぶことができる。これがどのような質のものであるかも、子どもがどのような学びを身につけて「なる」へと向かうかを大きく左右する。ここにいう大人の教育的対応とは、次節でみるように、決して大人の側の一方的な「させる」働きかけではないことを銘記しておかなければならない。あくまでも子ども自身が興味・関心を拡げることに重点を置いた誘い、導き、教え、伝える対応であることを忘れてはならない。

教育的対応に比重が懸かりすぎると、「ある」を受け止めることを忘れ、大人の望む「なる」に子どもを向かわせようと、力を背景に強く「教え込む」対応に傾きやすくなる。本来は子どもの正のかたちの「なる」を期待してなされたはずのこの教育的対応が、しばしば裏目に出て、子どもの反発を買い、子どもの内側から生まれる「なる」の芽を殺いでしまったり、負の「なる」を導いてしまったりすることを思えば、この教育的対応の難しさを思わずにはいられない。そしてそれは、養護的対応との適正なバランスを欠くから生じるものであることもわかるはずである。

[キーワード]
14) **教育的対応** (treatment of educating)：教育というと、何かを教える、何かをさせるというように、大人主導の対応になりがちだが、「学ぶ主体は子どもである」という観点から教育を組み立て直すことが急務である。ドリル的な反復練習は重要な意味を持つが、闇雲にさせるのではなく、子ども自身にそれが必要だという理解や、学ぶことの喜びが生まれるように事を運ぶのが本来の教育である。ここではそのような観点からこの用語を用いている。

## 1.7「ある」から「なる」へ

子どもの「育てられて育つ」過程において、「ある」から「なる」への変化がみられるところは、まさに学びが語られる局面である。ところで、今日の養育者や保育者や教師の多くは、子どもの今の「ある」を受

け止め・認めることの重要性をいつしか見失い,「なる」を急がせることが子どものためであるという考えに傾きがちであるようにみえる。学力低下を嘆く巷の議論も大同小異である。そして,「なる」を急がせるためには,より多くの促す働きかけ,与える働きかけ,させる働きかけが必要だと考える傾向にある。その背景には,個体能力発達の階段を早く高く登ることが将来の幸せになるという思い込みがある。そしてその思い込みの背景には,子どもの能力面の育ちを年齢毎に平均化して得られた**発達基準表**[15](developmental norm)が「育てる」営みの「標準」と考えられるようになったことがある。

そこから翻って考えれば,そのような思い込みや誤解が,養護的対応と教育的対応の適正なバランスからなる本来の育てる営みを大きく歪め,その結果,子どもの本来の学びを歪め,ひいては子どもの主体としての育ちを歪めることになったと言わなければならない。

この残念な動向を是正するためには,次の点の理解が鍵を握る。つまり,「ある」をしっかり受け止め・認めてもらうことが,子どもが「ある」を自ら乗り越えて「なる」へと向かうための条件,言い換えれば,子どもの内部に「なる」へと自ら向かう芽がおのずから芽吹いてくるための条件なのだという理解である。

実際,今の「ある」をしっかり周囲の大人に受け止めてもらった子どもは,自分の存在が認められた喜びや自分への自信を背景に,自らの力を行使してその力を確かめ(これができる,あれができる),それを梃子に自分の世界を広げようとし(こうしてみたい,こうしてみよう),さらに受け止めてくれた大人への肯定的な同一化(憧れ)を背景に,大人の姿を自ら取り込もうとする(あのようになりたい,あのようにしてみたい)。それが結果的に,いまの「ある」を踏み越えて,自ら「なる」へと向かうことを準備する。逆説的に響くが,子どもは今の「ある」を受け止めてもらうことで,自ら今の「ある」を突き崩し,「なる」へと自ら向かう。これが真の発達のメカニズムなのである。

その際,大人の役割は「なる」へと強引に引き上げようとする働きかけにあるのではない。むしろ子どもの「ある」を受け止め・認めるところ,あるいは子どもの前に未来の「なる」姿として現前するところ,さらには,子どもの内部に芽吹きかけた芽が伸びていけるように,環境を整え,誘い,導くところにある。視点を変えれば,冒頭にみたように,目の前の大人のようになりたい

という子どもの同一化の気持ちが「なる」への原動力なのである。**早期教育論**[16] (a theory of early education) は大人自身が子どもの前に「なる」姿として現前していることを忘却したまま，ひたすら「なる」へと急がせようとする徹底した結果主義，成果主義に立つものだと言わなければならない。

ただし，「なる」に向かう学びは，常に望ましいものとは限らない。人を魅せるものは好ましいものばかりとは限らないからである。正負両方に向かう可能性のある学びが悪しき方向に向かうかどうかは，学ぶ主体の自分らしくあることへの自信の有無と自己の尊厳を守ろうというプライドの有無にかかっている。

## [キーワード]
15) **発達基準表** (developmental norm)：ゲゼル (A. L. Gessell) は1950年に「発達診断表」を発表した。これは多数の子どもの年齢ごとの平均的な達成行動を平均化したもので，これが後に発達基準表として多くの発達検査に簡略化して用いられ，市販の育児書にまで取り上げられて，世の親たちの「発達が早いか遅いか」の観点から子どもをみる見方を助長する結果を招いた。

16) **早期教育論** (a theory of early education)：乳幼児期に，従来考えられているよりも早い時期から文字や数字や漢字など知的な教育を与えて，その学習や発達を促進することができるという考えがこれである。確かに，早期に教育・訓練を開始すれば，しない場合よりも高い達成が得られる場合が多い。しかし問題は，達成の成果にばかり目を奪われて，子どもが学ぶ主体として育っているかという視点が見失われている点にある。

## 1.8 子どもにとって「なる」の目標は周囲の大人や仲間である

幼児期の子どものごっこ遊び[17] (pretend play) をみてみると，子どもがいかに周囲の大人や仲間に同一化してその姿を自らに取り込もうとしているかがよくわかる。ままごと遊びでお母さん役の子どもが口にすることばは，言い方から声色まで自分のお母さんそっくりであり，アニメのヒーローになりきる子どもは，表情からそのしぐさまで，すっかりヒーローそのものである。あるいは，けんかの際に子どもが相手にぶつける汚いことばは，家庭の中で大人同士がぶつけあっていることばや映像の中のことばをそのまま取り込んだものがほとんどである。あるいは，アイドルやスターに憧れて，そのパフォーマンスに夢中になる若者の姿も同様である。

それらは周囲の大人に促されたのではなく，あくまで子どもが自分ひとりで周囲から取り込んだ姿であ

## 1 関係論的学び論

る。未来の大人である子どもは，いずれ大人に「なる」。子どもの目の前に立つ大人は，かつては子どもであった人であり，一歩先んじて大人になった人にすぎない。その大人が良くも悪くも目標になり，その大人のすることを取り込んで，子どもは大人の後を追いかけて成長していくのである。

そうしてみると，一歩先んじて大人になった「育てる者」が，いかに子どもの前に立つか，言い換えれば，大人が子どもにどのような大人文化を提示するかが，結局は子どもがどのような大人に「なる」かを決めるとみなければならない。

ここに，関係論的な学び論のもっとも難しい局面がある。大人の生きる姿の中には，「共に生きる」という人の道の基本を忘れて，ひたすら他人を犠牲にしたり他人の迷惑を省みなかったりする自分勝手や利己主義の動きが残念ながら含まれ，それ自体もまた，ある意味で，周囲の人の振る舞いを真似て取り込んだ姿であり得るからである。

実際，思春期以降の子どもたちは，大人自身が正負両面ある生き方を示しているにもかかわらず，正義のみを教示する大人の姿に対しては，強い憤りを覚え，欺瞞的と受け止める。そしてそのような大人社会への反発から，暴力や薬物など反社会的な行為に走る若者にかえって憧れ，その振る舞いを取り込もうとする者が現れてくる。身近な仲間にそのような若者がいれば，それに魅せられる若者が出てくるのは避けられない。このような状況下において，「育てる―育てられる」という関係の中での学びはいったいどこに向かうのだろうか。

強く規範を強調すれば，かえって若者の反発を強め，だからといって見過ごすこともできない。このジレンマを乗り越える一つの道は，「育てる者」の立場に移行した大人自身が「共に生きる」姿勢をもう一度見直すことであるが，現行の文化状況に鑑みれば，これまた容易に見直せるわけのものでもなさそうである。悪への魅力に取りつかれそうになったときに，そこに引き込まれるのを自ら防ぐもっとも強い力は，社会的規範の力であるよりは，自分が自分らしくあることへの自信と自分らしさを壊さない自分へのプライドではないだろうか。

実際，自己の自信と尊厳が何かの理由で壊れかけたときこそ，悪事や不良行為への誘惑に惹かれ，そこに陥落するときである。そこから翻って考えれば，幼少の頃から，周囲の大人の丁寧な養護的な対応を基礎に，やはり自分への自信と周囲への信頼を培い，尊厳ある生き方をして

いる大人を周囲にみて，そこに学びを見いだすことが，負の学びに引き込まれない最良の道だと言えるだろう。

## [キーワード]

17) ごっこ遊び (pretend play)：生活の中で経験したことが記憶に蓄積され，それが表象として喚起されたときに，それに導かれて「〜になったつもり」の遊びが生まれてくることをいう。お母さんごっこ，お店屋さんごっごなどはその代表的なものである。そこには葉っぱをお皿に見立てるなど，さまざまな見立てがごっこ遊びの構成要素として入り込んでくる。これもある事物が他の何かの表象を喚起するようになるから可能になるものである。

# 2 文化・歴史学派（ヴィゴツキー学派）の理論とその展開

・高木光太郎

　1920年代半ばから30年代半ばにかけてソビエトで活躍した心理学者ヴィゴツキー（L. S. Vygotsky）とその同僚達によって展開された「文化・歴史学派」は，人間の精神発達を文化や歴史との不可分な関係のなかで生じる現象としてとらえる基本的な理論的枠組み（文化・歴史理論）を提唱し，その後の諸研究に極めて大きな影響を与え続けている。本章では，この学派が提唱した理論の概要をいくつかのキーワードを用いて整理した上で，その強い影響下で展開されているコール（M. Cole），ワーチ（J. V. Wertsch），ロゴフ（B. Rogoff），エンゲストローム（Y. Engeström）らによる現代の諸アプローチの特徴について検討する。

## 2.1 文化・歴史学派の形成

　ヴィゴツキーがモスクワ大学付属・実験心理学研究所でルリア（A. R. Luria），レオンチェフ（A. N. Leontiev）と共同研究を開始したのは1924年のことであった。当時のソビエト心理学はいわゆる「機械論の時期」（ペイン 1990）の渦中にあった。人間の意識を「霊魂」のような「非実体的」あるいは「観念論的」なものとしてではなく，「高度に組織化された物質，すなわち脳の機能であるという事実の認識」（ペイン 1990）に基づいて「唯物論的に」理解することのできる心理学が模索されていたのである。しかし，実際のところ，それらの試みは未熟なもので，意識現象を反射など生理的な過程と同一視する説明など，さまざまな混乱が生じていた。

　こうした学問的状況のなかでヴィゴツキーたちは，唯物論の立場にたちつつも機械論に陥らず，意識など人間の心理過程に固有の現象を適切に位置づけることのできる心理学の探求を進めていった。それは人間の意識現象を「歴史的かつ社会的な進化の過程で形成」された「文化的な実在」としてとらえる心理学理論であった（ペイン 1990）。すなわち脳を持った人間同士が複雑な相互作用を展開することによって創発した新しい質を持った社会的（あるいは文化的）現象として意識を理解する試

みである。ヴィゴツキーはこのような発想に基づく自分たちの理論的立場を「**文化・歴史学派**[1)]」と名づけた（レオンチェフ 2003）。

[キーワード]
1）**文化・歴史学派**：1920年代後半にソビエトで心理学者ヴィゴツキーがルリア，レオンチェフと共に形成した学派。人間の精神発達を文化や歴史との不可分な関係のなかで生じる現象としてとらえる基本的な理論的枠組みを提唱した。

## 2.2 文化・歴史理論の概要

文化・歴史学派が構想した理論とは具体的にどのようなものであったのだろうか。以下では，いくつかのキーワードを使ってその基本的な考え方を整理してみたい。

### 2.2.1 歴史的発達の所産としての高次精神機能

文化・歴史学派では人間の心理過程が人類の歴史的発達と密接に結びついて発生すると考える。このことをヴィゴツキーとルリアは次のように述べている。

　現代の文化的な人間の行動は生物的進化の所産だけでも，児童期の発達の結果だけでもなく，歴史的発達の所産でもある。人類の歴史的発達の過程において変化し，発達したのは，人々の外的関係だけでも，人類と自然との関係だけでもなく，人間自身が変化し，発達し，彼の固有の本性が変化したのである。（ヴィゴツキー・ルリヤ 1987, 59）

この記述を少し詳しく検討してみよう。まず「文化的な人間の行動」である。1928年に発表された文化・歴史学派の最初の論文「子どもの文化的発達の問題」（Vygotsky 1928）でヴィゴツキーは「文化的発達とは，あれこれの心理的操作を実行する手段として記号を利用することに基づく行動方法の習得であると仮定する十分な根拠がある」と述べている。したがって，上の引用文における「文化的な人間の行動」とは，「心理的操作を実行する手段として記号を利用することに基づく行動方法」であると考えることができる。

「文化的な人間の行動」は単に対象や他者とのかかわりが効果的なものになった「有用な行動」ではない。人間は記号を用いることで，自分の心理過程を操作することが可能になる。このことによって人間は自然環境によって決定される受動的な存在ではなく，自らの意図に従って行動する自覚的で随意的な主体になることができる。記号を使用するこ

とによってまさに「人間自身が変化し，発達し，彼固有の本性が変化」するのである。このように記号と結び合うことで意図的に操作できるようになった心理過程をヴィゴツキーらは「**高次精神機能**[2]」と呼び，その構造と発生過程を解明することが，文化・歴史学派における心理学の課題であると考えた。

[キーワード]
2）**高次精神機能**：文化・歴史学派の概念。記号の使用によって意図的な操作が可能になった心理過程（たとえばメモを使用することで必要なときに情報を検索できるようになった記憶など）を指す。

## 2.2.2 複数の発生領域とその関係への注目

では人間の文化的発達，つまり高次精神機能の発生を理解するためには，人類の歴史的発展のみに注目すればよいのだろうか。そうではないことをヴィゴツキーは強調する。

通常な子どもの文明への参入は，普通かれの有機体の成熟過程と一体化している。発達の両面──自然的発達と文化的発達──は，互いに一致し融合している。二つの変化は，互いに滲透し，本質的に子どもの人格の社会─生物学的形成という統一的全体を形成してい

る。（ヴィゴツキー 2005, 43）

ヴィゴツキーのいう自然的発達と文化的発達の融合を「盆栽」を例にして考えてみよう。盆栽はそれ自体の原理に従って「成長し変化し成熟しつつある」植物を文化的に価値づけられた「美しい」形態へと加工する作業によって生み出される。生きて成長する植物が存在しない，あるいはその生物的な特性や性質を無視したところに盆栽は存在しない。しかし同時に文化的に価値づけられた形態への加工が施されないまま植物が自発的に盆栽へと発達することもあり得ない。盆栽はこの意味で植物の自然と人間的な文化が「滲透」したところに存在している。ヴィゴツキーは子どもの高次精神機能の個体発生がこれと同様の生物的成熟と文化的加工の融合によって生じると考えていたのである。

## 2.2.3 高次精神機能の記号による媒介

盆栽の場合，自然的発達と文化的発達の融合は植物に人間が外側から働きかけることによって可能になる。高次精神機能の発生の場合はどうだろうか。ここで決定的な役割を果たすのが記号，特に言語的記号による**媒介**[3]である。人間は自分自身の心理過程に記号を関係させること

で文化的,歴史的に構築された行為と意味の世界に参入すると同時に,自覚的,随意的な行為の主体となることができると文化・歴史学派は考えていた。なぜ記号を用いることでこのようなことが可能になるのだろうか。

> ことばの最初の機能は,コミュニケーションの機能である。ことばは,何よりも,社会的交流の手段であり,発話と理解の手段である。ことばのこの機能も,要素に分解する分析においては,ふつうことばの知的機能から切り離されてしまい,二つの機能は平行的に,相互に無関係に,ことばの属性とされた。ことばは,いわばコミュニケーションの機能と思考の機能とを兼任しているのである。
> (ヴィゴツキー 2001, 21)

「ことば」(この語に対応する原著のロシア語は"речь"だが,これは「発話」「言語行為」など「語る行為」と結びついた意味をもつ)の第一の機能は他者とのコミュニケーションを媒介することである。言語的記号を用いて他者と相互に行為を調整し社会的関係を生み出し維持していくことは,すなわち,文化への参入であり,またその維持,伝承と結びついた歴史的な過程でもある。言語的記号を用いた発話行為はこのように人間同士の相互的な関係を媒介することで,それを文化的,歴史的に構造化する機能をもつ。だが言語的記号の機能はこれに止まらない。言語的記号は同時にわれわれの世界についての理解を枠づけ構造化する「思考」の機能も担っている(→IV-4.1)。人間は他の動物と同様に環境を種に固有の仕方で区別する(たとえば「歩ける場所」と「歩けない場所」を区別する)能力を持っている(→II-1.1.2)。しかし人間はこのような生物的な区別だけではなく,環境を文化的に区別すること(たとえば交通ルールに従って「青信号」と「赤信号」を区別すること)も同時に行うことができる。これを可能にするのもやはり言語的記号である。

このように言語的記号はコミュニケーションを媒介すると同時に思考を媒介するという特性をもつ。文化・歴史学派は,言語的記号の他者と自己に同時に作用する多重機能的な特性が,人間を他者との文化的,歴史的な相互関係へと導きつつ,環境への生物的な反応を越えて,自分自身の心理過程を文化的,歴史的な枠組みに基づいて能動的に方向づけることを可能にすると考えたのである。

## 2 文化・歴史学派(ヴィゴツキー学派)の理論とその展開　407

[キーワード]
3）**媒介**：古典的な文化・歴史学派の理論においては，心理過程に関与し高次精神機能を可能にする言語などの記号を指す場合が多い。近年はコールの人工物概念に代表されるように，記号のような観念的（概念的）存在だけではなく，人間の文化的・社会的行為と不可分に結びついて，その達成を可能にしている道具などの具体的事物も含めて媒介と呼ぶことが多い。

### 2.2.4 文化的発達の一般的発生的法則

では子どもは自身の心理過程を媒介し高次精神機能を可能にする言語的記号の使用法をどのように習得するのだろうか。

> 子どもの文化的発達におけるすべての機能は，二度，二つの局面に登場する。最初は，社会的局面であり，後に心理学的局面に，すなわち，最初は，精神間カテゴリーとして人々の間に，後に精神内的カテゴリーとして子どもの内部に登場する。このことは，随意的注意にも，論理的記憶にも，概念形成にも，意志の発達にも，同じように当てはまる。（ヴィゴツキー 2005, 182）

次のようなケースについて考えてみよう。幼い子どもが家のなかでおもちゃを探している。この子どもは自力でおもちゃを見つけることができずに，親に泣きついてきた。親は子どもの代わりにおもちゃを見つけてやることはせず，また，子どもを突き放すこともしないで，次のように語りかけた。「最後にどこで遊んでいたの。」子どもは「お庭」と答えた後，庭へ行き，そこでおもちゃを発見した。

ここで子どもはおもちゃを探索するために必要な情報を記憶していながら，それをうまく探索に利用できていない。そこで親は「最後にどこで遊んでいたの」という発話によって子どもの記憶に働きかけ，子どもの探索行為を外部から媒介し方向づけることを試みている。すなわち子どもの記憶と大人の媒介的な働きかけが一つのユニットとなり共同作業として「意図的な探索」という高次精神機能が実現されたのである。これがヴィゴツキーのいう「**精神間カテゴリー**[4]」としての高次精神機能である。

このように精神間カテゴリーとしての探索に参加した子どもは，やがて，これを一人で実現するようになる。親が自分に語りかけたのと同じように，自分で自分に語りかけ，自身の心理過程を方向づけるようになるのである。これがヴィゴツキーのいう「**精神内カテゴリー**[5]」であ

る。ヴィゴツキーは、あらゆる高次精神機能が、「精神間から精神内へ」という「内面化（internalization）」のプロセスをたどると主張し、これをジャネ（P. Janet）の用語を借用して**「文化的発達の一般的発生的法則[6]（general genetic law of cultural development）」**と名づけた。

[キーワード]
4）**精神間カテゴリー**：文化・歴史学派の概念。心理過程に対する記号の使用が複数の人々の分業によって共同的に遂行され、高次精神機能が実現している状態（たとえば記憶をうまく検索できない子どもに、親が様々なヒントを与え、共同的に想起を実現している状態など）を指す。
5）**精神内カテゴリー**：文化・歴史学派の概念。主体が単独で自分自身の心理過程に記号を関係させ高次精神機能を達成している状態を指す。
6）**文化的発達の一般的発生的法則**（general genetic law of cultural development）：文化・歴史学派の概念。あらゆる高次精神機能がまず精神間カテゴリーとして実現され、その後、精神内カテゴリーへと転化するという法則を指す。用語はジャネからの借用である。

## 2.2.5 科学的概念と生活的概念

「文化的発達の一般的発生的法則」に従って発生するさまざまな高次精神機能のうちヴィゴツキーが特に注目し、深く研究したのが学齢期における「科学的概念」の発達であった。これはヴィゴツキーが科学的概念によって自身の思考を自覚的、随意的に操作できるようになることが、子どもの知的発達全体において最も重要なモメントの一つであると考えていたためであると思われる（ヴィゴツキー 2001）。

（1）科学的概念の特徴

科学的概念は直接経験を通して得られた印象に基づいて対象を把握する生活的概念とは異なり、なんらかの構造や原理との関係で対象を把握するものである（ヴィゴツキー 2001）。たとえばある色の見えを「赤」と名づけるのは生活的概念であるが、それを可視光線の波長という理論に基づいて「波長が 620 から 750 nm の光」ととらえれば科学的概念となる。

ヴィゴツキーによれば科学的概念の重要な特徴の一つは体系性である。この特性によって概念に対する自覚と、その随意的な操作、つまり高次精神機能としての思考が可能になる。

　われわれは、概念の自覚は、諸概念のあいだの一般性の一定の関係に基礎をおく概念体系の形成を通じて生ずること、そして概念の自

覚はそれらの随意性をもたらすことを見出した。（ヴィゴツキー 2001, 271)

たとえば「赤」を620から750nmの波長を持った光ととらえているとき、われわれはそのことだけを考慮しているのではなく、可視光線の波長の上限が750nmであること、620nmよりも波長が短くなれば次に「橙色」に見えること、といった理論の概念体系全体との関係のなかでそれをとらえている。科学的概念を使用する場合には、このようにある概念と他の概念との体系的な関係を意識することが必然的に求められる。つまり科学的概念は概念の自覚を要求するのである。そしてこのように自分が用いている概念の体系を自覚することは、その体系に基づいたさまざまな思考の操作、つまり自分で自分の思考を操作し、方向づける思考の随意性をもたらすことになる。

(2) 科学的概念の発達

では科学的概念の発達はどのように展開するのであろうか。ここでヴィゴツキーは科学的概念と生活的概念との密接な結びつきを強調する。

生活的概念は、子どもが日常生活のなかで大人に支えられつつ実際にさまざまな事物と関係することによって発達していく。つまり具体的なものから出発して、やがてそれを自覚し操作できるような状態に至る。たとえば「いとこ」という概念は、はじめ子どもには自分の実際のいとこの姿や、それとの関係を反映するかたちで理解される。子どもがいとこを「親の甥（姪）」あるいは「叔父または叔母の息子（娘）」という抽象的な枠組みで把握し、それに基づいてさまざまな人々の親族関係を理解するようになるのは、その後である。

これに対して科学的概念は、具体的な事物と結びつかない言語による抽象的な定義から出発して、後になって具体的な事物と結びつくことで充実する。たとえば学齢期の子どもに地球の形を質問すればその多くが「丸い」と答えるだろう。しかし、自分が生活している一見「平らな」世界の経験と、「地球は球体である」という知識をうまく整合させて理解している子どもは多くない。科学的概念の発達はこのように内容を伴わない言語的記号の表面上の理解から始まり、徐々に具体的な世界と結びついていくのである。

このように生活的概念と科学的概念では発達の経路がちょうど逆になる。しかしこのことは、これら2種類の概念が独立に発達していくことを意味しているわけではない。

410 V 関係と状況の中での「学び」

> このようにして，科学的概念と生活的概念の発達が，反対の道を通って進むものとすれば，これらの両過程は相互に内面的に深く結びつくこととなろう。(Ibid., 316)

たとえば「いとこ」のような生活的概念は親族関係に関する科学的概念と結びつくことで子どもに自覚され，随意的な操作が可能になる。一方「地球は球体である」という科学的概念は，直感的にはこれと矛盾する諸々の生活的概念との葛藤や，「ゆるやかな丸さを帯びた水平線」を観察するといった経験などとの結びつきのなかで，より強力で充実した体系へと発達していくものと考えられる。このように生活的概念と科学的概念との間には相互依存的な発達過程が存在するのである。

### 2.2.6 最近接発達領域
### (1) 科学的概念の発達における教授の役割

科学的概念と生活的概念の発達的関係についてヴィゴツキーは次のように指摘している。

> 子どもの生活的概念の発達は，子どもが科学的概念を習得しそれを自覚し得るようになるためには一定の水準に到達していなければならない。子どもは，自分の自然発生的概念（生活的概念のこと）において，それの自覚が一般に可能であるような境界にまで進んでいなければならない。(Ibid., 316; カッコ内は引用者注)

科学的概念を発達させるには生活的概念の適切な発達水準を見極め，そこに科学的概念を出会わせなければならない。このことは科学的概念の発達において意図的な教授が重要な役割を果たすことを意味している。

> …教授―学習は，すでに述べたように，それの直接的結果に含まれているもの以上のものを発達に与えることができる。子どもの思想（思考とほぼ同義）の領域のなかのある点に適用されたそれは，他の多くの点をも変化させ，改造する。それは，発達のなかで近い結果だけでなく，遠い結果をも持つことができる。したがって，教授は発達につづいて進むだけでなく，発達と歩調を一つにするだけでなく，発達の前を進み，発達を前へ進めたり発達のなかに新しい形式をよびおこすことができる。…(Ibid., 279; カッコ内は引用者注)

大人による子どもへの教育的働

きかけは，子どもの精神発達をただ促すだけではなく，それを子どもが自力では到達しえない新しい水準（たとえば科学的概念）へと導いていくことができるのである。

**（2）発達可能性への注目**

では科学的概念の発達を可能にする教育的な働きかけは具体的にどのように行われるべきであろうか。問題は，科学的概念に対応する生活的概念の発達の程度の見極めである。ここで「文化的発達の一般的発生的法則」から展開された「**最近接発達領域**[7]（引用文中では『発達の最近接領域』と表記）」という概念が重要な意味を持ってくる。

> 二人の子どもの知能年齢を調べ，二人が同じように八歳だったと仮定しよう。だが，それにとどまらず，この二人の子どもが自分で自主的には解くことのできない，その後の年齢の問題を，かれらに教示，誘導質問，解答のヒントなどを与えながら行わせたときに，どのように解くかを明らかにしようと試みるならば，かれらのうち一人は共同のなかで助けられ，指示に従いながら十二歳までの問題を解くのに，他の子どもは九歳までの問題しか解かないことがある。この知能年齢，あるいは自主的に解答する問題によって決定される現下の発達水準と，子どもが非自主的に共同のなかで問題を解く場合に到達する水準との間の相違が，子どもの発達の最近接領域を決定する。(Ibid., 298)

ここでヴィゴツキーは，大人による教育的な働きかけ（教示，誘導質問，解答のヒント）によって達成したものが，近い将来において子どもが自力で達成するものを予示していることを指摘している。逆の言い方をすれば，大人による教育的働きかけがあっても，それによって子どもとの間に精神間カテゴリーとして科学的概念を生み出すことができない場合には，それに対応する生活的概念が未だ「一定の水準」に達していないことを意味していることになる。それゆえ科学的概念の発達をめざす教育的な働きかけは，精神間カテゴリーとして実現できる科学的概念にターゲットを絞って行われる必要がある。子どもの文化的発達（高次精神機能の発生）への教育的な介入においては，一般的なテストで測定される個人の知的達成の水準ではなく，「精神間カテゴリー」という他者との社会的関係のなかで浮かび上がってくる発達可能性に注意を向ける必要があるのだ。文化・歴史学派の理論は，このように一貫して人間の精神発達を常に他者との相互的

な関係のなかで生み出されるダイナミックな変化の過程として理解することを求めていたのである。

## [キーワード]
7) **最近接発達領域**：文化・歴史学派の概念。子どもが単独で（精神内カテゴリーとして）達成できる課題によって示される現時点での発達水準と、子どもが大人と共同することで（精神間カテゴリーとして）達成できる課題によって示される発達水準の差を指す。文化的発達の一般的発生的法則から、精神間カテゴリーとして達成できる課題は、その後、精神内カテゴリーへと転化することになる。したがって教育的働きかけにおいては、精神間カテゴリーとして達成された課題が示す子どもの発達可能性に注目する必要があるとされた。

## 2.3 レオンチェフの活動理論

文化・歴史学派の理論構築は1934年のヴィゴツキーの夭折によって大きな節目を迎える。研究の中心人物を失ったという実質的な困難に加え、スターリン体制下のソビエトで記号の機能に重点をおいたヴィゴツキー的なアプローチは、人間の実践的な活動のあり方を無視しているとして強く批判されるようになっていたのである。このような状況のなかで文化・歴史理論の基本的な構想は、記号から活動へと重点を移したレオンチェフの「**活動理論**[8]」（レオンチェフ 1981）に引き継がれることになる。

活動理論では文化的発達を人々が対象世界に共同的かつ能動的に働きかけていく「対象的活動」との関係のなかで理解することをめざす。

対象的活動はその対象と動機によって区別される。たとえば狩猟、学校教育、医療、商業などは、それぞれ独自の対象と動機（たとえば医療では患者とその治癒）に基づいて、人びとが分業体系を構築している対象的活動である。

レオンチェフは、こうした諸活動の対象や動機が人類の歴史的な過程で生み出され変化すること（たとえば、狩猟が娯楽という動機に結びつくようになる）、活動を実現する諸行為の組織化のされかた（分業体制）も歴史的に変化していくこと、などを指摘し、対象的活動の構造が歴史的、文化的な起源をもつことを強調する。個人の心理過程は、このような歴史的、文化的に組織された共同的なシステムに組み込まれた行為として理解される必要がある。ヴィゴツキーが重視した記号による媒介は、それのみによって人間に文化的発達をもたらすものではなく、対象的活動のなかに位置づけられることで初めて機能する。レオンチェフの活動理論の課題は、このような視点で、個人の精神過程のトータルな

あり方（人格）の発達過程を解明することであった。

[キーワード]
8) 活動理論：レオンチェフによって提唱された心理学理論。人間の精神発達を文化や歴史との不可分な関係のなかで生じる現象としてとらえる点はヴィゴツキーによる初期の文化・歴史理論と共通するが，記号の使用ではなく，人々が対象世界に共同的かつ能動的に働きかけていく対象的活動との関係を重視して精神発達過程をとらえようとした点に特色がある。

## 2.4 欧米における文化・歴史理論の再評価と拡張

レオンチェフの活動理論はソビエト国内ではルビンシュテイン学派の理論と共に高い評価を得たが，文化・歴史理論が国際的に再評価されたのは1980年代に入ってからのことであった。このとき主要な役割を果たしたのはソビエトの心理学者ではなく，アメリカを中心にした西欧の研究者たちであった。ピアジェ（J. Piaget）の発達理論や認知心理学における個体主義的なアプローチへの批判と，認知を相互作用論的にとらえ直すことを目指した，いわゆる**状況的認知**[9]（situated cognition）への期待の高まりのなかで，人間の心理過程を個人の内部に閉じたものではなく，歴史，文化と密接に結びつきながら他者との相互行為のなかで生じる関係的な過程として理解する文化・歴史学派の理論が「再発見」され，「再評価」されたのである。

以下では，1980年代から今日に至る文化・歴史理論の再評価と拡張のムーブメントにおいて中心的な役割を果たした4名の研究者のアプローチを概観する。これらの研究者が提唱する理論は文化・歴史理論を最も主要な理論的背景としているが，この他にも，多様な理論的，実証的文脈と結びついてそれぞれ独自の展開を示している。そこで本節では，各アプローチの全体像をとらえるのではなく，文化・歴史学派との直接的な結びつきがみられ，かつ各アプローチにおいて重要な機能を担っている議論や概念に焦点をあわせて検討していくことにしたい。

[キーワード]
9) **状況的認知**（situated cognition）：人間の心理過程を個人の内部に閉じられたものではなく，他者や人工物との相互行為のなかで生じる関係的な過程として理解することを目指す認知研究の立場。個人の認知過程にもっぱら注目してきた認知研究に対する批判的運動として1980年代以降に急速に展開した。

## 2.4.1 コールによる媒介概念の拡張

コールは1980年代に始まる文化・歴史理論再評価の運動のなかで研究的にも実際的にも主導的な役割を果たした研究者である。特に1978年にジョン・スタイナー（V. John-Steiner）らと刊行したヴィゴツキーの著作選集 *Mind in society*（Vygotsky[Vygotskii] 1978）は、その後のアメリカを中心とした文化・歴史理論の受容のあり方を方向づける決定的な役割を果たし、また同年にロックフェラー大学に開設した「比較人間認知研究所（Laboratory of Comparative Human Cognition:LCHC）」（後にカルフォルニア大学サンディエゴ校に移動）は、文化・歴史理論に基づく研究活動の世界的な拠点として強い影響力を持ち続けている。

「文化―歴史的アプローチ（cultural-historical approach）」と呼ばれる彼自身の研究においては、ヴィゴツキーによる媒介の概念を拡張し「**人工物**[10]（artifact）」という概念を提唱していることが重要である（Cole 1996）。これはもっぱら言語的記号のみに注意を向けていたヴィゴツキーの媒介論に対して、物質的なものを含む人間がつくりだしたもの全般を視野にいれようという理論的拡張である。人工物をコールは次のように定義している。

> …人工物とは、物質世界の一つの側面であって、それは目標志向的な人間の行為に取り入れられ、長い歴史のなかで変形されてきた。人工物が創造され使用された過程で生じた諸変化によって、それは、同時に、観念的（概念的）でもあり、物質的なものでもある。（中略）
>
> このように定義することによって、人工物の特質を、言語を考える場合にも、物質的文化を構成しているテーブルやナイフなどのもっと日常的な人工物の形にも、同じように適用することができる。「テーブル」ということばと、実際のテーブルとの相違点は、その物的側面と観念的側面のどちらを相対的に重視するのかと、それらがつくりだす一種の協応関係である。（Cole 1996, 162-63）

このように媒介を人工物として記号から道具や事物など物質的なものにまで拡張することで、人間をとりまく環境全体を歴史的、文化的な起源をもつ媒介物の構造としてとらえることが可能になる。これによってさまざまな場における人々の共同的な行為や発達過程を、より深く歴史的、文化的な過程に結びついたもの

## 2 文化・歴史学派（ヴィゴツキー学派）の理論とその展開

として理解することができると考えられる。また同時に、このように道具や事物までを含めた人工物によって人間の共同的な行為や発達過程が媒介されているとするならば、このような人工物の構成や配置を工夫することによって、人々の共同的な行為や発達過程に介入することも可能になる。

このような発想に基づいて展開されているのが1986年に開始された「**第5次元**[11]（fifth dimension）」と呼ばれる学校外学習のプロジェクトである。各施設には21の部屋をもつボール紙でつくられた迷路（ここにある各部屋にコンピュータゲーム、美術、手工芸、運動などさまざまな活動が示されている）のほか、ルールブック、コンピュータ、活動のヒントが書かれたカード、部屋の移動の際に用いるサイコロといった各種の人工物が設置されている。子ども達はここで補助者からサポートを受けつつ、また他の子どもたちとコミュニケーションをしながら、一つずつゲームや活動をクリアしていく。ゲームには音韻のレッスンや数直線の理解など教育的な内容が含まれている。コールらはこのような人工物の配置のなかで展開されるさまざまな主体（子ども、補助者、コミュニティなど）の相互作用や発達的変化を、さまざまな水準（技能や知識の微視発生、個体発生、文化・歴史的水準）で観察し、分析する「多水準的方法論」による研究を試みている（Cole 1996）。

[キーワード]

10) **人工物（artifact）**：コールがヴィゴツキーの媒介概念を拡張して提唱した概念。ヴィゴツキーは言語に代表される記号と心理過程の関係を主に問題にしたが、コールの人工物概念においては、記号のような観念的（概念的）な存在と、物質文化を構成する様々な具体的事物が区別されることなく連続的にとらえられる。

11) **第5次元（fifth dimension）**：コールが主導して取り組んでいる学校外学習プロジェクト。コンピュータを中心に多様な人工物を配置することによって様々なレベルの発達的変化を生み出すことが目指されている。

### 2.4.2 ワーチによる媒介概念の拡張

コールと同様に1980年代に展開した文化・歴史学派の再評価と拡張の運動において主導的な役割を果たしたのがワーチであった。彼はアメリカ、シカゴ大学で1975年に学位を取得後、ソビエトに渡りルリアらの指導のもとで研究活動を行った。帰国後、精力的に文化・歴史学派の理論の受容と拡張に取り組んできたが、特に1981年に彼が編集した

*The concept of activity in Soviet psychology*（Wertsch 1981）はコールらによる *Mind in society* とならんで，1980年代における文化・歴史理論の受容を方向づけたと言われている（ここまでの経緯は Wertsch［1991］所収の「訳者あとがき」による）。

文化・歴史理論の現代的展開という面でのワーチの主要な貢献は，コールと同様にヴィゴツキーの媒介概念を拡張したことにある。コールが媒介概念を記号だけではなく，道具や事物にまで拡張する人工物という見方を提唱したのに対して，ワーチの「社会―文化的アプローチ（sociocultural approach）」では，媒介としての記号の概念を拡張することが試みられている（Wertsch 1991）。

ワーチはヴィゴツキーの文化・歴史理論の問題として「特定の歴史的，文化的，そして，制度的状況と，媒介された行為の中のどの形態が結びついているのかという点についてはほとんど述べていない」という点を指摘している（Wertsch 1991）。すでに検討したように，ヴィゴツキーの晩年の関心は学校的な教育場面における科学的概念の発達であったため，他の多様なタイプの概念（たとえば芸術やスポーツに関する概念）やそれと社会的文脈の関係についてはまったく検討されていなかったのである。

この問題を解決するためにワーチはヴィゴツキーの記号概念を，より多様な社会的文脈とそこで生じる記号の運動の複雑性に対応できるよう拡張することを試みた。この際に彼が援用したのがヴィゴツキーと同時代の文学理論家・記号学者バフチン（M. M. Bakthin）であった。ワーチによればバフチンとヴィゴツキーは，媒介としての記号の性質についての基本的な考えかたを共有していたが，その性質の複雑さや多様な社会的文脈との関係の検討についてはバフチン理論がはるかに精緻であった（Wertsch 1991）。ワーチはヴィゴツキーの文化・歴史理論にバフチン理論を接続することで，記号と社会的文脈の多様な結びつきに対応できるより強力な理論が構築できるのではないかと考えたのである。

バフチン理論のなかでワーチが特に注目したのは，発話を具体的な語り手，聞き手，場面から切り離し得ないものとしてとらえる「声（voice）」，発話を声に対する別の声の応答としてとらえる「対話（dialogue）」，一つの対話の場には複数の声が存在しているとする「多声性（multi-voicedness），階層，世代などと結びついた声の用い方をあらわす「**社会的言語**[12]（social language)」，挨拶，雑談，会議など特定の場面と結びついた声の用い方を示す「ことばのジャンル[13]（speech genres)」といった諸概念であった（Wertsch 1991）。特に多声性の概念は，たとえば教室という場における教師と生徒の声のように，複数の声の間に生じる権力的な抑圧関係や，創造的な接触関係をとらえることを可能にしており，ヴィゴツキー理論においてはほとんど考慮されることのなかった，複数の媒介の相互関係が心理過程あるいは行為にもたらす創造的あるいは権力的な効果の解明を可能にしている。ワーチは，バフチンを援用することで得られたこのような理論的枠組みを駆使して，たとえば社会のメンバーが自分達の過去の歴史を共有していく際に共同的に行う記憶表象の生成，変形，抑圧，加工など「集合記憶（collective remembering)」に関する研究などを進めている（Wertsch 2002）。

[キーワード]
12) 社会的言語（social language)：ソビエトの文学理論家バフチンが提唱した概念。「学者的な言い回し」「若者言葉」のように，職業，階層，世代などと結びついて比較的安定したパターンをもつ発話の様式を指す。
13) ことばのジャンル（speech genres)：ソビエトの文学理論家バフチンが提唱した概念。挨拶，雑談，会議など特定の場面と結びついて比較的安定したパターンをもつ発話の様式を指す。

### 2.4.3 ロゴフによる参加概念の導入

コールとワーチが文化・歴史理論における媒介概念の拡張を試みたのに対して，ロゴフの「社会文化的―歴史理論（sociocultural-historical theory)」では，「文化的発達の一般的発生的法則」および「最近接発達領域」にみられる大人の子どもに対する働きかけのとらえ方を，より広範な社会的過程へと拡張していくことが試みられている。文化・歴史理論においては，文化的発達と結びついた子どもに対する大人の働きかけは，言語を用いた明確な支援や教授としてとらえられていた。しかし，家庭における大人の働きかけ，特に乳幼児の養育などに注目した場合，こうした明示的，言語的な働きかけのみによってさまざまな心理過程の発達がもたらされるとは考えにくい。たとえば，幼い子どもにある行為の禁止を学ばせようとする場合，言語的な働きかけを通してその行為をしてはいけないという理解に子どもを導いていくことのほか，嘲笑や無視，あるいは物理的にその行為ができないような環境を整えるといっ

た，さまざまかたちでの方向づけが行われている。子どもは大人に明示的に支援，教授されるだけではなく，文化，歴史的に構造化された世界に住み込み，そこでの日常生活のなかで他者や環境との多様な相互作用（たとえば嘲笑，無視，制約された環境など）を経験することで発達していくのである。「**導かれた参加**[14]（guided participation）」はロゴフがこのような見方に基づき提唱した概念である（Rogoff 1990, 2003）。

このように発達（または学習）を，「参加」の過程としてとらえるアイデアは，文化人類学における学習研究（たとえば Lave & Wenger 1991）とリンクしつつ展開されたものであった。「導かれた参加」をロゴフは次のように説明している。

　導かれた参加という概念の「導かれた」という用語は，教育・指導を目的としたかかわり合いを含みつつ，それを越える広い意味で用いられています。指導的かかわり合いに加えて，導かれた参加は，意図的な指導がなくても，子どもたちが他者のすぐ傍にいたり，距離をおいてかかわったりする中で，コミュニティの実践，価値観，技能に参加することにも焦点を当てます。必ずしも同じ場所にいなければならないというものでもありません。特定の道具を用い，文化施設や制度に関与することを通して文化的に導かれた活動に参加する，さまざまな形態を含むものです。（Rogoff 2003, 373）

日常的な諸場面には，大人による言語的記号を用いた明示的，意図的な支援だけではなく，子どもの発達を文化的，歴史的に枠付けられた特定の方向へと導く，さまざまな「仕掛け」が存在している。明示的，意図的な支援はむしろこうした「仕掛け」の特殊ケースであると考えるべきである。ロゴフのこのような発想は，大人の明示的，意図的な働きかけを前提とした「文化的発達の一般的発生的法則」や「最近接発達領域」といった概念のとらえ直しに直接結びつくが，同時に，日常生活のなかで意図せずに生み出されていく生活的概念の発生過程の解明にも結びつくものである。特にグアテマラのマヤ族のコミュニティをはじめとするさまざまな文化における家庭やローカルコミュニティにおける子どもの養育に焦点をあわせたロゴフによる一連の実証研究（Rogoff 2003）は，文化・歴史理論が十分に射程に入れてこなかった乳幼児期における生活的概念の発達過程の解明に重要な貢献をするものであると考

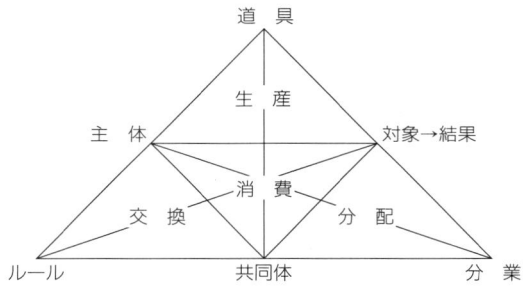

図1 エンゲストロームの活動図式（エンゲストローム 1999）

頂点のラベル：道具、生産、主体、対象→結果、消費、交換、分配、ルール、共同体、分業

えられる。

[キーワード]
14) **導かれた参加**（guided participation）：ロゴフが提唱した概念。文化的，歴史的に構造化された日常生活のなかで他者や環境との多様な相互作用を通して子どもが発達していく過程を指す。こうした過程の大半は明確な教育的意図を持っていないことが強調される。学校教育など意図的な教育的働きかけは導かれた参加の特殊ケースとしてとらえられる。

### 2.4.4 エンゲストロームによる活動理論の拡張

1980年代以降の文化・歴史理論の受容と拡張の運動において大きな影響力を持ったもう一人の研究者がフィンランド出身のエンゲストロームである。コール，ワーチ，ロゴフがヴィゴツキーの直接的な影響下で展開した文化・歴史理論から出発しているのに対して，エンゲストロームはレオンチェフの活動理論をベースにした新しい学習理論（「第三世代活動理論」と呼ばれる）の構築を目指している。この構想を示した最初の成果である著書『拡張による学習』（Engeström 1986）は，文化・歴史理論に基づく学習理論の代表的な成果として，心理学のみならず教育学や経営学などの領域でも大いに注目された。

「**文化―歴史的活動理論**[15]（cultural-historical activity theory）」と呼ばれるエンゲストロームの理論が，本節で検討した他の研究者のアプローチと大きく異なっている点は，学習（または発達）における変化の主体を個人ではなく，共同的な活動システムそのものに設定している点にある。つまり組織の変

革を学習（または発達）として位置づけ、そのような変革をもたらすメカニズムを解明しようとするのである。このような発想は、文化・歴史学派の理論的展開において類をみない大転換である。このためエンゲストロームは、レオンチェフの活動理論の枠組みに大きな変更を加えることになる。

レオンチェフの活動理論は、記号（媒介）から活動に重点を移したものの、人々によって共同的に展開される活動そのものの構造や変革についてはほとんど検討されていなかった。そこでエンゲストロームは、文化・歴史学派が伝統的に用いてきた活動と媒介の関係に関する基本的な図式に、活動システムの諸要素を加えた新たな枠組みを提唱する（Engeström 1986）。

主体（ここでは活動に関与している集団）が、一定の動機に基づいて対象に向かう活動は道具（ヴィゴツキーの場合は記号）に媒介されている。だが同時にそれは人々が従っているルールや、共同体のあり方、分業体制などによって枠づけられてもいる。エンゲストロームは共同的な活動の構造を理解するには、これらの各項とその相互関係を把握する必要があると考えた。

さらにエンゲストロームはマルクスの矛盾論に言及しつつ、これらの各項および各項の間には常になんらかの矛盾が存在していることを強調する。たとえば医療活動においては、対象を「疾病」ととらえるのか「生活者としての人間」ととらえるのかという矛盾が存在する。また道具にも疾病の治癒を最優先にする先端医療の理論や技術と、患者の生活の質を重視する理論や技術の衝突があるだろう。さらにたとえば活動の対象を「生活者としての人間」としながらも、分業体制にゆとりがないため、対象に見合う十分なケアができないといった項間の矛盾も存在すると考えられる。

エンゲストロームのいう「**拡張的学習**[16]（expansive learning）」とは、活動システムのメンバーとなっている人々が、こうした矛盾に気づき、それを解消すべく、自分たちの活動システムのあり方を分析し、変革を実行していく過程の全体をさす。たとえば医療活動のメンバーが、患者を十分に人間的に扱えないと感じられる現状を問題視し、自分たちの活動のどこに問題があるのかを分析し、それに基づいて新たな活動のあり方を探索していく過程がこれにあたる。文化・歴史学派の古典的な図式で説明すれば、「生活的概念」のレベルで漠然と把握されている活動システムの問題点を、活動システムが内包する諸矛盾の構造とい

う「科学的概念」でとらえ直し，そこから新たな活動の可能性を描き出し，それを実現していくという過程ということになる。

エンゲストロームは，実際に問題をかかえている活動システムに介入し，拡張的学習を生起させるプロジェクト（change laboratoryと呼ばれる）を数多く実施している。さらに彼は，2000年代に入ってから，単一の活動システムの変革ではなく，複数の活動システムが連携して変化を生じさせるプロセスに注目した「**ノットワーキング**[17]（knotworking）」という概念を提唱し，それに基づく学習活動の分析にも着手している（Engeström 2005）。

[キーワード]
**15）文化―歴史的活動理論**：エンゲストロームがレオンチェフの活動理論を拡張することによって提唱した理論。個人の精神発達ではなく，会社や学校など集合的な活動システム全体の発達的変化に注目する点に特徴がある。
**16）拡張的学習**：エンゲストロームが提唱した学習概念。個人による知識や技能の獲得ではなく，活動システムのメンバーが共同的に自分たちの活動システムが抱える矛盾を発見し，その構造を分析し，それに基づいて活動システムを変革して行く一連の過程を指す。
**17）ノットワーキング**：エンゲストロームが提唱した概念。複数の活動システムが特定の問題への取り組みを通して柔軟に連携することを通して，それぞれのシステムに発達的変化が生み出される過程を指す。

## 2.5 おわりに

以上，検討してきたように1980年代以降，文化・歴史学派の理論は，欧米の研究者を中心に，多様な理論的展開を示してきた。これらは初期の理論がもつ不完全さや問題点を創造的なかたちで克服する試みであったと言える。

しかし，上述したように1980年代に始まる文化・歴史理論の受容，拡張の試みは「反個体主義」あるいは「状況的認知」の枠組みに強く影響されたものであったため，文化・歴史学派の提唱したいくつかの論点には，十分に光が当てられてこなかったという現状がある。特に「内面化」や「人格」といった個体主義を連想させる諸概念については批判的な論調も多く，その結果，文化・歴史理論のなかで個人をどのようにとらえるのかという問題の検討が長い間行われてこなかったことは大きな問題であると考えられる（この問題に取り組んだ研究としては中村［1998］と高木［2000］を参照）。

また文化的，歴史的水準と生物学的な水準の関係に関する研究も文

化・歴史理論の枠組みのなかではほとんどで行われてこなかった。この問題については，近年の脳科学，霊長類研究，進化心理学などの成果を踏まえた新たな研究が必要になってくると考えられる。1980年代における文化・歴史理論の受容と拡張の成果を積極的に受け止めつつ，それの持っていた歴史的制約を踏まえて，文化・歴史理論の新たな展開を構想していく必要があるだろう。

# 3 生態学的学び
## ——知覚と行為の相補的発展

・三嶋 博之・丸山 慎

　私たち人間は，今まさに生活しているこの環境に生まれ，生涯をその中で過ごす。生物として，心理的存在としての私たちの生涯は，様々な次元での変化の連続体である。私たち人間の発達もしくは学習と呼ばれる種類の特別な変化も，この環境の中で生じ，維持される。それゆえに，この種の変化は本質的に環境に対して適応的でなければならない。では，そのような適応的変化を駆動し，維持するものは何であろうか。発達や学習の原動力の一つは，言うまでもなく私たちの行為そのものであり，同時にこの行為の変化こそが，私たちが発達ないしは学習と呼んでいる事象の観察可能物である。しかしながら，その変化が適応的であるためには，もう一方で環境の知覚が必要となる。その意味で知覚と行為は一体のものであり，知覚が行為を導く一方で，行為が知覚を駆動する。知覚と行為の相補的発展は，生態学的な水準における学びの本体である。

## 3.1 学びにおける知覚の重要性

　私たちは自身の出生に前後して，環境中に存在する重力の強い影響と，支持面からの反作用力などの下で自身の姿勢を安定させつつ，身体各部を自在に制御し，しかも必要に応じて居場所を移ることができるような身体の使い方を学ぶ。この変化は生涯にわたって持続的であり，直立二足歩行が可能になった後でも終わることはない（Thelen & Smith 1994）。

　新しい行為単位の獲得は，同時に新しい学びの機会を提供する。歩行の獲得後には，駆け足やスキップなどの新しい足並みを学ぶ機会が提供されるだろう。成人であっても，さまざまな運動を通じてその固有の課題に接する過程で，新しい学びを経験する。怪我や病気，あるいは高齢化に伴う体力面での低下があれば，その変化を調整するための学びが必要である。たとえ健康であっても，朝と夜とでは身体の状態は異なる。生理的，心理的な変動を調整することは，それを意識しているかどうかにかかわらず，私たちにとっての毎日の，そして今この瞬間の課題である。

　ここで例示されたような変化は，

図1 学習曲線の例

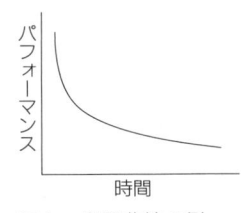

ときとして研究者たちによって，個体が直面する課題の達成に向けての連続的で一貫した行為の積み重ねの過程として観察され，その行為の時間に対する関数である「**学習曲線**[1] (learning curve)」として要約され，表現される（図1）。発達や学習を写し取ったこの曲線は，必ずしもなめらかに成長するわけではない。ミクロな水準ではたいてい乱雑にふらついており，マクロな水準でも階段状に変化するなど，突然の曲率の変更が認められる場合も少なくない。しかし，そこには少なくとも何らかの規則性が認められるという意味で，関数関係として表現される。

それでは，この関数を時間の経過とともに発展させる仕掛けは何であろうか。おそらく重要なのは，広い意味で「うまく行為すること」であり，それを少なくとも現象として促進するのが，練習ないしは経験の積み重ねという行為である。ここで言う「行為」は，必ずしも身体の運動を中心としたものでなくとも，たとえば，記憶課題のような認知的なものでもよい。たとえば，よく知られているエビングハウス（H. Ebbinghaus）の忘却曲線は，学習曲線の一種であり，そこでは練習による経験の積み重ねにともなって無意味綴りの記憶パフォーマンスが改善していく過程が，時間に対する関数関係として示されている。

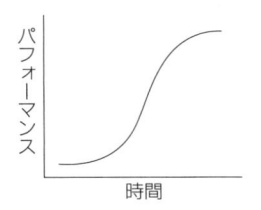

しかしながら，それまでは困難であった行為のパフォーマンスが，練習なしに劇的に改善されることがある。その例として，メクスナー（F. Mechsner）らによる事例を見よう（Mechsner, Kerzel, Knoblich, & Prinz 2001）。ここでは，右利きの成人の実験参加者が，両腕を回転させ，協調させる課題が検討された（図2）。実験参加者は，実験装置の天板の下に両腕を差し入れ，二つのハンドルをそれぞれの手で摑み，回転させる。このとき，自身の腕は，天板に遮蔽されて見えなくなる。ハンドルの回転は，左手側では直接的

に，右手側では変速機構を経由して4：3の減速比で，天板上面に取り付けられ，実験参加者が目にすることができる回転指示器に伝達される。これにより，天板上面の回転指示器は，左右の手が4：3の比率で協調して回転するときに同期して動くことになる。一般に，この実験装置を介さない通常の状態で，両手を4：3の比率で協調して回転させることはほぼ不可能である。しかし，この実験装置のように，運動の視覚制御のための情報を課題に適切なかたちで提示した場合，それは一瞬にして可能となる。これは運動の学習が，練習による運動系列の改善だけで進行するのではなく，知覚的に導かれることの可能性を端的に示す例である。

　ところで，エビングハウスの忘却曲線に示されるような記憶の発達は，その背後に，私たちの内部で心的に進行する認知的過程ないしは連合の機構が仮定され，その作動の結果が忘却曲線に反映しているとされることが一般的である。しかし，アンダーソン（J. R. Anderson）らは，エビングハウスの忘却曲線をはじめとするいくつかの学習曲線に見られる規則性，より厳密に言えば，それらの学習曲線に認められる**パワー則**[2]（power law）は，私たちが環境中の特定の事象（たとえば，新

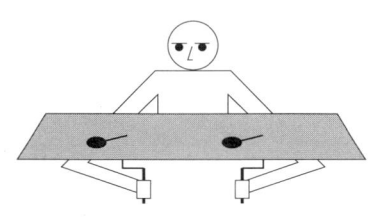

図2　両腕を協調させて回転させる実験：（Mechsner et al. [2001] をもとに作成）

聞の見出しや，母親の発話に含まれる単語）と，一定の時間間隔で遭遇する確率に対して適応した結果であるという可能性を示唆した（Anderson & Schooler 1991; Anderson 2000）。すなわち，記憶過程は心的ないしは内的に進行し，独自の認知的ないしは生理的機序を有するが，記憶能力を持つ私たち人間が生活するのが環境内である以上，環境内での事象との遭遇とその知覚がそこに反映しているのではないかということである。この解釈は，生態学的な意味でもたいへんに合理的と考えられる（次頁図3）。

[キーワード]

1）**学習曲線**（learning curve）：注目した当該のパフォーマンスの，時間的変化を表した曲線。ここでは，少なくともその学習曲線が描かれる時間的範囲において，注目しているパフォーマンスは量的にのみ変化し，質的には一定のものであると

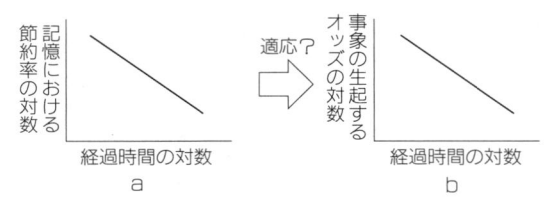

図3 忘却曲線のパワー則と，環境における事象の生起確率のパワー則との相似性：(Anderson & Schooler [1991] をもとに作成)

注：a はエビングハウスの忘却曲線の模式図；b は新聞の見出しや，母親の発話に登場する単語の生起確率（オッズ）。どちらも両対数軸であることに注意。

の仮定が必要である。エビングハウスによる忘却曲線もまた学習曲線の一つである。なお，エビングハウスの忘却曲線はかつて指数関数と考えられてきたが，近年はむしろベキ関数，すなわちパワー則に従うとする説が有力である（Anderson & Schooler 1991）。

2）パワー則（power law）：二つの変数間において，典型的には

$$y = f(x) = ax^k$$

と表される関数関係（ここで $a$ と $k$ は定数であり，$k$ は特にスケーリング指数［scaling exponent］と呼ばれる）は，「パワー則」ないしは「冪乗則」と呼ばれる。パワー則に従う二変数は，両対数グラフにおいて傾き $k$ の直線（線形関係）となる。パワー則のもっとも重要な特徴は，その「スケール不変性」である。たとえば，ある $x$ が $s$ 倍されたとき，$f(x) = ax^k$ と $f(sx) = as^k x^k$ の比率（$as^k x^k / ax^k$）は $s^k$ となることから，$f(x)$ の相対的な変化が常に $x$ に対して独立であることがわかる。このスケール不変性は，自然界におけるフラクタル性や，生物におけるアロメトリー（allometry）との関係などでも注目される。

### 3.2 「知覚学習」という学び

前節では，生態学的なスケールでの学びにおける，知覚と行為の相補性について，特に知覚の重要性を強調する視点を示した。学びの表現型は，行為パフォーマンスの学習曲線である。しかし，学習曲線の時間的発展の背後には，知覚の変化が埋め込まれている場合も少なくない。見えなかった意味や気づかなかった価値が知覚できたとき，学習曲線は劇的に変化する可能性がある。以降では，この「**知覚学習**[3]（perceptual lerning）」について検討する。

[キーワード]
3) 知覚学習 (perceptual learning)：人間や動物が，環境にある刺激を感受し，環境中で行動し経験する中で，環境から意味や価値としての情報を取り出す能力が変化・増大していく過程。

### 3.2.1 知覚学習とは

生態学的アプローチを創始した J. J. ギブソン（J. J. Gibson）と E. J. ギブソン（E. J. Gibson）は，「無意味ななぐり書き」として描かれた図形の異同を識別させる実験において，線の数，圧縮度，方向を微妙に変化させた数多くの材料（図4）を作成し，観察者にそれらを連続的に示した（J. J. Gibson & E. J. Gibson 1955）。観察者は，当初こそ類似した図形を混同していたものの，次第に詳しく見るようになると強化や助けがなくても差異を識別できるようになり，標準の図形と照合・同定できるようになった。このようにして知覚の練習を行い，いくつかの図形の同定ができるようになった後には，他のすべての「無意味ななぐり書き」についても特定的な反応ができるようになったという。つまり観察者は，識別すべき次元（線の数・圧縮度・方向）を学び，同定することができるようになったのである。ここで用いられた図はどれも同じものではなかったため，特定の刺激に

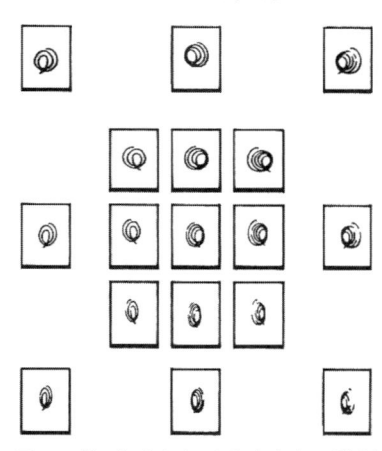

図4 「無意味ななぐり書き」の識別実験で使用された図形の一例：（J. J. Gibson & E. J. Gibson 1955）

対する特定の反応が学習されたわけではない。ギブソンらは，この図形に関する同定反応が，対象の分化能力の増大によるものとした（Reed 1988）。

この種の学習は，私たちの身近でも数多く起こっている。たとえばワインの味の識別もその一つである。ひたすら種類の異なるワインのテイスティングをして，その差異を同定するといった課題なら，ソムリエのような専門的知識や語彙がなくても可能である。実際，J. J. ギブソンが奉職したコーネル大学心理学部では，ワイン業者から寄贈された6種

の白ワインを学生たちが繰り返し試飲し、サンプルと照合させてみたところ、10回の試行後には約2/3の判断が正しくなったという。判断の誤りを指摘された者とそうでない者の結果に差はなく、他者からの言語的な指摘などによる助けがなくても、ワインについての知覚学習が進んだというのである (Reed 1988)。

これらの例が示すように、人は課題に直面したとき、常に知覚に依存して必要な情報を抽出している。これは新奇な課題のみならず、今までに経験したことのある課題の中に未発見の新しい情報を見つけ出す場合も同様である。このように知覚に依存しながら環境や対象に対する持続的な観察や探索をし、それまで利用していなかった情報を抽出できるようになることを「知覚学習」と呼ぶ。これが生態学的アプローチからみた「学び」の、一つの核となるアイディアである。

### 3.2.2 能動的な知覚

「無意味ななぐり書き」の実験は、対象を次第に唯一のものとして知覚するようになる、すなわち「特定化する」という知覚学習のあり方を示している。これは、対象についてより深く想像したり、推測したりするような心的な解釈の洗練によるものではなく、観察者が今まさに遭遇している眼前の対象についての知覚を洗練させ、より深く特徴を抽出できるようになるということである (E. J. Gibson 1969, 1991, 1997; Reed 1988)。

このような学習が強化や助けを必要とせずに成立するということは、私たちの知覚がその本質として能動的でリアルタイムなものであることを示している。知覚学習における知覚とは、すなわち外界や対象についての有意味な情報を能動的に抽出し続けることをいうのである (J. J. Gibson 1966; E. J. Gibson 1988)。これは、感覚受容器から物理的なエネルギーとしての刺激を受容し、そこから心的な機能に媒介されて事物の意味を推論するといった従来の知覚の捉え方とは大きく異なっている。

### 3.2.3 知覚と行為の相補的な接続

知覚は対象の特徴を能動的に探し続ける。このことの含意は、単に知覚的な課題のみに留まるものではない。たとえば「見る」というとき、私たちは狭義の視覚器官である眼だけで見ているのではない。対象に眼を向けるために身体の姿勢を制御し、頭部を回転させ、眼を対象に向けてレンズの焦点を合わせるなど、いわば「見るためのシステム」として全身の行為の調整を行っている

(J. J. Gibson 1979)。目が疲労したとき,手に持った文書を意識せず近づけたり遠ざけたりする行為もまた,見る活動の一部である。つまり,視覚は外部からの情報を受動的に受け入れるだけではなく,対象を見ている観察者の行為の調整を含んでいる。私たちが知覚する情報には,私たちの姿勢や運動の状態についての情報が含まれている(佐々木 1994)。

この事実は二重の意味で重要である。一つは,私たちが知覚的に環境から得る情報によって,私たち自身の行為がどのようなものであるかが特定できるということであり,もう一つは,私たちの行為が,環境の情報を獲得するために知覚システムの活動を調整する働きを持っているということである。このような仕方で行為は知覚に参画している。知覚し続けること(perceiving)と行為し続けること(acting)は循環であり(E. J. Gibson 1988, 1997),「私たちは動くために知覚しなければならないが,しかしまた知覚するために動かなければならない」のである(J. J. Gibson 1979)。

## 3.3 知覚学習の根拠となる発達研究

### 3.3.1 「知覚の初心者」による環境の探索

知覚学習は,ある環境下で,知覚情報の分化の面から「知覚と行為の接続」を学習することであると言い換えることができる。知覚と行為の循環によって情報を探し続けることが知覚を次第に洗練させていくのだとすれば,知覚学習の基盤は「**探索行動**[4](exploratory behavior)」であるということになる。対象を持続的に見る,対象に触れる,あるいは音を聴いて音源を定位する,食物を味わうなど,私たちは環境のなかで常に「**知覚システム**[5](perceptual systems)」を通して有意味な情報を探し,適応的な行為を遂行しているのである(→II-2.5.3)。

このような探索行動にもとづく知覚学習の根拠を示すために,ここでは特に乳幼児の研究事例を参照しながら解説する。というのも,乳幼児はいわば知覚の初心者であり,彼らの持続的な探索(すなわち知覚の練習の積み重ね)から導かれる知覚と行為の発達的変化は,知覚学習の特徴を鮮明に反映しているからである。実際,発達初期における知覚システムの劇的な変化の多くは,生後7年以内で起こるといわれており(Aslin & Smith 1988),また,E. J.

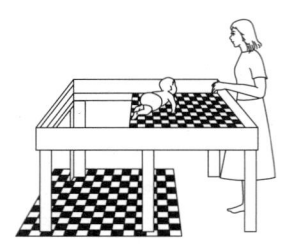

図5 ビジュアル・クリフの実験：(Adolph 2008a)

Gibson (2002) は,「知覚学習を研究するのに最適な時期が生後2年間の発達初期であると確信している」と述べている。

[キーワード]
4）知覚システム (perceptual systems)：環境の刺激流動に対して感受的である器官と, 環境に対して能動的に働きかける器官とが機能的に組織化し, 環境中の情報を能動的に探索し, 知覚するシステム。単なる受動的な感覚入力装置ではなく, 能動的に探索し, 自らを調整することで環境の情報に同調するとされる。この知覚システムは, その動物の活動様式に応じて機能的に組織されており, 人間においては, 基礎定位システム, 視覚システム, 聴覚システム, 触覚システム, 味覚・嗅覚システムに, 便宜上分割されている。ただしこれらの区別は, あくまでも機能的なものであり, 解剖学的な分類との対応に基づいたものではない。

5）探索行動 (exploratory behavior)：一般的な行動 (performatory behavior) が, 環境の中の対象物を手に持って移動させるなど, 対象に対して調節的に働きかけ, その結果, 環境を変化させることを目的とする一方で, 探索行動は, 環境への影響を最小限にしつつ, 知覚情報をより鮮明に抽出しようとする活動とされる。

### 3.3.2 ビジュアル・クリフ

ビジュアル・クリフ（視覚的断崖）として知られる E. J. ギブソンらの実験 (Gibson & Walk 1960; Walk & Gibson 1961) は, 一般に, 乳児の奥行き知覚の発達や落下の危険回避の判断に関する自律的な移動経験の役割を検証するものとして言及されるが, 知覚学習のパラダイムを知る上でも重要な知見である。

図5に示したように, テーブル面を強化ガラスで覆い, 半面はガラスに接するようにチェック柄が描かれた面（浅い面）を設置し, 残りの半面はテーブルの下の床に同様の模様が描かれた面（深い面）を設置する。このテーブルの中央に乳児をのせ, 保護者がいずれかの面の側から呼びかける。深い面の側からの呼びかけに応答してガラス面の上を移動してしまえば, 乳児はテーブルの下に落下する危険を, 視覚的に察知で

きていないということになる。E. J. Gibson & Walk（1960）の報告では，実に90％の乳児（6.5カ月齢）が浅い面の側からの呼びかけに応答して移動をした一方で，深い面の側（つまり透明なガラス面の上）に移動してしまったのは10％に満たなかったという。したがって，6.5カ月齢くらいになれば，乳児はテーブルの下までの「断崖」の高さを知覚し，落下の危険と恐怖から回避行動を示すようになると考えられる。

またキャンポス（J. J. Campos）らは，まだハイハイができない2カ月齢の乳児をビジュアル・クリフの浅い面と深い面にうつ伏せの状態でのせ，そのときの乳児の心拍数の変化を計測した。すると，深い面にのせた時にのみ心拍数が低下し，浅い面では変化が見られなかったというのである（Campos, Langer, & Krowiz 1970）。心拍数の低下は，乳児が対象に注意を向けたことを示す反応であり，深い面の見えに対してむしろ興味を抱いていたことを意味する。ところがハイハイができる9カ月齢になると，深い面にのった際に心拍数の増大が計測され，恐怖を感じていたと考えられる反応に変わったという。さらにバーテンタール（B. I. Bertenthal）らは，ハイハイの開始から2週間しか経過していない時期では65％もの乳児が深い面の方へ行ってしまったが，ハイハイ開始から6週間後になると35％までその数は減少したという（Bertenthal, Campos, & Barrett 1984）。以上の例は，視覚能力の発達はもとより，ハイハイという自律的な移動経験が環境についての探索をより豊かなものにし，行為の遂行に必要な情報の収集，つまり知覚学習の促進に寄与したことを示している。

### 3.3.3 行為の可能性を知覚するためのリアルな環境

ビジュアル・クリフは，知覚の発達にかかわる代表的なパラダイムの一つではあるが，方法論的な問題点が指摘されることもある。生態心理学的な見地から乳幼児の運動発達について数多くの重要な報告をしているアドルフ（K. Adolph）は，実験装置に使用されたガラス面が与えうる両義的な情報という観点から，ビジュアル・クリフが必ずしも最適な方法ではなかったと述べている（Adolph 2008 a）。すなわち，たとえば乳児が前屈みになって深い面から下を覗き込む際にガラスに手をついてしまったり，実験開始時に偶然ガラスの上にのったりしてしまえば，「深くて危険そうに見えるが，実際には落下しないので安全である」ことを乳児が理解していた可能

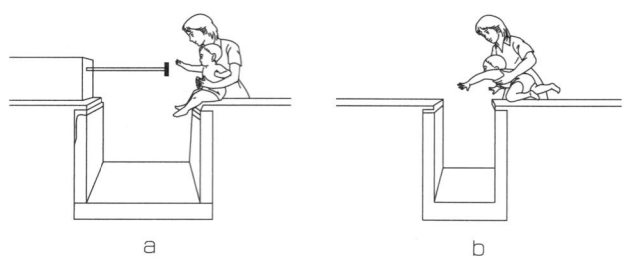

図6 床の隙間実験：(Adolph 2000)
注：座位（a）とハイハイ（b）

性も否定できない。つまり乳児が知覚した情報には視覚的に特定される危険性と触覚的に特定される安全性の間に、完全なコンフリクトが生じていたかもしれないのである。そうだとすれば、従来の実験結果は、乳児の行動の意味を正確には評価できていないということになる。

そこでAdolph（2000）は、実際に落下しうるリアルな危険を孕んだ環境のなかでの実験を試みている。図6のような装置に乳児（9.5カ月齢）を座位（図6a）とハイハイの姿勢（図6b）でのせ、床の隙間を挟んだ反対側の台から提示される玩具を、乳児が取ろうとするかどうかを観察した。保護者の声かけも、乳児がいる側とは反対側から行われた。この反対側の台は可動式で、それを試行毎に前後に繰り返し動かしながら、乳児が玩具を摑むことができたときの幅から、玩具を取ろうとしなくなるまでの幅を同定していったのである。床の隙間の上にガラス面は設置されていないので、乳児が手を伸ばしてもそこに触れられる面は存在しない。つまり視覚と触覚から得られる情報は「落下する可能性」という点で一致していたわけである（もちろん、実際に落下しそうになれば、脇にいる実験者が乳児の身体を抱きかかえるという手続きであった）。総じて、乳児の判断は座っているときの方が優れており、ハイハイでは自己の運動能力を過大評価してしまうことが多かったという。たとえば、床の隙間が最大幅の90 cmに広がった場合、座っているときには一人の乳児も玩具を取ろうとしなかったのに対して、ハイハイでは落下の危険があったにもかかわらず、33％の乳児が玩具を取ろうとしたのである。

隙間の幅と自己の運動能力との関

係を学習することが，知覚と行為のシステムの発達の上で重要であることを上述の結果は明らかにしている。たとえば，座位は，ハイハイよりも発達の早い時期に可能になる姿勢であり，実験に参加していた乳児では座ることができるようになってから既に15週間が経過していた。これに対してハイハイは，まだ開始後6週間しか経過していなかった。乳児はどちらの姿勢でも隙間に手を伸ばしたり，前屈みになってみたりしながら自発的な探索行動を行ってはいたが，同一の環境に対する知覚は，慣れ親しんだ習熟度の高い「座る姿勢」のもとで行われた方がより洗練されていたというわけである。つまり自身の運動能力に応じた行為の実現可能性の学習は，環境と自己の姿勢や運動能力に対する知覚が相補的に関与し合いながら進むものなのである。

### 3.3.4 環境の変化から「道具」の機能を知る

環境の変化に応じた行為の実現可能性の知覚は，環境にある道具の使用の仕方にも影響を与える。バーガー（S. E. Berger）らは，落下の危険がある隙間に横幅の異なる橋をかけた装置（図7）を用いて，手すりがある／ない場合のそれぞれについて，乳児の橋渡り行動を観察した（Berger & Adolph 2003）。参加したのは既に十分な歩行経験をもつ16カ月齢の乳児であり，隙間をつなぐ橋の横幅が最大（72 cm）のときには，彼らは手すりの存在をまったく無視して躊躇なく橋を渡りきった。しかし橋の横幅が狭くなったとき（12〜24 cm）は，手すりが利用できる場合にのみ橋を渡ろうとし，それがない場合には歩こうとはしなかった（最小の横幅は乳児の身体の幅よりも狭く，手すりがなければ渡ることは不可能であった）。また，狭い幅の橋に直面したときは，探索行動にもより長い時間が費やされていたという。

このような結果は，乳児が「橋の幅」という環境の変化と自己の行為の実現可能性の知覚に依拠しながら，「手すり」の機能，すなわち自身の身体のバランスを維持する能力を増大させるための道具としての可能性を学習していたことを示してい

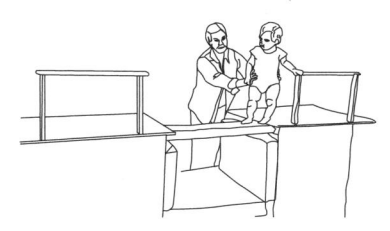

図7 手すり実験：(Berger & Adolph 2003)
注：図は"手すり無し"条件

### 3.3.5 アフォーダンスの学習

これまで参照してきた乳児の発達に関する実験が一貫して明らかにしているのは、乳児がさまざまな環境に直面し、そのなかで能動的な探索行動を通して、環境や道具の意味と自己の行為の可能性を知覚しているという事実である。私たちが環境に接触する中で能動的な知覚学習が起こり、行為の実現を支える情報が抽出される。つまり、環境にはそういった知覚学習を導く資源が存在しているのである。このように環境に存在し、知覚される行為の可能性を特に「**アフォーダンス**[6] (affordance)」と呼ぶ (J. J. Gibson 1979)。これは英語の「アフォード (afford [もたらす、与える])」からの造語で、「環境が動物に提供するもの」と定義される、ギブソン派の生態学的アプローチにおける重要概念の一つである (J. J. Gibson 1979)。たとえば、地面のアフォーダンスを探しあてることによって、歩行能力をもった行為者は、その上を歩くという行為を実現している。このような仕方で環境と私たちは相補的な関係にあり、アフォーダンスが環境と私たちを結び付けているのである (E. J. Gibson 1988)。

先述したアドルフらの実験 (Adolph 2000; Berger & Adolph 2003) でいえば、ある範囲までの幅の床の隙間には、支えなしに歩行しても落下せずに移動できる可能性を知覚する、あるいは、ある範囲以上の幅の床の隙間を前にした場合には、自己の歩行を安定化させる可能性を手すりに知覚するといったことになる。このように考えれば、知覚学習とは、環境や対象の意味や価値を抽出できるようになること、すなわちアフォーダンスの知覚を学習するということに他ならない (E. J. Gibson 1987)。発達から知覚学習を観るということは、すなわち「アフォーダンスがいつ、どのようにして学習されるのか」を明らかにするということなのである (E. J. Gibson 1987)。

### [キーワード]

6) **アフォーダンス (affordance)**：環境が、そこに生活する動物に対して提供する「意味」や「価値」。アフォーダンスは行為の原因、あるいは行為を解発する刺激ではなく、行為の可能性もしくは機会であり、環境と動物との相補性のもとで定義される。

## 3.4 学習と発達のグランドセオリーに向けて

### 3.4.1 変化に対する柔軟な対処

アフォーダンスを知覚することが

知覚学習の本質であるならば，私たちの身体と環境との交わりは学習の直接的な契機となる。しかし乳幼児期の子どもは「座位」，「ハイハイ」，「つたい歩き」そして「自立歩行」へと劇的に発達し，その過程で，知覚と行為のシステムには大きな変化が引き起こされる。これは週単位でも起こる変化である。つまり身体と環境とのかかわり方は短い期間にも刻々と移行を続け，そのつど利用されるアフォーダンスにも変化が生じると考えられる（Adolph 2000, 2008 a）。先述した実験（Adolph 2000）において，「座位」と「ハイハイ」の姿勢の違いが，隙間の安全性（あるいは危険性）の知覚に影響を及ぼしていたことはその一つの例であり，それは身体的な成長に従って同一の環境に対するアフォーダンスの知覚が変化することを示している。

また，日常の生活では，周囲の環境も刻々と変化し続けている。ゆえに環境に存在するアフォーダンスは多様であり，それを実現する手段も多様になる。このような過程で，アフォーダンスを実現するための多様な手段の中から適応的な行動に至るための選択を行う能力，すなわち柔軟性（flexibility）が学習されなければならない（E. J. Gibson 1994）。これは連合学習や刺激の般化に基づく過去の方法を繰り返すことではなく，「今まさに直面している」課題に向き合いながら新しい解法をそのつど発見していくことである（Adolph 2005）（→ II-1.1.3）。E. J. Gibson（1994）のことばを借りれば，「柔軟性は発達に合わせて変化する。この変化は，探索活動，結果の観察，状況の変化，課題の分化，そして潜在的な新しいアフォーダンスの出現がもたらす行動の多様化とより細かな選択をもたらし，あわせてさまざまな課題の不変的な側面が認識されるにつれて生じる」ということである。つまり柔軟性は学習されなければならない人間行動の特質の一つなのである（E. J. Gibson 1994）。

### 3.4.2 新生児歩行反射消失のミステリー

環境は行為の可能性を提供し，私たちがそれを能動的に知覚し利用して，柔軟に適応的行動をとることができるようになる。こういった知覚学習の働きについて考えるとき，一つの重要な意味を持つ知見を紹介する。乳児の運動研究から発達全般のメカニズムを解明する理論的枠組みを提案したテーレン（E. Thelen）らは，乳児の環境への柔軟な適応について「**新生児歩行反射**[7]（newborn stepping）」を題材にして画期

的な報告をした（Thelen 1984）。
乳児は、生後間もなく両脇を抱きかかえられた状態で床や地面に足を触れさせられると、両足を交互にステップするように動かす。ところが、この歩行のように見える反射はおよそ3カ月齢で消失してしまうのである。このミステリーについては、脳の皮質の成熟により原始的な反射が抑制されるようになったため、あるいは系統発生的に消失がプログラムされているためといった説明が一般的であった（Andre-Thomas & Autgaerden 1966; Oppenheim 1981; Peiper 1963; Touwen 1976）。

しかしテーレンらは、非常にシンプルな事実から、このような説明に対して異なる見解を示した。3カ月齢の乳児は、次第に体重も増えてふくよかに太ってくる。そして立位では確かにステップをしなくなるが、仰向けの姿勢では相変わらず足をキックするように動かし続けている。足の伸縮を行うためには、立位の方が仰向けの場合よりも筋力が必要になる。したがって、この時期の乳児は、体重の増加に比べて足を上下に伸縮させる筋力の成育が追いつかないために、ステップができなくなっているのではないか、と考えたわけである。そこでテーレンらは、まだ新生児歩行反射が残っている2カ月齢の乳児の足に小さな重りを装着し、数週間後に到達するであろうステップが消失する時期に相当する負荷をかけたところ、ステップの出現は明らかに減少したのである。さらにテーレンらは、既に歩行反射が消失し始めた乳児の両脇を抱え、下半身をぬるま湯のプールに入れてみたところ、浮力の作用により体重の一部が相殺され、ステップの頻度が再び急激に増加したのである。

[キーワード]
7）新生児歩行反射（newborn stepping）：新生児に見られる原始反射の一つ。生後間もない乳児の両脇を抱きかかえた状態で床や地面に足を触れさせられると、両足を交互にステップするように動かす歩行様の運動である。通常、生後2〜3カ月で消失する。

### 3.4.3 ダイナミック・システムズ・アプローチ

上述の二つの事例は、歩行反射の消失に関する、皮質の成熟や遺伝的プログラムにもとづく説明が不十分であったことを示している。両足のステップは内的な要因によって消失していたのではない。環境や姿勢などの外的な変化に対して、乳児が自発的に足のステップを組織化したのである。これは、新たな環境に遭遇した身体が自ずと適応的な行動パターンを探し出していたことを意味す

る。テーレンらのことばを借りれば、「ちょっとした環境の変化が、脳の成熟に必然的に従うと信じられてきた発達の順序をシフトさせる」のである（Thelen & Smith 1994, 12）。

つまり発達とは、環境や身体的要因をはじめとするあらゆる要因の影響から**自己組織的**[8]（self-organization）に起こるものであり、従来の説明のように押し並べて段階を経るように順序通り、すなわち線形的に進むものではない。そこでテーレンらは「複雑系」の理論を導入し、発達の非線形的なメカニズムを説明するためのグランドセオリーとして「**ダイナミック・システムズ・アプローチ**[9]（dynamic systems approach)」を提唱したのである。

たとえば、テーレンは、発達の過程を、山から流れ出ている川の水流をメタファーにして説明する。「ある地点では水流は穏やかで、小さなさざ波が立っているように流れている。ところがすぐ近くではちょっとした水流の乱れやより大きなうねりが起こっている。またその他の地点では波や飛沫が立っている。これらのパターンは何時間も、あるときは何日でも同じような状態であるのかもしれないが、ひとたび嵐が起こったり、雨が降らずに乾燥が長引いたりすれば、新しい水流のパターンが生じる。果たしてそのパターンは何処から現れたのか？なぜ川の流れは一定だったり、変化したりするのだろうか？」（Thelen 1995; Thelen & Smith 2005, 263）。

山の地理的な歴史が川の傾斜の形成に影響したであろうし、過去の気候の影響も無視できない。つまり今、眼前に見えている水流のパターンは予めプログラムされたものではない。その背後にはあらゆる要因の複雑かつ柔軟な相互作用と、過去から連続する時間の蓄積を抱えているのである。このようにテーレンが観た発達とは、内的な成熟という唯一の原因や発達の段階といった単一の時間尺度には還元することができないダイナミックなものとして捉えられていたのである。

## ［キーワード］

8）**自己組織（化）**（self-organization）：システムの内外でエネルギーや物質の交換を行いつつ、しかし、システム外部から明示的な秩序を導入することなしに、システム内部のメンバー間における相互作用の過程の中から、システム内に自律的に秩序が生じること。

9）**ダイナミック・システムズ・アプローチ**（dynamic systems apporach）：特に発達や学習の文脈において、人間や動物の行為や運動を、開放系におけるサブ・システム間の相互作用に基

づく時間発展するシステムと見なす立場。ここでは，環境に存在する重力や反作用力などの力学的資源や，筋骨格系，循環器系などの特性が，脳などの神経系と同様に，より大きなシステムが構成されていく過程の中で相互作用する一因とみなされる。

### 3.4.4 知覚学習への示唆

ダイナミック・システムズ・アプローチの要点は，（1）多様な要因の複雑な相互作用，（2）連続的な時間尺度の影響，（3）自己組織的なパターン生成，といったことになる。これらは知覚学習の特徴とつながっている。

環境のなかで身体は多様なアフォーダンスを持続的に探索する。このとき絶え間なく変化する環境や対象，多様なアフォーダンス，そして知覚と行為のシステムの発達などの要因が複雑に作用し合う。そこにはすでに複数の時間尺度が入れ子のように入り込んでいる（環境が形成される時間，自己の現時点までのあらゆる発達，対象の知覚を繰り返す時間など）。そして，正誤のフィードバックが与えられてなくても対象の特徴を分化できるようになるという自己組織的な学習の起こり方など，これらはいずれも学習のメカニズムを遺伝的な成熟や概念的知識の連合としてではなく，環境と私たちとが接触するなかで，「今，ここで」(now and here) 起こり続けるダイナミックな学びの様相を捉えている。知覚学習の働きを議論する上で，ダイナミック・システムズ・アプローチの貢献は本質的である。

実際，テーレンらは「私たちの発達理論は，生態心理学，とりわけエレノア・ギブソン（1969, 1988）の業績に導かれ，そしてそれに合致している。特に『世界には情報があるということ，そして発達のゴールとは「環境がアフォードすること」と「行為者が可能なこと，為したいこと」との間に機能的な一致を実現するために，有用な情報を発見することである』というエレノア・ギブソンの考えを参照したい」と述べているのである（Thelen & Smith 1994）。

## 3.5 生態学的な学びと，動物―社会―環境システムの進化

ここまで，生態学的な学びにおける知覚学習の重要性，および，知覚と行為のシステムの相補的発達の重要性について述べてきた。生態学的な観点からすれば，すべての学習と発達は，さまざまな時間的スケールで進行する，個体による環境への適応現象である。注意すべきは，そこで想定されている環境は，静的なものではなく，動的な環境であり，また，その動的な環境の中には，知覚

学習による未知のアフォーダンスの新たな発見の可能性が秘められており，その意味で，環境の変化と安定の構造を感受するための知覚が重要になるということである。知覚によって新しく分化された「刺激のパターン」，すなわち情報ないしはアフォーダンスを求めるための探索行動は，一生涯継続することが可能である。また，さらに高次の「情報のパターン」というべき，より高次のアフォーダンスが未発見のままでいるかもしれない。環境には無尽蔵の情報があり，探索行動に終点はない (J. J. Gibson 1966)。個体の学習と発達は，その生涯の範囲を限界にしつつも無制限である。

しかしながら，ある個体が環境から学んだ成果は，他の個体にどのようにして継承されうるのか。そこでは，他者のアフォーダンスが重要となると筆者らは考える。環境には，他の動物や，同種の他者も含まれており，他者には他者のアフォーダンスを発見することができる。たとえば，養育者は，子どもにとって，保護と養育のアフォーダンスをもっており，それは養育者が示す独特の行動系列と，それに法則的に対応する刺激流動のパターンから特定されるはずである（→II-3.2）。さらに，養育者や友人をはじめとする他者，あるいはそのような他者の集団である社会システムの中に動的に保存された習慣的行動は，環境から情報を共に学ぶためのアフォーダンス（たとえば，共同での学習への参与の機会など）を個体に対して提供している。このような，「アフォーダンスを学ぶことのアフォーダンス」は，きわめて高次のアフォーダンスであるが，それを学習し利用することは，その後の学びのための大きな推進力となるだろう。

環境と，そこに生活する人間や動物を一つのシステムであると考えたとき，個体や個体の集団が学習した行動が，遺伝情報に遡って反映される可能性も示唆されている。たとえばゴットリブ（G. Gottlieb）の**蓋然的後成説**[10]（probabilistic epigenesis）は，その一例である（Gottlieb 1992）。この，ゴットリブによる新しい進化のシナリオは，3つのステージから構成される。まず，その種の行動における変化，とりわけ**生態学的ニッチ**[11]（ecological niche）の移行があると（ステージ1），新しい環境は，その動物が未使用だった資源を利用することや，その種に潜在的に備わっていたが発現していなかったような適応，生理的変化をもたらし，個体群内における遺伝子情報の変化の道を開く（ステージ2）。そして，生態学的ニッチの移行はまた，長期的な地理的・行動的

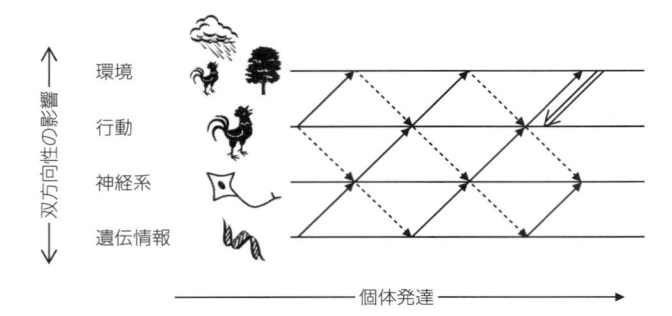

440　V　関係と状況の中での「学び」

図8　ゴットリブの蓋然的後成説にもとづく進化のシナリオ（点線）と，ギブソンのアフォーダンス（二重線）：(Gottlieb [1992]をもとに作成。一部の記述を追加)

注：進化の4つの相を右向きに下降するライン（点線）が，ゴットリブによる蓋然的後成説のシナリオである。ここに，ギブソンの生態心理学におけるアフォーダンスの概念を追加するならば，環境の相から行動の相へと左向きに下降するライン（二重線）のようになるだろう。

隔離にもとづく生殖隔離と，遺伝子構造の変化の固定をもたらす（ステージ3），というものである。このシナリオの特徴は，個体の行動の変化が進化の源泉となっているところである（図8）。個体の行動の変化とはすなわち学習と発達であり，人間や動物が環境の中で学ぶ上でその先鞭をつけるのは，ほかならぬ知覚学習である。アフォーダンスとその知覚学習というテーマは，生態学的な学びという文脈の中で生態システムの共進化の問題とも接続される。今後のさらなる展開が期待されるテーマである。

[キーワード]

10) **蓋然的後成説**（probabilistic epigenesis）：発達心理学者ゴットリブ(1929-2006)の提唱した，発達と進化に関するシステム論的な仮説モデル。発達と進化を，遺伝子，神経系，行動，環境という4つの階層における双方向的な交互作用によってもたらされる，非決定論的・非因果論的な，蓋然的・創発的関係としてみなした。特に，個体の発達の過程で，環境との相互作用の中で生じる新しい行動表現型の獲得ないしは選択が，新種形成の発端となるという主張は特徴的である。

11) **生態学的ニッチ**（ecological niche）：生態学的地位ないしは生態学的位置。ある生物が生存において利用してい

るさまざまな資源の集合であり，J・J・ギブソンは，生態学的ニッチをアフォーダンスの集合体と捉える。なお，ある生物の生息場所，すなわち空間的位置をさす用語としてハビタット（habitat）があるが，生態学的ニッチは空間的位置だけでなく機能的なものを含む点で異なる。

# 4 学びの評価

## 松下佳代

　私たちは学びそのものを見ることはできない。ある具体的な文脈の中で行われる行為の変化を通して、その背後にある力や関係性の変化を学びとしてとらえるのである。したがって、学びの評価には必ず解釈が含まれ、評価する側の鑑識眼が求められることになる。学習の評価が、行動を要素的・量的・客観的に把握しようとするのに対し、学びの評価は、ふるまいのよさを全体的・質的・間主観的に価値判断する。このような学びの評価は、学校だけでなく、学校外でもさまざまな場面で行われる。本章では、学習論のパラダイムの変化に伴って現れてきた新しい評価（オルターナティヴ・アセスメント）のうち、特にパフォーマンス評価をとりあげ、その理論・方法を議論する。

## 4.1 評価論の新しいパラダイム
### 4.1.1 二つのパラダイム

　1980年代、認知科学には、機能主義・表象主義・計算主義を特徴とする情報処理的アプローチから、関係論・状況論・身体論などを組みこんだアプローチへのパラダイムシフトがあった。このパラダイムシフトを背景にして、評価論にも新しいパラダイムが登場してきた。従来の**精神測定学**[1] (psychometrics) に対する**オルターナティヴ・アセスメント**[2] (alternative assessment) である。それは精神測定学ほどの堅固さはそなえていないが、しかし、確かな潮流となって現れている (Berlak et al. 1992; Gipps 1994)。両者の特徴を対比的に示すと次頁の表1のようになる。

　断っておくと、この二つのパラダイムはいわば理念型であって、現実に行われている評価は、両者の中間型であったり混在型であったりすることも少なくない。また、評価論においては、精神測定学的パラダイムも依然として有力であり、パラダイムがシフトしたというよりは新たなパラダイムが加わったという方が正確だろう。

## [キーワード]
1) **精神測定学 (psychometrics)**：教育的・心理的な測定（知識、能力、態度、人格特性などの測定）の理

表1 評価論の二つのパラダイム

|  | 精神測定学的パラダイム | オルターナティヴ・アセスメントのパラダイム |
|---|---|---|
| 学問的基盤 | 精神測定学，知能理論 | 状況論，構成主義，解釈学 |
| 評価目的 | アカウンタビリティ<br>一定の質保証 | 指導<br>さらなる成長 |
| 評価項目 | 分割可能性 | 複合性（クラスター性） |
| 評価文脈 | 脱文脈性<br>統制された条件 | 文脈性<br>シミュレーション，真正の文脈 |
| 評価基準 | 単一次元性，二値的<br>客観性 | 多次元性，多段階・連続的<br>間主観性 |
| 評価データ | 量的方法を重視 | 質的方法を重視 |
| 評価主体 | 評価専門家，政策担当者 | 実践者自身 |
| 評価法 | 標準テスト，客観テスト<br>（多肢選択問題，正誤問題など） | パフォーマンス評価，<br>真正の評価，<br>ポートフォリオ評価　　　など |

論・技法に関する学問分野。主にテストや質問紙などの評価用具と多様な統計的手法の研究が行われている。

2）オルターナティヴ・アセスメント（alternative assessment）：伝統的な評価法に代わる評価法の総称。伝統的な評価法の中には，精神測定学的パラダイムに立つ標準テストと教師作成テストの両方が含まれる。

### 4.1.2 オルターナティヴ・アセスメントの社会・歴史的文脈

以下では，表1に示した学びの評価の特徴を説明していくが，その前に，オルターナティヴ・アセスメントの背後にある社会・歴史的文脈について説明を加えておこう。

アメリカでは，1983年に教育省の国家委員会が出した報告書 *A nation at risk*（危機に立つ国家）をきっかけとして，各学区・学校での教育成果を点検し，アカウンタビリティの要請に応えるため，多くの州で標準テストが多用されるようになった。この動向に対して，標準テストによる評価やその拠って立つ理論の正当性が問われるようになる。そのなかで生まれてきたのがオルターナティヴ・アセスメントであった（Berlak et al. 1992）。

この流れは，2001年のNCLB（No Child Left Behind）法によっていっそう強まっている。NCLB法では，2014年までに数学と言語の領域ですべての生徒を習熟させるという目標に向けて，毎年適切に進歩しているかどうかをみるために，

年一回のテスト実施を義務づけている。そのため，多くの州では，コスト効率のよい標準テストが導入されることになった。NCLB法では，長期にわたり改善を数値的に示せない学区・学校に対して，強制的に教職員の入れ替えがなされることになっており（リコンスティチューション），そのなかで行われるテストは，これまで以上に**ハイ・ステイクスなテスト**[3]（high-stakes test）として機能することになった（恒吉 2006）。そしてその一方で，標準テストに代わる評価法の模索・試行もいっそう喫緊の課題として取り組まれるようになったのである。

[キーワード]
3) ハイ・ステイクスなテスト (high-stakes test)：テストに関与する当事者にとって重大な stakes（利害関係）をもつテスト。たとえば，入試は最もハイ・ステイクスなテストの一つである。

## 4.2 学びの評価としてのパフォーマンス評価

オルタナティヴ・アセスメントの方法には，パフォーマンス評価，**真正の評価**[4]（authentic assessment），**ポートフォリオ評価**[5]（portfolio assessment）などがあるが，以下では，このうちパフォーマンス評価に焦点をあてて，学びの評価についてより詳しくみていくことにしよう。

[キーワード]
4) 真正の評価（authentic assessment）：生徒が，知識や技能などを使って，仕事場や市民生活など現実世界の課題と類似した，本物らしさ（真正性）をもった課題に取り組むことを要請する評価の方法。パフォーマンス評価が，ある文脈での「遂行」に重きをおくのに対し，真正の評価はその文脈が「真正」であることに重きをおくという点で，両者は概念的に区別されるが，実際には一致することも少なくない。

5) ポートフォリオ評価（portfolio assessment）：ポートフォリオとは，もともと画家や建築家などが自分の作品を綴じ込む「紙ばさみ」のことであり，評価論においては学習者が自分の作品（学びの証拠資料）を収集・整理したものをさす。ポートフォリオ評価とは，ポートフォリオに収められた資料に基づいて，教師や生徒自身が生徒の成長を評価する方法のことである。なお，近年では，教師のポートフォリオ（ティーチング・ポートフォリオ）も注目されている。

### 4.2.1 パフォーマンス評価とは

「**パフォーマンス評価**[6]（performance assessment）」とは，文字どおり，何らかの課題や活動を実際にパフォーマンスさせることを通じて

行われる評価のことである。では、「パフォーマンス」とはどういう意味なのか。

英語の"performance"は多義的なことばである。根幹をなすのは、「ふるまい」「遂行」などの意味だが、「業績」「成果」「性能」のように訳されることもある。だが、パフォーマンス評価の場合は、むしろ、「演技」「(作品の)できばえ」などのニュアンスに近い。つまり、パフォーマンス評価とは、「ある特定の文脈のもとで、さまざまな知識や技能などを用いて行われる人のふるまいや作品を、直接的に評価する方法」のことである。

たとえば、フィギュアスケートの演技、ピアノの演奏、美術の作品などの評価のしかたを思い浮かべるとよい。フィギュアスケートなら実際に数分間演技させる、ピアノなら1曲演奏させる、美術なら作品を提出させる。そして、そのような演技・演奏・作品を複数の専門家が、何らかの基準にしたがって評価する。それがその人の力を評価するための最も直接的なやり方だと考えられているからである。

[キーワード]
6) パフォーマンス評価 (performance assessment)：何らかの課題や活動を実際にパフォーマンスさせることを通じて行われる評価のこと。より厳密には、「ある特定の文脈のもとで、さまざまな知識や技能などを用いて行われる人のふるまいや作品を、直接的に評価する方法」と定義できる。パフォーマンス評価は、学校だけでなく、学校外のさまざま場面(仕事場、スポーツ、芸術など)でも行われている。

### 4.2.2 パフォーマンス評価の特徴

パフォーマンス評価には次のような特徴がある。

#### (1) 評価の直接性

パフォーマンス (performance) の対概念は**コンピテンス**[7] (competence) である。チョムスキー (N. Chomsky) は、適切な言語形式を産出する能力(言語能力 [linguistic competence])と、実際に産出された言語形式(言語運用 [linguistic performance])を区別し、前者に焦点をあてることで、生成文法理論を構築した (→IV-4.1.3)。〈パフォーマンス―コンピテンス〉の区別は現在でも広く使われるが、コンピテンスの中身は大きく変化している。チョムスキーにおけるコンピテンスが、理想化された言語使用者のもつ脱文脈的な能力であったのに対し、パフォーマンス評価におけるコンピテンスは、具体的な個人における文脈的な能力である。

このコンピテンスの概念は、ライ

ル（G. Ryle）のいう性向（disposition）の概念に近い。佐伯（1982）は、性向を「行為の現れ自体ではなく、むしろ、行為の可能性である」とし、「さまざまな状況の下で適切な行為が現れやすい態勢にあること」(p.27)と説明している。佐伯のいう「行為の現れ」がパフォーマンスであり、「行為の可能性」がコンピテンスにあたる。パフォーマンスは観察可能だが、コンピテンスは観察不可能であり、パフォーマンスの観察から得られる証拠資料（evidence）にもとづいて推論されるのみである。もっとも、パフォーマンス評価では、パフォーマンスからコンピテンスを推論すること以上に、コンピテンスをパフォーマンスとして現出させ、そのパフォーマンスを直接的に評価することに重きがおかれている。

### （２）パフォーマンスの文脈性

パフォーマンス評価では、パフォーマンスとコンピテンスをこのようにとらえているので、文脈性は不可欠の特徴である。

コンピテンスはある文脈の中でパフォーマンスとして現出する。いいかえれば、文脈は、コンピテンスをパフォーマンスへと「可視化」させる働きをする。

一方、パフォーマンスは文脈の中で初めてコンピテンスの現れとして「解釈」される。フィールドワーク研究では、行動を文脈を含めて説明すること、すなわち「厚い記述（thick description）」を行うことが必要とされる。この用語はギアツ（C. Geertz）の著書を通して知られるようになったが、もとはライルの講演の中で使われたものである。人がまぶたをすばやく閉じて開く動作をしたとき、それが何かの企みをこめたウィンクなのか、単に眼が乾いてまばたきしただけなのか、それともまた別の行為なのかは文脈の中でしか解釈できない。厳密にいえば、「ウィンク」「まばたき」といったことば自体がすでに文脈の中での解釈を含んでいるのである。同様に、パフォーマンスの意味も文脈の中でしか解釈できない。（1）で述べたように、パフォーマンス評価では、パフォーマンスを「直接的に」評価することに重きがおかれているが、それはこうした「解釈」を否定するものではない。

このように、文脈は、コンピテンスをパフォーマンスへと可視化させるとともに、パフォーマンスからコンピテンスを解釈することを可能にするのである。

### （３）パフォーマンスの複合性（クラスター性）

パフォーマンス評価では、フィギュアスケートなら数分間の演技、ピ

アノなら1曲の演奏，美術なら1点の作品といったように，それ以上分割すると本来の質を失うひとまとまり（クラスター）のパフォーマンスを実際に行わせて，それを評価する。あるコンピテンスをもっているということは，単にコンピテンスを構成する諸属性をもっているということではなく，そうした諸属性を，複雑な状況のもとでそれにふさわしいときに，適切に結集し統制することができるということを意味する。したがって，そうしたコンピテンスの具現化であるパフォーマンスにも，そのようなひとまとまりを保つことが求められるのである。

認知心理学者のレズニック（L. B. Resnick）は，精神測定学の立場に立つテストには，知識は要素に分割できるという「分割可能性」と知の「脱文脈性」という二つの誤った仮定があると指摘した（Resnick 1989）。パフォーマンス評価は，分割可能性に対しては複合性を，脱文脈性に対しては文脈性を打ち出すことで，オルターナティヴを示している。

### (4) 評価の分析性と主観性

パフォーマンス評価では，パフォーマンスが複合性という特徴をもつ代わりに，評価は分析的に行われる。

たとえば，フィギュアスケートには，技術審判（3名）と演技審判（10〜12名）がおり，技術点と構成点（演技点）に分けて評価が行われる。技術点は，ジャンプ，スピン，スパイラルシークエンス，ステップシークエンスという4要素からなり，技術審判が判定した要素（たとえば，トリプルアクセルなど）について，演技審判がそのできぐあいを−3から＋3までの7段階で評価する。一方，構成点のほうは，スケート技術，要素のつなぎ，身のこなし，振付け，曲の解釈の5項目を，演技審判がそれぞれ10点満点，0.25点刻みで評価する。

このように，現在のフィギュアスケートの評価方法はきわめて精緻に組み立てられている。興味深いのは，これだけ精緻であるにもかかわらず，主観的要素も残っていることである。つまり，技術審判による要素の判定，演技審判による技術点の7段階評価と構成点の評価，このいずれにおいても，時間の流れのなかで行われるひとまとまりのパフォーマンスを分節化し，要素を同定し，その質を価値判断する専門家の眼，すなわち**鑑識眼**[8]（connoisseurship）が必要になる。技術審判も演技審判も複数いるということ自体，ここでの評価が主観的要素を含むものであることを物語っている。

一定の分析性をそなえた評価基

準，評価における主観的要素と鑑識眼の必要性，その領域の複数の専門家による**モデレーション**[9]（moderation）——これらはすべてパフォーマンス評価の特徴である。フィギュアスケートの評価はそのきわめてシステム化された例であるにすぎない。

## [キーワード]

7）コンピテンス（competence）：一般的には「能力」や「有能さ」を意味するが，その具体的内容は，心理学，言語学，経営学など学問分野によって異なる。ここでは，OECD（経済協力開発機構）の「キー・コンピテンシー」概念（Rychen & Salganik 2003）に基づいて，〈個人が，自らの諸属性（認知的，情意的，身体的，社会的な諸属性）をある文脈の中での要求・課題に対して結集し統制し，有能に応答する能力〉と定義しておく。

8）**鑑識眼**（connoisseurship）：対象を分類・同定し，その価値を判断する能力。心理学や認知科学では対象の分類・同定のみをさすことが多いが，評価論では価値判断まで含むものでなければならない。なお，評価論では，アイズナー（E. W. Eisner）の概念として知られているが，アイズナーが主に表現活動の評価に限定してとらえていたのに対し，ここでは学びの評価全体に不可欠の要素とみなしている。

9）**モデレーション**（moderation）：複数の評価者間で評価の一貫性（信頼性）を確保するために行う調整作業のこと。評価過程を統一する方法と評価結果を統一する方法がある。

### 4.2.3 学校外でのパフォーマンス評価のバリエーション

ここまではフィギュアスケートを例にして説明してきたが，日常生活や仕事場，スポーツ，芸術などでの評価の多くは，パフォーマンス評価の特徴を含んでいる。ただし，その中身は多様である。

たとえば，多くの人が体験するところでは，自動車運転免許の技能試験も，一種のパフォーマンス評価と言える。技能試験では，受験者が実際に路上を走行してみせ，試験官が100項目以上の採点基準にしたがって採点を行う。100点満点からの減点方式で70点以上が合格である。ただし，技能試験では，評価の客観性・公正性を重視するために，評価項目を非常に細分化し，項目ごとに不適切な行為があれば減点するという二値的な評価が行われている。自動車の技能試験は，運転の基礎的技能が一定の水準に達しているかどうかをみるものであって，より上手く・より美しく遂行することを競うものではないからである。こうして，自動車の技能試験は，精神測定学的パラダイムに近い性格を帯びる

ことになる。

松下(2004)によれば、「実践(practice)」は、個々それぞれに固有の「よさ」(内的善)の規準をもつ。実践とはこの内的善のもとでよりよき達成をめざして行われる目的的・意図的活動のことである。たとえば、伝統的な仕事の多くは、「すぐれたできばえ」や「すぐれたわざ」を判定する規準をその活動の内部にもっており、人びとはそのような「よさ」の実現を求めて終わりなき活動に従事する(→Ⅰ-1.2.4)。こうした観点からすると、自動車の技能試験のパフォーマンスは実際的だが、実践的性格は乏しい。

一方、伝統的な仕事や芸術・芸能、研究など実践的性格の強い分野では、評価基準が言語的に明示されておらず、評価する側の鑑識眼として暗黙知のままにおかれている場合が少なくない(→Ⅲ-3.4)。時津(2007)は、考古学者の鑑識眼研究の中で、鑑識眼の本質の一つとして「非言語的属性」の把握をあげている。非言語的属性とは、たとえば出土遺物の丸みや傾きなどの連続量であり、考古学の熟達者は、言語的には表現しにくいその適正範囲を感覚的に理解しているという。

もっとも、鑑識眼は暗黙知ではあっても、私的なものではない。鑑識眼とは、実践共同体が共有する内的善を我がものにすることによって、各人が対象や実践の特性や価値を見極めることができるようになった、その力のことであり、実践共同体の間主観的な合意に基づくものだからである(松下 2002)(→Ⅰ-1.2.5)。

このように、学校外でのパフォーマンス評価には、パフォーマンスの実践的性格、評価基準の明示性や評価の主観性(鑑識眼の必要性)などの点で大きなバリエーションが存在する。

### 4.3 学校でのパフォーマンス評価

最初に述べたように、学校教育でパフォーマンス評価などのオルターナティヴ・アセスメントが主張され始めたのは、1980年代以降である。そこには、状況論的な観点から、学校学習を批判し、学校外での学びの特徴を学校の中に取り入れることで学校学習を再構築していこうとする研究の流れがあった。

では、学校の中でパフォーマンス評価はどんな形をとるのだろうか。

#### 4.3.1 パフォーマンス課題とルーブリック

学校でのパフォーマンス評価では、生徒のコンピテンスをパフォーマンスへと可視化させ、直接的に評価するために、**パフォーマンス課題**[10](performance task)が用いら

れることが多い。パフォーマンス課題は，文脈性，複合性（クラスター性）の要件をみたすものでなければならない。

一方，パフォーマンスを評価するために，多くの場合用いられるのが，**ルーブリック**[11]（rubric）である。ルーブリックとは，「成功の度合いを示す数値的な尺度（scale）と，それぞれの尺度に見られる認識や行為の特徴を示した記述語（descriptor）から成る評価指標」（石井 2005）と定義されている。わかりやすくいえば，パフォーマンスの質を段階的に評価するための評価基準のことであり，ふつう観点（次元）とレベルからなる二次元表として表される。ルーブリックには，「一般的（generic）」（その領域で一般的に使えるもの）か「課題特殊的」（その課題だけで使えるもの）か，また，「全体的（holistic）」（観点ごとに分けずに全体的に採点する）か「分析的（analytic）」（観点ごとに採点する）かで四つのタイプがある。多くの場合，課題特殊的なルーブリックは，一般的なルーブリックをもとに，採点と同時並行で作成される。

ルーブリックの作成や採点においては，**信頼性**[12]（reliability）が問題になる。信頼性で問われるのは，異なる採点者が採点しても結果が同じになるかという「採点者間の信頼性」と，同じ採点者が同じように採点しつづけているかどうかという「採点者内の信頼性」である。パフォーマンス評価では，信頼性を確保するために，①ルーブリックによる評価基準の明示化・共有化，②複数の評価者間でのモデレーション，③評価事例の蓄積・提供，④評価者のトレーニング，といった方法がとられる。

このような方法は，学校外でのパフォーマンス評価の方法と大きく異なるものではない。モデレーションは評価者間での間主観的な合意を形成する作業である。ルーブリックを用いることで，評価結果だけでなく評価基準についても合意が形成される。評価事例は，ルーブリックに言語化できない属性を共有することを可能にする。評価者は必ずしも専門家とはかぎらないので，評価者の力量（教育的鑑識眼）を高めるためにトレーニングが行われるが，パフォーマンス評価に携わること自体が専門的力量を高める機会にもなりうるのである。

以下では，学校でのパフォーマンス評価の例として二つの例をあげよう。一つは医療教育，もう一つは数学教育での例である。

[キーワード]

10) **パフォーマンス課題** (performance task):学習者のパフォーマンスの能力を評価するためにデザインされた課題のこと。大別すると、実演(演奏や演技,論述やプレゼンテーション,道具の操作など)と作品(レポート・小論文,ポスター,詩や小説,絵画や彫刻など)に分かれる。

11) **ルーブリック** (rubric):パフォーマンスの質を段階的に評価するための評価基準のこと。より厳密には、「成功の度合いを示す数値的な尺度と、それぞれの尺度に見られる認識や行為の特徴を示した記述語から成る評価指標」と定義される。ルーブリックは、一般的―課題特殊的、全体的―分析的という二つの軸によって4タイプに分類できる。

12) **信頼性** (reliability):測定の一貫性・安定性の程度のこと。信頼性と対をなす概念は妥当性 (validity) であり、テストなどの評価用具が測定しようとしているものを実際に測定している程度を意味している。信頼性と妥当性の間にはしばしばジレンマが生じるため(たとえば高次の認知能力をみようとするとき、パフォーマンス課題は、妥当性は高いが信頼性は低いとされる)、パフォーマンス評価では信頼性(比較可能性)を確保することが課題となる。

### 4.3.2 事例1:医療教育におけるパフォーマンス評価(OSCE)

医療教育分野(医学,歯学,薬学,看護,理学療法など)では、近年、OSCE [13] (objective structured clinical examination) という評価方法が広く行われるようになってきた (CATO 2008)。

OSCEでは、いくつかのステーションが用意され、各ステーションで種々の課題(医療面接,腹部の診察,胸部X線写真読影,縫合・抜糸など)が出される。受験者はステーションを回りながら、模擬患者やマネキンを対象にして課題に取り組む。模擬患者にはどうふるまうべきかのシナリオが渡されている。評価は通常、講習を受けた認定評価者2名が同一の評価基準で行うことになっている。したがって、OSCEの「客観的」とは、厳密にいえば間主観性を意味している。もっとも、OSCEの評価基準は各課題につき数個から十数個の観点(学習・評価項目)を設けて、できたかどうかを二値的に判断するタイプのものであり、主観的要素ができるだけ少なくなるよう設定されている。

OSCEは、先にあげた四つの特徴――①評価の直接性,②パフォーマンスの文脈性,③パフォーマンスの複合性(クラスター性),④評価の

分析性と主観性（間主観性）——を備えている点でパフォーマンス評価の一種と言える。だが、OSCEでは、まだ国家資格をもたない学生が医療行為を行うことに対して、その質を保証し、患者や社会にアカウンタビリティを果たすために、客観性（信頼性）と標準化が追求されている。そのため、精神測定学的パラダイムにかなり近いものになっていることがみてとれよう。

## [キーワード]
13) OSCE (objective structured clinical examination)：「客観的臨床能力試験」と訳される。認知領域だけでなく、精神運動領域（技能）や情意領域（態度）も含めた基本的臨床能力を、「客観的」に評価する方法として開発された。特に医・歯学教育では、すでに標準化された共用試験として実施されており、学生は臨床実習開始前に、知識・問題解決能力を評価するCBT (computer based testing)とあわせてOSCEの受験が義務づけられている。

### 4.3.3 事例2：数学教育におけるパフォーマンス評価

ここまでとりあげてきた例は、スポーツ、芸術、職人技、臨床能力などの実技系に偏っていたが、パフォーマンス評価の範囲は実技系に限定されるわけではない。1990年代以降、数学教育をはじめアカデミックな教科でも多様なかたちでパフォーマンス評価が試みられてきた。たとえば、レズニックは、1990年にNew Standards Projectを立ち上げて、州・学区単位で使える多くのパフォーマンス評価を開発している。このプロジェクトには17州からなるコンソーシアム、約2万人の教員が参加して、課題の構成・実施・採点に携わったという (Resnick & Resnick 1996)。NCLB法の下で、多くの州ではコストのかからない客観テストが使われているが、ロードアイランド州などいくつかの州などでは、このプロジェクトで開発されたパフォーマンス評価が使われている。

数学教育におけるパフォーマンス課題には、ハンズオン課題と筆記課題の両方がある。

### (1) ハンズオン課題 (TIMSS)

IEA（国際教育到達度評価学会）が1995年に実施したTIMSS 1995 (Third International Mathematics and Science Study [第3回国際数学・理科教育調査])では、客観テスト（多肢選択問題と短答問題）の他にパフォーマンス評価が試験的に行われた。TIMSSでは、パフォーマンス評価を「総合的で実際的な課題を用いることによって、生徒の内容的・手続き的知識、および

そうした知識を使いながら推論や問題解決を行う能力を評価する方法」(Harmon et al. 1997, 5) と規定している。

TIMSSのパフォーマンス課題は、現実的な場面でさまざまな道具（電卓、サイコロなど）を使って問題を解くハンズオン課題で、生徒は、OSCEと同じようにステーションを回りながら、課題に取り組んだ。

たとえば、「電卓」という課題では、電卓が渡され、生徒は、まずかけ算（34×34、334×334、3334×3334）の答えを電卓を使って求めた後（問1）、そこに存在するパターンを見つける（問2）。そして、今度は電卓を使わないでかけ算（33334×33334、3333334×3333334）の答えを予測し（問3・問4）、その考え方を説明する（問5）（4年生・8年生共通。8年生にはもう1問追加）。

一方、評価は、解答の正しさとタイプ（ストラテジー、つまずきなどによってコード化）によって行うことになっていた。この形式は、TIMSSの短答問題と同じである。

このように、TIMSSのパフォーマンス評価は、ハンズオン課題を用いているという新しさはあるが、評価の方法は従来のものとさほど大きな違いはない。

## （2）筆記課題（JELSほか）

「筆記による評価」と「パフォーマンス評価」とは従来、別物とされてきた。だが、さまざまな新しい問題が開発されている現状では、筆記による評価とパフォーマンス評価の境界線は曖昧になってきているといわれている（西岡 2003）。重要なことは、筆記課題か実際的・実技的課題かではなく、先にあげたパフォーマンス評価の特徴をそなえているかどうかである。

お茶の水女子大学の21世紀COEプログラムのプロジェクト「青年期から成人期への移行についての追跡的研究（Japan Education Longitudinal Study：JELS）」では、わが国で初めて大規模なパフォーマンス評価が実施された（耳塚・牧野 2007; 松下 2007）。対象は小学3年生、小学6年生、中学3年生、高校3年生である。JELSでは、「さまざまな状況の中で、問題を数学的に定式化し、解決し、解釈し、それをコミュニケーションする力」を直接的に評価するための課題として、20分で一問の自由記述式の筆記課題が作成された。課題は、日常場面を扱っていて、現実世界と数学の世界を行き来するプロセスを含んでおり、多様な解法をとれるものとされた。たとえば小学6年生の課題は、一言でいえば、3kmのコースを1時間

表2　JELSで用いられたルーブリック（小学6年生、一部抜粋）

| | 概念的知識 | 手続き的知識 | 推論とストラテジー | コミュニケーション |
|---|---|---|---|---|
| 3 | ・時間，距離に関する情報が正しく取り出せている。<br>・時間，距離，速さを正しく関係づけられている。 | ・解を導くために必要な計算が正しくできている（分数・小数を含むかけ算・わり算の計算，単位換算など）。 | ・どんな量や比で比較するかを正しく選択できている。<br>・比較のしかたに一貫性と順序性がある。<br>・手続きの結果を題意にてらして吟味できている。 | ・考え方（プロセスと答え）が数式や言葉などを使ってきちんと書かれており，しかも，その根拠が十分に説明されている。 |
| | | | | |

で歩いたグループと5kmのコースを1時間30分で歩いたグループの速さの比較の問題だが，解法は5通り以上あり，子どもが自分で関連情報を取り出し数学化しなければならないようストーリー仕立てになっている。解答にあたっては，式，ことば，図，絵などを使って思考のプロセスを表現するよう指示が与えられた。

ルーブリックは，Suzuki（1998）をもとに，五つの観点（概念的知識，手続き的知識，推論とストラテジー，洗練度，コミュニケーション）と四つのレベル（0～3点）からなる「課題特殊的」で「分析的」なルーブリックを作成した（ただし，洗練度は中学3年生・高校3年生のみ）。表2は小学6年生で用いたルーブリックの一部である。ルーブリックの各セルの具体的な中身は，複数の評価者が協同しながら，採点と同時並行で記入していく。このルーブリックによって，パフォーマンスを多次元的・多段階的に分析することが可能になる。

たとえばある答案には，「3÷11＝0.27…」「11÷3＝3.66…」「30÷5＝6」「5÷30」という四つの式と筆算だけが書かれていた。数値はどれも問題文に出てきたものである（3は3km，11は11時，30は30分，5は5km）。とにかくわり算の式を作り，計算してみてもっともらしい数値が出たら，それを答えにしようとしたのだろう。時刻と時間の区別もなされていない。だが，筆算は小数点以下第2位まで正確である。この子は，意味を理解しないままに計算技能だけ身につけていることがわかる（この解答は，手続き的知識が2点で，他は0点と評価された）。

実際，書かれた解答（パフォーマンス）は実に多様で，その背後にある子どもの思考プロセスや表現の特徴をきわめてよく映し出していた。だが，パフォーマンスからそうした子どものコンピテンスを解釈するには，一定の教育的鑑識眼が必要であることもまた，明らかになった。

### 4.3.4 学校でのパフォーマンス評価の困難さ

以上では，学校でのパフォーマンス評価についてみてきたが，それには独特の困難さがつきまとっている。ここでは2点指摘しておきたい。

#### (1) 真正性とシミュレーション

4.2でみたように，文脈性はパフォーマンス評価の特徴であり，そこでは**真正性**[14]（authenticity）が求められる。しかし，OSCEで模擬患者が使われているように，いくら現実に近づけても，この文脈はあくまでもシミュレーションである。真正性とシミュレーションは両立しうるのだろうか。

真正性の概念を評価論に取り入れたウィギンズ（G. P. Wiggins）は，「真正のシミュレーション（authentic simulation）」という撞着的な表現を使いつつ，シミュレーションが真正であるためのポイントとして，リアリズムの程度を示す「忠実度（fidelity）」と，状況の多くの側面が模写されるという「包括性（comprehensiveness）」をあげている（Wiggins 1993）。

一方，ブラウンらは，「真正の活動」も，教室に持ち込まれると，その活動の文脈は必然的に姿を変え，「代用の活動」，あるいは学校の文化ともとの文化の入り交じった「異種混合の活動」になってしまうと述べている（Brown, Collins, & Duguid 1989）。実際，たとえばJELSの課題でも，きりのいい数値や「一定の速さで歩いていた」という条件などの単純化がなされている。あまりに真正性を追求すると課題が複雑になりすぎて，多くの子どもが解答できなくなってしまうからである。その意味で，文脈性は，子どもたちに経験してもおかしくないと感じさせる程度の真正性にとどまらざるをえない。また，そもそも，いくら問題場面で文脈性を重視したところで，テストというメタ文脈を変えることはできない。

こう考えてくると，シミュレーションを真正なものにするという発想には限界があると言わざるを得ない。重要なのはむしろ，そこで行うパフォーマンスが学びにとって意味があるものなのか，言い換えれば，パフォーマンス評価が学びの文脈を作り出しうるか，という点にあると

言えよう。

たとえば、ある小学校では JELS のパフォーマンス評価をアレンジして算数の授業の中で使っている（松下 2007）。個々の子どもにパフォーマンス課題を考えさせた後、その解答を模造紙大に拡大コピーし、それを使って子ども同士の学びあいを促すのである。また、OSCE の場合も、OSCE の様子をビデオに録画してグループでのリフレクションに活用したり、学生たち自身に評価の観点を創出させたりする実践が行われている（平山・松下 印刷中）。これらの学校や大学では、パフォーマンス評価が子どもや学生の学びの経験を作り出しただけでなく、協同でパフォーマンス評価に取り組むことにより教員の側の同僚性が強まったと報告されている。

## （2）ルーブリックの陥穽

これまでの例からもわかるように、ルーブリックには、質的なものを数値化する働きがある。いったん数値化されたデータは、個々の生徒の観点別の得点から、合計点、さらには、生徒が所属する集団の統計量、集団間の比較・順位へというプロセスをたどって、何段階にも抽象化・縮約化されうる。このプロセスの中でパフォーマンスの文脈は剥ぎ取られ、個々の生徒の指導や学びに役立つ具体的な情報は失われていく。これが「ルーブリックの陥穽」である。

前述のように、アメリカでは、NCLB 法の下で、部外者による大規模な学力テストがハイ・ステイクスなテストとして行われている。ハイ・ステイクスなテストでは、客観性や簡潔性が重視されるために量的なデータが求められがちである。このような社会・歴史的文脈の中にパフォーマンス評価がおかれると、パフォーマンス評価は、オルターナティヴ・アセスメントのパラダイムよりむしろ精神測定学的パラダイムに近いものになっていく（Haertel 1999）。

こうした状況の中でパフォーマンス評価がオルターナティヴ・アセスメントとしての意味をもちつづけるには、ルーブリックの陥穽に自覚的であることが求められる。フィギュアスケートのパフォーマンスが得点表には表しきれない質を備えているように、学校でのパフォーマンス評価においても、個々の生徒のパフォーマンスは、ルーブリックによって与えられた数値以上の質を備えている。ルーブリックは、パフォーマンスの質をみるためのツールの一つにすぎない。指導やさらなる成長にとっては、パフォーマンスそのものに目を向け、数値に変換できない質もとらえる鑑識眼が必要なのである。

スウェーデンでは、全国テストの中にパフォーマンス評価の特徴をもった口頭テストが取り入れられているが、その目的の一つは、教師の評価力量を高めることにある。口頭テストは授業の一環として行われ、3〜4人の生徒グループに担当教師が加わり、インタラクションしながら課題の解決に取り組む。評価を行うのは担当教師と同僚で、口頭テストの様子を撮影したビデオを見ながら、3観点（理解・用語・参加）×質的レベル（低—高の連続線上にプロット）からなるルーブリックをもとに協議によって評価を進める（本所 2009）。全国テストではあっても、評価のコントロールの主体はあくまでも教師の側にあるのである。日本の全国学力テストのコントロール主体が行政の側にあるのとは対照的である。

## [キーワード]
14) **真正性（authenticity）**：真正性とは「本物であること」を意味するが、分野によって多義的に使われる。政治哲学（テイラー [C. Taylor] など）では、「自分自身の内なる道徳的理想（より善く生きる）に忠実であること」を表している。状況論においては、ある文化の成員が日常的に行っている実践のことを「真正の活動」と呼んでいる（Brown, Collins, & Duguid 1989）。評価論においては、仕事場や市民生活などパフォーマンスの行われる多様な文脈を模写することをさす。

### 4.4 パフォーマンス評価の今後
以上では、精神測定学的パラダイムに対して、80年代からオルターナティヴ・アセスメントのパラダイムが現れてきたこと、しかし、評価におけるアカウンタビリティや質保証などの要請が強まるなかで、オルターナティヴ・アセスメントとして提案された評価法の中にも精神測定学的な性格をもつものがみられるようになったことを描き出してきた。つまり、現在は、オルターナティヴ・アセスメントそれ自体に、二つのパラダイムが内包されている状態だと言えるだろう。

だが、それに対して、オルターナティヴ・アセスメントの本来のあり方を問い直そうとする動きも生まれている。たとえば、**プロジェクト・ゼロ**[15]（Project Zero）の現在のリーダーであり、Making Learning Visible プロジェクトや Looking at Student Work という組織を率いてきたサイデル（S. Seidel）、部外者による大規模なパフォーマンス評価を批判し教師による教室でのパフォーマンス評価の使用を重視するハーテル（E. H. Haertel）、PISA（Programme for International Student Assessment）の数学的リテラ

シー国際専門委員会委員長をつとめつつ,早くから教室評価の重要性を唱え,スウェーデンの全国テストにも大きな影響を与えているランゲ(J. de Lange)などが代表的な論者である。

　オルターナティヴ・アセスメントはこうしたコンフリクトの中でたえず生成し続けている。それは,学びの評価のあり方を現在の社会・歴史的文脈の中で問い直し続ける営みでもある。

[キーワード]
15) プロジェクト・ゼロ (Project Zero):1967年に設立されたハーバード大学の研究グループ。個人と組織のレベルでの学習・思考・創造性を理解し向上させることをミッションとしている。グッドマン (N. Goodman) やガードナー (H. Gardner) らがリーダーを務めてきた。ガードナーの多重知能理論はこのプロジェクトから生まれたものである (→Ⅳ-1.3.3)。

# 5 協調的な学び

・三宅なほみ

　協調的な学びのプロセスは，人が日常的に賢く振舞っている状況では良くみられる。しかし，教室など教育現場で意図的に同じような過程を引き起こして成果を上げようとすると，これはなかなか難しい。本章は，協調的な認知過程が一人では到達し得ない理解や学習を引き出すメカニズムに立ち戻って，この難しさの解明を試みる。次いでその知見を活かした実践的な研究を紹介して，協調的な学びがもつ可能性を示す。学びの認知科学は，学習者が成長するプロセスを追うだけに時間がかかるが，同時に長期にわたる支援の継続的な効果を検討できる。最後に，協調的な学びという新しい研究領域の新たな課題を紹介する。

## 5.1 はじめに：「協調的な学び」という考え方

　「協調的な学び」は，「**学習科学**[1]」と呼ばれる最近急激に盛んになってきた研究領域での重要な研究テーマの一つである。学習科学は，認知科学から派生してきた分野とも言え，人の学習過程を明らかにし，学習理論の構築と理論に基づく実践的な検討を繰り返して，質の高い学習を導き出そうとする（ブランスフォードほか 2000; 三宅・白水 2003; 波多野・大浦・大島 2004; Miyake 2007; Sawyer 2006; ソーヤー 2009など）。協調的な学び，あるいは広く「**協調学習**[2]（collaborative learning）」と呼ばれる方法は，長い時間をかけて人が知識を自ら構築していく過程としての学習や，学び方を学ぶなど新しい学習のあり方にとって有力な工夫の一つとして，広く実践的に研究されている。本章では，「協調的な学び」を引き起こす認知的なメカニズムの解明など学習科学の基礎をなす認知科学的な研究を紹介するとともに，筆者自身の実践研究を例に「協調的な学び」の工夫と成果を報告して，今後の研究課題を検討したい。

[キーワード]

1）**学習科学**：認知科学を基盤に人の学習過程を明らかにし，理論に基づく実践的な検討を繰り返して，学習理論の構築と質の高い実践のためのデザイン原則を引き出す研究領域。国際学習科学会ホームペー

ジ http://www.isls.org/ に詳しい解説がある。

2）協調学習（collaborative learning）：個人の理解やそのプロセスを他人と協調的に比較，吟味，修正する過程を経て一人ひとりが理解を深化させる学習プロセス。うまく機能した場合，個人単独では到達しにくいレベルの理解に到達できる。形態としては，複数の学習者による話し合いや共同での問題解決，学習成果の公開，相互評価などを含む。学習記録の保持や共有，修正を容易にするためインターネットなどの技術支援が要請される。日常的な学習経験はほぼこの形をしている。

## 5.2 認知科学の歴史の中で

学習科学には，認知科学でわかってきたさまざまな知見が取り入れられている。たとえば，認知科学の創始者の一人であるブルーナー（J. S. Bruner）は，1960年代初頭にすでに以下のように述べている。

> 科学や数学において「学ぶ」ことの大半は，すでに「知って」いるものだ。多くの場合「学習」は，現在考えていることを越えて進むために，すでに知っていることをいかに使うか，その方法を見つけ出すことである。…当面の注意深く観察しているものについて，何か「構造的なもの」―それがいかに組み立てられているか―を知ることに懸っている。
> （ブルーナー 1993, 296-97）

この時代にすでに，学習が「それまでに知っていること」を基盤にして成り立つこと，その成果は学習者自身の「すでに知っていること」との「**構造化**[3]」にかかっていることなどが認知科学の基盤として了解されていたことの現れだろう。その後，人の問題解決や記憶とその表象，概念形成，判断，推論といった高次認知過程にかかわる研究が盛んになり，認知科学はその成果を「人を賢くする」ために活用するようになる。このような流れの中で，記憶研究に「**意味に基づく記憶**」を研究する新しい潮流を引き起こしたブランスフォード（J. D. Bransford）らや，認知過程そのものに関する**メタ認知**[4]という構成概念を提案したブラウン（A. Brown）らが，実験室を出て実際の教室の中で認知過程についての仮説を確かめる研究にとりかかり始めるのが1990年頃である。同時に，サッチマン（L. Suchman），レイヴ（J. Lave），ハッチンス（E. Hutchins）ら認知的文化人類学者の知見が「**状況論的学習論**[5]」の基盤を形作り，その影響を受けコリンズ（A. Collins），グリーノ（J. Greeno），レズニック（L. B. Resnick），また先ほど引用したブルーナーなど認知

科学の基礎を作った人たちがこぞって学習をテーマとした研究活動を展開していく。いずれも，認知研究者だけでなく，学習環境の設計と開発にかかわる工学者，教えるべき対象についての科学的専門家，教育実践にかかわる教育学者，行政官，校長，教員に加えて多くのドクターやポストドクター生を動員した大型研究プロジェクトであった。これらの成果が，体験的な納得に基づく数学概念の基礎を身につけさせる**ジャスパー・プロジェクト**[6]（The Jasper Project），学習者一人ひとりに知的分担による責任を持たせ，協調的な知識構築をしつつ問題を解く力そのものを身につけさせようとする**学習者コミュニティ形成プロジェクト**[7]（Fostering the Community of Learners Project）などとして数百人から数千人規模を相手にした実践研究として実現されていく。他にもこの当時から今でも継続して発展しているプロジェクトとしては，自分の考えを仲間の意見によって，あるいは仲間のために繰り返し「書き変える」ことによって知識生成を促すベライター（C.Bereiter）とスカルダマリア（M. Scardamalia）らの**CSILE**[8]（computer-supported intentional learning environments）（現在 Knowledge Forum: KF［→VI-1.5]），徹底した対話と実験とをベースにウェブ上に配した教材をうまく利用して科学的な理解を構成させるリン（M. C. Linn）らの**WISE/CLP Project**[9]（→VI-1.4），ものをデザインする「工学」とデザインのための「科学」とのサイクルを行き来させて物理や地球科学の基礎を学ばせるコロドゥナー（J. Kolodner）らの **Learning by Design**[10]などがある。その一部を概観するにはブランスフォード（2000），三宅・白水（2003），波多野・大浦・大島（2004），Sewyer（2009）などが手ごろだが，これらのプロジェクトはいずれも web 上に豊富な情報を載せているので，直接そちらを参照されることをお勧めしたい。

# ［キーワード］

3) **構造化**：知識をスキーマとして要素間の関連をつけ，抽象度の高い活用方法を可能にすること。

4) **メタ認知**：自分自身の認知過程あるいは認知特性に対する認知。自分が短時間で記憶項目を忘れてしまうというメタ記憶を持った子どもはリハーサルなどの方略で忘却に対処できるなどの実証データから提唱された。これにより現在の自分の理解状態のモニターや課題に対する自身の遂行結果の予測，不足した知識・情報の探索・吸収が可能となる。十分熟練した低次の認知システムの機能についてはメタ認知が効き難く，自らの認知過程を客観的に吟味す

るのは一般に容易ではない。学習者のメタ認知能力を促進する学習デザインの効果を実証するなどの試みも始まっている。

**5) 状況論的学習論**：人間の認知活動を，場の目的，他者や道具，歴史・文化など，状況を規定する諸要因に依存して発現するとみる立場。表象主義的認知論に対立する。認知心理学パラダイムが生態学的妥当性や身体性を欠くことへの問題提起，文化相対性や日常場面での人間の行為についての認知的文化人類学研究の影響，意味解釈に対する状況を重視する見方などが複合的に関連して 1980 年代に成立した。「個人」が他者や道具と相互作用的に活動するとみる立場の他に，「個人」という単位すら状況との相互構成の中でみえてくるものだとする立場も存在し，認知活動の分析単位を文化や社会にまで拡げる立場と連動する。

**6) ジャスパー・プロジェクト**：ヴァンダービルト大学のブランスフォードらが中心に作成したビデオ教材による小中学生用数学教育プロジェクト。現実にありそうな場面設定で問題を呈示し，解決方法そのものの検討や解決に必要な情報収集，実際の問題解決，さらに解決方法の再吟味や道具化を協調的に行わせ，基礎的な数学的知識を将来活用可能な形で獲得させることを狙いとする。学習効果は概して高く，他教科，異文化間協調学習，大学など高等教育への適応などの拡張が計られている。

**7) 学習コミュニティ形成プロジェクト**（Fostering the Community of Learners Project）：ブラウン（1943-1999）を中心に，協調的な活動を多用して学習者のメタ認知を促進し，学習するコミュニティを形成することを計った。ブラウンがデザイン研究と名づけた，実践に基づく新しい研究方法を推進した実践場面としても有名。課題中心型の活動にジグソー法を適用し，大きな効果をあげた。ブラウンの死後も子どもたちの理解が進む過程を会話分析から解明する研究など，学習科学の基礎的な研究を多く生んでいる。

**8) CSILE**（computer-supported intentional learning environments）：自己管理型協調学習支援用データベースおよび電子掲示板システム。「理解を深めるために書く」行為を奨励し，協調的な内容吟味を促進して学習を支援する。オンタリオ教育研究所のスカルダマリアとベライターが構築，実績をあげた。学習者は「疑問」「自分なりの答え」「わかったこと」「もっと知りたいこと」などのプロンプトを用いて実験や調査から得られた情報をノートにし，共有，議論しながら理解を深める。ノート間はリンク可能で全体を知識マップとして一覧できる。Web 上で使用可能な商用版があり国際的に利用されている。

**9) WISE/CLP Project**：CLP（computer as learning partner）はカリフォルニア大学バークレー校のリンを中心とした中高生対象の協調学習による理科教育プロジェクト。「光はどこまで届くか」などの議論可能な問題の解決を通じ，

Web上の科学的証拠を収集・吟味する力や，証拠から主張を形作り議論できる批判的思考力を養う。デザイン実験的手法，専門的な科学者とのパートナシップなどを特徴とする。WISE（Web-based integrated science environment）も同母体。

10) Learning by Design：ジョージア工科大学のコロドゥナーらを中心とする中高生対象の科学教育プロジェクト。実際に「もの」をデザインすることによって，科学的知識，概念やそれらの現実問題への適用原理を学ぶ。学習者は「10cmの高さから滑り降りてできるだけ遠くまでまっすぐ走る車」「海岸線の侵食を防ぐ方法」などのデザインをする。工学者，デザイナー，認知研究者，教室実践分析者などの協調作業によるカリキュラムデザイン，協調的な学習文化を作り出す足場掛けに特徴がある。

## 5.3 協調的な認知プロセス
### 5.3.1 収斂説と建設的相互作用説[11]

さて，では，学びにまつわる協調的な認知過程そのもののメカニズムや機能について，認知科学や学習科学はどのようなことを明らかにしてきただろう？協調的な活動自体は長年にわたり，多くの異なった学問分野で研究テーマとして取り上げられてきている。社会心理学の研究は，パズルや現実世界の仕事での2人組やグループの効果について研究してきた（たとえば，Hastie[1986]）。その中で，学習に対する協調的な活動の有効性についての一つの説明としてはロシェル（J. Roschelle）の「**収斂説**[12]」がある（Roschelle 1992）。この理論に従えば，複数の参加者がいる一つの協調的な学習環境では，多様な視点からさまざまな表現が発言，身振り，図といった形で提供される。これら多様な表現に対して内省が起こると，参加者は，それらの多視点をまとめようとする。その結果として解答の抽象化が起こる，とロシェルらは主張している（Roschelle 1992）。会話がさらに続けられた場合，抽象化のレベルと自己評価の基準はそれに従ってさらに引き上げられ，より高いレベルでのメタ認知が求められるようになる。ロシェルはこれを，視覚化ツールを使って力学について学ぶ二人の学生の間で交わされた会話プロトコルを分析することによって実証している。

これは協調的な活動がなぜより深い理解を促進するかの基本的メカニズムの説明として広く引用されている魅力的な理論である。ロシェルの所見は，協調的な学習環境のデザインに成功するためには参加者が多くの「初期の」考え，または異なった視点を発生させ，外面化させるのを

助けることが本質的に必要であることを示唆している。しかしこの理論は、多様な視点からの多様な表現を収斂させるためになぜ会話が必要かを説明しているとは言えない。

この質問に答えるためには、2人組に対する基本的分析単位を維持しながら協調的な活動中の個々人の理解の過程に焦点を当てた分析が必要になる (Miyake 1986; Shirouzu et al. 2002)。筆者らは、ミシンが縫える仕組みを考える課題、また1枚の正方形の折り紙の「3分の2の4分の3」または「4分の3の3分の2」に斜線を引くよう求めたときの答えを求める課題を利用して、参加している個人が「一緒に考えている」つもりでも、実際には一人ひとり自分なりの課題理解をし、自らの経験に基づいた視点でその場に提供されるさまざまな外的資源を利用し、最終的には自分一人の納得を得ている過程を明らかにしてきた。

ミシンの問題では、知識の豊富な2人組でさえ、内部のボビンがどのように働くかといった隠れたメカニズムを理解するために3、4時間を費やしてしまうことがあるが、その長い時間を通して、それぞれの参加者が、最終的には相手の理解とは明確に異なる自分独自の理解を作り上げていた。また、そのような相互作用の詳細なプロトコル分析により、「袋小路」に入ったとき、状況を根本的に変化させて彼らを「救出する」アイディアを思いつく人はしばしば状況を見守っているモニターであり、その時点で問題解決の主導権を握っている課題遂行者ではないことも明らかになってきた。これらの所見をまとめると、たとえ高度に協調的な活動であっても、それによってそれぞれの参加者が個人的な知識を構成することが妨げられるわけではない、と言える。むしろ、相互作用プロセスはそれぞれの参加者が異なった見解を自覚し、また個々人のレパートリーの中にはない他人から提供された異なった見解を明確に意識することによって自らの理解をチェックし、改善することを支援すると言える (Miyake 1986)。

折り紙課題では、一人よりも二人で課題を解いたときの方が「折り紙を折って答えを出す」方式の他に、「計算で答えを出す」別の方法があることへの気づきが多く起こっていたが、その理由として、折り紙の折り手としての課題遂行者と相手の折り方を見て考えるモニターという二人の間の役割分担が起きることの効果が大きいと考えられる (Shirouzu et al. 2002)。

人は、あくまでも「自分のやり方」を持っていて、そこに他人がいて「他のやり方」を見せられない限

り，そこに展開する「やり方」についてなかなか客観的に考え直そうとはしないものらしい。この，一人であれば自分のやり方を貫く傾向があるからこそ人は，自分自身のやり方を「調整」し，少なくとも定型的に「熟達」する。その定型的な熟達に対して，さらに本人には想定外の「異なる視点」を提供して個人が個人のやり方の適応範囲を広げるために，他人との協調的な活動場面が役に立つ。

このメカニズムは，2人組の学習者からなぜ異なった学習結果が生まれることがあるのかについての説明を与える。相互作用の最中および終了時には，それぞれの参加者の抽象化のレベルが，共有されたタスクの遂行とモニタリングの統合の程度によって異なるからである。これはまた，なぜより知識の豊かな参加者，または他の人に先駆けて理解する人であっても，やはり相互作用の恩恵を受けるかの理由も説明する。

[キーワード]
11) 建設的相互作用説：二人以上の参加者が共有された課題について各自の考え方を話し合いながら解を見つけようとする過程について，詳細なプロトコル分析から，そのような過程が一般的に一人ひとりがそれぞれ独自の解を構築し，解を深化させたり，抽象度の高い解を誘発したりする

メカニズムを内包するとする説。複数の参加者のうちの一名が課題を遂行する時，他の参加者はモニターとしての役割を果たすと考える。モニターは，課題遂行者とは異なるアイディアを持ち，しかも課題遂行過程を課題遂行者よりも広い視点から状況を捉えやすいため，より一般的な解釈の導入を可能にする。この課題遂行とモニターの役割が頻繁に交代することにより，その場の理解は徐々に一般性，抽象性の高い理解に置き換えられる（Miyake 1986；Shirouzu 2002）。協調活動が理解を深化させるメカニズムについて一つの説明を提供する。

12) （協調過程における）収斂説：協調的な過程において多様な意見が提案されると，それが必然的に参加者に対して意見の収斂を要請するとする説。意見の交換が進むにつれて，収斂された意見を評価する基準が上がり，抽象性の高い知識が構成されると説明する（Roschelle 1991, 1992）。

## 5.3.2 建設的相互作用を引き起こすデザイン原則

前項で説明したようなモデルは協調的な学習環境のデザインにとって，まずは一人ひとりが自分なりの見解をもっていること，ついでそれぞれの見解の交換を奨励し，個々の学習者がそれぞれ自分の考えと他人の考えをつき合わせて考えるための豊富な機会を確保することが重要で

あることを示唆する。自分の考えがはっきりしない状態で，あるいは「みんなが同じことを考えているに違いない」と思っている状態で，自分の考えと違う他人の考えを見つけて統合するのは難しい。また自分ばかりが相手に教えているように感じる時，実は自分自身の考えを整理しなおして相手から新しい視点を取り入れているとは気づかないものである。十分な準備をせずに協調的な活動的環境に入れられたとき，より能力の高い参加者が多くを学べないという不満を抱くことがある。建設的相互作用のモデルはなぜこの直観が正しくないかについての説明を提供する。協調的な活動的カリキュラムを成功させるためには，知識が学生・教師また設計者の間で共有されているかどうかがしばしば鍵となる。したがってこのような協調的理解過程のメリットを学習支援に生かすためには，協調学習活動そのものをうまくデザインすることが必要になる。そのようなデザイン指針のいくつかを紹介すると，

・参加者各自の初期仮説やアイディアを，発話や図式化，モデル構成などによって「目に見える」形にする
・新しい考え方を，自分がすでに知っている知識と照らし合わせて吟味しやすくする
・得られた知識や技能を類似の問題に適応し，適応の仕方を相互吟味する機会を設ける
・相互に考え方の変更履歴を記録し，後から協調的に振り返りやすくする

など，協調過程そのものを促進しようとする指針から，

・社会的にも意義があり対立が鮮明な課題を選び，現在その領域の専門家の考え方と自分（たち）の考え方とを並置して「私の意見」をはっきりさせやすくする
・そもそも参加者一人ひとりが，各自の既有知識に従った初期仮説を形成しやすくする

など，協調場面の意義づけや設営方針にかかわるもの，さらには

・参加者自身が協調作業のメリットを理解するのを助ける
・他者のアイディアにクレジットを出すなどして借用する基本的モラルを促進する
・他者から借用したアイディアを成長させて発信しなおす科学者コミュニティの仕組みを理解して，自分たちでも実践できる力

を促進する
・協調的な理解深化コミュニティの維持と成長を促進する

といった協調文化の共有や育成にかかわるものまで，さまざまなものがある。これらは現在，まさに実践の中で繰り返し検討され，よりシンプルで活用範囲の広い形に統合されようとしている（Davis & Miyake 2003; Sawyer 2006; Linn 2008）。

## 5.4 協調的な学びを支援する：長期にわたる実践デザイン

では，5.3.2 にあげたような多岐にわたる協調的な学びのデザイン指針に従って，実際学習者自身が知識を統合していく過程を促進するような実践はほんとうに可能だろうか？ デザイン指針を検討すればわかるように，協調的に学ぶためには，自分の考えを持ち，それを外化し，他人のアイディアと相互参照吟味してその結果，自分の考えを作り直すなど，私たちが普段行っている認知過程よりも負荷の高い認知過程が要求される。一般に私たちは生まれつきこのような作業を得意とするわけでもない。したがって，協調的な学習による知識構築を支援しようという試みは，普段学習者が行わないような一種の学習スキルの獲得を要求することになる。これには時間がかかる。しかし，単発的な実験とは異なり，実践の強みは，同じ学習者に対して長期にわたり繰り返し支援して，その長期的な効果を追うことができることである。ここでは，そのような長期にわたる協調的な学習支援研究から 2 例を紹介する。

### 5.4.1 ジグソー法とその発展

ジグソー方式は最初アロンソン（E. Aronson）と彼の社会心理学チームによって社会的協調性や相互尊重観の育成を目的として開発され（Aronson & Patnoe 1997），次第に文化的に多様な学習環境を効果的に機能させるためのより高度なシステムに拡張された。現在の報告のいくつかは http://www.jigsaw.org/ に掲載されている。通常のジグソー・クラスでは，学生たちは最初「専門家グループ」に分かれて教材の分担部分を検討し，次にそれらの「専門家グループ」から一人ずつ出てきて「ジグソー」グループを形成する。こうすることによって，ジグソーグループでは，一人ひとりの学生が何かしら「自分しか知らないこと」を知っている，言い換えれば一人ひとりが自分のアイディアを持っていることが誰の目にも明らかな状況が作り出される。この状況で，一人ひとりのメンバーは，自分が「専門家グループ」でやってきたことを

報告する。全員が自分の分担部分を説明し，相互に質問するなどして互いに各自の知っていることを了解しあった後，ジグソーグループのメンバーは，相互に協力しあって，一つのプロジェクトを行う。相互尊重を目的とするプロジェクトであれば，全員が各自分担して持っている断片的な知識を合わせることにメリットがあるようなもの，たとえば一つの物語を分担して読んで，各自が読んだところを繋ぎ合わせて物語についての理解度テストに答えるといったものでも良い。アロンソンらによれば，こうすることによって，各自，責任を負いながら，クラス全体が他者を尊重し，全体として利益が上がることを理解できるようになるという。

このジグソー方式は，専門家グループに分かれて調べたことを統合してより高度なプロジェクトを行うことによって，知的な協調的活動の方略としても有効に機能する。ブラウンらの学習者コミュニティ形成プロジェクトでもこの形式が多用されていたことからもそれがわかる（Brown & Campione 1996）。

筆者らが最近行っている，小・中・高等学校の先生方を対象とした協調的な学習活動体験ワークショップでのジグソー活動を例に，この方式がどのように学習者の知識構成を支援するのかを解説してみよう。参加者はまず，「水」や「手」といった多面的にアプローチ可能なテーマについて，連想することを書き出す。次いで簡単な導入課題をこなしながら自分の好みを探りつつ，それぞれのテーマについて四つ程度準備された異なるアプローチのうちの一つを選んで担当する。たとえば「水」であれば，水をその分子構造から考えるグループ，水の三態変化から地球上での循環を考えるグループ，天文学的に水の起源を考えるグループ，水が動物や植物の成長や生命維持にどうかかわっているかを考えるグループ，の四つに分かれ，それぞれのグループ活動のために提供される資料やインターネット上の情報などを使って他のグループの人たちに各アプローチからわかることを説明できるよう準備する。その後，「水の分子構造」「水の循環」「水の起源」「水と生命」の各グループから一名ずつ集まってジグソーグループを形成し，一人ひとりが調べた結果を自分のことばで説明する。説明の交換や質疑がひと通り終わったら，その日のテーマに応じて，水とは何か，水を教材にして科学的な見方を教えるとしたらどんな教え方が可能か，科学とは何か，などについて話しあい，その結果をグループ毎にクラス全体に対して公表しあっ

て，最後に自分の考えをまとめる。

このような場面に参加する人たちの会話記録やノート，発表内容，事後アンケートへの回答などを分析してみると，こういった協調的な活動の中でさまざまな気づきが起きることがうかがわれる。自分の意見を作ること，自分の考えを見直すこと，人がみな一人ひとり違った意見を持っていること，一つのテーマについて異なるアプローチから説明される事柄をまとめて一つの見方ができ上がることなどの体験を通して，「同じ資料を読んでも，その内容をまとめる個人の考えはそれぞれの人によって独自なもの」「その独自の考えが話合いによって変わっていく」「全員同じ考えに収束することはないが，グループとしては，一つのアイディアを共有したという感覚がうまれることがある」「他者の意見，他者の考え，他者が調べてきた事実を自分のなかに受け入れることによって自分の考えがまとまっていく」などの意見が出されることが多い。こういった気づきが参加者自身の教え方の工夫に反映されて，授業のなかでこのような学習者を中心とした協調的な学びの実践的な研究が増えていけば，そこからまた協調的な学習について理論的な考察が進むだろう。

上述した現場の教員対象のワークショップでは，協調的な学びを体験しようという動機づけの高い，すでに学習スキルを持った参加者を得ての実践だが，一般に協調的な学びのメリットを自覚していない大学初学者を対象として同様の成果をあげるにはどのようなアプローチが必要になるだろうか？このことを確かめるために筆者は，共同研究者とともに，私立大学の情報理工系の学部1，2年生を対象に，2年間4セメスタ8コマの連続した授業を使ってジグソー法による知識構築型の実践研究を試みて，一定の成果を得るカリキュラムを考案してきた。まず1年次前期では，主に問題を解く過程を振り返ったり，記憶実験を体験したりして認知過程について経験則を作るなど，学生自身が自分たちの認知過程について自分なりの経験則を作る準備をする。その後，1年後期から2年前期にかけて，それらの経験則をアプローチの異なる複数の文献で確認して一つの考えにまとめ上げる初歩的なジグソー活動に慣れる。その後，六つから八つ程度の資料を数週間でジグソーによって組み合わせてまとめる作業に進む。このような経験の上に，2年の後期には，20～30個程度の資料を1セメスタ12～13週間かけて統合するなど，少しずつ統合の程度を上げて考えをまとめる経験を積ませる**ダイナ**

ミック・ジグソー法[13]などのカリキュラムができ上がっており，他機関での応用的な実践への取り組みなども始まっている。

このような活動を8年ほど続けた結果，学習した内容を統合して自分で話せるようになる程度は，講義を受けただけの場合と比べて明らかに高くなる。他人から資料の内容を聞く場合，自分が知っていることに関連づけて理解するための質問をしたり，他人に説明するときにはまず相手の理解度を確かめる質問から始めたりするなど，人と協調的に学ぶ学び方を身につけるケースも確認されている（三宅 2005; Miyake 2005 a, 2005 b; Miyake et al. 2005; Miyake & Shirouzu 2006; 白水・三宅 2009 など）。

[キーワード]
13) **ダイナミック・ジグソー法**：ジグソー法をベースに，学生が自分の担当したテーマの研究について，他の研究や他のテーマと少しずつ関連づけの範囲を広げながら説明を繰り返す方法（Miyake 2005 b；三宅 2004）。20〜30の資料を学生自身が内容を統合して一領域の全体像を把握させるなどの実践に使われる。同量の資料を講義形式で受け取るより内容の保持率が高いこと，独自の理解に基づく疑問生成など積極的な学習活動が活発化すること，などが成果として知られている。

## 5.4.2 仮説の構成を支援する仮説実験授業

もう一つ，仮説実験授業（板倉 1997）という長い歴史と実績を持つ知識構成型の実践研究を紹介する。仮説実験授業は，「空気と水」「ものとその重さ」「力と運動」「もしも原子が見えたなら」など理科で扱うことのできる一つの単元について一連の実験結果の予測と予測に基づく討論，実験結果の確認を積み重ねていくことによって，生徒一人ひとりが自分なりの科学的な仮説を作り上げる授業である。一つの単元には，一冊の授業書と呼ばれる実験と読み物を組み合わせた教材が使われる。実験では，通常，まず生徒にある実験状況が提示され，その可能な帰結として三つまたは四つ程の答えの選択肢が提示される。生徒は全員そのうちのどれか一つを選び，自分がなぜその選択肢を選んだのかを説明し，次いで自分とは異なる選択肢を選んだ児童に質問したり，自分がなぜ他のものを選ばないかを説明したりするなど選択肢をめぐって自由に討論する（この時，強い理由を述べる必要はなく，むしろなんでも自由に自分の意見が言える雰囲気作りが重視される）。生徒自身が十分討論が出尽くしたと感じたら，もう一度選択肢を選び直すチャンスを与えられた後，実験が行われて（実際実験する

のが難しい場合，結果が写真や読み物などで報告されることもある），どの選択肢が「正解」だったかがわかる仕組みになっている。実験の最後には，各自が実験の結果と感想を書いて修了する。

この方法を先のデザイン指針に照らして考えてみよう。まず実験結果について選択肢が与えられていることが，一人ひとりに自分の考えを確認し，他人の考え（他の選択肢）とは違う理由を考えさせる支援になっていることがわかる。クラス全体で自由に意見を言い合うことによって，選択肢のもつ意味やその解釈の違いが少しずつ明らかになってきて，実験結果を見る焦点が定まってくる。さらに，一連の実験結果を組み合わせて次の実験の結果を予測する仕組みが，生徒自身による仮説の構成を支援している。

波多野と稲垣（Hatano & Inagaki 1991）はこの授業を対象に，協調的な活動状況が学習者を知的に動機づける社会的なメカニズムの一つを明らかにした。彼らが分析の対象にしたクラスの一つでは，たとえば「一端に粘土の玉がついた1本のバネがある。バネの他方の端を持ち，粘土の玉を半分水中に入れた時，バネは①短くなるか，②長くなるか，または③同じ長さに保たれるか」のような問題について，各自が①〜③のいずれかを選んで，クラス全体で討論する。波多野らは，このようなクラスでは，普通，討議の開始時には30〜40％の学生がそれぞれ①または③を選び，およそ20〜30％が②を選ぶことが予想される，という。①を支持する生徒学生は「水の中で玉はより軽くなると思う」などの主張をする一方，②を支持する生徒は「粘土の玉は沈む」と主張する。選択肢③を選んだ生徒は「水には完全に水没した物体を浮かせる力があるが，物体が半分しか水没していないときその力はない」などの主張をする。稲垣と波多野はまず，このような討論を行うのと行わないのとでは，行ったほうが，その後に見せられる実験の結果を知りたいと思う知的好奇心がずっと強くなることを示した。その上で，ここで起きる討論の内容を分析して，彼らが選んだ答えの選択肢に従っていくつかの党派（空間的または社会的にではなく心理学的グループ）に分かれ，その党派ごとに同じ党派のメンバーによる発言を肯定し，異なる党派に属する発言を論破して，自分の党派にメンバーを増やそうとする社会的な動機づけによって議論を構成しているとする仮説を提唱している。選択肢を選ぶ，という行為そのものは個人的な行為だが，いったん討議モードに入った後は，他の学生たちが言

っていることを区別し，反駁しながらどのように同一の選択肢を選んだ学生たちの意見を防衛し，統合するかについての社会的考慮を払う必要が出てくる。これが一連の分類・統合活動を生じさせ，最終的にはそれらが統合されて，学生一人ひとりをより深い学習に動機づけ，科学的概念の納得へと導いている可能性がある。一人ひとりの科学的理解はそれぞれ個人的なものであっても，その獲得と確認の過程は，高度に社会的に動機づけられ得るものであり，仮説実験授業では，その社会的動機づけが学習を「楽しい」ものにしている。

斉藤（2009）は，小学校三年生が「空気と水」という授業書に含まれる11の実験結果を統合して，「空気と水はそれぞれ互いのいる場所を同時に占有することのできない性質を持っていて，しかもそれぞれの居場所を入れ替えるためには入り口と出口の2つの通路がなければならない」らしい，という仮説を自分たちで作り上げていく様子を記録している。

実験はまず，「空のコップを逆さにして，水中に沈めたらどうなるか」「水中に沈めた逆さのコップの中にストローを差し込んで空気を吸い出したらどうなるか」など水と空気が互いに同じ場所を占有しないことを確認する実験から始まる。これらの実験については，子どもたちも最初から大体正解の選択肢を選ぶことができ，討論でも「お風呂でやってみたから知っている」など，日常的な経験を持ち出して，現象そのものを確認する。ところが実験が次の段階に進んで，「ジュースの缶に一つだけ穴を開け，逆さにしたらどうなるか」「穴を二つにしたらどうか」など水と空気の居場所の交代には入り口と出口が両方必要になることを確認する実験へ進むと，日常経験だけでは回答できなくなる。誤った選択肢を選ぶことも多くなるが，子どもたちの討論の内容は，それまでの実験結果を利用してなんとか答えを出そうと自分で考えた理由を述べるようになる。

続いて実験が，「空になった缶の穴の一つを指でふさいで水中に沈めたらどうなるか」「水中に沈めた缶のもう一つの穴をふさいでいた指を離して，穴を二つにしたらどうなるか」とさらに前の実験の結果を活用して回答できる問題へ発展していくと，子どもの回答も課題の展開に連れて討論の後では正解できるようになり，最後に日常的に家庭でみられるしょうゆ注しのふたにある穴の機能を問う実験が出てくると，全員最初から正解の選択肢を選べるようになっている。

この時点で討論はもう盛り上がらないのかというと、そうではなくて、正解が正解であることを児童自身がわかっており、しかもその理由は一人ひとり自分で作ってきた納得に基づくものだからこそ、全員が口々に理由を述べて、気持ちよく単元が締めくくられる。このような長期にわたる継続的な記録は、仮説実験授業の実践者によって蓄積されてはいるものの、系統的に分析されたことが少ないという。今後の記録と分析が進むことによって、科学について子どもたちがどんな仮説を自分で作っていくものなのか、言い換えれば児童一人ひとりの科学的知識構築課程について、しっかりしたデータに基づく理解が深まっていくだろう。学習研究は、これからまだまだこのような詳細なデータの分析に基づく学習過程についての理解を必要としている。

## 5.5 「協調的な学び」研究のこれから

これまで見てきたように、協調的な学びについての研究は、本格的なプロセスのデータを取って長期にわたって支援してその効果を見て理論を作る、という研究としてのサイクルをやっと確立しつつあるところだとも言える。協調活動を支える教材開発やカリキュラム・デザイン、協調スキルそのものの育成や、教える人と学習する人の認知的特性、さらには学習環境そのものを支えている文化や歴史の果たしている役割など、これから解明されなければならない課題は多い。ここでは、中でも実践的な研究を進めていく上で重要だと思われる学習目標、評価、研究者同士のネットワーク作りという三点に関して、これからの課題を概観してみたい。

### 5.5.1 学習目標を作り変える

学習過程をこれまで以上に長期にわたる文脈でとらえるなら、学習が目標とするものについてもこれまでとは少し違った見方が必要になるだろう。「今、科学者が知っていることのうち、何を何時ごろまでにわかるようになればよいか」といった目標の立て方ではなく、21世紀を生き抜いていくためにこれからどういった知識や技能が求められるのかを予見して、そこに目標を置いた実践研究が必要になる。学校の教室で「学んだこと」は、その後の日常生活で問題に直面した時や仕事で新しいアイディアを開発しようとしている時、あるいは教員であれば教室で「より良い」教え方を工夫する時などに「役立って」欲しい。そう考えると、学習の目標は、いまのところ、すくなくとも次の三つの性質を

持つべきではないか，と考えている（Miyake & Pea 2007；三宅 2007）。

- 可搬性（portability）：学習成果が，将来必要になる場所と時間まで「持ってゆける」こと
- 信頼性（dependability）：学習成果が，必要になったときにきちんと「使える」こと
- 持続可能性（sustainability）：学習成果が，修正可能であることを含めて「長持ちする」こと

これらの特性を備えた学習の成果は，ある教室でのある授業でできるようになったことをその授業の中だけで「おしまい」にしないで，他の授業を受けるときに基礎知識として役に立てたり，社会に出て仕事をするとき実際に必要な部分を補強しなおして活用できたりすることを意味する。調べてみると，たとえば大学での講義内容などは驚くほど可搬性や信頼性が低い。大学1，2年生に教えた講義の内容を彼らが3年生になってからどれほど覚えているかについて，聞き取り調査をしてみたところ，単語レベルにとどまらない「根拠のついた主張」の形で講義の内容を思い出すことができる割合は，多めに見積もっても3％以下だと推測される（Miyake & Shirouzu 2002）。大学での学生の学習成果をいくばくかでも可搬にしようと思ったら，学生が受身状態で講義を聞くだけでなく，自ら知識を生成するような積極的な学習活動を設計・支援する必要があるだろう。ちなみに，この3％という筆者自身の講義についての調査結果は，上述したダイナミック・ジグソー法などを駆使した2年間のカリキュラムによって，18％程度まで上昇することがわかっている。この18％を，どこまで押し上げようとするか，そもそも何をどう計測して**可搬性**[14]を保証するか，がこれからの課題となる。

[キーワード]
14）（学習成果の）**可搬性**：学習成果を，将来必要になる場所と時間まで「持ってゆける」こと。ある教室でのある授業でできるようになったことを，他の授業を受けるときに基礎知識として役に立てたり，社会に出て仕事をするときに活用できたりることを意味する。大学の一方的講義など旧来の教育方法による成果は一般に可搬性が低く，学習者を中心とした協調的な活動を多用した知識構成型の実践では一般にそれより高くなることが知られている。

### 5.5.2 学習評価のタイミングを変える

目標が変わるのと連動して，学習成果をいつどこでどうやって評価す

るかについての考え方も変わってこざるを得ないだろう。学習を長期スパンで考える研究の中で最近注目を集めている考え方に「未来への学習の準備としての学習（preparing for future learning）」がある（Bransford & Schwartz 1999; Schwartz et al. 2007）。シュワルツ（D. L. Schwartz）とマーティン（T. Martin）は、「いまここでの成果をあげるための学習」と「未来に学習材料が手に入った時、そこから学ぶための準備となる学習」を区別して、推測統計を題材に、学習者に自ら考えさせ、自分たちでものごとを発見させようとする協調的な発見学習が未来への準備となることを示している（Schwartz & Martin 2004）。シュワルツらは、**転移課題**[15]の中にその課題を解くために参考になる資料を挟み込んでおき、これがうまく使えれば転移課題が解けるようにして転移の効果を見るという**「二重転移」課題**[16]を考案した。言い換えれば、転移が必要になった時、その場で必要な学びを自ら引き起こせるかどうかを問うたとも言える。そうしておいて、まず学習フェイズでは、基底問題の解き方をその場で講義によってきちんと学んだ群と、協調的な環境で発見的に解こうとしただけの群を比較した。こうすると、この学習フェイズの最後では、講義を受けた群だけが問題を解くことができ、協調活動をしただけの群は問題が解けない。にもかかわらず、ヒントつきの転移課題に直面した時、講義を受けた群はヒントをうまく使えず転移課題がうまく解けなかったのに対して、協調的な活動を行った群はほぼ80％の生徒がヒントを活用して転移課題に正解することができた。

この結果を解釈する際に確認しておきたいのは、学習フェイズの問題では転移問題に出てくる問題が直接扱われていたわけではない、ということである。だから、学習フェイズの問題の「解き方を直接」練習していても、それをそのまま転移問題に適用することはできなかった。むしろ、そのまま適用しようとしすぎたために直接教示群の生徒たちは転移問題が解けなかったのではないかと考えられる（筆者らがこの実験を日本の大学生で追試してみたところ、そのような傾向を示すプロトコルが得られている）。「問題の意味（そもそもこれは何を答えるべき問題なのか）」や解き方を吟味する際、一人で考えるよりたくさんで考えた方が多様なアイディアを得やすい。多様なアイディアを得ることができれば、それらを比較検討することによって、一つの解法からは得られない抽象的な構造を抽出しやすくなる

(Shirouzu et al. 2002)。「未来の学習を準備する学習」には, このようなアイディアの統合, 本章で問題にしてきた「**知識統合**」過程[17]が重要な役割を果たしていた, と言えるだろう。前項で解説した学習目標の見直しと同時に, 学習評価をいつ, どのようなやり方で評価するかをも見直しながら, 協調的な学習とはどのような学習なのかを考えていく必要があるだろう。

## [キーワード]

15) **転移課題**: ある状況で学習したことが, 異なる状況で活用可能かを調べるための課題。両者が似た課題である場合は活用が起きやすいが, 原理を共にして表面的には異なって見える課題を転移課題とすると, 一般には活用率が落ちる。前者を近転移課題, 後者を遠転移課題と呼ぶことがある。

16) **「二重転移」課題**: シュワルツらが, 「未来への学習の準備としての学習 (preparing for future learning)」の存在を明らかにした研究で使用した転移課題。普通, 学習転移を実証しようとする実践や研究では, ある問題を基底とし, その問題を解けるようにしたうえで, 別の, 基底問題とは異なる問題を転移問題として提示して, それが解けるかどうかによって転移が起きたか起きなかったかを判定する。シュワルツらは, たくさんの基底問題を解いていく過程の中で「徐々にわかっていく」過程が起きてもよいと考えた。これを実験的に実証するために, 転移課題の中に, 参考になる資料を挟み込むなどして, これがうまく使えれば解ける課題を二重転移課題と呼んだ。シュワルツらの研究成果からは, 基底問題を協調的な環境で発見的に解いた経験が, 単一の解法を教示され練習を積む経験よりも二重転移課題で好成績を収めることがわかっている。

17) **「知識統合」過程**: 複数の入力を統合して一つのスキーマを形成するなど, 知識と知識を結びつける過程。人の理解は一般に自分が知っていることと新しい経験を統合して知識として構成する過程によって起きる。

### 5.5.3 「協調的な学び」の認知科学を目指して

認知科学研究は, 人の認知的な過程を研究するにあたって, 人が人らしく自然に振舞う中で示す有能性のメカニズムを明らかにし, 人が認知科学的な成果を活用して, より賢く振舞えるよう研究を展開してきた。「学び」や「協調過程」というテーマは, 昔から扱われてきたテーマとして豊富な知見を集めてきていながら, 現実の学びを変えるにはまだまだ非力な理論しか作れていないテーマでもある。人は, 自らの認知過程について, そこにかかわるたくさんの要因を同定したり, それらの間の相互作用を整理して語ったりするこ

とが難しい。

メイヤーも報告するように、人は自分がヒントを得て問題に解答したのか、ヒントの効果は自覚できずに「自ら解答を作り出した」ように感じるのか、その違いすらうまくコントロールすることができない（Mayer 1951）。このような人の特性から考えて、人が自らの学びを振り返って「このようにするとうまく学べる」という**素朴学習論**[18]を展開する時、その多くの部分は実態に即していない、「人が人の認知過程について持ちやすい擬似モデル」である可能性が高い。擬似モデルは、わかりやすいだけに真のモデルと間違われやすいことにも気を配っておく必要がありそうである。

認知科学は、人の認知過程について、一つのケースであっても実際に「人はこれこれの状況でこういう振舞いをする」と言えるだけのデータを取り、それを分析して、その成果が引き起こされるメカニズムを探る。そのための方法論は、使えるものであれば何でも使って、一貫性のある理論を導くことを大切にする。永遠にそのプロセスの全貌には届かないかもしれないが、つねにより真実に近いモデルを求めて、そのモデルに基づいた実践によりモデルを作り直して理論に迫る。

「学びの認知科学」は、これまでそのプロセスに迫る強力な方法論をあまり持っていなかった。**ユビキタス・センシング**[19]や**ロボティクス**[20]、脳計測やネットワーク解析など、新しい技術が学習研究に新しい方法論を提供する時代になりつつあるようにも感じられる（→VI-3.5）。これまでの膨大な学習研究の中から、擬似モデルと真のモデルをより分ける必要がある。さまざまな方法論を使う研究者の協調的な学びによって、学びの認知科学そのものを育ててゆきたいと思う。

[キーワード]

18) **素朴学習論**：自らの学習体験を振り返ってそれを一般化し、「人の学習は、これこれのプロセスを経て起きる」「人がうまく学習するにはこれこれの要素が必須である」などの形で表現される素朴な学習論。科学的検証に基づかない。学習過程は一般に多数の要因が関与する複雑な過程であり、その全貌を意識化することはほとんど不可能だが、学習が成立したと感じられた後に振り返ってそこで起きていたことを「語る」ことができる。ここで語られるのは、実際に起きたプロセスではなく、一般に起きると信じられているプロセスであることが多い。「起きると信じられているモデル」であるため、わかりやすく、説得力があるが、実践に直接役に立つことは少ない。

19) **ユビキタス・センシング**：状況

内に多数のセンサーを埋め込み,多方向から人やロボットなどの行動を観察,分析し工学的に活用する技術。

**20) ロボティクス**:ロボットを開発し現実社会の中で人とロボットが協働するメカニズムを明らかにすることによって,ロボットを応用したり,ロボットを介して人の発達など認知過程を解明する研究分野。工学的に多様なロボットを設計開発する科学から,人とのインタラクションを形成する要因や人にとって有用な行動を自ら判断して実行するための基本的なメカニズムを解明する諸科学までを融合した領域として成長しつつある。

謝辞

　本章で考察した協調的な学びについての理論的検討ならびに実践研究は,科学研究費補助金,科学技術振興費,私学研究助成費から支援を受けた。
Writing of this chapter was partly supported by SORST/JSP 2005-2007 and JSPS Grant-in-Aid 15200020 (2004-2006).

# VI 部
「学び」とテクノロジー

---

　テクノロジーという視点から「学び」にアプローチする。テクノロジーを活用した「学び」の支援，ロボットを視点とした「学び」の探求を紹介し，最後に「今後，学びにどうアプローチしてゆくか」一つの方向性を示す。

# 1 テクノロジー利用による学びの支援

大島律子・大島　純

　ICTをはじめとして，ネットワーク環境で学習を支援するためには，テクノロジーがいかに精巧なものであるかよりも，本来の意味での「学び」を支援するデザイン意図，そしてそれを実践の場で実現する努力が重視されるべきである。本章では，こうした本来の学びを支援するためのテクノロジー利用の原則的な考え方を，特に協調学習支援システムの具体例を交えて紹介する。

## 1.1 学習環境を構築するための情報テクノロジー

　学校教育場面で用いられる**情報テクノロジー**[1]は多種多様である。典型的なものとしては情報収集源としてのインターネットやデジタル教材などがあげられる。これらは既存の授業展開の中で学習活動の一部に補助的に組み込まれる形で利用され，学習に必要な情報の提供や学習コンテンツそのものを提供するのが主な役割である。一方，学習活動のデザイン自体を担う情報テクノロジーもある。これらは，教師が授業をデザインする段階から用いられ，深い理解を導くための思考を支援するツールや，掲示板など学習者同士の議論の場を学習場面で提供することで高度な認知的活動を支援する役割を持つ。

　このように学習を支援する情報テクノロジーにはさまざまな特徴があり，その特徴や使い方により期待される効果が異なるため，学習環境を構築する際には目的にあったテクノロジーの選択を行う必要がある。

## ［キーワード］

1）**情報テクノロジー**：主にコンピュータやコンピュータネットワークを代表とする通信技術のことを指す。近年教育の分野ではICT（information communication technology）というカテゴリによって，情報を操作するさまざまな機器とコミュニケーションを制御する機器とのいずれをも含む広い概念としてとらえられている。

## 1.2 情報テクノロジーに期待される効果

情報テクノロジーを利用することで期待される効果は，情報テクノロジーのマトリクス（大島 1998）によって，二つの側面から整理することができる（図1）。

大島（1998）によると，第一の側面は学習効果に関して情報テクノロジーが果たす役割のことで，「テクノロジーの効果（effect of technology）」と「テクノロジーによる効果（effect with technology）」に分類される。前者は最終的にテクノロジーの支援なしにその能力や理解を示すことを学習者に求めることを目指している一方で，後者はテクノロジーの支援を受けつつ能力を発揮するものである。第二の側面は期待される効果のタイプの分類で，「増幅効果（amplifying effect）」と「変換効果（transforming effect）」に分けられる。前者は人の認知能力を高めることであり，後者は思考様式や能力の質を変化させることである。この分類に従うと，「電卓というテクノロジーを使って複雑な計算をする」という行為は，電卓を使い続けても計算能力が自ずと向上するわけではなく，さらに複雑な計算は電卓を使ってこそ容易にできるものであることから，「テクノロジーによる増幅効果」であると位置づけることができる。あるいは物理シミュレーションのデジタル教材を使って学習を行うことは，物理の理解を深めることが目的であり，理解すればデジタル教材は不要となることから，「テクノロジーの変換効果」であると位置づけることができる。

また，同じテクノロジーでもその用い方により期待される効果が異なる場合もある。インターネットによる情報収集は，収集に利用することだけがテクノロジーの役割である場合「テクノロジーによる増幅効果」にすぎないが，情報収集する過程において知識の再構成や概念変化が起きるような学習の文脈で用いられている場合，それは「テクノロジーによる変換効果」となりうる。いずれにせよ，人の知的能力を高めるという目的においては，増幅効果よりも変換効果の方に価値があることはいうまでもなく，教育という場面においても変換効果を実現するためのテクノロジー利用が求められる。

|  | 増幅効果 | 変換効果 |
|---|---|---|
| テクノロジーの効果 |  |  |
| テクノロジーによる効果 |  |  |

図1　情報テクノロジー・マトリクス：（大島 1998）

## 1.3 テクノロジーによる協調学習支援

学習理論の変化とネットワーク技術の発達につれて，特に学習者同士の考えのやり取りや**形成的評価**[2]，思考支援などに着目したシステム開発が盛んに行われるようになった（たとえば，Koschmann 1996; Koschmann, Hall, & Miyake 2002）。こうしたシステムは**協調学習**[3]支援システム（computer support for collaborative learning：CSCL）と呼ばれ，幼稚園から大学院に至るまであらゆる教育場面において活用されている。協調学習支援システムの多くは，先にも述べたように，より深い理解や能力の向上を目的として活用されている。現代社会で求められる「自己学習力」や「**社会人基礎力**[4]」といった能力の育成に合致するものであり，変換効果を期待するものである。

[キーワード]

2）形成的評価：学習が終了した後ではなく学習の最中に，その後の学習の改善のための診断として行われるものを指す。近年の学習研究では，教授者だけでなく学習者自身が形成的評価を実施し，その後の学習に活かすメタ認知的活動が特に重要視されている。

3）協調学習（collaborative learning）：学習者が小集団で学習活動を進めていく形態の一つ。協同学習とも呼ばれる。類義語に共同学習（cooperative learning）があるが，これまでの研究ではこれらの間には学習内容の分担の仕方に違いがあると言われている。共同学習の場合，その分担においては学習者の成績向上に対する外的な動機づけ（たとえば，頑張ることで成績の分配比率をあげる，など）を高めたり，課題をより経済的に遂行するための活動構造が重視される。これに対して協調学習では，学習者同士で問題を発見・共有し，考えのやり取りを通じて理解を深めていくことが学習者にとって必然となるような課題構造が重視される。その背景には分散認知や，発達の最近接領域など，人間の相互交渉が自身の理解や知性をいかに高めていくことにいかに寄与するかという理論的根拠がある。

4）社会人基礎力：経済産業省が提案する社会人が持つべき能力のこと。「前に踏み出す力」「考え抜く力」「チームで働く力」といった，職場や地域社会で働く上で必要な能力であり，IT化やサービス経済化が進む中で重要視されている。経済産業省のwebページ（http://www.meti.go.jp/policy/kisoryoku/index.htm）参照のこと。

### 1.3.1 協調学習を支援する学習環境構築の背景理論

学習研究の進展とともに，**構成主義**[5]（constructivism）をふまえた**社会的構成主義**[6]（social constructivism) 的な授業設計のアプローチが注目を浴びるようになった。構成主義では，学習者に何をどう学んでもらうかは学習者と学習内容の関係性の中で検討されてきた。しかし，社会的構成主義的アプローチのもとでは，他の学習者や学習の文脈あるいは状況を含めるだけでなく，**分散認知**[7]（たとえば，Hutchins 1995; Salomon 1993）の考え方とあいまって学習に使う道具や教室空間といった学習者を取り巻く環境すべてにまで，その検討すべき範囲を広げたのである。このような学習理論の変化に伴い，授業設計ということばは学習環境デザインということばに定義し直され，教師の役割は学習者の自己学習を制御する「学習活動の監督」から，学習者が最適に学ぶことのできる環境をデザインする「学習の支援者」へと変化した（→Ⅲ-2.1）。そこでは，学習者が知の探求者として自ら問題を見つけ出し主体的に解決を試みたり，理解しようとしたりすることを重視している（たとえば，Bereiter & Scardamalia 1989）。このような考え方に基づいて，「**学びの共同体**[8]」（Brown & Campione 1996），「**学習環境の枠組み**[9]」（Bransford, Brown, & Cocking 2000），「**知識構築共同体**」（Scardamalia 2002）といった学習環境構築のためのフレームワークが提唱されている（→Ⅴ-5.2）。

[キーワード]

5）**構成主義**（constructivism）：学習者の周りの事象と学習者がすでに有している知識との間のインタラクションを通じて，学習者の知識が再構成されることが学びであるという考え方。

6）**社会的構成主義**（social constructivism）：学びの構成主義において，他者との相互交渉がその中心的な構成要素として加味された考え方を指す。構成主義の考え方に基づき，さらにその過程で用いられるさまざまな道具やかかわり合う他者とのやり取りを重要視した考え方。

7）**分散認知**：知識はそれが用いられる状況や文脈の中で適切に生起するものであり，身の回りの道具や他者と分かちもたれているため，決して特定の個人の中にしまい込まれているのではないという考え方。ハッチンス（E. Hutchins）など状況論的認知論を唱える研究者たちにより広められた。

8）**学びの共同体**：ブラウン（A. L. Brown）とキャンピオン（J. C. Campione）らの研究グループによって広められた学習環境のデザインの枠組みの一つ。学び合いという文化的な実践に参画する主体としての学習者および教師の集合体の総称。学びの共同体では，学習者が学ぶ必然性を認識し，自ら問題を見つけ出して探究活動を行う中で専門的知識の理解を深

めていくような学習環境のデザインが目指されている。学習共同体ともいう。

9）**学習環境の枠組み**：これまでの学習研究から明らかになった一般的な教授学的原則であり、ブランスフォード（J. D. Bransford）らがまとめたものである。学習者中心の考え方、知識中心の考え方、評価中心の考え方、共同体中心の考え方という4側面がすべて満たされた状態が理想的な学習環境であるとする。

## 1.3.2 協調学習支援システムの備える主な機能とデザイン原則

協調学習環境のデザインにおいてテクノロジーが果たす基本的役割には、次のようなものがある：（1）考える価値のある事柄への焦点化と思考支援、（2）学習者自身による形成的評価の支援、（3）学習者同士あるいは広く学習の支援者たちを含んだ協調の支援、である。多くの協調学習支援システムにみられる機能として、学習内容や補助教材の提供、マルチメディアで作成できる掲示板、アイディアの二次元配置やアイディア同士の関連づけ、学習の履歴の表示、などをあげることができる。また、協調学習支援システムの多くは、学習研究者とシステム開発技術者、学習内容の専門家の協同により開発されている。それぞれに開発理念があり、それに応じたデザイン原則に基づいて学習環境の構築が行われている。こうした理念に基づいて開発されたシステムを用いた授業実践は、教師自身の学習に対する考え方をその実践の中で顕在化し、実践者としての認識論を変革していく契機にもなる。

今回は協調学習支援システムの中でも代表的な WISE と Knowledge Forum を取り上げ、その開発理念とデザイン原則、そして原則がどのようにシステムに反映されているのかを解説する。

## 1.4 WISE：知識統合を支援するシステム

### 1.4.1 WISE の開発理念とデザイン原則

WISE (web-based inquiry science environment) はカリフォルニア大学バークレー校のリン（M. Linn）を研究代表者として開発されてきたシステムである（Linn & Hsi 2000）。名前に science とあるように、初等・中等教育における科学教育のカリキュラムのための開発が主眼である。

WISE の狙いは、科学的知識を日常生活と意味のある形で結びつけ、使える知識として理解を深めること、つまり「知識統合（knowledge integration）」を支援することである（Linn & Hsi 2000）。知識統合を起こすために学習の過程でわかっ

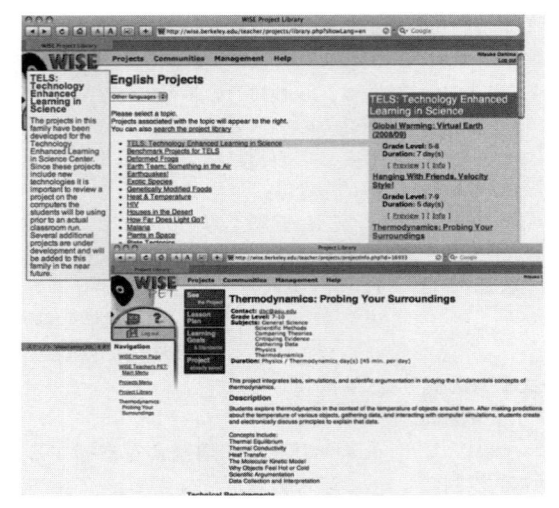

図2　プロジェクト・ライブラリと概要例
　　　(http://wise.berkeley.edu/)

たことを使うという活動を繰り返しながら理解を深め，知識を抽象化することで他の場面でも使えるものにしていくという方法をとる。WISEは次のような四つのデザイン原則に基づき，学習環境の構築を支援する。

　デザイン原則1は「科学を取りつきやすいものにする」ことである。身の回りにある科学的現象や科学的問題に着目させ，学習内容との関連性を常に示すことで親近性と学習の動機づけを高めることを重視する。デザイン原則2は「考えをみえるようにする」で，学習者同士がお互いのアイディアを文字や図表などとして可視化することで，それらを共有しやすくすると考える。デザイン原則3は「お互いから学ぶ」で，他者と協調しながら学習を進めるためのさまざまな機会を提供することで，協調活動のメリットを活かし理解を深めることを狙う。デザイン原則4は「科学を一生学び続ける準備をする」ことで，単元の学習を離れ日常生活の場面においても科学的思考に基づいて問題解決ができることや科学を学び続けることを意味している。それでは，このようなデザイン原則がシステムにどのように反映さ

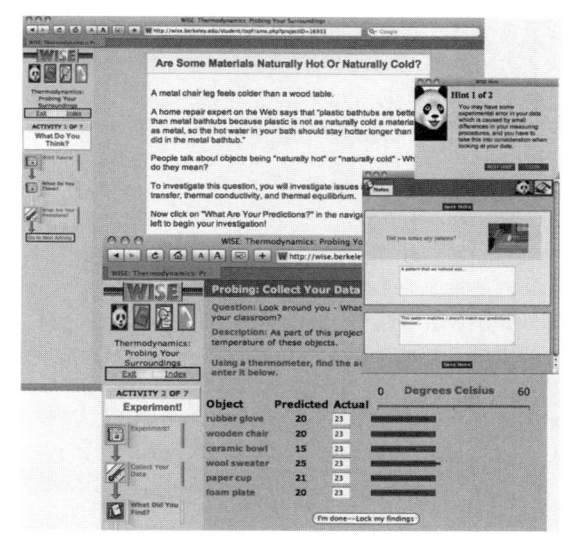

図3　WISEのインターフェイス例
(http://wise.berkeley.edu/)

れ、どう使うことができるのかみていくことにする。

### 1.4.2 WISE の提供する学習環境

WISE が提供するのは、指導案とデジタル教材、資料、議論用掲示板、ならびにさまざまな学習支援のためのツールから構成されるコースウェアである。ウェブ上に公開されており (http://wise.berkeley.edu/)、利用者登録をする形でパッケージを利用できるようになる。教師はログインしてプロジェクト・ライブラリから使用したいプロジェクト（学習単元）を選択し、その概要をみることができる（図2）。プロジェクトごとに各時の授業案（lesson plan）や学習目標（learning goals）とともに、AAAS（The American Association for the Advancement of Science［全米科学教育振興会］）の定める科学リテラシーの基準への対応や州ごとの基準への対応なども示されている。教師はこれらを確認しつつ自分のクラスに導入することになる。

図3は「熱力学：身の回りを調べよう」という単元の一部である。中

学1年生から高校1年生向けに開発されたこの単元は，七つのステップで学習が展開する。左側のフレームにステップごとの授業の流れが，右側のフレームにはそれぞれのコンテンツが表示される。授業は，「モノについてもともと温かいとか冷たいと言うことがあるけれど，それはどういう意味なんだろう？」という問いかけから始まる。そして，この問いに答えるためには「熱転写」「熱伝導」「熱平衡」という三つの科学的現象について理解する必要があることを提示し，「身の回りのもの六つを選んで，それらの温度を予想してみよう。」と続いていく。このように身近なものとの関連づけやそこでわき上がった疑問をもとに学習を展開していく要素技術は，デザイン原則1や4を反映している。次に学習は実験へと移り，選んだ六つのアイテムの実際の温度を測って予想と比較を行う。ここで学習者たちは結果から気づいたパターンをWISEノートに記すよう促される。別ウインドウで開いたノートには予め「A pattern that we noticed was …」というリード文が示され，これに文章を続ける形で記述を行う。困ったときにはパンダアイコンをクリックするとヒントが提供される。これらが完了すると熱エネルギーはどうやって物質間を伝わるのかを学習するシミュレーション実験を行い，さらにわかったことをノートに記述していく。このような活動を続けながら授業の後半では，熱に関する原則の候補をあげ掲示板上でディスカッションを展開する。そして最後に自分自身の理解の変化や他者の理解への貢献を確認してノートとして記述し単元を終了する。一連の学習過程で利用することになるノートや掲示板，あるいは思考支援ツールといったものは，デザイン原則2や3を反映させている。

ここにあげた以外にも，WISEの提供する学習環境には四つのデザイン原則が随所に反映されている。たとえば，マラリア問題を扱うプロジェクトでは，科学者たちによるリアルな論争に触れさせることで，科学の重要性に対する認識や科学的な思考態度で現実問題に対応する必要性を理解させようとすることは，デザイン原則4を狙っているものである。

このようにWISEでは知識統合としての学習を実現するために，特定の学習内容について具体的にその学習活動を提供するタイプの学習環境である。

## 1.5 Knowledge Forum：知識構築を支援するシステム
### 1.5.1 Knowledge Forum の開発理念とデザイン原則

Knowledge Forum は，トロント大学オンタリオ教育研究所のベライター (C. Bereiter) とスカダマリア (M. Scardamalia) を研究代表者として開発されてきたシステムであり，数ある協調学習支援システムの中では最古参として位置づけられている (→V-5.2)。Knowledge Forum の狙いは，その教育理念である「知識構築としての学び (learning as knowledge building)」を実現するというものである。この教育理念では，学習者が自らのアイディアに基づき，学習対象としての知識を吟味し，共同的な理解として向上させ続ける活動そのものとして学びをとらえる。正しいとされる知識を深く理解することが最終目標ではなく，学習共同体の中で個々のメンバーが各々の専門性を活かし，共同体全体の知識向上のために主体的かつ自発的な活動を行い続けることが望まれる。ゆえに，与えられた課題を解決するような受動的学習ではなく，自ら問題を見いだしそれを解決・理解しようとする姿勢，つまり「意識的な学習活動 (intentional learning)」が中心となる (Bereiter & Scaramalia 1989)。これまで高度な専門家において必要だと考えられてきた知識構築活動に従事するための能力を，初等教育から訓練し将来の知識労働者へと成長してもらうためには，学習者に彼らの学びが「斬新的な問題解決活動 (progressive problem solving)」であると認識してもらう必要がある。そのためのデザイン原則は「知識構築を定義する社会—認知的・技術的な12要因」(Scardamalia 2002) としてまとめられている（次頁表1）。

この12要因はすべてがシステムの機能として提供されているわけではなく，教師が Knowledge Forum を利用していく上で，学習活動の中で自然と実現されるように授業をデザインする必要がある。後述するように，Knowledge Forum は WISE のようなシステムとは異なり，事前に共通した学習内容は提供されていない。学習が漸進的な問題解決であるとすれば，その軌跡は事前に予想しうるものではなく，学習の成果として創発的に現れる問題を適切に認識し，それに対処していく活動を支援できなければならない。このような考えに基づいて開発された Knowledge Forum は学習対象や学習内容を選ばない。そのため幼稚園から大学院に至るまで幅広い年齢層や内容領域において利用されている。

表1　知識構築を定義する社会―認知的・技術的な12要因

| 要因 | 定義 |
| --- | --- |
| (1)真のアイディアと真正性の高い問題 | 知識構築実践共同体では、作り出されたり用いられたりするアイディアは、参加者にとって真実味を持っている。問題は参加者が本気で関心を持ち、たいていの場合、教科書にあるような設問とは大きく異なる。 |
| (2)向上し続けるアイディア | 共同体の参加者は、アイディアの質・一貫性・効用を絶えず向上させていく。これがうまくいくためには、不安のない共同体文化が必要であり、そこでは放っておかれているものを見いだしたり、生煮えの考えを口にしたり、批評し合ったりするといったことが可能となる。 |
| (3)アイディアの多様性 | アイディアの多様性はエコシステムに生物の多様性が不可欠なのと同じように知識発展には不可欠である。あるアイディアを理解しようとすることは、そのアイディアを取り巻くアイディアを、相反するものも含めて理解しようとすることである。 |
| (4)俯瞰する行為 | 参加者の提案するアイディアの多様性をより包含する形で体系化していく活動が重視される。新しい知識を構築していくための適切な問題意識を醸成するために、当初から持っていた観点による分類とは別に、共同体全体として持っている知識やアイディアを新しい観点からまとめあげることが要求される。 |
| (5)認識論的主体性 | 参加者が自他のアイディアの関係性について言及し、自ら知識を発展させ続ける。問題のゴールや動機づけ、評価や長期的なプランニングなど知識発展のマネジメントの側面は、教師やマネージャーといった特定の個人が担うのではなく、参加者全員が行うものである |
| (6)共同体としての知識、集団的責任 | 知識構築実践共同体の目標は、共同体レベルの知識発展である。そこに参加する個人は、この共同体としての知識の発展に寄与する責任を持つ。 |
| (7)知識の民主化 | すべての参加者は共同体としての知識発展の貢献者となる。参加者はそこに見られた知識の発展にプライドを持てなければならない。そこには成功者と失敗者などの区別はなく、全員が知識の創造に対してより強靭となる。 |
| (8)対称性を持つ知識発展 | 知識構築実践共同体の参加者の間、あるいは異なる実践共同体の間で知識は分かち持たれている。それゆえに、参加者同士、共同体同士で知識のやりとりが生じる。この時、知識を与える側と受け取る側に区別される訳ではなく、相互に与えそして受け取るという構図ができる。 |
| (9)普及する知識構築 | 知識構築実践に参加することをとおして、学習者の学習に対する意識が拡張されることが期待される。特定の場面や単元において知識構築的であるだけでなく、常に知識構築的な精神世界を確立する。 |
| (10)権威のある資源の建設的利用 | 知識構築実践では、学習者自らが知識を構築していく領域の最先端の知見に触れる必要がある。そうした現状での優れた知識に対する尊敬を持ちながらも、そのもの自体を絶対化することなく批判的に論じる姿勢を忘れない。 |
| (11)知識構築の対話 | 知識構築実践共同体で展開する対話は、知識を共有するだけでなく、終わることのない知識発展を目標とした実践をとおして、それを改善し変換させ続ける。 |
| (12)埋め込まれ変換される評価 | 評価自体、知識構築実践の一部であり、実践の中に埋め込まれている。知識構築共同体では、より適切でかつ厳密な評価が自ら行われる。 |

注：社会―認知的要因のみを抜粋。

それでは、Knowledge Forum を用いた授業実践例を通じて、そのデザイン原則がどのように現れているのかをみていくことにする。

## 1.5.2 Knowledge Forum の提供する学習環境

Knowledge Forum は編集可能なデータベースの構造を有している。教師は授業ごとに新規のデータベースを作成し、その中に必要なコンテンツを作成する。コンテンツの作成や実際の利用はブラウザを介して行われる。データベース内は複数のビュー（会議室）を作成でき、そこには学習者が自分のアイディアを書き出すためのノートや、教師が作成する「足場かけ」と呼ばれる思考支援機能、ノート同士の関連性を表せる複数のタイプのリンク機能、描画機能、個人用ワークスペース、などの機能がある。テキスト、グラフィック、ムービーを扱うことができ、ファイルのやり取りも可能である。Knowledge Forum は学習内容を提供しないため、教師は授業で扱いたい内容を考えていく中で、これをどのように有効活用していけば知識構築としての学びを実現できるのかを検討することとなる。

以下に示す例は、日本の大学で行われた「視聴覚教育メディア論」という大学3年生向けの科目である。マルチメディア教材の備えるべき原則をふまえ、それを反映させる技術的方略の検討と実例の調査分析を通じて、よりよいマルチメディア教材のあり方を検討していくもので、毎週 face-to-face [10] で実施された。この講義では紹介する原則の基本的理解を求める以外は、教材がどうあるべきかなどについての理解の制約は行わない。受講生たちは3、4名のグループとなり原則を理解するとともにその限界を指摘しながら、実在する教材の扱う内容や学習目標などをふまえ最終的には実在する教材のデザイン改良を提案する。このように現実の問題をとらえ、さらに専門的知識をふまえつつその限界をも検討し、問題解決に挑むという学習展開により「真のアイディアと真正性の高い課題」や「権威のある資源の建設的利用」を実現しようとしているのである。

学習活動は複数のビューを行ったり来たりしながら行われる。次頁図4は受講生が授業のデータベースにアクセスした際に現れるトップのビューである。これは授業進行に応じてアップデートされていくため、アクセスの度に自分たちの学習の過程や目標を確認することができる。学習活動の流れにあわせた共有ビューとともにグループ毎のビューも用意され、学習活動の進捗に応じてそれ

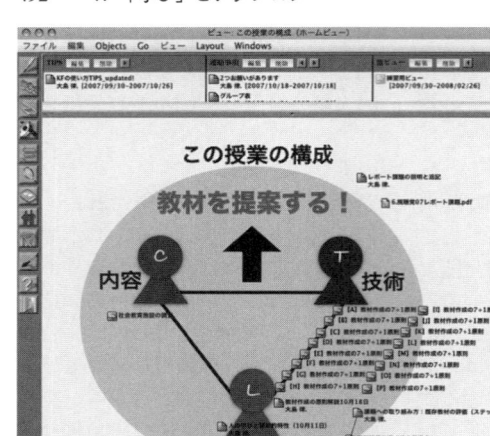

図4 トップビューの例

らを使い分ける（図5）。さらに個人専用の作業場も利用することで，受講生は「個人」―「グループ内」―「グループ間」でアイディアを吟味検討していくことになる。このようにアイディアを外化する場所に対して主たる参加者を個人からクラス全体へと拡張していくことにより，「認識論的主体性」を実現しようとしている。さらに，データベース上のすべてのビューやノートは誰でもアクセスが可能で，書かれたアイディアをもとにした議論や引用ができるようになっている。これにより「認識論的主体性」だけでなく，「共同体としての知識，集合的責任」や「対称性を持つ知識の発展」を可能にする。また，ノートや絵として外化されたアイディアは何度でも変更が可能である。ノートは「未読」，「既読」，「修正あり」の3種類のステイタスをアイコンの色で表示するため，ノートを読んだ後に変更されたり，コメント（＝注釈）がついた場合にはアイコンの色で判断できるようになっている（図5）。つまり「向上し続けるアイディア」が実現されている。

このようにKnowledge Forumでは知識構築としての学びを実現するために，デザイン原則を押さえた学習環境の枠組みを提供すること

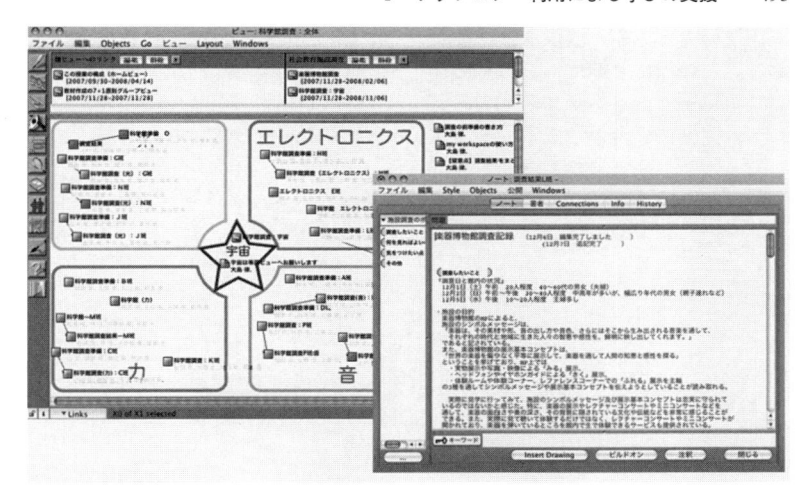

図5 共有ビュー（左）とノート（右）の例

で，教師や学習者たち自身が学習環境を構築し利用できるような機会を提供するタイプの学習環境である。

[キーワード]
10) face-to-face：対面を意味することばで，特にテクノロジーが導入された教室において対面型の授業形態を表すときに使われる。これに関連し，ブレンディング型と呼ばれる表現があり，これはオンライン上とface-to-faceが併用されている授業方法を意味する。

## 1.6 おわりに

今回は，WISEとKnowledge Forumという学習環境を取り上げ，その特徴について説明した。WISEは教授─学習にかかわるほとんど一切をパッケージとして提供している点に特徴がある。その一方で，Knowledge Forumはデザイン原則に基づいたフレームワークを提供し，扱う知識や学び方などの一切のデザインを利用者側が自由に構築できる。しかし前者はパッケージにない学習内容は扱えず，後者はデザインに時間がかかるといった難しい面もある。そこで大事なことは，授業デザイナーである教師が何を目指すかにより，どのようなタイプの学習環境を用いるべきかを判断することである。このようなテクノロジーの開発では，道具としてのテクノロジーはただ提供するだけでは機能せ

ず，使い方も一緒に提供する必要がある。この点において，どちらの開発プロジェクトも教師や研究者，システム開発技術者から成るコミュニティを形成し，情報交換や議論などを通じて効果的な活用方法を探究するだけでなく，システムに対する新たな提案を行っているのである。

# 2 学びと身体空間
## ──メディアとしての身体から感性を読み解く

・阪田真己子

　われわれは、ことばだけを使って他者から情報を得ているわけではない。誰もが、何気ない他者のしぐさや顔の表情などから情報を受け取り、他者理解に役立てている。その中心に身体がある。本章では、演劇や舞踊などのパフォーミング・アートにおいて動きを習得・創出していく上で重要となる「メディアとしての身体」が伝達する情報について論じる。また、指導者と学習者や師匠と弟子の関係性の上に構築される「学びの身体空間」の様相についても概観する。

## 2.1 身体というメディア

　われわれは他者の「ことば」ではなく「身体」から「なんとなく元気がない」とか「今日はテンションが高い」といった印象を受けたり、雰囲気を感じ取ったりすることがある。**コミュニケーション**[1]（communication）というと、ことばによる意思疎通がまず頭に浮かぶかもしれないが、人と人とが対面した状況においては、ことばによらない情報の方がはるかに真相を物語っていることがある。

　他者とのコミュニケーションにおいて、非言語的な情報を担うものとしては、顔の表情、ジェスチャー、姿勢、身体動作、視線、対人距離、声のトーンや衣服、においなどがあげられる。これらはコミュニケーションにおいてメディア（媒体）としての機能を果たしていることから、「身体メディア」と呼ぶことができる。人には本来、身体というメディアを通じて「自分の気持ちを素直に表現する」とか「相手の感情を正しく読み取る」といった**社会的知能**[2]（social intelligence）が備わっているのである（→IV-1.3.2）。

　日常的なコミュニケーション場面だけでなく、身体そのものが表現メディアである究極の形として、舞踊や演劇などのパフォーミング・アートがある。舞台上のダンサーや役者はまさに自己の身体をメディアとしてメッセージを発信し、観客はそれを感受する。身体メディアが他者にどのようなメッセージを伝えるかを追究することは、舞台と観客、学習

者と指導者，師匠と弟子などの関係性を考える上で重要な問題となる。

このように，身体メディア研究は，人と人との円滑なコミュニケーションを実現するための対人心理学的研究はもちろん，舞踊や演劇などにおけるわざの体得やその習熟過程を考える上での基礎資料を提供することが期待される。また，身体メディアはわれわれの感性を直接的に表出したものであり，自己の潜在的な部分と結びついているという意味において，もっとも原初的な身体メディアであると言える。

## [キーワード]

1）コミュニケーション（communication）：コミュニケーションという用語の由来するラテン語 *communis* は，「共通の」「共有の」を意味する。その語義を踏まえて，「人間どうしの直接・間接の意思疎通にとどまらず，モノや情報，エネルギーなどが時間的・空間的に移動し，その結果，移動元と移動先においてある種の共通性が生じる」という観点に当てはまる現象はいずれもコミュニケーションと呼ぶことができる（松本 1988）。そのような意味では，身体を媒体として舞台と観客（あるいは共演者同士）で情報が授受される舞踊や演劇も，広い意味でコミュニケーションの範疇に入る。

2）社会的知能（social intelligence）：一般的には，人の知能を客観的に示す指標として IQ がよく知られているが，近年は，社会で他者と円滑な人間関係を構築するために必要な能力として社会的知能の重要性に関心が向けられ，IQ に対して EQ（emotionally intelligence quotient）がその指標として認知されている。

## 2.2 コミュニケーションのメカニズム

身体を媒体として何らかの情報が伝達されるとき，それはどのようなメカニズムに基づいているか。ここで，一般的な**コミュニケーション・モデル**[3]（communication model）について解説する（図1）。

まず，何らかの「情報（information）」が人から人に伝達される際，その「情報」の発信者を「送り手（情報源 [source]）」，受信者を「受け手（receiver）」と呼ぶ。その際，情報は顔の表情や身体動作など何らかの媒体（メディア [medium]）に記号化（encode）された上で伝達される。受け手は，送られてきた情報を視覚，聴覚，嗅覚などの「**モダリティ**[4]（modality）」を通じて受信した後，その意味を「解読（decode）」し，送り手の意図，気持ちを解釈，理解しようとする。また，受け手は解読した情報を受け，発信者に対して何らかの情報を投げ返す（feedback）。コミュニケーションとは，このように情報の送り手

と受け手が交互に入れ替わるプロセスのことであり，ときに記号化や解読の仕方を誤ったり，両者の間で記号が共有されていなかったりすると，摩擦が生じる。さらに，何気なく行った身体動作を，他者が解読して，意図せぬ情報が伝わってしまうこともしばしばある。

[キーワード]
3）コミュニケーション・モデル (communication model)：コミュニケーション・モデルにはさまざまな研究者が提唱したものが多々あるが，中でも情報理論の創始者シャノン (C. E. Shannon) のシャノンモデル (Shannon 1949) やバーロ (D. K. Berlo) の SMCR モデル (Berlo 1960) などが著名である。

4）モダリティ (modality)：モダリティという用語は，特に言語学の分野において，「事柄に対して，単にそれがあると述べるのではなく，どのようにあるのか，あるいは，あるべきなのかということを表す意味論的なカテゴリー」(澤田 2006) として用いられることが多い。なお，実際のコミュニケーション場面では単独の感覚器官よりも，視覚＋聴覚，視覚＋嗅覚などマルチモーダルな感覚器官を通じて情報を受信することの方が多い。

## 2.3 身体動作のプロセス

身体動作の二つの側面を「手を振る」という動作を例にあげて解説する。

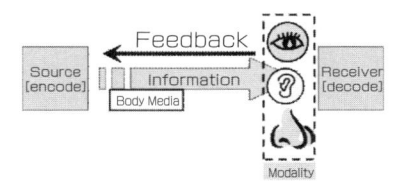

図1　コミュニケーション・モデルの例

相手に掌を向けて「手を振る」動作は，「さようなら」を意味する（もちろん場合によっては「ここにいるよ」を意味することもある）。これは身体が何らかの明示的な意味を伝達するジェスチャーであり，他には，「おいで」を意味する手先の動作や，否定を伝達する首振り動作などがある。このような明示的情報を伝達するジェスチャーに関する研究は数多くあるが，中でも世界各地のジェスチャーを身体部位別に整理して『ボディートーク：世界の身振り辞典』を作成したモリス (D. Morris) の研究が有名である。

しかし，「手を振る」という動作が他者に伝える情報は「さようなら」だけではない。その手が力強く振られていたらならば，「元気そう」とか「活発な」といった印象が伝わるだろうし，その手が弱々しく振られていたならば，「さみしそう」とか「不安げな」といった印象が伝わるであろう。声を聞かなくても，あるいは顔の表情を見なくても，手の

振り方だけで、動作者の人となりや気持ち、気分が何となく伝わってくる。つまり、「手を振る」という動作は共通であっても、その動作を行う際のプロセスはさまざまであり、人はそのプロセス、すなわち「動きの質」の部分から実に多くの情報を得ているのである。

また、「手を振る」などのジェスチャーだけでなく、「歩く」や「走る」といった基本動作においても同様のことがいえる。同じ「歩く」動作であっても、どのように歩くかという「動きの質」によって、他者に伝わる情報はさまざまである。たとえば、役者が舞台上を歩く際にも「男らしく」歩くのか、「しっとりと」歩くのかで観客に伝わる情報は大きく異なるし、舞踊においても、「躍動的に」回るのと「重々しく」回るのとではまるで違った動きに見える。このように「動きの質」から伝達される「躍動的な」「重々しい」といった主観的情報のことを「感性情報」と呼ぶ。

## 2.4 感性と感性情報

「感性が豊か」「感性を磨く」というように、日常的かつ身近なことばでありながら、「感性とは何か」という問いに対して明確な回答を与えられる者は誰もいない。それは、日本において実に多方面にわたって同じ「感性[5]（KANSEI）」という単語が使われているからで、このように多義的な「感性」が意味するところを一つの局面から一義的にとらえることは非常に困難である。外国語ではこの領域の単語は細分化されており、日本語の「感性」の独自の意味に対応する単語がないことから、近年の国際会議では"KANSEI"というようにそのままローマ字表記がされている。もちろん、感性をめぐってはさまざまな視点から多くの議論がなされているが、それぞれに展開されている感性に関する論考を概観すると、感性の特性として「能動的」「直感的」「多義的」「曖昧」といった共通のキーワードが浮かび上がってくる。つまり、「感性」とは、明確な対象をもつ感情や情動だけでなく、「なんとなく」や「何気ない」といった直感的で曖昧なイメージや印象、雰囲気、気分など、一定の対象を持たないものを能動的かつ直感的にとらえる能力である。そして、「感性情報」とは、そのような人間のもつ感性に対して刺激や影響を与える情報である。具体的には、「うれしい」「悲しい」などのように明確な対象をもつ感情や情動情報や、「明るい」「さりげない」「重厚な」など、形容詞や形容動詞などで表現される感覚、知覚情報も含むものであるとされている。

近年は，絵画，建築，舞踊，音楽，映像などさまざまな分野で，人の感性に根ざした情報処理メカニズムを実証的に解明する「感性情報処理研究」が盛んに行われるようになっている。

[キーワード]
5) 感性 (KANSEI)：「感性」ということばは明治期にドイツ語"Sinnlichkeit"の翻訳語として使用されるようになった。なお，"Sinnlichkeit"は「感覚」「感受性」「感覚的欲望」などを意味するのに対し，日本語の「感性」はそれらに加えて「あはれ」や「いき（粋）」「幽玄」「佗び」「寂び」など独自の意味も保有している。

## 2.5 身体動作と感性情報

舞踊や演劇などから感受される感性情報は個々の意味が明示的なジェスチャーとは異なり，運動のプロセスである「ひと流れの動き」全体から受容されるものである。松本（1992）は，舞踊における「ひと流れの動き」について「身体形式と感情形式の融け合って奔り出る最小限の運動形式として舞踊を象徴するもの」であり「すべての舞踊を舞踊たらしめる本質である」と述べている。このような表現性を持ちうる最小単位の運動を「表現運動」と呼び，「楽しい」「怒り」の感情では数秒，「悲しい」「厳かな」などでは15秒程度の長さが必要であることが報告されている（柴 2005）。

表現運動と感性情報の関係を実証的に解明した草創期の研究として，松本（1987）の「動きの感情価」の研究がある。松本は舞踊運動と感情の関連について「表現の独自性の基底には，ある共通性質が潜在する」という仮説を立て，その仮説を実証するべく舞踊の表現構造を科学的に解明した。そこでは，異なる**型**[6]と**質**[6]を有する運動からどのような印象が受容されるのかということを明らかにしている。また，最小限の表現単位と仮定して松本が作定した7種の舞踊運動（motive）の各々が，明らかに他と識別しうる感情価を内包していることが認められた。そこで松本は，**7種類のMotive**[7]（7 motives）を，運動とイメージの連合の範疇（paradigm）であるとして，"Paradigm of Movement and Image"――7 Motivesと名づけた（次頁表1）。このようにして作定された松本の7 motivesは，動きと感情の連関に関する実証的研究の先駆けとして国内外の多くの研究で参考にされている。

[キーワード]
6)（運動の）型：運動に表現性をもたらす，より深層の素型的な性質。「速い―遅い」「強い―弱い」など，運動の物理

表1　松本の7 motives

| | Motive | Time | Energy | Design | Movement |
|---|---|---|---|---|---|
| 1 | Happy Mv. | M.M.♩=120 ♪♪♪♪♪♪ | High | Skip Turn | |
| 2 | Sharp Mv. | M.M.♩=100 ♪♪♪♪♩♪♪ | High | Straight | |
| 3 | Lonely Mv. | M.M.♩=36 ♩ ♩ | Low | Up & Down, Asymmetrical | |
| 4 | Natural Mv. | M.M.♩=96 ♩♩♩♩♩♩♩ | Normal | Symmetrical, Balance | |
| 5 | Flowing Mv. | M.M.♩=92 ♩♩♩♩♩♩ | Normal | Smooth-faced Turn | |
| 6 | Dynamic Mv. | M.M.♩=192 ♩♩♩♩♩ | High | Jump | |
| 7 | Solemn Mv. | M.M.♩=15 ♩♩♩ | Low | Symmetrical, Balance | |

的特徴との対応関係が比較的明確である。

6）（運動の）質：運動のより表層に明らかになる感情。「楽しい」「寂しい」「鋭い」など運動を通じて鑑賞者に伝達されるイメージや印象。

7）7種類のMotive（7 motives）：7種類のMotive（Mv.）とは，まず日常歩行に両腕の上下・開閉を加えて，吸気・呼気の性質をもつ全身運動を「原型」と定めてNatural Mv.（さりげない）とした。さらにこれを基盤として可能な限り原型の性質を保持しながら運動の**時性―力性―空間性**[8]（time, energy, space）を変形してNatural Mv.の両極に各三つの運動を作定したものをHappy Mv.（楽しげな），Sharp Mv.（鋭い），Lonely Mv.（寂しい），Solemn Mv.（厳かな），Dynamic Mv.（躍動的な），Flowing Mv.（流れるような）と命名した。

8）時性・力性・空間性（time, energy, space）：時性，力性，空間性とは，運動を構成する三つの成因であり，それらのどの条件が変わっても全体の表出が変化する函数関係にある。時性は運動の時間的文節，力性は運動のエネルギー的な文節，また空間性は運動の形態的な文節に関して働くものである（松本 1968）。

## 2.6 身体メディアからの感性情報の抽出

身体メディアを実証的研究の対象として取り扱うためには,まず何らかの方法でデータを抽出しなくてはならない。ここでは,身体メディアからのデータ抽出法について代表的な手法をいくつか紹介する。

### 2.6.1 言語情報による抽出

印象やイメージに関する研究では,SD法[9]（semantic differential method）に代表されるように,「言語による評価」という手法が取られることが多い。「身体メディアと感性情報」の関係を調べる場合にも,身体の様子・動きから感受される感性情報を言語に置き換えて評価するという感性評価実験がよく行われる。たとえば,ある動きを呈示したときに,「動きからどのような印象を受けるか」「その動きはどのような動きであったか」を予め用意しておいたチェックリストから選んでもらったり（強制選択法），形容詞を呈示して,その形容詞のイメージがどの程度動きから感受されるかを段階尺度（通常は5〜7段階が一般的）によって評定してもらう方法である（評定尺度法）。回答結果は得点化することにより数値データに置き換えられる。

（1）と（2）の式は,動きから感じ取られる印象を従属変数とし,また,それがどのような動きであったかを評価した運動特性を独立変数とした重回帰モデルの一例である（阪田 2001）。

(1) ⟨Happy⟩
$= -0.835 \text{E}^{**} - 0.361 \text{T}^{**}$
$- 0.378 \text{S}^{**} + 0.133 \text{R}$
$+ 2.657$
($R^2 = 0.995$)

(2) ⟨Lonely⟩
$= 0.040 \text{E} + 0.530 \text{T}^{**}$
$+ 0.515 \text{S}^{**} - 0.045 \text{R}$
$+ 2.001$
($R^2 = 0.998$)

*... $p < 0.05$, **... $p < 0.01$
E:力性, T:時性, S:安定性, R:規則性, p:有意水準

このように動きと感性情報の関係モデルを導出することで,「ある感性情報を伝達するためにはどのように動く必要があるか」といったことを数量的に明示することが可能となる。たとえば,舞踊の指導場面において「ここは楽しそうに」とか「もっと寂しげに」といった指示があった場合,より具体的な動きの特徴を表す「強く」「重く」「軽く」などのことばでいいかえることで指導者と学習者の共通理解が促されることが期待される。また,数量化されたア

ルゴリズムをロボットやCGなどに実装することで，「人らしく」振る舞わせることが可能となる。

このように，曖昧な感性情報も言語によって明確にすることで定量的に扱うことができるようになる。しかし，「動きから感じ取られるイメージを表すことば」も「どのような動きであったかを評価することば」も共に言語情報であり，この限りにおいては，両者の関連を見いだす行為は，ある意味 tautology であると言えなくない。

## [キーワード]
9) SD法 (semantic differential method)：ある刺激に対して個人が抱くイメージや心理的意味を数量的に測定するためにオズグッド (C. E. Osgood) らによって開発された方法であり，心理学のみならず，さまざまな領域で広く用いられている (Osgood, Suci, & Tannenbaum 1957)。相反する形容詞対を用いて刺激を評価することにより，人がその刺激に対して「どのように感じるか」といった情緒的な印象を明らかにすることができる。調査対象は，言語・音・光・熱・味・においなど多岐にわたり，市場調査やユーザビリティ評価などにも応用されている。

## 2.6.2 計測機器によるデータ抽出
高度な計測機器の開発により，身体動作の計測が容易に行われるようになった。中でも身体動作を3次元的に計測できる**モーションキャプチャ**[10] (motion capture) や注目領域を定量的に計測できるアイトラッカーは，身体メディア研究にとどまらず，CG制作，リハビリテーション，スポーツ工学，プロダクトデザインなどの分野で幅広く利用されている。

## [キーワード]
10) モーションキャプチャ (motion capture)：モーションキャプチャは，もともと映画やゲーム製作のために開発されたものであり，動作解析に応用されるようになったのは最近のことである。モーションキャプチャの開発は，それまで甚大な労力を必要とした動作解析研究の負担を飛躍的に軽減させた。しかし，容易に動作データが得られるようになってもなお，多くの問題が残っている。たとえば，動きから感受される「力強さ」や「美しさ」といった感性情報が，各身体部位の3次元座標から算出される物理的情報（速度，加速度，関節角度，回転角度など）とどのように対応するかについては，バイオメカニクスや人間工学の知見が必要である。また，モーションキャプチャでは身体に貼付された数十のマーカのフレームごと（対象動作によっては1/500秒や1/1000秒ごとの計測も可能）の3次元座標値 (x, y, z) が同時に得られる。このような微細なデータがリアルタイムに得られる一方で，その膨大なデータをいかにして有効に集約する

かもモーションキャプチャを用いた動作研究の大きな課題となっている。

## (1) モーションキャプチャによる動作計測

モーションキャプチャには，動作者の身体各部に反射マーカを貼付し，その動きを複数の専用カメラで撮影する光学式と，磁気センサをマーカに用いる磁気式が主に使われている。また，マーカの数は対象とする動作によって異なるが，歩行などの単純な動作では十数箇所，舞踊やスポーツなどの複雑な動作になると40箇所以上のマーカを貼付することもある。図2は，反射マーカが貼付されたモーションスーツを着用したアルトサックス奏者の計測風景（光学式）である。計測データは，フレームごとの各マーカ位置の時系列座標値として取得される。計測データを元に対象動作の分析を行うことで，動きの巧拙，習熟段階の評価などが客観的に行えるようになる。

図2 モーションキャプチャでの計測の様子

## (2) アイトラッカーによる視線計測

「目は口ほどにものを言う」という慣用句にみられるように，身体メディアの中でも視線は重要な役割を担っている。また，人間の場合，外界から受ける情報の80％を視覚が占めているとも言われている。眼球計測を行うことの面白みの理由として，眼球が次の二つの機能を併せ持っていることがあげられる。一つは，「外界を視認するための感覚受容器としての求心性機能（感覚機能）」，もう一つは「視認すべき外界の対象を中心窩にとらえるために動作する遠心性機能（運動機能）」である。つまり，眼球は単に映ったものを知覚するための感覚器官としてだけ働くのではなく，見るべき対象に向けて眼球を動かすという運動機能も備えていることにより，見ようとしている場所，あるいは関心を寄せている物を第三者が「わかる」というわけである。つまり，ここで目は他者に対して「メディア」としての役割も果たしているのである。

次頁図3は，角膜の鏡面性と眼球の幾何学的構造を利用した角膜反射法による**視線計測**[11]（eye track-

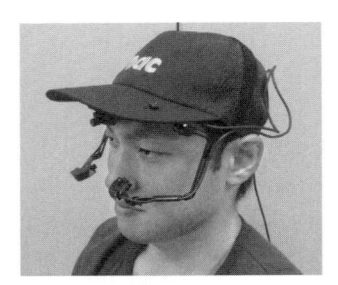

図3 角膜反射法による視線計測の様子

ing) の様子である。

　阪田ら (2001) は, 舞踊運動からどのようにして感性情報を認知しているか, という問題を追究するために, アイトラッカー (角膜反射法) を用いた鑑賞者の視線分析を行った。実験では, 観察者にアイトラッカーを装着し, 舞踊運動から感性情報を読み取る際の注目領域を抽出した。

　実験の結果, 手や顔面表情を注目する一方で (図4-a), 身体部位以外の身体周辺の注目頻度が高いことが認められた。身体周辺の事例としては,「身体で囲まれた空間 (図4-b)」「身体領域の中心点 (図4-c)」「身体の延長線上 (図4-d)」などがあった。この結果は, 鑑賞者が身体メディアから感性情報を感受する際には, 個別的な身体部位を起点とする**ボトムアップ**[12]的な情報処理だけではなく, 文節不可能な身体領域, あるいは身体が作り出す空間全体に基づかなければならない**トップダウン**[12]的な認知の枠組みが存在することを指し示しているように思われる。

図4　鑑賞者の注目領域
注：黒い四角形の部分が注目領域

[キーワード]
11) 視線計測（eye tracking）：眼球計測の方法には，角膜反射法のほかに，眼球の表面の角膜側と網膜側の電位差を利用したEOG法や角膜（黒目）と強膜（白目）の光の反射率の違いを利用した強膜反射法などが知られている。一般的に角膜反射法を用いた計測装置を「アイカメラ」と呼ぶことが多い。

12) トップダウン（処理）とボトムアップ（処理）：人間の情報処理において，個々の単位・部分の組み合わせの結果から全体の理解へ向かう処理過程をボトムアップ処理，逆に記憶・知識・文脈をもとに全体から個々の部分へと向かう処理過程をトップダウン処理という。人間の知覚的認知において，両者は独立して存在するのではなく循環して生起するとした知覚循環モデルがナイサーによって提唱されている（Neisser 1976）。

## 2.6.3 身体から感性を計測するということ

実験心理学の祖ヴント（W. M. Wundt）以降，人の心を科学的に解明する試みがなされるようになって久しい。しかし，感情伝達の媒体として「身体」が注目されるようになったのはごく最近のことである。それは，まず顔面表情こそが対人コミュニケーションの重要な情報伝達の媒体であり，身体の表出動作は副次的なものとみなされてきたことによる。そして，もう一つの理由としては，何よりも「身体」の自由度の大きさである。その自由度の大きさをカバーできるようになったのは，いうまでもなくコンピュータ，情報処理技術の発展によるところが大きい。そして，そのことが，身体メディア研究に新たな問題点を投げかけている。

計測機器の開発が身体メディア研究の発展をもたらしたことは前述のとおりであるが，「それで感性を計測したことになるか」という根本的な問題意識を持ち続けなくてはならない。得られた客観データの何をもって身体動作の感性的側面と対応づけるかは，結局，研究者のセンスが問われるところであり，場合によっては研究結果が根本から覆されることも少なくない。そして，「計測できるようになった」ことで生まれた，もう一つの問題。それは，物理的に精緻な計測が可能になっても，「計測できないもの」がある（かもしれない）ということである（→5.1.3）。もしくは，それは「計測してはいけないもの」であるかもしれない。暗黙知[13]によって共有・継承されてきたものを，科学的な手法により白日の下に晒すことの意味，必要性を都度反芻することもまた，忘れてはならないのである。

[キーワード]
13) 暗黙知：ハンガリーの哲学者ポラニー（M. Polanyi）が提唱した概念であり、「人は語ることができるより多くのことを知ることができる」という事実を指す。たとえば、「われわれはある人の顔を知っており、またその顔を他の人の顔と区別して認知することができるが、その区別をどのように行っているのかを語ることができない」といった例によって、その概念を説明している。舞踊や演劇などにおけるわざは、この暗黙知によるところが大きい。

## 2.7 身体空間と感性

2.6.2の(2)の結果は、われわれが他者の身体を見るとき、個々の身体部位から受動的に視覚情報を受容しているだけでなく、身体が創出する主観的空間（**身体空間**[14]）[body space]）を能動的に見いだしていることを示唆するものである。このことは、身体という存在を考える上で「身体空間」の存在を無視できないことを示している。

わが国では「身」というキーワードを用いて独自の身体論を展開した市川浩の「身体空間」が知られている。市川は「われわれの身体は皮膚によって閉ざされておらず、他者との関係性において開かれたものである。われわれ自身が生きている身体を主体的にとらえたとき、われわれの身体は、われわれが生きる環境世界と明確に区別することのできない身体空間を形成し、その身体空間は、ときにわれわれの体表を超えてはるかなたまで拡張（延長）するものである」という「観ずる延長体としての身体」を論じた（市川 1975）。この身体のひろがりは、「**生得的身体空間**[15]」「**準固定的身体空間**[16]」「**可変的身体空間**[17]」という変化相を持ち、かつそれらを絶えず重層的に統合している。

これらを踏まえると、身体をメディアとした感性情報の授受が、まさに「人間」ということばが示すように人と人との間、現象学が言うところの「身体空間」が交差する「間身体」で成立している可能性を示唆するものと言えそうである。

[キーワード]
14) 身体空間（body space）：身体空間とは、身体が運動することにより、その人の主観のうちに構成される空間を意味する概念である。身体を、空間に置かれ、広がりを固定化された「肉体」ととらえる見方では説明できないさまざまな事象がある。たとえば、視覚障害者の方は、しばしば杖が自分の身体の一部であるような感覚をごく自然に持つことがある。また、医学・心理学の世界では、事故で身体の一部を失った人が、失った部分に「痛み」を感じる現象（幻影肢）もよく知られている。

身体は，世界の一部として客観的に存在する"もの"であると同時に，人にとって，自己と世界の「結び目」でもある。

15) **生得的身体空間**：もっとも安定した身体空間であり，特に自身の対象身体を視覚的にとらえることができ，人のそれは，体表とおおむね一致するものである。

16) **準固定的身体空間**：体表をこえて広がる比較的安定した身体空間であり，それはさらに「道具の仲立ちによって生成する媒介された身体空間」と「他者との関係において生成する対他的な身体空間」とに分けられる。前者は，外科医のゾンデや運転手にとっての車両感覚のように道具によって拡大された身体空間のことである。後者は，「生体が他の個体との関係でとる，多かれ少なかれ安定した距離」のことであり，これを対他的な身体空間と呼んでいる。

17) **可変的身体空間**：限界が絶えず変動する空間である。市川は，「われわれが日常生きている主体としての身体のひろがりは，大部分そのような可変的身体空間である」と述べており，働きとしての身体は，見るとき，網膜で対象物に触れるのではなく，その対象物までのびるのであり，また物に触れるとき，ものの現実的刺激を受容しているのではなく，手は観ずる延長体として，物を把握し問いかけることによって，ものの応答を引き出すと主張している。つまり，このように働いている身体による対象把握は決して受動的な行為ではなく，きわめて能動的かつ対話的な行為であることを強調している。

## 2.8 学びと身体空間

　学びの場において，学習者は指導者の身体から「ことば」以上の「何か」を読み取る必要がある。たとえば，指導者から「ここはもっと厳かに」と指示があったとすれば，学習者は「いかにしてその『厳かさ』を身体で表現するべきか」といった動きのプロセスを主体的に考えなくてはならない。その動きのプロセスへ定量的にアプローチする手法としてモーションキャプチャなどのデジタル技術が貢献できることは前述のとおりであるが，それは主体的な学びの姿勢を前提としている。また，学習者が注目するべきは，指導者の物理的な身体の形状（市川が言うところの生得的身体空間）だけではない。指導者の身体を超え出て拡張した「身体空間」に，動きの意味や価値あるいは本質を見いださなければならない。

　メルロ＝ポンティ（M. Merleau-Ponty）は，われわれの身体は空間や時間に属し，そこに住みこむことにより周囲世界と「含みあい（implication）」の関係を築いているという（鷲田 1997）。つまり，われわれの身体は周囲世界（他者）からの影響を受けつつ，その一方で周囲世界（他者）に主体的に働きかけ

ながら，相互を含み合う関係にあるというのである。そのように考えると，学びは，指導者の拡張する身体と，学習者の拡張する身体が，相互に含み合い，交錯する地点にあると言える（→V-1.2.2）。指導者の背後にはさらに多くの指導者達が存在し，また学習者の先にはさらに多くの学習者達が続くことを鑑みると，学びとは，過去から未来へ連綿と連なる継承者達の「身体空間」の上に構築されるものであると言えるであろう。

# 3 認知ロボティクスにおける「学び」

・小嶋秀樹

　ロボットにとって「学び」とは何だろうか。ロボット研究者は，学ぶ力をロボット上に仮構築し，さまざまな環境のもとでその能力をテストすることで，人間を含めた知能主体に共通する「学び」の本質に迫ろうとしている。ここでは，まず従来のロボット工学・人工知能研究での古典的な学習観を紹介したあと，最近10年ほどにわたり研究パラダイムに大きな変化を与えてきた概念である「内発的動機づけ」「環境に応じる身体」「社会的インタラクション」を中心に，ロボット工学・人工知能研究が「学び」をどのようにとらえなおしつつあるのかを解説する。そのエッセンスは，自発性をもった身体と絶え間なく変化する環境が互いを意味づけあっていくプロセスにある。

## 3.1 なぜロボットなのか

　ロボット研究者も「学び」に強い関心をもっている。学ぶ力をもったロボットであれば，プログラムされたときは想定外だった状況にも対応することができる。また，試行錯誤を通してコツをつかみ，より効果的・効率的に行動することも可能となる。ロボットが備えるべき能力のなかで最も根源的なコアが学ぶ力なのだろう。ロボットに学ぶ力を与えることは，ロボットの能力を人間の能力に近づけるための最もストレートな道であり，その根源さゆえに最もチャレンジングな道でもある。

　ロボットに学ぶ力を与えるためのアプローチとして，まず心理実験や生理実験を通して人間のさまざまな特性を調べ上げることが考えられる。人間という研究対象を要素に分解していき，要素ごとの構造や機能，要素間の相互関係を解明していくというものである。科学研究の多くは，このような**還元論**[1]（reductionism）に基づくものだろう。

　しかし実際には，要素に切り刻むことで対象の重要な性質が失われることが多く，一般に「要素的理解の総和＜全体」となってしまう。小さな要素に切り刻むほど扱いやすい対象になっていくが，その反面，実際の環境のなかで生きている人間とはかけ離れたものになっていく。

もう一つのアプローチは，人間の学ぶ力をまとまりとしてとらえ，その全体的な機能を再現できるメカニズムを考案していくというものである。たとえば，飛行機は鳥のメカニズムを分析・模倣してつくられたものではなく，飛行という全体的な機能を異なるメカニズムによって再現したものと言える。学ぶ力についても同様に，その全体的な機能（すなわち「学び」）を可能にする新しいメカニズムを，たとえばコンピュータ科学のさまざまな手法を組み合わせることで実現していく（→IV-2.1）。

しかし，このような**全体論**[2] (holism) に基づいて人間と同じように学ぶシステムをつくりあげたとしても，飛行機の発明が鳥の飛行を理解したことにはならないように，人間知能のコアを解明したことにはならないだろう。

これら二つの相補的なアプローチを行き来することで人間知能の理解と人工知能の構築をめざすのが，**認知ロボティクス**[3] (cognitive robotics) と呼ばれる研究分野である。さまざまな能力の総体としての人間を，知覚・思考・学習・運動といった諸側面についての心理学・神経科学などの知見を手がかりに，まとまりのある行動主体（すなわちロボット）として再構成していく。そして，そのロボットを実際の物理的・社会的環境のなかで作動させ，その機能を実証・評価することを通して，ロボットのメカニズムを精緻化し，また人間知能についての理解を深めていく。これらをラセン状に往復するなかで，いわば「つくることによって理解する」のが，認知ロボティクスの基本スタンスである。

[**キーワード**]

1）**還元論**（reductionism）：ある対象の性質を説明しようとするとき，それを要素に分解することで，要素ごとの性質や要素間のつながりとして理解・記述できるとする立場。たとえば「心」や「生命」といった複雑で曖昧な対象でも，観測可能・操作可能な要素にまで分解することで，その働きを（たとえば物理的メカニズムとして）説明できると考える。

2）**全体論**（holism）：ある対象の全体的な性質は，それを構成する個々の要素の性質とは異なるレベルに生じるという考え。たとえば顔文字「(^o^)」を例にとれば，個々の要素は無意味記号に過ぎないが，適切に配置されることで「顔」という全体的な構造（これをゲシュタルトと呼ぶ）が現れ，個々の要素は「目」や「口」といった役割をもつようになる。

3）**認知ロボティクス**（cognitive robotics）：人間のもつさまざまな能力について，それがどのような認知メカニズムによって実現されているのかを解明することと，その能力をどのような工学的メカ

ニズムによって実装できるのかを解明・実証することをめざした研究。ロボット工学・認知科学・神経科学などが中心となり，言語学・社会学・人類学・哲学などとの連携のなかで，人間がもつのさまざまな能力（運動・学習・コミュニケーションなど）の科学的な理解と工学的な再構成を循環的に進めていく（石井 2007）。

## 3.2 従来の学習観

ロボット工学や人工知能研究では，従来から機械学習（machine learning）と呼ばれる分野で，「学び」について研究されてきた。ここでは機械学習とは何か，その限界はどこにあるのかを解説する。

### 3.2.1 機械学習とは

機械学習とは，入力データ（経験）の集まりから，その背後にある構造（傾向・規則など）をみつけだすことを意味する。具体的には，以下のような問題を扱う。

- 胃の X 線写真から，胃がんの有無を判断する。
- かな漢字変換システムの変換順序（せいかい→正解，政界，…）を，各候補の選択頻度に応じて最適化する。

前者の問題は，一般に**パターン認識**[4]（pattern recognition）と呼ばれ，教師あり学習（supervised learning）という枠組みで扱われることが多い。教師あり学習では，あらかじめ解答つきの訓練データを十分な数だけ用意し，特徴空間（たとえば胃にあたる画像領域の大きさと明るさ）に写像しておく。新しい入力データについての判断は，この訓練データを直接参照することで，あるいは何らかの統計処理に基づいて行われる。たとえば特徴空間のなかで入力データに最も近い訓練データに基づいて判断することが考えられる。

一方，後者は一般に教師なし学習（unsupervised learning）と呼ばれ，解答つきの訓練はない。その代わりに，たとえば**強化学習**[5]（reinforcement learning）という手法では，平均変換回数の期待値 $e(x)$ を最小にするように変換システム $x$ に微修正を加えていく。変換システムは，作動しながら $e(x)$ を最小化するように自らを微修正していくことで，ユーザの単語使用頻度に適応していく。

[キーワード]

4）パターン認識（pattern recognition）：入力データを，比較的少数のクラス（たとえば「男」「女」）に識別すること。文字認識や音声認識はその典型例。与えられた訓練データ $\{\langle x_1, y_1\rangle, \cdots, \langle x_n,$

$y_n$)}（入力データを $x_i$、その正解クラスを $y_i$ とする）によく当てはまる関数 $y = f(x)$ を作っておくことで、未経験の入力データ $x'$ についてもそのクラスを $f(x')$ と推定することができる。統計学における「回帰」の考えに近い。関数 $f$ の作り方としては、k-近傍法やサポートベクターマシン（SVM）などが知られている。

5）**強化学習**（reinforcement learning）：試行錯誤を通して行動プログラム $p$ を最適化する一手法。システムは、環境の状態 $x$ を観測し、そこから行動 $a = p(x)$ を導く（$p$ の初期状態はランダムでよい）。行動 $a$ の実行結果として変化した環境の状態 $x'$ を観測し、あらかじめ与えられた関数によって報酬 $r(x')$ を求める。より多くの報酬が得られるように $p$ を微修正しながら、全体のサイクルを繰り返すことで学習が進んでいく。この枠組みを補強した TD 学習では、一連の行動 $\{a_1, \cdots, a_m\}$ を経た最後に報酬が得られる場合（たとえば出口にエサが置かれた迷路）でも、報酬に至る行動プログラムを学習できる。

### 3.2.2 機械学習は「学び」か？

教師あり学習では、あらかじめ訓練データが与えられ、その傾向をうまく表現できる特徴空間を用意しておく。あとは特徴空間上で新しいデータと訓練データを比較する方法を決めてしまえば、それで学習は完結する。この意味で、教師あり学習はパターン認識装置のプログラミング手段とみなせる。

教師なし学習は、実践を通してシステム修正が加えられていく点で、より柔軟な手法である。しかし、あらかじめ与えられた評価基準に基づいてシステム修正が進められるため、教師なし学習は**最適化問題**[6]に帰着することになる。教師なし学習のなかには、クラスタリングのように、入力データ群に潜在する構造を評価基準によらず直接抽出する手法もあるが、あらかじめ設定した条件（入力データ間の距離定義・クラスタ生成条件など）のもとでの最適化問題となる点で本質的な差はない。

はたして、このような機械学習は「学び」の本質をとらえているのだろうか。あらかじめ与えられた解答例を模倣することや、あらかじめ与えられた評価基準でシステムを最適化していくだけでは、いかに性能のよいアルゴリズムを採用したとしても、「学び」の本質を工学的に再現したとは言えないだろう。

### [キーワード]

6）**最適化問題**（optimization problem）：与えられた評価関数 $e(x)$ の値を最大または最小にする条件 $x$ を求める問題。たとえば、ある作業を行うとき、その処理速度 $e(x)$ を最大化するような手法 $x$ を求めることや、消費エネルギー

$e(x)$ を最小化するような手法 $x$ を求めることが考えられる．理論的に最適解が求まる場合もあるが，一般には，試行錯誤を繰り返すことで，より最適な解を探索する必要がある．

## 3.3 内発的動機づけ

前節でみたように，機械学習では人間の「学び」を十分に説明できなかった．この反省をもとに，本節以降では，「学び」の本質とは何か，それをどのようにロボット上にモデル化すべきかを，新しい研究パラダイムとして解説していく．まず本節では，「学び」を動機づけられたプロセスとしてとらえなおす．

### 3.3.1「学び」にゴールはない

従来からの機械学習は，アプリオリなゴールが与えられるという点で，人間の「学び」と大きく異なる．教師あり学習（パターン認識）では，与えられた訓練データからその背後にある母集団をうまく分類することがゴールであった．教師なし学習（強化学習）では，試行錯誤を繰り返すなかで，あらかじめ与えられた評価基準に沿って行動プログラムを最適化することがゴールであった．

一方，子どもの育ちをみてみれば明らかなように，外から与えられたゴールを達成することが「学び」の本質なのではない．たとえば乳児でさえ，最初はランダムに手足を動かすなかで，触れる物・握れる物・投げられる物などを自ら発見していく．発見したさまざまな物（そして人）とのやりとりを実践するなかで，それらに対するコントロールや予測を少しずつ可能にしていく．こうした発見や探索は自発的に行われ，環境へのかかわり方はつねに変化していく（→V-3.3.1）．

このような自発的に駆動された発見や探索が，子ども（そして人間一般）にみられる「学び」の本質なのだろう．それは，与えられたゴールの達成で終わるような閉じたプロセスではなく，内から外に向かう力によって作動しつづけるなかで，自分が主体的にかかわれる世界を拡張しつづけていく開かれたプロセス (open-ended process) と言える．

### 3.3.2「学び」を動機づけるもの

「学び」を駆動する力はどこから来るのだろうか．心理学では一般に動機づけ (motivation) と呼ばれる概念でこの駆動力を説明する．動機づけとは，行動を開始させ，方向づけ，持続させるような心的プロセスである．たとえば，空腹であれば食物を探しまわるだろうし，先生に褒められたければ嫌いな勉強もする．前者は生理的欲求から，後者は

社会的欲求から動機づけられたものだが，どちらも外部にある報酬を獲得するための，あるいは罰を回避するためのものであり，このような動機づけは**外発的動機づけ**[7]（extrinsic motivation）と呼ばれる（→Ⅳ-5.1）。

一方，外部に報酬や罰がなくても，ある行動を行うこと自体が目的となるような場合もある。「したいからする」「知りたいから調べる」といった自己目的的な方向づけがそれにあたる。このような方向づけをもった駆動力は**内発的動機づけ**[8]（intrinsic motivation）と呼ばれる。たとえば新奇性や学習の進みを求める好奇心（curiosity）や，環境に対して主体的・効果的にかかわるための**コンピテンス**[9]（competence）を高めることなどは，内発的動機づけのよい例である。

このような内発的動機づけは，内から外に向かって開かれた「学び」の駆動力にほかならない。内発的動機づけをもった個体は，好奇心を満たしコンピテンスを高めようとするなかで，環境へのかかわり方を絶え間なく変化させていく。このような活動としての「学び」をロボット（あるいは人工システム一般）に実装することができれば，あらかじめプログラムしなくても，そのロボットは試行錯誤を通して未知環境に適応し，ひとりの行動主体として活動できるようになるだろう。

## [キーワード]

**7）外発的動機づけ（extrinsic motivation）**：外部からの報酬（たとえばボーナス）を得ようとしたり，罰（たとえば罰金）を避けようとする動機づけ。外発的に動機づけられた行動は，報酬を得たり罰を避けるための道具として機能する点で，行動自体が報酬となる内発的動機づけとは異なる。身体内部のホメオスタシスによる動機づけ（たとえば食欲）も外発的動機づけに含まれる。

**8）内発的動機づけ（intrinsic motivation）**：それを行うこと自体が報酬となるような行動への動機づけ。新奇性や学習の進みを求める動機づけなどがあり，これらは大脳基底核でのドーパミン系の働きとアナロジーがとれると言われる。内発的動機づけをもったロボットは，未知環境のなかで自発的に活動し，環境へのかかわり方を絶え間なく変化させていくことで，開かれたプロセスとしての「学び」を実現できるだろう。

**9）コンピテンス（competence）**：環境に対して主体的・効果的にかかわる能力。発達する個体は，環境に対して能動的に働きかけるなかで，望んだ効果が得られるようになっていく。この能力をコンピテンスとよぶ。また，主体的に環境から効果を引き出せるという自己効力感（self-efficacy）もコンピテンスの概念に含まれ，これが内部報酬となって，環境にかか

わる能力を高めていく。

### 3.3.3 内発的動機づけのモデル

「学び」の本質となる内発的動機づけは、どのようにモデル化すればロボットに実装できるだろうか。ここでは、好奇心のメカニズムとして新奇性や学習の進みへの動機づけモデルを、またコンピテンス向上への動機づけモデルを概説する。より詳しい解説は Oudeyer（2007）を参照されたい。

新奇性（novelty）は、環境を確率的に表現することでモデル化できる。ロボットは、環境 $E$ を経験するなかで、各状態 $x_i \in E$ の生起確率 $P(x_i)$ を推定することができる。状態 $x_i$ は、その情報量 $I(x_i) = -\log P(x_i)$ が大きいほど新奇性が高いと考えられる。そこで、たとえば正定数 $K_{nov}$ を導入し、ロボットが状態 $x_i$ を経験したときの内部報酬を $r(x_i) = K_{nov} I(x_i)$ とした強化学習を行えば、ロボットは新奇性の高い状態を求めるように行動する。

学習の進み（learning progress）をモデル化するには、エントロピーの概念が応用できる。時刻 $t$ にロボットからみた環境は、エントロピー $H_t = \sum_{x_i \in E} P(x_i) I(x_i)$ をもつ。エントロピーは、予測の不確かさを表す指標であり、どの事象も等確率で生起するとき、すなわち予測が効かないときに最大となる。ある事象 $x_i$ の経験によって学習が進むとは、このエントロピーが減少することを意味する。たとえば正定数 $K_{pro}$ を導入し、内部報酬を $r(x_i) = K_{pro}(H_{t-1} - H_t)$ とすることで、ロボットは環境に対する不確かさを減少させるように行動・学習していく。

コンピテンス（competence）は環境に対して主体的に効果を与える能力をさす。ロボットが環境の状態を $x$ とするために、行動（あるいは一連の行動）を実行したとする。その結果として得られた状態の平均を $\bar{x}$ とすると、状態 $x$ を達成する難しさ $d(x)$ は、目標と結果の距離 $\|x - \bar{x}\|$ と定義できる。このとき、より難しい（苦手な）目標にチャレンジしようとする動機づけは、内部報酬を $r(x) = K_{cha} d(x)$ とした目標設定によって実現できる（$K_{cha}$ は正定数）。また、パフォーマンスを向上させる動機づけとして、$r(x) = K_{per}(d_{t-1}(x) - d_t(x))$ を内部報酬としたものが考えられる（$K_{per}$ は正定数）。

以上のように、新奇性への動機づけと学習の進みへの動機づけは、互いに抑制しあいながら、ロボットが予測できる環境を拡げていく。また、難しい目標にチャレンジする動機づけとパフォーマンスを追求する

動機づけも,互いに調整しあいながら,ロボットが主体的・効果的に活動できる範囲を拡げていく。

### 3.4 環境に応じる身体

ロボットとは身体をもつ人工知能である。人工知能は身体を通して環境を探索し,環境とのかかわり方を学んでいく。ここでは,人工知能が身体をもつことの意味,そして身体と環境の関係について解説する。

### 3.4.1 身体をもった人工知能

人工知能研究は半世紀以上の歴史をもつが,最近までは,人間(あるいは生物)の知的活動をコンピュータの内部に閉じたかたちでシミュレートするというものが大半だった。実環境はメモリ上に(たとえば数値マップとして)モデル化され,人工知能プログラムは環境モデルの断片を読み込み(知覚し),処理し(判断・学習し),書き出す(行為する)。人工知能プログラムの性能は,あらかじめ研究者によって設計された環境モデルに大きく依存する。実環境と比べてシンプルなモデルをとることが多く,しばしば**トイワールド**[10](toy world)と呼ばれる。

ロボット研究も長い歴史をもつが,人工知能プログラムによって実環境を知覚し実環境に行為する知能ロボット(intelligent robot)は,比較的最近になって登場した。それを可能にしたのは,画像や音声といったセンサー情報の実時間処理や,複数の処理を並行して実行できるプログラミング手法など,さまざまなコンピュータ技術の進歩であることは言うまでもない。

知能ロボットの登場によって,それまではトイワールドのなかだけで機能していた人工知能プログラムは,はじめて実環境を相手にすることになった。当初は,センサー(カメラなど)とアクチュエータ(モータなど)によってモデルを実環境につなげ,従来どおりの人工知能プログラムを動作させればよいと考えられていた。

しかし,実環境には無数の対象があり,起こりうる事象も無限にある。これらに対応するため,実環境にあわせてそのモデルも複雑化させる方針がとられたが,実環境のすべてをあらかじめモデル化しようとしてもモデル化しきれなかった。**フレーム問題**[11](frame problem)として議論されてきたように,有限の処理能力をもつ人工知能では,実環境のすべての対象・事象(そしてそれらの組合せ)に対応することは原理的に不可能であった(→Ⅳ-4.4.4, 5.1.1)。

### [キーワード]

10) **トイワールド**(toy world):従

来的な人工知能プログラムが処理対象とする環境モデル。特に，特定の問題を解決するために，設計者が実環境のある側面を切り出し単純化したものをさす。人工知能プログラムは，トイワールドの内部に閉じた形で情報処理を行い，その状態や動作は，人間が解釈することによって，たとえば疲労や栄養補給といった現実的な意味が与えられる。

11）**フレーム問題**（frame problem）：有限の処理能力では，実環境のもつ無限の可能性すべてには対応できないこと。たとえば，部屋のドアを開けようとするロボットは，「ノブを回せばドアが開く」といった知識に基づいて行動を計画するが，「ノブを回してもドアが壊れない」ことに始まり，「ドアを開けても壁の色は変わらない」といった，無限の可能性を考慮しなければならず，行動する前に立ち往生してしまう。いまここで考慮すべき可能性の範囲をフレーム（枠）によって制限できれば問題は解決するが，フレームの置き方にも無限の可能性があるため，やはりロボットは立ち往生してしまう。

### 3.4.2 身体と環境のつながり

環境モデルの不完全性を乗り越えるには，知覚心理学や生態学的生物学の考えが参考になる。人間（および生物）は，環境モデルを介して実環境にアクセスしているのではなく，実環境を直接知覚し，実環境に直接行為しているという考えである。

代表的な知覚心理学者であるギブソン（J. J. Gibson）は，個体が環境と直接的にかかわる様子を**アフォーダンス**[12]（affordance）という概念によって説明する。アフォーダンスとは，環境（対象）に潜在している行為可能性である。たとえば「イス」はそこに座るためのアフォーダンスをもち，ほどよい高さと大きさをもつ「切り株」も同じようなアフォーダンスをもつ。環境には，さまざまなアフォーダンスが潜在しており，個体はそれを直接知覚し，それを利用することで，環境のなかを生きていく（→V-3.3.5）。

生態学的生物学の創始者であるユクスキュル（J. J. von Uexküll）は，生物と環境の関係を**環境世界**[13]（Umwelt）という概念によって説明する。ある生物（たとえばコウモリやダニ）からみた世界とは，その生物が知覚・行為できるものの総体であり，これを環境世界とよぶ。個々の生物種はそれぞれに異なった感覚器（センサー）・運動器（アクチュエータ）をもつため，それぞれに異なった環境世界のなかを生きていることになる（→II-1.1.2）。

### [キーワード]

12）**アフォーダンス**（affordance）：環境に潜在する行為可能性を意味するギブソンの造語。個体にとっての環境とは，ア

フォーダンスが時空間的に配置されたものとなる。個体はその時々のニーズに応じたアフォーダンスを知覚し、それに応じて行為する。一方、認知科学者のノーマン（D. A. Norman）は、生物が環境から知覚した行為可能性をアフォーダンスと定義し、道具や生活環境のデザインをアフォーダンス知覚の点から論じている。

**13）環境世界（Umwelt）**：環境に置かれた生物が、その知覚・運動機能を通してとらえる世界。たとえばダニは、木の枝で待ち構え、その下を通る動物をみつけては飛び乗り、その血を吸うという。だが実際には、動物から出る匂い物質を検知すると、それまで枝にしがみついていた手を反射的にゆるめる機構となっている。一見すると複雑にみえる行動も、感覚器・運動器がつくりだす環境世界のなかではシンプルなメカニズムで実現できる。

### 3.4.3 身体性ロボティクス

これら知覚心理学・生態学的生物学の知見を踏まえて、ブルックス（R. A. Brooks）に代表される認知ロボティクス研究者は、**身体性**[14]（embodiment）という概念をロボット構成法に採り入れた。身体性とは、身体を通して環境からさまざまな制約やアフォーダンスを知覚し、それを積極的に利用することで、知能が発現・作動するという考えである。また、人間の知能を再現するには、人間と同じように環境を知覚し、環境に行為できなければならないため、身体性の考えは**ヒューマノイド**[15]（humanoid）を開発する動機づけとなった。

身体性に基づくロボット構成法として、**包摂アーキテクチャ**[16]（subsumption architecture）が知られている。包摂アーキテクチャでは、環境から制約やアフォーダンスを知覚することと、それに応じた行為を出力することを、ひとつの行動モジュール（知覚と行為のペア）としてまとめ、複数のモジュールを階層的に積み上げることで、複雑な行動パターンを生みだす（→Ⅳ-2.4）。この手法を用いて開発された火星探査ロボットは、自律的に岩や窪みを回避しながら火星表面を広く探査している。

### ［キーワード］

**14）身体性（embodiment）**：知的な行動の多くが、身体と環境の自律的な相互作用から生じるという考え。知能が意識的に身体をコントロールするのではなく、身体と環境が互いを誘導・制約しあうなかから知的な行動が発現する。この考えに基づいて、ロボットに内蔵する人工知能を設計するのではなく、環境のなかで意味ある行動を発現するように身体を設計するのが、身体性ロボティクスの基本アプローチである。

**15）ヒューマノイド（humanoid）**：

ヒューマノイドロボット（humanoid robot）の略称。人間型ロボットとも言う。人間に似た感覚運動機能をもつ身体と，何らかの知能をもつ制御装置からなる。ホンダのASIMOはその好例。ヒューマノイドにとっての環境世界は，人間のそれと類似したものとなる。人とさまざまな道具を共有できる点や，その動作の意味が人からみて直観的に理解しやすい点などから，人と共生できるロボットとして期待されている。

**16）包摂アーキテクチャ（subsumption architecture）**：身体性に基づく知能ロボットの構成法（Brooks 1986）。たとえばエサを発見するとその方向に進むような，特定の知覚と行為をペアにした行動モジュールを単位とし，複数のモジュールを階層的に積み上げる。上位モジュールが起動すると下位モジュールは抑制される。このエサ接近モジュールの上位に，天敵を発見したら反対方向に逃げるモジュールを配置し，さらにランダムに徘徊するモジュールを最下位に置くことで，全体として昆虫のような行動を実現できる。このような階層構造は，進化のプロセスによって積み上げられたもの，あるいは学習を通して積み上げられたものと考えられる。

### 3.4.4 身体・活動・「学び」

身体性の概念はフレーム問題に解決の糸口を与える。従来の人工知能は，すべてを見渡せる視点（超越者あるいは「神」の視点）から環境をモデル化することを前提とし，結局，環境のすべてをモデル化しつくすことはできなかった。一方，環境モデルを必要としない身体性ロボティクスでは，ロボットの視点から見渡せる範囲だけが知覚・行為の対象となる。この一人称的なパースペクティブ（perspective）は，処理範囲を制限するフレームとして機能する。このパースペクティブ性によって，人間（および生物）はフレーム問題を意識せずに解決しているのだろう。

ここまでみてきたように，身体性は「学び」を支える重要な条件になっている。身体が環境と直接つながることで，フレーム問題に悩まされることなく，さまざまな活動が自律的に開始される。この絶え間ない活動のなかで，内発的動機づけによって新しい行動モジュールが生成・導入されたり，それらの階層関係が変更されたりすることで，環境へのかかわり方はより洗練されたものになっていく。このように，活動（動機づけられた身体と環境の相互作用）を通して個体の行動システムが適応的に変化していくプロセスが「学び」の本質である（→V-3.4）。

## 3.5 社会的インタラクション

ここまで動機づけと身体性を中心

に「学び」の本質を探ってきた。動機づけられた身体は，環境のなかで自発的に活動し，その行動システムを適応的に変化させていく。しかし，こうして実現できる行動は昆虫的・動物的なものであり，言語・非言語によるコミュニケーションといった人間特有の社会的行動については手つかずだった。そこで本節では，ロボットの社会性発達の可能性を探っていく。

### 3.5.1 社会性の発達プロセス

コミュニケーションに代表される社会的行動は，他者に対する想像力，すなわち相手の心の存在を想定し，心の状態を共感的にとらえる能力よって可能になる。互いの注意（何をみているのか）や感情（それをどのように評価しているのか）を重ねあわせたり，誘導したりすることで，互いの行動を予測あるいはコントロールし，さまざまな社会的活動（協調・競争など）を成り立たせている。

生まれたばかりのヒトはとても無力な存在にみえるが，動機づけられた身体がさまざまな対象や他者（特に養育者）とかかわり，また他者からかかわりを受けるなかで，心の状態を共有・交換しあう社会的なコミュニケーションの実践に入っていく。生後1年ほどで意味あることばをしゃべりはじめ，やがて言語や文化を習得したひとりの人間へと育っていく（→Ⅳ-4.4）。

このような社会性発達のマイルストーンとなるのが，**アイコンタクト**[17]（eye-contact）と**共同注意**[18]（joint attention）である。共同注意によって環境を同じように知覚し，アイコンタクトを通して行為（表情や身ぶりなど）を参照しあうことで，子どもと養育者は互いの知覚と行為を重ねあい，環境へのかかわりを共同化していく。子どもと養育者は互いの行動を予測できるようになり，意図理解・協調などが可能になっていく。また，**模倣**[19]（imitation）や**モデリング**[20]（modeling）を通して養育者からさまざまな対象・事象の意味を学んでいくことで，言語や文化の習得へとつながっていく（Tomasello 1999）（→Ⅱ-4.2）。

### [キーワード]

17）アイコンタクト（eye-contact）：ふたりが互いの顔（特に眼）を同時あるいは交互にみること。新生児でも人間の顔に強い選好をみせ，生後3カ月頃までに表情や声を伴ったアイコンタクトが養育者との間で確立される。成人のコミュニケーションでも，アイコンタクトは最も頻繁に使われる非言語行為の一つである。アイコンタクトは，視線・表情・身体

動作などの相互参照を可能にするほかに，インタラクションに時間的な同期を与える機能をもっている。

18）**共同注意（joint attention）**：他者とともに同じ対象を同時あるいは交互にみること。このために，相手の視線や指さしなどをとらえ，その指向対象を探索・同定することが必要となる。ヒトに特有の能力と考えられ，生後9カ月頃から機能し始める。共同注意は，互いの知覚情報を（視点の違いはあるが）等価なものにするほかに，インタラクションに空間的な焦点化を与える機能をもっている。

19）**模倣（imitation）**：他者の行動を観察し，それと等価な行動を自ら実行すること。トマセロ（M. Tomasello）によれば，模倣には，動作をそのまま再現すること（mimic），結果を試行錯誤によって再現すること（emulation），意図すなわち「目的を達成するための行為プラン」を再現すること（imitation）という三つのレベルがある（Tomasello 1999）。意図レベルの模倣は，ヒトに特有の能力であるといわれ，これが意図理解や言語獲得を可能にしたと考えられている。

20）**モデリング（modeling）**：他者の行動を観察し，自分の行動レパートリとすること。観察学習とも呼ばれる。従来，模倣による学習には，モデル（手本となる他者の行動）を観察し，それを自ら試行して報酬を得ること，すなわち直接経験が必要であると考えられてきた。しかし，モデルに与えられた報酬が観察者に対しても機能するという代理強化によって，無試行・無報酬でも学習が成り立つことが確かめられている。社会的行動の多くは，直接経験よりも，このモデリングによって獲得されると考えられている。

### 3.5.2 ロボットの社会性発達

人間の子どもと同じように，養育者（人間）とのインタラクションを通して，ロボットの社会性を発達させることは可能だろうか。この課題への取り組みが90年代後半から日米欧で始まっている。その基本的なアプローチは，ロボットと養育者の間で自律的な相互作用ループを生じさせ，養育者はそこに社会的行動パターンを導入していき，ロボットはその行動パターンに適応していくというものである。

このようなアプローチの先駆として米国で開発されたKismet（Breazeal 2002）は，頭部だけのロボットだが，アイコンタクトや玩具への注視といった視線のやりとり，声（特に抑揚成分）のやりとりができる。養育者からのかかわりに応じて自分の感情（快不快・覚醒状態など）を調節し，それを表情や声によって養育者にフィードバックすることで，相互に感情を調節しあう社会的インタラクションを発現させている。

Infanoid（小嶋・高田 2001）は，

アイコンタクトや共同注意を通して，環境へのかかわりを養育者と共有することをめざした，上半身ヒューマノイドである。養育者とアイコンタクトをとり，その顔方向を読み取ることで注意対象を同定する。対象についての知覚を共有し，それに対する行為（表情・指さし・リーチングなど）をやりとりするなかで，学習すべき情報（知覚と行為のペア）をロボットに取得させている。

iCub（RobotCub 2004）は，初期発達における物理的・社会的環境とのインタラクションを研究するために欧州で開発されている乳児型ヒューマノイドである。複雑な感覚器・運動器を備えることで，ロボットの環境世界を乳児の環境世界に近づける努力がされている。社会性発達における**ミラーニューロン**[21]（mirror neuron）の役割解明など，神経科学に関連した研究も進められている。

このほかにもさまざまな研究が進められているが，人間の社会性発達を断片的に再現したものが多く，その全体的なプロセスを扱った例はまだない。今後も，子どもの社会性発達を理解すること，それを工学的に再構成すること，これらを相補的に進めていく必要があるだろう。

[キーワード]
21）ミラーニューロン（mirror neuron）：ある行為（たとえばエサを指でつまむこと）を自ら実行しているときと，同じ行為を他者が実行するのを観察しているときの両方で発火する神経細胞。マカクザルの運動前野から（電極を用いて）発見され，ヒトを含めた他の霊長類についても（脳機能計測から）同じようなシステムの存在が推定されている。自他の行為をつなげる機能をもつため，模倣や意図理解を支える神経基盤の一つであると考えられている。

### 3.5.3 ロボットによる療育支援

ロボットに社会性を与える研究のほかに，ロボットを使って子どもの社会性発達を支援する研究も進められている。特に自閉症に代表されるコミュニケーション発達障害の療育に，ロボットとの社会的インタラクションを利活用する試みが注目されている。

一般に，自閉症児はコミュニケーションへの動機づけが弱く，他者とかかわる機会が限られてしまい，これが言語・非言語コミュニケーション全般の発達障害をもたらすと考えられている（Tomasello et al. 2005）。この動機づけをいかに引き出すかは，自閉症療育の重要な課題である（→II-6.3）。

自閉症療育支援のために開発され

た Keepon（小嶋・仲川・安田 2008）は，黄色い雪ダルマ型のロボットである。二つの眼はビデオカメラ，鼻はマイクロフォンとなっている。シリコンゴム製の身体（高さ 12 cm）にできる動作は，つぎの 2 種類だけである。

　注意表出：上下傾動・水平回転により，環境内のある対象に顔方向（視線）を向ける。
　感情表出：左右傾動・上下伸縮により，視線一定のまま，興味・興奮などの感情を表出する。

　これらを行き来することで，Keepon が「何について」「どのような気持ち」をもっているのか，あるいは「誰に」「どのような気持ち」を伝えたいのかを，わかりやすく表出する。
　Keepon とのインタラクションを長期間経験した自閉症児の多くが，Keepon の注意や感情を直観的にとらえ，自発的に Keepon との社会的インタラクションを楽しむようになった。これは，一般的な自閉症イメージ（コミュニケーションへの動機づけの弱さ）と矛盾する。
　これを説明するのが心理化フィルタ仮説（小嶋・仲川・安田 2008）である。定型発達児は，目にみえる他者の身体動作から注意や感情といった社会的情報を抽出する心理化フィルタをもち，意識下でこれを作動させている。自閉症児では，この心理化フィルタが十分に機能せず，他者の身体から発せられたままの情報が洪水のように流れ込み，そこから社会的情報を抽出できないでいるのだろう。
　一方，注意や感情の表出に絞り込んだミニマルデザインをもつ Keepon の場合，心理化フィルタに問題をもつ自閉症児でもそこから社会的情報を直接的に了解することができ，自発的に社会的インタラクションに入っていけたのだろう。心理化フィルタ仮説では，自閉症児にもコミュニケーションへの動機づけが確かにあると考え，心理化フィルタの機能不全による知覚スタイルの違いとして自閉症をとらえている。

### 3.6 まとめ

　本章では，子どもの「学び」を理解し，ロボットの「学び」を実現するための，認知ロボティクスの取り組みについて解説してきた。ロボットについても子どもについても，「学び」の本質は，動機づけられた身体が物理的・社会的環境を自律的に探索していく開かれたプロセスにある。この研究パラダイムを支える概念として，「内発的動機づけ」「環境に応じる身体」「社会的インタラ

クション」を取り上げ，認知ロボティクスがどのように「学び」をとらえなおしつつあるのかを概観した。

　「学び」はロボットが備えるべき最も根源的な能力であるが，その研究はまだ発展途上にある。今後も，発達心理学や神経科学など，認知科学の諸領域との連携のなかで，子どもの「学び」がどのような認知メカニズムによって実現されているのか，そしてロボットの「学び」をどのような工学的メカニズムによって実現できるのかを，ラセン状に探求していく必要がある。いつの日か，子どもが遊びのなかでワンダー[22] (wonder) を感じていくように，ロボットもワンダーを求める「心」をもつようになるかもしれない。

## [キーワード]

22) **ワンダー (wonder)**：自発的な探索の引き金となる神秘さや不思議さ。カーソン (1996) は，神秘さや不思議さに目をみはる感性を「センス・オブ・ワンダー」とよび，子どもの育ち（そして養育者による育て）に不可欠な要素であると考える。新規性・学習の進み・コンピテンスなどを求める「内発的動機づけ」は，この「センス・オブ・ワンダー」と通じるところがある。

# 4 リソースの中に埋め込まれた学び
―― 次世代ロボット創出プロジェクトの実践から

・ 岡田美智男

　10年後，私たちの身のまわりではどんなロボットが活躍していることだろう。「未来を予測するのは難しい，それならばその未来を創ってしまおう」というわけで，「正解」のない課題に学生たちが取り組みはじめた。教科書もない，手引書もない，そうした「次世代ロボット創出プロジェクト」の活動の中から生まれてきたものは，「リソースの中に埋め込まれた学び」のスタイルであった。「試験は一人で受けるもの，だれの助けも借りてはいけません」という個体能力主義的な姿勢から，「知らないことは，知っている人に聞く」という当たり前の発想への転換，そこから生み出される「組織知」，「分散知」という学びのリソースついて考えてみたい。

## 4.1 状況に埋め込まれた行為

　「私たちの行為は状況の中に埋め込まれている」，日々の生活の中でこのことを実感するのはどのような時だろう。

　たまたま降り立った駅で，お弁当を買い，お土産を探す。そしてホームに戻り，新たな電車に乗り換えて，目的地へと向かう。こうした時には，必ずしも駅構内の「地図」や行動に関する詳細な**プラン**[1]を携えているわけではない。

　とりあえず歩いてみる，するとキヨスクの看板がたまたま自分の視界の中に入ってくる。その方向に歩いていくと，いつものお弁当や家族の好物を見つけ，ほっとしながらそれを買う。そこから離れて，しばらく歩き出してみると乗り換えのホームを示す案内板を目にし，その方向に導かれるように歩いていく。するといつの間にか目指すホームに立っていた。行き当たりにも思えるけれど，結果としては目的を果たしている。

　とりあえず一歩を踏み出してみる。するとその何気ない行為に伴う環境の見えの変化から，次の行為をナビゲートする情報がピックアップされる。その情報に導かれるように，次の行為が繰り出される。私たちの行動の多くはこうした何気ない行為と知覚との繰り返しの結果なのだろう（→V-3.2.3）。

　何気なく「私たちは街の中を歩

く」と考えてしまうけれど，一方で「駅構内の案内や景観など，その街が私たちを歩かせている」ともいえる。加えて，駅構内に用意されている案内などの情報をピックアップするのは，取りも直さず「私たちの繰り出す何気ない一歩」なのである。

　私たちの「駅構内で買い物をし，乗り換えをする能力」は，私たちの頭の中にある知識に一方的に帰属できない。しかしながら，その能力を駅構内の案内にだけ帰属させることもできない。「私たちが街の中を歩ける」という能力は，私たちとそれを取り囲んでいる街の景観や地面との間に分かち持たれている。「私たちの行為は，状況の中に埋め込まれている。私たちの行為は，私たちを取り囲む環境と一緒に形作られる」といわれるゆえんである。

　このことは「駅構内でお土産を買い，乗り換えをする」という行動に限られない。いま歩いている地面は，私たちの何気ない一歩が向かう対象であると同時に，私たちの一歩を支え，そして方向づけるものとなる。私たちがパソコンのキーボードに向かいながら，文書を整理する時も，パソコンのキーボードやディスプレーの中に映し出された文の断片は，私たちの思考が向かう対象であると同時に，私たちの思考を制約し，方向づけている。何気なく繰り出された文の断片が新たな**状況**[2] (situation) を生み出し，次の文章のつながりを制約し，方向づけていると言える（岡田 1995）。

[**キーワード**]
1）**プラン**（plan）：行為や行動に先だって用意された計画のこと。状況論的な認知（situated cognition）の考え方は，「私たちの行為は必ずしもプランなどあらかじめ用意されたものにナビゲートされるわけではない」との指摘から生まれてきた。
2）**状況**（situation）：行為主体を取り囲み，その行為を支えるもの。周囲に存在する物理的な環境，発話や行為の結果など行為者によって生み出されたもの，行為主体を支える人的な環境などを含む。

## 4.2 はじめて小学校に通う

　「私たちが街を歩けるようになる」には，どのような学びのプロセスを辿るのだろう。子どもが地下鉄を乗り換えながら小学校に通う。あるいは，はじめてのお使いに，幼い子どもを近所のスーパーやお店での買い物に送り出す。このとき，お母さんは小学校までの経路や買い物の経路を子どもたちにどのように教えるのだろうか。

　私たちが駅構内で買い物をし，乗り換えを行うときと同様に，大きくは二つの方法がありそうだ。一つは

「子どもに地図を持たせる，あるいは事前に全体の経路をしっかりと教え込む」という方法である。しかし，多くのお母さんは「子どもと一緒に小学校までの経路を一緒に歩いてみる」ことをするだろう。

一緒に歩きながら，目印になるものを確認したり，困った時に人に尋ねる方法を教えている。これは経路やその地図を覚えてもらうことに加え，それぞれの状況において利用可能な案内や人などの「リソース」へのアクセスの方法を学ばせている。

子どもと一緒に歩きながら，子どもをすこし先に歩かせてみる。改札に入るときの切符の入手など，子どもが少し困難な状況に陥った時だけ，手助けをしてあげる。手本を見せたり一緒に問題を解決しながら，そのコツを学んでもらう。子どもが一人で歩けるようになると，その手助けを行う機会は次第に少なくなっていく。こうしたお母さんの何気ない行動は，コリンズ（A. Collins）らのいう**認知的徒弟制**[3]（cognitive apprenticeship）という概念に沿うものとなる（Collins 2006）。

そしていざ小学校に通い始めるときには，近所のお姉ちゃんたちと一緒に通学させることだろう。おしゃべりしながらも，いま横断歩道を渡るべきか，あるいは次の信号を待つべきかの判断は，年長の子どもたちのリーダシップの下で行われる。小学校に通い始めたばかりの子どもは，その後を何気なくついていく。数日も過ぎれば，その横断歩道を渡りながら，手を挙げてクルマにアピールしたり，集団から遅れないよう小走りしながらも，その集団のよき一員となろうという自覚が芽生えてくる。数年後には，年長者として新しい小学一年生を従えて，横断歩道を渡っているに違いない。

ここでの学びのプロセスは何らかの知識を「獲得する」というよりは，むしろ集団の中に「参加する」ということばで特徴づけられる。一緒に小学校へ通うという社会的な実践の中に参加しながら，その共同体のなかでよりよき一員となっていく。この学びのプロセスは，レイヴ（J. Lave）とウェンガー（E. Wenger）らの指摘した**正統的周辺参加**[4]（legitimate peripheral participation）の概念に沿うものとなる（Lave & Wenger 1991）。

[キーワード]
3）**認知的徒弟制（cognitive apprenticeship）**：伝統的な徒弟制を基盤とした認知的なスキルの学習モデルの一つ。子どもを小学校に通わせる例では，切符を入手する手本を示したり（＝モデリング），一緒に街を歩きながらも，子どもの様子を背後から見守る（＝コーチング）。

そして困難に陥った時に手助け（＝足場かけ，スキャフォルディング）を行う。子どもが一人で歩けるようになるにつれて，その手助けを少なくしていく（＝フェーディング）などの要素を含んでいる。

**4）正統的周辺参加（legitimate peripheral participation）**：一緒に小学校に通うという実践は，ごっこ遊びや練習問題ではなく，社会的に意味のある本物の活動であり（＝正統的），年少の子どもたちは間違っても影響の少ないところ（＝周辺的）から参加し，次第に集団登校での中心人物（＝十全的な参加）へとそのポジションを変えていく。こうした実践共同体への参加に基づいた学習者の役割やアイデンティティの変容のプロセスを学びととらえる枠組み。

## 4.3 教室という「ハコ」の中で

この「正統的周辺参加」の枠組みは，日々の何気ないところにも当てはまる。電子掲示板の中の会話において，練習問題として議論している人はいない。「上手に議論に参加するためのマニュアル」などを先に読んでから，議論の中に加わることもない。はじめは傍観者として議論の様子を眺めつつ，少しずつコメントを加える人になっていく。そうして，いつの間にか，いつも議論をリードするような中心人物へと変容していく。大学の研究室での研究活動やサークル活動もこれに近い。

すこし興味深いのは，小学校への集団登校や大学でのサークル活動，ネットワーク上での議論など，いずれも教室という「ハコ」の外で生じている点だろう。正統的周辺参加のような学びを教室という「ハコ」の中で実現するのは難しい。それは教室という「ハコ」の中にあるさまざまな「当たり前なこと」に起因しているようである。

その一つは，「試験は一人で受けるもの，だれの助けも借りてはいけません」という個体能力主義的な発想である。講義を受けるときに，学生は黒板や先生に対峙しているだけで，学生同士の横のつながりは想定されない。また，クラスを構成するとき，「一つのクラスには同じ専門分野で，かつ同じ年次の学生を集める」ことも多い。何かまとまった知識を教授するには効果的なのだろう。その結果としてクラスはいつも均質な学生で構成されてしまう。講義の内容を補うために，たくさんの演習問題が用意され，その問題には必ず「正解」が用意されていること，クラスの学生の全員が同じ演習問題に取り組むことなども「当たり前のこと」として行われている。

また講義内容は事前に用意され，**シラバス**[5]（syllabus）として講義プランが開示されていることが求められる。カリキュラムを編成する上

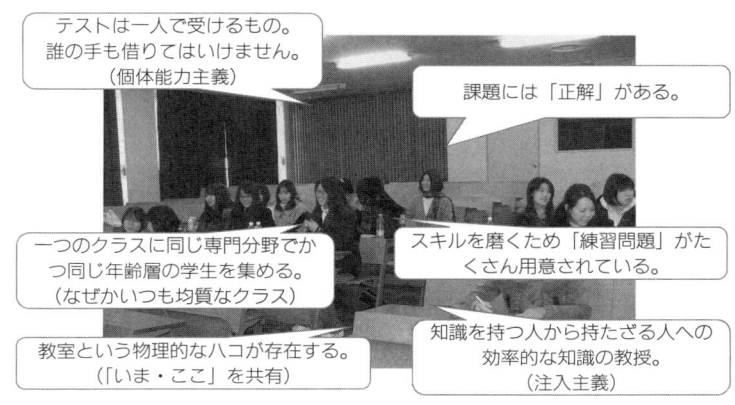

## 4 リソースの中に埋め込まれた学び　529

- テストは一人で受けるもの。誰の手も借りてはいけません。（個体能力主義）
- 課題には「正解」がある。
- 一つのクラスに同じ専門分野でかつ同じ年齢層の学生を集める。（なぜかいつも均質なクラス）
- スキルを磨くため「練習問題」がたくさん用意されている。
- 教室という物理的なハコが存在する。（「いま・ここ」を共有）
- 知識を持つ人から持たざる人への効率的な知識の教授。（注入主義）

図1　教室の「ハコ」の中にある「当たり前」

では，同じクラスの学生が同一の教室という「ハコ」に集まり，「いま・ここ」を共有することが前提となる。

これらは教室の中での「当たり前」であって，社会の中で何かを新たなモノを作り上げたり，企画などのアイディアを生み出すような状況には当てはまらない。「多くのことを知っている」ことより，むしろ「知っている人にいかに助けてもらうか」を心得ている人のほうが有能かもしれない。総合的な仕事を進める上では，個人の能力に加え，組織の中に備わる**組織知**[6]（institutional memory）を生かしたり，維持するようなマネジメントスキルも欠かせないだろう（Wenger, McDermott, & Snyder 2002）。

それと均質な集団からは突飛で面白いアイディアは生まれにくい。アイディアを生み出すには，むしろ多様な背景知識や経験を備えた非均質な集団である必要がある。そして企画やアイディアはオリジナルではないと意味をなさない。あらかじめ「正解」は用意されていないのである。

これまで教室という「ハコ」の中では「知」を伝えること，そしていかに効果的に伝えるかが主眼であった。教室を「知識を一方的に伝える場」から，一緒に知を生み出すような「生成としての学び」を実現する場へとシフトさせることはできないだろうか（佐藤 2003）。本章の後半では，筆者らの進める「次世代ロボット創出プロジェクト」という教育プログラムを手掛かりに，大学の授

業の中で「生成としての学び」をどのように実現するかについて考えたい。

[キーワード]
5）シラバス（syllabus）：大まかな講義計画や授業内容，評価方法を紹介したもの。受講予定者のためにホームページなどで事前に開示されることが多い。
6）組織知（institutional memory）：組織の中の成員によって分かち持たれた知識やノウハウ，経験など。個々人の学びによって組織知が更新され，その結果として個々人の学びを促すような循環的構造を持つ。

## 4.4 理工科系離れとモノ作り教育における課題

大学全入時代[7]を迎えつつあり，学生たちの学ぶ意欲の低下や定員割れなど，いずれの大学においてもさまざまな課題を抱える。理工科系の大学においても例外ではない。**科学技術創造立国**[8]の実現を目指す中で，理工科系の人材育成の重要性が叫ばれる一方で，子どもたちの理科離れや学生の理工科系離れがむしろ加速しているという問題がある。

その要因の一つは，最近の科学技術の高度化・細分化にあると考えられる。子どもたちの多くは，日頃，携帯電話やゲーム機のユーザーであっても，そのシステム内部の原理まで興味は及ばない。それを分解しても，微細な電子部品が並ぶだけで，それらをブラックボックスとしてとらえてしまう。

我が国の高度なモノ作り技術を支えてきた団塊世代の大量退職は，企業活動にも影響を与えつつあり，**2007年問題**[9]と呼ばれている。この世代の技術者の多くは，子どもや学生の頃に真空管のラジオや小型のバイクを分解し，再度，組立て直すなどの経験を通して技術に興味を抱き，技術者や研究者となった人が多いという。

最近の携帯電話などの大規模ソフトウェア開発では，システムの全体像を技術者個人のレベルでは把握しきれない。そのためモノ作りにあった本来の喜びや楽しみを見いだしにくくなっている。

また理工科系大学における学科の構成や講義科目の細分化によって，技術分野間の関係や「どこに使われる技術なのか」を把握しにくい。たとえば，携帯電話やゲーム機などを構成するソフトウェア，液晶やLSIなどの電子デバイス，機構設計，プロダクトデザインなどは，それぞれ独立した学科で教育されており，ソフトウェア教育の中でも，アルゴリズム，マイコン周辺の組み込みソフトウェア，OS，通信技術，画像処理，音声などのデジタル信号処理は

独立した科目として講義される。結果として「どこに使われる技術なのか」「それを学ぶ意味はどこにあるのか」が希薄化してしまった講義科目は，それを担当する教員も，聴講する学生も忍耐が必要になる。そうした講義が並ぶとモノ作りマインドに溢れていた学生たちの意欲が萎えてしまう。

[キーワード]
7）**大学全入時代**：国内の大学への入学希望者総数が大学の入学定員総数を下回ることによって，大学生の質の低下や定員割れなどが問題となる状況を指す。
8）**科学技術創造立国**：国土が狭く，資源に乏しい日本が経済大国としての地位を保ち，国民が健康で豊かに，そして安全に暮らせるために，日本が目指している国家像の一つ。
9）**2007年問題**：団塊の世代の中で特に1947年生まれの労働者や技術者などが2007年に定年を迎え，大量退職することで，企業活動などにダメージを与えてしまうという問題。

## 4.5「次世代ロボット創出プロジェクト」のコンセプト

10年後，私たちの身のまわりではどのようなロボットが活躍しているだろうか。ケイ（A. Kay）は「未来を予測する最良の方法は，その未来を創ってしまうことだ」という。「10年後に活躍しているロボットを予測することは難しい，それならばそれを創ってしまおう！」というわけで，「次世代ロボット創出プロジェクト」と呼ぶような教育プログラムの開発を進めている。そのポイントは三つに整理される。

一つは，均質な分野の学生だけでは新たなロボットを生み出すことは難しい。そこで学科や大学を跨いだ形で，専門分野の異なる非均質な学生で一つのプロジェクトを構成するという点である。もう一つは，初学者だけでロボットを作るには心もとない。そこで初学者から熟練者，地域の技術者を含むような混在したメンバーでプロジェクトを構成している。初学者は熟練者の下で，ハンダ付けのような単純作業からプロジェクトの活動に馴染んでいく。一方，熟練者は初学者を新たなメンバーとして加えながらプロジェクトを遂行していく。

もう一つのポイントは，教室という「ハコ」に制約されない，いつでもどこからでも参加可能なプロジェクトとした点である。これはネットワーク上のCMS[10]（content management system）を利用し，プロジェクトの工房とネットワーク上の仮想学習共同体とを組み合わせる**ブレンディッド・ラーニング**[11]（blended learning）の手法によっ

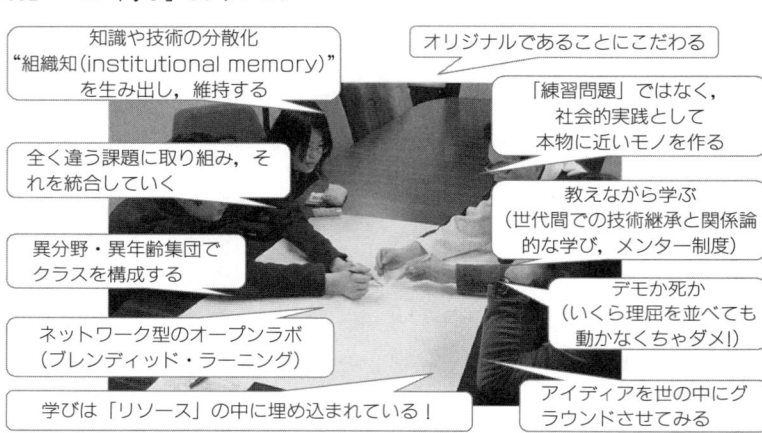

図2 次世代ロボット創出プロジェクトのコンセプト

吹き出し内のテキスト：
- 知識や技術の分散化 "組織知（institutional memory）"を生み出し，維持する
- オリジナルであることにこだわる
- 「練習問題」ではなく，社会的実践として本物に近いモノを作る
- 全く違う課題に取り組み，それを統合していく
- 教えながら学ぶ（世代間での技術継承と関係論的な学び，メンター制度）
- 異分野・異年齢集団でクラスを構成する
- デモか死か（いくら理屈を並べても動かなくちゃダメ！）
- ネットワーク型のオープンラボ（ブレンディッド・ラーニング）
- 学びは「リソース」の中に埋め込まれている！
- アイディアを世の中にグラウンドさせてみる

て実現した。

このプロジェクトの掲げる目標は，「次世代ロボットを企画立案し，プロトタイプを作成する。そして，それを外部で展示する」というシンプルなものである。「次世代ロボットとは何か」と問われても，誰も「正解」を知らないし，その手本も，教科書もない。「正解」はないけれど，その企画はオリジナルなものでなければならない。学生たちは個人のアイディアを持ち寄り，プロジェクトとして企画立案し，プロトタイプを作り上げていく。

ロボットは，多様な要素技術の集大成であり，一人では作れない。マイコン周辺の電子回路，組み込みソフトウェア，音声・動画像などのメディアハンドリング技術，電子デバイス，機構設計，プロダクトデザインに至るような多様な技術をもつ学生同士のコラボレーションが欠かせない。そのため個人の技量だけではなく，コミュニケーション力や協調性など**社会人基礎力**[12]なども要求される。

次世代ロボットのもう一つの特徴は「ユーザーに近い」ということである。その意味で，ユーザーからの評価に基づいて設計を繰り返す**ユーザー中心設計**[13]（user-centered design）の手法を学ぶための優れたリソースとなる。特に**インタラクションデザイン**[14]は不可欠であり，ロボットを動作させながらプログラムを調整するなどの作業の中から，モ

ノ作りの本来の楽しさを再認識できる。

[キーワード]
10) CMS (content management system)：Web上でコンテンツの管理を支援するシステムのこと。BlogやWikiなどもCMSの一種。同一の略称で、Course Management Systemなどもあり、WebCTやMoodleなどがよく利用されている。

11) ブレンディッド・ラーニング (blended learning)：インターネット上でのWBTやeラーニングと対面授業を組み合わせる形態のこと。ここではネットワーク上での学習共同体と工房での共同作業の組み合わせを指している。

12) 社会人基礎力：組織や地域社会の中で多様な人々とともに仕事を行っていく上で必要な基礎的能力のこと。前に踏み出す力、考え抜く力、チームで働く力など、コミュニケーション能力や実行力、積極性などを指す。

13) ユーザー中心設計 (user-centered design)：シーズ志向のモノ作りの反省から、ユーザーの立場にたって製品を設計する取り組みのこと。設計プロセスやユーザビリティ・テスティングにユーザーが積極的に参加する参加型デザインなどがある。

14) インタラクションデザイン：携帯電話のキー操作など、情報機器の設計においてユーザーとシステムとのインタラクションをデザインすること。

## 4.6 「次世代ロボット創出プロジェクト」の実際

この「次世代ロボット創出プロジェクト」は、企業の中での企画立案や製品開発などをイメージしており、理工科系学生に対する**創造教育**[15]と**キャリア教育**[16] (career education) とを兼ねている。そのため、プロジェクトへの参加希望者（履修希望者）には、就職活動と同様に、これまでのキャリアなどの自己PR、次世代ロボットの企画提案を記した**エントリーシート**[17]の提出を求め、学内外から参加意欲のある学生だけを選抜する形式を取っている。

その後、個人提案のプレゼンテーションやエントリーシートに記された得意分野を参考にしながら、複数のプロジェクトチームを編成する。そのプロジェクトの中でブレーン・ストーミングを重ね、企画提案を練り上げていく。

ここから生まれてきたアイディアはさまざまである。たとえば、Sociable PCと呼んでいるトウフのような柔らかいパソコン。このパソコンのようなロボット、ロボットのようなパソコンというコンセプトは他にはない。それから、子どもたちにゴミを拾ってもらうことでゴミを

拾い集めるゴミ箱型のロボット（sociable trash box）。コンコンというノック音でテーブル上のコーヒーポットなどとかかわることのできる未来のダイニングテーブル（sociable dining table），そして地域との連携から生まれてきたみかん型ロボットなど，斬新なアイディアがいくつも生まれてきた。

一つのプロジェクトチームは，ロボットの制作経験豊富な 1，2 名の**メンター**[18]（mentor）（主に大学院生），マイコン周辺の電子回路や組み込み系のソフトウェアを担当する学生，音声や動画像のソフトウェアを担当する学生，機構設計やアルミ加工などを得意とする学生など 5，6 名から構成される。また企画提案されたロボットの内容によって，プロダクトデザインなどを専門とする芸術系の学生や技術支援として地域企業の技術者などが参加している。

ロボット関連の要素技術として，サーボモーターやコントローラ，音声認識ソフトウェア，動画像処理ソフトウェアなどのプラットフォームをベースとして，その組み合わせによって，さまざまなロボットを生み出すことができる。そのためロボットのコンセプトやアイディアが各プロジェクトの成否を左右することになる。そこには遊び心や柔軟な発想が求められる。

プロトタイプの構築では，企画立案時に検討した技術仕様に沿って，さまざまな作業が行われる。モーターやセンサーを制御するコントローラのボード（回路の実験用組立基盤）は，電子回路の設計，ブレッドボードによる動作チェック，レイアウトエディタを用いたカスタムボードの設計と発注，ボードへの電子部品の実装などの作業を通して制作される。

また 2 次元および 3 次元の CAD を使用して機構設計を行い，機構の組み立てはアルミ板などの素材を加工することで行う。電子部品やベアリングなどの機構部品は外部から入手する。

ロボット全体のソフトウェアも仕様に合わせて，さまざまなモジュールを組み合わせながらカスタマイズしていく。また，インタラクションデザインやそのブラッシュアップを繰り返す。

それぞれの作業において，教科書や手引書は用意されていない。「3.5 インチの汎用の CPU ボードにどのようにして Linux という OS をインストールするか」「USB カメラのドライバをどのようにインストールするか」すべて手探りである。その場その場で関連するマニュアルや Web 上の関連技術を検索して問題解決を図る。部品の入手方法なども

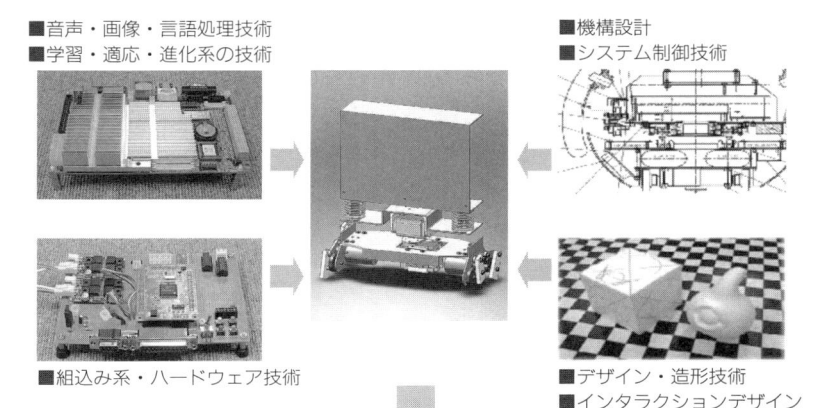

### 4 リソースの中に埋め込まれた学び 535

■音声・画像・言語処理技術
■学習・適応・進化系の技術

■機構設計
■システム制御技術

■組込み系・ハードウェア技術

■デザイン・造形技術
■インタラクションデザイン

既成概念に捉われない新たなモノを生み出す
(多様な価値観がせめぎあうところから…)

図3　次世代ロボット創出プロジェクトを構成する技術

モノ作りにおける重要なノウハウになる。これらはドキュメントとして整理され，メンバー間で共有できる大切なノウハウになっていく。技術の伝承というより，むしろチーム内での試行錯誤の中でオリジナルなノウハウを生み出し，それを各自のノウハウとして収奪していく感覚に近い。これは**最近接発達領域**[19]（zone of proximal development）の議論とも重なるだろう。

　従来の演習課題との大きな違いは，各プロジェクトのメンバーは，企画立案したロボットを構築するという同一の目標を共有しているものの，それぞれ異なる作業をしている点である。各プロジェクトの中で，自分の得意分野を生かしながら参加し，その中で自分に与えられた役割を見いだしていく。このように多様な技術分野の学生とのかかわりの中から，自分の専門分野の立ち位置を再認識していくスタイルは，モノ作り教育としてだけではなくキャリア教育としても興味深い。また各プロジェクトにおいて，それぞれの学生に与えられたミッションや責任は，「自分の専門分野はもっとしっかり学んでおきたい」というような，専門科目の履修へのインセンティブを高めるものとなる。

[キーワード]
15) **創造教育**：学生の創造性を育成す

ることを主眼とする取り組み。主に高等専門学校などで使われるようになった。

16) **キャリア教育**（career education）：望ましい職業観・勤労観及び職業に関する知識や技能を身につけさせるとともに，自己の個性を理解し，主体的に進路を選択する能力・態度を育てる教育のこと（中央教育審議会 1999）。

17) **エントリーシート**：一般に就職活動などに際に使われる応募用紙のこと。自己アピールや志望動機など，書類審査や面接の際の資料になる。

18) **メンター**（mentor）：一般には賢明な人，信頼のおける助言者のこと。最近の企業内のメンター制度では，新入社員などの相談相手となり，社員としての成長を手助けする人のことを指す（→III-4.4）。

19) **最近接発達領域**（zone of proximal development）：子どもが一人でできる水準と誰かの助けのもとでできる水準との間の領域のこと。他者とのかかわりの中でたち現れた能力を自分のものとして収奪するプロセスとして発達をとらえている。

## 4.7 ネットワークは陰の主役

このプロジェクトでは，ネットワーク上の CMS として，Wiki[20] を利用している。新規ページの作成が容易であり，個人やプロジェクト毎の Blog をプロジェクトノートや**ポートフォリオ**[21]（portfolio）として利用することができる。また，各プロジェクトのロボット制作の中で生み出されたさまざまなノウハウを記録しておくことで，自己拡張型のリファレンスマニュアルを作り上げることができ，これらのノウハウや Tips 集はプロジェクトの有用なリソースとして継承される。

プロジェクトを進める上では，自分の状態を他のメンバーが参照可能なようにディスプレーしあうことも重要なポイントとなる。このプロジェクトでは，プロジェクトのメンバー全員にその日の活動内容を Blog で紹介するようにお願いした。これによって，他のメンバーが今どんな状態にあるのか，どのようなことに躓いているのか，どのような試みを成功させたのかをメンバー全員で共有できる。またコメント欄を介してアドバイスを行ったり，簡単な議論の中から新たなアイディアが生み出されることも多い。同時に，それぞれのメンバーがどのようなノウハウを持っているかを把握できるので，「この技術に関しては，彼に聞けばわかる」といったメタ知識をメンバー全員で共有できる。そして同様なことで躓くこともなくなる。こうしたかかわりの中で，ゴールを共有するメンバーのつながりや共同体意識なども醸成されるようである。

プロジェクトを遂行する上で，ネットワーク上の CMS は，物理的な

教室という「ハコ」の枠を外すという本来のメリットも無視できない。共同作業を行う上で，地理的なハンディや時間的な制約をなくすことができ，各地域に分散する大学の学生や地域の技術者とのコラボレーションを容易にしてくれる。ネットワーク上のCMSはプロジェクトの遂行において不可欠なものであり，その意味で陰の主役となっている。

[キーワード]
20) **Wiki**：Webブラウザを利用して，Webページの作成更新を敏速に行うことの可能なシステムの一つ。ネット上で集合知を生み出すことを可能とした。その典型としてネット上の百科事典Wikipediaなどがある。ウィキウィキはハワイ語で「速い」を意味する。
21) **ポートフォリオ（portfolio）**：学習者の作品や活動内容に関するさまざまな学習記録を収集したもの，その中身やその入れ物のこと。このプロジェクトではメンバーのBlogやプロジェクトの活動記録，設計図面など指している。

## 4.8 教えながら学ぶ

正統的周辺参加の枠組みを正課の中に導入する際には，熟練者やメンターの位置づけが課題となる。プロジェクトの遂行にとって，熟練者やメンターの存在は不可欠となるが，ではメンターたちにとってプロジェクトに参加するメリットやインセンティブを何に求めればいいのだろう。教育プログラムを維持するために，ティーチング・アシスタント（TA）やプロジェクトのスタッフとして雇用するという考え方もある。

もう一つは，プロジェクトに熟練者やメンターとして参加することで得られる多くの学びについても着目したい。つまり「子どもを育てている母親がさまざまなことを学び，結果として成長する」ことと同様に，「初学者である後輩たちの面倒をみながら，結果として学ぶ」という図式である。これは鯨岡らの指摘する**関係発達論**[22]の概念に当てはまる（鯨岡 2002）（→V-1.3）。

断片的な知識を後輩たちに伝えながら，関連する事柄を再整理したり，自分の理解を深めたりする機会となる。またプロジェクトリーダーとして，グループ全体をまとめたり，プロジェクトのスケジューリングやコスト意識など，マネジメントのスキルを学ぶことができる。

このプロジェクトでは，多様な世代間での技術の継承や組織知の構成と同時に，関係発達論的な学びを観察できた。高等専門学校時代に**ロボコン**[23]（RoBoCoN）で活躍していた天才技術者のような数名の大学院生から，このプロジェクトへの参加を

通して，その周囲の大学院学生にロボット制作技術の伝承が行われる。また，ここで学んだ学生たちがメンターやプロジェクトリーダとして学部学生のロボット制作を手伝う。同時に高校生を対象とした本プロジェクトの体験講座にメンターとして参加し，一緒にロボットを制作することを通して，コーチングなどのコツを習得している。さらには，この体験講座で学んだ高校生が小学生を相手とするロボット制作のワークショップにおいてメンターとして参加し，一人の先達として指導する逞しい姿を見せるといった具合である。

こうした世代間での技術の継承や「教えながら学ぶ」といった関係発達論的な学びの場をこれまでの講義を中心とした教育プログラムで実現するのは不可能に近いだろう。

## [キーワード]
22) **関係発達論**：鯨岡峻氏の提唱する「人は育てられて育ち，人を育てることを通して自らも育てられる」という関係論を基礎とした発達論のこと。

23) **ロボコン（RoBoCoN）**：ロボットコンテストのこと。高専ロボコンやNHK大学ロボコン，ABUロボコンなど，全国規模・世界規模の教育イベントになっている。これに関連する教育イベントとして，プロコン（プログラミングコンテスト），デザコン（デザインコンペティション）などがある。

## 4.9 学びはリソースに埋め込まれている

このプロジェクトに参加した学生の一人から，「私の使う USB カメラがありません。なぜ事前に用意しておいてくれないのでしょう」というクレームがあった。実験・実習などにおける「教材」のイメージを抱いていたのであろう。

このプロジェクトでは，「次世代のロボットを企画提案し，そのプロトタイプを構築する。そしてそれを外部に展示する」というプロジェクトの目標があるだけで，「教科書」や「手引書」はない。これまでの構築してきたいくつかのロボットの事例，Wiki に残されたノウハウ，ソフトウェアモジュールが存在し，そしてメンターや熟練者などが各プロジェクトチームに配置されている。これらは「教材」ではなく，むしろ学びたい時に利用可能な**リソース**[24]に近い。

とりあえず，一歩を進めてみる。すると，そこで必要になる技術や知識が顕在化してくる。それは他の人が持っている経験やノウハウかもしれないし，マニュアルに書かれているノウハウかもしれない。試行錯誤の中で見いだしたコツかもしれない。そうしたノウハウを手掛かり

## 4 リソースの中に埋め込まれた学び

に,とりあえずマイコンを動かしてみる。あるいはCADを使用してみる。すると新たな状況が拓けてきて,また次の一歩を踏み出すことができる。

プロジェクトの**ファシリテータ**[25]の役割の一つは,こうした学びの先々でタイミングよく,少し先回りしながらリソースを配置しておくことだろう。しかし実際にプロジェクトを動かしてみると,プロジェクトそのものがその進展にあわせて,新たなリソースを生み出していることが多い。それは成功例や失敗例といった事例やノウハウであったり,グループ内の試行錯誤からようやく見いだした解決策などである。ある特定の技術分野だけに熟達した学生など,新たな人的リソースを生み出す場合もある。

私たちは「リソース」とのかかわりの中で行為や学びを生み出し,同時にその行為や学びの結果として,次の学びを支える新たな「リソース」を生み出す。そうした循環の中にある,あるいはそうした循環の中に「学び」そのものがたち現れる。その意味で「私たちの行為は状況の中に埋め込まれている」と同様に,「私たちの学びはリソースの中に埋め込まれている」と言えるだろう。

「教科書」や「手引書」は,事前に頭の中に用意された「プラン」に似ている。このプロジェクトでは,そうしたものをメンバーにあえて提供しない。むしろ向かうべき目標と「リソース」だけを用意して,学習者が「それを利用すればいい,利用しなければ何も進まない」という気づきを持つまで待ってあげる。そうしないと,「リソース」をうまく利用するためのコツを体得できない。学習者本人が受け身の姿勢で,「何かを提供してくれるのを待つ,何らかの指示を待つ」という姿勢から,「参加する,主体的にリソースを利用する」という姿勢に転じないと,そのリソースは生かされないし,学びに至らないのである。

こうしたリソースを生かすためのコツとはなんだろうか。それは意外にも単純なことで,「知らないことは,知っている人に聞く」ということである。「試験は一人で受けるもの,誰の助けも借りてはいけません」という従来の価値観に縛られていると,自分だけで解決しようとしてしまい,そこで立ち往生してしまう。プロジェクトに参加したばかりの学生は,こうした状態に陥ることが多い。

「この技術やノウハウに関しては,この人に聞けばよい」,そういう人をまわりにたくさん作っておくと,自分ですべてを学び,すべてのことを習得しておく必要はなくなる。一

つの専門技術を極めておき、その他の技術は周囲の人に教えてもらえるような状況を作り出して置けばいいわけである。そのためには、人間関係にも気を配る必要がある。また、コミュニケーションのバリアーを低減する環境を、ネットワーク上のコミュニケーションツールなどを利用してデザインすることも必要になるだろう。

[キーワード]
24）リソース：学ぼうとするときに参照可能な資源のこと。ここでは「教材」と「リソース」とを分けている。

25）ファシリテータ：学習環境を提供する人、あるいは協調学習の場や機会をファシリテートしたり、その中で援助的な介入を行う支援者のことを指す。

### 4.10 社会からの評価もリソースの一部である

このプロジェクトでは、「企画立案した次世代のロボットを最終的に外部に展示する」ことを最終目標にしている。世の中の人に使ってもらいたい、世の中に役にたつ提案であってほしい。そうしないと練習問題になってしまう。それ以前に、MITのメディアラボにおいて「**デモか、死か（Demo or Die）**」[26]ということばで表現されてきたように、アイディアや理論的な基盤に加え、「実際に動かしてみせる、デモンストレーションしながら、一般の人に評価してもらう」という要素はモノ作りにおいて無視できない。

そこで「作り手が作りたいと思うモノを作る」から、「世の中の人に喜んでもらえるモノを作る」への転換が必要になる。一般的にロボット好きの学生たちの企画の多くは、前者の傾向が強い。しかし、モノ作りを技術者の自己満足で終わらせたくはない。

外部展示やビジネスマッチングによって、企業からの評価を得ることができれば、技術移転などのチャンスも拓けてくる。自分たちのアイディアや技術を社会の中にグラウンドさせてみる、そして社会の中からのフィードバックを得ながら学ぶ。そうしないと本当の学びに結びつかないのではないだろうか。社会からの評価やフィードバックもまた、モノ作りを学ぶうえで有用なリソースなのである。

[キーワード]
26）デモか、死か（Demo or Die）：MITメディアラボの設立当初からの合言葉の一つ。「理屈じゃなく、とりあえず研究内容をデモンストレーションして見せてくれ。デモができなければ、研究費は取れないよ。研究所はなくなってしまうよ」という意味。

# 5 超デジタル時代における「学び」の探求

## 渡部信一

　最先端のデジタルテクノロジーを活用したさまざまな「学び」を支援するためのプロジェクトを通して，筆者は二つのことを実感してきた。第一に，「きちんとした知」を具現する形で誕生したデジタルテクノロジーがひと通りの発展を終え，さらなる発展の方向性をデジタル的特質からアナログ的特質へ転換しつつあるということ。第二に，従来の「きちんとした知」を「教え込み型の教育」で学習者に獲得させるという考え方から，「よいかげんな知」を「しみ込み型の学び」を通して獲得していくことが重要であるという考え方へのパラダイムシフトである。本章では，学びのモデルとして「しみ込み型の学びモデル2010」を提案し，今後の「学び」探求の方向性をざっくりと探ってみたい。

## 5.1 デジタルから「学び」を探るプロジェクト

　テクノロジーの発展が，従来の教育を根本から問い直す契機になることがある。つまり，「従来の学びのパラダイムの中で『便利な道具』としてテクノロジーを活用する」のではなく，「新しい学びのパラダイムを創出する」ことを目的にして最先端のテクノロジーを活用することもある。筆者はこれまで，デジタルテクノロジーを活用することにより**超デジタル時代**[1]（super-digital age）における「学び」を探求する目的で，さまざまなプロジェクトを試みてきた。

## [キーワード]

1）**超デジタル時代**（super-digital age）：1940年代のコンピュータ誕生からしばらく，コンピュータは単に複雑な計算ができる工業製品であった。1980年代にコンピュータが小型化し「パソコン」と呼ばれるようになり，「便利な道具」として一般社会にも急速に浸透しデジタル時代が到来した。しかし，2000年代になりインターネットやユビキタスなどデジタルテクノロジーが人々の暮らしのスタイルまでにも影響を及ぼす超デジタル時代に入っている。デジタルはもはや単なる「便利な道具」ではなく，「空気のような存在」になりつつある。この変化は，人間の「学び」のスタイルは言うまでもなく，人間の「精神性」にまで影響を及ぼしていることは間

## 5.1.1 ロボット開発と自閉症の「学び」

「鉄腕アトムと晋平君」プロジェクトは，最先端のロボット開発の知見を活用することにより**自閉症教育**[2] (autism education) を実施していこうとするプロジェクトである（渡部 1998, 2005）。**ロボット開発**[3] (robotics) の現場では 1980 年代，大きな行き詰まりに出会う。「**フレーム問題**[4] (frame problem)」と呼ばれるこの行き詰まりは，「ロボットにさせたいことを系統的に一つひとつプログラムしていく」という記号計算主義に基づく基本設計に問題があった。私たちの生活では日常的に「予期せぬこと」が起こり，それに対し一つひとつ対処していくという基本方針では情報処理がとても追いつかないことが明らかになった。ロボット研究者は考え方を根本から改め，「ロボット自身が状況や環境の中で相互作用しながら自ら学んでいく」ことを基本設計に据え開発するようになった（→ 3.4.1）。筆者は，この知見を「学び」に対して非常にデリケートな自閉症児に対し長期間にわたって取り入れ，著しい発達の成果をあげた。そこでは，大人が「きちんと教え込む」のではなく，自閉症児が母親や家族，教師や子ども集団とのコミュニケーションを通して「自ら学んでいく」という現象が認められた（→ II-6.5）。

[キーワード]

2) **自閉症教育** (autism education)：自閉症児に対する教育も他の障害児に対する教育と同様，個々の子どもの障害の程度や障害特質に合わせた「個別教育計画 (individual educational plan：IEP)」に沿って指導がなされる。専門性を備えた指導者が子どもたちに対し簡単なことから複雑なことへ一歩一歩スモール・ステップで指導していくという「学習理論」が，障害児教育の鉄則となっている。

3) **ロボット開発** (robotics)：ロボットは，産業用のロボットと人間を模したロボットに分類されるが，ここで問題にしているのは後者である。1940 年代に誕生したコンピュータは，ロボットの脳，つまり人工知能 (artificial intelligence：AI) として発展を遂げてきた。1970 年代まで，すべての知識は記号化することができ，記号化できればその記号を自由に操作できるという「記号計算主義」に基づいて開発されてきた。しかし，1980 年代の行き詰まり（フレーム問題）以降は，状況論など新しいパラダイムに基づいた開発が中心となっている。複数のロボットが瞬時の状況判断で自らの行動を決定するサッカー・ロボットなどは，その典型である。

4) **フレーム問題** (frame problem)：1969 年に，マッカーシー (J.

McCarthy) とヘイズ (P. J. Hayes) によって初めて取り上げられた人工知能の基本的課題 (McCarthy & Hayes 1969)。問題解決の対象となっている状態空間は静止しておらず, 課題遂行にともなって常に変化していく。フレーム問題は, この変化に対してどのようなモデルで処理すればよいのかを問う。

### 5.1.2 デジタルテクノロジー活用による「学び」の探求

最先端のデジタルテクノロジーを実際に活用しながら新しい「学び」に関して探求していこうとするさまざまなプロジェクトを実施した。

「ほっとママ」プロジェクトでは, 動画映像やモーションキャプチャを活用して制作した3DCG, バーチャルカウンセリング[5] (virtual counseling) などを専用の高速回線やインターネットを用いて配信することにより, 子育てや障害児の教育を支援していこうと試みた。母親や若い教師などの「学び」に対し最先端のデジタルテクノロジーを活用して支援し効果を上げた(渡部ほか 2002)。

ISTUプロジェクトは, 東北大学大学院全研究科の正規講義をインターネットで配信することを目的としたプロジェクトである (ISTU＝Internet School of Tohoku University)。講義の予習・復習も含め大学生の「自らの学び」を支援していくためにさまざまな工夫をした。しかし, 大多数の教授から「対面講義が一番効果的」というeラーニングに対する批判的な意見が聞かれ, 「**学びのリアリティ**[6] (reality of learning)」について深く考えさせられた (渡部・為川 2005)。

さらに, Poserプロジェクトでは, ディスプレー内の人形をマウスを使って自由に動かせるコンピュータアプリケーション「Poser (ポザー)」を活用し, 自閉症児に対する指導場面をビデオ映像を見ながら指導者自らがディスプレーの中に再現した。自閉症児を表した人形と指導者 (自分) を表した人形の一つひとつの行動をディスプレー上に再現しているうち, 指導者 (＝制作者) 自らが「その現場の中を自由に歩き回っている自分にしばしば気づいた」, そして「しだいに対象児の気持ちに近づけたような感触を得た」などの「入り込みの感覚」を経験したことが報告された。指導者の「学び」を「3DCGを自ら制作する」という行為を通して支援したことがポイントである (渡部・小山 2002)。

### ［キーワード］

5) **バーチャルカウンセリング** (virtual counseling)：コンピュータによる「ヴァーチャルカウンセリング」の歴史は古く1966年にまでさかのぼることが

図1　伝統芸能デジタル化プロジェクト：（渡部 2007）
注：a は神楽のモーションキャプチャ。b はデジタルで再現された神楽。

できる（藤野 2004）。それは，スタンフォード大学で開発されたプログラム「イライザ（ELIZA）」である。イライザはロジャーズ派の精神分析家のまねをするプログラムで，自分からは意見を言わず，相手の言ったことばを反復するような形で質問し会話を進めるようにプログラムされている。そして適切な返答ができないような場合には，「それで」とか「そのことについてもっと詳しく話して下さい」という決まり文句で返答するようになっている。このような単純なプログラムでも解決策を求めているクライアントには予想以上の治療効果があったということが，大きな議論を呼んだ。

6）**学びのリアリティ（reality of learning）**：eラーニングでは，遠く離れた教授の講義を自宅のパソコンなどを通して受講することになる。しかし，多くのeラーニング経験者は（教授，受講生両者とも）そのような「学び」に対して「リアリティを感じない」との印象を述べている。「学び」には，単に「知識が伝わる」という以上のものが必要であることをeラーニングは改めて浮き彫りにしている。

### 5.1.3 伝統芸能をデジタルで伝える

伝統芸能デジタル化プロジェクトは，日本の「わざ」はデジタルで保存したり**継承**[7]をサポートすることが可能なのかという疑問から始まった（渡部 2007）。これまで師匠が弟子に口伝えで継承してきた神楽の舞を，**モーションキャプチャ**[8]という最先端のテクノロジーを活用することによってデジタル化した（図1）。その結果，舞の「形」はモーションキャプチャで解析しシミュレーション可能であるが，舞が伝承される神

社という場(=教育の場)や舞の前後に行われる儀式の「意味」をデジタル化するにはさらに研究・開発が必要であることが明らかになった。たとえば、モーションキャプチャ実施時に師匠が主張した「祭りの衣装でないと踊れない」、お囃子に関しては「録音ならば無い方が踊りやすい」、スタジオの隅にでも神棚があるとそこは神社の空間になる、あるいは時間を指定してもらえば「長くも短くも踊れる」、多少ふりを間違えても気にしない、伝承のためのテキストもないしビデオなどもほとんど撮らない、など300年間師弟関係に存在している「教える─学ぶ」の本質がデジタルテクノロジーを活用することによって浮き上がってきた。

[キーワード]
7)「わざ」の継承(succession of WAZA):1980年代以降、日本の認知科学研究では、日本文化、特に日本の「わざ」の継承を対象とした「学び」に関する研究が盛んに行われてきた。たとえば、生田([1987] 2007)は、西洋芸術の継承とは根本的に異なる「わざ」継承の特徴として「模倣」「非段階性」「非透明な評価」をあげている。
8)モーションキャプチャ(motioncapture):モーションキャプチャは、身体の動きをコンピュータで計測するテクノロジーである。現在、一般には磁気式と光学式が広く普及している。磁気式モーションキャプチャは、磁界発生装置でスタジオ内に磁界を作り、その中で身体に磁気センサーをつけた人間(もちろん人間でなくても良い)が動くと、その動きがコンピュータによって計測される。また、光学式モーションキャプチャは、身体に反射マーカをつけ、複数台のカメラのレンズの周りに備え付けられたストロボをマーカに当て、その反射光を同期させた複数台のカメラで撮影し、その動きをコンピュータによって計測する。これまでコンピュータゲームやアニメーション映画の制作現場で盛んに活用されてきたが、近年はスポーツ指導やリハビリテーション医学など学術的な活用も行われている(→ 2.6.2)。

## 5.2 デジタルの発展はアナログへ向かう

これまで紹介したさまざまなプロジェクトを通して筆者は、二つのパラダイムの変化を実感してきた。第一にデジタルテクノロジー発展の方向性が変化してきたこと、第二に「学び」の基本的な考え方が変化してきたことである。

まず第一の実感は、「きちんとした知」を具現する形で誕生したデジタルテクノロジーがひと通りの発展を終え、さらなる発展の方向性を**デジタル的特質**[9](digital characteristic)から**アナログ的特質**[9](analogue characteristic) へ転換しつつあるということである。

## [キーワード]
9）**デジタル的特質** (digital characteristic) **とアナログ的特質** (analogue characteristic)：本来の意味では，デジタルは不連続あるいは段階的なものでゼロとイチ（二進法）で表現できる。アナログは，連続あるいは線的なもので波として表現される。しかしここでは，明確に狭く定義することをあえて避け，「デジタル vs アナログ」と対峙して考えることにより，さまざまな示唆的な検討が可能になることのほうを重視したい。たとえば，デジタル的特質は，強さ，速さ，正確さ，グローバル，便利さなどの特質を持ち，「きちんとした知」「一人称的な知」「教え込み型の教育」と相性が良いように感じられる。さらに，ものごとをできるだけ細かく分解したうえで分析し客観的な数値としてとらえていこうとするのが「デジタル」の態度。一方，アナログ的特質は，弱さ（フラジャイル），ゆっくり，好い加減，あいまい，ローカルなどの特質を持ち，「よいかげんな知」「二人称，三人称的な知（関係の間に浮き上がってくる知）」そして「しみ込み型の学び」と相性が良いように感じられる。

### 5.2.1 サンプリングレートの向上
これまでは基本的に，ものごとをできるだけ細かく分解したうえで分析し客観的な数値としてとらえていこうとするのが「デジタル」の態度であった。しかし今後は，その考え方が根本的に変わっていくだろう。デジタルテクノロジーの発展がアナログ的特質に向かっているという最もわかりやすい例は，「サンプリングレート」の向上である。対象を測定したり再現したりする場合，デジタルテクノロジーが発展すればするほどサンプルを採取する間隔は狭くなり採取点は多くなる。また，何らかの対象をデジタルテクノロジーによって再現しようとする場合にも同様，アナログな再現に近くなるだろう（たとえば，3DCG におけるポリゴン数の著しい増加など）。現在，3DCG 作品の多くが，アナログとの区別がつかないほど精密になっている。

### 5.2.2 対象を丸ごとシミュレーションする
デジタルのこれまでの役割は「対象を部分に分解し分析すること」であったが，今後はまったく逆の発想で「対象を丸ごと**シミュレーション**[10]**する**」ことが可能になるだろう。つまり，この方法によって私たちは「複雑な現象を丸ごととらえること」が可能になる。
このような発展が役立つのは，複雑系・非線形・カオスといった現象

を扱う領域であり，これらの領域ではコンピュータの発展の多大な恩恵を得ることになる。複雑系の科学には一般に，complicated system と complex system という対比がある（中村 1997）。このうち complicated system のほうは，はじめから分解可能なものを指している。つまり，在来の科学的な還元的手法で要素にまで還元できるためコンピュータでもすぐ対応できる。しかし，complex system の性質を示すのは生命体や生物など，在来の意味では分解不可能なものである。人間の「学び」などもその典型である。そうした複雑なシステムを研究対象にするとき，「対象を丸ごとシミュレーションする」という方法は大きな武器になる（→IV-2.1）。

[キーワード]
10) シミュレーション（simulation）：心理学の歴史において「シミュレーション」という概念が着目されるようになったのは，1950年代の認知心理学からである。認知心理学では「頭の中で起こっていること」を探求しモデルとして構築していこうとするが，「頭の中で起こっていること」あるいは脳機能に関する仮説をコンピュータでシミュレーションすることが一つの研究方法として確立した。

## 5.2.3 状況との関係性を丸ごと扱う

認知科学の**状況的学習論**[11]（situated learning theory）では，「状況の中で学ぶ」ことが前提になっている（Suchman 1987; Lave & Wenger 1991）。これは1980年代にロボット開発の現場で起こった「フレーム問題」と呼ばれる行き詰まりにも関係している。ロボット研究者は「フレーム問題」をクリアするため，環境と相互作用することによって「ロボット自身が学んでいく」ことをコンセプトとして開発するようになる（→3.4.3）。

コンピュータの処理能力が著しく上がった現在，研究対象のみならず，その対象が置かれている文脈や状況までもコンピュータなどのデジタルテクノロジーで分析したりシミュレーションしたり，取り扱うことが可能になっている。このとき重要なのは，対象にとっての活動の「意味」，つまり状況や環境との関係性である。したがって今後は，さらに文系的な研究の重要度が増すことになり，**文理融合型研究**[12]（interdisciplinary research）がますます盛んになるだろう。

[キーワード]
11) 状況的学習論（situated learning theory）：状況的学習論では，そも

そも知識とは常に環境あるいは状況に埋め込まれているものであり，したがって本当の「学び」とは環境や状況の中で，それらと相互作用しながら成立すると考える。生きていくために役立つ「知」は決して頭の中にあるのではなく，状況に埋め込まれている。したがって，私たちの「学び」は状況との相互作用によって生じることを「状況的学習論」は強調する (Suchman 1987)。

12) **文理融合型研究** (interdisciplinary research)：1980 年代以降，それまで文系と理系でバラバラに研究していた対象に関して共同で研究を進めていこうという機運が起こった。当初「学際的研究」と呼ばれていたこれらの流れの中で「認知科学」が急速に発展していく。しかし実際には，その方法論の違いなど文系と理系との共同研究はなかなか困難であり，一旦は下火になる。しかし，21 世紀になり情報技術の発展が一定のレベルを超えると再び文系と理系が共同で研究する必要性が大きくなり「文理融合型研究」として再出発することになる。

### 5.2.4 ウェブ世界における新しい「学び」

インターネットは「知」の世界秩序を大きく崩壊させ，ウェブ世界から予想もしなかった「知」を**創発**[13]させるという現象が出現している。「わからないことがあったらネットで検索する」ことが当たり前になっており，また日々新しい情報が更新されているネット上の百科事典は，新しい「知の集束地点」になりつつある。また，個人的な考え方や意見が「ブログ (blog)」で公開され，少数意見や最先端の知識を知ることができる。さらに，開発中のコンピュータプログラムがネット上で公開され誰しもが開発に参加できる「オープンソース (opensource)」と呼ばれる形式は，教育や「学び」の領域においても大きな影響を及ぼすことになるだろう (→ 4.7)。

[キーワード]

13) **創発** (emergence)：一般的には，誰かが意図的にしくんだわけではないのに何らかの複雑な現象や構造などが生ずること。コンピュータ・サイエンスでは，一つひとつは単純な要素がたくさん集まることによって，全体として複雑な構造や挙動を呈することを言う。

### 5.3「よいかげんな知」と「しみ込み型の学び」

さまざまなプロジェクトを通して筆者が実感してきた第二の変化は，「学び」の基本的な考え方に関する変化である。長い間日本の学校では，近代西洋の教育理論に基づいた「きちんとした知」を「教え込み型の教育」で獲得させようというパラダイムが支配的であった (→ I - 1.1.1)。しかし 1980 年代以降の認

知科学では，伝統的な日本文化の中にある「よいかげんな知」を「しみ込み型の学び」を通して獲得していくという「学び」のスタイルが盛んに主張されるようになってきた。

### 5.3.1 「よいかげんな知」に着目する

日本では明治維新を契機に近代西洋文明が急速に流れ込み，その一環として「**きちんとした知**[14] (definite knowledge)」の考え方が学校教育の現場へも急速に導入された。そして，それ以前は日本文化の特質であった「**よいかげんな知**[15] (fuzzy knowledge)」が，急速に排除されていく。

ここで言う「よいかげん」は，無責任という意味の「いいかげん」とは違う。漢字で書けば「好い加減」である。ちょうど好い湯加減，ご飯が好い加減に炊けた，というときの「好い加減」である。「きちんとした知」のようにものごとをゼロかイチか明確に定めるのではなく，ゼロとイチの間をその都度，状況に合わせて柔軟に行ったり来たりするような「知」である。「よいかげんな知」の考え方は，「目分量」「いい塩梅(あんばい)」という日常生活で使用されることばの概念とも類似している。

このような感覚は，昔の日本では日常生活の中にあふれていた。お母さんが料理をするとき，計量カップなどを使用することはほとんど無かった。ほとんどが目分量でみそや醤油を鍋の中に加えていた。それでも，できあがった料理には「微妙なうまみ」がでていた。また，風呂を沸かすときにも，現在のように「設定温度」など無かった。適当にまきをくべ，適当に時間を見ていた。それでも，風呂にはいるときには良い「湯加減」になっていた。

現在では，これらの設定はすべてコンピュータがやってくれる。炊きあがりの時間だけ設定すれば，希望した時間にはふっくらと炊けたご飯ができている。また，時間と希望の温度を設定しておけば，入りたいときに風呂が沸く。

しかし，その便利さと引き替えに，私たちは，特に若者や子どもたちは良い加減，目分量，塩梅(あんばい)などをうまくこなす能力を失ってしまった。それが，最近の悲惨な事件の頻発につながっている。昔も「不良」や「いじめっ子」はたくさんいたが，大きな事件にまで発展することはほとんど無かった。それは，彼らが「手加減」することを知っていたからである。

さらに，近代教育は常に正確な数値で回答することを子どもたちに要求してきた。教師が求める回答は，多くの場合一つである。そして，そ

の答えは正しいか間違っているか，必ずそのどちらかである。そこには「好い加減」がほとんど無い（→ 4.3）。

好い加減，目分量，塩梅（あんばい）などの能力は，さまざまな状況との関係から生み出される。さまざまな状況と相互作用する中で最終的に出るであろう結果を予測し，その都度その都度の決定を意識的，あるいは無意識にくだす。それは多くの場合，「頭で考える」というよりは「**身体**[16]が自然に動く」ものである。1980年代以降の認知科学では常に，身体と状況，あるいは身体と環境の関係が重要な視点となってきたのである。

[キーワード]
14) **きちんとした知**（definite knowledge）：論理実証主義に基づく明確で客観性があるとされる「知」。明治以来，日本の学校教育では，あいまい性がなく明確である「知」のみを教えてきた（渡部 2005）。このような「知」を教え込むことは，効率よく学習を積み重ねていくことにより大きな目標を達成できると考えられてきた。デジタルテクノロジーとの相性が良く，eラーニングなどにも適しているとされる。

15) **よいかげんな知**（fuzzy knowledge）：1990年以降，認知科学では状況論，あるいは状況的学習論が盛んに提唱されてきた。そこでは，従来の実験室で得られた「知」は私たちが実際に暮らしている日常の場では必ずしも有効なわけではないことが示され，「現場における知」の重要性が強調される。教育の現場においても「学び」を左右する条件（変数）は無限にあり，すべてを明確にすることは不可能である。また，必ずしも明確にできる側面が「学び」にとって重要な側面とは限らない。

16) **身体（性）**（embodiment）：人間やロボットなどの「知」を考えるとき，従来は「脳（コンピュータ）」が唯一重要な要素として研究の対象とされてきた。しかし近年，「脳（コンピュータ）」を対象としただけでは「知」の本質的な側面へのアプローチが不可能であるということが盛んに主張されるようになり，その「身体性」に着目した研究がなされるようになった。つまり，外界との相互作用によって初めて生まれる側面こそ「知」の本質であるという考え方が提唱されている。

### 5.3.2 「しみ込み型の学び」を取り戻す

「きちんとした知」を「**教え込み型の教育**[17]（teaching by instruction model）」で獲得させようというパラダイムの典型は近代以後に始まった学校教育であり，基本的に「子どもは教えられることによって学習する」という前提に立つ。これに対して「よいかげんな知」は「**しみ込み型の学び**[18]（learning by osmosis model）」を通して得られ，

状況や環境の持つ教育作用に依存している（渡部 2005, 2007）。

「しみ込み型の学び」は、学習を目的にした活動によってのみ生じるのではなく、生活におけるさまざまな活動の中で生じる。環境が整っていて良いモデルがあれば、子どもは「自然に」学ぶことができる。ここでいう環境には物理的な環境も含むが、より重要なのは人間の環境である。仲間集団（学びの共同体）の中で一緒に活動しているうちに、その構成員であるお友達が持っている知識や技能を自然に学ぶ。

「しみ込み型の学び」のもう一つの典型は、伝統芸能の継承（＝教育）である。弟子は師匠の「わざ（たとえば舞）」を尊敬の念を持って観察し、師匠と同じような「わざ」の習得を願って何度も繰り返す。このような過程には明確なカリキュラムはなく、客観的な評価もない。しかし、弟子はいつの間にかその「わざ」を習得している。何度も繰り返しているうちに身体があまってきて「間」や「空気」が見えてくるようになるという学びの過程は、その特徴をよく示している。

また、「しみ込み型の学び」は間違いに対し寛容である。神楽の場合、「神を楽しませる」という目的さえ忘れなければ舞は多少間違ってもたいした問題ではないという。また、雨が降っていて寒かったり、時間がなかったり、観客が少なかったり、身体の調子が悪かったりと状況が変化しても、舞を多少変化させることによってまったく問題なく舞うことができる。このような特質は、時代が変わっても柔軟に舞を変化させながら伝統を守り続けることができるということと関係している。結果的に、神楽は何代にも受け継がれ（教育が繰り返され）何百年も継承が続く。

このような特質を持つ「しみ込み型の学び」は、超デジタル時代、つまりあいまいで複雑に情報が絡み合い、しかも真実や価値観が常に変化しているような現在、そして今後の時代には必要不可欠な「学び」のスタイルであると筆者は考えている。

[キーワード]
17）教え込み型の教育（teaching by instruction model）：「教える者（教師）」と「教えられる者（学習者）」の役割がはっきり分かれて存在することが前提になっており、そこでは教える者と教えられる者とが向き合う意図的な教授がある。教える者は、そこで必要とされる知識や技能を持っており、また教えるためのカリキュラムを持っている。教えられる者はその知識や技能を持っていないので、それを獲得することを必要としている。その差が両者の間に権威と受容の関係を生むとさ

れる。

## 18) しみ込み型の学び（learning by osmosis model）
東（1994）は日・米の子育てを比較し、アメリカの母親が「教え込み型」育児だったのに対し日本の母親は「しみ込み型」育児であることを明らかにしている。アメリカの母親がことばによって一つひとつの知識を子どもに教えるということばによる分析的組織的な教え方なのに対し、日本の母親はことばで教えるのではなくまず母親自らが子どもの目の前でやってみせ次に子どもに挑戦させ、その過程を繰り返すという方法をとるという。東によれば、「教え込み」を避けようとする傾向は昔から日本にはあり、たとえば14世紀に世阿弥が書いた能楽の書『花伝書』にまでさかのぼることが可能だという。

## 5.4 超デジタル時代の「学び」を探究する
### 5.4.1 アナログとデジタルが融合する時代

これまで筆者は、さまざまなアナログな状況（たとえば、自閉症児教育や伝統芸能の継承）における「学び」を対象としてデジタルを活用することにより支援しようと努めてきた。そのような試みの中では否応なく、アナログ的特質とデジタル的特質の対立を実感することになる。これらは一見、相反する特質を持っているように感じられる。そして1980年代以降、「学び」の探求ではアナログ的特質の重要性が盛んに主張されている。

しかし、アナログ的特質を生活や文化の中心に据えていた江戸時代以前から、デジタル的特質を持つ近代西洋文明を中心に据えた明治時代、そして高度経済成長期および近代工業化社会を経て現在の超デジタル時代に至っていることを考慮すれば、単純にデジタル的特質を批判しアナログ的特質を主張するのは時代を逆行することになる。また、1980年代以来盛んに主張されてきたアナログ的特質を重視する諸研究（状況論や関係論に基づく諸研究）の成果がほぼ完成に近い状態にまで積み重ねられた現在、次の段階として歴史を経たからこそはじめて可能になるもうひとつ高いパースペクティブへ私たちは進まなければならない。つまり、あくまでもデジタルが中心にある時代や社会を前提とした上で、あるいはもっと積極的にはデジタルテクノロジーの発展を足がかりとして、人間のアナログ的特質（生活や文化）を中心に据えた「学び」を今後は探求していかなければならない。つまり筆者は、今後はアナログとデジタルが融合する時代や社会の中で「学び」をとらえていかなければならないと考えているのである。

## 5.4.2 一つの提案：「しみ込み型の学びモデル2010」

ここで，アナログ的特質とデジタル的特質との関係を示した一つのモデルを提案する。ここで提案する「しみ込み型の学びモデル2010」は，渡部（2005）で提案した「しみ込み型の学びモデル」の一部を修正したものである。

まず図2は，従来の「教え込み型の教育モデル」である。このモデルでは，指導者（教師）が「新しい知識＝きちんとした知」を一つひとつ系統的に学習者に教える。学習者の脳の中には，教えられた知識や能力（スキル）が蓄えられる。そして，その知識や能力（スキル）は，必要に応じて検索され取り出されることによって利用される。ここで着目されるのは，どのように教えれば効率的に，そして確実に知識や能力（スキル）を学習者に獲得させうるのかということである。

それに対し，ここで提案する「しみ込み型の学びモデル2010」（図3）は，**情報**[19]（information）はバラバラに存在するのではなく「情報のネットワーク」として存在すると考える（このネットワークは人の脳の中ではなく人と環境との関係のなかに浮き上がってくるという点はわれわれのリアリティと必ずしも一致するわけではないが，非常に重要

図2　教え込み型の教育モデル

な論点となる）。このネットワークの結びつきは固定されたものではなく，さまざま柔軟に変化する。つまり，各々の「**知**[19]（knowledge）」は，その状況によってさまざまな結びつきが可能である。

指導者は，自分のネットワークによって関連づいている「知（これ自体は「きちんとした知」である）」を学び手に伝えようとするが，「きちんと教える」こともあれば，そうでないこともある。学校教育などできちんと教えられたとき，学習者は自分のネットワークに結びつけてその情報を取り入れようとする。もし，うまく自分のネットワークに結びつけることができれば「理解」できたことになる。一方，伝統芸能の継承のように指導者が「きちんと教える」ことをあえてしない場合もある。しかし，師匠が弟子に「伝えたい」と希望し，弟子もその師匠に対し敬意を持っている場合，そこに人と人との共振（コミュニケーショ

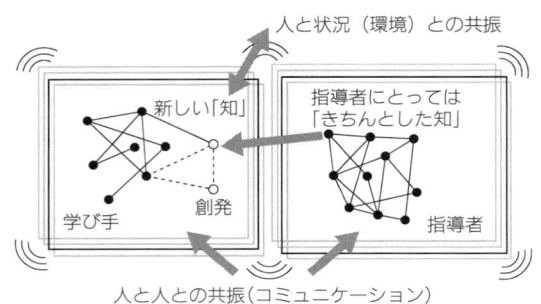

図3 しみ込み型の学びモデル 2010

ン）が成立し，情報や「知」，そしてその世界観は弟子に伝わることになる。これが，「しみ込み型の学び」である。

また学び手は，指導者に対してのみならず，学び手が置かれた状況や環境とも共振する。たとえば神楽の継承場面で，「神社という学びの場」や「継承の前後に行われる伝統的な儀式」の効果などは，その共振を促進することになる。そして，この共振が強ければ強いほど学び手の「学び」は強いものとなる。また，学び手はさまざまな状況や環境の中で経験を積むことにより（模倣を繰り返すことにより），すでに獲得している「知」と関連づけることができる。そして，そのネットワークが豊かになったとき，新たな「知」を自ら創発することが可能となる。

以上のように，「しみ込み型の学び」は，学び手が必ずしも膨大な情報をすべて獲得し処理しなくとも「日常」の中で何とかうまくやっていくことを可能にしている。

[キーワード]
19) 情報（information）と知（knowledge）：ここでは「情報」を意味が伴わないニュートラルなものととらえ，情報にそれぞれ個人的な意味が伴い「知」になると考えている。

### 5.4.3 「学び」の根底にある精神性への着目

20世紀の工業化社会では「モノ」という概念が絶対的であり，物理的空間があるか否かが人間が感じるリアリティに大きく影響していた。しかし，高度情報化時代になり「モノ」という概念がそれほど強力なものではなくなるにつれ，その代わりに「情報」というとらえどころのない概念が支配的になりつつある。そ

れにともない人間が感じるリアリティにも大きな変化が生じ，バーチャルな世界と現実世界の境界線があいまいになっている。

さらに，生まれたときからコンピュータやインターネットなどが暮らしの中に普通に存在し，またテレビゲームなどのデジタル世界にどっぷりとつかって育ってきた「**デジタルネイティブ**[20]（digital natives）」と呼ばれる世代の子どもたちが今後，社会の中心になってくる（Prensky 2006）。彼らはネット上のサイバースペースに対し，私たちとはまったく異なったリアリティを持っている。たとえば「学びの場」に関して，ネット上のサイバースペースは彼らにとってはバーチャルな空間ではなく，それなりにリアリティのある空間なのかもしれない。そして，そもそもデジタルネイティブにとっては，バーチャルな体験から学んだことと実際の体験から学んだことの差がほとんど無いのかもしれない。

そのような現実世界に対するリアリティの喪失が彼らを悲惨な事件に巻き込んでいることが，重篤な問題としてマスコミなどで大きく取り上げられている。確かに，現実世界に対するリアリティの喪失は，人間の精神性の異変に直接結びつく。

本章で検討してきた視点でこれらの問題にアプローチするならば，こ れまでの日本文化においても人々は現実世界とは異なる世界と密接に関わってきたことに気づく。つまり，昔から私たち日本人は現実世界と妖怪や幽霊が棲む異界との境界線をあえてあいまいに保つことにより，自分が抱えている現実世界において負の方向性を持つリアリティをあいまいなものに変え精神的なバランスを保ってきた（小松 1994; 内山 2007）。

このような日本文化の特質に関する慎重な検討は，今後の超デジタル時代における人間の精神性の解明に重要な示唆をもたらすであろう。つまり，今後「学び」を探求する上で，人間の「リアリティ」に対する精神性の変化や「学び」の根底にある精神性の変化を見極めることが非常に重要になってくると筆者は考えているのである。

[キーワード]
20）デジタルネイティブ（digital natives）：アメリカのジャーナリストであるプレンスキー（M. Prensky）が定義した造語で，生まれ育った時からパソコン，インターネット，携帯電話などのデジタル技術に慣れ親しんだ世代をいう。これに対して，物心ついた後でデジタル技術に出会った世代はデジタル移民（digital immigrants）と呼ばれる。デジタルネイティブの考え方や行動様式は，デジタル移民とは本質的に異なると考えられる

(Prensky 2006)。

# あとがき

　ずいぶん以前（たしか，10年以上前）になるが，カリフォルニア大学のマイケル・コール教授が，これからは"非・認知的認知科学（non-cognitive cognitive science）"が重要な研究課題になると述べておられた。「非・認知的」な認知科学というのは，認知科学の自己否定のようでもあり，どういうことなのかわからない，というのが実感であった。ただ漠然と，認知科学を"人の頭の中の「情報処理過程」に関する科学"というような，安易な，かなり「いいかげんな」通念に対する批判なのだろうと，勝手に解釈していたしだいである。

　しかし，その後の認知科学の発展を見ると，あきらかに，脱・中心化とでもいうべき動向が強まってきている。つまり，認知研究というものが，特定の主体（「認知」する主体）についての研究から，その主体の「外」（外部環境，他者，共同体，社会，文化など）との相互関係に注目する研究になってきた。さらに，認知過程そのものも，思考，推論，問題解決といった「系統だった（システム的）」プロセスとみなすよりは，他者や環境への配慮（ケアリング）などの，なかば「情緒的」とよばれる，他との「関係」づくり，相互交渉（インタラクション）に焦点が当てられるようになってきた。近年の認知研究が，「アート」や「デザイン」と密接な関係をもってきているのも，そのような傾向のあらわれと見ることができよう。

　考えてみると，人類の文化の歴史を振り返ると，「文字」や「数字」のような"論理的"思考を発展させる以前の何万年もの間，アルタミラの洞窟の壁画にみられるような，"絵"を媒介にした「イマジネーション」を中心とした"思考"（ものごとを振り返り，吟味し，未来を予見するという営み）——むしろ，「芸術性」と「論理性」が一体となったもの——が中心であった。こう考えると，近年の認知科学の発展は，人間の知的営みについての考え方の，いわば「先祖返り」ということもできるだろう。

　このような認知科学の「その後の動向」を見ると，10年以上前に，コール教授が「これからの認知研究は"非・認知的認知科学"になる」といっ

たことの意味がわかるような気がする。すなわち，それまでの認知科学研究の方向を半ば反転させ，焦点を当ててこなかったことに焦点を当て，「認知科学」を他の研究領域と異なる「独自の」研究領域とみなすことから，むしろ，さまざまな他領域との境界を越えた，あらゆる研究分野と相互に対話し相互交渉を積極的に行う，流動的で変化に満ちた研究をさすようになってきたという，こういう研究動向を予見したとすれば，10年前ならば，あえて「非・認知的」と名付けるしかなかったと言えなくもない。「学び」をめぐる認知科学研究も，やはり，上記のような認知科学の「ゆるやかな，しかし確実な」パラダイム転換を着々と進めてきている。

「学び」の認知科学には，もうひとつ，「脱・学校化」という軸がある。つまり，学校が「学校的」でなくなっていく，という動向である。いわゆる「お勉強」への傾斜から脱して，身体全体，まるごとで外の世界にかかわり，切り開こうとしていくことを「学び」とする考え方になってきている。これにともない，現実に，「学校」も変わりつつある。教室が個別学習から共同学習や協調学習の場となってきており，「教科書・黒板・ノート」を通した勉強から，コンピュータを道具のように使いこなし，教室を飛び出しての，現実社会とかかわっていく学びへと転換してきている。とうぜん，「学びの環境」をどうデザインするかが重要な研究関心にもなってくる。自由にお互いに話し合える，サロンのような教室も少しずつではあるが増えてきている。

このような，「学び」研究の流れを，あらゆる領域の専門家たちの知見を結集して，全体を概観したい，というのが本事典編纂の趣旨であった。実際，「これ以上の執筆陣は考えられない」と言ってもよいぐらいすばらしい執筆陣による，それぞれ，きわめて「意欲的な」解説と展望を書いていただけた。それぞれ第一線でご活躍の多忙中，本事典のためにかなりの時間と労力をさいてくださったことに，心から感謝するしだいである。

また，事典の編集という，通常の単行本とくらべると何倍もの神経と労力を要する仕事をみごとにこなしてくださった大修館書店の金子貴氏にも，心からの感謝をささげたい。

2009年12月

佐伯　胖

# 参考文献

Adolph, K. E. 1995. A psychophysical assessment of toddlers' ability to cope with slopes. *Journal of Experimental Psychology: Human Perception and Performance* 21: 734-50.

Adolph, K. E. 2000. Specificity of learning: Why infants fall over a veritable cliff. *Psychological Science* 11: 290-95.

Adolph, K. E. 2005. Learning to learn in the development of action. In *Action as an organizer of learning and development,* ed. J. J. Rieser, J. J. Lockman, & C. A. Nelson, 91-122. The Minnesota Symposia on Child Psychology 33. Hillsdale, NJ: Lawrence Erlbaum.

Adolph, K. E. 2008a. The growing body in action: What infant locomotion tells us about perceptually guided action. In *Embodiment, ego-space, and action,* ed. R. Klatzky, M. Behrmann, & B. MacWhinney, 275-321. Mahwah, NJ: Lawrence Erlbaum.

Adolph, K. E. 2008b. Learning to move. *Current Directions in Psychological Science* 17: 213-18.

Akhtar, N., & M. Tomasello. 1996. Twenty-four-month-old children learn words for absent objects and actions. *British Journal of Developmental Psychology* 14: 79-93.

Anderson, J. R. 2000. *Learning and memory*. New York: John Wiley.

Anderson, J. R., & L. J. Schooler. 1991. Reflections of the environment in memory. *Psychological Science* 2: 396-408.

Andre-Thomas & S. Autgaerden. 1966. *Locomotion from pre- to postnatal life*. Clinics in Developmental Medicine 24. London: William Heinemann.

Aronson, E., & S. Patnoe. 1997. *The jigsaw classroom: Building cooperation in the classroom*. New York: Longman.

Aslin, R. N., & L. B. Smith. 1988. Perceptual development. *Annual Review of Psychology* 39: 435-73.

Atkinson, R. C., & R. M. Schiffrin. 1968. Human memory: A proposed system and its control processes. In *The psychology of learning and motivation: Advances in research and theory*. Vol. 2, ed. K. W. Spence & J. T. Spence, 89-195. New York: Academic Press.

Baddeley, A. D. 1986. *Working memory*. New York: Oxford University Press.

Baddeley, A. D. 1992. Working memory. *Science* 255: 556-59.

Baddeley, A. D. 2000. The episodic buffer: A new component of working memory? *Trends in Cognitive Sciences* 4: 417-23.

Baddeley, A. D., S. Gathercole, & C. Papagno. 1998. The phonological loop as a

language learning device. *Psychological Review* 105: 158-73.
Baddeley, A. D., & G. J. Hitch. 1974. Working memory. In *The psychology of learning and motivation: Advances in research and theory*. Vol. 8, ed. G. H. Bower, 47-89. New York: Academic Press.
Baddeley, A. D., & K. Lieberman. 1980. Spatial working memory. In *Attention and performance*. Vol. 8, ed. R. S. Nickerson, 521-39, Hillsdale. NJ: Lawrence Erlbaum.
Baker, W. 2000. *Achieving success through social capital: Tapping the hidden resources in your personal and business networks*. San Francisco: Jossey-Bass.
Baldwin, D. A. 1993. Infants' ability to consult the speaker for clues to word reference. *Journal of Child Language* 20: 395-418.
Ball, K., D. B. Berch, K. F. Helmers, J. B. Jobe, M. D. Leveck, M. Marsiske, J. N. Morris, et al. 2002. Effects of cognitive training interventions with older adults: A randomized controlled trial. *Journal of the American Medical Association* 288: 2271-81.
Baltes, P. B., U. M. Staudinger, & U. Lindenberger. 1999. Lifespan psychology: Theory and application to intellectual functioning. *Annual Review of Psychology* 50: 471-507.
Barlow, M., & S. Kemmer, eds. 2000. *Usage-based models of language*. Stanford, CA: CSLI publications.
Baron-Cohen, S., A. M. Leslie, & U. Frith. 1985. Does the autistic child have a "theory of mind"? *Cognition* 21: 37-46.
Bates, E., V. Marchman, D. Thal, L. Fenson, P. Dale, J. S. Reznick, J. Reilly, & J. Hartung. 1994. Developmental and stylistic variation in the composition of early vocabulary. *Journal of Child Language* 21: 85-123.
Bateson, G. 1972. *Steps to an ecology of mind*. New York: Harper and Row. (佐藤良明 [訳] 1990.『精神の生態学』東京:思索社.)
Battro, A. M. 2001. *Half a brain is enough: The story of Nico*. Cambridge: Cambridge University Press. (河内十郎・河内薫 [訳] 2008.『半分の脳:少年ニコの認知発達とピアジェ理論』東京:医学書院.)
Becker, G. S. 1964. *Human capital: A theoretical and empirical analysis, with special reference to education*. New York: National Bureau of Economic Research.
Becker, H. S. 1972. School is a lousy place to learn anything in. In *Learning to work*, ed. B. Geer, 86-110. London: Sage.
Bereiter, C., & M. Scardamalia. 1989. Intentional learning as a goal of instruction. In *Knowing, learning, and instruction: Essays in honor of Robert Glaser*, ed. L. B. Resnick, 361-92. Hillsdale, NJ: Lawrence Erlbaum.
Berger, S. E., & K. E. Adolph. 2003. Infant use handrails as tools in a locomotor task. *Developmental Psychology* 39: 594-605.
Berlak, H., F. M. Newman, E. Adams, D. A. Archbold, T. Burgess, J. Raven, & T. A. Romberg. 1992. *Toward a new science of educational testing and assessment*. New

York: State University of New York Press.
Berlo, D. K. 1960. *The process of communication: An introduction to theory and practice*. New York: Holt, Rinehart and Winston.
Bertenthal, B. I., J. J. Campos, & K. C. Barrett. 1984. Self-produced locomotion: An organizer of emotional, cognitive, and social development in infancy. In *Continuities and discontinuities in development,* ed. R. N. Emde & R. J. Harmon, 175-210. New York: Plenum Press.
Bloom, L. 1973. *One word at a time: The use of single-word utterences before syntax*. The Hague: Mouton.
Bonwell, C. C., & J. A. Eison. 1991. Active learning: Creating excitement in the classroom. *ERIC Digest* (ERIC Clearinghouse on Higher Education, Washington, DC) ED340272.
http://www.ntlf.com/html/lib/bib/digests.htm
Bourdieu, P. 1980 *Le sens pratique*. Paris: Editions de Minuit. (今村仁司・港道隆 [訳] 2001.『実践感覚』新装版. 1-2巻. 東京：みすず書房.)
Braitenberg, V. 1986. *Vehicles: Experiments in synthetic psychology*. Cambridge, MA: MIT press.
Bransford, J. D., A. L. Brown, & R. R. Cocking, eds. 1999. *How people learn*. Washington, DC: National Academy Press. (森敏昭・秋田喜代美 [訳] 2002.『授業を変える：認知心理学のさらなる挑戦』京都：北大路書房.)
Bransford, J. D., & D. L. Schwartz. 1999. Rethinking transfer: A simple proposal with interesting implications. *Review of Research in Education* 24: 61-101.
Breazeal, C. L. 2002. *Designing Sociable Robots*. Cambridge, MA: MIT Press.
Brooks, L. R. 1968. Spatial and verbal components of the act of recall. *Canadian Journal of Psychology* 22: 349-68.
Brooks, R. A. 1986. A robust layered control system for a mobile robot. *IEEE Journal of Robotics and Automation* 2: 14-23.
Brown, A. L. 1992. Design experiments: Theoretical and methodological challenges in creating complex interventions in classroom settings. *Journal of the Learning Sciences* 2: 141-78.
Brown, A. L., & J. C. Campione. 1996. Psychological theory and the design of innovative learning environments: On procedures, principles, and systems. In *Innovations in learning: New environments for education*, ed. L. Shauble & R. Glaser, 289-325. Mahwah, NJ: Lawrence Erlbaum.
Brown, F. M. 1992. Does a cognitive map guide choices in the radial-arm maze? *Journal of Experimental Psychology: Animal Behavior Processes* 18: 56-66.
Brown, J. S., A. Collins, & P. Duguid, 1989. Situated cognition and the culture of learning. *Educational Researcher* 18: 32-42. An extended version appears in *BBN Research Report* 6886 (Cambridge, MA: Bolt Beranek and Newman, 1989), and *IRL Report,* no. 88-0008 (Palo Alto, CA: Institute for Research on Learning, 1989).

Bruner, J. S. 1981. The pragmatics of acquisition. In *The child's construction of language,* ed. W. Deutsch, 39-55. New York: Academic Press.

Bruner, J. S. 1983. *Child's talk: Learning to use language.* New York: W. W. Norton.

Bruner, J. S. 1996. *The culture of education.* Cambridge, MA: Harvard University Press. (岡本夏木・池上貴美子・岡村桂子 [訳] 2004. 『教育という文化』東京:岩波書店.)

Buck, G. [1967] 1989. *Lernen und Erfahrung: Epagogik. Zum Begriff der didaktischen Induktion.* Darmstadt: Wissenschaftliche Buchhandlung.

Campos, J. J., A. Langer, & A. Krowitz. 1970. Cardiac responses on the cliff in prelocomotor human infants. *Science* 170: 196-97.

Carey, S. 1982. Semantic development: The state of the art. In *Language acquisition: The state of the art,* ed. E. Wanner & L. R. Gleitman, 347-89. Cambridge: Cambridge University Press.

Carey, S., & E. Bartlett. 1978. Acquiring a single new word. *Papers & Reports on Child Language Development* 15: 17-29.

Carruthers, P., & P. K. Smith, eds. 1996. *Theories of theory of mind.* Cambridge: Cambridge University Press.

Carstensen, L. L. 2006. The influence of a sense of time on human development. *Science* 312: 1913-15.

Casler, K., & D. Keleman. 2005. Young children's rapid learning about artifacts. *Developmental Science* 8: 472-80.

Cheng, S. T. 2009. Generativity in later life: Perceived respect from younger generations as a determinant of goal disengagement and psychological well-being. *Journals of Gerontology*, series b, 64: 45-54.

Chism, N. V. N. 2006. Challenging traditional assumptions and rethinking learning spaces. In *Learning spaces,* ed. D. G. Oblinger, 2.1-2.12. Boulder, CO: EDUCAUSE. http://www.educause.edu/LearningSpaces

Chomsky, N. 1959. Review of Skinner's verbal behavior. *Language* 35: 26-58.

Chomsky, N. 1965. *Aspects of the theory of syntax.* Cambridge, MA: MIT Press. (安井稔 [訳] [1970] 1997. 『文法理論の諸相』東京:研究社.)

Clark, E. V., & T. A. Svaib. 1997. Speaker perspective and reference in young children. *First Language* 17: 57-74.

Cohen, N. J., H. Eichenbaum, B. S. Deacedo, & S. Corkin. 1985. Different memory systems underlying acquisition of procedural and declarative knowledge. *Annals of the New York Academy of Sciences* 444: 54-71.

Cole, M. 1996. *Cultural psychology: A once and future discipline.* Cambridge, MA: Harvard University Press. (天野清 [訳] 2002. 『文化心理学:発達・認知・活動への文化-歴史的アプローチ』東京:新曜社.)

Cole, M., & S. Scribner. 1974. *Culture and thought: A psychological instruction.* New York: John Wiley.

Collins, A. 2006. Cognitive apprenticeship. In *The Cambridge handbook of the learning sciences,* ed. R. K. Sawyer, 47–60. New York: Cambridge University Press.

Coy, M. 1989. *Apprenticeship: From theory to method and back again.* Albany: State University of New York Press.

Crimmins, E. M., & Y. Saito. 2001. Trends in healthy life expectancy in the United States, 1970–1990: Gender, racial, and educational differences. *Social science & medicine* 52: 1629–41.

Côté, J. E. 1996. Sociological perspectives on identity formation: The culture-identity link and identity capital. *Journal of Adolescence* 19: 417–28.

Côté, J. E., & C. G. Levine. 2002. *Identity formation, agency, and culture: A social psychological synthesis.* Mahwah, NJ: Lawrence Erlbaum.

Daneman, M., & P. A. Carpenter. 1980. Individual differences in working memory and reading. *Journal of Verbal Learning and Verbal Behavior* 19: 450–66.

Daneman, M., & P. M. Merikle. 1996. Working memory and language comprehension: A meta-analysis. *Psychonomic Bulletin & Review* 3: 422–33.

Davis, E., & N. Miyake, eds. 2004. Scaffolding. Special issue, *Journal of the Learning Sciences* 13: 265–451.

Deacon, T. 1997. *The symbolic species: The co-evolution of language and the brain.* New York: W. W. Norton. (金子隆芳［訳］1999.『ヒトはいかにして人となったか：言語と脳の共進化』東京：新曜社.)

Dewey, J. 1933. *How we think.* New York: Heath. (植田清次［訳］1950.『思考の方法』東京：春秋社.)

Dewey, J. 1972. The reflex arc concept in psychology. In *The early works, 1892–1898.* Vol. 5, *1895–1898: Early essays,* ed. J. A. Boydston, 96–109. Carbondale and Edwardsville, IL: Southern Illinois University Press.

Dewey, J. 1987. *Art as experience.* In *The later works, 1925–1953.* Vol. 10, *1934,* ed. J. A. Boydston, 1–456. Carbondale and Edwardsville, IL: Southern Illinois University Press. (鈴木康司［訳］1969.『経験としての芸術』東京：春秋社.)

Di Pellegrino, G., L. Fadiga, L. Fogassi, V. Gallese, & G. Rizzolatti. 1992. Understanding motor events: A neuropsychologic study. *Experimental Brain Research* 91: 176–80.

Dori, Y. J., & J. Belcher. 2003. Effect of visualizations and active learning on students' understanding of electromagnetism concepts. Paper presented at the Annual Meeting of the National Association for Research in Science Teaching (NARST), Philadelphia.

Edelman, G. M., & V. B. Mountcastle, eds. 1978. *The mindful brain: Cortical organization and the group-selective theory of higher brain function.* Cambridge, MA: MIT Press.

El'konin, D. B. 1978. *Psikhologija igry* [The psychology of play]. Moscow: Pedagogika.

Ellis, N. C., & R. A. Hennelly. 1980. A bilingual word-length effect: Implication for intelligence testing and relative ease of mental calculation in Welsh and English. *British Journal of Psychology* 71: 43-51.

Elman, J., E. Bates, M. Johnson, A. Karmiloff-Smith, D. Parisi, & K. Plunkett. 1996. *Rethinking innateness: A connectionist perspective on development.* Cambridge: Cambridge University Press.（乾敏郎・今井むつみ・山下博志［訳］1998.『認知発達と生得性：心はどこから来るのか』東京：共立出版.）

Enard, W., M. Przeworski, S. E. Fisher, C. S. L. Lai, V. Wiebe, T. Kitano, A. P. Monaco, & S. Pääbo. 2002. Molecular evolution of *FOXP2*, a gene involved in speech and language, *Nature* 418: 869-72.

Engeström, Y. 1986. *Learning by expanding: An activity-theoretical approach to developmental research.* Helsinki: Orienta-Konsultit Oy.（山住勝広・百合草禎二・庄井良信・松下佳代・保坂裕子・手取義宏・高橋登［訳］1999.『拡張による学習：活動理論からのアプローチ』東京：新曜社.）

Engeström, Y. 2005. *From teams to knots: Activity-theoretical studies of collaboration and learning at work.* New York: Cambridge University Press.

Engle, R. W., S. W. Tuholski, J. E. Laughlin, & A. R. A. Conway. 1999. Working memory, short-term memory, and general fluid intelligence: A latent-variable approach. *Journal of Experimental Psychology* 128: 309-31.

Ennis, R. H. 1987. A taxonomy of critical thinking dispositions and abilities. In *Teaching thinking skills*, ed. J. B. Baron & R. J. Sternberg, 9-26. New York: Freeman.

Ericsson, K. A., ed. 1996. *The road to excellence: The acquisition of expert performance in the arts and sciences.* Mahwah, NJ: Lawrence Erlbaum.

Ericsson, K. A., R. T. Krampe, & C. Tesch-Römer. 1993. The role of deliberate practice in the acquisition of expert performance. *Psychological Review* 100: 363-406.

Erikson, E. H. 1959. *Identity and the life cycle.* New York: W. W. Norton.

Floreano, D., & S. Nolfi. 2000. *Evolutionary robotics: The biology, technology, and intelligence of self-organizing machines.* Cambridge, MA: MIT press.

Fortes, M. 1970. Social and psychological aspects of education in Taleland. In *From child to adult: Studies in the anthropology of education*, ed. J. Middleton, 14-74. Austin: University of Texas Press.

Freedman, V. A., H. Aykan, & L. G. Martin. 2002. Another look at aggregate changes in severe cognitive impairment further investigation into the cumulative effects of three survey design issues. *Journals of Gerontology*, series b, 57: 126-31.

Gallese, V. 2005. "Being like me": Self-other identity, mirror neurons, and empathy. In *Perspectives on imitation: From neuroscience to social science.* Vol. 1, *Mechanisms of imitation and imitation in animals*, ed. S. Hurley & N. Chater, 101-18. Cambridge, MA: MIT Press.

Gallese, V. 2007. Before and below "theory of mind": Embodied simulation and the neural correlates of social cognition. *Philosophical Transactions of the Royal*

*Society* B362: 659-69.
Gardner, H. [1983] 2004. *Frames of mind: The theory of multiple intelligences.* 20th-anniversary edition. New York: Basic Books.
Gardner, H. 1999. *Intelligence reframed: Multiple intelligences for the 21st century.* New York: Basic Books. (松村暢隆［訳］2001.『MI：個性を生かす多重知能の理論』東京：新曜社.)
Gentner, D. 1982. Why nouns are learned before verbs: Linguistic relativity versus natural partitioning. In *Language development.* Vol. 2, *Language, thought, and culture,* ed. S. A. Kuczaj, 304-34. Hillsdale, NJ: Lawrence Erlbaum.
Gentner, D. 1983. Structure mapping: A theoretical framework for analogy. *Cognitive Science* 7: 155-70.
Gergely, G., H. Bekkering, & I. Király. 2002. Rational imitation in preverbal infants. *Nature* 415: 755.
Gergely, G., & G. Csibra. 2005. The social construction of the cultural mind: Imitative learning as a mechanism of human pedagogy. *Interaction Studies* 6: 463-81.
Gergely, G., & G. Csibra. 2006. Sylvia's recipe: The role of imitation and pedagogy in the transmission of cultural knowledge. In *Roots of human sociality: Culture, cognition, and human interaction,* ed. N. J. Enfield & S. C. Levinson, 229-55. Oxford: Berg.
Gergely, G., K. Egyed, & I. Király. 2007. On pedagogy. *Developmental Science* 10: 139-46.
Geschwind, N., & A. M. Galaburda. 1987. *Cerebral lateralization: Biological mechanisms, associations, and pathology.* Cambridge, MA: MIT Press. (品川嘉也［訳］1990.『右脳と左脳：天才はなぜ男に多いか』東京：東京化学同人.)
Gibbs, R. 1993. *The poetics of mind: Figurative thought, language, and understanding.* Cambridge: Cambridge University Press. (辻幸夫・井上逸兵［訳］2008.『比喩と認知：心とことばの認知科学』東京：研究社.)
Gibson, E. J. 1969. *Principles of perceptual learning and development.* Englewood Cliffs, NJ: Prentice-Hall.
Gibson, E. J. 1987. Introductory essay: What does infant perception tell us about theories of perception? *Journal of Experimental Psychology: Human Perception and Performance* 13: 515-23.
Gibson, E. J. 1988. Exploratory behavior in the development of perceiving, acting, and the acquiring of knowledge. *Annual Review of Psychology* 39: 1-41.
Gibson, E. J. 1991. *An odyssey in learning and perception.* Cambridge, MA: MIT Press.
Gibson, E. J. 1994. Has psychology a future? *Psychological Science* 5: 69-76. (本多啓［訳］「心理学に未来はあるか」『生態心理学の構想』佐々木正人・三嶋博之［編］, 41-63. 東京：東京大学出版会.)
Gibson, E. J. 1997. An ecological psychologist's prolegomena for perceptual development: A functional approach. In *Evolving explanations of development: Ecological*

*approaches organism-environmental systems,* ed. C. Dent-Read & P. Zukow-Goldring, 23-45. Washington, DC: American Psychological Association. (堀口裕美 [訳] 2000.「知覚の発達のための生態心理学者のプロレゴメナ：機能的アプローチ」『現代思想』28 (5)：128-41.)

Gibson, E. J. 2002. *Perceiving the affordances: A portrait of two psychologists.* Mahwah, NJ: Lawrence Erlbaum. (佐々木正人・高橋綾 [訳] 2006.『アフォーダンスの発見：ジェームズ・ギブソンとともに』東京：岩波書店.)

Gibson, E. J., & K. E. Adolph. 1992. The perceived self in infancy. *Psychological Inquiry* 3: 119-21.

Gibson, E. J., & M. A. Schmuckler. 1989. Going somewhere: An ecological and experimental approach to development of mobility. *Ecological Psychology* 1: 3-25.

Gibson, E. J., & R. D. Walk. 1960. The "visual cliff." *Scientific American* 202 (4): 64-71.

Gibson, J. J. 1950. *The perception of the visual world.* Boston, MA: Houghton Mifflin.

Gibson, J. J. 1966. *Senses considered as perceptual systems.* Boston, MA: Houghton Mifflin.

Gibson, J. J. [1979] 1986. *The ecological approach to visual perception.* Hillsdale, NJ: Lawrence Erlbaum. (古崎敬・古崎愛子・辻敬一郎・村瀬旻 [訳] 1985.『生態学的視覚論：ヒトの知覚世界を探る』東京：サイエンス社.)

Gibson, J. J., & E. J. Gibson. 1955. Perceptual learning: Differentiation or enrichment? *Psychological Review* 62: 32-41.

Gipps, C. V. 1994. *Beyond testing: Toward a theory of euducational assessment.* London: Falmer Press. (鈴木秀幸 [訳] 2001.『新しい評価を求めて：テスト教育の終焉』東京：論創社.)

Goody, E. N., ed. 1982. *From craft to industry: The ethnography of proto-industrial cloth production.* Cambridge: Cambridge University Press.

Gottlieb, G. 1992. *Individual development and evolution: The genesis of novel behavior.* New York: Oxford University Press.

Greenfield, P. M., & J. S. Bruner. 1966. Culture and cognitive growth. *International Journal of Psychology* 1: 89-107.

Gutstein, S. E. 2000. *Autism/Aspergers: Solving the relationship puzzle.* Arlington, TX: Future Horizons. (足立佳美・坂本輝世 [訳] 2006.『RDI「対人関係発達指導法」：対人関係のパズルを解く発達支援プログラム』京都：クリエイツかもがわ.)

Haertel, E. H. 1999. Performance assessment and education reform. *Phi Delta Kappan* 80: 662-66.

Haggard, P. 2005. Conscious intention and motor cognition. *Trends in Cognitive Sciences* 9: 290-95.

Hall, D. T. 2002. *Career in and out of organization.* Thousand Oaks, CA: Sage.

Hamann, S. 2001. Cognitive and neural mechanisms of emotional memory. *Trends in Cognitive Sciences* 5: 394-400.

Hanna, E., & A. N. Meltzoff. 1993. Peer-imitation by toddlers in laboratory, home, and day-care contexts: Implications for social learning and memory. *Developmental Psychology* 29: 701-10.

Harlow, H. F. 1949. The formation of learning sets. *Psychological Review* 56: 51-65.

Harmon, M., T. A. Smith, M. O. Martin, D. L. Kelly, A. E. Beaton, I. V. S. Mullis, E. J. Gonzalez, & G. Orpwood. 1997. *Performance assessment in IEA's Third International Mathematics and Science Study (TIMSS)*. Chestnut Hill, MA: Center for the Study of Testing, Evaluation, and Educational Policy, Boston College.

Hastie, R. 1986. Review essay: Experimental evidence on group accuracy. In *Decision research*. Vol. 1, *Information pooling and group decision making: Proceedings of the second University of California, Irvine, conference on political economy*, ed. B. Grofman & G. Owen, 129-57. Greenwich, CT: JAI Press.

Hatano, G., & K. Inagaki. 1991. Sharing cognition through collective comprehension activity. In *Perspectives on socially shared cognition*, ed. L. Resnick, J. Levin, & S. D. Teasley, 331-48. Washington, DC: American Psychological Association.

Hauser, M., N. Chomsky, & W. T. Fitch. 2002. Faculty of language: What is it, who has it, and how did it evolve? *Science* 298: 1569-79.

Havighurst, R. J. 1973. *Developmental tasks and education*. 3rd. ed. New York: Longman.（児玉憲典・飯塚裕子［訳］2004.『ハヴィガーストの発達課題と教育：生涯発達と人間形成』新装版. 東京：川島書店.）

Henriot, J. 1973. *Le jeu*. Paris: Presses Universitaires de France.（佐藤信夫［訳］1974.『遊び：遊ぶ主体の現象学へ』東京：白水社.）

Higgins, M. C., & K. E. Kram. 2001. Reconceptualizing mentoring at work: A developmental network perspective. *Academy of Management Review* 26: 264-88.

Higgins, M. C., & D. Thomas. 2001. Constellations and careers: Toward understanding the effects of multiple developmental relationships. *Journal of Organizational Behavior* 22: 223-47.

Hill, L. 1957. A second quarter century of delayed recall or relearning at 80. *Journal of Educational Psychology* 48: 65-68.

Hobson, P. 2004. *The cradle of thought: Exploring the origins of thinking*. New York: Oxford University Press.

Holland, J. H., K. J. Holyoak, R. E. Nisbett, & P. R. Thagard 1986. *Induction: Processes of inference, learning, and discovery*. Cambridge, MA: MIT Press.（市川伸一ほか［訳］1991.『インダクション：推論・学習・発見の統合理論へ向けて』東京：新曜社.）

Holyoak, K. J., & P. R. Thagard. 1995. *Mental leaps: Analogy in creative thought*. Cambridge: MIT Press.（鈴木宏昭・川原哲雄［訳］1998.『アナロジーの力：認知科学の新しい探求』東京：新曜社.）

Hopfield, J. J. 1982. Neural networks and physical systems with emergent collective computational abilities. *Proceedings of the National Academy of Sciences of the United States of America* 79: 2554-8.

Hutchins, E. 1990. *Cognition in the wild*. Cambridge, MA: MIT Press.

Iizuka, H., & T. Ikegami. 2004. Simulated autonomous coupling in discrimination of light frequencies. *Connection Science* 17: 283-99.

Iizuka, H., & T. Ikegami. 2005. Emergence of body image and the dichotomy of sensory and motor activity. *Proceedings of the Symposium on Next Generation Approaches to Machine Consciousness* (Hatfield, UK): 104-9.

Ikegami, T. 2000. Generalization and spatio-temporal perception in dynamical recognizers. 京都大学基礎物理学研究所研究会（認知科学の数理的基礎づけにむけて）発表論文, 京都.

Ikegami, T., & G. Morimoto. 2003. Chaotic itinerancy in coupled dynamical recognizers. *Chaos: An Interdisciplinary Journal of Nonlinear Science* 13: 1133-47.

Ikegami, T., & M. Taiji. 1998. Structures of possible worlds in a game of players with internal models. *Acta Polytechnica Scandinavica* Ma 91: 283-92.

Ikegami, T., & J. Zlatev. 2007. From pre-representational cognition to language. In *Body, language and mind*. Vol. 1, *Embodiment*, ed. T. Ziemke, J. Zlatev, & R. M. Frank, 197-240. Berlin: Mouton de Gruyter.

Jerison, H. J. 1973. *Evolution of the brain and intelligence*. New York: Academic Press.

Jones, B. F., C. M. Rasmussen, & M. C. Moffitt. 1997. *Real-life problem solving: A collaborative approach to interdisciplinary learning*. Washington, DC: American Psychological Association.

Just, M. A., & P. A. Carpenter. 1992. A capacity theory of comprehension: Individual differences in working memory. *Psychological Review* 99: 122-49.

Kagan, J. 1965. Impulsive and reflective children: Significance of conceptual tempo. In *Learning and the educational process,* ed. J. Krumboltz, 133-61. Chicago, IL: Rand McNally.

Kali, Y., M. C. Linn, & J. E. Roseman, eds. 2008. *Designing coherent science education: Implications for curriculum, instruction, and policy*. New York: Teachers College Press.

Kanner, L. 1943. Autistic disturbances of affective contact. *Nervous Child* 2: 217-50.

Kant, I. 1968. Über eine Entdeckung, nach der alle neue Kritik der reinen Vernunft durch eine ältere entbehrlich gemacht werden soll, 1790. In *Kants Werke*. Bd. 8, *Abhandlungen nach 1781*. Akademie-Textausgabe. 185-252. Berlin: Walter de Gruyter.

Karmiloff-Smith, A. 1992. Beyond modularity: A developmental perspective on cognitive science. Cambridge, MA: MIT Press.（小島康次・小林好和［訳］1997.『人間発達の認知科学：精神のモジュール性を超えて』京都：ミネルヴァ書房.）

Karmiloff-Smith, A. 1998. Development itself is the key to understanding developmental disorders. *Trends in Cognitive Sciences* 2: 389-98.

Karmiloff-Smith, A. 2004. Bates's emergentist theory and its relevance to understanding genotype/phenotype relations. In *Beyond nature-nurture: Essays in honor of Elizabeth Bates,* ed. M. Tomasello & D. Slobin, 219-36. Mahwah, NJ: Lawrence

Erlbaum.

Kashiwagi, T., A. Kashiwagi, Y. Kunimori, A. Yamadori, H. Tanabe, & J. Okuda. 1994. Preserved capacity to copy drawings in severe aphasics with little premorbid experience. *Aphasiology* 8: 427-42.

Kauffman, S. A. 1969. Metabolic stability and epigenesis in randomly constructed genetic nets. *Journal of Theoretical Biology* 22: 437-67.

Kawai, N., & T. Matsuzawa. 2000. Numerical memory span in a chimpanzee. *Nature* 403: 38-40.

Keller, E. F. 1984. *A feeling for the organism: The life and work of Barbara McClintock*. New York: Henry Holt. (石館三枝子・石館康平 [訳] 1987. 『動く遺伝子：トウモロコシとノーベル賞』東京：晶文社.)

Király, I. G., G. Csibra, & G. Gergely. 2004. The role of communicative referential cues in observational learning during the second year. Poster presented at the 14th Biennial International Conference on Infant Studies, Chicago.

Knowledge Forum. http://www.knowledgeforum.com/

Kobayashi, H. 1997. The role of actions in making inferences about the shape and material of solid objects among Japanese 2-year-old children. *Cognition* 63: 251-69.

Koch, L. 2003. Zur Theorie der Lernanfänge (Comenius). *Vierteljahresschrift für wissenschaftliche Pädagogik* 79: 462-72.

Koegel, R. L., A. Bimbela, & L. Schreibman. 1996. Collateral effects of parent training on family interactions. *Journal of Autism and Developmental Disorders* 26: 347-59.

Kolb, D. A. 1984. *Experiential learning: Experience as the source of learning and development*. Englewood Cliffs, NJ: Prentice Hall.

Koschmann, T., ed. 1996. *CSCL: Theory and practice of an emerging paradigm*. Mahwah, NJ: Lawrence Erlbaum.

Koschmann, T., R. Hall, & N. Miyake, eds. 2002. *CSCL2: Carrying forward the conversation*. Mahwah, NJ: Lawrence Erlbaum.

Kram, K. E. 1988. *Mentoring at work: Development relationships in organizational life*. Lanham, MD: University Press of America.

Kunzmann, U., & P. B. Baltes. 2005. The psychology of wisdom: Theoretical and empirical challenges. In *Handbook of wisdom: Psychological perspectives,* ed. R. J. Sternberg & J. Jordan, 110-35. New York: Cambridge University Press.

Lai, C. S. L., S. E. Fisher, J. A. Hurst, F. Vargha-Khadem, & A. P. Monaco. 2001. A forkhead-domain gene is mutated in a severe speech and language disorder. *Nature* 413: 519-23.

Lakoff, G. 1987. *Women, fire, and dangerous things: What categories reveal about the mind*. Chicago, IL: University of Chicago Press. (池上嘉彦・河上誓作・辻幸夫・西村義樹・坪井栄治郎・梅原大輔・大森文子・岡田禎之 [訳] 1993. 『認知意味論：言語からみた人間のこころ』東京：紀伊国屋書店.)

Lakoff, G., & M. Johnson. 1980. *Metaphors we live by*. Chicago, IL: University of Chicago Press. (渡部昇一・楠瀬淳三・下谷和幸 [訳] 1986.『レトリックと人生』東京：大修館書店.)

Langacker, R. W. 1987. *Foundations of cognitive grammar*. Vol. 1, *Theoretical prerequisites*. Stanford, CA: Stanford University Press.

Langacker, R. W. 1991 *Foundations of cognitive grammar*. Vol. 2, *Descriptive application*. Stanford, CA: Stanford University Press.

Langacker, R. W. 2000. A dynamic usage-based model. In *Usage-based models of language,* ed. M. Barlow & S. Kemmer, 1-63. Stanford, CA: CSLI Publications. (坪井栄治郎 [訳] 2000.「動的使用依拠モデル」『認知言語学の発展』坂原茂（編), 61-143. 東京：ひつじ書房.)

Latour, B., & S. Woolgar. 1979. *Laboratory life: The social construction of scientific facts*. Beverly Hills, CA: Sage.

Lave, J. 2000. The learning & critique network. Lecture, Connecting Learning & Critique Conference, The University of Manchester Institute of Science and Technology (UMIST), Manchester, November.

Lave, J., & E. Wenger. 1991. *Situated learning: Legitimate peripheral participation*. Cambridge: Cambridge University Press. (佐伯胖 [訳] 1993.『状況に埋め込まれた学習：正統的周辺参加』東京：産業図書.)

Lewin, K. 1939. Field theory and experiment in social psychology: Concepts and methods. *American Journal of Sociology* 44: 868-96.

Liberman, P. 2000. *Human language and our reptilian brain: The subcortical bases of speech, syntax, and thought*. Cambridge, MA: Harvard University Press.

Linn, M. C., & S. Hsi. 2000. *Computers, teachers, peers: Science learning partners*. Mahwah, NJ: Lawrence Erlbaum.

Logie, R. H. 1995. *Visuo-spatial working memory*. Hove: Lawrence Erlbaum.

Logie, R. H. 2003. Spatial and visual working memory: A mental workspace. In *Cognitive vision: Psychology of learning and motivation.* Vol. 42, *Advances in research and theory,* ed. D. E. Irwin & B. H. Ross, 37-78. San Diego, CA: Academic Press

Logie, R. H., & C. Marchetti. 1991. Visuo-spatial working memory: Visual, spatial or central executive? In *Mental images in human cognition,* ed. R. H. Logie & M. Denis, 105-15. Amsterdam: North Holland Press.

Lorenz, K. 1943. Die angeborenen Formen möglicher Erfahrung. *Zeitshrift für Tierpsychology* 5: 235-409.

Luo, L., & F. I. Craik. 2008. Aging and memory: A cognitive approach. *Canadian Journal of Psychiatry* 53: 346-53.

Luo, Y., & R. Baillargeon. 2007. Do 12.5-month-old infants consider what objects others can see when interpreting their actions? *Cognition* 105: 489-512

Luria, A. R. 1974 *Cognitive development: Its cultural and social foundations*. Cambridge, MA: Harvard University Press.（森岡修一［訳］1976.『認識の史的発達』東京：明治図書.）

Maier, N. R. F. 1931. Reasoning in humans. Pt. 2, The solution of a problem and its appearance in consciousness. *Journal of Comparative Psychology* 12: 181-94.

Manton, K., E. Stallard, & L. Corder. 1997. Education-specific estimates of life expectancy and age-specific disability in the US elderly population, 1982 to 1991. *Journal of Aging and Health* 9: 419.

Marcus, G. F., & S. E. Fisher. 2003. FOXP2 in focus: What can genes tell us about speech and language? *Trends in Cognitive Sciences* 7: 257-62.

Markman, E. 1989. *Categorization and naming in children: Problems of induction*. Cambridge, MA: MIT Press.

Martinet, A. 1960. *Eléments de linguistiuque general*. Paris: Colin.（三宅徳嘉［訳］1972.『一般言語学要理』東京：岩波書店.）

McCarthy, J., & P. J. Hayes. 1969. Some philosophical problems from the standpoint of artificial intelligence. *Machine Intelligence* 4: 463-502.（三浦謙［訳］1990.『人工知能になぜ哲学が必要か：フレーム問題の発端と展開』東京：哲学書房.）

McGuigan, N., A. Whiten, E. Flynn, & V. Horner. 2007. Imitation of causally opaque versus causally transparent tool use by 3- and 5-year-old children. *Cognitive Development* 22: 353-64.

Mechsner, F., D. Kerzel, G. Knoblich, & W. Prinz. 2001. Perceptual basis of bimanual coordination. *Nature* 414: 69-73.

Meltzoff, A. N. 1988. Infant imitation after a 1-week delay: Long-term memory for novel acts and multiple stimuli. *Developmental Psychology* 24: 470-76.

Meltzoff, A. N. 1995. Understanding the intentions of others: Re-enactment of intended acts by 18-month-old children. *Developmental Psychology* 31: 838-38.

Meltzoff, A. N., & M. K. Moore. 1979. Imitation of facial and manual gestures by human neonates. *Science* 198: 75-77.

Meltzoff, A. N., & M. K. Moore. 1989. Imitation in newborn infants: Exploring the range of gestures imitated and the underlying mechanisms. *Developmental Psychology* 25: 954-62.

Meltzoff, A. N., & M. K. Moore. 1999. Persons and representation: Why infant imitation is important for theories of human development. In *Imitation in infancy,* ed. J. Nadel & G. Butterworth, 9-35. Cambridge: Cambridge University Press.

Merleau-Ponty, M. 1945. *Phénoménologie de la perception*. Paris: N. R. F.（竹内芳郎・小木真孝・木田元・宮本忠雄［訳］1967-1974.『知覚の現象学』1-2. 東京：みすず書房.）

Merriam, S. B., & R. S. Caffarella. 1999. *Learning in adulthood: A comprehensive guide*. San Francisco, CA: Jossey-Bass.（立田慶祐, 三輪建二［訳］2005.『成人期の学習：理論と実践』東京：鳳書房.）

Meyer-Drawe, K. 2005. Anfänge des Lernens. *Zeitschrift für Pädagogik* 49. Beiheft: 24-37.

Miller, G. A. 1956. The magical number seven, plus or minus two: Some limits on our capacity for processing information. *Psychological Review* 63: 81–97.

Miller, J. D. 1983. Scientific literacy: A conceptual and empirical review. *Daedalus* 112 (2): 29–48.

Miyake, N. 1986. Constructive interaction and the iterative processes of understanding. *Cognitive Science* 10: 151–77.（三宅なほみ［訳］1985.「理解におけるインタラクションとは何か」『理解とは何か』（認知科学選書4）, 佐伯胖［編］, 69–98. 東京：東京大学出版会.）

Miyake, N. 2005a. How can Asian educational psychologists contribute to the advancement of learning sciences? Invited talk, the meeting of the Korean Society of Educational Psychology 2005 International Conference, Seoul, Korea.

Miyake, N. 2005b. Multifaceted outcome of collaborative learning: Call for divergent evaluation. Paper presented at the meeting of the 13th International Conference on Computers in Education (ICCE 2005), Singapore.

Miyake, N. 2007. Computer supported collaborative learning. In *The Sage handbook of e-learning research,* ed. R. Andrews & C. Haythornthwaite, 248–65. London: Sage.

Miyake, N., & R. Pea. 2007. Redefining learning goals of very long-term learning across different fields of activity. *Proceedings of CSCL-2007 (Computer-Supported Collaborative Learning)*: 26–35.

Miyake, N., & H. Shirouzu. 2002. Learning by collaborating revisited: Individualistic vs. convergent understanding. *Proceedings of the 24th Annual Conference of the Cognitive Science Society*: 1039.

Miyake, N., & H. Shirouzu. 2006. A collaborative approach to teaching cognitive science to undergraduates: The learning sciences as a means to study and enhance college student learning. *Psychologia* 49: 101–13.

Miyake, N., H. Shirouzu, & Chukyo Learning Science Group. 2005. The dynamic jigsaw: Repeated explanation support for collaborative learning of cognitive science. Paper presented at the meeting of the 27th annual meeting of the Cognitive Science Society, Stresa, Italy.

Morimoto, G., & T. Ikegami. 2004. Evolution of plastic sensory-motor coupling and dynamic categorization. In *Artificial life IX: Proceeding of the 9th international conference on the simulation and synthesis of living systems*, ed. J. Pollack, M. A. Bedau, P. Husbands, T. Ikegami, & R. Watson, 188–93. Cambridge, MA: MIT press.

Morris, D. 1994. Bodytalk: A world guide to gestures. London: Jonathan Cape.（東山安子［訳］1999.『ボディートーク』東京：三省堂.）

Muenzinger, K. F. 1938. Vicarious trial and error at a point of choice. Pt. 1, A general survey of its realization to learning efficiency. *Journal of General Psychology* 53: 75–86.

Myowa, M. 1996. Imitation of facial gestures by an infant chimpanzee. *Primates* 37: 207

-13.

Myowa-Yamakoshi, M., & T. Matsuzawa. 2000. Imitation of intentional manipulatory actions in chimpanzees (*Pan troglodytes*). *Journal of Comparative Psychology* 114: 381-94.

Nadel, J., C. Guérini, A. Pezé, & C. Rivet. 1999. The evolving nature of imitation as a format for communication. In *Imitation in infancy*, ed. J. Nadel & G. Butterworth, 209-33. Cambridge: Cambridge University Press.

Noddings, N. 1986. *Caring: A feminine approach to ethics and moral education*. Berkeley: University of California Press.（立山善康・清水重樹・新茂之・林泰成・宮崎宏志［訳］1997.『ケアリング：倫理と道徳の教育；女性の観点から』京都：晃洋書房.）

Noddings, N. 1995. *Philosophy of education*. Boulder, CO: Westview Press.

Noddings, N. 2002. *Starting at home: Caring and social policy*. Berkeley: University of California Press.

Oppenheim, R. W. 1981. Ontogenetic adaptations and retrogressive processes in the development of the nervous system and behaviors: A neuroembryological perspective. In *Maturation and development: Biological and psychological perspectives*, ed. K. Connolly & H. F. R. Prechtl, 73-109. London: William Heinemann.

Orr, J. E. 1996. *Talking about machines: An ethnography of a modern job*. Ithaca, NY: Cornell University Press.

Osaka, M., & N. Osaka. 1992. Language-independent working memory as measured by Japanese and English reading span test. *Bulletin of the Psychonomic Society* 30: 287-89.

Osaka, M., N. Osaka, & R. Groner. 1993. Language-independent working memory: Evidence from German and French reading span tests. *Bulletin of the Psychonomic Society* 31: 117-18.

Osaka, N., R. Logie, & M. D'Esposito. 2007. *Cognitive neuroscience of working memory*. Oxford: Oxford University Press.

Osgood, C. E., G. J. Suci, & P. H. Tannenbaum. 1957. *The measurement of meaning*. Urbana: University of Illinois Press.

Oudeyer, P.-Y., & F. Kaplan. 2007. What is intrinsic motivation?: A typology of computational approaches. *Frontiers in Neurorobotics* 1 (6): 1-14.

Papini, M. R. 2002. *Comparative psychology: Evolution and development of behavior*. Upper Saddle River, NJ: Prentice Hall.（比較心理学研究会［訳］2004.『パピーニの比較心理学：行動の進化と発達』京都：北大路書房.）

Parker, E. S., L. Cahill, & J. L. McGaugh. 2006. A case of unusual autobiographical remembering. *Neurocase* 12: 35-49.

Peiper, A. 1963. *Cerebral function in infancy and childhood*. New York: Consultants Bureau.

Perfetti, C. A., & S. R. Goldman. 1976. Discourse memory and reading comprehension

skill. *Journal of Verbal Learning and Verbal Behavior* 14: 33-42.
Perner, J., U. Frith, A. M. Leslie, & S. R. Leekam. 1989. Exploration of the autistic child's theory of mind: Knowledge, belief, and communication. *Child development* 60: 688-700.
Peterson, L. R., & M. J. Peterson. 1959. Short-term retention of individual verbal items. *Journal of Experimental Psychology* 58: 193-98.
Piaget, J. 1945. *La formation du symbole chez l'enfant*. Paris: Delachaux et Niestlé.
Pinker, S. 1994. *The language instinct: How the mind creates language*. New York: Morrow. (椋田直子［訳］1995.『言語を生み出す本能』上・下. 東京：日本放送協会出版.)
Pinker, S. 2001. Talk of genetics and vice-versa. *Nature* 413: 465-66.
Polanyi, M. 1958. *Personal knowledge: Towards a post-critical philosophy*. London: Routledge & Kegan Paul. (長尾史郎［訳］1985.『個人的知識：脱批判哲学を目指して』東京：ハーベスト社.)
Polanyi, M. 1966. *The tacit dimension*. London: Routledge & Kegan Paul. (佐藤敬三［訳］1980.『暗黙知の次元』東京：紀伊國屋書店.)
Pollak, T. A., C. M. Mulvenna, & M. F. Lythgoe. 2007. De novo artistic behavior following brain injury. In *Neurological disorders in famous artists*. Pt. 2, ed. J. Bogousslavsky & M. G. Hennerici, 75-88. Basel: Karger.
Poon, L. W. 1987. Learning. In *The encyclopedia of aging,* ed. G. L. Maddox, 380-81. New York: Springer. (エイジング大事典刊行委員会［訳］1997.「学習」『エイジング大事典』新装版, 57-58. 東京：早稲田大学出版部.)
Potter, G. G., M. J. Helms, & B. L. Plassman. 2008. Associations of job demands and intelligence with cognitive performance among men in late life. Pt. 2. *Neurology* 70: 1803-8.
Premack, D., & G. Woodruff. 1978. Does the chimpanzee have a theory of mind? *Behavioral and Brain Sciences* 4: 525-26.
Prensky, M. 2006. *Don't bother me mom—I'm learning!: How computer and video games are preparing your kids for twenty-first century success—and how you can help!* St. Paul, MN: Paragon house. (藤本 徹［訳］2007.『テレビゲーム教育論：ママ！ ジャマしないでよ勉強してるんだから』東京：東京電機大学出版局.)
Prizant, B. M., A. M. Wetherby, E. Rubin, A. C. Laurent, & P. J. Rydell. 2006. *The SCERTS model: A comprehensive educational approach for children with autism spectrum disorders*. 2 vols. Baltimore, MD: Brookes.
Quine, W. V. O. 1960. *Word and object*. Cambridge: Cambridge University Press. (大出晃・宮舘恵［訳］1984.『ことばと対象』東京：勁草書房.)
Quinn, J. G., & J. McConnell. 1996. Irrelevant pictures in visual working memory. *Quarterly Journal of Experimental Psychology*, section A, 49: 200-215.
Reed, E. S. 1988. *James J. Gibson and the psychology of perception*. New Haven, CT: Yale University Press. (佐々木正人・柴田崇・高橋綾［訳］2006.『伝記 ジェーム

ズ・ギブソン：知覚理論の革命』東京：勁草書房.)
Resnick, D. P., & L. B. Resnick. 1996. Performance assessment and the multiple functions of educational measurement. In *Implementing performance assessment: Promises, problems, and challenges,* ed. M. B. Kane & R. Mitchell, 23-38. Mahwah, NJ: Lawrence Erlbaum.
Resnick, L. B. 1989. Introduction. In *Knowing, learning and instruction: Essays in honour of R. Glaser,* ed. L. B. Resnick, 1-24. Hillsdale, NJ: Lawrence Erlbaum.
Roberts, J. M. A., & M. Prior. 2006. *A review of the research to identify the most effective models of practice in early intervention of children with autism spectrum disorders.* Canberra: Australian Government Department of Health and Ageing. (井上雅彦・つみきの会翻訳委員会［訳］2008.『オーストラリア自閉症早期療育エビデンス・レビュー』兵庫：NPO法人つみきの会.)
RobotCub. 2004. RobotCub.org. http://www.robotcub.org
Rodgers, W., M. Ofstedal, & A. Herzog. 2003. Trends in scores on tests of cognitive ability in the elderly US population, 1993-2000. *Journals of Gerontology*, series b, 58: 338-46.
Rogoff, B. 1990. *Apprenticeship in thinking: Cognitive development in social context.* New York: Oxford University Press.
Rogoff, B. 2003. *The cultural nature of human development.* New York: Oxford University Press. (當眞千賀子［訳］2006.『文化的営みとしての発達：個人, 世代, コミュニティ』東京：新曜社.)
Roschelle, J. 1992. Learning by collaborating: Convergent conceptual change. *Journal of the Learning Sciences* 2: 235-76.
Rothwell, W. J., & H. J. Sredl. 2000. *Workplace learning and performance: Present and future roles and competencies.* Vol. 1. Amherst, MA: HRD Press.
Rowe, J. W., & R. L. Kahn. 1987. Human aging: Usual and successful. *Science* 237: 143-49.
Rumbaugh, D. M. 1997. Competence, cortex, and primate models: A comparative primate perspective. In *Development of the prefrontal cortex: Evolution, neurobiology, and behavior,* ed. N. A. Krasnegor, G. R. Lyon, & P. S. Goldman-Rakic, 117-39. Baltimore, MD: Paul H. Brookers.
Rychen, D. S., & L. H. Salganik, eds. 2003. *Key competencies for a successful life and a well-functioning society.* Göttingen: Hogrefe & Huber. (立田慶裕・今西幸蔵・岩崎久美子・猿田祐嗣・名取一好・野村 和・平沢安政［訳］2006.『キー・コンピテンシー：国際標準の学力をめざして』東京：明石書店.)
Sacks, O. 1995. *An anthropologist on Mars: Seven paradoxical tales.* New York: Random House. (吉田利子［訳］1997.『火星の人類学者：脳神経科医と7人の奇妙な患者』東京：早川書房.)
Sacks, O. 1996. *An anthropologist on Mars Seven paradoxical tales.* Repr., New York: Vintage Books.

Sadato, N., A. Pascual-Leone, J. Grafman, V. Ibanez, M. Deiber, G. Dold, & M. Hallet. 1996. Activation of the primary visual cortex by Braille reading in blind subjects. *Nature* 380: 526-28.

Salomon, G., ed. 1993. *Distributed cognitions: Psychological and educational considerations*. Cambridge: Cambridge University Press.

Savin-Baden, M. 2008. *Learning spaces: Creating opportunities for knowledge creation in academic life*. Maidenhead: SRHE and Open University.

Sawyer, K. R., ed. 2006. *The Cambridge handbook of the learning sciences*. Cambridge: Cambridge University Press.（森敏昭・秋田喜代美［訳］2009.『学習科学ハンドブック』東京：培風館.）

Saxe, G. B. 1990. The interplay between children's learning in school and out-of-school contexts. In *Toward a scientific practice of science education,* ed. M. Gardner, J. Greeno, F. Reif, A. H. Schoenfeld, A. diSessa, & E. Stage, 219-34. Hillsdale, NJ: Lawrence Erlbaum.

Scardamalia, M. 2002. Collective cognitive responsibility for the advancement of knowledge. In *Liberal education in the knowledge age,* ed. B. Jones, 76-98. Chicago, IL: Open Court.

Scheffler, Israel. 1965. *Conditions of knowledge: An introduction to epistemology and education*. Chicago: University of Chicago Press.（村井実［監訳］生田久美子・山口栄一・大江正比古・舟山俊明・松丸修三［訳］1987.『教育から見た知識の条件』東京：東洋館出版社.）

Schön, D. A. 1983. *The reflective practitioner: How professionals think in action*. New York: Basic Books.（佐藤学・秋田喜代美［訳］2001.『専門家の知恵』東京：ゆみる出版.）

Schooler, C., M. S. Mulatu, & G. Oates. 1999. The continuing effects of substantively complex work on the intellectual functioning of older workers. *Psychology and Aging* 14: 483-506.

Schopler, E., G. B. Mesibov, & K. Hearsey. 1995. Structured teaching in the TEACCH System. In *Learning and cognition in autism*, ed. E. schopler & G. B. Mesibov, 243-68. New York: Plenum.（田村純子・村松陽子・門眞一郎［訳］1996.「TEACCHシステムにおける構造化された指導」『自閉症と発達障害研究の進歩』1巻, 高木隆郎・M. ラター・E. ショプラー［編］. 東京：日本文化科学社.）

Schuller, T. 2004. Three capitals: A framework. In *The benefits of learning: The impact of education on health, family life, and social capital,* ed. T. Schuller, J. Preston, C. Hammond, A. Brassett-Grundy, & J. Bynner, 12-33. London: RoutledgeFalmer.

Schultz, T. W. 1961. Investment in human capital. *American Economic Review* 51: 1-17.

Schwartz, D. L., & T. Martin. 2004. Inventing to prepare for learning: The hidden efficiency of original student production in statistics instruction. *Cognition & Instruction* 22: 129-84.

Schwartz, D. L., D. Sears, & J. Chang. 2007. Reconsidering prior knowledge. In *Thinking with data,* ed. M. C. Lovett & P. Shah, 293–318. Mahwah, NJ: Lawrence Erlbaum; New York: Taylor and Francis.

Scribner, S., & M. Cole. 1978. Literacy without schooling: Testing for intellectual effects. *Harvard Educational Review* 48: 448–61.

Scribner, S., & M. Cole. 1981. *The psychology of literacy.* Cambridge, MA: Harvard University Press.

Shannon, C. E., & W. Warren. 1949. *A mathematical model of communication.* Urbana: University of Illinois Press.

Shepard, R. N., & J. Metzler. 1971. Mental rotation of three-dimensional objects. *Science* 171: 701–3.

Shirouzu, H., N. Miyake, & H. Masukawa. 2002. Cognitively active externalization for situated reflection. *Cognitive Science* 26: 469–501.

Skinner, B. F. 1957. *Verbal behavior.* New York: Appleton–Century–Crofts.

Soon, C. S., M. Brass, H.-J. Heinze, & J.-D. Haynes. 2008. Unconscious determinants of free decisions in the human brain. *Nature Neuroscience* 11: 543–45.

Spencer, J. P., M. Clearfield, D. Corbetta, B. Ulrich, P. Buchanan, & G. Schöner. 2006. Moving toward a grand theory of development: In memory of Esther Thelen. *Child Development* 77: 1521–38.

Spreitzer, G. M., M. W. McCall, & J. D. Mahoney. 1997. Early identification of international executive potential. *Journal of Applied Psychology* 82: 6–29.

Staehelin, H. B. 2005. Promoting health and wellbeing in later life. In *The Cambridge handbook of age and ageing,* ed. M. L. Johnson, V. L. Bengtson, P. J. Coleman, & T. B. L. Kirkwood, 165–77. New York: Cambridge University Press.

Stern, Y. 2002. What is cognitive reserve?: Theory and research application of the reserve concept. *Journal of the International Neuropsychological Society* 8: 448–60.

Sternberg, R. J. 1985. *Beyond IQ: A triarchic theory of human intelligence.* New York: Cambridge University Press.

Sternberg, R. J., B. E. Conway, J. L. Ketron, & M. Bernstein. 1981. People's conceptions of intelligence. *Journal of Personality and Social Psychology* 41: 37–55.

Sternberg, R. J., G. B. Forsythe, J. Hedlund, J. A. Horvath, R. K. Wagner, W. E. Williams, S. A. Snook, & E. L. Grigorenko. 2000. *Practical intelligence in everyday life.* New York: Cambridge University Press.

Sternberg, R. J., & R. K. Wagner. 1986. *Practical intelligence: Nature and origins of competence in the everyday world.* New York: Cambridge University Press.

Sternberg, R. J., & R. K. Wagner. 1992. Tacit knowledge: An unspoken key to managerial success. *Creativity and Innovation Management* 1: 5–13.

Stetson, C., M. P. Fiesta, & D. M. Eagleman. 2007. Does time really slow down during a frightening event? *PLoS One* 2 (12): e1295.
http://www.scribd.com/doc/20619328/Does-Time-Really-Slow-Down-during-a-

Frightening-Event

Stigler, J. W., S. Y. Lee, & H. W. Stevenson. 1986. Digit memory in Chinese and English: Evidence for a temporally limited store. *Cognition* 23: 1-20.

Suchman, L. A. 1987. *Plans and situated actions: The problem of human-machine communication.* Cambridge: Cambridge University Press.（佐伯胖・上野直樹・水川喜文・鈴木栄幸［訳］1999.『プランと状況的行為：人間—機械コミュニケーションの可能性』東京：産業図書.）

Suzuki, K. 1998. Measuring "to think mathematically": Cognitive characterization of achievement levels in performance based assessment. Doctoral thesis, University of Illinois at Urbana-Champaign.

Taiji, M., & T. Ikegami. 1999. Dynamics of internal models in game players. *Physica D: Nonlinear Phenomena* 134: 253-66.

Taylor, J. 2003. *Linguistic categorization: Prototypes in linguistic theory.* Oxford: Oxford University Press.（辻幸夫・鍋島弘治朗・篠原俊吾・菅井三実［訳］2008.『認知言語学のための14章』3版. 東京：紀伊國屋書店.）

Thelen, E. 1995. Time scale dynamics and the development of an embodied cognition. In *Mind as motion: Explorations in the dynamics of cognition,* ed. R. Port & T. v. Gelder, 69-99. Cambridge, MA: MIT Press.

Thelen, E. 2000. Grounded in the world: Developmental origins of the embodied mind. *Infancy* 1: 3-28.

Thelen, E., D. M. Fisher, & R. Ridley-Johnson. 1984. The relationship between physical growth and a newborn reflex. *Infant Behavior and Development* 7: 479-93.

Thelen, E., & L. B. Smith. 1994. *A dynamic systems approach to the development of cognition and action.* Cambridge, MA: MIT Press.

Tolman, C. E. 1948. Cognitive maps in rats and men. *Psychological Review* 55: 189-208.

Tomasello, M. 1992. *First verbs: A case study of early grammatical development.* Cambridge: Cambridge University Press.

Tomasello, M. 1995a. Joint attention as social cognition. In *Joint attention: Its origins and role in development,* ed. C. Moore & P. J. Dunham, 103-30. Hillsdale, NJ: Lawrence Erlbaum.（山野留美子［訳］1999.「社会的認知としての共同注意」『ジョイント・アテンション：心の起源とその発達を探る』93-117. 京都：ナカニシヤ出版.）

Tomasello, M. 1995b. Language is not an instinct. *Cognitive Development* 10: 131-56.

Tomasello, M. 1997. The pragmatics of word learning. *Japanese Journal of Cognitive Science* 4: 59-74.

Tomasello, M. 1999. *The cultural origins of human cognition.* Cambridge, MA: Harvard University Press.（大堀壽夫・中澤恒子・西村義樹・本多啓［訳］2006.『心とことばの起源を探る：文化と認知』東京：勁草書房.）

Tomasello, M. 2001. Perceiving intentions and learning words in the second year of life. In *Language acquisition and conceptual development,* ed. M. Bowerman & S. C. Levinson, 132-58. Cambridge: Cambridge University Press.

Tomasello, M. 2003. *Constructing a language: A usage-based theory of language acquisition*. Cambridge, MA: Harvard University Press. (辻幸夫・野村益寛・出原健一・菅井三実・鍋島弘治朗・森吉直子 [訳] 2008.『ことばをつくる：言語習得の認知言語学的アプローチ』東京：慶應義塾大学出版会.)

Tomasello, M., & M. Barton. 1994. Learning words in non-ostensive contexts. *Developmental Psychology* 30: 639-50.

Tomasello, M., & M. Carpenter. 2005. Intention reading and imitative learning. In *Perspectives on imitation: From neuroscience to social science*. Vol. 2, *Imitation, human development, and culture*, ed. S. Hurley & N. Chater, 133-46. Cambridge, MA: MIT Press.

Tomasello, M., M. Carpenter, J. Call, T. Behne, & H. Moll. 2005. Understanding and sharing intentions: The origins of cultural cognition. *Behavioral and Brain Sciences* 28: 675-91.

Touwen, B. C. L. 1976. *Neurological development in infancy*. Clinics in Developmental Medicine 58. London: William Heinemann.

Turner, M. L., & R. W. Engle. 1989. Is working memory capacity task dependent? *Journal of Memory and Language* 28: 127-54.

Uexküll, J. J. von. 1934. *Streifzüge durch die Umwelten von Tieren und Menschen*. Berlin: Springer.

Ulmità, M., E. Kohler, V. Gallese, L. Fogassi, L. Fadiga, C. Keysers, & G. Rizzolati. 2001. I know what you are doing: A neuropsychological study. *Neuron* 31: 155-65.

Unverzagt, F. W., L. Kasten, K. E. Johnson, G. W. Rebok, M. Marsiske, K. M. Koepke, J. W. Elias, et al. 2007. Effect of memory impairment on training outcomes in ACTIVE. *Journal of the International Neuropsychological Society* 13: 953-60.

Valenzuela, M. J., & P. Sachdev. 2007. Assessment of complex mental activity across the lifespan: Development of the lifetime of experiences questionnaire (LEQ). *Psychological Medicine* 37: 1015-25.

Valsiner, J., & K. J. Connolly. 2003. The nature of development: The continuing dialogue of processes and outcomes. In *Handbook of developmental psychology*, ed. J. Valsiner & K. J. Connolly, ix-xviii. London: Sage.

Van Manen, M. 1995. On the epistemology of reflective practice. *Teachers and Teaching: Theory and Practice* 1: 33-50.

Van Lancker-Sidtis, D. 2004. When only the right hemisphere is left: Studies in language and communication. *Brain and Language* 91: 199-211.

Vygotsky, L. S. 1928. Problema kul'turnogo razvitija rebenka. *Pedologija* 1: 58-77.

Vygotsky, L. S. 1963. Learning and mental development at school age. In *Educational psychology in the USSR*, ed. B. Simon & T. Simon, 21-34. London: Routledge & Kegan Paul.

Vygotsky [Vygotskii], L. S. 1978. *Mind in society: The development of higher psychological processes*. Cambridge, MA: Harvard University Press.

Wagner, R. K. 1987. Tacit knowledge in everyday intelligent behavior. *Journal of Personality and Social Psychology* 52: 1236-47.

Walk, R. D., & E. J. Gibson. 1961. A comparative and analytical study of visual depth perception. *Psychological Monographs: General and Applied* 75 (15): 1-44.

Walter D., C. Lou, & O. C. James. 2001. *The systematic design of instruction.* 5th edition. Glenview, IL: Addison-Wesley Educational Publishers.

Warren, J. M. 1965. Primate learning in comparative perspective. In *Behavior of nonhuman primates: Modern research trends.* Vol. 1, ed. A. M. Schrier, H. F. Harlow, & F. Stollnitz, New York: Academic Press.

Warrington, E. K., & T. Shallice. 1969. The selective impairment of auditory verbal short-term memory. *Brain* 92: 885-96.

Weimer, M. 2002. *Learner-centered teaching: Five key changes to practice.* San Francisco, CA: Jossey-Bass.

Welsh, M. C., & B. F. Pennington. 1988. Assessing frontal lobe functioning in children: Views from developmental psychology. *Developmental Neuropsychology* 4: 199-230.

Wenger, E. C., R. McDermott, & W. M. Snyder. 2002. *Cultivating communities of practice: A guide to managing knowledge.* Boston, MA: Harvard Business School Press.

Wenger, E. C., & W. M. Snyder. 2001. Communities of practice: The organizational frontier. In *Harvard business review on organizational learning,* 1-20. Boston, MA: Harvard Business School Press.

Wertheimer, M. [1945] 1959. *Productive thinking.* New York: Harper and Row.

Wertsch, J. V., ed. 1981. *The concept of activity in Soviet psychology.* Armonk, NY: M. E. Sharpe.

Wertsch, J. V. 1991. *Voices of the mind: A sociocultural approach to mediated action.* Cambridge, MA: Harvard University Press. (田島信元・佐藤公治・茂呂雄二・上村佳世子 [訳] 2004.『心の声：媒介された行為への社会文化的アプローチ』東京：福村出版.)

Wertsch, J. V. 2002. *Voices of collective remembering.* Cambridge: Cambridge University Press.

Whiten, A., V. Horner, & S. Marshall-Pescini. 2005. Selective imitation in child and chimpanzee: A window on the construal of others' actions. In *Perspectives on imitation: From neuroscience to social science.* Vol. 1, *Mechanisms of imitation and imitation in animals,* ed. S. Hurley & N. Chater, 263-83. Cambridge, MA: MIT Press.

Wiggins, G. P. 1993. *Assessing student performance: Exploring the purpose and limits of testing.* San Francisco, CA: Jossey-Bass.

Williams, D. 1992. *Nobody nowhere: The extraordinary autobiography of an autistic.* New York: Times Books. (河野万里子 [訳] 2000.『自閉症だったわたしへ』[新潮文庫]. 東京：新潮社.)

Wing, L. 1996. *The autistic spectrum: A guide for parents and professionals*. London: Constable.（久保紘章・佐々木正美・清水康夫 ［訳］1998.『自閉症スペクトル：親と専門家のためのガイドブック』東京：東京書籍.）

WISE: Web-based Inquiry Science Environment. http://wise.berkeley.edu/

Young, M. 1958. *The rise of the meritocracy, 1870-2033: An essay on education and equality*. London: Thames and Hudson.

Zhang, J., D. M. Webb, & O. Podlaha. 2002. Accelerated protein evolution and origins of human-specific features: FOXP2 as an example. *Genetics* 162: 1825-35.


麻生武. 1980.「子供の他者理解：新しい視点から」『心理学評論』23（2）：135-62.

麻生武. 1992.『身ぶりからことばへ：赤ちゃんにみる私たちの起源』東京：新曜社.

麻生武. 1994a.「遊び」『生活と文化』（講座 幼児の生活と教育2），岡本夏木・高橋恵子・藤永保（編），59-84. 東京：岩波書店.

麻生武. 1994b.「子どもたちの笑いと心の成長」『人はかく笑う』野村庄吾（編），229-40. 京都：大宮書房.

麻生武. 1996.『ファンタジーと現実』（認識と文化4）. 東京：金子書房.

麻生武. 1998.「なぜ大人は子どもと遊ぶのか？：プレイルームのミラクル体験」『遊びという謎』（シリーズ発達と障害を探る2），麻生武・綿巻徹（編），3-34. 京都：ミネルヴァ書房.

麻生武. 2002.『乳幼児の心理：コミュニケーションと自我の発達』東京：サイエンス社.

麻生武. 2007.『発達と教育の心理学：子どもは「ひと」の原点』東京：培風館.

東洋. 1994.『日本人のしつけと教育：発達の日米比較にもとづいて』東京：東京大学出版会.

網野善彦. 1991.『日本の歴史をよみなおす』東京：筑摩書房.

荒木淳子. 2007.「企業で働く個人の『キャリアの確立』を促す学習環境に関する研究：実践共同体への参加に着目して」『日本教育工学会論文誌』31（1）：15-27.

荒木淳子. 2008.「職場を越境する社会人学習のための理論的基盤の検討：ワークプレイスラーニング研究の類型化と再考」『経営行動科学』21（2）：119-28.

アリストテレス. 1971a.『ニコマコス倫理学』上.（岩波文庫），高田三郎（訳）. 東京：岩波書店.

アリストテレス. 1971b.『分析論後書』加藤信朗（訳）『アリストテレス全集』1巻，599-836. 東京：岩波書店.

安藤史江. 2001.『組織学習と組織内地図』東京：白桃書房.

生田久美子. 1987.『「わざ」から知る』（認知科学選書14）. 東京：東京大学出版会.

生田久美子. 2000.「教育的関係の基礎概念としての『ケア』」『近代教育フォーラム』11：141-50.

生田久美子. 2005.「『知』の一様式としての『ケア』：ジェンダーの視座に立つ教育哲学からの提言」『ジェンダーと教育：理念・歴史の検討から政策の実現に向けて』（ジェンダー法・政策研究叢書4），生田久美子（編），5-23. 宮城：東北大学出版会.

## 参考文献

生田久美子. 2007a.［解説］「思考実験としての『スクールホーム』」『スクールホーム：〈ケア〉する学校』J. R. マーティン, 295-316. 東京：東京大学出版会.

生田久美子. 2007b.［解題］「『わざ』から『ケア』へ：『知識』とは何かを問いつづけて」『『わざ』から知る』生田久美子, 174-99. 東京：東京大学出版会.

池上高志. 2007.『動きが生命をつくる：生命と意識への構成論的アプローチ』東京：青土社.

石井加代子. 2007.「人間を理解するための認知ロボティクス」『認知科学』14（1）：11-30

石井英真. 2005.「ルーブリック」『よくわかる教育評価』田中耕治（編), 48-49. 京都：ミネルヴァ書房.

石原治. 2008.「記憶」『高齢者心理学』（朝倉心理学講座 15), 権藤恭之（編), 80-94. 東京：朝倉書店.

石原治・権藤恭之・L. W. Poon. 2001.「短期・長期記憶に及ぼす加齢の影響について」『心理学研究』72（6）：516-21.

伊集院睦夫・伏見貴夫・佐久間尚子・田中正之・辰巳格. 1999.「語彙数の加齢変化」第 22 回日本失語症学会発表論文, 大宮.

板倉聖宣. 1977.『仮説実験授業の ABC：楽しい授業への招待』. 東京：仮説社.

イタール, J. M. G. 1978.『新訳アヴェロンの野生児：ヴィクトールの発達と研究』中野善達・松田清（訳). 東京：福村出版.

市川浩. 1975.『精神としての身体』東京：勁草書房.

稲垣佳世子・波多野誼余夫. 1989.『人はいかに学ぶか：日常的認知の世界』（中公新書). 東京：中央公論社.

井上尚美・尾木和英・河野庸介・安芸高田市立向原小学校（編) 2008.『思考力を育てる「論理科」の試み』東京：明治図書.

今井むつみ. 2001.「ことばと概念の獲得」『ことばの認知科学事典』辻幸夫（編), 210-25. 東京：大修館書店.

今井むつみ・野島久雄. 2003.『人が学ぶということ：認知学習論からの視点』東京：北樹出版.

今井むつみ・針生悦子. 2007.『レキシコンの構築：子どもはどのように語と概念を学んでいくのか』東京：岩波書店.

今井康雄. 1998.『ヴァルター・ベンヤミンの教育思想：メディアのなかの教育』神奈川：世織書房.

今村仁司（編) 1988.『現代思想を読む事典』（講談社現代新書). 東京：講談社.

今村仁司. 1994.『近代性の構造：「企て」から「試み」へ』（講談社選書メチエ 1) 東京：講談社.

イリイチ, I. 1982.『シャドウ・ワーク：生活のあり方を問う』玉野井芳郎・栗原彬（訳). 東京：岩波書店.

岩田弘三. 2005.「キャンパスライフの社会史」『大学とキャンパスライフ』武内清（編), 87-113. 東京：上智大学出版.

岩田弘三・北條英勝・浜島幸司. 2001.「生活時間調査からみた大学生の生活と意識：3 大学調査から」『大学教育研究』（神戸大学大学教育研究センター）9：1-29.

岩立志津夫・小椋たみ子（編) 2002.『言語発達とその支援』（シリーズ 臨床発達学 4). 京

都：ミネルヴァ書房.
ヴィゴツキー, L. S.［1932］1967.『思考と言語』柴田義松（訳）.東京：明治図書出版.
ヴィゴツキー, L. S. 1989.「子どもの心理発達における遊びとその役割」『ごっこ遊びの世界：虚構場面の創造と乳幼児の発達』神谷栄司（訳), 2-34. 京都：法政出版.
ヴィゴツキー, L. S. 2001.『思考と言語』新訳版. 柴田義松（訳）.東京：新読書社.
ヴィゴツキー, L. S. 2005.『文化的‐歴史的精神発達の理論』柴田義松・土井捷三・神谷英司・岡田貴章（訳）.東京：学文社.
ヴィゴツキー, L. S.・ルリア A. L. 1987.『人間行動の発達過程：猿・原始人・子ども』（ヴィゴツキー著作選集 2）.大井清吉・渡辺健治（訳）.東京：明治図書出版.
ウィリアムズ D. 2008.「ドナの遍歴」『特殊教育学研究』45：277-79.
上野直樹. 1999.『仕事の中での学習：状況論的アプローチ』（シリーズ人間の発達 9）.東京：東京大学出版会.
内田伸子. 1985.「幼児における事象の因果的統合と産出」『教育心理学研究』33：124-34.
内田伸子. 1989.「子どもの推敲方略の発達：作文における自己内対話の過程」『お茶の水女子大学人文科学紀要』42：75-104.
内田伸子. 1990.『子どもの文章：書くこと考えること』（シリーズ人間の発達 1）.東京：東京大学出版会.
内田伸子. 1994.『想像力：創造の泉を探る』（講談社新書）.東京：講談社.
内田伸子. 1995.「国語の学力テストと幼児期の読み書き能力との関係」『幼児期における文字の獲得過程とその環境的要因の影響に関する研究』東洋（編）『平成 4〜6 年度科学研究費補助金（総合研究 A）研究成果報告書』94-115：文部省.
内田伸子. 1996.『ことばと学び：響きあい, 通いあう中で』（子どもの発達と教育 1）.東京：金子書房.
内田伸子. 1999a.「第 2 言語学習における成熟的制約：子どもの英語習得の過程」『ことばの獲得』（ことばと心の発達 2）, 桐谷滋（編), 195-228. 京都：ミネルヴァ書房.
内田伸子. 1999b.『発達心理学：ことばの獲得と教育』東京：岩波書店.
内田伸子. 2004.「子どものコミュニケーション能力の発達とことばのカリキュラム：一次的ことば〜二次的ことば〜三次的ことばへ」「子どもたちのコミュニケーションを育てる：対話が生まれる授業づくり・学校づくり」秋田喜代美（編）『教職研修』（教育開発研究所）増刊 3 巻：19-24.
内田伸子. 2008a.「論理力をどう育てるか：学習指導要領改訂の目玉」『教育時評』15 号：2-3.
内田伸子. 2008b.『幼児心理学への招待：子どもの世界づくり』改訂版. 東京：サイエンス社.
内田伸子. 2009.「考える力を育むことばの教育：PISA 型読解力の育成をめぐって」『教育の不易と流行』菊池公夫（編), 30-87. 宮城：宮城県教育公務員弘済会.
内山節. 2007.『日本人はなぜキツネにだまされなくなったのか』（講談社現代新書）東京：講談社.
永六輔. 1996.『職人』（岩波新書). 東京：岩波書店
エリコニン, D. B. 1989.『遊びの心理学』天野幸子・伊集院俊隆（訳）.東京：新読書社.
遠藤秀紀. 2006.『人体：失敗の進化史』（光文社新書）.東京：光文社.

遠藤誉. 1992.『チャーズ』上・下.(文春文庫). 東京:文藝春秋.
大島純. 1998.「コンピュータ・ネットワークの学習環境としての可能性」『情報とメディア』(岩波講座現代の教育8),佐伯胖・佐藤学・浜田寿美男・黒崎勲(編), 233-37. 東京:岩波書店.
大島純・野島久雄・波多野誼余夫(編) 2006.『教授・学習過程論:学習科学の展開』東京:放送大学教育振興会.
太田昌孝・永井洋子(編) 1992.『自閉症治療の到達点』東京:日本文化科学社.
大藪泰. 2004.『共同注意:新生児から2歳6か月までの発達過程』東京:川島書店.
岡田昌毅・金井篤子. 2006.「仕事,職業キャリア発達,心理・社会的発達の関係とプロセスの検討:企業における成人発達に焦点をあてて」『産業・組織心理学研究』20(1): 45-56.
岡田美智男. 1995.『口ごもるコンピュータ』(情報フロンティアシリーズ9). 東京:共立出版.
岡部恒治・戸瀬信之・西村和雄(編) 1999.『分数ができない大学生:21世紀の日本が危ない』東京:東洋経済新報社.
岡本夏木. 1981.『子どもとことば』(岩波新書). 東京:岩波書店.
岡本夏木. 1985.『ことばと発達』(岩波新書). 東京:岩波書店.
小川まどか・権藤恭之・稲垣宏樹. 2006.「高齢者におけるIT・電気機器の利用実態と特徴〈特集〉高齢者支援,一般)」『電子情報通信学会技術研究報告. WIT, 福祉情報工学』106(144): 71-76.
小椋たみ子. 2001.「名詞優位・動詞優位に及ぼす母親の言語入力の検討」『日本心理学会第65回大会論文集』: 486.
小椋たみ子. 2008.「障害児のことばの発達」『新・子どもたちの言語発達』小林春美・佐々木正人(編), 201-229. 東京:大修館書店.
苧阪直行(編) 2000.『脳とワーキングメモリ』京都:京都大学学術出版会.
苧阪直行(編) 2008.『ワーキングメモリの脳内表現』京都:京都大学学術出版会.
苧阪満里子. 1998.「読みとワーキングメモリ」『読み:脳と心の情報処理』苧阪直行(編), 239-62. 東京:朝倉書店.
苧阪満里子. 2002.『脳のメモ帳 ワーキングメモリ』東京:新曜社.
苧阪満里子・苧阪直行. 1994「読みとワーキングメモリ容量:リーディングスパンテストによる検討」『心理学研究』65: 339-45.
折茂肇. 2006.「活気ある長寿社会を目指して」『日本老年医学会雑誌』43(1): 27-34.
梶田叡一. 2008.『新しい学習指導要領の理念と課題:確かな学力を基盤とした生きる力を』東京:図書文化社.
カーソン, L. 1996.『センス・オブ・ワンダー』上遠恵子(訳). 東京:新潮社.
金井壽宏. 2002.『仕事で「一皮むける」』(光文社新書). 東京:光文社.
金井壽宏・高橋潔. 2004.『組織行動の考え方』東京:東洋経済新報社.
金森久雄・荒憲治郎・森口親司(編) [1971] 2006.『有斐閣経済辞典』第4版. 東京:有斐閣.
神谷栄司. 1989.「遊び理論と保育実践」『ごっこ遊びの世界:虚構場面の創造と乳幼児の発達』L. S. ヴィゴツキー, A. N. レオンチェフ, D. B. エリコニンほか(著), 神谷栄司(訳), 253-90. 京都:法政出版.

苅谷剛彦. 1999.「学力の危機と教育改革：大衆教育社会の中のエリート」『中央公論』114（8）：36-47.
川合伸幸. 2003.「Miller のコンパレータ仮説」『学習心理学における古典的条件づけの理論：パヴロフから連合学習研究の最先端まで』今田寛（監修), 125-45. 東京：培風館.
川合伸幸. 2006.『心の輪郭：比較認知科学から見た知性の進化』京都：北大路書房
川合伸幸. 2007a.「行動学的視点からのアプローチ」『新版現代心理学：Today's Psychology』八田武志（編), 48-64. 東京：培風館.
川合伸幸. 2007b.「発達的視点からのアプローチ」『新版現代心理学：Today's Psychology』八田武志（編), 105-108. 東京：培風館.
川合伸幸. 2009.「知性の進化：学習と記憶の起源と進化」『動物は何を考えているのか？：学習と記憶の比較生物学』（動物の多様な生き方4), 曽我部正博（編), 123-39. 東京：共立出版.
川嶋太津夫. 2008.「欧米の大学とコンピテンス論」『IDE-現代の高等教育』498：42-43.
川﨑友嗣. 2005.「変わる私立大学『就職支援』から『キャリア形成支援へ』」『IDE-現代の高等教育』467：45-49.
北村智・中原淳・荒木淳子・坂本篤史. 2009.「業務経験を通した能力向上と組織における信頼, 互恵性の規範」『組織科学』42（4）：92-103.
木下孝司. 1998.""ふり"が通じ合うとき」『コミュニケーションという謎』（シリーズ発達と障害を探る1), 秦野悦子・やまだようこ（編), 151-72. 京都：ミネルヴァ書房.
金城光. 2001.「ソース・モニタリング課題を中心としたソース・メモリ研究の動向と展望」『心理学研究』72（2）：134-45.
鯨岡峻. 1997.『原初的コミュニケーションの諸相』京都：ミネルヴァ書房.
鯨岡峻. 1999.『関係発達論の構築：間主観的アプローチによる』京都：ミネルヴァ書房.
鯨岡峻. 2002.『〈育てられる者〉から〈育てる者〉へ：関係発達の視点から』（NHKブックス938). 東京：日本放送出版協会.
鯨岡峻. 2006.『ひとがひとをわかるということ：間主観性と相互主体性』京都：ミネルヴァ書房.
楠見孝. 1995a.「青年期における知識獲得」『自己への問い直し：青年期』（生涯発達心理学講座4）落合良行・楠見孝（編), 57-88. 東京：金子書房.
楠見孝. 1995b.『比喩の処理過程と意味構造』東京：風間書房.
楠見孝. 1996.「帰納的推論と批判的思考」『思考』（認知心理学4), 市川伸一（編), 37-60. 東京：東京大学出版会
楠見孝. 1999.「中間管理職のスキル, 知識とその学習」『日本労働雑誌』474：39-49.
楠見孝. 2001.「アナロジーとメタファー」『ことばの認知科学事典』辻幸夫（編), 360-70. 東京：大修館書店.
楠見孝. 2002.「類似性と近接性：人間の認知の特徴について」『人工知能学会誌』17：2-7.
楠見孝. 2007.「リスク認知の心理学」『経済心理学のすすめ』子安増生・西村和雄（編), 215-38. 東京：有斐閣.
楠見孝. 2009.「暗黙知：経験による知恵とは何か」『仕事のスキル：自分を活かし, 職場を変える』小口孝司・楠見孝・今井芳昭（編), 6-24. 京都：北大路書房.

## 参考文献

楠見孝・上市秀雄. (2009).「人は健康リスクをどのようにみているか」『健康リスクコミュニケーションの手引き』吉川肇子（編），96-115. 京都：ナカニシヤ出版.

久野章. 1978.『談話の文法』東京：大修館書店

久保（川合）南海子. 2004.「老齢ニホンザルと若齢ニホンザルの位置再認における学習セットの形成と長期記憶」『動物心理学研究』54：9-17.

グランディン, T. 2000.「自閉症の体験世界」『発達障害研究』21：279-83.

黒田末寿. 1999.「ボノボの母親への依存と言語理解」『発達』79：66-73.

ケラー, E. F. 2003.「科学することの中核にある曖昧さ」『「あいまい」の知』河合隼雄・中沢新一（編），青木薫（訳），105-18. 東京：岩波書店.

小池和男. 1991.『仕事の経済学』東京：東洋経済新報社.

小池和男・猪木武徳. 1987.『人材形成の国際比較』東京：東洋経済新報社.

小嶋秀樹・高田明. 2001.「社会的相互行為への発達的アプローチ：社会のなかで発達するロボットの可能性」『人工知能学会誌』16：812-18.

小嶋秀樹・仲川こころ・安田有里子. 2008.「ロボットに媒介されたコミュニケーションによる自閉症療育」『情報処理』49：36-42.

小早川睦貴・河村満. 2008.「ヒトの表情を読み解く脳」『言語』37（6）：44-48.

小林春美. 1999.「共同注意手がかりと場所知識手がかりが語の意味の推測における相互排他性利用において果たす役割」『教育心理学研究』47：209-17.

小林春美. 2008.「語彙の獲得」『新・子どもたちの言語獲得』小林春美・佐々木正人（編），89-117. 東京：大修館書店.

小林春美・佐々木正人（編）2008.『新・子どもたちの言語獲得』東京：大修館書店.

小松和彦. 1994.『妖怪学新考：妖怪から見る日本人の心』東京：小学館.

コメニウス, J. A. 1962.『大教授学1』鈴木秀勇（訳）. 東京：明治図書出版.

コメニウス, J. A. 1988.『世界図絵』井ノ口淳三（訳）. 京都：ミネルヴァ書房.

権藤恭之. 2008.「生物学的加齢と心理的加齢」『高齢者心理学』（朝倉心理学講座），権藤恭之（編），23-40. 東京：朝倉書店.

斉藤萌木. 2009.「科学的概念の形成過程における討論の役割の変容：仮説実験授業を題材に」日本理科教育学会第59回全国大会発表論文, 宮城教育大学.

斉藤裕子. 2002.「授業記録：空気と水」『仮説論文集別冊』：ガリ本図書館（私家版）.

佐伯胖. 1972.『「学び」の構造』東京：東洋館出版社.

佐伯胖. 1982.『学力と思考』東京：第一法規.

佐伯胖. 1995.『「学ぶ」ということの意味』（子どもと教育）. 東京：岩波書店.

佐伯胖. 2007a.「人間発達の軸としての『共感』」『共感：育ち合う保育のなかで』佐伯胖（編），1-38. 京都：ミネルヴァ書房.

佐伯胖. 2007b.「学びの原点から，未来へ」『てら子屋』9：1-5.

佐伯胖・佐藤学・藤田英典（編）1995a.『言葉という絆』（シリーズ学びと文化2）. 東京：東京大学出版会.

佐伯胖・佐藤学・藤田英典（編）1995b.『学びへの誘い』（シリーズ学びと文化1）. 東京：東京大学出版会.

櫻井芳雄. 2002.『考える細胞ニューロン：脳と心をつくる柔らかい回路網』（講談社選書メ

チエ 241）．東京：講談社．

佐々木正人．1994．『アフォーダンス：新しい認知の理論』（岩波科学ライブラリー 12）．東京：岩波書店．

佐々木正人（編）2008．『アフォーダンスの視点から乳幼児の育ちを考察』東京：小学館．

佐藤学．1995．『学び　その死と再生』東京：太郎次郎社．

佐藤学．1999a．「学びから逃走する子どもたち」『学びの快楽：ダイアローグへ』441-57．神奈川：世織書房．

佐藤学．1999b．「学びの対話的実践へ」『学びの快楽：ダイアローグへ』37-39．神奈川：世織書房．

佐藤学．2000．『「学び」から逃走する子どもたち』（岩波ブックレット524）．東京：岩波書店．

佐藤学．2003．『教師たちの挑戦：授業を創る学びが変わる』東京：小学館．

佐藤学・秋田喜代美．2001．「教育におけるケアリング」『教育学研究』68：98-99．

阪田真己子・柴眞理子・小高直樹．2002．「身体表現の認知における注目領域」『表現文化研究』1（2）：63-71．

阪田真己子・柴眞理子・米谷淳・蓼沼眞．2001．「舞踊運動における身体メディア情報のモデル構築」『ヒューマンインタフェース学会誌』3（4）：259-68．

佐野洋子・加藤正弘．1998．『脳が言葉を取り戻すとき：失語症のカルテから』（NHKブックス 845）．東京：日本放送出版協会．

サベージ＝ランバウ，S.・ルーウィン，R．1997．『人と話すサル「カンジ」』石館康平（訳）．東京：講談社．

澤田治美．2006．『モダリティ』東京：開拓社．

CATO（医療系大学間共用試験実施評価機構）．2008．『臨床実習開始前の「共用試験」』第6版．東京：医療系大学間共用試験実施評価機構．

重田澄男．2000．「資本経済」『経済思想史辞典』経済学史学会（編），171．東京：丸善．

柴眞理子．2005．「舞踊運動の体感の変化のプロセスとその意味」『バイオメカニズム学会誌』29：124-28．

下村英雄・堀洋元．2004．「大学生の就職活動における情報探索行動：情報源の影響に関する検討」『社会心理学研究』20：93-105．

白井利明．1997．『時間的展望の生涯発達心理学』東京：勁草書房．

白水始・三宅なほみ．2009．「認知科学的視点に基づく認知科学教育カリキュラム：スキーマの学習を例に」『認知科学』16：348-76．

シャンジュー，J.-P．1989．『ニューロン人間』新谷昌宏（訳）．東京：みすず書房．

ショーン，D．2008．『省察的実践とは何か：プロフェッショナルの行為と思考』東京：鳳書房．

ジョンソン，M．1991．『心のなかの身体：想像力へのパラダイム』菅野盾樹・中村雅之（訳）．東京：紀伊國屋書店．

鈴木克明．2004．「教育・学習のモデルとICT利用の展望：教授設計理論の視座から」『教育システム情報学会誌』22（1）：42-53．

鈴木忠．2008．『生涯発達のダイナミックス：知の多様性，生き方の可塑性』東京：東京大学出版会．

相馬伸一．2001．『教育思想とデカルト哲学：ハートリブ・サークル；知の連関』京都：ミ

ネルヴァ書房.
添田晴雄. 1992.「文字から見た学習文化の比較」『近代日本の学校文化誌』石附実（編），115-47. 京都：思文閣出版.
ソシュール, F. de. 1940.『一般言語学講義』小林英男（訳）. 東京：岩波書店.
髙橋伸夫. 2004.『虚妄の成果主義』東京：日経BP社.
髙松みどり・麻生武・礪波朋子. 2000.「就学前児のふり理解の発達：友達はこのカスタネットがミカンって分かってくれるかな？」『日本発達心理学会第11回大会発表論文集』：182.
髙山緑・下仲順子・中里克治・権藤恭之. 2000.「知恵の測定法の日本語版に関する信頼性と妥当性の検討：Baltesの人生計画課題と人生回顧課題を用いて」『性格心理学研究』9（1）：22-35.
高木光太郎. 1996.「実践の認知的所産」『学習と発達』（認知心理学5），波多野誼余夫（編），37-58. 東京：東京大学出版会.
高木光太郎. 2000.『ヴィゴツキーの方法：崩れと振動の心理学』（身体とシステム）. 東京：金子書房.
武内清. 2003.「授業と学生」『キャンパスライフの今』武内清（編），16-29. 東京：玉川大学出版部.
武内清（編）2003.『キャンパスライフの今』（高等教育シリーズ123）. 東京：玉川大学出版部.
武内清（編）2005.『大学とキャンパスライフ』東京：上智大学出版.
武内清・浜島幸司・大島真夫. 2005.「現代大学生の素顔：『12大学・学生調査』から」『大学とキャンパスライフ』武内清（編），293-315. 東京：上智大学出版.
竹内洋. 1993.「メリトクラシー」『新社会学辞典』森岡清美・塩原勉・本間康平（編），1418. 東京：有斐閣.
武田勘治. 1969.『近世日本学習方法の研究』東京：講談社.
田中耕治. 2004.「学力論争」『現代教育方法事典』日本教育方法学会（編），297. 東京：図書文化社.
田中優子・楠見孝. 2007.「批判的思考プロセスにおけるメタ認知の役割」『心理学評論』50（3）：256-69.
谷内篤博. 2002.「企業内教育の現状と今後の展望」『文教学院大学 経営論集』12（1）：61-65.
中央教育審議会. 1998.『新しい時代を拓く心を育てるために：次世代を育てる心を失う危機』（答申）「幼児期からの心の教育の在り方について」：文部科学省.
http://www.mext.go.jp/b_menu/shingi/12/chuuou/toushin/980601.htm
辻幸夫. 1996.「意味の習得」『英語の意味』池上嘉彦（編），135-56, 東京：大修館書店.
辻幸夫（編）2001.『ことばの認知科学事典』東京：大修館書店.
辻幸夫（編）2002.『認知言語学キーワード事典』東京：研究社出版.
辻幸夫（編）2003.『認知言語学への招待』東京：大修館書店.
辻本雅史. 1999.『「学び」の復権：模倣と習熟』東京：角川書店.
辻本雅史. 2008.『教育の社会史』東京：放送大学教育振興会.
恒吉僚子. 2006.「国際社会の中の日本型学力」『日本の教育と基礎学力：危機の構図と改革へ

の展望』東京大学大学院教育学研究科基礎学力研究開発センター（編）. 東京：明石書店.
テイラー, J.・瀬戸賢一. 2008.『認知文法のエッセンス』東京：大修館書店.
デカルト. 1950.『精神指導の規則』（岩波文庫）, 野田又夫（訳）. 東京：岩波書店.
時津裕子. 2007.『鑑識眼の科学：認知心理学的アプローチによる考古学者の技能研究』東京：青木書店.
トフラー, A. 1980.『第三の波』鈴木健次・桜井元雄ほか（訳）. 東京：日本放送出版協会.
トマセロ, M. 2006.『心とことばの起源をさぐる：文化と認知』（シリーズ認知と文化 4）, 大堀壽夫・中澤恒子・西村義樹・本多啓（訳）. 東京：勁草書房.
鳥居修晃・望月登志子. 2000.『先天盲開眼者の視覚世界』東京：東京大学出版会.
内閣府政策統括官.『平成 20 年版　高齢社会白書』：内閣府.
　　http://www 8.cao.go.jp/kourei/whitepaper/w-2008/zenbun/20 index.html
ナイサー, U. 1978.『認知の構図：人間は現実をどのようにとらえるか』古崎敬・村瀬旻（訳）. 東京：サイエンス社.
長岡健. 2007.「人材育成研究における学習モデル」『経営システム』17（1）：39-44.
中野民夫. 2001.『ワークショップ：新しい学びと創造の場』（岩波新書）. 東京：岩波書店.
中原淳・荒木淳子. 2006.「ワークプレイスラーニング研究序説：企業人材育成を対象とした教育工学研究のための理論レビュー」『教育システム情報学会誌』23（2）：88-103.
中原淳・金井壽宏. 2009.『リフレクティブマネジャー』（光文社新書）. 東京：光文社.
中村和夫. 1998.『ヴィゴツキーの発達論：文化-歴史的理論の形成と展開』東京：東京大学出版会.
中村雄二郎. 1997.「デジタル・コミュニケーションからの発見」『電縁交響主義：ネットワークコミュニティの出現』NIFTY ネットワークコミュニティ研究会（編）, 328-47. 東京：NTT 出版.
夏目達也. 2006.「大学における学生の就職支援：就職指導からキャリア形成支援へ」『都市問題研究』58（5）：26-38.
西岡加名恵（2003）.『教科と総合に活かすポートフォリオ評価法：新たな評価基準の創出に向けて』東京：図書文化社.
西岡常一. 1993.『木のいのち・木のこころ』天. 東京：草思社
西田利貞. 1981.『野生チンパンジー　観察記』（中公新書）. 東京：中央公論社.
納富信留. 2008.「知の創発性：古代ギリシア哲学からの挑戦」『知識/情報の哲学』（岩波講座哲学 4）, 飯田隆ほか（編）, 77-97. 東京：岩波書店.
野中郁次郎・竹内弘高. 1996.『知識創造企業』東京：東洋経済新報社.
波多野誼余夫. 2001.「適応的熟達化の理論をめざして」『教育心理学年報』40：45-47.
波多野誼余夫・大浦容子・大島純. 2004.『学習科学』東京：放送大学教育振興会.
馬場朋子. 2008.「子どもの視線コミュニケーションに関するフィールドワーク」『教育研究』（青山学院大学教育学会紀要）, 52 号：117-29.
濱島秀樹・中西雅夫・藤原奈佳子・仲秋秀太郎・辰巳寛. 2005.「フォールスメモリにおける若年者と高齢者の差異：保持間隔からの考察」『心理学研究』75：511-16.
浜田寿美男. 1998.『いま子どもたちの生きるかたち』京都：ミネルヴァ書房.
浜田寿美男. 1999.『「私」とは何か：ことばと身体の出会い』（講談社選書メチエ）. 東京：

講談社.

浜田寿美男. 2009.『子ども学序説』東京：岩波書店.

浜田寿美男・小沢牧子・佐々木賢（編）2003.『学校という場で人はどう生きているか』京都：北大路書房.

浜田寿美男・奈良女子大学子ども学プロジェクト（編）2008.『赤ずきんと新しい狼のいる世界：「子ども学」構築のために；子どもの安全・保護と自立のはざまで』東京：洋泉社.

原ひろみ. 2007.「日本企業の能力開発」『日本労働研究雑誌』No. 563（June）：84-100.

原田悦子・赤津裕子. 2003.「『使いやすさ』とは何か：高齢社会でのユニバーサルデザインから考える」『『使いやすさ』の認知科学』（認知科学の探究）, 原田悦子（編）, 119-38. 東京：共立出版.

針生悦子（編）2006.『言語心理学』（朝倉心理学講座 5）. 東京：朝倉書店.

平山朋子・松下佳代. （印刷中）. 「理学療法教育における自生的 FD 実践の検討：OSCE リフレクション法を契機として」『京都大学高等教育研究』第 15 号.

平山るみ・楠見孝. 2004.「批判的思考態度が結論導出プロセスに及ぼす影響：証拠評価と結論導出課題を用いての検討」『教育心理学研究』52（2）：186-98.

ファイファー, R.・シャイアー, C. 2001.『知の創成：身体性認知科学への招待』石黒章夫・小林宏・細田耕（訳）. 東京：共立出版.

福島真人（編）1995.『身体の構築学：社会的学習過程としての身体技法』東京：ひつじ書房.

福島真人. 2001.『暗黙知の解剖：認知の社会のインターフェイス』東京：金子書房.

福島真人（出版予定）『学習の生態学：リスク・実験・高信頼性』東京大学出版会.

富士ゼロックス総合教育研究所（編）, 中原淳・松尾睦（監修）2008.『人材開発白書 2009』東京：富士ゼロックス総合教育研究所.

藤田綾子. 1985.「老年大学での仲間作りと生活満足度の変化」『老年心理学研究』8：1.

藤永保. 2001.『ことばはどこで育つか』東京：大修館書店.

藤野博. 2004.「コンピュータとカウンセリング」『21 世紀テクノロジー社会の障害児教育』渡部信一（編）, 142-55. 東京：学苑社.

プラトン. 1966.『テアイテトス』田中美知太郎（訳）. 東京：岩波書店.

プラトン. 1974.『メノン』藤沢令夫（訳）『プラトン全集』9 巻, 245-338. 東京：岩波書店.

プラトン. 1994.『メノン』（岩波文庫）, 藤沢令夫（訳）. 東京：岩波書店.

ブルーナー, J. 1993.『心を探して：ブルーナー自伝』田中一彦（訳）. 東京：みすず書房.

ブレイクモア, S. J.・フリス, U. 2006.『脳の学習力：子育てと教育へのアドバイス』乾敏郎・山下博志・吉田千里（訳）. 東京：岩波書店.

ベイトソン, G. 2000.『精神の生態学』改訂第 2 版, 佐藤良明（訳）. 東京：新思索社.

ペイン, T. R. 1990.『ルビンシテイーン：ソビエト心理学の基礎』津久井佐喜男（訳）. 京都：法政出版.

ベーコン. 1978.『ノヴム・オルガヌム（新機関）』（岩波文庫）, 桂寿一（訳）. 東京：岩波書店.

ヘッブ, D. O. 1957.『行動の機構』白井常（訳）. 東京：岩波書店.

ベル, D. 1975『脱工業社会の到来：社会予測の一つの試み』上・下. 東京：ダイヤモンド社.

ベンヤミン. 1996.「経験と貧困」『ベンヤミン・コレクション 2：エッセイの思想』（ちくま学芸文庫）, 浅井健二郎（編訳）, 371-84. 東京：筑摩書房.

ポラニー, M. 1980.『暗黙知の次元：言語から非言語へ』佐藤敬三（訳）. 東京：紀伊國屋書店.
本所恵. 2009.「スウェーデンの全国学力テストにおけるパフォーマンス課題：数学のグループ・ディスカッションを評価する」『教育目標・評価学会紀要』19号：16-26.
本田由紀. 2005.『多元化する「能力」と日本社会：ハイパー・メリトクラシー化のなかで』東京：NTT出版.
前田愛. 1993.『近代読者の成立』(同時代ライブラリー151). 東京：岩波書店.
マーカス, G. 2006.『心を生みだす遺伝子』大隅典子（訳）. 東京：岩波書店.
正高信男. 1993.『0歳児がことばを獲得するとき：行動学からのアプローチ』(中公新書). 東京：中央公論社.
正高信男. 2001.『子どもはことばをからだで覚える：メロディから意味の世界へ』(中公新書). 東京：中央公論社.
増本康平・上野大介. (印刷中).「認知加齢と情動」『心理学評論』
松浦良充. 2004.「Learningの思想史・序説：Liberal artsはどのように学ばれたのか」『近代教育フォーラム』13号：59-74.
松尾睦. 2006.『経験からの学習：プロフェッショナルへの成長プロセス』東京：同文館出版.
松尾睦. 2009.『学習する病院組織：患者志向の構造化とリーダーシップ』東京：同文館出版.
マッキンタイア, A. 1993.『美徳なき時代』篠崎榮（訳）. 東京：みすず書房.
マッコール, M. 2002.『ハイ・フライヤー：次世代リーダーの育成法』東京：プレジデント社.
松沢哲郎. 1991.『チンパンジーマインド：心と認識の世界』東京：岩波書店.
松沢哲郎. 1995.『チンパンジーはちんぱんじん：アイとアフリカの仲間たち』(岩波ジュニア新書). 東京：岩波書店.
松沢哲郎. 2000.『チンパンジーの心』(岩波現代文庫). 東京：岩波書店
松沢哲郎. 2002.『進化の隣人：ヒトとチンパンジー』(岩波新書). 東京：岩波書店.
松下佳代. 2007.『パフォーマンス評価』(日本標準ブックレット7). 東京：日本標準.
松下良平 2002.「教育的鑑識眼研究序説：自律的な学びのために」『教育評価論の歴史と現代的課題』天野正輝（編), 212-28. 京都：晃洋書房.
松下良平. 2004.『道徳の伝達：モダンとポストモダンを超えて』東京：日本図書センター.
松本千代栄. 1968.『序説運動学』東京：大修館書店.
松本千代栄. 1987.「舞踊研究：課題設定と課題解決学習；運動の質と感情価」『日本女子体育連盟紀要』87(1)：53-89.
松本千代栄（監修). 1992.『ダンス教育の原論』(ダンスの教育学1). 東京：徳間書店.
溝上慎一. 2004.『現代大学生論：ユニバーシティ・ブルーの風に揺れる』(NHKブックス995). 東京：日本放送出版協会.
溝上慎一. 2008a.『自己形成の心理学：他者の森をかけ抜けて自己になる』京都：世界思想社.
溝上慎一. 2008b.「調査にあたって/調査結果のまとめ 京都大学高等教育研究開発推進センター」『大学生のキャリア意識調査2007調査報告書』電通育英会（編), 1-4, 6-16：電通育英会.
http://www.dentsu-ikueikai.or.jp/research/report/

溝上慎一. 2009.「大学生活の過ごし方から見た学生タイプの特徴：どの活動次元でも High Performer が高い学習成果を示す」『第 15 回大学教育研究フォーラム発表論文集』：70-71.
http://smizok.net/
美馬のゆり・山内祐平. 2005.『「未来の学び」をデザインする：空間・活動・共同体』東京：東京大学出版会.
耳塚寛明・牧野カツコ（編）2007.『閉ざされた大人への道：学力とトランジッションの危機』東京：金子書房.
宮城公子. 2004.『幕末期の思想と習俗』東京：ぺりかん社.
三宅なほみ. 2005.「共に学び共に高めあう」『ヒューマン・インフォマティックス：触れる・伝える・究めるデジタル生活情報術』長尾眞（監修），206-23. 東京：工作舎.
三宅なほみ. 2007.「学び方を学ぶ工夫としての協調学習：その理論的背景と具体的な実践例」『日本語教育年鑑 2007 年版』独立行政法人国立国語研究所（編），5-19. 東京：くろしお出版.
三宅なほみ・白水始. 2003.『学習科学とテクノロジ』東京：放送大学教育振興会.
明和政子. 2004.『霊長類から人類を読み解く：なぜ「まね」をするのか』東京：河出書房新社.
明和政子. 2006.『心が芽ばえるとき：コミュニケーションの誕生と進化』東京：NTT 出版.
無藤隆. 1991.『ことばが誕生するとき：言語・情動・関係』東京：新曜社.
無藤隆・子安増生（編）2009.『発達心理学』東京：東京大学出版会.
村田美穂. 2006.「ノディングズのケアリング論」『ケアリングの現在：倫理・教育・看護・福祉の境界を越えて』中野啓明・伊藤博美・立山善康（編），90-102. 京都：晃洋書房.
森田伸子. 2003.「学習概念の変容：コメニウス以前以後」『近代教育フォーラム』12 号：55-64.
モレンハウアー, K. 1987.『忘れられた連関：「教える-学ぶ」とは何か』今井康雄（訳）. 東京：みすず書房.
山内乾史・原清治. 2005.『学力論争とはなんだったのか』京都：ミネルヴァ書房.
山崎雄介. 2004.「基礎学力」『現代教育方法事典』日本教育方法学会（編），295. 東京：図書文化社.
山下清. 1961.『ヨーロッパぶらりぶらり』東京：文藝春秋新社.
山田規畝子. 2004.『壊れた脳, 生存する知』東京：講談社.
やまだようこ. 1987.『ことばの前のことば：ことばが生まれるすじみち 1』（子どものこころ）. 東京：新曜社.
山鳥重. 1985.『神経心理学入門』東京：医学書院.
山鳥重. 2002.『記憶の神経心理学』（神経心理学コレクション）. 東京：医学書院.
山鳥重. 2003.『脳のふしぎ：神経心理学の臨床から』. 東京：そうろん社.
山鳥重. 2004.「言語機能の大脳地図」『言語』33(12)：34-41.
山鳥重. 2008.『知・情・意の神経心理学』東京：青灯社.
山鳥重・辻幸夫. 2006.『心とことばの脳科学』東京：大修館書店.
山鳥重・早川祐子・博野信次・三村将・先崎章. 2007.『基礎知識のエッセンス』（高次脳機能障害マエストロシリーズ 1）. 東京：医歯薬出版.

山梨正明. 2000.『認知言語学の原理』東京：くろしお出版.
ユクスキュル, J. J. von・クリサート, G. 2005.『生物から見た世界』(岩波文庫), 日高敏隆・羽田節子（訳）. 東京：岩波書店.
吉田辰雄. 2005.『キャリア教育論：進路指導からキャリア教育へ』東京：文憲堂.
ライプニッツ. 1993.『認識論：人間知性新論』上.（ライプニッツ著作集 4），谷川多佳子・岡部英男・福島清紀（訳）. 東京：工作舎.
リード, E. S. 2000.『アフォーダンスの心理学：生態心理学への道』細田直哉（訳）. 東京：新曜社.
レイコフ, G. 1993.『認知意味論：言語から見た人間の心』池上嘉彦・河上誓作・辻幸夫・西村義樹・坪井栄治郎・梅原大輔・大森文子・岡田禎之（訳）. 東京：紀伊國屋書店.
レイブ, J.・ウェンガー, E. 1993.『状況に埋め込まれた学習：正統的周辺参加』佐伯胖（訳）. 東京：産業図書.
レオンチェフ, A. A. 2003.『ヴィゴツキーの生涯』菅田洋一郎・広瀬信雄（訳）. 東京：新読書社.
レオンチェフ, A. N. 1981.『活動と意識と人格』西村学・黒田直美（訳）. 東京：明治図書出版.
ロック. 1972.『人間知性論 1』(岩波文庫), 大槻春彦（訳）. 東京：岩波書店.
鷲田清一. 1997.『メルロ=ポンティ：可逆性』(現代思想の冒険者たち 18). 東京：講談社.
渡辺三枝子（編）2007.『キャリアの心理学：キャリア支援への発達的アプローチ』新版. 京都：ナカニシヤ出版.
渡部信一. 1996.「コミュニケーション手段として指書が出現した自閉症児の一事例」『特殊教育学研究』33：33-39.
渡部信一. 1998.『鉄腕アトムと晋平君：ロボット研究の進化と自閉症児の発達』京都：ミネルヴァ書房.
渡部信一. 2001.『障害児は「現場」で学ぶ：自閉症児のケースで考える』東京：新曜社.
渡部信一. 2005.『ロボット化する子どもたち：「学び」の認知科学』東京：大修館書店.
渡部信一（編）2007.『日本の「わざ」をデジタルで伝える』東京：大修館書店.
渡部信一・熊井正之・曽根秀明・比屋根一雄・飯尾淳・菅井邦明. 2002.「ネットワークを利用した不登校・障害児支援システムの開発」『日本教育工学会論文誌』26（1）：11-20.
渡部信一・小山智義. 2002.「3 DCG を用いた行動研究法の開発」『東北大学大学院教育学研究科・教育ネットワーク研究室年報』2：3-12.
渡部信一・為川雄二. 2005.「全学規模による大学院講義のインターネット配信：東北大学」『大学 e ラーニングの経営戦略』吉田文・田口真奈・中原淳（編），129-51. 東京：東京電機大学出版局.

# 索引 ※太字はキーワード解説の頁

## ・あ行

アイコンタクト 520,**520**
愛着 146,**147**,165
アイデンティティ 36
アイデンティティ(の)形成 162,**163**,232,236,**237**
アイデンティティ資本 236,237,**238**
アイトラッカー 503
アクチュエータ 516
足場 358
足場かけ 213,**216**,491,528
足場作り 362
「遊ばれる」ことを学ぶ 133
「遊ばれる」という体験 132
遊び 128,**129**
遊び心 133
遊びの精神 134
遊びのテーマ 153
アッハー体験 199,**203**
アナログ的特質 546,**546**
アナロジー 354,364
アフォーダンス 30,**32**,144,**145**,168,169,169,180,434,**434**,517,**517**
アメリカの中産階級 138
アリストテレス(Aristoteles) 44,**46**
アルコーブ 240,**240**
「ある」の相 395,396,**396**
安定した愛着 148,**149**
暗黙知 103,256,**257**,505,**506**
暗黙の知能観 254,**256**
暗喩 365
生きる力 232
育児語・CDS 357,**357**
意識水準 301
意識的な学習活動 489
一語発話 355,356,357,363
一語文 356
一次的ことば 190,**191**
一過性全健忘 301
イデア論 42
遺伝子誘導 297
遺伝的アルゴリズム 321,**323**

意図 34,169,170,171,172,174,183
移動経験 431
「意図がわからない行為」の模倣 177
意図性 184,185
意図的学習 250,**251**
意図的行為 174,175,176
イドラ 47
意図理解 345,351,353,520
いなみ野学園 281
異年齢の交流 155
意味 301
意味システム 24,**27**
意味に基づく記憶 460
意味の記憶 303,**304**
医療人類学 97
因果律(結論先行型談話) 196,**196**
因果律(結論先行型)の言語表現法 194,**194**
インクルージョン 205,**206**
インストラクショナルデザイン 264,**265**
インターネット 252,279,289,290
インターフェイス 291
インタラクションデザイン 532,**533**
インナー・スクライブ 337,**338**
隠喩 365
ヴァルシナー(J. Valsiner) 227
ウィギンズ 455
ヴィゴツキー(L. S. Vygotsky) 31,166,**166**,345
ウィリアムズ症候群 347
ウェルニッケ領域 303
動きの感情価 499
氏か育ちか 54
右半球 298
ウルミタ(M. Ulmità) 172
運動覚 **308**
運動器(アクチュエータ) 517
運動性手続き記憶 305
叡智 255,**256**
絵カード交換式コミュニケーションシステム 213,**213**
疫学調査 279
エコロジー 30

主体（エージェント） 31
エジード（K. Egyed） 184
エピソード・バッファー 335,**336**
エミュレーション学習 168,169,**169**,170,174
エリクソン（E. H. Erikson） 163,237,281
演繹 47,48
延滞模倣 356
エントリーシート 533,**536**
エントロピー 515
お家流 65,**66**
応答性 89
応用行動分析 209,376,**378**
往来本 64,**64**
奥行き知覚 430
幼い子の作業 139
教え込み型の教育 549,550,**551**
オープンスクール 240,**240**
オペラント条件づけ 209,**211**
オペレーションスパンテスト 341,**342**
オルターナティヴ・アセスメント 442,**443**
音韻ストア 336,**338**
音韻の類似性効果 336,**338**
音韻ループ 334,**335**
音楽的知能 307
温習 68,**70**

・か行
会業 71,**72**
解釈 446
蓋然的後成説 439,**440**
階層構造 519
階層線形モデル 269,**270**
階層的権力 146
階層的権力関係 165
概念変化 482
海馬 296
外発的動機づけ 514,**514**
回避行動 431
開放性の性格側面 290,**292**
下位レベル 359,361
カウンセリング・マインド 81,**83**
科学技術創造立国 530,**531**
科学的概念 408
科学的思考 486
化学伝達 295
化学伝達物質 295
科学リテラシー 260,**260**

学業的知能 254,**255**
学習 21,**23**,40,**40**,95,**112**,302,368,**368**
学習あるいは学び 111
学習意欲 29
学習科学 459,**459**
学習環境 481
学習環境デザイン 484
学習環境の枠組み 484,**485**
学習曲線 424,**425**
学習コミュニティ形成プロジェクト **462**
学習指導 160
学習者 160
学習者コミュニティ形成プロジェクト 461
学習心理学 101,368,**369**
学習することの学習 371,**373**
学習説 347
学習セットの形成 371,**373**,380
学習態度 258
学習転移アプローチ 266
学習能力に対する誤った信念 283,**283**
学習の加速 370,**371**
学習の実験的領域 106,**106**
学習の進み 515
学生タイプ 224
拡張的学習 420,**421**
学力重視のカリキュラム 230,**232**
学力低下（論争） 230,**231**
可視化 446
鍛冶屋 98
過(剰)拡張 358
仮想学習共同体 531
家族 150
型 32,303,499,**499**
学級 159
学校 82,97
学校学習 159,160,449
学校教育 30
学校教育制度 21,**23**,117,**118**
学校制度 101
学校での学び 117,**118**
活性化 339,**339**
活動理論 412,**413**
カテゴリー 303,344,359,360,366
カテゴリー化 354,**354**,364
カテゴリー制約 361
ガードナー（H. Gardner） 306,308
可搬性 474,**474**

可変的身体空間 506,**507**
加齢脳 296
ガレーゼ（V. Gallese） 172,173,174,175
カーン（R. H. Kahn） 281
感覚 45
感覚器 517
感覚主義 50
感覚心像 344
感覚様式 172
環境 32,39,**41**
環境世界 517,**518**
環境に応じる身体 516
環境を探索する遊び 144
関係発達 394,**394**
関係発達論 537,**538**
還元論 509,**510**
観察学習 390,**391**,521
観察者 35
観察（社会的）学習 252,**253**
鑑識眼 36,**37**,447,448
慣習的行動 100
間主観性 172,**173**
間主観的 356,**356**
感受性期 349
感情 302
感情移入 91,**92**
感情表出 523
感性 498,**499**
感性情報 498
感性情報処理 499
環世界 112,**113**
観念連合 52
換喩 366
関連性 354
記憶方略 284,285
機械学習 511
機械的要素 286,288
機会利用型指導 210
キー・コンピテンシー 448
擬似的遊び 134,**136**
基準 487
規準喃語 352
擬人化 365
基礎学力 230,**231**
きちんとした知 549,**550**
基底・外側回路 300,302
基底領域 365

帰納 45,**46**,252
機能語 356,**356**,363
機能的アセスメント 211
機能的固着 179,180,**181**
機能的リテラシー 260
気の身心論 78,**79**
ギブソン（J. J. Gibson） 31,32,517
希望 127
基本レベル 359,361
キャスラー（K. Casler） 179
ギャバガイ問題 360,361
キャリア 267,**267**
キャリア教育 233,**235**,533,**536**
キャリア形成支援 233,**234**
教育 21,**23**
教育学 54,**55**
教育関係 90
教育的対応 398,**398**,399
教育に関する考察 52
教育の再生産論 29,**30**
教育の分析哲学 84,**86**
教育歴 279
強化学習 511,**512**
共感 91,**92**,520
共感的知性 93,**94**
教師 160
教師あり学習 511
教示伝達的顕示 179,**179**,183,184,185
教師なし学習 511
教授学 49,**50**
教授設計理論 265
共振 91,173,**174**
強制選択法 501
きょうだい（の機能） 150,**151**
協調 520
協調過程における収斂説 463,**465**
協調学習 459,**460**,483,**483**
共通語 499
協働体的学び 189,**190**
共同注意 207,**208**,351,353,355,520,**521**
共同注意フレーム 353,**354**
共有複合感覚的間主観性 172,173,**173**,174,175,184
虚偽の記憶 283
虚構場面を創造する 136
拒否児 161
キラリ（I. Király） 177,178,179,184

議論・交渉・ディベート　196,**197**
近代教育　22,**23**,51,**54**
近代合理主義思想　88,**88**
近代社会　227,**228**,230
クーイング　352
空間性　500,**500**
空間性障害　306
空間性知能　307
空間認知　286,**288**
空想の遊び友達　134,**136**
空洞の共同体　101
クラスタリング　512
グループ学習　242,**243**
クワイン（W. V. O. Quine）　360
訓練データ　511
ケア　38,**38**,81
ケアリング　82,**83**
軽うつ状態　163
経験　46
経験科学　46,**47**
経験学習　267,**269**
経験主義　53
経験の「意味」　303
経験の貧困　58
経験論　40,50,**53**
稽古　60
形式知　256,**257**
形式的操作段階　194,**195**
継承　544
形成的評価　483,**483**
携帯電話　289,290,292
結晶性知能　286
結論先行型談話　196
ケラー（E. F. Keller）　93,**94**
ケレマン（D. Keleman）　179
幻覚　303
言語　190,298
健康寿命　277,**277**
言語運用　347
言語獲得　521
言語関連遺伝子　347
言語記号　355
言語共同体　349
言語習得　346,348,**349**,351
言語主義　50
言語障害　306
言語心理学　346

言語性知能　307
言語能力　347
言語表現法　196,**197**
言語変種　357
原始的な社会　141
建設的相互作用説　463,**465**
健忘患者　302
健忘症　305
語彙数　287
語彙爆発　358
行為障害　306
行為（の）意図　169,171,174,178,185
行為の可能性　434
行為理解　171
構音コントロール過程　336,**338**
構音抑制　336,**338**
交換価値　124,**125**
交換価値化　122
講義　70,**71**
後期近代社会　238
後期高齢者　276,287,290
好奇心　514
攻撃性　128
高次精神機能　405,**405**
高次認知機能　330,**333**
構成主義　483,**484**
交接　146,166
構造化　460,**461**
講談　71,**71**
行動　40,**41**
行動主義　370,**371**
行動主義心理学　347
後頭頂葉　171,172
行動目標　25
行動モジュール　518
後頭葉視覚野　298,**299**
構文スキーマ　364
構文の島　363,364
項目依拠的構文　363,364
合理主義　53
合理性　22
合理論　40,50,**53**
『高齢社会白書』　281,**282**
高齢者大学　279
向老世代　278,291
声　416
語学習問題　360

互恵性　89, 146, 165
語結合　363
心の育成　81, **83**
こころの骨格　308
心の理論　207, **208**, 353, **354**
こころの枠組み　301
誤信念課題　207, **209**
コースウェア　487
個性の把握　153, **156**
子育て　166
語長効果　336, **338**
コーチング　528
ごっこ(遊び)　138, **138**, 141, 143, 144, 152, 156, 400, **402**
「ごっこ」遊びの世界　140
コテ (J. E. Côté)　238
古典的条件づけ　368, **369**
ことば　113, 114
ことばのジャンル　417, **417**
子ども中心主義(教育)　26, **27**
子どもの権利条約　395, **396**
子どもの時間世界　125
語の習得　358
個別教育計画　216, **217**
個別言語　349
コミュニケーション　344, 351, 362, 495, **496**, 520
コミュニケーション発達障害　522
コミュニケーション・モデル　496, **497**
コメニウス (J. A. Comenius)　22, **24**, 49, **50**
コモンズ　243, **246**
雇用流動性　267, **267**
語用論　215, **216**
語用論的能力　362
語用論的・百科事典的知識　365
孤立児　161
根源的獲得　54
コンテクスト　24
コンドン (W. S. Condon)　174
コンピテンス　445, **448**, 514, **514**, 515
コンポーネントアプローチ　254, **255**

・さ行

サイエンスカフェ　247, **247**
再帰性　345
最近接発達領域　411, **412**, 535, **536**
サイコメトリック　283

最少制約環境　205, **206**
再生　283
最適化問題　512, **512**
再認　283
細胞集成体　297
細胞体　295
サヴァン　208, **209**
サヴァン症候群　306, **308**
作業場　492
サクセスフルエイジング　278, **281**, 292
佐々木(佐々木正人)　169
作動記憶　345, **346**
左半球言語領域　298
主体(サブジェクト)　31
三項関係　353
三次的ことば　191, **191**
斬新的な問題解決活動　489
恣意性　345, **346**, 355
シェフラー (I. Scheffler)　84, **86**
支援システム　483
ジェンダー学(論)　81, **83**
視覚化ツール　463
視覚キャッシュ　337, **338**
視覚・空間的スケッチパッド　334, **336**
視覚支援　213
視覚思考　218
視覚の背側路　306
視覚の腹側路　306
時間的展望　234
視空間構成障害　307
軸語構文　364
軸語スキーマ　363
軸索　295
軸索末端　295
ジグソー方式　467
時系列　196, **196**
刺激防御　58
資源限界　332, **334**
自己アイデンティティ　237
自己イメージ　145
試行錯誤　512
試行錯誤学習　368, **369**
志向の越境　392, **393**
思考を支援するツール　481
自己学習力　483
自己形成　227
自己効力感　258, **258**, 514

索引　599

自己主張面　155
自己成長　226, **227**, 233, 234, 236
自己組織(的／化)　437, **437**
自己中心主義　174
仕事　34, **34**, 137
仕事の複雑性　284, **286**
自己内対話　201, **203**
自己発達　227
自己抑制面　155
指示対象　355, 356, 357, 360
指示の意図　361
思春期　162
視床　299
四書五経　67, **67**
時性　500, **500**
視線計測　503, **505**
自然主義的な指導　210
視線追従　352
仕立屋　99
質　499, **500**
失音楽　307
失感情症　308
躾け　98
実験室　106, **106**
実行機能　207
失行症　307
失行認　307
失語症　298, **299**
失算　307
実践　35, **36**, 100, 449
実践共同体　31, **32**, 272, **272**, 528
実践共同体論　104
実践的知能　254, 255, **255**
失敗　106
実用的要素　286, 287, 288
シナプス　295, **296**
シナプスの形成と刈り込み　297
シナリオ　366
シネクドキー　366
事物主義　50
事物全体制約　361
シブラ (G. Csibra)　178, 179, 184
自分探し　186, **186**
自閉症　522
自閉症教育　542, **542**
自閉症傾向の子どもたち　133, **135**
自閉症スペクトラム障害　206

資本　227, **228**, 238
資本主義　22
しみ込み型の学び　549, **552**
シミュレーション　242, **243**, 546, 547
市民教育　260, **260**
市民リテラシー　259, 263
社会情動性選択性理論　289
社会人基礎力　230, 483, **483**, 532, **533**
社会性　146, 520
社会的技能　154, **157**
社会的言語　416, **417**
社会的構成主義　483, 484
社会的参照　352
社会的資本　229, **229**, 237
社会的知能　495, **496**
社会的な実践　527
社会的認知能力　351
社会的微笑　148, **149**
社会(的)方言　349
社会文化的制度　97
社会文化の先達者　166
ジャージリ (G. Gergely)　177, 178, 179, 184
ジャスパー・プロジェクト　461, **462**
写像　365
写像関係　365
シャーマン　96
集合の連合　146, 165
習熟　31
修正法　376, **378**
十全的な参加　104
縦断研究　277
集団の規範　159
集団保育　154
習得　99
柔軟性　435
10 年ルール　257, **258**
周辺参加　104
修行　60
授業設計　484
熟達化　257
熟達者と素人　198, **198**
熟慮的態度　262, **262**
熟慮を伴う練習　252, **253**
樹状突起　295
主体　31, **32**, 238
主たる養育者　148
受容性　89

狩猟採集的な生活　137
狩猟採集民　137
手話言語　351
準固定的身体空間　506,**507**
順番取り　176,**176**
ショーイング　353
上位レベル　359,361
生涯学習　250,**251**
生涯過程　394,**394**
生涯発達　250,**251**
生涯発達過程　390
使用価値　123,**125**
小学校低学年　158
状況　526,**526**
状況的認知　413,**413**
状況に埋め込まれた学び　121,**121**
状況論　449
状況(論)的学習(理)論　108,252,**253**,460,462,547,548
省察　258,259,**259**
省察的実践　259,**259**
省察的実践家　268,**269**
象徴化　355
象徴機能　134,**136**,214,**216**,345,351,355
象徴機能の形成　150,**151**
情動制御　155,**157**
小脳　305
情報　553,**554**
情報処理過程　370,**371**
情報テクノロジー　481,**481**
情報リテラシー　243,**246**
情報量　515
将来展望　226,233,234,**234**
初期経験　113,**114**
ジョーク　134
職人　35
処理資源　339,**339**
シラバス　528,**530**
知る(知識)　83
心学道話　71,**71**
進化心理学　146,**147**
進化発達心理学　146
新奇性　515
新奇な行為の模倣　176
新教育　26,**27**
神経伝達物質　295
人工知能　516

人口統計　279
人工物　170,**170**,414,**415**
新参者　99
心像　299,355
新生児歩行反射　435,**436**
新生児模倣　167,173,174
真正性　455,**457**
真正の活動　455
真正の評価　444,**444**
親族組織　96,**97**
身体・運動覚的知能　307
身体化シミュレーション　173,174,**174**
身体技法　31
身体空間　506,**506**
身体(性)　495,518,**518**,550,**550**
身体性ロボティクス　518
身体知　79,**80**
身体動作　499
身体と世界　111,**112**
身体の可動域　144
身体メディア　495
新中間層　23,**24**
心的イメージ　299
人的資本　227,236,237,238
心的表象　355,356
進歩　23
シンボル体系　309,**310**
親密度　287,**288**
親友関係(の成立)　162,**163**
信頼性　450,**451**
心理的フィルタ仮説　523
心理言語学　346
心理社会的アイデンティティ　237
人類学　95
推敲の過程(「推敲」と「彫琢」)　199,**201**
推論　262,286,**288**
推論の基盤の検討　262
スキナー(B. F. Skinner)　347
スキーマ　355
スキル　25,**27**,305
スクリプト　366
「ストーリー」の共有　143
ストレッチ経験　268,**269**
スパンテスト　341,**342**
刷り込み　382,**382**
生活者　121,**121**
生活習慣病　97

生活的概念　408
生活での学び　117,118
性向　446
整合的な意味の了解　203,204
精神運動発作　301
成人学習　250,251
精神活動の再構造化　197,198
精神間カテゴリー　407,408
精神測定学　442,442
精神内カテゴリー　407,408
『精神の生態学』　328,329
生成文法　347
生態学的アセスメント　216,217
生態学的生物学　517
生態学的ニッチ　439,440
正統的周辺参加(論)　32,104,104,117,118, 245,246,527,528
生得観念　50
生得説　347
生得的身体空間　506,507
制度的・技術的操縦　60,60
青年期　251
生命的な環境　144
制約理論　360
『世界図絵』　49
世界の表象　25,27
世代間伝達　389,390
世代間連鎖　390
世代性　280,281
説得の論拠づくり　194,195
セル・アセンブリ　297,297
前期高齢者　276,287,290
前言語期　351,352
宣言的記憶　299
全国学力・学習状況調査　187,188
センサー　516
潜在記憶　283
線状性　345
専心没頭　89
センス・オブ・ワンダー　524
全体論　510,510
選択課題（の実験）　326,326
センテンス　305
先天性白内障　113,114
早期教育論　400,400
想起説　42
相互シンクロニー　174

相互排他性制約　361
相互模倣　134,176
創造教育　533,536
創造的熟達　257,258
創造的想像力　193,193
創造的知能　254,255
創発　219,220,548,548
増幅効果　482
相貌失認　308
即時マッピング　360
側頭葉聴覚連合野　298,299
側頭葉平面　298
ソクラテス（Socrates）　41,43
ソシオメトリー　159,161
組織学習　273,275
組織知　529,530
ソーシャルスキル　210,211
ソース記憶　284
育てられる者　393,394
育てる者　393,394
即興性　35
素読　68,70
ソフィスト　43
祖父母(関係)　151,151
素朴学習論　477,477

• た行
第一言語習得　349
体位の受胎　392,393
大学全入時代　530,531
『大教授学』　50
体験　59
第5次元　415,415
対人関係知能　308
体得　99
ダイナミック・ジグソー法　469,470,474
ダイナミック・システムズ・アプローチ　436,437,437
第二言語習得　350
大脳基底核　305,305
大脳新皮質　300,301
大脳前頭葉運動野　305,305
大脳辺縁系　300,301
タイムアウト　376,378
代理強化　521
対話　416
対話的実践活動　189,190

対話的実践活動を通しての学び　196,**197**
卓越性　35
他者に対する想像力　520
他者のアフォーダンス　439
他者のふり　134
多重知能理論　254,**255**
多声性　416
妥当性　451
タレンシ族　97
短期記憶　283,331,**334**
探索活動　131
探索行動　429,**430**
探索の基地　148,**149**
男女の違い　158
淡蒼球　305
ターンテイキング　353
知　42,**43**,553,**554**
知育　82
知恵　280,**281**
知覚　423
知覚学習　426,427,**427**,438
知覚システム　429,**430**
知覚心理学　517
知覚スタイルの違い　523
知覚性手続き記憶　305
知覚性認知障害　306
知覚速度　286,**288**
知覚の初心者　429
知識　24,**26**,43,**43**,86
知識獲得過程　370,**371**
「知識」観　86
知識構築型の実践研究　469
知識構築共同体　484
知識構築としての学び　489
知識詰め込み・暗記中心の学び　187,**187**
知識統合　485
「知識統合」過程　476,**476**
知識の再構成　482
知識の三条件　87,**88**
父親（の機能）　150,**151**
知的熟練　265
知的複雑性　280
知能　253
知能ロボット　516
知の創造の担い手　189,**190**
チャレンジ　515
注意制御　335,**336**

注意表出　523
中央実行系　334,**336**
抽象的思考　198,**198**
中枢神経系　295
中枢性統合　207,**208**
中脳被蓋　303
超越者の視点　519
聴覚障害　351
長期記憶　283,331,**334**
長期増強現象　297
超高齢期　286
超高齢者　276,290
超デジタル時代　541,**541**
直示的　362
直喩　365
チョムスキー（N. Chomsky）　347
チョムスキーの逆立ち　347
地理的方言　349
陳述性記憶　299,**301**
チンパンジー　37,131,344,345
追跡回転盤課題　337,**338**
通過儀礼　98,**98**
付け読み　68,**70**
強い意味での「知る」　86
『テアイテトス』　86,**88**
定型的熟達　257,**258**
ディーコン（T. Deacon）　347
ディスクリート・トライアル・トレーニング（DTT）　210
ディスコミュニケーション　143
ディ・ペレグリーノ（G. di Pellegrino）　171
提喩　365
デカルト（R. Descartes）　32,47,**48**
適応　40,**41**,238
適応的熟達　257,**258**
出来事の記憶　303,**304**
適性処遇交互作用　194,**195**
テクノロジー　279
テクノロジーによる効果　482
テクノロジーによる増幅効果　482
テクノロジーの効果　482
テクノロジーの変換効果　482
デジタル的特質　546,**546**
デジタルネイティブ　555,**555**
哲学　43
手続き記憶　285,304,**305**
手習（稽古）所　63,**63**

手習塾 63
手本 64,64
「デモか，死か」 540,540
手持ちの力 118,120
デューイ（J. Dewey） 31,55,57
寺子屋 63,63
テレビゲーム 292
転移 198,198,253
転移課題 475,476
電気興奮（信号） 295
電気伝導 295
伝達意図 353,354,355
「天地生生」（の）思想 75,75
伝統芸能 98
伝統的な「知る」 87
電文体 363
トイワールド 516,516
同一化 391,392,393
同化と調節 130,131
動機 100
動機心理学 101
動機づけ 26,513
動機の転移 89
東京都老人総合研究所 277,277,282
道具 32
道具の使用 433
統合 331,333
同性による遊び 158,161
特徴空間 511
特定化 428
突発的な事故 105
トップダウン（処理） 504,505
徒弟制 98,99
徒弟制的な学び 31,32
ドーパミン系 514
トマセロ（M. Tomasello） 168,169,170,
    178,353,363,364
取り出し指導 210,212
トリリンガル 350

・な行
内観報告法 199,199
内省的知能 308
内的作業モデル 149,149
内発的動機づけ 513,514,514
内面化 408
内容語 356,356

仲間関係 146
仲良し関係 156,157
名づけ 357
7種類のMotive 499,500
「なる」の相 395,396,397
喃語 352
二言語併用 350,351
二語発話 362,363
二語文 363
二語文期 358
二次元配置 485
二次的ことば 191,191
二重解離の原理 309,309
二重課題法 333,334
二重貯蔵モデル 331,334
「二重転移」課題 475,476
2007年問題 530,531
日常生活場面における展望的記憶 283
日常的実験 105,105,106
乳児期 147
ニューロン 295,296,373
ニューロンのネットワーク群 297
人気児 161
人形 137
人形遊び 137
人間 520
人間的知能 307
認識 45
認識論的主体性 492
認知意味論 355
認知科学 188,189
認知革命 370,371
認知加齢研究 283,283
認知機能 277,280
認知機能の二重プロセスモデル 286,286
認知言語学 354,355
認知心理学 370,371
認知性手続き記憶 305
認知的徒弟制 32,102,102,527,527
認知の蓄え 280
認知の予備力 284
認知文法 355,364
認知ロボティクス 510,510
ネットワーク解析 477
ネーデル（J. Nadel） 175
脳計測 477
脳室壁 296

脳の可塑性 350
能力主義 28
ノットワーキング 421,**421**
ノディングス（N. Noddings） 89,**91**
ノーマン（D. A. Norman） 518

## ● は行

媒介 405,**407**
媒介論 414
ハイ・ステイクスなテスト 444,**444**
ハイパー・メリトクラシー 227,229,230,**231**,232,235,236
バイラジョン（R. Baillargeon） 183
バイリンガル 350
白紙 52
博物学者的知能 308
パースペクティブ 519
パソコン 289,290,291
パターン認識 511,**511**
パターン発見 353
バーチャルカウンセリング 543,**543**
8カ月不安 148,**149**
バックプロパゲーション 313,**314**
パッケージ 493
初語 358
発達 23,111,**112**,116,117,146,520
発達課題 251,**251**
発達基準表 399,**400**
発達障害 205,**206**
発達的ネットワーク 272
発達の最近接領域 143,**143**,166,213,**216**,357,**357**
発話行為 190
発話思考法 199,**199**
パーテン（M. D. Parten） 156
ハノイの塔 304
馬場（馬場朋子） 176
母親語 357
パフォーマンス 445,515
パフォーマンス課題 449,**451**
パフォーマンス評価 444,**445**
パーペッツ回路 300,302
パラ言語 348
パラダイム 82,**83**
バルテス（P. B. Baltes） 281
パロル 190,**191**
パワー則 425,**426**

般化 210,**212**
半構造化インタビュー 272,**273**
反射 55
反射弧 56
ハンナ（E. Hanna） 177
汎用的思考スキル **263**
汎用的スキル 263
被殻 305
ビークル 321,**323**
非決定性 313,**314**
ビジュアル・クリフ 430
尾状核 305
筆道（手跡）指南所 63,**63**
ヒト 520
一皮むけた経験 268
批判的思考 261,**261**
批判的思考態度 260
比喩 364
比喩的言語 365
ヒューマノイド 518,**518**
ヒューマン・キャピタル 227
ヒューリスティック 362
評価 122,124
評価関数 512
表現運動 499
表現と意図の調整 199,**203**
評定尺度法 501
開かれたプロセス 513
敏感期 349,382,**382**
ファシリテータ 539,**540**
不安定な愛着 149
フォーテス（M. Fortes） 97
部活動 163
腹側前運動皮質 172
復読 68,**70**
二つのライフ 233,236
舞踊運動 499
プラクティス 100,**100**
プラトン（Plato） 41,**43**
プラン 525,**526**
ふり遊び 133,**136**
振り返り的省察 259,**259**
プリコレール 97,**97**
プリンレイ・プロット 287,**288**
ブルックス（R. A. Brooks） 518
プレイフルな精神 130
プレイフルな態度 128

索引　605

フレーム問題　361,**362**,516,**517**,542,**542**
ブレンディッド・ラーニング　531,**533**
ブローカ領域　303,305
プログラミング手段　512
プロジェクト学習　248,**249**
プロジェクト・ゼロ　457,**458**
プロセス・パフォーマンス　235,236,**236**,237
プロソディ　305
プロトタイプ　359,360
プロンプト　210,**212**
文　362
文化　97
文化化　384,**384**
文化学習　170,**170**,178
文化資本　28,**29**
文化的実践　186,189,**190**
文化的資本　238
文化的先達者　147
文化の発達の一般的発生的法則　408,**408**
文化への導き手　164
文化・歴史学派　403,404,**404**
文化—歴史的活動理論　419,**421**
分散認知　484,**484**
分析的知能　254,**255**
分節性　345,**346**
文脈依存的　57,**59**
文脈性　446
文理融合型研究　547,**548**
ベイカー（W. Baker）　229
平均余命　276,**277**
平行遊び　152,**156**
ペグワード法　338,**339**
ベーコン（F. Bacon）　47,**48**
ペダゴジー　178,**179**,184
ペダゴジー適応性　179
ペダゴジー文脈　178
ベッカリング（H. Bekkering）　177,178
ヘッシュル回　299
変換効果　482
変種　349
弁別学習　378,**382**
ベンヤミン（W. Benjamin）　58,**59**
「傍観者」的なケア　90
忘却曲線　424
方言　349
報酬　512

法人類学　95
包摂アーキテクチャ　518,**519**
放送大学　282
母語　349
母語習得　358,362
ポジティブ感情　288,289,289,292
ポジティブ行動支援　210
補助代替コミュニケーション　213,**213**
ポストモダン　29,**30**
ポートモダン　536,**537**
ポートフォリオ評価　444,**444**
ボトムアップ（処理）　504,**505**
ホーナー（V. Horner）　181
哺乳類　128
哺乳類の親　130
ボノボ　37,131,**132**,382,**383**
ホモ・ルーデンス　130
ホワイトン（A. Whiten）　181
本田（本田由紀）　232

•ま行

マクギアン（N. McGuigan）　182
マークマン（E. Markman）　360
マクリントック（B. McClintock）　93,**94**
マジックボックス　177,178
マジックボックス実験　179
マーシャル＝ペッシーニ（S. Marshall-Pescini）　181
マスメディア　164
マッピング　361
学び　29,**30**,39,**40**,**112**,310,369,**369**
学び（そのもの）からの逃走　126,**126**
学びの共同体　124,**125**,484,**484**
学びの個人化　122
学びのリアリティ　543,**544**
まねぶ　389,390,391,392
マルクス（K. Marx）　228
マルチリテラシー　191,**191**
マルチリンガル　350
見立て　356
見立て遊び　143,356
見立ての共同性　142
導かれた参加　418,**419**
見通し的省察　259,**259**
ミニマルデザイン　523
未分化　99
ミミッキング　183

明和（明和政子）167
ミラーニューロン 171,**172**,173,174,184,522,**522**
ムーア（M. K. Moore）167,175
無意図的学習 250,**251**
無標 359,360
無力感 162
明確化 261
命名 357
メタ記憶 345,**346**
メタ知識 354,362
メタ的道具使用 345
メタ認知 261,**261**,283,345,**346**,460,**461**
メタ認知能力 162
メタファー 103,134,365
メタメッセージ 128,**129**
メディア・リテラシー 260,**260**
メトニミー 366
メノンのパラドックス 41
メリトクラシー 227,228,**228**,231,232,236,237
メール 292
メルツォフ（A. N. Meltzoff）167,170,171,175,176,177
免疫化された空間 105
メンター 534,**536**
メンタリング 270,**271**
メンタルモデル 291,**292**
メンタルローテーションの実験 325
盲目的模倣(性) 181,**182**,184,185
目的 34
目標 21
目標志向的な活動 154,**157**
目標領域 365
文字社会 62,**63**
モーションキャプチャ 502,**502**,544,**545**
モダリティ 496,**497**
モデリング 520,**521**
モデレーション 448,**448**
モノローグ構造 26,**27**
模倣 31,167,169,170,174,175,177,178,180,181,185,392,**393**,520,**521**
模倣学習 170,**170**,352,362
模倣行動 345

• や行
　役割遊び 137,**138**

役割交替 353
野生児研究 113,**114**
ヤング（M. Young）228
優位言語 350
優越感 160,**161**
友人関係 152
有標 359,360
ユクスキュル（J. J. v. Uexküll）517
ユーザー中心設計 532,**533**
ゆとり教育 232
ユビキタス技術 240,**240**
ユビキタス・センシング 477,**477**
指さし 353
よいかげんな知 549,**550**
養育者 357
養育者(介助者)語 351,357
養護的対応 397,**397**,398,399
幼児後期 152
幼児初期 150
用法基盤モデル 354,**355**,363
余剰皮質ニューロン指標 373,**375**

• ら行
ライフキャリア 233,235
ライプニッツ（G. W. Leibniz）51,**53**
ライル 445
ラネカー（R. W. Langacker）355
ラベルづけ 357
ラング 190,**191**
ランゲ（J. de Lange）458
理解 92
力性 500,**500**
リキッド・モダニティ 29,**30**
理性 34
リソース 538,**540**
立体構成能力 298,**299**
リーディングスパンテスト 340,**341**
リテラシー 259,**260**
リハーサル 331,**334**
流動性知能 254,**255**,283,286
両義性 395,**395**
履歴の表示 485
臨界期 349,**349**
臨時語 365
類推 253,**253**,364,365
類制約 361
ルオ（Y. Luo）183

ルーティン 99
ルーブリック **451**
ルーブリックの陥穽 456
ルーマン（N. Luhmann） 31
ルールの理解 155,**157**
レイコフ（G. Lakoff） 355
レヴィ＝ストロース（C. Levi-Strauss） 97
歴年齢 284
レズニック（D. P. Resnick） 447
劣等感 160,**161**
ロウ（J. W. Rowe） 281
労働 22,**23**,98
労働者階級 139
労働心理学 101
老年学 278,**281**
ロック（J. Locke） 50,**53**
ローティ（R. Rorty） 31
ロボコン 537,**538**
ロボット開発 542,**542**
ロボティクス 477,**478**
論証・論述力 187,**188**
論理科 194,**195**
論理・数学的知能 307

・わ行
ワーキングメモリ 330,**333**,346
ワークキャリア 235
枠組み 492
ワークショップ 247,**247**
ワクチン化された実践 106
ワークプレイスラーニング 273,**273**
技 24,**26**
「わざ」の継承 **545**
『和俗童子訓』 69,**70**
「私たち」中心主義 173,**173**
ワーチ（J. V. Wertsch） 31
ワンダー 524,**524**

[欧文]
AAAS 487
ABA 209
ACTIVE 284,**286**
care about と care for 90,**91**
CDS 357
CMS 531,**533**,536
CSILE (computer-supported intentional learning environments) 461,**462**
face-to-face 491,**493**
FOXP 2 347
ICF 205,**206**
iCub 522
Infanoid 521
JELS (Japan Education Longitudinal Study) 453
Keepon 522
Kismet 521
Knowledge Forum 485,489
L 1 349
L 2 350
Learning by Design 461,**463**
Learning by doing! 196
MTP (management training program) 264,**265**
NCLB 法 443
OFF-JT (off-the-job training) 228,**229**, 264,**265**
OJT (on-the-job training) 227,**229**,264, **265**
OSCE (objective structured clinical examination) 451,**452**
PDCA サイクル 29,**30**
PISA 457
PISA 型読解力 187,**187**
PRS (personal response system) 242,**243**
SCERTS モデル 215
SD 法 501,**502**
TEACCH 212
TIMSS 1995 452
TWI (training within industry for supervisors) 264,**265**
VSAT 340,**342**
Wiki 536,**537**
WISE 485
WISE/CLP Project 461,**462**

[監修者略歴]

**佐伯　胖**（さえき　ゆたか）

1939年岐阜県生まれ。慶應義塾大学工学部卒業。ワシントン大学大学院修了（Ph.D）。東京大学大学院教育学研究科教授，青山学院大学社会情報学部教授などを経て，現在，田園調布学園大学大学院人間学研究科教授。

主な著書に『「学び」の構造』（東洋館出版社），『認知科学の方法』（東京大学出版会），『「学ぶ」ということの意味』（岩波書店），『幼児教育へのいざない』（東京大学出版会），『「学び」を問いつづけて』（小学館）などがある。


[編者略歴]

**渡部信一**（わたべ　しんいち）

1957年仙台市生まれ。東北大学教育学部卒業。東北大学大学院教育学研究科博士課程前期修了。博士（教育学）。東北大学大学院教育学研究科助教授などを経て，現在，東北大学大学院教育学研究科教授。

主な著書に『鉄腕アトムと晋平君：ロボット研究の進化と自閉症児の発達』（ミネルヴァ書房），『ロボット化する子どもたち：「学び」の認知科学』（大修館書店），『AIに負けない「教育」』（大修館書店），編著書に『日本の「わざ」をデジタルで伝える』（大修館書店）などがある。

## 「学び」の認知科学事典

Ⓒ Yutaka Sayeki, Shinichi Watabe, 2010

NDC 141／x, 607 p／20 cm

|  |  |
|---|---|
| 初版第1刷 | 2010年2月10日 |
| 第4刷 | 2019年9月1日 |
| 監修者 | 佐伯　胖（さえき　ゆたか） |
| 編　者 | 渡部信一（わたべしんいち） |
| 発行者 | 鈴木一行 |
| 発行所 | 株式会社　大修館書店<br>〒113-8541　東京都文京区湯島2-1-1<br>電話 03-3868-2651（販売部）03-3868-2294（編集部）<br>振替 00190-7-40504<br>[出版情報] https://www.taishukan.co.jp |
| 装丁者 | 田中　晋 |
| 印刷所 | 壮光舎印刷 |
| 製本所 | 牧製本 |

ISBN 978-4-469-01282-8　　　　Printed in Japan

Ⓡ 本書のコピー，スキャン，デジタル化等の無断複製は著作権法上での例外を除き禁じられています。本書を代行業者等の第三者に依頼してスキャンやデジタル化することは，たとえ個人や家庭内での利用であっても著作権法上認められておりません。